目　录

肆　事变扩大及日本全面侵华（1937年7月9日—8月31日）

三、日军全面攻势的展开……五三六五

四、日军占据平津地区……五七四一

肆　事变扩大及日本全面侵华（1937年7月9日—8月31日）

一、日军的全面战争动员

（一）卢沟桥事件始末

资料名称：蘆溝橋事件の顚末

资料出处：井本熊男著《支那事変作戦日誌》，芙蓉書房 1998 年版，第 81—123 頁。

资料解说：井本熊男时任参谋本部作战课课员，卢沟桥事变前夕曾受命赴华北地区考察。战后整理出版的井本任职期间的日志等史料集，富有研究价值。本资料介绍了卢沟桥事变爆发的始末，以及事变爆发后中日双方的交涉和各自在军事方面采取的行动。

第二節　蘆溝橋事件の顚末

一、不拡大か拡大か

昭和十二年七月七日夜、蘆溝橋で起った銃声は何者によって発せられたのであるか、四十年後の今日においても謎は解けないが、結局日支全面戦争勃発の発火作用をなした。

それから約三週間、七月二十八日、平津地区から支那軍を掃蕩するため、日本軍の本格的武力行使が発動せられるまで、中央部においても現地においても、拡大か不拡大かをめぐって複雑な経緯があった。その経緯の実体を知るためには、まず不拡大と拡大との意義と関係を概見することが重要である。

不拡大の意味は、蘆溝橋で起きた日支間の小ぜり合いが、両国の戦争状態に発展しないように交渉によって解決することであった。この方針を一つのまとまった国策構想に立脚して強調し、その実現のために努力を傾倒したのが参謀本部の第一(作戦)部長石原莞爾少将であった。

石原少将は周知の如く、かつて関東軍参謀(中佐)時代に満州事変を起した首謀者であった。当時の石原思想を石原関係の諸資料によってかいつまんで見ると、支那はとうてい統一国家になり得ない分裂した弱国である。満州は純然たる支那領土でなく、満州民族の別地域である。ここを日本が占領支配して開発発展させることは、満州民族の幸福を増進する所以であり、同時に日本の国力を増大する所以でもある。次いで支那の所要地域を日本が占領して、満州と同様な施策をすることは、漢民族の幸福を増進することにもなる。このような対満、対支観の下に満州事変を起したのであった。陸軍の大勢も同様な思想であった。

昭和十年八月、石原大佐は参謀本部作戦課長に補せられて着任した。初めての中央部勤務であった。満州事変から四年後、石原大佐の視野と思想は、前記の思想から飛躍的に変化していた。「作戦課長として何を為すべきや」は、着任時当然の思索であったに違いない。課の大金庫に秘蔵されている「帝国陸軍作戦計画」と銘打った毛筆書和綴の軍事機密書を見て、石原課長は愕然としたのであった。

陸軍の戦時総兵力は、わずかに三十ヶ師団を基幹とした陸上兵力と、四十五ヶ中隊の航空兵力のみである。その編制装備は欧州列強、特に仮想敵たるソ連軍に比べて、あまりにも劣っている。さらに在満、鮮の我陸軍兵力はソ連の極東兵力に比して太刀打できない程少ない。満ソ国境の彼我の戦備は、ソ連の方が絶対的に優位にある。これでは、ソ連軍を圧倒する景気のよい筋書きに満ちた作戦計画の内容は、空文に過ぎない。今や対ソ作戦計画は、破綻していると見たのである。

さらに日ソ戦う場合には、支那に対する備えが必要であるが、その備えはできていない。支那は今や統一せられて、昔日の支那でないと、石原の対支観は四、五年前に比べて飛躍的に変っていた。この対ソ、対支観は、根拠ある情報ソースに立脚していたものと推察せられる。

ここにおいて石原課長は、陸軍は劃期的な軍備充実を行わなければならない。それは現在の国力では不可能である。満州の開発を進め、支那の資源を経済政策によって獲得利用して、大工業を興すことが軍備充実の裏付けである。その実現のためには、ここ当分対外戦争などできるものではない。という結論に達した。これが石原の、国防国策の発想の根底であった。

この国家的大事業は、陸軍のみの考えではできないので、海軍にも交渉して国策として統一的大計画の下に陸海の軍備を律しようとしたが、永年海軍中心主義の独自の道を進んでおり、特にこれから無制限海軍拡張時代に対処するため、膨大な予算を獲得して海軍軍備の大拡張に乗出そうとする海軍の受入れるものではなかった。

ここにおいて石原課長は、陸軍限りで国防国策を立案し（内容は省略）、国力の増進と軍備の拡充に乗出した。そのため、自ら画策して、第一部内に戦争指導課を創設して、その課長に転出して計画の実現に努めた。国防国策は省、部の部局長も同意し、陸軍大臣、参謀総長の承認を得たのである。満州の産業発展五年計画は、後に政府によって承認せられた。しかし陸軍部内においても、この国防国策の根本理念ないし、対ソ、支観等の内容まで、一々石原の考え方を了解し、それに同意したものではなかった。特に対支観においては対蹠的な開きがあった。

とにかく、今支那に対して戦争するようなことをしてはならない。戦争すれば、必ず泥沼にはまって、身動きできない状態に陥り、そのため国家的消耗を来し、国防国策の実現はできなくなる。その懸念から昭和十一年後半には、対支政策上の要求を緩和し、北支分治政策を止めることを提唱し、それは林内閣の政策に織込まれていた。他面自ら満州、北支等に出張して、対支不戦の意図の実現に努めた。

昭和十二年三月、石原大佐は少将に進級して第一部長の重任を担当した。当時日支関係は既述の如く一触即発の切迫状態となり、第一部長の懸念いよいよ増大しているとき蘆溝橋の銃声が響き、事態はのるかそるかの一線に直面することとなった。

さて「拡大」であるが、その意味は対支武力行使を意味するものであるが、この時点においては、支那に一撃を与えて屈伏せしめ、我従来の要求である北支分治を主とする対支政策を実現することを狙ったものであって、それは百パーセント可能であると考えていたのである。実際に生起した泥沼の対支全面戦争の様相は、当時夢想もしていなかった。この意味の拡大は、殆ど陸軍全体の考え方であって、その背景をなしていた対支観は、前記満州事変当時の石原の対支観と同様であり、前章で触れた固定的なものであった。支那は弱国で、蔣介石の中央政府は、武力行使の脅しだけで屈伏する。それが実現しない場合でも、我若干師団を以て一撃を与えれば、必ず屈伏すると信念的に思いこんでいたのである。満州事変後連続不断に進めて来た北支分治工作は、あくまで進めなければならない。

その考えから見ると石原不拡大思想の如きは、この国家的、少なくとも陸軍の総意的国策思想に対し、あえて異論を唱える偏向異端と見るものが多かったのである。

盧溝橋の銃声をきっかけとして、この百八十度相反する考え方の抗争が暫く続いたのである。その間直接、間接印象に残っている不拡大、拡大の人的分野を見れば、次のような人々が脳裡に浮ぶ。

石原不拡大思想に同調していたのは、参謀本部では石原戦争指導課長の後を継いだ河辺虎四郎大佐以下同課の部員（秩父宮中佐、高嶋辰彦少佐、堀場一雄少佐等）であり、総務部長中島鉄蔵少将は同調的であったと思われる。

陸軍省で代表的な不拡大論者は、軍務課長柴山兼四郎大佐であり、軍事課高級課員岡本清福中佐もそれに近かった。

現地においては支那派遣軍参謀長橋本群少将、北京特務機関長松井太久郎大佐、同大使館附武官今井武夫少佐等は不拡大思想の堅持者であった。

ともかく不拡大思想を抱き、その実現に努めた人物は前述の通り、まことに少数であった。

次は拡大思想の現れであるが、前記の如く拡大は陸軍を始め各界の総意的な思想であったので、特定の人がこの思想を持っていたわけではない。以下は、特に重要な地位にあって、その考えを強調した人人の印象を列挙するに過ぎないのである。

参謀本部で特に顕著であったのは作戦課長武藤章大佐であった。不拡大の本尊である石原第一部長直属の課長であるので、その相反する思想の対立は、格別目立ったのみでなく、その影響するところが大きかった。支那課長永津比佐重大佐も、支那一撃論の強い主張者であった。永津大佐は在支活動の経験から、支那は刀を抜いて脅すたけで参ると思いこんでいだようであった。第二部長本間雅晴少将、第三部長塚田攻少将、第四部長下村定少将等も本心は拡大であったが、石原第一部長の立場を考え自らの発言は慎重にしていたようである。参謀次長今井清中将も、本心は拡大であったといわれていた。陸軍次官梅津中将、大臣杉山元大将共陸軍省の拡大思想代表者は、軍事課長田中新一大佐であった。陸軍次官梅津中将、大臣杉山元大将共に対支一撃思想を抱いていたようである。

出先では、関東軍は参謀長東條中将以下強い拡大思想を抱いており、参謀の中には極度の拡大思想者がいた。軍司令官植田謙吉大将もそれに同調していたものと思われる。朝鮮軍司令官小磯国昭大将は、特に拡大思想が強い印象を受けた。支那駐屯軍司令官田代皖一郎中将は、不拡大思想であったようであるが、蘆溝橋事件が起ると間もなく（七月十六日）逝去せられた。その後任香月清司中将は、本心は強い拡大思想であったという印象を受けた。同軍司令部参謀の中には拡大強行派が少なくなかったようである。

二、蘆溝橋事件の顚末（導火線二十一日間の燃焼と爆発）

七月八日

この早朝、昨夜の蘆溝橋における銃撃事件の第一報に次いで、逐次にその後の状況報告が届いた。省部の首脳部においては、現地の報告に基づいて対策を研究の結果不拡大方針を決定し、この日午後九時頃、支那派遣軍司令官宛「事件の拡大を防止するため、さらに進んで兵力を行使することを避くべし」という総長電が発せられた。

さらにこの日中央部は、東京以西の各師団に対し、明七月九日実施することになっている歩兵部隊の除隊を延期することを命令した。不拡大方針にかかわらず、事態の推移如何によっては若干師団の動員を行うことを考慮しての処置であった。この辺に既に拡大思想の動きが現われていた。

〔現地の動き〕

(1)、この日支那駐屯軍司令官は、蘆溝橋付近の支那軍の出方に応じて必要に対処し得るため、天津にある部隊主力を歩兵旅団長河辺正三少将の指揮下に入れ豊台に派遣した。

(2)、旅団長は豊台に到着し、状況によっては九日払暁から蘆溝橋の敵を攻撃する企図を以て準備を進めた。

(3)、豊台の一木大隊長は昨七日夜半豊台を出発し、一文字山附近に到って監視中、三時半頃再び射撃を受けた。

牟田口聯隊長は、支那軍より射撃を受けたときは応戦して可なる旨を命じた。

一木大隊長は、五時三十分より、竜王廟、蘆溝橋の敵を攻撃して支那軍の陣地を奪取し、永定河を渡河して右岸に進出したが、六時頃戦闘止み、彼我にらみ合いとなった。夕刻聯隊長は一木大隊を左岸に撤収せしめ、第一大隊主力を夜半一文字山に招致した。

(4)、牟田口聯隊の森田中佐、特務機関の寺平大尉、二十九軍顧問桜井少佐等は、支那側外交員とともに蘆溝橋に到り、支那軍側と交渉を始めた。

(5)、特務機関長松井大佐、大使館附武官今井少佐は、冀察側要人と交渉することに努めたが、彼等は雲がくれしていて見付からず、夕刻に至って副軍長秦徳純と会見したが、不拡大に努力することだけ一致し、事件解決案を求めることはできなかった。

七月九日

中央部は前記七月八日の現地の状況報告に接し、支那駐屯軍に対し左記方針を示した。

「我より進んで事件を拡大しないが、彼より戦を挑むに至ったならばこれを排撃する。この場合においても、事件をなるべく平津地方に限定するに努める。」

挿図第1　蘆溝橋付近略図

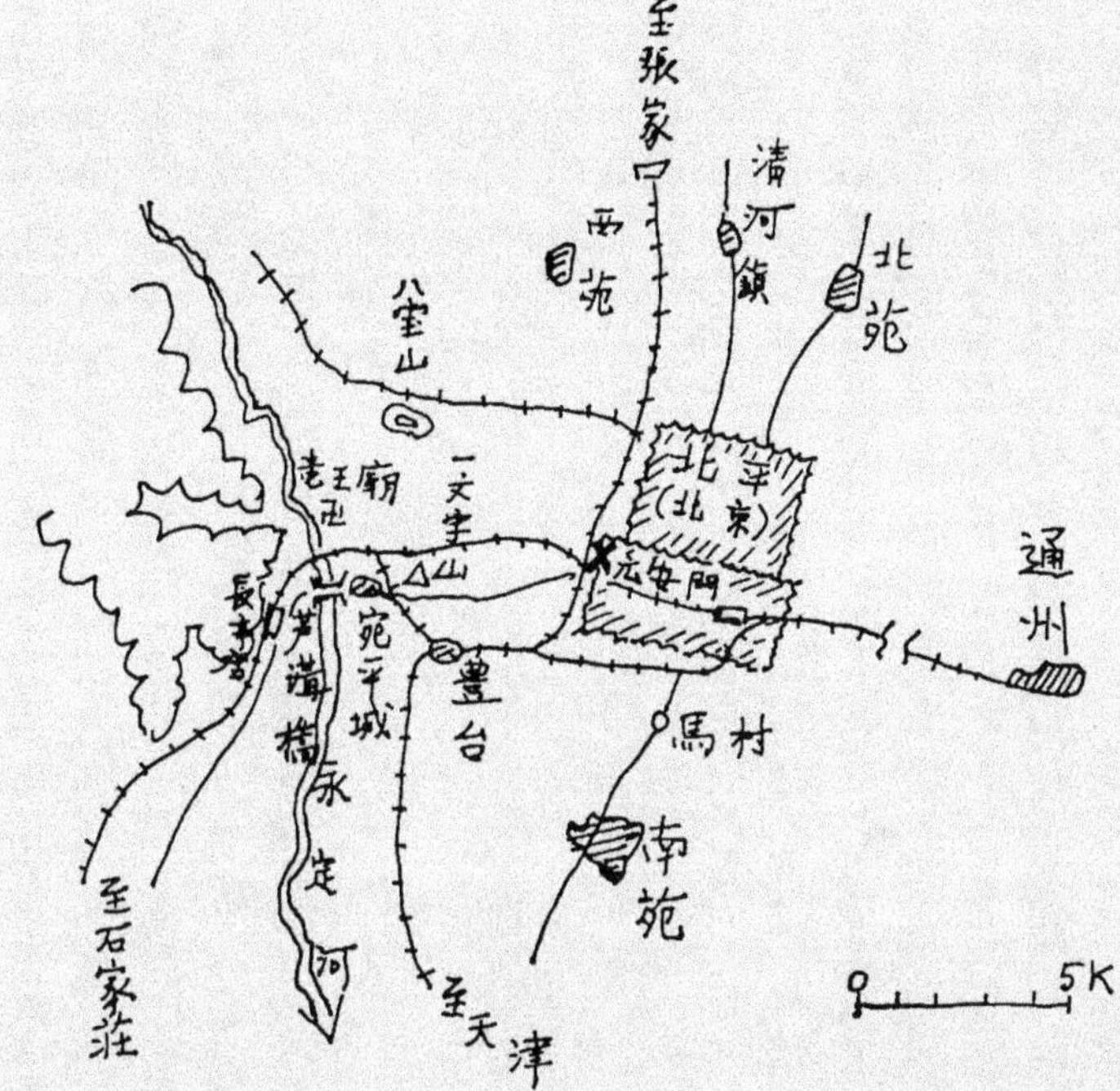

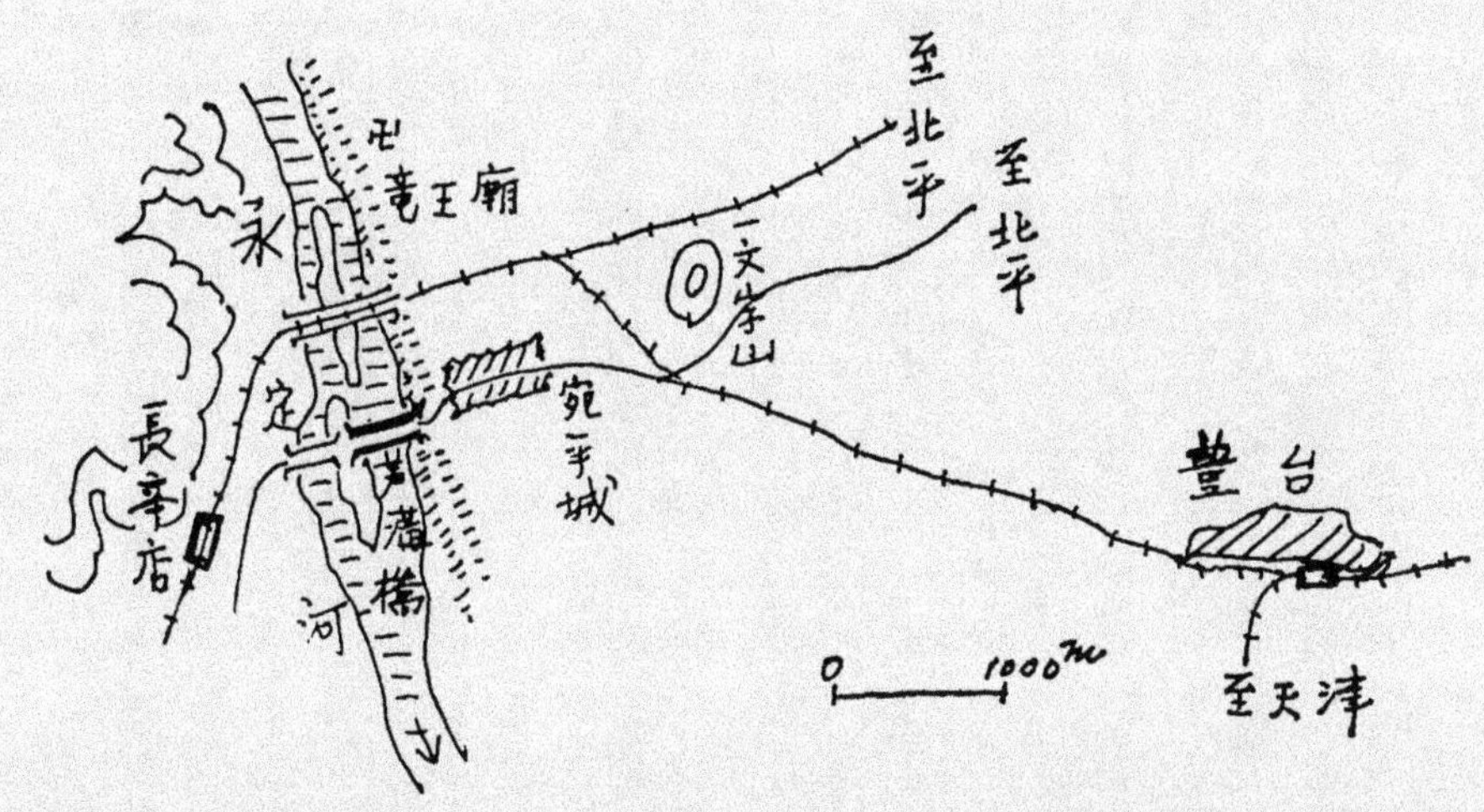

87　第一章　昭和十二年

〔現地の状況〕

⑴、この日現地では、支那側は夜半過から払暁までに盧溝橋を撤退し、永定河右岸に移ることを約した。河辺旅団長はこの状況において、予め企図した攻撃の中止を命じ、牟田口聯隊長はこの命令に基づき、攻撃を中止し、監視部隊を残して夕刻までに豊台に部隊を引上げさせた。

⑵、橋本参謀長は、軍司令官代理として、現地第一線を視察し、北京市内に投宿した。（今井回想録）

⑶、今井武官は夜橋本参謀長を旅館に訪問しようと努めたが、支那兵に阻止せられて果すことができなかった。（今井回想録）

〔不拡大、拡大意見対立状況の一端〕

以下の記述は七月九日に限ったことでなく、盧溝橋事件勃発から日支本格的交戦に至るまでの空気の一端である。

石原第一部長が北支に事件の生起することを予感して、事前にこれの防止に努めていたことは前にもその一端に触れたが、部長にとっては最も恐れていた事態が起った。この上は畢生の努力を以て、これが阻止、不拡大に努めようと決意したようである。七月八日の朝、作戦課の部屋に来て、「今日から作戦課の部員は寝台を持ちこんで、泊りきりで事件解決に当れ」と云った。

部長は省部の間を奔走して、特に首脳部に対して事件の拡大は長期戦となり、解決できない泥沼に陥る（文字どおりその言葉を使っていた）、それでは重要な国防国策の遂行は不可能となることを説明し、不拡大方針堅持の説得に努め、政府筋に対しても同様な説得に努めた。

作戦課の室にもしばしば来て、今日の支那は昔の支那ではない。今や支那は統一せられて、挙国一致の強い力を発揮することができる。この支那と戦端を開くときは長期持久に陥り、日本は泥沼に足を突っこんだ如く身動きができなくなる。戦争は避けなければならぬ。そして国防国策の方針によって、国力、軍事力を拡充しなければ対ソも対支も国防は不可能である、と説得これ努めた。

私は石原課長時代、勤務将校（部員になる前の見習）間に受けた教育の関係もあり、その趣旨がよくわかる気持がして、あらためて対支認識に悟りを開いたような心境となり、石原思想が正しいという考えを強くした。

武藤課長は、渋い顔をして石原論を聞いていた。

前年綏遠事件（首謀者田中隆吉中佐）の頃、石原第一部長が関東軍司令部を訪れ、対支謀略の慎重を要望した時、その責任者たる第二課長は武藤大佐であった。武藤大佐は石原少将の説得に対し、「これは異なことを承る。あんたは満州事変の張本人ではないか。私共はあんたの業績にあやかろうとしているに過ぎない」と反論し、座が白けたのを取りなした。というのは、その場に同席していた参謀副長今村少将（後の大将）の著書に載っている。武藤大佐は、関東軍の背後を安全にする意味もあって、北支、蒙疆方面を我勢力下に入れようとする意図が強く、支那は統一なき弱国と見る陸軍の一般的対支観に立ち、自らの抱負は必ず実現可能と信じていたものと思われる。

満州事変の発頭人が今頃急に何を云うか、という反撥があったに違いない。第一部長が部屋から出て行くと、武藤大佐はやおら受話器を取上げて相手を呼出し、「ウン、田中か（田中新一軍事課長）。面白くなったね。ウン、大へん面白い。大いにやらにゃいかん。しっかりやろう」と、課員に聞えよがしに話すのであった。

このように石原、武藤の意見の対立がかなり根が深く、事件の当初から始まり次第に激しくなって行った。

「柴山は困ったことになったと云い、武藤は面白くなったという」という言葉は、当時の省部の空気を現わす標語のようになっていた。

当時の戦争指導課（課長、河辺大佐）の思想は、石原第一部長と相通ずるものがあったので、武藤大佐の考えと合わなかった。

石原部長が不拡大方針説得のため、重病で自宅に臥床している今井参謀次長を訪問すると、拡大方針の急先鋒である永津支那課長が先廻りして、「石原の云うことは間違っている。支那は、小兵力を以て脅しただけで屈伏する。この際一撃を加えて、我方針の貫徹を図ることが最善の方策である」という趣旨を述べて、拡大方針の説得に努めていたという一幕もあったらしい。石原部長は永津課長の説得に努めたが、それは効果がなかった。また本間少将は、第二部長就任前は石原論に賛成の如く見えたが、第二部長になると共に永津論に豹変したといわれる。（石原回想）

およそ国の変革期とか、大事が起ろうとする情勢下では、特殊の時代思想が生じ、その思想の上にさらに感情によって醸成せられる雰囲気（ムード）が発する。そのムードは熱気を帯び、さらに殺気にまで昂揚することが少なくない。このムードは、その時代の大勢的な考え方に大きな推進力を与え、理論を超越して、大勢の向う方向に突進するのが通常である。それは、どうすることもできない大きなその時代の支配力を発揮するのであるが、この無形のムードが消え去った後世からは、想像することさえむつかしいものである。

拡大、不拡大の主張も、破裂しそうに充満したこのムードの中で行われたのである。絶対的大勢の抱く、拡大思想はこの場合正しいものと自ら考え、不拡大思想は間違っていると断定し、その間に冷静な論議の余裕はなかったのである。

七月十日

参謀本部では、連日首脳部の会議が行われている。当時重病の今井次長は、この日は自動車で玄関に到着すると、担架で二階の次長室にかつぎ上げられ、倒れるように椅子によりかかって会議を主宰したといわれていた。筆者は、偶然次長室に向う今井次長の担架と階段ですれ違った。次長の病はいかにも重いと見えた。それでも国の重大事の前には、辞することのできない首脳者の重責を深く考えさせられた印象を、今も忘れることができない。

90

この会議で支那駐屯軍に対し、左記の如く兵力を増派する方針が議決せられた。

1、我方は不拡大方針をとるが、支那側は挑戦して来るかも知れない。

2、右の場合、現在の支那駐屯軍の小兵力では、支那軍に圧倒せられる虞れがある。それではかえって事態を拡大することとなり、居留民の保護もできない。この懸念を除去するため、所要の兵力をとりあえず北支に派遣することが必要である。

3、北支以外においても、支那の抗日が盛んであるので、情勢の激変を顧慮し、居留民保護に遺憾のないようにすることが肝要である。

4、右の処置を実行しても、現情勢においては、欧米諸国およびソ連の対日参戦の可能性はない。以上の判断に基づき、左記兵力を北支に派遣する。

(1)、関東軍より混成旅団二（第一独立混成旅団、混成第十一旅団）および飛行集団の一部（偵察、重爆各二中隊）

(2)、朝鮮軍より第二十師団の応急動員および飛行三中隊（偵察一、戦闘一、偵察一中隊）

(3)、内地より三ヶ師団（第五、第六、第十）を基幹とする兵力および飛行部隊（偵察六、戦闘五、軽爆四、重爆三、計十八中隊）

この決定には、不拡大の本尊石原第一部長も同意したのである。それに関しては石原少将の回想もあり、各種の対石原批判もある。石原少将は、これに積極的に同意した理由を自ら述べているが、その後内地の三ヶ師団基幹の部隊の動員は、数回延期せられて、これを発令したのは七月二十七日であった。その遷延策には、石原第一部長自ら努力した如く回想している。

「不拡大は政治問題であり、その手段として一部の兵力を用いなければならないことは当然起る。支那駐屯軍の僅少な兵力は、北京附近で支那の大兵力に囲まれた態勢にある。万一彼我の衝突が起った場合、我方は極めて不利な状況に立到る可能性がある。そのような状況になると、我方はそれを救援するため大兵力を派遣し、その結果は日支全面交戦に拡大する。故に支那側をして手を出させないために、我方の兵力を優勢にしておくことはこの際取っておかなければならない対策であった」

というのが、石原部長の回想による理由の骨子である。果してそうであるならば、内地師団の動員は遷延させることなく、直ちに行って、速やかに派兵すべきではなかったのか。それを石原部長自ら遷延に努力したところに矛盾を感じさせるものが残るのを避け得ないであろう。

本問題についての石原批判は、「不拡大に徹するならば、動員や兵力派遣を行うことは矛盾している。事実この措置が支那側を強く刺戟し拡大に繋ったのである」という趣旨である。この辺には、どうしても研究問題が残らざるを得ないであろう。

現地では、右の石原懸念のような危険感は少しもなかった。従って中央部の兵力動員や派遣は意外のことで、これは支那側を強く刺戟し、不拡大方針の実現を大きく妨げたというのである。この点橋本参謀長、今井武官の回想は一致している。しかし「時期によっては北京市内の我守備兵力は三十名位に減ったこともあり、守備の任に当っている責任者は極度に心配した事実もあった」と今井少将は回想している。

石原部長としては、不拡大の大局論を以て各方面の説得に努力している傍から、隷下の作戦課長はその拡大意図に基いて武力行使を前提とした具体案を作成して部長会議にかける。会議の大勢は、その拡大的処置に同意する。部長としては自分の部内から出た案でもあり、また個人的性格もあって、いやいやながら同意を表した、というのが真相ではあるまいか。石原少将の後を継いだ下村第一部長（後の大将）は、戦後の回想として、「石原第一部長は徹底した不拡大思想を持ちながら、部長会議では強硬にそれを主張し通すことなく、ある程度で不本意ながら同意する状態があった。この点、石原少将のために惜しまれるところであった」と述べている。

因に、この早い時期に内地の三ヶ師団動員案が出た根拠は、蘆溝橋事件が起るとすぐ、武藤大佐は第十師団長磯谷中将に「どうしたらよいか」と尋ねた。磯谷中将は「三ヶ師団ばかり出して迅速、徹底的に片を付けて、さっと撤兵したらよかろう」と答えたという。磯谷中将は支那通であり、蔣介石によい感じを抱ておらず、蔣は支那の統治を背負い得る人物でないと見ていたようである。（磯谷中将をよく識り、対支情報を担任し、在支経験ある先輩の言）

〔現地の状況〕

今井武官の回想によると七月十日、始めて不拡大の中央部方針が正式の訓令として届いた。これに関する対策を特務機関において協議し、左記の要求条件をまとめた。

(1)、第二十九軍代表の陳謝

(2)、責任者の処分と将来このようなことのないことの誓約

(3)、現地附近永定河左岸に中国軍を駐留させないこと

(4)、共産党、藍衣社等の取締を厳重にすること

(5)、中国側受諾の後、両軍各々原駐地に復帰

右条件を以て冀察側（天津市長張自忠）と交渉したが、支那側は撤兵と責任者の所罰はできないと主張し、物分れとなった。

七月十一日

支那側が我要求を受諾したという報告電が到着して、内地師団の動員は保留することとなった。ただし、前記の内地から派遣する航空部隊および朝鮮から派遣する諸部隊は予定の如く実行し、これを南満に位置させ、中央部の直轄とすることに決定せられた。

夕刻（午後六時三十五分）右の発令があった。

〔動員派兵の事務的準備〕

動員派兵の方針が定まった以上、主務担当者は、何時発令せられてもそれが実行可能であるように準

備しておかねばならぬことは当然である。筆者は動員兵力の決定、それに関連する動員班および陸軍省との折衝の事務に当った。

陸軍省の折衝相手は編制班長の西浦進少佐であった。七月十一日、参謀本部階下の最も正門に近い室で会談した。

軍事課は渋くて何でも値切ると思い、強硬につっぱる考えで話を始めたところ、案外すらすら運び、西浦少佐がこれだけでよいのかというので、少々拍子抜けした。西浦少佐も見透しを持っていたであろうが、何といっても田中軍事課長が積極論の中心人物であるので、問題はなかったのである。

この動員は、その後連続的に起った全軍的の動員に比べれば小さいものであったが、それでも第二十師団を含めて第五、第六、第十の四ヶ師団と、その他それに伴う諸部隊が数十あって、近年にはない陸軍の大動員であった。私としては、もちろん始めての経験であったが、別に迷うこともなく実行できたのは、動員、輸送等の計画体系が複雑ではあるが組織的にできていたためと、見習いの勤務将校時代、作戦計画作成の修業をさせられていたおかげであった。

［この日（十一日）現地の状況］（今井武官の回想による）

1、早朝、秦徳純は松井特務機関長に直接電話して、「他の条件はともかく、蘆溝橋部隊の撤退は承認できぬ」と云って来た。

今井武官は午前十一時、冀察政務委員斉燮元と折衝し、独断で「中国側が要求を容れれば、調印とともに日本軍は原駐地に撤退する」と提案したところ、斉は直ちにこれに同意し、日本側の提案全部を容認して、自ら筆をとって、我方提案と同趣旨の協定文を支那文で記案した。

今井武官はこれを持って真ちに南苑飛行場に至り、天津に帰るため将に離陸しようとしている橋本参謀長に報告したところ、同意されたので一応安心した。（注、十一日中央部で支那側がわが要求を受諾したというのは、この段階の報告電報であったと思われる）

2、午後二時頃、天津の専田参謀より特務機関に電話があり、今井武官が受けた。

「本日東京では重大決意をなし、関東軍、朝鮮軍の有力部隊を派遣することとし、別に内地の三ヶ師団の動員を下令した。今や多年の問題を抜本的に解決すべき時である。いまさら現地協定など不要である。協定は破棄してくれ」という。

今井少佐はこれを拒絶した。

傍に天津軍の参謀和知大佐、塚田中佐、大木少佐が来ていたが、この話をきいて俄然強硬態度に急変した。

3、今井武官、松井機関長の考えには変化なく、直ちに天津に帰りついたばかりの橋本参謀長に連絡したところ、参謀長の考えは少しも変っていなかった。

4、午後六時、松井大佐と共に張自忠との間に協定文に調印して一応落着した。

解決条件（要旨）（注、これは支那駐屯軍司令官と第二十九軍との正式交渉の基礎案となるべきものである）

(1)、第二十九軍代表は日本軍に対し遺憾の意を表し、かつ責任者を処分して将来責任を以て再び斯の如き事件の惹起を防止することを声明す。

(2)、中国軍は豊台駐屯日本軍に接近し過ぎ、事件を惹起しやすきを以て、蘆溝橋城廓および竜王廟に軍を駐めず、保安隊を以てその治安を維持す。

(3)、本件は所謂藍衣社、共産党その他抗日系各種団体の指導に胚胎すること多きに鑑み、将来これが対策をなし、かつ取締りを徹底す。

以上各項は悉くこれを承認す。

5、中央部においては、この日北支派兵を決定し、動員を内命した。これは大きく現地にひびき今後の日支関係に悪影響を及ぼした。

天津軍では一部の強硬意見者が勢いづき、不拡大方針に異議を唱え、交渉条件を苛酷にせよと主張し出した。

田代軍司令官は危篤状態で任務の遂行はできない（十月十六日逝去）。香月中将は後任としてこの日天津に到着した。その態度は、必ずしも不拡大に同意でないようである。関東軍参謀田中隆吉中佐、辻政信大尉が天津に来て強硬解決を進言している。

6、冀東側も、上層部は下級者の強硬な抗日論に動かされて、日本側との板挾み状態となり、苦慮していることがありありとわかる。

〔参謀本部総務部長中島少将、陸軍省軍務課長柴山大佐の北支出張〕

この頃、中島総務部長と柴山軍務課長が北支に出張し、中央部の不拡大方針に関し、支那駐屯軍と連絡した。事変前から噂のあった。軍参謀の動きが、必ずしも事実無根でないらしいのと、新任の香月軍司令官の態度も、何か不拡大に反対のような様子がうかがわれるので、この出張連絡となったようである。派遣の人選から見て、石原第一部長の意思が大きく反映していたと推測せられる。

柴山大佐の手記なるものを見ると。

「右両官が面接した際、香月軍司令官は中央部に対して釈然としないらしく非常に不機嫌で、不拡大方針といいながら部隊を派遣したり動員したりする中央部の処置を難詰した。柴山大佐がそれでは派遣部隊を山海関以北に停めることに同意せられるかと訊くと、その通りだと云って、とにかく不拡大には同意した。そこで東京に宛て、軍司令官も不拡大に同意であるという文句を最後につけた電報を記案して、池田純久参謀に見せたところ、この最後の文句だけは削除してくれ、これが参謀部にかかると参謀がおさまらぬといって、削除させたというのである。ところが帰京して見ると、その電報を中央の首脳部は誰も全く見ていないという。」（注、天津から発電されなかったのか、東京で誰かが気に食わぬので握り潰したのか、電報事務を調べればすぐわかるのだが、その探索はどうであったのかわからない）以て当時の支那駐屯軍内の空気の一端を推察することができる。

別に（時日は、前電と異ったと思われるが）中島少将は、北支の状況は心配不要、中央の方針の通りに動いている。という趣旨の電報を打っている。この電報が内地三ヶ師団の動員を延期した有力な一因をなした。（石原第一部長回想記事から類推）

七月十二、十三、十四日

1、香月軍司令官は七月十三日、当面の情況判断を決定して、これを中央部に報告した。

情況判断の要旨

(1)、第一次増加兵力を合し、必要に応じ第二十九軍を撃滅し得る如く配置し、状況により随時作戦行動し得るに支障なからしむ。

その態勢は七月二十日前後に完了し得る予定。

軍は依然公正なる態度を以て冀察側をして協定を実行せしむるを要す。これがため必要に応じ兵力を行使することあるを予期し、左の如く準備す。

(2)、右準備間、蘆溝橋附近に関する協定を支那側が履行するか否かを監視し、万一履行せざるときは第三十七師は誠意なきものと認め、河北省南部に即時撤退を要求し、肯ぜざるときは軍は兵力を行使してこの要求を貫徹す。

この場合第二十九軍の他の部隊も行動を共にするにおいては、第三十七師と併せて撤退せしむ。

(3)、蘆溝橋事件に関する協定事項の具体例として、左の如き要求を冀察側に示し実行を促がす。

(イ)、共産党運動の徹底的断圧

(ロ)、排日要人の罷免

(ハ)、排日中央各機関の冀察駐在の撤去

(ニ)、排日団体即ち藍衣社、CC団等の冀察よりの撤去

(ホ)、排日言論および宣伝機関、学生、民衆の排日策動の取締

(へ)、学校、軍隊における排日教育の取締

(ト)、北平市の警備は将来公安隊を以て行い、城内に軍隊を駐屯せしめず

右の要求を肯ぜざるときは、軍は冀察政務委員会は誠意なきものと認め、これが解散と第二十九軍の冀察撤退を要求す。

2、この頃の平津地方および北支方面一般の支那側の動き。

十三日頃北平南方三キロの馬村、十四日頃その南方八キロの団河村において、通行中のわが軍に対し射撃を行ったものがある。

七月十六日混成第十一旅団の一部は、安平(通州東南方十キロ)附近において射撃を受けた。

中国側の戦備が各方面で行われている情報があった。

要するに、七月七日以降七月末のわが兵力行使に至るまで、平津地方においては絶えずどこかで銃声が聞えていたといわれる。果して支那軍の射撃か、共産党などの謀略か明らかでない。

朧海線以北の支那軍兵力は、平時兵力を合して、この頃までに約三十ヶ師と見られていた。この兵力はさらに北上して、平津地区に近く進出し、情況によって冀察政権に強要または同政権を圧迫して、わが軍に抗戦することがあるかも知れない。それを考慮すると、当面の平津方面の状況をはっきり解決することとなく荏苒時日を遷延するときは、困難な事態が生起する可能性があると支那駐屯軍は考えている。

3、中央部の処置。

右の北支軍の状況を承知し、十三、十四日の間中央部が決定した対策は左の如くである。

左　記

七月十一日の交渉案を基礎として、七月十九日正午を期限とし、支那駐屯軍から宋哲元に対し要求させる。先方が受諾履行しない場合は交渉を打切って、第二十九軍を撃退する。

98

同時に予定している内地の三ヶ師団およびその他の部隊を動員する。

南京政府に対しては、あらゆる挑戦的態度を即時中止し、現地当局の解決条件の実行を妨害しないこと、北上兵力を旧態に復することを要求する。

七月十五、十六、十七日

前記の決定は、支那駐屯軍に電報によって示すとともに、参謀本部はこの決定が不拡大方針に基づく処置であることを軍司令官以下に説明了解させるために、十五日(?)作戦課の西村少佐を北支に出張させた。香月軍司令官が右に基づいて宋哲元に要求を通告し、また政府が南京政府に要求を通告したのは七月十七日であった。

この間支那駐屯軍司令官は、攻撃の必要ある場合を考慮して、作戦計画を策定した。

七月十八日

宋哲元は天津に香月軍司令官を訪問して、遺憾の意を表した

今井武官はその回想録に「宋哲元は天津のわが軍司令部を訪問した。表面は新任軍司令官に対する挨拶という名目であったが、実質は謝罪の意味であった。日本軍出兵の情報は、中国側の取りまとめを一層困難にした」と記述している。

七月十九日

1、宗哲元は、わが要求の細目協定を承認した。

今井回想録はこの日の記事に、左の如く述べている。

「宋哲元は帰平、即座に市内の防衛施設を撤去、軍隊の一部を撤収、和平解決を布告、中央軍五ヶ師の北上を婉曲にことわる」

2、南京中央政府との交渉。

蘆溝橋事件発生以来の南京中央政府との交渉は、全く対立状態で進展を見ることができない。七月八

日夜から開始せられた南京における日支交渉は、相互に不法を責め反省を促す状態で、和協への空気は全く見られなかった。南京政府の態度には現地協定を妨げるような挑戦的な傾向すら見られた。

七月十七日、前記の如く日本政府はその要求を提示した。これに対する南京政府の回答は、左の四項目であった。

(1)、日支双方軍隊の同時撤退

(2)、日支政府間の外交交渉による解決

(3)、現地解決は南京政府の許可を要す

(4)、南京政府は現地直接交渉の斡旋、調停、乃至仲裁を行う用意がある。　以上

南京政府としては、北支全体はあくまで完全な中国領土であることを主張し、交渉は南京政府が行うべきものであるという大上段の主張を一歩も譲らなかった。

わが方が宋哲元を相手とし、南京政府の介入を阻止しようとする態度とは、真向から対立しているのである。

七月十九日、蔣介石は廬山会議において有名な最後の関頭の演説をした。要するに、当時の南京政府の決意とその対日態度と、それによって挙国的に統一されている支那側の状況では、日本側が北支の局部で冀察政権相手に一方的に我意を通そうとする交渉がまとまる可能性はなかったのである。

〔蔣介石演説の要旨〕

中国の犠牲の最後の段階は、刻一刻と近づきつつある。われ等は中国の主権を侵すものに対し、断じて一歩も譲歩しない。日支全面戦争も已むを得ない。たとえ弱国であるとはいえ、もし不幸にして最後の関頭に立ち到ったならば、われわれの為すべきことは唯一つ、すなわち全国民の精力の最後の一滴までも傾倒して、国家存立のため抗争するのみである。

盧溝橋の事件は、何等予め計画されたものでないと想像する者があるかも知れないが、既に一ヶ月前

100

から、日本の新聞と幾多外交機関の言明に徴するも、何等かの事件が起るだろうとの兆候が看取された。この事実よりして、日本がわれわれに対してきわめて判然とした態度を包蔵しているので、和平は容易に維持し得ないことを悟らねばならない。

東北四省を喪失してよりここに六年、この間塘沽協定あり、次いで今や争点は蘆溝橋事件において正に北平の城内に到達した。万一北平が第二の奉天になったならば、南京が第二の北平になることを如何にして阻止することができようか。

もし相手が地位をかえて、われ等の地位に立って、東亜和平の維持を主眼となし、日支両国民を戦争の渦中に巻きこみ、相互に永遠の仇敵となることを希望しないならば、右四条件が考慮せらるべき最小限度の条件であることを承認するであろうと思う。……

（取りようによっては、日本に対して反省して見る考えはないかと訴えているようにも考えられる）

故芦田均氏はその外交史に、右四条件の根本をなす原則として、南京政府が考えていたのは左のとおりであると述べている。

(1)、如何なる解決案も中国領土の保全と主権を侵害することを許さない。

(2)、冀察政務委員会の地位は中央政府の決定する所であって、如何なる非合法的変更も許さない。

(3)、冀察政務委員長の如き中央政府の任命した地方長官が、外国の圧迫によって罷免せられることを認めることはできない。

(4)、第二十九軍の現在の駐屯地に対して外力が如何なる制限を加えることも認めない。

この南京政府の主張は、数年来、我北支分治政策に対して幾度も繰返して来たところであって、外交通念として正論である。しかし満州事変後の我北支分治政策はこれを無視して強行せられており、南京政府の言い分に耳を傾ける態度は全くなく、我態度が正当であるという考え方が固定していたのである。

七月二十日
1、中央部の処置。
参謀本部は右の情報により、外交折衝では事態は解決しないと判断して左の処置をした。
(1)、支那駐屯軍司令官に対し、新たに攻勢的任務を与えた。
(2)、南満に待機している臨時航空兵団を、現位置で支那駐屯軍司令官の隷下に入れた。
(3)、保留中の内地部隊の動員準備をさらに進めた。
2、今井回想録によると、この日今井武官が宋哲元に会見した際、彼は北上中の中央軍は保定以南に停止させていると云った。
七月二十一日
支那派遣軍参謀長は、内地動員師団運用に関する中央部からの意見を徴せられた返事として、「帝国は北支事件の不拡大主義を放棄せざる限り、目下の情勢においては内地動員師団は一部を満鮮に、主力を内地に待機せしめ、北支事態の推移を監視するを要す」を判決とし、兵力を派遣しては不拡大の実現がむつかしくなる趣旨の理由を付して報告した。また前記の如く、北支に出張連絡した中島少将と柴山大佐は、帰京してこの日朝、現地の事態の緩和の所見を報告した。
七月二十二日
1、中央部では情勢やや緩和したと見て、動員下令をさらに延期することに決定した。
2、現地支那態度激変。
日本中央部の空気と対蹠的に、この日表面には現われなかったが、支那側には激変が起った。

今井回想録によれば、この日南京から特派された参謀次長熊斌は北平に到着して、宋哲元に指令を下し指導するところがあった。その結果宋哲元以下冀察政権の態度は激変した。

廬山会議には中共側から周恩来が出席し、中共に近い馮玉祥も出席した。この二人が最も強硬な対日抗戦論を主張した。蔣介石の最後の関頭演説後、熊斌は北支に派遣せられたのである。

七月二十三、二十四日

1、中央部は前日来の情勢緩和の空気で比較的平穏。

2、現地（今井回想録）。

二十三日頃から宋哲元の態度は俄然硬化し、北平周辺の撤兵を中止した。

二十四日、松井大佐とともに宋哲元を訪問して約束の履行を要求した。宋は承知せず、「北平市内の撤兵は一ヶ月後には行うだろう」とうそぶいていた。反問したところ、「今は暑いからも少し涼しくなってから実行する」と、全く理屈にならないことを云っていた。

七月二十五日

〔郎坊事件勃発〕

わが通信部隊が、天津と北平のほぼ中間、鉄道に沿う郎坊で、通信線の補修をしているのに対し、第三十八師の部隊から射撃を受けた事件である。この事件は全く偶発的に起ったのであったが、射撃した支那軍が日本に最も好意を持っていると見られていた張自忠の第三十八師の部隊であったことも、この事件の意義を一層重大視する因となった。

これで、表面やや落付いているかに見えた情勢が一挙に緊張し、日支全面衝突の発火作用をなした。

七月二十六日

1、広安門事件発生

我部隊が北平の広安門を通過中、支那軍隊が広安門の楼上から小銃、機関銃を以て射撃を加えた。明らかに挑戦である。

2、支那駐屯軍司令官は、平津一帯の支那軍を攻撃してこれを掃蕩するに決し、明二十七日行動を開始する如く処置した。この日香月軍司令官は宋哲元に対し、期限付撤兵の最後通牒を突きつけた。

3、中央部は右の決心を認可し、左の処置をした。

(1)、支那駐屯軍司令官に、右行動に関し命令を与えた。

(2)、内地部隊の動員、派遣を決定した。

七月二十七日

1、第五、第六師団（何れも応急動員）、第十師団（本動員）、第二十師団（充足人馬動員）およびこれに伴う部隊の動員が下令された。

2、北京では未明より、約二千三百人の居留民を東民巷に集結した。集結とともに支那軍は、同区域を包囲し、外界との交通通信を遮断した。（今井回想録）

七月二十八日およびそれ以降七月末まで

支那駐屯軍は七月二十六日までにその隷下、指揮下に入り、二十五日以降攻撃態勢にあった兵力を以て、この日まず南苑（第三十八師と支援に来着した第三十二師）の攻撃を始め、七月三十一日までに長辛店附近および永定河以北の平津地域を掃蕩し確保した。

× × ×

七月七日盧溝橋事件の発生から、二十八日平津の支那軍に対するわが武力発動までの二十一日間は、譬えていうならば爆薬に接続した導火線の燃焼であった。

この二十一日間を振り返ると、不拡大と銘打って開始された中央部（陸、海軍および政府）の論議、諸施策の決定、対支交渉の実行であったが、実質は中央部も現地も導火線は一歩一歩拡大へ向って燃え進み、ついに起爆剤に引火した結果となった。

中央部では、石原第一部長が不拡大の中心で孤軍奮闘した。この回想録では、その奮闘の実状を詳細具体的に表現し得なかった。この時点の不拡大は、あくまで戦争を避ける意味であるので具体策としては相手と対等公正な地盤に立脚して話合いが行われ、妥結に持ちこまなければ目的は達成し得ない。然るに中央部は、北支現地に対しても、南京に対しても、わが方が一方的に条件を決めて、一歩も譲ることなくこれを全面的に呑まなければ承知しなかった。他面、武力行使の準備は始めからそれを予期して、一歩一歩進められて行った。

現地軍の対支交渉態度と、兵力使用準備の促進は、中央部よりも一層強硬であり一方的要求であった。結局対支膺懲一撃論の拡大勢力が、中央、現地の大部を占めて大河の如き流れを作り、石原第一部長を主とする不拡大論の少数勢力は押流されてしまったのである。

附表第一　参謀本部首脳部一覧表（昭和十二年、七月—八月）

職	階級	氏名	
参謀総長	元帥大将	閑院宮載仁親王	
次長	中将	今井清	(15)
	中将	多田駿	(15)（八、一四より）
総務部長	少将	中島鉄蔵	(18)
庶務課長	歩大佐	上村利道	(22)（八、一五まで）
第一部長	少将	石原莞爾	(21)
	少将	下村定	(20)（九、二八より）
第二課長	砲大佐	河辺虎四郎	(24)
第三課長	歩大佐	武藤章	(25)
	少将	渡久雄	(17)
第二部長	少将	本間雅晴	(19)（七、二一より）
支那課長	歩大佐	永津比佐重	(23)
ロシア課長	騎大佐	笠原幸雄	(23)

欧米課長　騎中佐　土居明夫(29)(八月より)
　　　　　歩大佐　丸山政男(23)
　　　　　歩中佐　芳仲和太郎(27)(八、二より)
第三部長　少　将　塚田　攻(19)
第四部長　少　将　下村　定(20)

附表第二　陸軍省首脳部一覧表(昭和十二年、七月—十二月)

陸軍大臣　大　将　杉山　元(12)
次　官　中　将　梅津美治郎(15)
軍務局長　少　将　後宮　淳(17)
軍事課長　歩大佐　田中新一(25)
軍務課長　輜大佐　柴山兼四郎(24)
人事局長　少　将　阿南惟幾(18)
補任課長　歩大佐　青木重誠(25)

附表第三　参謀本部作戦課部員一覧表(昭和十二年、七月—十二月)

課　長　歩大佐　武藤　章(25)
　　　　航大佐　河辺虎四郎(24)(一〇、二六より)
作戦班　航中佐　寺田済一(28)(八月まで)
　　　　砲中佐　有末　次(31)
　　　　砲少佐　公平匡武(31)

106

歩少佐　西村敏雄（32）
歩大尉　井本熊男（37）
騎大尉　今泉金吾（38）（九月より）

航空班　航少佐　三輪　潔（33）
航大尉　宮子　実（36）
航大尉　松前未曽雄（38）（九月より）

兵站班　歩中佐　磯矢伍郎（29）
歩大尉　二宮義清（34）
歩大尉　今岡　豊（37）

附表第四　支那駐屯軍参謀一覧表（昭和十二年七月十三日）

軍司令官　○中将　田代皖一郎（15）（七月十六日逝去）
○中将　香月清司（14）（同日交代）
参　謀　長　○少将　橋本　群（20）
参謀副長　歩大佐　矢野音三郎（22）
第一課参謀　○歩中佐　池田純久（28）（八、二まで）
〃　砲中佐　堀毛一麿（28）
〃　航中佐　塚田理喜智（28）
〃　歩少佐　中村英夫（31）
〃　航大尉　花谷　浩（34）
〃　歩大尉　八野井　宏（35）

第二課参謀	歩中佐	菅波一郎	(28)
〃	○騎少佐	専田盛寿	(30)
〃	歩少佐	浅井敏夫	(31)
〃	砲少佐	松村秀逸	(32)
第三課参謀	砲中佐	橋本秀信	(27)
〃	輜中佐	田坂専一	(27)
〃	○歩少佐	安達与助	(30)
〃	歩大尉	鈴木　京	(35)
第四課参謀	○歩中佐	和知鷹二	(26)
〃	歩中佐	長嶺喜一	(28)
〃	○歩少佐	大木良枝	(29)

（備考）盧溝橋事件発生当時は○印のみであった。

第三節　北支方面作戦指導の概要

一、七月末頃北支方面敵情の概要

七月末、平津地区の宋哲元軍掃蕩後の北支方面の敵情は、現地、中央とも概略左の如く判断していた。

平津地区から追出された第二十九軍は保定附近に、天津附近にいた約一万の中国軍は馬廠附近に退却した。

涿州、保定間には万福麟、馮占海等の雑軍が三万内外いる。

中央軍は保定、石家荘間に約六万、石家荘、順徳間に約三万、北部河南省、隴海線沿線に三十万内外、徐州附近約五万、合計四十五万内外で、その有力なものは逐次主として平漢線沿線を石家荘、保定方面に北上するであろう。

山東には未だ大きな兵力は存在しない。

察哈爾、山西方面は、小兵力を以て防勢に立つであろう。

二、北支方面に対する爾後の作戦指導

1、中央統帥部の構想

七月末頃、中央統帥部の考えていた作戦構想の大要は、支那駐屯軍をして当初の派遣兵力（平津掃蕩に任じた兵力）に内地の動員三ヶ師団基幹の兵力を加え、約四ヶ師団強の兵力を以て当面の敵を撃破し、保定、独流鎮の線に進出させる。

状況により、青島および上海に作戦することがある。

その場合青島に対しては、概ね一ヶ師団を基幹とする兵力を以てこれを占領し、居留民を保護する。

上海に対する作戦は、状況真に已むを得ない場合にのみ、なるべく小兵力を以て行う。

右の構想に基づいて、陸海軍の協定を実施した。

2、兵力増派と北支那方面軍の編成

前記の如く一応の作戦構想は立てられたが、前述の敵情をさらに考察し、北支の地形を考えると、この作戦構想には相当の再検討を加える必要を生じて来た。

当時陸軍としては、中支のことは深刻な問題でなく、北支が主作戦地と考えていたことは満州との関係上当然のことであった。

前述の敵が真面目な決戦を企図し、北支奪回を目的として北上するときは、保定方面において一大決戦の起ることが判断せられる。その兵力が四十万内外とすれば、これを撃滅するためには、わが四ヶ師団を以てしては不足である。さらに北支の広大な地形を考え、戦場は自ら平漢沿線と津浦沿線に二大別することを考慮すると、軍を二つ作る必要がある。二ヶ軍の作戦となれば、ここにそれを統一運用する方面軍司令部が必要となって来る。それ等を前提とし、さらに蒙疆方面は北支平原の主作戦の側背として重視しなければならず、この方面に一部の作戦が必要となる場合を考慮に入れると、どうしても数ヶ師団の増派をしなければならない。

さらに強大な敵を捕捉殲滅するに必要な地域を考えた場合、その主戦場が保定附近としても、なお相当の広地域の作戦行動を予期しておく必要がある。保定、独流鎮の線以北に作戦地域を縛ったのでは、河北決戦の指導は不可能である。

当時不拡大方針は変っておらず、その意義は今や一般的な考え方としては戦域拡大の制限に変っていたが、それにしても保定、独流鎮の線では、大兵団の決戦による捕捉殲滅の目的の達成はできない。結局、中部河北省というあいまいな表現で相当大地域を考え、その地域で河北決戦を行い、しかもなるべく作戦地域の拡大を制限することが考えられた。中部河北省という概念は人により異っていたが、大体において石家荘東西の線以北が考えられていた。

この状況で対支兵力使用の限度を拘束した条件は、いうまでもなく対ソ考慮であった。当時対ソ兵力

110

挿図第2　北支那作戦地域概見図

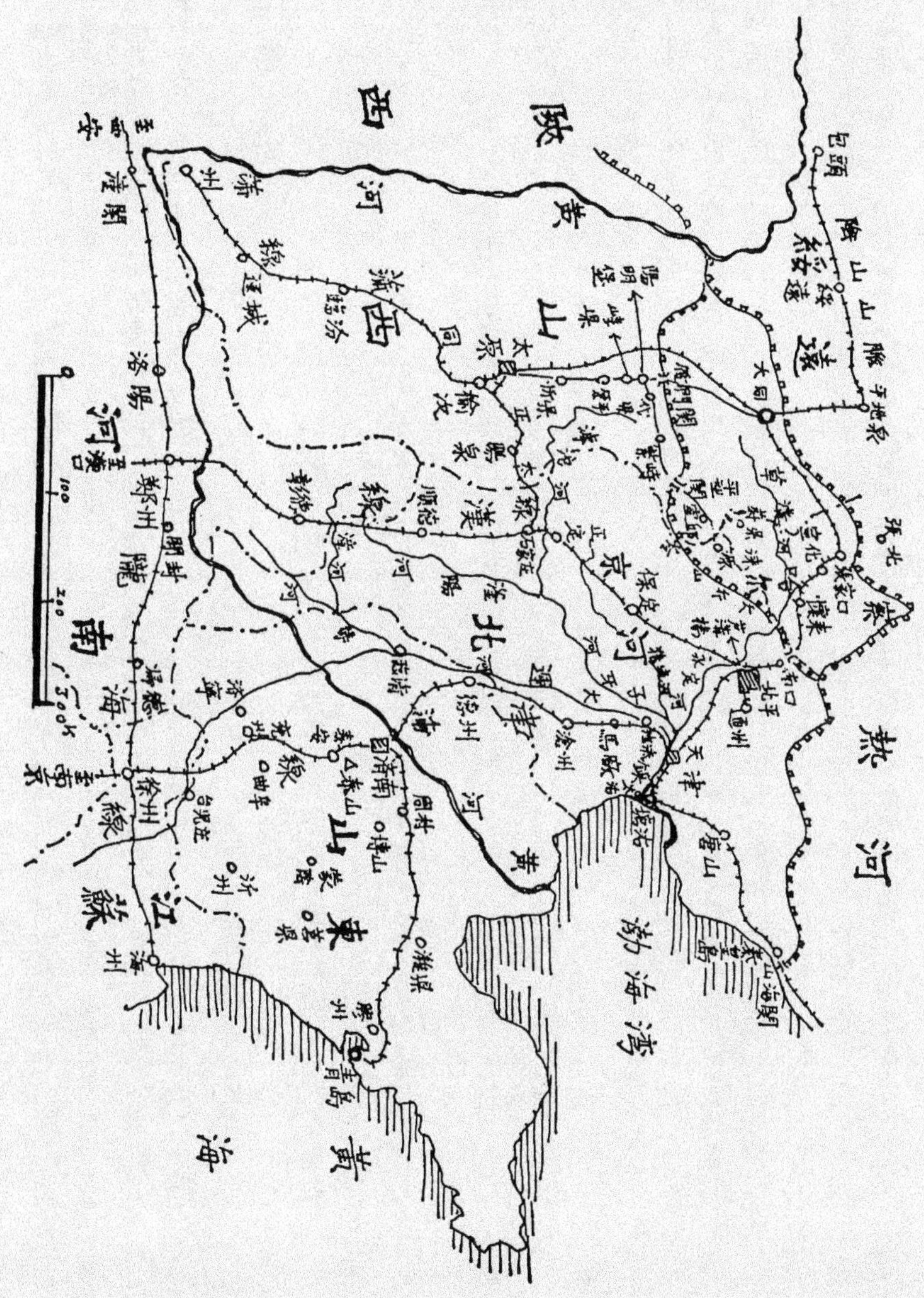

111　第一章　昭和十二年

は、予備まで入れて二十三ヶ師団と考えていた。総動員兵力は三十ヶ師団であるので、対支使用兵力は七ヶ師団しかない。青島、上海等まで考えると、もう北支へ増加の余裕はないのであるが、万一の場合は、差当り満州に近い北支方面から兵力を引抜いて転用することとして、辻褄を合せる考えであった。

事変の予算としては、対支十五ヶ師団使用の前提で、差当り昭和十三年三月末までに二十億円近くの取得ができた。これは軍需動員を主目的としたものであったが、戦争指導課と軍事課の努力によって実現した画期的な大予算であった。

以上のような経緯で、さらに三ヶ師団とこれに伴う相当多くの部隊を動員派遣することとなり、八月中旬、第十六、第百八、第百九の三ヶ師団とその他の部隊の動員が下令せられ、八月三十一日その北支派遣が発令せられた。これ等の兵力が北支に到著するのは、九月中旬から十月上、中旬頃にわたる予定であった。

別に状況により青島に上陸させる腹案で、八月二十九日大阪を出帆し、まず大連に向て航行中の第十四師団は、途中から行先を天津に変更せられて、北支軍の隷下に入れられた。

八月十三日には上海に火の手が上り、これに対する兵力派遣等で忙殺されることとなったが、このことは後述中支関係の項で述べることとする。

そのような中で筆者は、北支那方面軍の戦闘序列を作成する作業に没頭した。これは机上の作業であるので大したことではないが、それでもかなり膨大な戦闘序列を一人で作り上げるのには苦労した。

北支那方面軍戦闘序列の発令は八月三十一日で、同時に発令せられた方面軍司令官（寺内寿一大将）の任務は左記の通りであった。

「北支那方面軍司令官ハ、平津地方及ビソノ附近ノ主要地ヲ占拠シテコレ等地方ノ安定確保ニ任ズルトトモニ、敵ノ戦闘意思ヲ挫折シ、戦局終結ノ動機ヲ獲得スル目的ヲ以テ速カニ中部河北省ノ敵ヲ撃滅スベシ」

〔戦闘序列の骨格〕

北支那方面軍
- 第一軍—第六、第十四、第二十師団
- 第二軍—第十、第十六、第百八師団
- 第五、第百八、第百九師団、支那駐屯混成旅団（旧支那駐屯軍）
- 臨時航空兵団

3、派遣兵力の集中および察哈爾作戦着手

(1)　兵力集中　前記七月末の中央部作戦構想に基づき、支那駐屯軍司令官は、兵力の集中を待って、作戦を遂行するため逐次にその準備を進めた。七月二十七日に動員派遣が下令せられた第五、第六、第十師団の北支到着予定の概見は、左の如くであった。

八月十日頃、第五、第六師団の応急動員部隊
八月十五—二十日頃、第十師団および第五、第六師団の充足人馬
八月末頃、後続部隊全部

右の集中概見から見ると、支那駐屯軍司令官の作戦発起は、早くも八月中旬末頃とならざるを得ない見当であった。

然るに前述の如く八月中旬には北支那方面軍の構想がほぼ決ったので、支那駐屯軍司令官は前記の作戦を止めて、方面軍の集中掩護に任ずることとなり、逐次に主力を北京南方地区、一部を天津附近に配置した。

(2)　察哈爾東部作戦着手　支那駐屯軍司令官は七月末の掃蕩作戦後、内地からの兵力集中間、察哈爾方面に対し、関東軍の混成十一旅団（旅団長、鈴木重厚少将）を南口附近に位置して、側背の掩護に当らせていた。中央部は前述のような敵情判断をしており、当初この方面に作戦を行う考えはなかった。

ところが八月初め頃、支那中央軍若干兵団が北部山西方面から八達嶺、南口方面に進攻する情報を得た。これは予想外のことであったので、研究の結果、河北の主敵に対する作戦前にこの敵を撃破して、背後を安全にしておく必要性を感ずるに至った。

それが支那駐屯軍に伝えられ、同軍は、一部の兵力を以て八達嶺附近内長城線を突破して、察哈爾東部に進入する作戦を行うこととなった。支那駐屯軍はこの作戦のため、鈴木旅団と逐次到著しつつある第五師団を当てた。

両兵団は八月十二、三日頃から攻撃行動を開始した。第五師団は南口正面の鈴木旅団の左方に向ったため、最も嶮難な地形で頑強な敵の抵抗に対戦した。さらに保定方面から北上した数ヶ師の支那軍が第五師団の左側に迫ったので、極めて困難な作戦となった。師団はこれに対して善戦し、八月二十三日頃長城線を突破して敵を追撃し、九月七日頃宣化（張家ロ東南方三十キロ）南北の線に進出した。

鈴木旅団も第五師団の進出と相俟って、察哈爾東部に進入した。

この作戦は前記の如く、元来北支軍主力の背側の危険を除去し、主力の作戦を容易ならしめるのが目的であった。従って、察哈爾方面に深入りする考えはなく、目的達成後は地形上の要線を確保し、第五師団は河北作戦のため転用する考えであった。ところが後述する如く、各種の経緯があって結局第五師団はそのまま西進し、山西作戦を行うことになったのである。

4、河北の主作戦

(1) 保定方面の決戦　北支那方面軍の集中は、降雨の連続による河北省の大浸水のため難渋したが、九月十日頃には概ね第一、第二軍（第二軍は第十師団の外はなお輸送中）ともに攻勢を発起し得る態勢となった。

方面軍司令官は主力を京漢線方面に指向し、主決戦場を涿州、保定周辺に求めて敵を撃滅し、保定、涿州の線に進出する会戦指導の方策を決定した。

敵主力は保定を越えてさらに北上し、所在の陣地を利用して配備を固めつつあるように見えた。涿州周辺から保定附近に亘る間には、事変前から堅固な拠点を持つ数線の陣地が北向きに構築せられていたのである。

北京南方地域に展開した第一軍は、右より第二十、第十四、第六の三ヶ師団を並列し、九月十四日永定河右岸の線を発して攻勢に前進し、涿州、保定間においてやや強い敵の抵抗を撃破しつつ、一日平均約十五キロの攻撃進度を以て九月二十四日保定を占領した。

第二軍は第十師団を以て津浦線に沿い攻撃前進し、九月二十四日滄縣を占領した。

当時河北省の東半部は、七月来の大降雨のために浸水して海のような観を呈し、特に第二軍の作戦地域は、津浦線のみが海上に浮んでいるような景観を呈し、これに沿う狭長な地区の外、陸上作戦を行う余地はなかった。

(2)　石家荘、徳州方面に向う作戦　方面軍司令官は、以上の状況において引続き石家荘、徳州の線に向って敵を急追し、これと決戦することを企図した。これに基づき第一軍を正定に向い突進せしめ、第二軍は一部を以て徳州に向い、その主力を子牙河、およびその上流滏陽河を遡江して正定南方地区に進出し、第一軍正面の敵の右側背に進出する如く作戦せしめた。

第一軍は保定付近において態勢を整え、十月一日発進し、十月九日正定を占領（保定—正定間百キロ）した。

軍は引続き追撃に移り、第十四師団、第百八師団を以て十月十八日彰徳（河南省北端）北側漳河の線に達して停止した。第二軍主力（第十六、第百九師団）は、子牙河、滏陽河の遡江と、大浸水地域の通過に多大の困難を冒しつつ、概ね第一軍の進出と同時に、先頭を以て正定南方地区に進出した。

津浦線方面においては、第十師団を以て十月三日徳州（津浦線上、山東省北端の要地）を占領して停止した。

以上河北作戦は、永定河の線を発進して以後、概して連続的一挙進撃であって、当初予期した中部河北省の殲滅作戦は実現せず、敵は全面的に退避作戦を行い、ついに河北省全域を占領することとなってしまった。永定河から漳河まで平漢線上の距離は五百キロ強である。

ともあれ、三ヶ師団動員すれば屈伏するはずであった蔣介石は、今八ヶ師団で河北省全部を占領しても参らないのみならず、この頃上海では血みどろの陣地戦が五ヶ師団を以て戦われており、戦況は一向に進捗しなかった。その戦況を打解するため、北支から二ヶ師団半の兵力が転用され始めたのもこの頃であった。敵は何故に北支で退避作戦を行ったのか。蔣介石の戦争指導方策とそれに基づく作戦指導方針を如何に判断するか、深刻な状況判断をしなければならない段階に逢着したのであったが、それを考えてその後の方策を決めようとする着想は中央部になかった。(この頃石原第一部長は既にいなかった)

5、察哈爾および山西作戦

(1) 察哈爾作戦　関東軍は七月七日の事変が起るとともに、予め関心の深い内蒙、察哈爾方面に作戦する企図の下に、差当り多倫方面から一部の兵力を以て察哈爾に進入し、この方面を勢力圏に入れようとして、しばしば中央部に意見具申をした。

中央部は、不拡大方針と、関東軍が本来の任務に基づいてこの方面の策動を止め北方に向くことを求めるために、これを採用しなかった。その後この意見具申は再三強行され、中央部も遂に同意することとなり、八月七日差当り関東軍部隊の張北進出を認可し、関東軍の察哈爾作戦が始まった。

それは前述支那派遣軍の察哈爾東部作戦の発起とほぼ同時であった。この作戦実施に伴い、事変当初から北支に派遣していた混成第十一旅団(鈴木旅団)、独立混成第一旅団(酒井旅団、機械化)等を関東軍に復帰させた。

関東軍は八月七日から二十五日までの間に、堤支隊（歩兵一大隊）、混成第二旅団（本多旅団）、混成第十五旅団（篠原旅団）、独立混成第一旅団を張北周辺に集結し、九月上旬作戦を発起し、中旬までに大同周辺の地域を占領した。

第五師団は前述の如く、九月上旬宣化附近進出後（八月三十一日以降北支那方面軍直轄）、南面して関東軍と肩を並べる態勢で察南から晋北東部に進攻し、九月中旬渾源、霊邱、涞源（河北省）の線に進出した。この際中央統帥部は、北支那方面軍と関東軍との作戦地域を、概ね桑溝河（永定河上流）の線に定めた。保定附近の会戦にあたり、北支那方面軍は第五師団を蔚県—涞源道に沿う地域から敵の左側背に迫る如く保定平地に進出させる意図を示し、第五師団との間に種々経緯があったが、第五師団は結局歩兵第九旅団（一聯隊欠）を保定方面に進出させたのみで、主力は前記の如く山西北部（晋北）方面に深入りして行った。

九月下旬、歩兵第二十一旅団主力が平型関の敵を攻撃して苦戦に陥り、第五師団は主力をここに集中して戦闘する結果となった。

関東軍の混成第二旅団、同第十五旅団は第五師団の作戦に協力することとなり、第五師団は九月末平型関を占領した。これ等の諸兵団は九月末から十月初頭にわたり、内長城線の南側滹沱河畔の大営鎮、繁峙、代県の区域に進出し爾後の作戦を準備した。

(3)　山西作戦　山西作戦を行うべきか否かについては、方面軍においても中央部においても、主要幕僚以上において意見が一致していなかった。

北支那方面軍司令官以下の上層首脳部は、山西よりも山東に意思が強く向いていた。作戦主任の下山大佐は、山西を重視していた。中央部においては上海の戦況が深刻を極めておる当時、誰しも出来る限り戦面を拡大したくなかったのである。

板垣第五師団長は熱心な山西進攻論者で、方面軍、中央に対し、公式、私的に強く意見を具申した。

その私的信書は中央においては多田次長、石原第一部長に宛てられ、これは相当に利いたようである。多田、石原、板垣の人的関係は特に密接であり、折入っていわれれば、ことわることの出来ない因縁もあったと推察する。石原第一部長の回想録を見ても、「あのめったに手紙を書かない人が、熱心な意見を書いてよこしたのに動かされた」ような意味のことが書いてある。

結局中央部において、この作戦を行うことに決し、十月一日北支那方面軍司令官に発令し、関東軍に対しては本作戦のため、混成第二および第十五の二ヶ旅団を方面軍司令官の指揮下に入らしめる如く命令した。

第五師団が方面軍の意図の如く、東部察哈爾から南下して保定会戦に参加することなく北部山西に向って西進するに至ったことは、第五師団の先頭部隊が逐次当面の強敵と取組む状況となり、それを支援するために已むを得ず、北部山西に深入りすることとなった純作戦上の理由も確かにある。しかし主たる原因は、板垣中将が作戦と政(謀)略(閻錫山に対する)の見地から山西を速やかに攻略し、その効果を主力方面に及ぼすことが全般のため有利であると考えたのが主たる理由ではなかったかと、筆者は推察している。第一軍が保定に向う作戦中数日間、板垣師団の状況がどうもつかめない時期があった。九月十八日には、第一軍司令官は方面軍司令官の意図に基づき第五師団に対し、速やかに淶源を経て保定方面に進出すべきを督促しているがどういうわけかそれは実現しなかった。

筆者はさらに憶測を逞うして(これは全く筆者個人の憶測である)、坂垣中将を右の如く動かした力の何がしかは、辻政信大尉ではないかと思っている。辻大尉は北支那方面軍の編成にあたり、関東軍参謀から同方面軍参謀に補任されたが、著任早々、自ら飛び出して板垣師団長の下に派遣参謀の形で行ったといわれていた。筆者が北支に出張して、十月六日代県の第五師団司令部に宿泊し、辻参謀と話した際のその発言から類推して、こんな憶測が生れたのである。

大命に基づく方面軍命令により、太原攻略作戦は十月初頭から開始せられた。混成第二、同第十五旅団は第五師団に先んじて発進し、本多旅団は崞県（代県南方二十キロ）、篠原旅団は原平鎮（崞県南方十五キロ）を攻撃し、十月上旬末これ等を占領した。第五師団は、十月十三日から篠原旅団を併せ指揮して、忻口鎮の敵の攻撃を開始したが、平型関口の戦闘と同様山西軍の抵抗は意外に強く、忻口鎮では遂に三週間もひっかかる難攻となった。

その戦況を打開するために石家荘を占領した後、第二十、第百九の両師団が、正太線に沿う地区から太原に向って進攻せしめられた。忻口鎮の敵陣地の崩壊は、この両師団が側背に迫ることによって早められたものと思われる。かくして各兵団は、ほぼ同時に太原周辺に進出し、太原を占領したのは十一月八日であった。

6、綏遠、包頭作戦

関東軍の大同周辺占領後、中央部はさらに作戦を拡張して行うことなく、占領地域を確保安定させる考えであった。然るに関東軍は、平綏沿線の作戦を進めることが可能でかつ有利であるという判断の下に、第二十六師団（混成第十一旅団改編）および独立混成第一旅団を以て十月十四日、平地泉附近から平綏線に沿う地域を進攻し、たちまち綏遠を、次いで十七日包頭を占領した。

中央部は作戦発起後、これを追認したのであった。当時、察哈爾、晋北、綏遠方面の作戦地の所属を如何にするかが重要な問題となった。年末に至るまでは、この方面の作戦実施部隊を関東軍所属のままこの作戦地域を占領せしめて、治安を回復せしめた。年が明けるとともに、駐蒙兵団なるものを編成して（蓮沼蕃中将を兵団長として、第二十六師団基幹の部隊を指揮せしめた。これに軍という名称を付することは、梅津陸軍次官の反対で成り立たなかったといわれる）中央直轄とし、関東軍は満州国境以内、北支那方面軍は内長城線以内を担任地域とし、駐蒙兵団はその中間地域を担任することとなった。昭和十三年春、梅津次官が第一軍司令官に転出すると間もなく、駐蒙兵団は駐蒙軍という名称に格上げせられた。

7　山東作戦

方面軍の編成当時から、寺内軍司令官は黄河まで進攻すること、および山東省作戦を行う意図を強く持っていた。石家荘作戦の一段落後も、しばしばその意見を具申したが、中央部は上海方面の作戦の関係上これを抑止し、かえって第六、第十六師団、国崎支隊等の有力な兵団を中支に転用するの已むなき状況であった。

この間方面軍は、第十四、第百八の両師団を以て、河北省南部地域において、宗哲元軍の蠢動を制するため、これが掃蕩作戦を行った。

十二月十三日南京陥落に伴い中支方面においては若干兵力の余裕を生じた。一方黄河の結氷は例年に比して若干遅れる見込みである。大本営（昭和十二年十一月二十日設けられた）はこの機会に、予ての北支方面軍の意図を実現するに決し、十二月十八日、膠済沿線および済南より上流の黄河左岸地域を戡定するため、逐次作戦を推進すべきを命じた。

これより先、方面軍は十一月中旬、第十師団を済南に近く黄河左岸に、第百九師団を武定周辺（済南東北約百キロ）の山東省地域に進出させていた。

右大本営命令に基づき、十二月二十三日両兵団は済南東北方五十キロ附近において大なる敵の抵抗を受けることなく黄河を渡河し、引続き第十師団は十二月二十六日済南を占領し、十三年一月五日その一部は兗州附近に進出した。本川旅団は直路南進して、十二月三十一日博山（済方東南方七十五キロ）を、十三年一月四日、蒙陰（博山南方八十キロ）附近に進出した。

別に第五師団の歩兵第十一聯隊主力（鯉城支隊）は膠済線に沿って青島に向い急進し、十三年一月十八日青島に到着した。

附表第五　北支那方面軍参謀一覧表（昭和十二年九月一日）

120

軍司令官	大将(伯)	寺内寿一(11)
参謀長	少将	岡部直三郎(18)
参謀副長	少将	河辺正三(19)
第一課参謀	航大佐	下山琢磨(25)
	砲中佐	堀毛一麿(28)
兼	航中佐	塚田理喜智(28)
	航中佐	寺田済一(28)
	航少佐	花谷浩(34)
	歩大尉	辻政信(36)
第二課参謀	歩大佐	大城戸三治(25)
	歩中佐	菅波一郎(28)
	航中佐	塚田理喜智(28)
兼	歩中佐	長嶺喜一(28)
	歩少佐	浅井敏夫(31)
第三課参謀	砲中佐	橋本秀信(27)
	歩中佐	長嶺喜一(28)
	歩中佐	安達與助(30)
兼	歩少佐	浅井敏夫(31)
	歩少佐	阿部芳光(32)
	工少佐	折田正男(34)
	騎大尉	穐田弘志(36)

騎大尉　種村佐孝（37）

附表第六　第一軍参謀一覧表（昭和十二年九月一日）

軍司令官	中将	香月清司（14）
参謀長	少将	橋本群（20）
第一課参謀	歩大佐	矢野音三郎（22）
	騎中佐	森赳（28）
	砲少佐	友近美晴（32）
	歩少佐	八野井宏（35）
第二課参謀	輜大佐	木下勇（26）
	歩少佐	桜井徳太郎（30）
	航少佐	鈴木京（35）
第三課参謀	輜大佐	板花義一（23）
	歩少佐	桜井徳三郎（31）
	砲大尉	倉橋武雄（37）

附表第七　第二軍参謀一覧表（昭和十二年九月一日）

軍司令官	中将	西尾寿造（14）
参謀長	少将	鈴木率道（22）
第一課参謀	砲中佐	岡本清福（27）
	歩中佐	鵜沢尚信（28）

122

歩少佐 大木良枝（29）

歩少佐 山沿治夫（32）

第二課参謀

歩中佐 山田国太郎（27）

砲少佐 清水孝太郎（33）

航少佐 大平秀雄（33）

第三課参謀

輜中佐 田坂専一（27）

歩少佐 山津兵部助（33）

砲少佐 小山公利（37）

（二）《东京朝日新闻》报道卢沟桥事变（7月9日—11日）

资料名称：《東京朝日新聞》蘆溝橋事変相关内容（七月九日—十一日）

资料出处：葛西純一編訳《新資料・蘆溝橋事件》，成祥出版社1975年発行，第49—86頁。

资料解说：本资料是《东京朝日新闻》在卢沟桥事变爆发后所进行的一系列报道，由此可以观察日本舆论对事变的基本认识。

東京朝日新聞（夕刊一面）

昭和十二年七月九日　発行

北平郊外で日支両軍衝突
不法射撃に我軍反撃
二十九軍を武装解除
疾風の如く竜王廟占拠

〔北平特電八日発〕　八日午前零時頃、わが駐屯部隊が北平郊外蘆溝橋付近において夜間演習中、蘆溝橋駐屯の第二十九軍第三十七師（師長馮治安）に属する二百十九団の一部が不法にも数十発の射撃を加えたため、わが軍は直ちに豊台駐屯部隊に急報して出動を求め、支那軍に対して包囲体勢をとり対峙、わが軍は支那側の不法行為に対し、厳重謝罪を要求したところ、午前四時二十分、支那側は再び不法射撃を行ないたるため、わが軍も遂に火蓋を切り、双方機関銃迫撃砲をもって交戦、銃砲声は暁の空を破って遥か北平城内まで伝わったが、遂に支那軍を撃退し、竜王廟を占拠した。蘆溝橋の支那部隊に対しては目下、武装解除中である。

〔天津特電八日発〕　支那駐屯軍司令部午前八時半発表＝豊台駐屯のわが部隊は、不法なる支那軍の砲撃に対し厳重なる交渉を開始せんとするや、蘆溝橋北方千メートルの竜王廟にあった支那軍は、八日朝五時半不法にも再び射撃を開始した。よって、わが軍は直ちにこれに応戦して撃退し竜王廟を占拠した。なお、蘆溝橋の支那軍に対しては目下、武装解除中である。軍は支那軍の不法な挑戦行為に対して、断乎その反省を促す。

支那の要請で一時停戦

〔北平特電八日発〕八日午前九時半、支那側の停戦懇願により、両軍ひとまず停戦状態に入ったが、わが軍は午前十一時までに付近一帯の支那軍が完全に撤退を実行しない限り、全滅作戦を以って撃退すべしとの強硬態度を持し、この決意のもとに目下、現地交渉が進められつつある。

硝煙の戦線を行く
突如銃を擬し脅迫
凄絶・砲火耳朶を打つ

〔蘆溝橋にて常安特派員八日発〕北平城外を西南方へ十一マイル、自動車を駆って日支両軍交戦中の蘆溝橋に向ったが、進むにつれて銃砲声はますます激しく耳を打つ。走ること一時間半にして平漢線の陸橋に到着すると、ここには我が増援部隊の一部がトラック数台を乗り捨てて、小高く連なる線路に拠って前方の敵状を偵察していた。遠く望めば西方半マイルばかりに宛平県城（蘆溝橋城）

50

が見え、県城の後方一帯の森の中数十箇所にわたり砲煙が立ち昇り、迫撃砲、機関銃の音が絶え間なく聞こえてくる。しばらくするうち、蘆溝橋城塁高く白旗が二本揚げられたので、記者は直ちに県城西門に車を乗りつけようとしたところ、二、三町手前で城壁の上から支那兵の怒鳴りつけるような誰何を受けたので、身分を明かし、写真機を取り出そうとした途端、支那兵は俄かに銃を擬して発射の姿勢をとり、記者の入城を拒否した。こうしているうちにも銃声は依然として物凄く鳴り響く。やむなく陸橋の堤防まで引き返すと、戦線を視察してきたわが軍の某将校に出会い、交戦の模様をつぶさに聴くことができた。今回の事件は支那側の不法射撃によって発生したものであること一点の疑いもなく、戦友中に死傷者さえ出した。わが将兵一同痛憤の程もさこそと思われる。支那側はあちこちに点々と兵営が散在しているので、わが部隊はかなり苦戦しながら午前六時頃に至り、竜王廟に拠る敵兵の主力を撃退したので、事態はようやく小康状態に向っているが、情勢の展開はもとより予断を許さない。

わが電線を切断し
行動妨害を企つ
支那側計画的行為か

〔北平特電八日発〕七日深夜衝突事件発生と共に北平、天津間のわが軍用電線は北平、豊台間において一ヵ所、豊台、天津間において一ヵ所を切断されていることが判明した。なお、事件発生当時、北平部队は演習のため通州方面に行軍中で、集結命令により現地に急行せんとするや、支那側は朝陽門（通州街道口にある北平城門）を閉鎖して右部隊の行動に障害を与えたるが如き事実もあり、それらの点を綜合すれば今回の事件は必ずしも突発性のものでなく、支那側の計画的行動ではないかとの疑念がきわめて濃厚であるといわれている。」

南京政府強硬

宋哲元氏に帰平命令

〔南京八日発同盟〕盧山にある蔣介石氏は蘆溝橋事件に関し、南京よりの急電に接するや午前八時、直ちに幕僚会議を開き対策を協議したが、その結果、目下山東省楽陵に引きこもり中の宋哲元氏に対し至急北平に帰任の上、問題の善後処置にあたるべきことを電命した。

〔南京八日発同盟〕蘆溝橋付近における日支軍衝突事件に関して、八日午前六時頃、第二十九軍司令部から南京軍事委員会及び盧山の蔣介石氏宛て簡単な報告が届いたが、その報告は全く事実を歪曲したもので、

夜間演習中の日本軍突如わが軍に不法攻撃を加え来り、わが軍やむを得ずこれに応戦す

とあり、支那側はなお詳細不明のため、折り返し第三十八師長張自忠氏及び第二十九軍長宋哲元氏に対し、即時詳細報告するよう命ずると共に、事件の拡大防止方を厳命した。しかし、外交部に

おいては右現地報告をたてに強硬態度を示しており、廬山にある王寵恵外交部長より命令あり次第、わが方に対し逆捻的に抗議を提出する意図を有している。

已むを得ぬ自衛

今井北平駐在武官談

〔北平八日発同盟〕盧溝橋衝突事件に関し、今井北平駐在武官は八日左の如き談話を発表した。

最近、宋哲元氏の不在等も手伝って各種の謡言が行なわれてきたので、日本側としては、支那側の誤解を避けるよう極力努力してきたにも拘らず、かかる事件が生じたのは甚だ遺憾にたえない。今度の事件は全く支那側で演習中のわが軍に対し、突然発砲したことに起因し、しかも日本軍は、真ちに演習を中止し、部隊を集結してひとえに支那側の出方を監視していたのに、支那側は再びこの部隊に対し発砲して挑戦行為に出たもので我方としては真にやむを得ざる自衛行為であって、当然の処置に出たにすぎない。かくの如く不祥事件が再三起ることは日本と冀察との関係上面白からぬことであるから、この種事件の再発を除くため、何等か考慮しなければなるまい。事件拡大は勿論日本側としては望むところではないが、今後の帰すうは一に支那側の出方いかんにかかっている。

◎今日の問題

満ソ国境の危機僅かに去って、北支忽ち緊迫す。あちらでも、そちらでも、よくよく蜂退されたいとみえる。

東京朝日新聞（二面）

昭和十二年七月十日　発行

盧溝橋事件一段落
支那撤兵を完了
善後処理交渉に移る

〔天津特電九日発〕　盧溝橋における日支両軍の対峙は七日夜来三日間にわたり、形勢重大を極めたが、八日の交渉に引続き、九日朝来七時より午後零時半に及ぶ支那側との交渉及び第百十旅長何基豊氏が自ら現地に赴き支那軍を説得した結果、ついに午後零時二十分支那軍は永定河右岸地区に撤退を完了したので、我が方も戦闘行動を中止し、事件善後処置の交渉に入ることとなり、現地の両軍対峙に関する限り事件は一段落を見るに至った。

〔北平九日発同盟〕　宛平県城内支那軍の永定河右岸撤退は九日夕刻までに完了を見た。同軍撤退後の県城内外の治安は日支両当局協議の結果、銃器を有せざる保安隊約百五十名を以って当てる事となり、既に入城を終わった。

54

外務省着電

九日午後八時三十分外務省着電によれば九日午後四時蘆溝橋に残留せる支那部隊は完全に永定河西方に撤退を終了した。日本軍は豊台方面に集結しつつある。

〔北平特電九日発〕　支那駐屯軍司令部午後一時三十分発表＝蘆溝橋の支那部隊は我が要求を入れ、午後零時二十分ついに撤退して永定河右岸に移れるを以って、我軍は蘆溝橋北側及び東側に兵力を集結し、戦闘行動を中止して事件の善後処理に関する交渉を開始することとせり。二十九軍首脳部が既に速かなる和平復帰と事件の不拡大とを希望しあるに拘らず、蘆溝橋は支那部隊がことさらにその撤退を緩慢ならしめたるは、一昨夜来の竜王廟付近の支那部隊の不法射撃と併わせ考えるも、これが原因は明らかに近時ますます露骨化し来たれる南京政府側及び共産党系の支那軍隊、就中その中堅将校以下に対する抗日宣伝の結果なりと断ぜざるを得ず、かくの如きは支那軍上下の意思を阻隔し、延いて冀察側の立場を不利に導くものにして、もしこれにより所謂人民戦線派の宿望達成を助長するが如き結果を招来するあらば、東亜大局のため真に遺憾とする所なり、軍は今後の動向に対し重大なる関心を有す。

〔天津九日発同盟〕　駐屯軍司令部午後四時発表＝支那駐屯軍参謀長橋本少将は事件善後処理交渉の

ため九日午後四時幕僚を帯同し、列車にて北平に向かった。

〔北平九日発同盟〕 数日中に日支両当局間に事件の善後処理に関する交渉が開始される筈で、双方とも既にその準備に着手した模様である。交渉開始の時期、場所及び代表等はなお決定を見るまでには至っていないが、だいたい日本側は松井特務機関長、冀察側は秦徳純氏が代表となって交渉が行なわれる模様である。

北支駐屯軍の演習
条約に基く権利
わが軍行動の詳報検討

今回北支において突発した蘆溝橋事件の原因は、夜間演習中のわが軍に対して支那軍が不法射撃をなしたことに起因するが、当時のわが軍の演習は条約上の権利を行使しているにも拘らず、突如支那側の射撃を受けたので、全く自衛上の手段として応戦したに止まり、他意なきことはわが関係当局に達した情報によっても明らかである。条約上の権利＝演習権＝については一九〇二年七月の天津還付に関する日清交換公文に、

「……外国軍は操練をなし射撃及び野外演習を行なうこと自由たるべく、ただ戦闘射撃の際には単にその通告を与え可申候」

56

と規定され、北平、天津に駐屯するわが軍は北支において条約上演習権を有しているのである、今回事件の発生した地区一帯は右の権利に基づき、秋季演習をはじめ大小の演習を実施しており、特に蘆溝橋北側地区は住宅地には適せず地形上演習好適地で、殆んど我軍の練兵場化していた。殊に最近は検閲前であるので連日連夜演習を実施していた。のみならず蘆溝橋上下流の永定河原は西方高地を目標とする実弾射撃場としてしばしば利用せられていて、事件当夜の夜間演習の如きも日常茶飯事として支那側は当然予期していたところである。

夜間演習について、わが軍はその旨支那側に通告する条約上の義務は負わされていないが、わが軍としては土民を驚かさないよう好意的にその旨、支那側に通告さえしていたのである。また事件発生当時について支那側は種々逆宣伝をなしたが、現地官憲よりの報告によれば、その真相は大要次の如きものである。

今回事件の突発した蘆溝橋と我軍の一部が駐屯する豊台とは約一里半の距離にあるが、七日夜間演習のため豊台を出発した我が一小部隊は前記蘆溝橋北側の演習地区に向かうべく蘆溝橋東北地区を通過中、七日夜半蘆溝橋東側の支那兵から十数発の射撃を受けたので我が伝令は直ちに豊台の兵営に飛び、直ちに非常呼集が行なわれ、八日払暁さらに我が演習部隊が竜王廟の支那軍から発砲される頃までには、既に豊台と北平から実弾と増援隊が現地に到着しており、ここに我軍は支那軍に対して応戦するに至ったものである。

我軍においてはかねて支那側軍事首脳部に対して不慮の事件を防止するため、しばしば支那下級兵士の抗日態度につき注意を喚起しており、支那軍事首脳部にてもこれを諒としていたものであったが、少しも徹底されなかったのが今回事件突発の誘因となり、不法射撃が行なわれたものと関係当局は見ている。

わが軍死傷者

駐屯軍発表

〔天津特電九日発〕 支那駐屯軍発表（九日午後六時）今次の蘆溝橋事件において生じたるわが軍の損害は戦死者十一名、負傷者二十七名にしてその氏名左の如し。

▲戦死者　准尉鹿内清、曹長阿部升蔵、軍曹大田早苗、上等兵菅原春司、伍長長谷川喜蔵、一等兵金子長助、同斎藤要三、同太田円市、外三名（氏名未詳）

▲負傷者　中尉川村淳二郎、少尉野地伊七、同松井源之助、准尉佐藤与吉、軍曹小笠原清三、上等兵加藤勝、同中平富雄、同但馬金一、一等兵中村磯太、同板垣正、同久保正一、同阿部清治、同奥原三吉、同小坂信一、二等兵村田由男、同野口三平、同中村伊三郎、同岩崎志津男、同伊藤六之助、同浅岡正次、同木橋粂次、同竹内勇雄、同田中充、同小坂三之助、同中村三好、同細井利治、同緑川政男

日高・陳会談
互いに賠償要求を留保

〔南京特電九日発〕日高参事官は九日午後四時半外交部に次長陳介氏を訪問したが席上、陳介氏より今回の蘆溝橋事件において支那側に死傷百余名を出したるにより、損害賠償その他の要求を保留する旨表明したので、日高参事官は、

わが方の報道によれば事件発生の責任は全然支那側にあり、しかも日本軍に死傷者を出せるにより日本こそ当然賠償その他の要求を将来に留保する。

旨逆襲し、本件発生の根本原因が不合理なる抗日使嗾によることを指摘し、支那側の猛省を求めて同六時辞去した。

日高参事官は九日午後南京に帰った王外交部長と十日中に会見の予定である。

東京朝日新聞（二面）

昭和十二年七月十一日　発行

日支全面的衝突の危機
中央四箇師、全飛行隊に
蔣介石進撃令を下す
前線早くも激戦展開

〔十日午後十一時陸軍省に左の公電到着〕　蔣介石は四箇師を石家莊付近に北上するよう命令を発し同時に全飛行隊に対し出動命令を下したものの如し。

〔漢口十日発同盟〕　蔣介石は十日の廬山会議の結果、徐州を中心に駐屯中の中央軍四箇師団に対し、十一日払暁を期し河南省境に集中進撃準備を命じた。

〔天津特電十一日発〕　形勢遂に重大化す

60

夜襲の敵を敢然反撃
わが軍両要地を占拠す
彼我共に相当の死傷

〔北平特電十日発〕＝午後十一時北平武官室発表＝暴戻なる支那兵は前日の日支双方の約束により蘆溝橋付近永定河左岸に一兵も残さぬはずであったが、これを泥土と化し、十日午後七時二十分永定河西岸より蘆溝橋付近のわが部隊に迫撃砲の集中射撃をなし、竜王廟付近は支那兵二小隊東辛庄（蘆溝橋東北方）付近にも兵力不明の支那部隊が同地一帯を占領した。よってわが部隊は一部をもって迫撃砲の射撃を受けながら、午後九時十五分竜王廟の敵陣地に夜襲し、これを占領し、同時に東辛庄も占領した。

右戦闘において日支双方とも相当の死傷者を出した模様である。

東北健児壮烈の奮戦
隊長先頭に敵陣へ突入

〔天津十一日発同盟〕　牟田口〇隊長の率いる東北健児の竜王廟における戦闘ぶり、真に壮烈無比のものであった。竜王廟は日支双方の不拡大申し合わせによる撤退地域に包含されていた所なるに、支那軍数百は十日この協定を無視して午後十時頃夜陰に乗じ、迫撃砲の応援の下に竜王廟に進撃し来たったので、わが部隊は極度に憤激し、直ちに応戦、牟田口〇隊長はこれを手ぬるしと見て自ら抜刀して先頭に立ち、敵陣に踏み入り、これに続くわが将兵は悉く一騎当千の武士(つわもの)揃いのこととて勇戦奮闘直ちにこれを撃退した。この戦闘は今日までの最も激戦で我が死傷も二十数名に達し、敵は無数の死体を遺棄して退却した。」

篠つく雨中の激戦
敵軍を釣瓶打ち
蘆溝橋第一線に観る

〔蘆溝橋にて奥村特派員十日発〕 蘆溝橋事件第一線の状況視察のため記者は、八日午後一時四十五分天津発軍用列車で河辺部隊長、高見救護班長等と共に現地に急行した。午後四時三十五分豊台に到着、直ちに軍用トラックで兵士たちと共に第一線蘆溝橋駅に出発した。豊台市街に通りかかるとかねてわが軍によって守られる支那住民がしばしば手を打ち振って我々を見送る。平漢線踏切を越えるころ豆を煎るような銃声が物凄く耳朶を打つ。幾度か流弾に脅かされつつようやく第一線蘆溝橋駅に到着した。

わが軍の猛撃により蘆溝橋県城に後退した二十九軍は、なおも城壁を利用して盛んに迫撃砲、機関銃を我が陣地に浴びせ、蘆溝橋駅付近一帯は砲煙弾雨の巷と化している。記者はまず戦況如何と蘆溝駅構内に夕食中の北平牟田口隊長を訪問した。

北平部隊幹部の面々が、銃声をよそに一升瓶に詰められたお茶を飲みながら、大きな握り飯をむさぼるように頬ばっている。その間刻々戦況が報ぜられてくる。

夕闇迫る頃より我方より猛烈なる砲撃が加えられ、支那軍に多大の損害を与えた模様であるが、支那軍もかつて見ざる頑強な抵抗を行ない我軍の意気を却って高からしめるものがある。午後八時平漢線にそって散開したわが歩兵部隊から、敵の迫撃砲により重傷を負った豊台部隊佐藤准尉が、小林軍医中尉以下看護兵数名に護られて蘆溝橋駅に送られてきた。大腿部、足部、上膊部五か所に盲貫銃創を負っているのだ。

流れ出る血潮は純白な繃帯を朱に染めて小林軍医の手により応急手当が終わると「残念でした」と一言、痛さを耐えてじっと眼をつぶっているのは痛ましくも悲壮だ。折しも戦線巡視から帰って来た河辺部隊長は佐藤准尉の手を取って「傷は浅いぞ確りせい」と激励の言葉を与え並み居る将兵を粛然とさせる。

こうして激戦は数次に亘り交えられ、やがて夕刻までに判明せる鹿内准尉、太田軍曹以下十名の戦死者が発表された。

その後、蘆溝橋駅付近の激戦で、さきの佐藤准尉以下数名の犠牲者を出した模様である。七日夜半よりの不眠不休の猛撃によって、さしも頑強な二十九軍もようやく沈黙するに至ったが、本隊に入った確報によれば、西苑にある二十九軍の大部隊が蘆溝橋県城にある友軍を援護せんとし八宝山に向かって進軍し、一方各地に分散抵抗中の二十九軍もそれぞれ県城に集結され、夜に入って、更に反撃の挙に出でんとする模様で、これに対し、わが軍は機先を制し城内の敵軍攻撃の決心を固め、急遽部隊本部を蘆溝橋駅に移動を開始した。

記者はこれよりさき重傷の佐藤准尉及び看護中の小林軍医以下兵士五名とトラックにて豊台に帰還すべく蘆溝橋駅を出発、平漢線踏切を越えて北平道路に車を駆らせたが、真暗闇のこととて遂に豊台への道を見失い、車は悪道路の窪みに立往生のやむなきに至った。

一同はただ重傷の佐藤准尉を一刻も早く豊台に後送しようと汗みどろに塗れながら車の引上げに苦心したが、重傷の佐藤准尉は痛む身体をこらえて起き上がり、

北平道路まで引き返せば自分は豊台への道をよく知っているから、

と悲痛な声で語るのであるが、引き返す術もない。記者は看護兵一名と付近の小部落から戦に怯えている農民をなだめかすかして三十余名を狩り立て、やっとトラックの引揚げを行ない、午後十一時に到着し、豊台部隊内の野戦病院に昏々と眠る佐藤准尉を収容手術を行なった。その結果は良好でわれわれの労苦が酬いられた。

九日午前四時、河辺部隊長は幕僚と共に豊台から蘆溝橋駅第一線に作戦本部を移動したため、記者も再度第一線に向かうべく午前四時将兵輸送トラックに同乗豊台を出発した。

その頃戦線一帯は篠衝く豪雨となり、戦闘はますます猛烈をきわめ、支那軍にはおびただしい戦死者を出した模様であるが、この日の二十九軍は満洲事変当時の支那軍とは格段の相違あり、その頑強なる戦闘ぶりは敵ながら天晴れとわが軍首脳部をしていわしめた程で、膝を没する泥濘中で濡れ鼠となった将兵の悪戦苦闘は想像に余りある。午前五時協定に基き、支那軍は一斉に撤退を開始

64

するものと一同は厳重に監視中、俄然支那側は城壁上に躍り出て、わが軍に対して猛烈に射撃を浴びせかけた。

この不法行為に対し、全軍一斉に憤然色をなし、遂に全線に総攻撃令が発せられ、わが陣地からは一斉に砲撃の火蓋が切っと落され、暁天をついて轟く砲声いんいんとして天地を揺るがさんばかり。約八百メートル前方の宛平県城を望めば、三層楼の宛平県城内は釣瓶打ちの砲弾に見舞われてなかば崩れ、城壁の到るところ白煙もうもうと立ちこめ命中率は百パーセントである。

日支開戦愈切迫す
冀察当局発表

〔北平十日発同盟〕　支那軍が停戦申し合わせをじゅうりんし、暴戻にも我軍に再び攻撃を開始したことは全く計画的行為なることが明らかである。即ち冀察当局は十日午後六時外国記者団に左の如く非公式に発表した。

「今夜中に日支開戦ある見込みだが、我方では日本側の発砲を待ち我方よりは射撃せぬ意向である」

梅津、何応欽協定蹂躪〔天津十日発同盟〕　蔣介石氏が中央軍に河南省境出動命令を発したことは梅津、何応欽協定を蹂躪するものに外ならず、かつ第二十九軍に対する断乎交戦せよとの激励電の如き、南京の中央政府の態度は口に不拡大を唱えその誠意皆無なるを証明するものとして、わが軍当局はいたく憤慨している。

二十九師（葛西注＝軍、の誤り）を使嗾し
交戦自滅に導く
中央軍冀察乗取りの肚

〔天津特電十日発〕　南京政府は蘆溝橋事件に対し表面不拡大方針を希望しつつ、実際は二十九軍と日本を一戦させ、冀察政権を潰滅せしめると共にこの機会に中央軍を一気に冀察地区に入れようとしていることが漸次明白となってきた。すなわち事件勃発と同時に南京政府が冀察に対日強硬を訓電すると共に、蔣介石らは自ら宋哲元氏宛電報で「中央軍四箇師を河南省北部に前進せしめ状況により更に北方に直ちに送る」と激励した。かくて交渉開始当時において二十九軍側の態度は強硬を極め、停戦までに甚しく長時間を要したのであった。その後、上海では愛国団体が民族救亡会を組織して二十九軍に対して「長城戦の勇士よ徹底的に抗争して辱を雪げ」と激励、更にこれにならうもの続出している有様である。わが方ではこれらの状況を重視し、若し現地及び北支一般の空気が悪化する時は、その責任は一に抗日戦線を充実して二十九軍を使嗾する南京政府にありとの見解を持している。

66

北支協定否認へ
冀察勢力分裂を企図

〔南京特電十日発〕　南京政府当局の蘆溝橋事件に関する態度は、事件発生直後は周章狼狽して事件不拡大を切願していたが、停戦成立と共に逆捻（ぎゃくねじ）的の強がりをみせ、同事件善後処置に関し形式上は現地交渉におくも実質上は中央の外交交渉に移さんとする態度を示し、北支における現存の各種の協定に対し部分的否認の巧妙なる作戦に出るものとみられる。即ち北支駐屯軍の兵数、北支定期航空等の北支における軍事協定につき重要なる発言を企図しているといわれ、一方冀察当局を牽制するとともに二十九軍の態度を硬化せしめ、冀察政権内の諸勢力分裂をはかり、一石二鳥の手をうたんとしているものであり、蘆溝橋事件の善後処理は南京政府が有力に指導する結果、交渉は紛糾を免れぬ模様である。

支那抗議提出

〔南京十日発同盟〕　南京政府外交部は十日午後七時文書を以って、我が大使館に蘆溝橋事件に関する正式抗議を提出してきた。抗議内容は、日支両軍衝突の責は全然我方にあることを強弁し、一、日本側の正式謝罪と責任者の処罰、二、死傷軍民及び砲撃による建物の損害、三、不祥事の再発を防止すべき日本側の今後の保障を要求せるものである。

68

〔南京十日発同盟〕　国民政府外交部は日本大使館に対し抗議を発すると同時に、冀察側の秦徳純、胡宗南氏に対して右抗議と同一趣旨に基き、日本側と折衝交渉に当たるよう訓電を発した。中央が外交専員楊開〇氏を北平に急派に決したのも、対日交渉援助の名の下に冀察側の現地における折衝ぶりを監視するためとみられる。（葛西注＝〇印判読不能）

臨時閣議準備
書記官長通達

風見書記官長は十一日午前三時全閣僚に対して「北支事件再発のため十一日中に臨時閣議を開くこととなるかも知れないから準備されたき」旨電話を以って通達した。

緊張の陸軍省
今暁二時、緊急会議

支那側の不法挑戦により蘆溝橋方面の事態は再び険悪化し、しかも支那側の行為は頗る計画的とみられるので陸軍首脳部は事態を重大視し、十一日午前二時陸相官邸に杉山陸相、梅津次官、後宮軍務局長、秦新聞班長以下関係官全部参集し、現地よりの情報にもとづいて緊急対策につき重要協議をとげた。

全省非常召集

陸軍省では十一日午前三時陸軍省全員に対し、午前六時までに全員登庁するよう非常召集の電命を発した。

明らかに計画的挑戦
責は支那にあり
わが陸軍重大決意

十日夜に至って支那側が再び前日の誓約を蹂躙し、わが軍に対し積極的な計画的挑戦行為を加えるに至った事に対し、わが陸軍当局は左の如き観測を下しており、事件拡大の責任は一に支那側の不法行為にありとなしている。すなわち、

支那軍は九日正午蘆溝橋を撤退、一切の戦闘行為を停止することを誓約しておきながら、十日午後七時二十分その約を破り永定河を渡って竜王廟へ進出し、しかも八宝山方面から我軍に向って襲撃を開始、永定河右岸地区から迫撃砲を以って集中射撃を始め、わが軍はやむなくこれに応戦するに至ったが、今次の行動が支那軍の計画的挑戦なることは次の事実に徴し明瞭である。

すなわち支那軍は九日午後蘆溝橋を撤退しながら後方においては続々弾薬補充、兵力の増加を行なう一方、北平城及び要所に土のうを積み厳重なる警備を配布、さらに北寧線を遮断してその交通を停止し、しかる後各方面より攻撃に移ったものである。さらに支那側は或いは飛行隊に動

員を下し、或いは南方より兵力を北上せしめて刻々我に脅威を与えつゝあり。わが軍は現在まで出来るだけの隠忍をして来たが、もはや形勢の前途は全く逆転し難いものがあるに至った。その責任は一に支那側にあるものである。

70

東京朝日新聞（夕刊一面）

昭和十二年七月十一日　発行

〃蘆溝橋事件〃処理に日支対立
飽くまで現地交渉主義
中央介入却って紛糾（日本側）

〔南京特電十日発〕蘆溝橋事件につき南京駐在の日高参事官は、本省の訓令により十日午前十一時外交部に王部長を訪問し、今回の蘆溝橋事件は北支における小児病的風潮の激化による悪性の事件であって、わが方としては最近の抗日風潮にかんがみ在留邦人の十分なる保護を要求する。蘆溝橋事件について目下現地にあって調査中であるが、その非は支那側にあることは明白であり、これによる損害及び一切の合理的要求を留保するものであると言明した。

〔北平十日発同盟〕蘆溝橋事件の善後処理交渉は事情の最もよく判っている日本軍と、冀察両当局との間に現地処理主義の下に行なうのが、事の処理をより速かに且つ簡単に解決する所以であって、もしこれを中央の交渉問題とするにおいては必ずや問題の敏速円満なる解決を期し難いのみならず、一歩を誤れば既に一段落を告げた事件を再び紛糾拡大に導くおそれさえある、との見解が日支現地両当局間に有力である。現地両当局においてはすでに九日夕来それぞれ交渉準備にとりかかっている模様で、双方の内部的準備がなり次第正式に支那側に対し交渉開始となるわけである。

冀察と折衝防止
中央の意思を盛る（支那）

〔上海特電十日発〕蘆溝橋事件の初歩解決につき、支那側は停戦につき何等の条件なしと国民に知らしめる一方、保安隊による治安維持は冀東戦区時代の先例もあり、悪例なりとして反対の意向を表明し、速かに自主的なる治安維持を主張している。王外交部長は九日南京に帰来後、直ちに外交部首脳部を召集、事件の経過を詳細に聴取するとともに今後の外交対策を協議したが、冀察の駐京（葛西注＝南京）代表李世軍氏は九日廬山に向かい、政府首脳部に本件の経過を報告した。南京政府は八日、九日と口頭を以って日本側に抗議したと称しているが、十日に多分書面を以って正式抗議を提出する模様である。以上の如く政府の方針は今回の事件を契機として、日本側が冀察当局とあらゆる問題の折衝を行なわんとするを防止せんとする方針であることが確実となった。

したがって同事件の善後処置については、冀察当局は必然的に中央の意思を体して政治交渉を開始せんとするものと観測されるに至った。支那側一部はすでに盧溝橋方面の保安隊による治安維持は、日本側が冀察における二十九軍の撤退を要求する前提なりとさえ伝えて警戒し、北支より支那軍は一歩たりとも退却すべからずと全面的に二十九軍の後援と冀察当局を激励する態度をとっているが、これは中央が政治、軍事、経済の各々に対して完全なる中央一元化を企図することを証明するもので、日本が従来の如く北支問題は冀察当局を相手として交渉を行なわんとする建前には相当の困難が予想され、今後の北支問題はますます解決に難渋の度を加うべく、日本の全面的対支政策に重大なる影響あるものとみらる。

宋氏に帰任電命〔上海十日発同盟〕蔣介石は目下山東省楽陵に帰省中の宋哲元氏に対し、九日午後「時局緊急の折柄、至急北平に帰任し時局収拾に当るべし」と電命した。

塘沽協定の廃棄提案か

〔上海特電十日発〕南京政府の一部および支那側識者の間には、今回の盧溝橋事件の発生が塘沽停戦協定に起因するものと曲解して同協定の廃棄を強硬に主張しつつあり、問題の進展如何では南京政府は対日強硬態度の政治的効果を狙い、機をみて日本に対してこれを提議せんとする情勢である。

山東へ蔣伯誠氏

72

〔上海十日発同盟〕　蔣介石氏は今次蘆溝橋事件に関する対策会議の結果河北、山東両省の中央化を促進し、その防備を一層強固ならしめる必要ありとの方針を決し、九日蔣伯誠氏を済南の韓復榘氏のもとに急派した。

十勇士入院〔北平十日発同盟〕　蘆溝橋事件で名誉の負傷した勇士のうち、川村中尉等十名は九日深更豊台より特別列車で北平に到着し、直ちに北平陸軍病院に収容された。なお比較的軽傷者は同列車で天津に送られた。

支那いよいよ米国に依存
米支銀協定拡充
両国政府で共同声明

〔ニューヨーク特電九日発〕　モーゲンソー米財務長官は九日孔支那財政部長と共同声明を発し現在（一九三六年五月締結）の米支銀協定に基づく取りきめの外に新にアメリカは、支那より相当額の銀を買入れ、その代わり不活動金勘定から金を支払う旨を明らかにした。これは支那通貨の安定を助け支那中央銀行の金準備を豊富にするのを目的とすると発表されたが、金は現送しないで支那の在外金勘定に繰入れられることになっている。右声明において注目されることは、

一、孔財政部長の来米以来盛んに活躍しクレジットの獲得その他、支那のアメリカ依存をいよい

よ明瞭にしたこと。

二、アメリカは百二十三億ドル金を擁し金の氾濫に苦しんでいるが、中でも昨年末創設された不活動掛定は、政府が借金して金を買入れ、しかもそれを死蔵するという矛盾したオペレーションをやっているのであって、その結果二十億に近い金を死蔵するに至ったが、この金を有利かつ政治的にも極めて効果的に使う方法を発見した。

この二点である。

〔ワシントン九日発同盟〕財政部長孔祥熙氏とモーゲンソー財務長官との共同声明要旨左の通り。

両国政府は米支通貨関係の安定に資するため、かつ支那中央銀行の金準備を充実するため、次の諸項につき意見の一致をみた。

一、国民政府は米国政府より「相当量」の金を購入する。

一、これに対し米国政府は一九三六年五月の米支銀協定に基づき既に購入したもの以外、さらに国民政府から銀を購入する。

東京朝日新聞（第二号外）

昭和十二年七月十一日　発行

日支間重大危機・まさに一触即発
重大廟議遂に一決
きょう声明を発せん

政府は北支事態の重大化に鑑み、帝国政府の態度決定のため重要協議を行なうに決し、十一日午前十一時半米内海相の首相官邸に入るを待って近衛首相、広田外相、杉山陸相、米内海相、賀屋蔵相の五相会議を開催、政府の根本方針に関し凝議、午後一時半右五相会議を終わり、同二時より緊急閣議を開き五相会議において決定した成案を付議正式に廟議を決定した。右廟議の決定については近衛首相より上奏御裁可を仰いだのち、政府は帝国の態度を中外に声明する方針である。

五相会議実に二時間

〔十一日午後二時政府発表〕　近衛首相は十一日午前十一時半首相官邸に入り、直ちに陸軍大臣、外務大臣、海軍大臣、大蔵大臣の四相とまず個々に熟談したるのち、午前十一時三十分より右五相膝を交えて午後一時三十分まで熟議を凝らし、閣議にはかるべき成案を準備した。この成案は午後二時全閣僚の参集を求めて閣議にはかることとなった。

殆んど最後的案提出
残るはただ支那の誠意

〔北平十一日発同盟〕 十日夜来の日支折衝において新しい停戦協定と事態不拡大の取極めが討議されつつある。同折衝について日本側は殆んど最後的案を提出し、諾否は全く支那側の誠意如何によるという場面に到達している。この努力は九日夜以来頻発した撤退地域への不法侵入の結果、前線における両軍の紛争絶えず、九日午前三時成立した停戦申し合わせが一片の反古化される現状に鑑み、その後の新事態に即した新たなる取り極めをなさんとするものである。

〔南京十一日発同盟〕 北支事件に関する本省よりの第三次訓電は十一日午前日高参事官のもとに到着した。同訓電は「十日夜の第三次衝突は度重なる支那軍のわが方に対する挑戦的行為によって惹起されたもので、全くその責任は支那側にあるを以って、わが方としては適切なる手段を執る権利を保留すべし」というにあり、日高参事官は十一日中に王寵恵外交部長及び何応欽軍政部長を訪問し右訓令に基づき厳重申入れることとなった。

参謀総長宮奏上

76

閑院参謀総長宮殿下には十一日午前九時五十二分東京駅御発、十時五十一分逗子御着、葉山御用邸に伺候遊ばされ、北支事件に関し統帥事項につき奏上あらせられた。

第三艦隊警備に就く

十一日早朝第三艦隊は北支、中支、南支一帯のわが居留民保護及び権益擁護のため一斉に警備の位置についた。

〔上海十一日発同盟〕旗艦〇〇に坐乗して南支巡航中だった長谷川第三艦隊司令長官は、今次事件の重大化に鑑み、急遽予定を変更して十一日早朝六時当地に帰港、直ちに大川内陸戦隊司令官、本田海軍武官を旗艦〇〇に招致して事件経過及び現地情勢につき報告を聴取し、在留民の保護並びに現地海軍としての対策につき協議した。

後宮軍務局長報告

後宮（うしろく）軍務局長は十一日午前九時十分近衛首相を永田町の私邸に訪問、北支の状況を報告辞去した。

支那駐屯軍司令官更迭
香月清司中将を親補

北支事件の重大化に鑑み、かねて病気静養中の田代支那駐屯軍司令官の更迭が行なわれることと

なり、十一日午前十一時三十分陸軍省から左の通り発表された。なお親補式は行なわせられず、職記の伝達が行なわれる。 78

補支那駐屯軍司令官　陸軍中将　正四位勲二等功五級　香月清司

参謀本部付被仰付　支那駐屯軍司令官陸軍中将　田代皖一郎

免本職並兼職　教育総監部本部長兼陸軍将校生徒試験常置委員長　陸軍中将　香月清司

小雨衝いて

香月中将立川を出発

〔立川電話〕支那駐屯軍司令官に親補された香月中将は眉宇に緊張の色をただよわせ、十一日午前十時見送りの本部員らと自動車をつらね立川飛行五連隊に到着、一旦将校集会所に入り、天候回復を待っていたが、意を決し、小雨降りしきる同十時五十五分陸軍大型機に搭乗、立川飛行場を出発した。

政・財・言論界と協力

政府は十一日の閣議で北支事件に対する方針を決定したのち、午後三時より政務官会議を開催すると共に貴衆両院議員、財界、言論界等に対しても何等かの方法を以って協力を求めることとなった。

海軍軍事参議官会議

海軍では十一日の閣議で北支事件に関するわが根本方針決定後、直ちに霞が関海相官邸に軍事参議官会議を開き、伏見軍令部総長宮殿下を始め奉り、米内海相ほか各軍事参議官列席の上、米内海相から当日の閣議で決定した方針を説明したのち、海軍のとるべき態度について種々協議した。なおこれに先立ち十一日午前四時半から海相官邸に米内海相、島田軍令部次長、山本次官以下参集、省内首脳部会議を開きその後の情報を中心に種々凝議を行なった。なお支那におけるわが居留民は上海三万、青島二万、天津一万、揚子江沿岸五千、南支五千であるが、第三艦隊はすでに警備配置につき居留民並びに権益保護に万全を期している。

支那軍続々北上
危機刻々に迫る

〔天津特電十一日発〕　支那駐屯軍司令部午前十時半発表。

一、平漢線方面の支那軍は漸次北上を開始し第五十三軍長万福麟の部隊は保定より涿県琉璃河方面に、商震部隊は彰徳、順徳方面より石家荘、保定の間に、さらに中央軍の劉峙部隊は開封、鄭州方面より衛輝、順徳付近に向いそれぞれ移動中なり。

二、かねて平津地方において極秘裡に布置せられありし藍衣社は、ついに各県においてその仮面

80

を脱し活発なる活動を開始し、共産党系学生のアジ工作と相呼応し一般民衆学生の抗日気勢をますます激成しつつあり。

三、わが第一線部隊は目下その主力を以って蘆溝橋東側付近に集結して支那側の挑戦不法行為を厳重監視し、随時鉄鎚を加うるの体勢にあり。

〔上海特電十一日発〕　北支情勢が再び重大化したるにつき支那側も非常な緊張を呈し、十日本事件のため重慶より急遽南京に帰った軍政部長何応欽氏は同夜直ちに軍事会議を開き津浦沿線、隴海線一帯の軍隊に動員待機令を下し、特に津浦線方面は軍事責任者第一軍長胡宗南氏には重大指令がなされたほか、河南の中央軍は山西に入るべき体勢をとっている。一方、十日夜北平市長秦徳純氏に急電を発し、

一、いかなる日本側の要求条件も接受すべからず。

一、一歩も軍事並びに政治的の後退を許さず。

一、必要の時の犠牲の準備をなせ。

と三項の指令を発した。上海各新聞はこぞって事態の再重大化を日本軍の非行にありと宣伝し、みちは抵抗反撃の一にありと強調、気勢をあげ煽動している。

〃軍事行動の停止
二十九軍に命令〃
外務省へ公電＝董科長の回答

十一日外務省に到着した公電によれば、十日午後十一時半南京政府外交部董日本科長より、わが大使館日高参事官に宛て、北支の事件は事態拡大の状況であると支那側の観察を電話を以って申越して来たので日高参事官は、

支那側が現場における戦闘行為を停止することが第一の急務となることを告げたところが董科長は、

冀察政務委員並びに第二十九軍に対し軍事行動をとらぬよう申送るべき旨を返答した。

二十九軍陣容

第二十九軍は第三十七師、第三十八師及び直轄隊よりなりその総兵力は約八万であるが、その編成内容は左の如し（葛西注＝○印判読不能）。

◉第三十七師＝馮治安（西苑）

一〇九旅＝陳春栄（保定）

二一七団＝胡文郁（保定）

二一八团＝孫長坡（保定）

一一〇旅＝何基〇（西苑）

二一九团＝吉星文（西苑）

二二〇团＝謝世全（西苑）

一一一旅＝劉自珍（航空署）

二二一团＝房世芩（第八医院）

二二二团＝張子鈞（〇壇寺）

独立二五旅＝張淩彪（西苑）

六七三团＝胡慶華（西苑）

六七五团＝王為賢（西苑）

特務团＝張振華（西苑）

⊙第三十八師＝張自忠（南苑）

特務团＝安克波（南苑）

一一二旅＝黄楼羅（小站）

二二三团＝李金振（小站）

二二四团＝張宗〇（大沽）

一一三旅＝劉振三（廊房）

82

二三五团＝張文海（南苑）
二三六团＝崔振倫（廊房）
一一四旅＝董升堂（韓家○）
二三七团＝○幹三（南苑）
二三八团＝○光遠（韓家○）
独立二六旅＝李九恩（馬廠）
六七六团＝馬福栄（馬廠）
六七八团＝朱春芳（滄県）
◉第二十九軍直轄部隊
特務旅＝孫玉田（南苑）
一团＝許炳亜（南苑）
二团＝○○○（南苑）
独立三九旅＝阮元武（北苑）
特務团＝○○○（北苑）
七一五团＝張景福（北苑）
七一七团＝随文波（北苑）
独立四〇旅＝劉汝明兼任（張家口）

七一八団＝尹士喜（延慶）

七二〇団＝呉連傑（懐来）

◉第二十九軍騎兵部隊

騎兵第九師＝鄭大章（南苑）

一旅＝張徳順（涿県）

二旅＝李殿林（南苑）

騎兵独立第十三旅＝姚〇〇（宣化）

藍衣社暗躍

背後で操る毒牙

北平より確実なる筋への情報を綜合するに、今回の蘆溝橋事件の背後には藍衣社の影響があるものの如く観測される。すなわち平津地方支那軍隊の日本駐屯軍に対する態度が、最近著るしく悪化した背後には藍衣社が動いており、藍衣社社員は一昨年の北支事変（葛西注＝昭和10年1月〜5月の反満抗日事件五十数件）以来、北支より姿を消していたが、最近に至り再び続々と入りこみ、これら藍衣社員の陰にかくれた煽動、悪宣伝が今回の事件に大きな関係をもっている。

去る六月下旬平津地方では日本人が何か事を起こすべく陰謀中であるとの謡言が伝えられたが、同時に藍衣社系がテロリストの戦術に出るとの噂が流布された。

84

六月二十五日から七月三日に至る間、北平市内外には非常警戒が実施され、非常警備配置の演習がしばしば行なわれた。従って今回の盧溝橋事件が勃発しても冀察当局は狼狽の色なく、市内の警戒配備が水も漏らさず迅速に行なわれた。

なおまた南京政府は事件勃発以来、冀察当局に対し激励の電報電話をよせ、要すれば中央軍四箇師を以って増援の用意ありと通報したることが発覚されたと。

前線に激励
上海の抗日団体結束

〔上海十一日発同盟〕当地抗日団体の尤(ゆう)（葛西注＝トップ・クラス）たる上海市地方協会は十日、第二十九軍司令部宛て、同軍が国土防衛のため活躍したことを感謝し、引き続き奮闘を祈る旨激励電を発し、また上海市商会、銀行公会、銭業公会の三団体は共同で前線慰問のため銀一千元を拠出し、宛平県城の守備に当たれる吉星文部隊に宛て送金した。

その他各種の「抗日第二十九軍将士を激励するの歌」等が各支那新聞に大々的に掲げられ、第二十九軍を以って国土防衛の愛国義軍としてこれを讃美応援する声がようやく全国的に起こらんとしており、今回の事件が全国的世論の支援を得て国民の排日結束を固めている点は、従来の北支諸事変とは全く趣きを異にしていることが注目されている。

上海から国防資金

〔天津特電十一日発〕　上海市政府では歴代市長の銅像建設のため市民より多額の寄付を集めていたが、十日そのうち一万元を二十九軍慰問金として贈ることに決定、「二十九軍は抗日救国のため全力を尽くされたし」との激励電報と共に送金してきた。

支那側強弁

本末顚倒の抗議提出

〔南京十一日発同盟〕　外交部亜洲司日本課長薦道寧氏は外交部長王寵恵氏の代理として日高参事官を訪問し、口頭を以って、

第三次日支衝突事件は日本軍が一旦成立せる停戦協定を無視して撤退を肯ぜず、わが軍に不法攻撃を加えたことに起因する故、至急戦闘行動を停止せしめるよう、本国政府を通じ現地部隊に伝達されたし

と本末顚倒の抗議を提出した。日高参事官はこれに対し、支那側ニュースの報道が事実に相違せる点を指摘し、断乎右抗議を一蹴した。

86

（三）卢沟桥作战命令（7月9日—7月11日）

资料名称： 支那駐屯軍命令（7月9日—7月11日）

资料出处： JACAR（アジア歴史資料センター）Ref.C11110925700《北支那作戦史要——支那駐屯軍》2/3，昭和十一年五月六日—昭和十二年八月三十一日，防衛省防衛研究所，第41—46頁。

资料解说： 本资料是日本中国驻屯军在卢沟桥事变后下达的作战命令，主要是7月9日、10日日军要求中国军队遵照协定，两军同时撤退，以及履行日军提出的其他妥协条件等。在相关命令中，日军明确要求做好准备，强硬应对，不排除进一步扩大事变的可能。

七月九日

一、昨日ニ引續キ交渉ノ結果午前二時ニ至リ支那側ハ我要求ヲ受諾ニ依ッテ左ノ命令ヲ下ス。

支作命第四號

支那駐屯軍命令　七月九日午前二時三十分
於天津軍司令部

一、支那第二十九軍ハ首腦部ハ軍ノ要求ヲ容レ在蘆溝橋支那軍ハ蘆溝橋橋梁ヲ經テ永定河右岸地區ニ撤退スルコトヲ確約セリ。

二、軍ハ支那軍ノ協定履行ト同時ニ兵力ヲ集結セントス。

三、在蘆溝橋部隊ハ平漢鐵路北側永定河左岸ノ地區並ニ一文字山東側ニ兵力ヲ集結シ益々警戒ヲ嚴ナラシムヘシ。

四、日支兩軍ノ協定ニ基キ九日午前五時ヲ期シ兵力ノ集結ヲ開始シ成ルヘク速カニ完了スヘシ。之カ爲同時刻全戰線ニ亘リ撃方止メノ號音ヲ吹奏セシメ之カ徹底ヲ期スヘシ。　支那軍亦同

四一

時刻盧溝橋撤退ヲ開始ス。之カ為喇叭ヲ吹奏シ全線ニ徹底セシムル筈。

五、支那軍撤退ニ際シテハ該部隊ニ對スル對敵行動及盧溝橋部落ニ兵力ヲ進入セシムルコトヲ嚴禁ス。

六、自動車追及部隊ハ豐臺及通州ニ兵力ヲ集結シ後命ヲ待タシムヘシ。

軍司令官　田代中將

下達法

旅團長ニハ電話口達ス。

爾餘ノ部隊ニハ印刷交付ス。

（〇）

一、然ルニ午前五時ニ至ルモ支那軍ハ撤退ヲ開始セス。茲ニ於テ種種經緯（詳細ハ河邊旅團ノ部ニ於テ述フ）アリタル後午前九時頃ニ至リ漸ク撤退ヲ開始セリ。

依テ軍ハ次ノ命令ヲ下ス。

ヒカナ

支作命第六號

支那駐屯軍命令　七月九日午後零時三十分　於天津軍司令部

一、在盧溝橋支那軍ハ時機遷延セルモ本九日正午概ネ永定河右岸ニ後退セリ。

二、軍ハ一先ツ目的ヲ達成セルヲ以テ其態勢ヲ整頓シ爾後ノ行動ヲ準備セントス。

三、歩兵旅團司令部ハ北平ニ位置スヘシ。

四、歩兵第一聯隊長ハ大隊長ノ率ヰル約二中隊ヲ盧溝橋東側一文字山高地附近ニ配置シ爾後ニ於ケル支那側ノ監視ニ任セシムヘシ。

但シ盧溝橋部落ニハ兵ト雖モ進入セシムヘカラス。

歩兵第一聯隊爾餘ノ部隊（東機局残留部隊ヲ除ク）ハ豊臺及北平ニ位置スヘシ。

盧溝橋部隊ノ爲所要ノ宿營材料ヲ後送ス。

五、戰車隊ト砲兵第二大隊ハ通州廠舎ニ待機スヘシ爾今予ノ直

四二

轄トス。

六、在豐臺歩兵第二聯隊ノ一小隊、工兵小隊ハ、現在地ヲ撤シ、交通列車ニ依リ、成ルヘク速ニ屯營ニ到リ、原所屬ニ復歸スヘシ。

七、第二救護班、軍馬廠ハ患者、病馬ノ收療後原駐地ニ復歸スヘシ。

片かナ

八、東機局部隊ノ出動準備ヲ解ク。

軍司令官　田代中將

下達法
電話ニヨル。後印刷交付

以下平かナ

一、茲ニ情況一段落ヲ見タルヲ以テ、軍參謀長ハ午後北平ニ赴キ、河邊旅團長ノ勞ヲ謝スルト共ニ、第一線ノ情況ヲ視察シ、且負傷者ヲ慰問シ、戰死者ヲ弔ヒタリ。然ルニ後支那側ト交渉ノ結果、廣安門ヨリ城内ニ入リ、扶桑館ニ投宿セリ。當時北平城門及城内ハ支那側ニヨリ嚴重ニ警戒セラレアリ。

一、此日関東軍参謀辻大尉来津シ、関東軍ノ意見トシテ、時局対処ノ強硬論ヲ開陳ス。

一、本日以後殆ント連日関東軍幕僚ハ交互ニ連絡ニ来リシカ、田中隆吉中佐其他概シテ強硬論者多ク、駐屯軍当局ヲ軟弱ト難シ、参謀長恃ムニ足ラスト面罵シ、又幕僚会議ニ出席シテ、暴言ヲ弄スル等、横暴ナル振舞少カラサリキ。

一、中南支駐在武官等ヨリモ、強硬意見頻々トシテ来ル。

一、一方憲兵情報等ニヨレハ、天津在住ノ志士ト自称スル不頼ノ徒ハ、駐屯軍首脳部ヲ優柔不断ナリトシ、「二二六事件ヲ再挙スヘシ」等放言スルモノアリ。

一、然ルニ本夕中央部ヨリハ無線電話ニヨリ、重ネテ「事件ハ政治問題回避、不拡大、局地解決ヲ旨トシテ処理スヘキ」コトヲ通達セラル。

一、以上ノ如ク険悪、不快ナル環境ノ下ニ立ツ参謀長以下ノ苦衷ハ察スルニ餘リアリ。

一、北平方面ノ情況ハ、此ノ日一応落着ス。

七月十日

十日朝来北平城内ノ空氣穏カナラサリシカ、橋本參謀長、松井機關長、和知參謀、塚田中佐（惠通航空公司關係主任）、大木少佐（軍參謀）、今井少佐（北平駐在武官）等北平扶桑館ニ於テ善後策ヲ協議シ、冀察當局ニ對シ左ノ如キ要求事項ノ承認ヲ迫レリ。

1、第二十九軍代表ノ謝罪並ニ將來ノ事件防止ニ關スル誓約

2、今次事件責任者ノ處罰

3、蘆溝橋附近部隊ノ交替

4、藍衣社、CC團等抗日策動ノ徹底的彈壓

5、學生及民衆ノ抗日運動等ノ嚴重取締リ

6、排日要人ノ罷免

交渉ノ結果夕刻ニ至リ概ネ彼ハ我要求ヲ受諾スルノ意ヲ表示ス。依テ事態ハ是ニテ解決スヘシト豫想セラレ關東軍ハ前述セシ部隊急派ノ準備ヲ解除セリ。

然ルニ蘆溝橋ニ於テハ又々敵ノ不信行為ヲ繰リ返シ、現地ニ在リシ

牟田口部隊ハ日没前後ヨリ斷乎攻撃ニ出テ敵ヲ撃退セリ。
且永定河右岸ノ敵ハ逐次増加シ其数五ケ團ニ達シ盛ニ彈藥等ヲ
集積シアルコト疑フヘカラス。

二、一方情報ニヨレハ南京政府ハ抗日ヲ決意シ中央軍四ケ師ヲ河南省
北部ニ集中セシメ冀察ニ對シ抗日ヲ命スルト共ニ今回ノ事件ハ
非ハ日本側ニ在リト盛ニ宣傳シアルカ如ク圓満ナル解決ハ到底
望ムヘカラサルモノアルヲ思ハシム。

附記

現地ノ事態ニ鑑ミ七月十日急遽支那駐屯軍司令官ノ交迭決
定セラレタリ。
幕僚トシテ増派セラルヘキ橋本（秀信）砲兵中佐、堀毛（一麿）砲兵
中佐、菅波（一郎）歩兵中佐ハ同日夜半突然参謀本部ニ招致
セラレ命ヲ受ク。斯クテ一旦帰宅ノ後翌朝午前七時再ヒ参
謀本部ニ出頭シ新軍司令官香月（清司）中將ト共ニ正式
命令ヲ授ケラレタリ。

四

軍司令官ニハ「新ニ増加セラルヘキ兵力ヲ併セ指揮シテ支那駐屯軍司令官ニ與ヘラレアル平時任務ニ基キ事態ニ處スヘキ」件ヲ指示セラレタル以外特別ナル任務ハ與ヘラレス。又増加幕僚ニ對シテハ「差當リ出張（軍司令官ニ随行）ノ形式ヲ以テ天津ニ至リ軍司令官ノ指揮ヲ受ケテ同司令部ノ業務ヲ援助スヘキ」参謀總長訓令ヲ與ヘラレタリ。

斯クシテ省部關係主任者ヨリ夫々指示又ハ説明ヲ與ヘラレシカ、當時省部ノ意嚮必スシモ一致シアルモノトハ見受ケラレサリキ。

又特ニ石原第一部長ヨリハ在北平部隊ノ危険ニ關シ述ヘ善處スヘキ件ヲ要望セラレ且ツ事態ニ應シ三ケ師團及有力ナル砲兵部隊ノ動員ヲ準備シアル旨ヲ傳ヘラレタリ。

出發ヲ急グ爲軍司令官ハ参内ノ暇モナク直チニ立川ニ至リ、午前十時陸軍航空研究所機ニヨリ赴任ノ途ニ上レリ。

此ノ日ハ京城ニ一泊ス。

當夜南總督、小磯軍司令官ハ北支作戰ハ黄河マテ行クニ非サレハ解決シ得スト語リシ由ナリ。

七月十一日

一、昨夜ニ於ケル盧溝橋ノ事態ト云ヒ、又南京政府方面ノ情報ト云ヒ、先ニ一應圓満解決スルカノ如ク見エシ事態ハ再ヒ悪化シ、而カ十日強硬ナル態度ヲ以テ交渉ヲ再行セシモ、解決ヲ見ルニ至ラス、橋本参謀長等ハ最早冀察首脳部ニハ誠意ナキモノト認メ、交渉ヲ打切リ午後四時空路天津ニ歸來セリ。

一、事態既ニ斯ノ如キニ鑑ミ、駐屯軍ハ幕僚會議ノ結果、爾後左ノ方針ヲ以テ進ムコトトス。

方針

今次事件ヲ契機トシテ、北支問題ノ根本的解決ヲ圖ラントス。

處置

一、従來ノ和平的交渉ヲ一時打切ル。

二、梅津・何應欽協定ノ徹底的實行ヲ迫ル。

三、此ノ間逐次兵力ヲ集結シ、機ヲ見テ河北省ノ支那軍ニ對シ、徹底

四五

的打撃ヲ與ヘ之ヲ掃蕩ス。

一、中央部ニ對シ左ノ情勢判斷ヲ提出セリ。

情勢判斷

同時

軍ハ專ラ時局ノ不擴大ヲ念トシ隱忍自重誠意ヲ披瀝シテ支那側ト交渉シ事件解決ヲ企圖セルニ拘ラス支那側現地ノ軍隊ハ再三挑戰的行動ヲ繰リ返シ冀察當局ハ交渉ニ當リ誠意ヲ認ムル能ハス。依テ軍ハ爾後ノ行動ヲ容易ナル如ク態勢ヲ變更シ斷乎タル決意ヲ示シテ交渉促進ヲ圖ルヘク其結果遂ニ實力ヲ發動スルノ止ムヲ得サルニ至ルノ情勢ニ在リ。

一、然ル處夕刻參謀次長ヨリ左ノ内報アリ。

左記

一、關東軍ヨリ鈴木兵團、酒井兵團及飛行集團ヲ北支ニ派遣シ、駐屯軍司令官ノ指揮ニ入ラシメラル、筈。

二、近ク朝鮮ヨリ應急動員一師團、内地ヨリ動員三師團及飛行隊十八中隊ノ北支派遣ヲ令セラル筈。

次テ參謀總長ヨリ、前記關東軍部隊及第二十師團ヲ北支ニ派遣セラルル旨正式通牒アリ。

斯クテ關東軍坂口飛行隊ハ、此ノ日午後六時天津飛行場ニ到着ス。

一、然ルニ以上ノ如キ我強硬決意ヲ看取セル支那側ハ、大イニ狼狽シ同夜午後八時我要求ノ全部ヲ承認スル旨申出テ、冀察代表張自忠ハ、天津ニ於テ之ヲ調印セリ。

一、尚兼テ冀察近來ノ苦境ニ窮シ郷里山東省樂陵ニ逃避中ナリシ宋哲元ハ、本日天津ニ歸任セリ。

四六

（四）参谋本部命令及指示（1937年7月8—11日）

资料名称： 命令・指示（1937年7月8—11日）

资料出处： 臼井勝美、稲葉正夫解説《現代史資料》9《日中戦争》2，株式会社みすず書房1976年発行，第3—4頁。

资料解说： 本资料是日本陆军参谋本部在1937年7月8—11日下达给华北日军的包括卢沟桥事变爆发后的「不扩大」指令，以及随后的增派兵力的命令。

一　命令・指示

一

臨命第四〇〇号

指　示

事件ノ拡大ヲ防止スル為更ニ進ンテ兵力ヲ行使スルコト避クヘシ

昭和十二年七月八日

参謀総長　載仁親王

支那駐屯軍司令官　香月清司殿

二

臨参命第五十六号

命　令

一　関東軍司令官隷下部隊ノ一部ヲ北支那ニ派遣ス

二　関東軍司令官ハ其隷下部隊中左記部隊ヲ速ニ北支那ニ派遣スヘシ

独立混成第一旅団ノ主力

独立混成第十一旅団ノ主力

関東軍飛行集団ノ一部（偵察、戦闘、重爆各〻二中隊）

高射砲二中隊

鉄道第三聯隊ノ主力（装甲列車共）

電信第三聯隊ノ一部

関東軍自動車隊ノ二中隊

関東軍防疫部ノ一部

三　前項ノ部隊ハ満支国境通過ノ時ヲ以テ支那駐屯軍司令官ノ指揮下ニ入ルモノトス

但シ飛行集団ノ一部ハ即時入ルモノトス

四　関東軍司令官ハ作戦初期ニ於ケル支那駐屯軍ノ兵站及交通業務ヲ援助スヘシ

五　細項ハ参謀総長ヲシテ指示セシム

昭和十二年七月十一日

奉勅伝宣

参謀総長　載仁親王

関東軍司令官　植田謙吉殿

支那駐屯軍司令官　香月清司殿

三

臨参命第五十七号

命令

一、第二十師団ヲ北支那ニ派遣ス

二、第二十師団長ハ成ルヘク速ニ北支那ニ到リ支那駐屯軍司令官ノ隷下ニ入ルヘシ

満支国境通過ノ時ヲ以テ支那駐屯軍司令官ノ隷下ニ入ルモノトス

三、細項ハ参謀総長ヲシテ指示セシム

昭和十二年七月十一日

奉勅伝宣

参謀総長　載仁親王

朝鮮軍司令官　小磯國昭殿

支那駐屯軍司令官　香月清司殿

第二十師団長　川岸文三郎殿

4

（五）对时局处理要纲

资料名称： 對時局處理要綱

资料出处： 臼井勝美《史料解題・昭和 12 年「関東軍」の対中国政策について》,《外交史料館報》(11),外務省外交史料館 1997 年版,第 75 頁。

资料解说： 本资料是卢沟桥事变后关东军制定的政治与军事方面的应对要纲。文件认为,应该抓住机会,逼迫国民政府禁止抗日活动,并考虑突袭占领上海乃至南京,以武力逼迫中国承认伪满洲国,并扩大其统治范围。

對時局處理要綱

昭和十二年七月十九日
關　東　軍

現下ノ時局ニ對シテハ左ノ要綱ニ基キ勉メテ迅速ニ之ヲ處理シ持久ニ陷ラサルノ考慮ヲ必要トス

第一段

北支明朗化ヲ標榜シ河北、山東ノ兩省ヨリ二十九軍及税警團等ヲ擊攘シ別紙北支處理要領ノ如ク施策ス

第二段

第一段施策ニ對スル南京政府ノ妨害ニ對シテハ北上中央軍ノ撤退、排外行動ノ禁絶（梅津　應欽協定、有吉上海聲明、隣邦敦睦令等指摘）ヲ要求シ彼ニシテ之　應セサレハ不意且急速ニ兵ヲ南京及上海ニ進メ之ヲ占領ス

右武力ノ威壓下ニ

イ、一切ノ排外行動ノ禁絶

ロ、滿洲國ノ承認

ハ、北支ノ明朗化

ニ、對赤化共同防備

ニ對スル保障ヲ獲得スルニ勉ム

（但此場合ニ於テモ日本ノ目的トスルトコロハ一部排外分子ノ膺懲ニ存シ支那四億ノ民衆ヲ對象トスルモノニアラス又列國ノ權益ヲ侵害スルモノニアラサルコトヲ表明ス）

第三段

第二段施策中同時ニ在滿兵備ノ急速ナル充實ヲ圖リ北方ニ對スル迫力ヲ増強シ以テ未然ニ蘇邦ヲ威壓ス

—75—

（六）华北事变经过概要

资料名称：北支事變經過概要

资料出处：《偕行社記事》1937 年 8 月號，防衛研究所図書館，第 134—138 頁。

资料解说：本资料汇辑的是卢沟桥事变后日本媒体的报道，记载事变爆发后平津地区局势、中日两国立场，及世界舆论概况。强调中国军队「抗日气势旺盛」且调集兵力，对日本形成了压力。

北支事變經過概要（自七月十三日 至七月十八日）

概說

支那側は七月十一日夜已に我方の要求を容れ、解決條件に調印し乍ら、現地附近の陣地を增强すると共に、一方南京政府は南方にあつた兵團を逐次北上せしむる等對日開戰準備に汲々たるものがある。

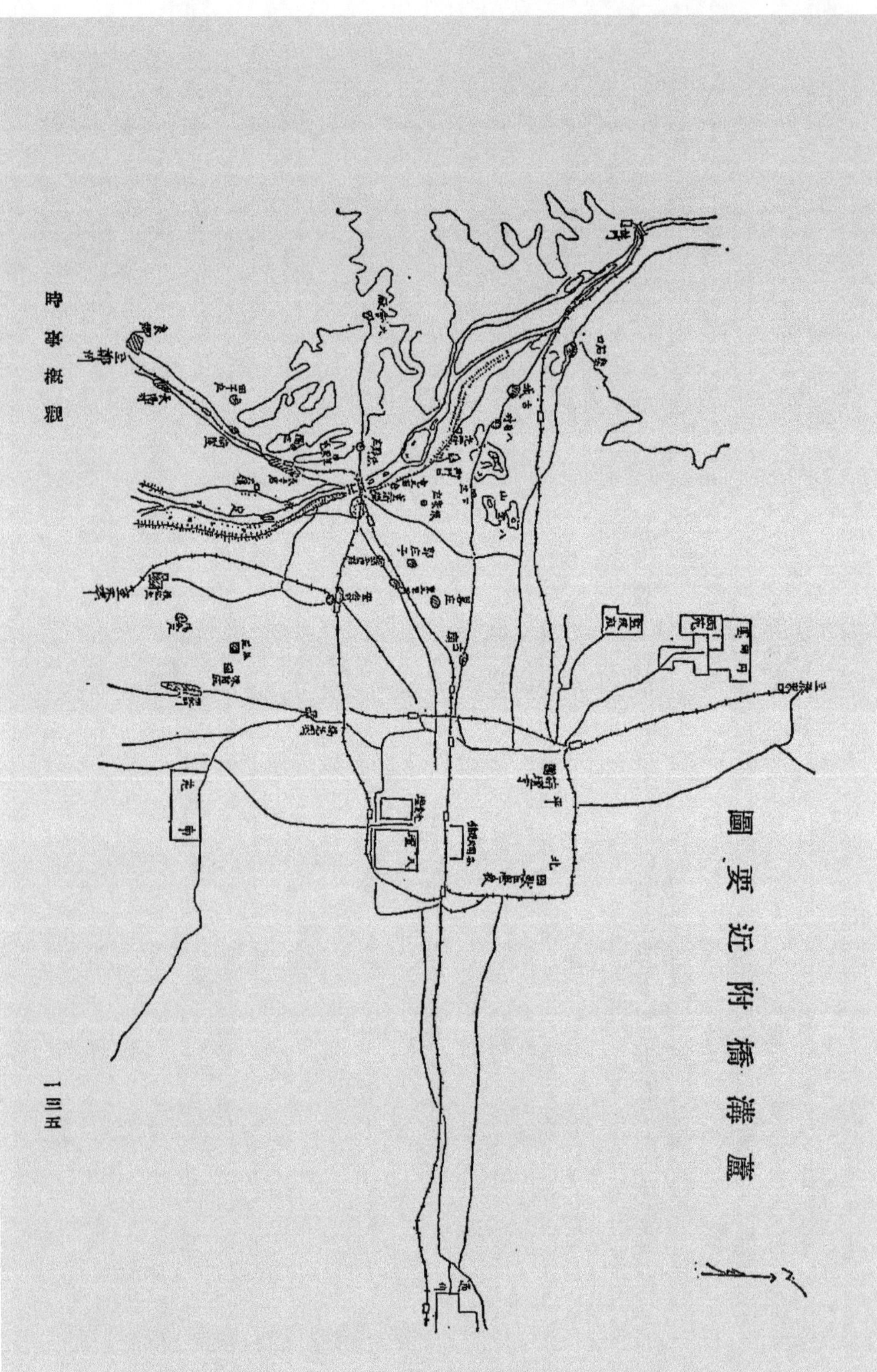
盧溝橋附近要圖

其北上兵力は詳でないが、十八日迄に得た情報によると、約二十四師半眞僞不明の分を併せると三十一箇師（山東山西其他特科を含まず）に上つて居る。

七月十三日の狀況

北平附近及蘆溝橋附近の狀況　通州に待機中の我一部が十三日午前十一時頃自動車に依り、豐臺方向に移動中馬村（北平—南苑道北平南方約二千米）を通過せんとするや、該地城壁上の支那兵より突如機關銃射擊を受けたるを以て我は直に應戰せるも數名の死傷者を出した。

永定河西岸には第二一九團（西苑駐屯）の外保定より北上せる第百九旅及萬福麟軍の第百三十師及固安方向より北上せる騎兵二箇旅團到着し、陣地の增强に努めつゝある。

南苑部隊は、張自忠の統帥に冷靜を保つて居るが、廣安門外競馬場附近には第三十二師第二十五旅の一團（西苑駐屯部隊）が集結して居る。

北平市内の支那軍隊及官憲の邦人に對する壓迫非法は益々熾烈である。

後方兵團の狀況　支那空軍委員會は中央空軍の有力なる部隊を洛陽に集中せしむるに決し、其指揮を杭州航空學校副校長蔣堅忠（蔣介石の甥）に委したとのことであつて、西安空軍は既に動員を命ぜられた。

鄂東剿匪軍（第三十二、第七十七、第三十三の三箇師）及平漢線駐防軍（第二十七、第三十一及第八十三師）は夫々出動準備を命ぜられたこと確實のやうである。

劉汝明は步兵一營を張家口から南口に派遣した。表面の理由は察哈爾保境安民の爲と稱して居るが、北平附近の第二十九軍と策應する爲と判斷せられる。

七月十四日の狀況

平津地方の狀況　蘆溝橋附近の支那軍は曩に撤退せる如く報道せられたが、右は誤報であつて、八寶山及其南方平漢鐵道に亘る間に三線の陣地を構築し、終日工事增强中であつて、衙門口及西便門附近が最も堅固であり、之を兩翼の據點とするものゝやうである。

此日午後四時頃、通州から豐臺に移動中の我騎兵が、北平南方を遠く迂廻し、黃村（北平南方十六粁）東方團河村を通過せんとするや、同地に支那軍約一營あるを知り、之との衝突を避けようとして更に南方を迂廻したが、後方警戒の斥候は射擊せられて戰死した。

宋哲元代表數名夜間天津軍司令部を訪ね軍の意圖を原則として承認する事は異議なくも、其實行は緩徐にしたし等依然煮え切らず、不得要領に會見を終つた。

天津に於ける銀相場は事變以來漸減の狀況であつたが、十四日朝俄然暴落し、支那貨幣の恐慌狀態を現出した。

支那後方兵團の狀況　軍事委員會は宋哲元の要求によつて、二十九軍に約二十機を配屬し、保定に北上待命せしめ、又朱、毛等共產黨首領連は蔣介石に對し、一致團結抗日戰線に立つべき旨通電を發した。

自七月十五日至七月十八日間の狀況

北支方面の狀況　鈴木部隊の一部は通州に集結すべき命令を受け、十四日夜出發、天津ー通州道を前進中、十六日午前八時頃安平（通州東南方約三十四粁）にある冀察保安隊數十名より射撃を受けたので、部隊は直に之に應戰し、保安隊の武裝を解除した。

蘆溝橋附近支那軍の陣地は逐次增强しつゝあるの外變化がない。

後方兵團の狀況 南方より逐次北上せる總兵力は十五日迄に約二十一師、十八日迄に約二十四師半、それに第二十九軍と眞僞不明の分とを合すれば、約三十三師に上るやうである。但し中央軍は其大部鄭州ー彰德間の地區及潼關附近に集中中なるが如く、河北省に進入せるは第三十九師（龐炳勛）にして、石家莊附近に集結しあるが如く、其他第十師及孫連仲軍の一部進入しあるが如きも確實でない。

又保定附近に集結しある軍隊は約三萬、主として萬福麟軍であつて、其一部は長辛店附近に進出して居るやうである。

尙河北に增援した中央軍は恐く二十九軍の服制隊標に著換へ、飛行機には日の丸の標識をつけたとのことである。

灤河南岸の防禦陣地は多數土民を使役し構築中にして、射界清掃の爲、東西約百粁に亙り農作物全部を刈取る爲、男女老幼の別なく徵集し、晝夜兼行作業中であつて中央軍は黃河の線で防勢に立つ場合を考へて居るらしい。

中央空軍の主力は鄭州、洛陽、海門、徐州附近に集中し、燃料を保定、太原等に輸送し、戰備を整へつゝある。

十五、十六日漢口發平漢線で保定、石家莊、長辛店、許昌に向け莫大な軍需品が輸送せられた。

南京政府の動向及支那各地の狀況 南京政府は依然抗日氣勢旺盛であつて、日本通の勢力著しく凋落し、歐米派全盛であり、中央黨部は宋哲元を壓迫し、二十九軍の抗日を煽る目的で約五十名の黨員を北上せしめたものゝやうである。

例に依つて對外宣傳巧妙を極め列國の反日氣勢を煽りつゝある外「日本軍は再度背信行爲を爲し、十一日我陣地を攻擊し來つたので我軍は正義の爲應戰し、遂に日本軍を擊退せり」とか「日本軍數次の猛攻に對し、我軍交戰し大捷を博し、蘆溝橋を奪還せり」とか、大々的見出を以て號外を發表し國內の自信力をつけることに宣傳是努めて居る。

歐米輿論概觀

一、英國　北支に於ける駐屯兵欄演習權は條約上正當なるも、大規模なる演習は支那住民に對する明白且不必要なる挑發行動にして、日本の眞意は北支制御にありとなす。日本軍前進せば政治上及其性質上蔣介石も遂に戈を執ることあらんと觀察す。

政府は單獨又は米國と協同して、何等かの强硬態度に出づべき理由を認めあらざるが如し。

二、米國　北支事變は日本の計畫的行動なり。支那に於ける抗日の勢は南京政府の罪に非らずして日本自身の罪なり。支那の運命と世界平和に關する本事件を日本流の遣方に放任し無關心たるを得ず。政府は中立の適用を考慮せざるのみならず、中立法は支那の爲、却て不利なりと信ず、又事態は未だ九國條約の發動を必要とする程度ならずと認めあり。

三、獨逸　北支事變の原因は、支那民衆及軍隊中にある抗日氣分に存す、今や歐洲は極東認識を改め極東の事態は極東に委するを要す。

政府は事件の原因經過を理解し、各國干渉の無用を強調し日本が充分なる力を示し、速に事態を收拾せんことを希望す、支那に對し武器供給等の意志毫もなし。

四、佛蘭西　一般に我が重大なる決意を傳ふるに止まるも、左翼機關紙は支那大使の言を信じ、今次事變は日本の北支に對する野望と論じあり。政府は世界戰爭への擴大を恐れ速に平和解決を希望しあり。

五、蘇國　日本の眞意は北支の實質的管理を全うし、最近暴動の絶えざる察哈爾と中支とを中斷し且綏遠の再攻擊を準備するにあり。

（七）关于华北作战的陆海军协定

资料名称： 北支作戦に関する海陸軍協定

资料出处： 臼井勝美、稲葉正夫解説《現代史資料》9《日中戦争》2，株式会社みすず書房1976年発行，第5—7頁。

资料解说： 日军决定向华北增兵后，日本陆海军之间达成分担作战任务的协定，表现了日本陆海军在侵华问题上的一致性。

二　北支作戦に関する海陸軍協定

（昭和十二年七月十一日　軍令部　参謀本部）

一、作戦指導方針

一　努めて作戦地域を平津地方に限定し中南支には主義として実力を行使せず但し已むを得ざる場合に於ては青島上海附近に於て居留民を保護す。

二　海陸軍協同作戦とす。

三　本作戦実行中第三国と事を構ふることは極力之を避く。

二、作戦任務の分担

一　時局局限の方針に則り平津地方確保の為関東軍及内地より所要の兵力を平津地方に派遣し支那駐屯軍を強化す右作戦は主として陸軍之に当り海軍は陸軍輸送護衛竝に天津方面に於て陸軍作戦に協力す。

二　中南支方面に対しては海軍主として警戒に任ず。

三　前項方面の情況悪化し帝国居留民の保護を要する場合に於ては青島及上海附近に限定し海陸軍所要兵力協同して之に当る。

四　航　　空

別に定む。

三、兵力区分輸送及護衛

一　兵力区分

(一)　陸軍は左の如く兵力を派遣す。

(イ)　北支方面

関東軍より混成約二旅団其の他所要の部隊。

朝鮮より応急動員一師団及内地より動員三師団其の他所要の部隊。

(ロ)　青島及上海方面

内地より動員二師団其の他所要の部隊を配当するも其の兵力区分は北支方面等の情況に依り決定す。

(二)　海軍は左の兵力を増派す。

(イ)　北支方面

第五戦隊、第四水雷戦隊、木曾、多摩、厳島、長鯨、第十一駆逐隊、第二十三駆逐隊、知床、第二聯合航空隊、特別陸戦隊二大隊。

(ロ)　中支及南支方面

第八戦隊、第一水雷戦隊、第一聯合航空隊、特別陸戦隊二大隊。

二　輸送及護衛

㈠　北支方面に対する輸送は主力は鉄道に依り（釜山経由）一部は海路に依る（秦皇島上陸）。

㈡　青島、上海方面への輸送は海路に依る。

但し情況に依り一部の急派を考慮す。

輸送区分は情況に依り定む。

㈢　海上護衛は第四戦隊、第二水雷戦隊、第二航空戦隊、第二聯合航空隊及第三艦隊の一部を以て之に充て間接護衛とし要すれば直接護衛とす。

四、通信連絡

外征陸軍の中央部との通信連絡は必要に応じ海軍に於て援助す。

五、使用時

中央標準時とす。

六、協同作戦要図　省略

七、暗号書　省略

北支作戦に関する海陸軍航空協定

一　北支方面に於ける敵航空勢力の覆滅は主として陸軍之に任じ左の如き場合海軍之に協力す。

㈠　海軍が北支以外の方面に於ける航空作戦の考慮なき時にして陸軍方面緊要とする時。

㈡　右以外の場合と雖も陸軍方面緊要にして至近海軍航空兵力に協力の余裕ある時。

二　中支南支方面に於ける敵航空勢力の覆滅は主として海軍之に任じ陸軍は自衛の為にする航空作戦に任ず。

三　陸軍輸送船隊の海上護衛並に上陸地到着前後海軍機は所要に応じ空陸の敵に対し之を掩護す。

四　陸軍部隊の上陸時及陸軍飛行準備完了に至る迄の間に於ける陸軍の為の空中勤務は之を要する場合海軍航空兵力を以てす。

五　同一方面に在る海陸軍機の任務の分担協同の要領等の細項は出征部隊相互に於て直接協定す。

六　使用兵力

㈠　陸　軍

(イ)　平津方面

航空兵団司令部

第一飛行団司令部

偵察八中隊（六六）、戦闘七中隊（七四）、軽爆四中隊（三六）、重爆五中隊（二四）

(ロ)　青島及上海方面

偵察二中隊（一八）、戦闘二中隊（二四）

㈡　海　軍

(イ)　北支方面

第二聯合航空隊（戦二四、爆三〇、攻一二）、第二十一航空隊（水偵六）

作戦の推移に依り第二聯合航空隊は中支（上海）方面に転戦

6

し又情況に依り第二艦隊搭載機（水偵）の一部を以て一部隊を編組増勢す。

㈺　中南支方面

第一航空戦隊（戦一二、爆一二、攻九）、第二航空戦隊（戦一二、爆一二、攻一八）、第一聯合航空隊（陸攻三八、戦一二）、第二十二航空隊（水偵六）、第十二戦隊（水偵九）

第一聯合航空隊の一部（濟州島配備のもの）は上海方面基地に進出す又情況に依り第一、第二航空戦隊の飛行機も上海方面基地に揚陸す。

七、飛行場の使用区分竝に其の整備

㈠　北支（関東州）方面

海　　軍

作戦初頭第二聯合航空隊は周水子飛行場を使用す爾後情況に依り一部は青島滄口飛行場を陸軍と共用す。

滄口飛行場の整備は海軍之を担任す。

陸　　軍

北支方面に於ては陸軍は山海關綏中及天津方面の飛行場を使用す但し重爆隊は周水子を使用することあり。

山東方面に於ては陸軍は当初は滄口飛行場を海軍と共用し爾後西方地区に飛行場を整備し之に進出す。

周水子飛行場の整備は陸軍之を担任す。

㈡　中支方面

㈧　作戦初頭

公大は海陸軍之を共用し新公園は海軍之を専用す東溝灘飛行場完成せば公大の海軍飛行機は東溝灘に移る。

公大新公園及東溝灘飛行場の整備は海軍之を担任す。

㈺　爾　　後

陸軍飛行隊専用飛行場（江灣方面と予定す）完成せば陸軍飛行機の主力は之に移る。

江灣方面に於ける飛行場の整備は海陸軍協同して行ふ。

海軍は尚大康飛行場を整備使用す。

情況許す限り海陸軍は速に龍華飛行場を占領共用す。

八、燃料爆弾等の補給

海陸軍独自に補給す。

海軍航空部隊の空輸に際し新義州平壌京城及大邱に於て中継補給を要する場合の補給は陸軍之を援助す但し平壌以外に於て多数機の補給を要する場合の燃料は海軍にて準備す。

陸軍航空部隊空輸の際濟州島に於て中継補給を要する場合の補給は海軍之を援助す。

此の場合の燃料は為し得れば陸軍にて準備す。

九、通　　信

味方識別信号略省

（八）关于华北作战的陆海军协定选编

资料名称： 北支作戦ニ關スル陸海軍協定ノ拔萃

资料出处： JACAR（アジア歴史資料センター）Ref.C14060925100《臨命綴（支那事変）》巻01，昭12年7月8日—11月13日（第0400-0608号），防衛省防衛研究所，第17—35頁。

资料解说： 协定具体规定了日军向平津地区增兵后陆海军双方的作战指导方针，以及兵力运输、运输方向、联络方式、海军航空作战诸问题。

北支作戰ニ關スル陸海軍協定ノ拔萃

昭和一二、七、一一
參謀本部

陸軍

0065

0066

北支作戰ニ關スル陸海軍協定拔萃

一　作戰指導方針

1 努メテ作戰地域ヲ平津地方ニ限定シ中南支ニハ主義トシテ實力ヲ行使セス

但已ムヲ得サル場合ニ於テハ青島、上海附近ニ於テ居留民ヲ保護ス

2 海陸協同作戰トス

3 本作戰實行中第三國ト事ヲ構フルコトハ極力之ヲ避ク

二　作戰任務ノ分擔

1 時局ヶ限ノ方針ニ則リ平津地方確保ノ爲關東軍及內地ヨリ所要ノ兵力ヲ平津地方ニ派遣シ支那駐屯軍ヲ強化ス

陸軍

0067

右作戰ハ主トシテ陸軍之ニ當リ海軍ハ陸軍輸送護衛並ニ天津方面ニ於テ陸軍作戰ニ協力ス

2 中南支方面ニ對シテハ海軍主トシテ警戒ニ任ス

3 前項方面ノ情況悪化シ帝國居留民ノ保護ヲ要スル場合ニ於テハ青島及上海附近ニ限定シ陸海軍所要兵力協同シテ之ニ當ル

4 航空ニ關シテハ別ニ定ム

三 兵力區分輸送護衛

1 兵力區分

イ、陸軍

省略ス

ロ、海軍ハ左ノ如ク兵力ヲ増派ス

0068

(一)北支方面（青島方面ヲ含ム）

第五戰隊、第四水雷戰隊、木曾、多摩、嚴島、長鯨、第十一、第二十三驅逐隊、知床第二聯合航空隊、特別陸戰隊二大隊

(二)中支及南支方面

省略ス

2.輸送及護衛

イ、北支方面ニ對スル輸送ハ主力ハ鐵道ニ依リ（釜山經由）

一部ハ海路ニ依ル

ロ、青島、上海方面

省略ス

陸軍

0069

八、海上護衛ハ第四戰隊、第二水雷戰隊、第二航空戰隊、第二聯合航空隊及第三艦隊ノ一部ヲ以テ之ニ充テ間接護衛トシ要スレハ直接護衛トス

四通信連絡

外征軍ノ中央部トノ通信連絡ハ必要ニ應シ海軍ニ於テ中繼援助ス

五使用時

中央標準時

六協同作戰用圖

ノ北支方面

イ、海圖第三五六、第三七六、第三七九

0070

ロ、輿圖十万分ノ一青島平津地方

2 上海方面

省略ス

3 地點標示法

陸海軍協同作戰用地點標示法

基點及同符字ニ關シテハ別ニ定ム

七略號書

協同作戰略號書（一般使用規定、特種使用規定）

協同作戰略號表

協同作戰（空）略號表

陸軍

0071

0072

北支作戰ニ關スル幽滿蒙航空協定ノ抜萃

昭和十二年七月十一日

參謀本部

陸軍

0073

0074

別冊

北支作戰ニ關スル陸海軍航空協定ノ拔萃

一 北支方面ニ於ケル敵航空勢力ノ殲滅ハ主トシテ陸軍之ニ任シ左ノ如キ場合海軍之ニ協力ス

イ 北支以外ノ方面ニ於ケル航空作戰ノ考慮ナキ時ニシテ陸軍方面緊要ナル時

ロ 右以外ノ場合ト雖陸軍方面緊急ニシテ至近海軍航空兵力ニ協力餘裕アル場合

二 陸軍輸送船隊上陸地到着前後海軍機ハ所要ニ應シ空中ノ敵ニ對シ之ヲ掩護ス

三 同一方面ニ在ル陸海軍航空部隊ノ任務ノ分擔協同ノ要領等ノ細

陸軍

0075

項ハ更ニ出征部隊間ニ直接協定ス

四 使用兵力

1 陸軍

航空兵團司令部

飛行團司令部

偵察八中隊（六六機）

戰闘七中隊（七四機）

輕爆四中隊（三六機）

重爆五中隊（二四機）

2 海軍

第二聯合航空隊（戰二四爆三〇攻一二）

0076

第二十一航空隊（水偵六）

作戰ノ推移ニ依リ第二聯合航空隊ハ中支（上海）方面ニ轉戰シ又狀況ニ依リ第二艦隊搭載機（水偵）ノ一部ヲ以テ編組增勢ス

三　飛行場ノ使用區分竝ニ其ノ整備

海軍

作戰初頭第二聯合航空隊ハ周水子飛行場ヲ使用ス

陸軍

北支方面ニ於テハ陸軍ハ山海關線中及天津方面ノ飛行場ヲ使用ス但重爆隊ハ周水子ヲ使用スルコトアリ

周水子飛行場ノ整備ハ、陸軍之ヲ擔任ス

陸軍

0077

六 燃料爆弾等ノ補給

陸海軍獨自ニ補給ス

海軍航空部隊ノ空輸ニ關シ新義州平壤京城及大邱ニ於テ中継補給ヲ要スル場合ノ補給ハ陸軍之ヲ援助ス

但平壤以外ニ於テ多数機ノ補給ヲ要スル場合ノ燃料ハ海軍ニテ準備ス

七 通信

味方識別信號別ニ協定ス

0078

陸軍

昭和十二年七月十八日

北支作戰ニ關スル陸海軍協定中
陸海軍飛行機味方識別ニ關スル事項及航空ニ關スル協定補遺

参謀本部

軍令部

0079

0080

陸軍

北支作戦ニ對スル陸海軍協定中
陸海軍飛行機味方識別ニ關スル事項

一　同一方面ニ行動スル陸海軍飛行機ノ塗色及識別標識ヲ左ノ通ト
ス

(イ)　左ノ通陸海軍略同様ノ迷彩ヲ施ス
但一部ノ飛行機ハ銀色ニ塗色シタルノミニテ迷彩ヲ施ササル
モノアリ
上翼上面（單葉機ハ翼上面）ハ淡緑色及樺色ノ斑色
下翼下面（單葉機ハ翼下面）ハ淡緑色ノ單色、胴體ハ翼ニ準
シテ迷彩ヲ施ス

(ロ)　日ノ丸ノ標識ハ左ノ通ニ施ス

0081

海軍機上翼上面下翼下面（單葉機ハ翼上下面）及胴體兩側

陸軍機上翼上面下翼下面（單葉機ハ翼上下面）

二　出征陸海軍所要部隊ニ帝國軍用飛行機識別圖及支那軍用飛行機識別圖ヲ配布ス

三　同一方面ニ在ル陸海軍飛行機ノ右以外ノ味方識別ニ關シテハ現地指揮官所要ニ應シ相互ニ協定ス

（終）

0082

航空ニ關スル協定補遺

周水子ヲ基地トスル第二聯合航空隊飛行機ハ作戰上關ニ協定スル場合ヲ除クノ外概ネ海岸線ヲ境界トシ海上ヲ行動區域トス

（註）作戰行動以外ノ聯絡飛行等ニ際シテハ第二聯合航空隊飛行機ハ長興島及黄河河口連結線以北ニ行動セサルモノトス

（終）

陸軍

0083

（九）形势判断

资料名称：情勢判斷

资料出处：臼井勝美《史料解題・昭和 12 年「関東軍」の対中国政策について》，《外交史料館報》(11)，外務省外交史料館 1997 年版，第 76—79 頁。

资料解说：事变爆发后，关东军制定的这份文件，要求日本国内进行战争动员，一举「解决」中国问题，进而做好对苏战备。

軍事機密　參拾部ノ内第二十七號（紙數表紙共15枚）

情勢判斷

昭和十二年七月二十四日調製

關東軍司令部

判　決

一、現下内外ノ事態特ニ西欧ノ情勢ソ聯邦ノ動向就中國内輿論ノ趨勢ハ帝國ノ爲對支積極的經略ヲ進ムヘキ天與ノ好機タルヲ示セリ

故ニ此際断平對支就中北支問題處理ニ關スル根本的解決ヲ圖リ以テ滿洲國々礎ヲ鞏化スルト共ニ將來ニ於ケル對蘇問題解決ノ根基ヲ確立スルヲ要ス

二、此機會ニ於テ一擧國内戰時態勢ヲ整ヘ就中國民精神ヲ作興シ総動員準備ヲ促進シ以テ鋭意將來戰準備ノ完成ニ邁進スルヲ要ス

理　由

一、帝國對外國策遂行ノ基石トシテ北支工作ノ必要ナルコトニ就テハ敢テ詳述ヲ要セスト雖關東軍トシテハ其本然ノ任務達成上

(1)滿洲國ノ建設發展及人心ノ安定ヲ圖ル爲

(2)帝國將來ノ對北方作戦ノ遂行並其準備ニ必要ナル生産力擴充要素獲得ノ爲

(3)南京政權ノ勢力ヲ削減シ以テ南北二正面ノ同時作戦ヲ實質的ニ阻止スル爲

(4)對北方作戦ノ側方根據地トシテ必要ナル内蒙工作完成ノ爲

北支問題ニ重大ナル關心ヲ有シ其急速ナル解決ヲ庶幾シアリ

而シテ北支問題解決ニ方リテハ熱河作戦以來幾多事例ノ示ス如ク

(1)南京方面ヨリスル排滿抗日的策動ノ阻止

(2)中央軍北上ニ依ル北支政權ニ對スル脅威除去

ヲ必要トスルヲ以テ今ヤ南京政權ニ對シ断平北上軍隊ノ撤退、排外行動ノ禁絶ヲ要求シ必要ニ應シテハ中支方面ニ對スル實力行使ヲモ敢テ辞スルコトナク此際北支問題延テ滿洲國承認等ノ根本的解決ニ邁進スルヲ要ス

二、國際ノ情勢ヲ鑑ミルニ

(1)ソ聯ハ西班牙方面ノ情勢就中國内事情ヨリ當分ノ間我ニ對シ攻勢ニ出ツルコトナカルヘク乾岔子島事件ヲ始メ國境紛争ノ諸先例等之ヲ證セリ

然レトモ此機ヲ逸センカ將來ニ於ケル彼カ成長ハ必スシモ我カ帝國ノ發展ニ比シ緩慢ナリト見ルヘカラス寧ロ年月ヲ經ルニ従ヒ其專制力ヲ恢復シ國内統制ト作戦準備トヲ强化シ且ソ支策應ノ公算益々増大スヘク

(2)支那亦現状ヲ以テ推移スルニ於テハ愈々本次日支間ノ紛争ヲ利用シテ其統一ヲ强化シ抗日氣勢ヲ昂揚スルト共ニ其軍備ノ飛躍的増進ヲ來スヘキコト明ナリ

(3)英米ヲ始メ欧洲諸國ハ今次事變ノ擴大ニ對シ單獨又ハ連合シテ實力干渉ニ出ツル能ハサルコトハ既ニ之カ片鱗ヲ明ナラシメタリ而シテ英米武力ノ大擴張未タ着手セラレス特ニ日獨提携ニ依ル欧洲牽制力亦相當ニ之ヲ期待シ得ル今日以上ニ有利ナル一般情勢ハ今後必スシモ近ク之ヲ豫期シ得サルヘシ

以上ノ如キヲ以テ帝國四圍ノ情勢ハ近キ將來ニ於テ對支工作遂行

ノ為現在以上ノ好機得テ期スヘカラスト確信ス

三、帝國ハ未タソ聯ニ對シ決然攻勢作戰ヲ遂行スルノ準備完カラスト雖彼亦斷乎タル手段ニ出ツル能ハサルヘキハ前述ノ如シ而シテ万一彼ニシテ對日强硬政策ニ出ツルコトアリトスルモ我カ作戰ノ指導如何ニ依リ必スシモ之カ對抗不可能ナラス況ンヤ此天與ノ好機ニ投シ我カ國家ノ戰時態勢ヲ整ヘ支那ニ一撃ヲ與ヘテ以テ對支特ニ北支問題ノ解決ヲ圖ルハ將來ニ於ケル對ソ作戰準備ヲ强化スルト共ニ之ニ依リ滿洲國ノ背後ヲ安全ナラシメ對ソ作戰遂行能力ヲ增大スルモノト謂ヒ得ヘシ

四、國内ノ輿論ハ日露戰爭當時ノ如ク眞ニ擧國一致ノ聲ヲ揚ケ以テ積極徹底的解決ヲ要望シ本次事變ヲ以テ最後ノ北支紛爭タラシメンコトヲ高唱シアリ今ニシテ此國民的要望ヲ無為ニ終ラシムルコトアランカ志氣ヲ阻碍シ軍ニ對スル信賴ノ念ヲ薄カラシメ漸ク好轉セル民心ヲ失望離反セシメ今後事アルニ臨ミ國論ノ歸一遂ニ期シ得サルナキヤヲ虞レシム

五、北支事變ノ擴大ハ目下鋭意貯藏セル對ソ戰備ニ屬スル軍需資材ヲ消耗スルノ虞アリト雖此機ニ乘シ國内諸機構ヲ戰時態勢ニ導キ總動員準備ヲ促進セハ急速ニ生產能力ヲ增進シ却テ對ソ作戰準備ノ增强ニ資シ得ヘシ況ンヤ之ニ依リ沈滯セル人心ヲ昂揚シ精神動員ヲ實行センカ是眞ニ天ノ我カ民族躍進ニ惠メルモノナリト謂フヲ得ヘシ

備　考

一、對支問題ニ對スルソ聯邦ノ動向判斷別紙ノ如シ

二、對時局處理要綱別紙（七月十九日ノモノニ同シ）ノ如シ（前揭(1)）

對支問題ニ對スル「ソ」聯邦ノ動向判斷

判　決

一、「ソ」聯邦ハ我對支工作實行ニ方リ直ニ支那ニ策應シ我ニ對シ積極的行動ニ出ツルコトナカルヘシ而シテ彼ヨリ進ンテ我ニ事ヲ構フルニ至ル虞アルハ概ネ次ノ如キ場合ナルヘシ

(1)對支全面戰爭持久シ我カ國力（戰力、經濟力等）著シク疲弊消耗セル時

（註、右ニ對シテハ我ニシテ斷乎急速ニ對支問題ヲ解決スルノ決意强硬ナルニ反比例シ其顧慮小ナリ）

(2)英米等ト協同開戰シ得ル場合

（註、英米ハ裏面的策謀ヲ行フコトアルヘキモ實利ナキ對日戰爭ヲ開始スルカ如キコトナカルヘシ）

二、「ソ」聯邦ハ我カ對支工作妨害ノ為次ノ如キ手段ニ出ツルコトヲ豫期セサルヘカラス

(1)日本特ニ滿洲國ニ對スル宣傳及謀略的行動（例ヘハ匪賊ノ使嗾强化、民心攪亂、日本中傷宣傳等）

(2)國民政府ニ對スル武器其他ノ支援、共產軍ニ對スル積極行動ノ指令及人的物的支援ノ强化

(3)支那ニ於ケル抗日民衆運動ノ助成等

三、將來年ヲ逐ヒ「ソ」聯邦ノ内容充實スルニ從ヒ「ソ」支策應ノ公算愈々增大スヘシ

八月三日
沢田生(注)

〈別紙送り状〉

石射(注)僚兄
坐下

急啓

陳者関東軍に於ては先般小生の離京と行違ひに今村参謀副長に係りの幕僚を従へしめて上京せしめ時局処理に関する意見を具申せしめたるか其情勢判断なるもの同封の通りなるに付御参考まで御送付申上候今村君の話にては中央部にても色々意見ありて無論全部の賛成は得ざりし趣なるも関東軍としては天津軍及南朝鮮総督には特使を派して其賛認を求めたる趣に有之今後大体此方針に基く主張及処理をなし行くものと存せられ候

頓首

本案写次官へも送り置申候

注　石射猪太郎東亜局長
沢田廉三在満州国大使館参事官

（十）华北事变期间的经济工作要纲

资料名称：北支事變ニ伴フ經濟工作要綱

资料出处：臼井勝美《史料解題・昭和 12 年「関東軍」の対中国政策について》，《外交史料館報》(11)，外務省外交史料館 1997 年版，第 76 頁。

资料解说：卢沟桥事变爆发后，关东军司令部制定经济工作的应对要纲，要求加强对华北经济工作，利用兴中公司实现对华北交通、通信、资源等各方面的控制。

北支事變ニ伴フ經濟工作要綱

昭和一二、七、二一

關東軍司令部

方針

北支事變處理ニ方リテハ現下ノ日滿産業五年計畫ノ促進ニ連繋シテ北支ノ資源ヲ公正且經濟的ニ開發シ日滿トノ經濟的融合ヲ圖リ以テ同地方ノ大衆ノ福利ヲ增進シ平和ノ根基ヲ確立シ併セテ我カ大陸政策ヲ遂行シ得ル爲ノ原動力タル生産力擴充要素ノ獲得ニ資スル如ク成ルヘク速ニ實行ニ着手シ得ル如ク工作ス

要領

一、北支ニ於ケル交通特ニ鐵道、通信、港灣ノ施設ヲ整備强化ス之カ爲興中公司等ヲ通シ之ヲ支援ス

二、各地ノ實情ニ鑑ミ大衆經濟確立ノ爲ノ投資ヲ助成シ人心ノ安定ヲ圖ル

三、重要資源獲得ノ爲例ヘハ鐵鑛、石炭、羊毛、棉花、鹽等ヲ開發シ興中公司其他日本有力産業資本ノ進出ヲ策ス

四、速ニ財政及幣制ノ確立ヲ策ス之カ爲勉メテ日本内地資本ノ援助及在北支資本ノ流出防止其他所要ノ處置ヲ講ス

二、中日双方谈判与华北局势变化

（一）不扩大交涉军使的派遣与交涉

资料名称：不拡大交涉軍使の派遣

资料出处：寺平忠輔著《蘆溝橋事件——日本の悲劇》，読売新聞社 1970 年版，第 86—114 頁。

资料解说：寺平忠辅时任日军驻北平特务机关大尉辅佐官，事变之夜担任日军方面的谈判代表。战后依据其日记等资料，整理出版多部史料性论著。本资料记载了事变当晚华北日军特务机关同中国方面进行交涉的情况。

86

第五章　不拡大交渉軍使の派遣

深夜の特務機関

静まり返った北京特務機関の事務室では、柱時計の刻む音がコッコッと大きく部屋中に反響している。針はいま、午前零時十分を指している。

突然けたたましい電話のベルが、宿直機関員折田武二の深い眠りをよび醒ました。

「北京の特務機関ですか。私は旅団副官の小野口大尉です。いま、蘆溝橋で重大事件が起っていますから、至急、松井機関長か寺平補佐官を電話口に呼んで下さい」

「かしこまりました。ちょっとお待ち下さい」

折田機関員はバタバタと二階の階段を駆け上って行った。そして、機関長室の扉をたたいた。

「おう！　入れ」折田は静かに扉を開けて部屋に入った。

「寝巻のままで失礼さしていただきます。ただいま旅団副官の小野口大尉殿からお電話がございまして、なにか重大事件が起っているから、至急機関長殿にお電話口に出ていただきたいとの事でございます」

機関長の脳裏には、瞬間、不吉な予感が閃めいた。

「お待たせしました。僕、松井です」

「機関長殿ですか。私、旅団の小野口副官です」

やや早口の、しかし凛とした声が受話器を震わせる。

「いまから約一時間ばかり前、豊台部隊の第八中隊が蘆溝橋付近で演習中、突然、中国軍から十八発の小銃射撃を受けました。小銃弾、実弾ですぞ！　中隊長は直ちに部隊を集結、応戦の態勢をとりました。ところが兵隊が一名、どうしても見つからないのです」

「ホーウ」

「それで目下、日華両軍相対峙中なんです。取りあえずお知らせ致します。その後の情況はまた連絡あり次第、ご通知致します」

小野口副官はいそがしそうに電話を切った。

機関長は手にしていた煙草の灰を灰皿に落しながら

「補佐官はおらんかな？」と折田機関員にたずねた。

　その時、また別の電話が鳴り始めた。北京第一連隊長の牟田口廉也大佐からだった。

「……やっかいな事が起ったもんだ。しかし相当重大性を帯びているようだからねえ。いま、一木大隊は非常呼集をやっているところだ」

「じゃあ早速現地に出動するか？」

　二人は士官学校の同期生という気安さから、そういった言葉で話し合った。

「ところがいま、連隊の主力、木原大隊は通州に野営演習に行っていて全員留守なんだ。俺の手元には兵力なんか何もありやしない」

「そりゃあ困るなあ！」

「それにいま、河辺閣下は南大寺に行かれてご不在だろう！　だから俺が北京の警備司令官を代理しているという訳なんだ。そういう状態で、俺が北京を離れる事はちょっと難かしい」

「とにかく中国側に対しては、俺の方からいますぐ掛け合ってやろう。あくまで不拡大の方針で進まんといかんな」

「俺の方は天津の軍司令部とも連絡中だが、まるで去年の豊台事件の二の舞みたいなもんだよ」

　そこに折田機関員が戻って来た。

「補佐官殿は、十河信二さんの招宴に出席されて、まだお帰りになっていないようであります」

「そうか、それではすぐ愛沢や吉富を呼び起してきてくれ。それから機関員全部に電話して非常召集をやれ。顧問、特に軍事顧問は大急ぎで機関に集まるように！」

　間もなく機関の構内に官舎を持っている、愛沢通訳生と吉富属とが駆けつけて来た。

「おう愛沢か、やすんでいるところをご苦労だったなあ！　またまた豊台事件が始まったよ。今度は蘆溝橋でブッかってしまったんだ」

「そりゃあいよいよ面白くなってきましたね。大いに気合を入れてやりましょう。この前の豊台みたいなんじゃ下らないから！」

「気合を入れるのもいいがな。まあ事は慎重にやらんけりゃいかん。オイ、取りあえず林耕宇の家へ電話をかけてくれ！」

「機関長殿直接お話しになりますか？」

88

すると吉富属が、「林耕宇の家はこの間引っ越ししてから、電話番号が変ったんだ。そこの番号表の横に赤鉛筆で書いてあるのが、新しい方の番号なんだ」と壁に掲げてある電話番号表を指差した。

「喂々！　二〇三八西局！」

「林公館ですか？　ご主人はご在宅ですか？　こちらは特務機関ですがねえ。林先生に大至急電話口に出るようにいって下さい」

間もなく

「僕、林耕宇です。何か急用ですか？」

「ああ林さん！　僕、特務機関の愛沢ですがねえ。いま、機関長と交代します」

機関長は林耕宇に対して、自ら事件の顚末を連絡した。そして

「ついてはだねえ。日本側としてはもちろん、事件を拡大させないように現地の部隊に注意はするが、君の方もすぐ、秦市長その他に連絡して、蘆溝橋にいる二十九軍の部隊に対し、緊急善処策を講ずるよう、手配してくれ給え。いいかい。早速だよ」

「かしこまりました。早速私、秦市長その他関係各方面に連絡をとります」

十河信二さんの招宴

その晩、私は興中公司の社長十河信二氏に招かれて、新開路の長春亭で飲んでいた。山西省の太原から出て来た御厨正幸少佐も一緒に顔を合せ、八畳二間、ブッ通した部屋は、四、五人の宴席には手ごろだったけれど、しかし風は少しも入って来なかった。扇風機ばかりが邪慳にブンブンうなっていた。

十河さんは「私はまだ病気上りの身体ですから……」といって、酒は余りいけなかった。

しかし話の方は山西綿花の買付け問題やら、閻錫山が破格の国賓待遇をしてくれたありさまやら、もっぱら山西省の動静を題材とした話がいろいろとび出して来て、いわば「山西を語るの会」といったような集りになってしまった。

「御厨さん！　もう一杯いかがですの？」

勇という芸者がドスンと座り込んで、盃に酒をなみなみと注いだ。

「オイ勇！　御厨さんには今晩いやというほど飲まして

やってくれ！　太原くんだからはるばる、都の酒にあこがれてフラフラッと浮かれ出して来た、山西産の山猿だからなあ！」

私がそういうと、みんなが一度にドッと笑った。三味がにぎやかに鳴り始める。やがて勇を筆頭にして、蝶々とか若勇とかいった連中が、手拍子面白く座敷の中をグルグル回って踊り始めた。

「ヨシ！　俺も踊るぞ」

御厨少佐もとうとう飛び出して、その中に巻き込まれるようにして踊り始めた。

「寺平さんもお踊りになってはいかがですか？」

十河さんが勧めた。

「イヤ、私はもう日本の唄や踊りはカラッキシ駄目なんです。いたって不粋な方でしてね。その代り中国の芝居の歌ならちょっとくらい、やりますがね」

「ホウ！　それはまた随分変ったご趣味ですなあ」

「踊りといえば面白いんですよ。つい一週間ばかり前でしたがね。特務機関で秦徳純以下、北京市政府の主だった人達を招いて懇親の宴を開いたんです。それも屋上庭園で月を眺めながらやったんですね。そしたらいまやってるこの東京音頭ですねえ。これを芸者が三味線で弾き始めたら、秦徳純先生ニコニコしながらとび出して来て、皆と一緒に踊り始めたんです。実にまあ秦徳純といったら円転滑脱、代表的な社交家ですねえ」

「そうですか。あの秦徳純が東京音頭を踊りますかねえ」

十河さんはいかにも感にたえぬといった面持ちで、サイダーで静かに口をしめした。

御厨少佐に徹底的に飲ませてやってくれと、武官室の今井少佐から頼まれていた私は、長春亭の宴が終ると、今度は御厨少佐を引っ張って、前門外の韓家潭、百順胡同に中国の姑娘を訪ねて行った。蘇州美人、揚州美人を相手に水瓜の種をかじりながら、一時間ばかり語学の勉強をすると、その次には御厨少佐に引っ張られた形で、東単牌楼の白宮跳舞場にとび込んで行った。そして大勢のダンスを眺めながら、二人でビールをガブリガブリ、金魚みたいに飲み続けていた。

「オイ、もう一時過ぎだぜ！　帰ろうじゃないか」「そうですね。帰りましょう」

白宮の表で少佐に別れた私は、フラフラしながら一人歩いて特務機関に帰って来た。

夜、八時以後は何時でも閉まっているはずの機関の大門が、今日はまたどうしたわけかスッカリ開けッ放しになっている。——門番のやつ、怠けて忘れやがったのかな？　たたき起してトッチめてやらなくちゃ。——

そう思いながら中に入って行くと、各部屋部屋には電燈が煌々と輝いてその下をあちらに行ったりこちらに来たり、大勢の人の気配がする。私はいささかけげんに感じた。給仕の杉沢満が玄関口にとび出して来た。その後から吉富重雄属がとび出して来た。そしていった。「補佐官殿、ご不在中に蘆溝橋で事件が始まりました。いま、取りあえず非常呼集をして、機関員を全部集めておりますが、補佐官殿がおられないのでどうしてよいかわからず、てんてこ舞いしておったところです……機関長殿が補佐官室でお待ちになっておられますから、至急あちらにいらっして下さい」

事件勃発で皆が真剣になって騒いでいる。その真ッ唯中に酔眼朦朧として入って行くのはなんとも工合がわるい。しかし、七月七日は天上において、牽牛と織女が一年にタッタ一遍、めぐり逢う日じゃないか。日本軍と中国軍の衝突、これだって一年に一回あるかなしかだ。——私は勝手にそんな酔ッ払いの理屈を考えながら、補佐官室に入って行った。

そこでは愛沢通訳生が、蘆溝橋付近十万分の一の地図をつなぎ合せながら、しきりに機関長と話をしている最中だった。機関長はこの時もう、背広に着換えてしまっていた。私の姿を見るなり

「補佐官帰って来たか。いま、蘆溝橋で事件が起っているんでね。機関は取りあえず非常召集をやったところだ。これから忙がしくなるからしばらくここで采配を振っていてくれ」

そこへ桜井軍事顧問がとび込んで来た。

「ヤア！　蘆溝橋で中国兵がまた騒ぎ出しおったそうですなあ！　アッハハハ、指揮官がボヤボヤしてるもんだから、中国兵達、ろくな事たあ仕出かしゃせん。こっちには事件の詳報が入っているでしょう。一つ聞かして下さい。アッハハハ」とすこぶる朗らかだ。

続いて冀察外交顧問、西田耕一氏が駆けつけて来た。度の強い眼鏡越しに

「なにしろどうもエライ事になりましたなあ。中国側と

はもう連絡お取りになりましたか。なんでしたら私、これから秦徳純のところや魏宗翰のところへ連絡に行って来てもよろしゅうございますが……」

そこで機関長は関係顧問達を集めて概略の情況を説明した。

「中国側の不信はあくまでもこれを糾弾する。そして軍の威信は絶対傷つけるような事があってはならぬ。この問題は現地限りに解決する事が肝要である。徹頭徹尾、不拡大に終始する事が根本方針である」と事件処理の大本を明らかにした。恐らくこれあたりが、蘆溝橋事件不拡大処理の第一声ではなかったかと思われる。

そこへ林耕宇から電話がかかって来た。

「秦市長から現地部隊に、電話で命令致しました。そして事件は絶対拡大しないように伝えてやりました」

すると桜井顧問は「そりゃいかんッ！　電話命令なんかしたっちゃ何にもなりゃせん。人だ人だッ！　シッカりした人を現地にやらんけりゃ。中国の軍隊がそんなまだるっこい命令で、いう事なんか聞くもんか」とひとりで大声にしゃべっている。

特務機関は真夜中なのにもかかわらず、機関員やその他の人達が引ッ切りなしに出たり入ったりしていた。

当面の緊急対策

機関長、桜井顧問、それに西田顧問と私、合計四人が二階の応接室で緊急会議を開いた結果、当面の対策としては、まず第一に中国側要人を十分説得して現地の実情を正しく認識させ、我が方の不拡大方針に同調させる。次には日華双方の責任ある代表者を現地に派遣して、急速に事態の解決に当らせる。この二つはこの際どうしても早く手を打たなければいかん、と意見が一致した。これはまた、牟田口連隊長の考えとも、符節が合っていた。

林耕宇から、またもや電話がかかって来た。機関長自ら受話器をとると

「ただいま私、秦市長の宅に来ております。外交委員会の魏主席も見えておりますが、魏主席の意見として、事件の不拡大は、第一線部隊の軍事行動停止にまずその端を発しなければならない。中国軍に一切の行動停止を命ずる事はもちろんやりますが、日本軍もまた、そうした行動を中止するよう、特務機関の方から取り計らって頂

きたいとの希望なんですが……」

　機関長は答えた。

「魏主席の意見には趣旨としてはもちろん賛成だ。こちらとしてもすでにとるべき最善の策はドシドシとっている。しかし現地の部隊は現地の実情に即応し、どのように行動するかはわかったものじゃない。それを委細かまわず、北京から電話一本で即時行動停止ったって、少々無理というものだ。そこでこの際、電話連絡みたいなまだるっこい方法よりも、君の方と僕の方と双方から責任ある代表者を一刻も早く蘆溝橋に送って、現地解決で片付けたらどうだい。この意見を秦市長に君から話してみてくれ給え。そして早速代表者をきめて僕の方に知らしてくれ給え。僕の方はいまもうその準備にとりかかっているんだから」

　私はその時、別の電話にかかって旅団の小野口副官からの通報を聞いていた。

「……豊台の一木大隊は、蘆溝橋の東約一キロ、一文字山付近に位置して、極力前面の敵情を監視中なんです。一方、通州に野営中の木原大隊は、直ちに自動車で呼び寄せるよう手配し、取りあえず朝陽門外の射撃場に集結を命じました。ついてはこの部隊を交民巷（チャオミンシャン）に入れるために、夜中ですけれど朝陽門の開門を特務機関から中国側に要求していただけませんか。それから、日華双方から代表者を現地に派遣する場合、牟田口連隊長はいまちょっと北京を動かれませんので、連隊長代理として森田徹中佐を遣る事に決まりました。中国側から回答あり次第、私の方へ連絡をお願いします」

　受話器を置くと、私は愛沢通訳生に

「城門の開閉は市政府の仕事だと思うんだが、直接担当は警察局の方かな？」

「それは私もちょっとハッキリ覚えていませんが、この前いつだったか一遍、周永業に頼んで開けさせた事がありました」

「そうか。周永業といえばあれは綏靖（すいせい）公署の交通副処長、兼参議だから、すると綏靖公署の仕事なのかな。周永業に電話をかけて頼んでやろう」

　私は早速、周永業に連絡をとって、いまの要件を話した。周永業というのは日本の士官学校工兵科の出身、体格魁偉（かいい）、豪放磊落（らいらく）、それでいて日本語は素晴しく巧かった。

彼は

「これは困りましたなあ！　実は私は城門開閉係りではないんですよ。この前の時は愛沢さんから頼まれたもんだから、朋友の面子で私から係りに頼んで、ご便宜取計らっただけなんですが」

「だから今日は私に対する朋友の面子で、もう一遍貴方にお骨折りを煩わしたいんだ。もともと北京にいた部隊が北京に帰ろうというんだから一向さしつかえはないだろう。

もしこれを無理に城外に締め出したりしたら、大隊長木原少佐、怒って、朝陽門をたたき破って城内にとび込んで来ないとも限らないぜ。それこそ重大問題だ」

「情勢が情勢ですからねえ。はたして泰市長がウンというかどうか……」

「そこをウンといわせるようにするのが君の腕じゃないか。いやしくも綏靖公署の参議閣下ともあろうものが」

「そういわれるとどうも……。極力努力はしてみましょう。当って砕けろだ」

周永業との連絡が終ると、私は直ちに愛沢通訳生に命じた。

「周永業の話しっ振りによると、城門開閉の総元締はやっぱり秦徳純だ。そこで君から市政府の朱毓真でもいい張我軍でもいい。電話をかけて、その方からも交渉の手を伸ばしてくれ。どうも周永業一人じゃ心許ないから」

その時午前二時をちょっと過ぎていた。顧問服の桜井少佐が、同じく軍事顧問部の斉藤弼州秘書を連れて、アタフタと玄関の方に駆け出して行く。

「桜井顧問殿、どちらかお出かけですか？　行く先を明らかにして置いて下さい」

私は追いすがるようにして顧問にたずねた。

「僕ちょっと馮治安のところへ行って来ます。馮治安に会って、彼を遣り込めようと思うんです」

桜井顧問の頑丈な身体が、自動車の中に吸い込まれて行った。

「補佐官殿！　お電話です。旅団の小野口副官からかかっています」

私はふたたび引き返して電話にかかった。

「寺平君ですか！　さっきのあれ、とうとう出て来たそうです。ホラ！　アノ、例の行方不明の兵隊がですね！　したがってこちらには何ら損害はなかった事になります。

しかし演習中の日本軍に対して不法射撃をしかけてきたという事は、これは重大な侮辱行為ですからあくまで糾弾しなければなりません。

そこでいま、連隊長とも相談したんですが、最小限度の解決条件として、次の二項目を中国側に要求したいんです。その一つは、中国軍の師長馮治安自らこちらに出て来て謝罪する事。第二は蘆溝橋に駐屯している二百十九団第三営の即時撤退。どうです。このくらいの要求は決して無理じゃないでしょう。これについて松井機関長のご意見をうかがってみて下さい」

その時、機関長は補佐官室のソファーにもたれて、しきりに蘆溝橋の地図を研究している最中だったが、私の報告を聞き終ると「フーム、そいつはちょっと具合が悪いなあ、ヨシ、僕が直接電話で話そう」

そういって自ら電話に出た。

「やあ小野口君、今のお話、第一項の馮治安の謝罪というやつだなあ、こりゃまあ要求してもよかろうと思うんだ。しかし第二項の中国軍の即時撤退、こいつは少々薬が利き過ぎやせんかな。あまりこいつを強く押して出ると、先方の感情を刺激する結果、いろんな反動が現われてきて、かえって日本側が自ら、天に向って唾をはくような結果にならないとも限らんからなあ」

「機関長殿のご意見としては、第二項は撤回した方がいいと……」

「撤回せよと断定的にいうわけじゃない。こういうデリケートな問題は極めて慎重を要するので、一応、軍司令部とも打ち合せた上、軍の方針が決まってから、改めて中国側に要求した方が妥当だと思うんだ」

「わかりました。じゃあその事を連隊長殿に申し上げます」

電話受難時代

機関長が小野口副官と電話連絡している最中、二人の面会者があった。給仕が持ってきた名刺の一枚には、冀察政務委員会外交委員会主席魏宗翰。もう一枚は、冀察政務委員会外交委員会委員孫潤宇と書いてある。

私は大応接室に入って行った。

孫潤宇というのは私にとっては、天津以来の顔なじみである。日本の大学も出ていて日本語はなかなか巧い。冀察外交委員会の委員になって、まだ日は浅いが、常に私心を去って日華両国のために尽していた。今日の彼の任務は、魏宗輸の通訳という役目らしかった。

魏宗輸は口を開いた。

「さきほど、林耕宇を通じて電話でご連絡致しました件につき、直接いろいろご意見もお伺い致したいと思いまして、お邪魔に上った次第でございます」

二人の態度は言葉つきといい素振りといい、実に慇懃丁重を極め、こちらの感情を損わなかった。

「その事については、いま、機関長から直接お話し申し上げますから、もうしばらくお待ちになって下さい」

そこへ機関長松井大佐が、童顔をほころばせて入って来た。機関長は二人に席をすすめると、いつもの習慣で卓上のスリーキャッスルをとり上げ、ソファーに身を埋めるなり、紫煙を吹き上げた。そして

「なんとかかんとか、つぎからつぎに事故というものは起ってくるもんですなあ！」

挨拶代りに極めて軽く、そういった感想を洩らすのだった。

「誠に困った事でございます」

そう答えた魏宗輸の眉の間には皺が深かった。暫くの沈黙があった。

ややあって機関長は身を乗り出した。

「今日の問題についてですがなあ。さきほど電話でご連絡した通り、現地に代表者を派遣するという事、これが何より先決問題です。その事についてまず……」

檜垣寺吉機関員が入って来て私の耳元にささやいた。

「恵通公司の駐在員が至急補佐官殿にご面会したいといって参っておりますが……」

恵通公司というのは華北航空協定に基いて、日華合弁で設立した航空会社で、その社長には張自忠を据え、スーパー級の旅客機数機をもっていた。北京の南苑にその飛行場があるので、時局対策という観点から一応考慮しておかなければならぬ問題だった。

飛行士らしく、颯爽とした制服を着けたその駐在員と私とは、小応接室の丸テーブルを囲んで向い合ってすわった。私の方から口を切った。

「要件だけおたずね致しますが、いま南苑にはあなたの方の機は何機置いてありますか？」

「今日はスーパーが一機置いてあるだけです」

「それじゃあ南苑の中国軍の動静について、なにかおわ

かりになっている点はありませんか？」

「さきほど電話で聞いてみましたけれど、まだ格別の動きは見せていないようです」

「そりゃあ結構！　じゃあこうして下さい。蘆溝橋方面の情況が今後どういうふうに進展するかわからないが、最悪の場合、そのスーパーを絶対中国軍の手に渡さない事、これが重要問題です。その目的さえ達成出来たらあとは手段を選ばず、天津の方へ飛んで逃げるもよし、急迫の場合は焼却するもよし、一切はあなたの判断にお委せします」

「断じて機を彼等の手に渡さないよう、早速手配致します」

二人が一緒に席を立った時、またもや檜垣機関員がやって来た。「補佐官殿、お電話でございます。小野口副官からでございます」私は補佐官室へ突進した。

電話口に出ると副官は例の早口で

「さきほど機関長とお話した件ですねえ。早速軍司令部の方に連絡をすると、大木良枝参謀が電話に出まして、不法射撃に対しては、断然中国側の陳謝を要求しなければいかん。しかしまだ現地の情況もハッキリしていないんだから、撤退交渉とかは第二義的の問題だ。取りあえず現在の事態に即応するため、軍使を遣って中国側の代表者と現地交渉を開始する事、これが先決問題だ、といわれるんです」

「その点は我々の考えと、全然一致していますね」

「そうです。そこでいよいよ軍使を遣るという事になると、その護衛の意味と、もう一つは将来交渉の推移に適応させるため絶対必要だから、歩兵一ヶ中隊くらいをもって、宛平県城の東の城門を確実にこちらの手中に収めておけといわれるんです」

軍使派遣の決定

私は前任者の浜田補佐官がこの前の豊台事件の時、軍事折衝の矢面に立って、随分活躍したという話を聞かされていた。また若いころから、鄭家屯事件だとか、鳳凰城の武装解除といった前例を興味をもって研究し、軍事折衝というものについて私なりの構想を一応頭の中に描いていた。だから今日のような事件の軍使——こりゃあ一つ、買ってでもやらしてもらわなければ——といった欝勃たる心に燃えていた。

その時、機関長は、軍参謀長橋本群少将からの電話にかかっていた。私は機関長のそばに寄って電話の内容に耳をすました。

「そうでございますなあ、実は私もさきほどからだれか現地に遣ろうと思っていたところなんです。豊台の前例もある事だししますからなあ」と話している。軍使派遣の事に違いない、と私は直感した。

電話が終ると、機関長は私と一緒に応接室の方に歩きながら

「オイ補佐官、ご苦労じゃが君、蘆溝橋まで行ってもらおうと思っとるんだがなあ」私は跳び上らんばかりに喜んだ。覚えず満面に笑みが浮かんで来るのを押える事が出来なかった。

「そう喜ばんでもいいよ。歩兵隊からは森田中佐が一ヶ分隊の兵をつれて現地に行くそうだ。機関からは君と桜井君。それからさっき、魏宗翰や孫潤宇とも話し合いの結果、中国側からは宛平県長の王冷斉、それから林耕宇が行く事になっているそうだ」

私は二階にある私室にとび込んだ。最近しばらく軍服を身につけていないので、トランクやたんすから軍刀、拳銃、図嚢、長靴などを取り出すのにいささか手間取った。十分ばかりで軍装を整え終ると、久しぶりにピリッと緊張した軍人に還った。

出会い頭の愛沢通訳生が

「いま、周永業がやって来ています。例の城門通過の事についてなんですが……」

周永業は水色の中国服を着て、大きな扇子をバタつかせながら、小応接室の中をゆうゆう歩き回っていた。

「補佐官の軍服姿も珍しいですなあ」

「たまには軍服着ないと軍人放れしてしまうからなあ、時にどうだい。例の城門の話は」

周永業は頭をかきかき

「早速秦市長の方に交渉してみました。どうも一向ハッキリしないんです」「ハッキリしないじゃ困るよ。秦市長に真接会ったのかい」「いや、秘書を通じて要求したんですが」

愛沢通訳生が横から口を出して

「秘書ならこっちからも連絡したんですがねえ。僕の方としては、周さんから直接、秦市長に交渉してもらいたかったんだ。僕、直接秦市長のところへ行って掛け合っ

て来ましょうか。早速、城門を開けさせるように」

「じゃあそうしてくれ。そ　経過はその都度、機関長と小野口副官とに連絡するように」

周永業が突然

「桜井さんはおられませんか」とたずねた。

「外出中だが、ここで待ってい給え。間もなく帰って来るから」

私は小応接室を出た。部屋の外では憲兵分隊長赤藤庄次少佐が待っていた。

「君、蘆溝橋に行かれるそうですね。僕も一緒に連れて行ってくれませんか。兵も四、五名連れて来ているんですが」

「そうですか。じゃあご一緒致しましょう。こちらからは桜井顧問、中国側からは林耕宇と、宛平県長の王冷斉が一緒に参ります」

その時、玄関の方から、ガヤガヤ騒ぎながら入って来たのは桜井顧問、斉藤秘書の一行だ。大きな声で

「どうも中国側はナッチョラン！　事ごとに責任回避のような事ばかりぬかしやがって、ちっともつかまえどころがない。まるで瓢箪鯰だ」

顧問は歩きながら、一人でしゃべっている。私は一緒に二階の応接室に入って行った。そして機関長と共に桜井顧問の報告を聞いた。彼は顧問服の上衣を脱ぐと

「オイ高橋、コップに水一杯持って来てくれい」

そうなってから次に

「じゃあ概要を申し上げます。私は最初、馮治安の家に行きました。ところが馮治安は居らんというんです」

「本当に留守なんですか？」と私が突っ込んだ。

「イヤどうだか。例の調子だからわかりゃしない。門番と押問答していても始まらんので、次に秦徳純のところへ行きました。秦徳純は行くとすぐ会ってくれました。ちょうど斉燮元も来ていたので、連絡には好都合でした。

そこで私の方から蘆溝橋の問題を持ち出したところが、秦徳純の方でも機関長からのお話通り、あくまで不拡大の方針で進みたい。そのために、現地に代表を遣ろうという事になったんです」

すると松井機関長

「それはさっき君が出かけてから間もなく、魏宗輪と孫潤宇がやって来てね。話を聞いたが、林耕宇と宛平県長

の王冷斉が行く事になったそうだね」

「そうです。その二人を遣るといっていました。それから蘆溝橋にいる中国軍は極力抑制して、城外に出さんようにするから、日本軍も蘆溝橋を包囲したり攻撃したりせんようにしてくれいといってました。西苑や南苑の部隊は、決して出動させんという事も確約しました。この事は斉藤にチャンと筆記させときましたから、将来決して二枚舌は使わせんつもりです。

なお現地の金振中とかいう営長からの報告によれば、蘆溝橋付近は極めて平静で、日本軍に対して発砲したような事実は絶対ないと頑張るんです。こいつは北京で射った、射たんのといくら議論していたって始まらん事ですから、現地に行った上で嘘か本当かを確かめる事にして、話を打ち切って帰って来ました。以上がまあザッといま行って来た冀察側の模様です」

「ご苦労ご苦労、そこで一つ、君も蘆溝橋まで行ってもらいたいんだがね。もちろん僕の代りとして補佐官を遣るが、もともと二十九軍関係の事でもあるしするから……」「もちろん私は行くつもりにしていました。早速出かけます」

「時に林耕宇や王冷斉はまだ来ないかな。オーイ！　愛沢、林耕宇はまだ来ないのか？　電話でちょっと聞いてみてくれ」

「彼はタッタ今、来とったようですよ。秘密会議らしいから、しばらく待っているのです」

私は桜井顧問に、周永業が来ている事を告げた。

「周永業ならちょうど好都合だ。彼もいやおうなしに蘆溝橋まで引っ張って行ってやろう」

桜井顧問は小応接室の方に下りて行った。

松井機関長は

「補佐官、あっちへ行ったらだなあ。中国側の現地責任者を呼び出して、とにかく不法射撃の真相を糾明する事、これが先決問題だ。次は決して事態を拡大させないように最善の努力を傾倒すること、この二つを終始念頭においといてくれ。その他は臨機応変、君の裁量一つに委せる。くれぐれも気をつけて、無謀な事はしないようにな。いいか」

牟田口大佐一喝す

私と桜井顧問、斉藤秘書、周永業、それに林耕宇と王冷斉、これから蘆溝橋に出かけようという総勢六人はならんで特務機関の玄関に立った。見上げると空には星がキラリキラリとまたたいている。

檜垣機関員がバタバタ走って追っかけて来た。

「ただいま連隊からお電話がございました。連隊の方では森田中佐殿が蘆溝橋に行くため、いま、準備中なんだそうですが、補佐官殿が行かれるんだったら、途中、車の中でいろいろご相談したい事があるから、是非連隊の方に寄って行ってほしいとの事です。いかが返事致しておきましょうか」

すると松井機関長

「ウン、それじゃあ補佐官！　ちょうど道順ではあるし、立ち寄って、よく連絡をとった方がよかろう。林さんもそうし給え。その方が双方緊密に行って、お互いに都合がいいぞ」

その時、桜井顧問が片脚を自動車に突込んだままいった。

「寺平君、君の方だけ連隊に寄って行ってくれ給え。僕は周永業と一緒に先行するよ。途中城門を開かせたりするのに大分手間取るからね。開門交渉係りを引き受けるよ」

私と林耕宇とは北機第二号のナンバーのついたアメ色のナッシュ、桜井顧問、周永業等は軍事顧問用の黒塗りドッジブラザー、そして王冷斉はただ一人、冀察外交委員会の自動車に乗って、三台一緒に特務機関を出発した。

私の車は交民巷のアスファルトの上を、わだちの音もかろやかにスルスルと滑って行く。林耕宇がだるそうな口調で話しかけて来た。

「この前の豊台事件の時に、私は今日と同じように当時の浜田補佐官と一緒に、豊台まで行ったんです。今度と全く同じ性質の事件だったんですがねえ。あの時は双方、とても緊張していましてね。私なんかもう少しで殺されるところだったんですよ。あれに比べたら今度の事件はてんで問題になりませんわ。前のようなあんな際どいところまではとても行きませんよ」

私はだし抜けに

「林さん、豊台部隊が夜間演習をやるという通知は、君の方に届いておったかねえ」とたずねた。

「旅団から出された書類でしょう。あれは確実に受け取りました。だからその事については、私の方は別に、何も問題にはしていませんよ」

ヘッドライトが街路樹の根元の白ペンキを、くっきり照らし出していた。

先行した桜井顧問の車は、東長安街の方に抜けて行ったらしくもう姿が見えない。王冷斉の車と赤藤少佐の車が少し離れて私達の後から追いかけて来る。私達は正金銀行の角を右に曲り、歩兵隊の表門にさしかかった。今日はいつになく物々しい警戒振りで、歩哨の数も増加され、いくつもの銃剣が闇の中でギラリギラリと光っていた。

私達は本部の前で車を捨てた。営庭には軍装物々しい兵隊がザワめいていて、トラックがエンジンをガタガタいわせ、蘆溝橋への出発を待ち構えている。

私はツカツカと本部の中へ入って行った。この建物は大正十三年十一月二十九日、宣統帝が馮玉祥に逐われ、日本側に保護を求めて来た時、我が芳沢公使の手によって八十七日間の長きにわたり、かくまわれた事のある極めて由緒の深い家屋である。右側の大広間では、若い将校が五、六人、地図を拡げて研究に余念なかった。皆が一斉に立って私の方に目礼した。

私はその方に会釈して、林耕宇と王冷斉とを左側の応接室に通すと階段を駆け上って牟田口連隊長を捜し求めた。連隊長と私は、階段の躍り場でバッタリぶつかった。

「ただいま、林耕宇と宛平県長の王冷斉を連れて参りました。下の応接室に待たせてあります。森田中佐殿と一緒におともしようと思いまして」

「とうとうまた始めたですなあ、森田中佐はいますぐ出発しますから、ちょっと待ってやって下さい。とりあえず林耕宇に会おう」

狭い応接室のソファーに林耕宇と王冷斉の二人が並んで腰をおろしていた。牟田口連隊長の姿を見ると、まず林耕宇がニコニコしながら立ち上り

「しばらくぶりでございました」

と挨拶した。けれども、この日の牟田口連隊長はニコリともしなかった。まだ腰も下さない先から大喝一声。

「林君、またやったじゃないかッ！」と頭ごなしにどなりつけた。

林耕宇の顔色は見る見る神妙な表情に変って行った。

そしてなかば震えながら、いかにも弁解するといった態度で「今日の事件はまたなにかの誤解から起った事でして……」

言いも終らず、連隊長はグッと林耕宇の前ににじり寄った。

「なに？　誤解？　またそんな下らん言い訳をする。誤解という言葉については、この前も君に懇々いっといたじゃないか」

その訳はこうだった。去年の九月十八日、豊台事件の時、中国兵が通りすがりに豊台部隊小岩井中尉の馬の尻をヒッパタいた。馬がおどろいてピョコンと跳ね上った。それが因で双方睨み合いになったが、その時、中国側の代表林耕宇は

「中日双方の誤解から生じました事で……」と陳弁した。そこで連隊長は声荒らげ「何ッ、誤解？　いったい誤解で馬の尻をヒッパタくやつがどこにあるかッ！」とコッピドくどなりつけた事があった。

爾来十ヶ月、まだその舌の根も乾かぬ今日、またもやこうしたお座なりの弁解で、お茶を濁そうとしたものだから、牟田口連隊長グワーンと鉄槌を食わしたわけである。それに続いて連隊長は、一応彼等の権限を確かめるべく、今度は王冷斉の方に向き直った。

「君が宛平県長の王君か」

王冷斉は保定の軍官学校を卒業し、上校団長までつとめた経歴の持ち主だったけれど、一向軍人らしい潑剌さがない。また日本語はまったくわからぬときている。

連隊長は厳然たる態度で彼にたずねた。

「王君、君は宋哲元の代表として、あるいはまた馮治安の代表として、現地に行ってこの問題を解決するだけの権限を委任されているのかどうか？」

すると通訳代りの林耕宇が横合いから

「ハア、その権限は持っております」

「君に聞いているんじゃない。王君にたずねているんだ。君はその事を王君に通訳し給え」

連隊長の眼が光った。縮み上った林耕宇は小さな声でその意味を王冷斉に伝えた。王冷斉はそれに答えて

「ハ、全権は持っております」

「確実に持っているのか」

連隊長は折り返し念を押した。

「まあ持っていると思います」

「何、思います？　そんなアヤフヤな態度で現地交渉の衝に当られてたまるもんか。いいかい。説明するとね、宋哲元は冀察政務委員会の委員長という資格と、二十九軍軍長という資格と、二つの権限を持っているんだぜ。そこでいま、文官たる君が行政上の資格を代行するのはまあよいとして、さらに軍長代理として、いままさに戦争でも勃発しそうなこのせっぱつまった情況に直面し、しかも不法を働いた二十九軍の部隊に対し、君が独自の判断で適切な軍命令を下し得るかどうか。その辺のところはいったいどうなんだ！」

質問の矢はすこぶる厳しい。しかし条理はあくまでも整然としている。彼はこれに対して一言半句、答え得なかった。

「君はそんなあいまいな資格で蘆溝橋に出かけようというのか？　ノコノコ蘆溝橋に行って、これからいったい何するつもりなんだ？」

追及の言葉はいよいよ峻烈になって来た。

王冷斉もこれをなるほどと悟ったらしく

「一応その辺のところ、もう一遍電話で秦市長と連絡をとって参ります」

「一応も二応もシッカリ連絡とり給え。これが決まらない事には君達現地に行ったって、単なるロボットでなんの役にも立ちはしない」

二人はコソコソと電話室の方に行ってしまった。

「イヤアどうも中国側には、いつもああいったピントの外れたのが多くていかん！」

連隊長は吐き出すようにそういって、煙草を灰皿にねじ込んだ。

五分——十分——まだ二人は戻って来ない。まず私がイライラし始めて来た。

「エライ遅いですねえ。何をぐずぐずしてるのかしら？」

「あの調子じゃまだまだ時間は手間取るだろうよ。まったくあれが中国側代表なんだから心細いこと限りなしだね」

その時、森田中佐が準備万端整ったとみえて、ようやく応接室の方に姿を見せた。それに続いて二人が戻って来た。

「どうも電話の具合が悪くて、一向連絡がとれないんです。いまからもう一遍秦市長の家まで行って、権限問題を確かめてきたいと思います。三、四十分もあれば行って来られますから……」

我々はこれを聞いてあぜんとした。いくら気が長いといったって、このさし迫まった情況に直面し、そういつまでもぐずぐずしておられたんでは、解決出来る事件も解決出来なくなってしまう。権威ある代表者を出さないなら出さないで、結局一切の責任は先方が負わなければならないだけだ。皆はドヤドヤと応接室から営庭の方へ出かけ始めた。

「寺平君、ちょっと」と牟田口連隊長が私を呼び止めた。

「これは君にお頼みして置くんですがねえ。森田中佐に対しては、私から事件の調停と問責の任務を与えてあるんです。ところがご承知の通りあの人は、この前の上海事変の時、爆弾三勇士で有名な、廟行鎮突入部隊の指揮官なんです。勇猛果敢という点では全国的に鳴らした人なんです。そこで今日もその調子で、ジャンジャン攻撃命令でも下されようものなら、とんでもない結果になってしまう。まあそんな事はないとは思うが、そういった場合には、君がシッカリ手綱をひいてくれ給え」

「かしこまりました。その点十分含んでおきます」

軍使一行の出発

私は外へ出た。午前四時少し前である。二台のトラックには兵隊がいっぱい乗っていた。森田中佐と赤藤少佐は私の車に一緒に乗り込んだ。林耕宇と王冷斉とは外交委員会の車へ、また憲兵隊の車には鈴木石太郎軍曹、加藤宮士松上等兵憲兵等、四人が乗っていた。

本部前に立った牟田口連隊長は厳然として「じゃああくまで慎重にやってくれ給え」と見送った。森田中佐は「十分ご意図に副うよう行動致します」と答えた。

「出発！」

森田中佐が自動車から半身乗り出して号令する。

近藤保少尉の搭乗車が尖兵といった格好で、トップを切って走り始めた。旅団の大塚賢三通訳生や、昨夕来、北京に来て泊っていた豊台の副官荒田中尉あたりがこれに便乗していた。次が私達の車、林耕宇の車、憲兵の車、そして一番最後が護衛のためのトラックの順だった。暁闇の東交民巷、ヘッドライトの光芒が煌々として一隊の進路を照らしていた。

ソ連大使館の前を通り過ぎたころ、後の方から「オーイ、僕達も一緒に連れて行って下さあい！」と叫びながら、超スピードで我々の車とスレスレにまで追かけて来た自動車がある。毎日支局の関公平氏はじめ新聞記者団の一行だ。

北京の目ぬき通り、前門大街は静かだった。交通整理の巡捕が睡むそうな顔をして、所々にポツンポツンと突っ立っていた。それでも我々が通ると一々棒ふり上げて、忠実に交通標示をやっていた。車は猪市口から米市大街を過ぎ、菜市口から広安門大街に出た。まだ人影はほとんどない。

「昨夜の事件はまだ一般には伝わっておらんとみえますねえ」と森田中佐がつぶやいた。

広安門を西に出はずれた一行は、農家の点在する北京の西郊を疾駆していた。まだほの暗い郊外にただ一筋の道路だけがクッキリと白く描き出され、冷えびえした朝の空気がさわやかに、自動車の中に流れ込んで来るのだった。ウドン粉を積んだ駱駝の一隊が首の鈴をカランカラン鳴らし、のんびりした気分を漂わせながら一行の車とすれ違って行った。

「どうだい。豊台からの電話報告を聞いていると、いまにも戦争がオッ始まりそうなんだが、このあたり一帯の景色は静かなものじゃないか。

ホラ、また駱駝の行列が通る。ああいうのがいわゆるキャラバンっていうんだろう。あれは今朝方、ゆうゆう蘆溝橋を渡って来たんだろうが、我々は真夜中にたたき起され、気合を入れて現地に行って見ると、とたんに情況終りというくらいが関の山じゃないのかな」

「大山鳴動、ねずみ一匹というところですかな」

「せめてねずみ一匹でも出て来てくれたらまだ面白いんだがね。とかくこういう問題は、竜頭蛇尾という事に相場が決まっとるんだ。拡大とか不拡大とか、そう神経をとがらせるほどの事もないよ」

森田中佐と赤藤少佐とは、車中しきりにこうした会話を交していた。

私は私で、この間ひとり、先方との交渉案をいろいろ頭の中で練ってみた。みんなの眼は、それでも前方、蘆溝橋の森のかなたに注がれて、何とは知らず、次第に緊張した気分に引きずり込まれていくのだった。

発射ったら気がすむというんだ、こちらが黙っていりゃあいい気になって、性こりもなく二度も三度もブッ放しやがる」

兵の視線が一斉に西の方に注がれた。――銃声！　今のは確かにウチの中隊長殿が狙われたに違いない！――そう判断した野地少尉は、無我夢中、一文字山の稜線上に駆け上り、眼鏡片手にジーッと蘆溝橋の方を凝視した。しかし、夜のとばりはまだ四、五十メートル前方までしか透視を許してくれなかった。一方、大隊本部では

「オイ、今の三発の銃声はありゃ何だ？」

「あれだな、中国軍の不法射撃というやつは」

「確かにそうだ、また始めやがった。竜王廟の方向、間違いなし」

大隊長はこの時、悠然と時計を眺めた。午前三時二十五分である。――一度ならず二度までもこうした不法の挑戦、射撃、これを黙殺することはまさしく中国軍になめられた形になる。なめられるだけならそれに甘んじもしようが、すでにこうまでも対敵意識が露骨になってきた以上、今後彼は、どのような積極行動に出てこないとも限らない。応戦するしないは別問題だ。とにかく部隊

日本軍が布陣した一文字山

第二回目の不法射撃

夜中の三時すぎ、西五里店の部落から粛々として行動を起した一木大隊は、八日、午前三時二十分、完全に一文字山の台地を占領した。昨夜来、ずっと演習場にいた清水中隊は、弾はまだ一発も使っていなかったが、今後の情況に備えて更に弾薬を補充しておかなければならなかった。一文字山東側窪地でその分配を始めたころ、またまた西方、蘆溝橋と覚しい方向から、パン！　パン！　パーン！　と三発の銃声が聞えて来た。

「またやりやがったな！　畜生ッ！　やつらいったい何

107　不拡大交渉軍使の派遣

牟田口廉也連隊長

河辺正三旅団長

一木大隊長

の態勢だけでも応戦準備を完了しておかないと、不覚を招いてからではもう遅い。

大隊長の戦術判断は神速だった。ただちに竜王廟の包囲態勢を整えるべく、第八中隊長代理野地少尉を呼びにやった。

「少尉殿、大隊長殿がお呼びであります」本部に命令受領者として行っていた、谷辺曹長自らの連絡である。

野地少尉は、一木大隊長の前に立った。大隊長は声はずませて

「オオ野地！　大隊は今から竜王廟正面の敵を攻撃する目的をもって展開する。第八中隊は機関銃一小隊を併せ指揮し、直ちに現在地を出発、大瓦窑部落の西側を通り、夜の明け切らないうちに竜王廟北側堤防に進出し、戦闘を惹起しない距離にあって攻撃を準備せよ。決して頭を出しちゃいかんぞ。すぐ出発」

「かしこまりました。すぐ出発しますッ」野地少尉の顔にはサッと希望の色が輝いた。――こりゃあ大いに働きがいがあるぞ。中隊には側背脅威という独立した戦闘任務が与えられた訳だ。――彼は各小隊長に指示して直ちに転進準備にとりかかった。

昨晩の演習この方、まだ一睡もしていない第八中隊ではあったが、新任務と聞くと、将兵の足どりは軽かった。中隊は溌剌たる生気に満ち満ちて、露おきしげき草原を踏み分け踏みしめ、まず蘆溝橋の駅舎を目標に転進行動を起したのであった。

第八中隊に命令を下達した後、一文字山台上でなおしばらく第一線を巡視していた一木大隊長のところに、通信班長小岩井中尉が馬をとばせて駆け上って来た。薄闇の中から

「大隊長殿！　小岩井中尉であります。電話はただいま

西五里店部落の南端まで延線して参りましたが、そこでとうとう線が終ってしまいました。ここまで引っ張ってこられません。

いま、導通試験をやってみましたが、北京とは完全に連絡がとれます。そしていま、連隊長殿がなにか大隊長殿と連絡したいから、至急電話口まで出られるよう申しておられます」

「そうか。連隊本部と連絡が出来たか。じゃあ早速連隊長殿に情況を報告しよう」

大隊長は副官亀中尉をともなって、小岩井中尉に続いて一文字山の緩斜面を下りた。西五里店部落はタッタ一つの燈火が何よりの目標だ。三頭の馬は轡を並べ、軽速歩で進んで行った。

くさむらの中から、チリンチリン、しきりに電話のベルが聞え始めて来た。

「北京、北京の連隊本部ですか。こちらは一文字山の第三大隊本部です。ただいま、大隊長殿が電話の位置に来られました。その事を連隊長殿に申し上げて下さい」

戦場の一木大隊長と北京の牟田口連隊長とは、ここに、直接談話を交換する事となった。

「ヤア、一木君か、ご苦労ご苦労。事件の内容については、早速、軍司令部に電話で報告しといたがねえ。軍は事件の調停問責のため、直ちに現地に軍使を送れという意見なんだ。

そこで特務機関から寺平補佐官が行くので、連隊からは取りあえず僕の代理として、森田中佐に兵一ヶ分隊をつけてそちらの方にやっておいた。中国側からは宛平県長の王冷斉、外交委員会の林耕宇、この二人が宋哲元代理として、今一緒に自動車で出かけたから、もうおっつけそちらに着くころだろう」

「かしこまりました。そこでこんどはこちらの情況について申し上げますが、大隊は三時二十分、完全に一文字山の占領を終りました。ただいま、和戦両様の態勢をとっていますが、いましがた、またまた向うから三発射って参りました。

これから考えると、どうもこの際、宛平県城を攻撃しませんと、爾後の交渉がうまく行かないんじゃないかと思われます。私はもう、この事態では断然攻撃を開始してよいと思うんでありますが、連隊長殿はお許しになりますか。いかがでしょう」

「また、射撃してきたのか」

連隊長はそういったまま、ここでしばらく考え込んでいるらしかったが、やがて決心したものとみえ

「よろしい。やり給え」と敢然攻撃の決意を明らかにした。

ところが一木大隊長としては、いってはみたものの内心——連隊長がこれに攻撃の断を下すなんて事は、まずまず考えられない事だ——くらいに思い込んでいた矢先、案に相違していま、快刀乱麻を断つ式の、明快な命令が下されたものだから、かえっておどろいてしまった形である。

本当にやるという事になると、事はすこぶる重大である。万一にもこれが自分の聞き違いだったりしたらそれこそ大変だと思って、

「本当にやってよろしいんでありますか?」とさらにもう一度念を押して見た。すると連隊長は自信に満ち満ちた声で

「やってよろしい。いま、午前四時二十分! 確実に僕は攻撃命令を下した。間違いはない」——時刻まで明確に示されたのだ。もう大丈夫。——

「ではやりますッ!」

大隊長はガチャリと電話を切った。

——いよいよやるとなると、これはよほど慎重に、そしてまた極めて綿密な計画のもとにやらなければならん。

大隊長は副官亀中尉を呼んで

「亀中尉、一足先に行って大隊は今からやるという事を、各中隊長に伝えておけ」

そういって草の上に腰をおろすと、心を落ち着けて攻撃のための策案をもう一度頭の中で練り直して見た。

——よしッ! 決心に変化なしッ!——

会心の微笑をたたえた彼は、やがて馬上の人となった。そして馬首を一文字山の方に向け、ひときわ激しく拍車を馬腹に蹴り込んだ。

けむたい軍事顧問

大隊長が北京街道のところまでやって来た時である。前の方に自動車が一台停まっているのが目に入った。大きな男が自動車の方からノッソリノッソリ歩いて来る。大隊長は気にも止めず、なおも馬を走らせていると、突然その男が大声を出して「オーイ!」とどなった。この

声でそれが軍事顧問桜井徳太郎少佐であろ　に気がついた。

瞬間——いよいよという間際に、こ　はまたすこぶる厄介な人間がとび込んで来たものだなあ——と思わざるを得なかった。

そのわけは、去年の豊台事件の時、桜井少佐や中島中佐等、軍事顧問たちが、いちはやく事件の渦中にとび込んで来て、とうとう事態を不拡大に揉み消してしまった。

しかし作戦部隊の考える不拡大というのは、顧問のそれとは少々趣を異にしていた。すなわち同じ天津軍である以上、隠忍自重、不拡大に徹底するという、根本趣旨については何らの変りもなかったが、部隊側としては——対華政策は餅を搗くようにやれ、つまりたたいたり丸めたりする事が大切である。小さく楯突いて来たら小さくたたけ。それが本当の不拡大である。これをそのまま放置したり、無理やり丸め込んだりすると、中国側の侮日観念はますます増長し、瀰漫し、ついには収拾がつかないほど、大きく楯突いてくるようになる。だから小さくたたくという事は、決して不拡大の本旨には反しない。——こういう解釈を持っていた。

軍事顧問等の調停あっせんは、部隊側、とくに青年将校達にとっては、実に煙たい存在でもあったわけである。

大隊長はとっさに考えた。この前の時はしゃにむに和解調停を押しつけられたが、今日こそはこちらから高飛車に出て、顧問の先手を打ってやろう。——そこで馬上から

「ヤア、桜井さん、夜中にどうも遠い所を、まったくご苦労様です。私はこんどというこんどは、もう断乎としてやっつけますよ。

あなたはご存知ないでしょうけれど、午前三時二十五分、またまた三回目の不法射撃を受けたんです。そこで連隊長殿に電話で報告したところ、タッタいま、やってよろしいという、攻撃命令を受けたんです」

すると桜井顧問は「イヤこんどは強いて留めやしません。しかしこれについては若干、あなたにお話しておかなきゃならん事がある。それでいま、あなたを探してやって来たところです。私はいま、ここへ来る直前、秦徳純のところへ行って事件の善後措置について協議してきたんです。

ところが先方の言葉として、馮治安の部下、つまり三十七師は宛平城内には確かに駐屯しているが、城外には一兵だって配置しておらん、とこういうんです」

「そんな事は絶対ありません。現に昨晩なんか……」

「ま、ま、ちょっと私の話を聞いて下さい。それでもし城外で銃声がしたというのなら、それは二十九軍の兵じゃなくて匪賊かも知れん、便衣隊の仕業かも知れん。あるいはまた、この付近には水瓜畑が沢山あるから、その番人が日本軍の斥候を水瓜泥棒と間違えて、それで威嚇の目的で射撃したのかもわからない、とこういっとるんです」

「そんな馬鹿げた事は絶対ありません。現に昨日の夕方、中国兵が竜王廟一帯の堤防上に、陣地を占領していた事は、私がこの眼でハッキリ見たんですからね」

「まあ待って下さい。それからですなあ、まだこんな事もいっとるです。

もしかしたらあるいはそれが二十九軍の兵であったかも知れない。いいですか。しかしそうだとしたら、それは上司の命令をきかないワカラズヤどもだから、これを要するに城外にいるやつに対しては、その二十九軍たるとなんたるとを問わず、日本軍が攻撃しようと討伐しようと、一切日本側のご自由にお委せする、とこういうんです」

「へえ！」

「そこで私の意見を申し上げますとねえ。いま、宛平城内には二十九軍以外に一般民衆も沢山住んでいる事ですから、どうかこの城だけは絶対攻撃しないようにして下さい」

「承知しました。じゃあ大隊は宛平城に対しては、絶対に銃先を向けません。その代り城外にいる、匪賊か便衣隊か水瓜泥棒か、わけのわからん二十九軍に対しては、断然攻撃を開始しますからお含みおきを願います」

「そうして下さい。お頼みしときます。じゃあ私はいまから宛平城内に入って中国軍の指揮官に会ってきます。そして城内にいる中国兵は絶対戦闘に参加しないよう指導してきます」

顧問はそこで自動車に乗った。一木大隊長も馬にまたがった。二人は西と北とに別れて行った。

うっすらとかかっていた朝靄も次第に晴れ上ってきて、道の両側の叢の中から、チチ、チチという虫の音も静かに洩れて聞えて来る。宛平城外一帯の原は、いま、こうして八日の朝がまさに明け放れようとしているところだった。

長豊支線のガード下を通り抜けた桜井顧問の車は、やがて宛平城の東側、順治門に到着した。城門の外では宛平県保安大隊の孫天璞、同じく県警察局の干振華等が、部下を堵列させて一行を出迎えた。北京から軍使が行くという事をあらかじめ電話連絡で知らされていたからである。

車が到着すると隊長は、

「立正！　向右——看！」（気を付け頭右！）黄色い声で号令をかけた。一隊の視線がサッと自動車の方に注がれる。同時にチャルメラのような音のラッパが鳴り始めた。

桜井顧問と周永業は自動車から降りて保安隊の前に歩を進めた。顧問がまずその隊長をとらえてたずねてみた。

「オイ！　城内の治安情況は今どんなふうか」

隊長はカチリ、かかとを引きつけて「ハイ、極めて平静であります。平常となんら変った事はありません」

「城外の様子はどうだ？　いま、二十九軍の兵は竜王廟の方に出ているのかいないのか」「ハイ、城外には一兵も出ておりません」

顧問は秘書斉藤の方を振り返って「オイ！　この事は一刻も早く一木大隊長に通報しておかなきゃいかん！　お前ちょっと連絡に行って来い。そこの巡警から自転車を借りてすっ飛ばしたら一息だ。大急ぎで行って来てくれ」そう言い残すと周永業と一緒に、サッサと城内に入って行ってしまった。

一木大隊長は桜井顧問と別れた後で気がついた。——しまった、こりゃ余分な事をしゃべってしまったぞ！　俺はいま、顧問に宛平県城外の敵を撃つといってしまったが、桜井君、きっとあの事を中国側に話すに違いない。話したら最後、中国側はすぐ手を回して、城外にいる兵を皆城内に引込めてしまうだろう。それじゃあせっかく攻撃して行っても藻抜けの殻でなんにもならぬ。

なんにもならぬどころじゃない。最初から配兵していなかっただの、不法射撃をやった覚えはござらぬだのといわれたら、結局事件の証拠がことごとく湮滅され、かえって日本側が悪者扱いされてしまう。こりゃ一刻も速かに攻撃を開始せにゃいかん。――

そこで大隊長はがむしゃらに馬をとばせて一文字山へ急いだ。台の東斜面のところに歩兵砲隊長久保田尚平大尉がいた。

「久保田大尉、大隊はいよいよ攻撃開始だ！　歩兵砲の目標は竜王廟！　いいか。直ちにあれに向って射撃準備！」

事件発端の舞台になった宛平県城の城内

大隊長は馬上から高らかにこう叫んだ。隊長の馬が盛んに狂奔する。馬はやがて一気に中央の台上まで駆け上って行った。

そこでは機関銃中隊長の中島大尉と、第九中隊長の安達大尉とが、眼鏡片手にしきりに前方の情況を展望していた。

大隊長はこの二人の頭の上から

「オイ！　中隊長、大隊は直ちに攻撃を開始する。目標は竜王廟から左、鉄道橋までの間だ。各中隊の態勢は現在の通り。前進に当ってはグッと左前を張り出して右の方に向きを変えろ！　わかったな。わかったら直ちに現在の位置で攻撃準備！」

すると安達大尉が大隊長をふり仰いでいった。

「大隊長殿、あの宛平城の城壁にいるやつは攻撃しないのですか」

「うん、宛平城に対しては攻撃しない。城外にいるやつだけを徹底的にたたきつけるんだ！　俺はとりあえず斜右、あの堆土の線まで進出する。各中隊は攻撃準備完了次第、すぐ俺のところに報告して来い」

言い終るや否や、大隊長は馬に一鞭あててまっしぐらに一文字山の崖を敵側に向って駆け降り、そして斜右、京漢鉄道の線路の方向に走って行くのだった。

桜井顧問から連絡に出された斉藤秘書は、この時ようやく息せき切って一文字山に到着した。一木少佐に追い

すがるようにして崖を下りながら

「大隊長殿、桜井顧問のところから連絡に参りました。ただいま宛平城に参りまして、あちらにいる中国側に聞いてみましたところ、竜王廟方面の城外には一兵も出しておらないそうです」

「なにッ、城外には一兵も出しておらん？　中国兵がおるかおらんか、そんな事は中国側に教えてもらわなくても、このおれが百も承知だ。いまごろになってそんな嘘っぱちの弁解なんか聞きたくもない」

大喝一声、斉藤の報告を一蹴し去った大隊長は、また前方へ！　青草の原を馬を飛ばして走り去って行くのだった。

（二）依据不扩大方针的停战协定

资料名称：不拡大方針に基づく停戦協定

资料出处：支駐步一会編《支那駐屯步兵第一聯隊史》（非売品），内海通勝 1974 年印行，第 18—19 頁。

资料解说：本资料从当事的第一联队的角度，记载了日军根据「不扩大方针」同中国方面达成停战协定的过程。

不拡大方針に基づく停戦協定

不拡大方針を堅持する旅団長は「城内には二千の住民も居り、現に日本側から森田中佐、寺平特務機関補佐官、桜井第二十九軍顧問、赤藤北京憲兵隊長が停戦協定につき中国側と交渉中である」とて歩兵の攻撃前進は許さず、ただ、火砲による威嚇を許下した。即ち城壁の東北角と東城門を目標とし、城内に撃ち込むことを禁じた。我が砲弾は忽ち東門楼を破壊、東北角に突撃路を作った。

之に対し敵は迫撃砲を以て主として、一文字山に射撃を集中して来た。砲戦は一時間余続いたが日没と共に停止された。

当時の新聞報道をみよう。

〔北平特電八日発〕「八日午前九時半支那側の停戦懇願により両軍一先づ停戦状態に入ったが我軍は午前十一時までに附近一帯の支那軍が完全に撤退を実行せざる限り全滅作戦を以て撃退すべしとの強硬態度を持しとの決意の下に目下現地交渉が進められつつある」

〔北平八日発同盟〕「支那側の申出に依る停戦期限たる八日午前十一時に至るも支那側より何等の回答に接しないが我軍は事件不拡大の建前から正午迄右期限を猶予するに決定し支那側の誠意の披瀝方を督促しつつあり」

昭和十二年七月九日東京朝日新聞号外

現地交渉遂に決裂し支那軍八宝山に進出

〔北京特電八日発〕「停戦に関する我方の要求に対し冀察政権および二十九軍首脳部協議の結果武装解除並に撤退に同意すべからずとする強硬派の主強が勝を制しこの旨馮治安氏より我方へ回答し来ったため現地交渉は午後三時半に至り決裂に陥り再び交戦状態に入った」

〔天津特電八日発〕「八日夜に至り西苑にあった第三十七師の主力たる第百十一旅長何其豊の命令により部下の第二百二十団謝世金部隊約一千五百名は蘆溝橋北方二里の八宝山に進出を開始し我軍を側方より威嚇する体勢をとりつつあり形勢緊迫している」

停戦交渉のため九日天津軍参謀長橋本群少将は北京に行き、桜井特務機関長、今井武官等と共に第二十九軍首脳者と会談した。

正式な停戦協定の成立には、現地両軍の強硬意見が反映して紆余曲折があり、容易に締結しない。そこで、我が方特務機関と中国側の代表間で取敢えず両軍の衝突を避けるため「日本軍は西五里店以東に集結し今夜はそれ以西に進出せず、中国軍は永定河を越えて東進せず」との主旨を現地の両軍に説得することの申合せを行った。

（三）日华两军开始交战

资料名称：日華両軍遂に交戦す

资料出处：寺平忠輔著《蘆溝橋事件——日本の悲劇》，読売新聞社1970年版，第115—139頁。

资料解说：本资料记录了华北中日两军谈判的情况，在卢沟桥发生武装冲突的过程，以及战斗情报和准备情况等。

第六章　日華両軍遂に交戦す

敵前分列式

軍使一行をのせた数台の自動車は、黎明の北京街道を疾駆していた。視界は明るさを増してきて、自動車の通った後には砂塵が淡く低く巻き起っていた。

午前四時三十分、車は一文字山の南側、長豊支線と北京街道のクロス点付近で停まった。

「なるほどなあ、一木大隊は全部この辺に集結してるんだなあ」まず森田中佐が嘆声をあげた。

見ると一文字山の稜線上には、兵隊の姿が影絵のようにうごめいている。私達はここで車を下りた。中国側と交渉を始めるに先立って、一応現地指揮官とも打合せをし、全般の情況を頭の中にたたみ込んでおく事が必要だと思ったからである。

一軒家の側を通って、私達は一向踏みごたえのしない一文字山の砂丘を、ザクリザクリと登り始めた。山は一面ブッシュにおおわれて、なだらかな傾斜面である。あちこちの叢から小鳥の声がのどかに聞えて来る。あたりはひっそりとして重大事件の勃発！といった雰囲気はさらに感じられない。

私は先頭に立って歩き続け、ようやく稜線上に達した。展望すると前方は一面の開けた原、その中を京漢線と長豊支線とが八の字形に走っている。永定河のかなた、大行山脈は眠るがごとく薄い黛のように横たわっていて、問題の竜王廟、それと永定河の堤防が指呼の間に眺められた。

私はさらに左の方に眼を転じて見た。前方一キロ、そこに横わっているのが宛平城の大城壁である。東西両門の楼が、あたかも名匠の描いた墨絵のようにポッカリ浮かんで見えている。その城壁上を、点々蟻のように動いているのは、灰色の軍服をまとった二十九軍の正規兵であった。肉眼でさえそれがハッキリ見わけられるのだ。いるいる。彼等も朝早くから一生懸命働きおるわい！

—

そう思ったとたん、突然足元でガサガサッと音がした。叢の陰に、軽機関銃の一ヶ分隊がピタリと伏せをして待機していたのだった。私は分隊長にたずねた。

「大隊本部はどの辺にあるのか」すると分隊長は起き上って来て、北の方を指さしながら

「大隊本部はこの台をズッと向うに行った、一番北はずれの堆土付近にあります。タッタいまし方、大隊長殿は各中隊長を集めてなにやら命令を与えておられました」

と教えてくれた。

私はうしろをふり返って

「森田中佐殿！　大隊本部はこれからまだ、大分前の方に出ているようです」

私はまたその方に歩きはじめた。その時、はるか前方、稜線上から

「攻――撃――前――進！」

きれを裂くような号令がかすかに聞えて来た。

それに応じてあちらの窪地からも、こちらの叢からも

「第何分隊前へ！」

の号令が起って、疎開した分隊が鼠の這うような格好で前進を始めた。まるで野営演習を眺めているみたいな格好である。だがよく見ていると、大隊の攻撃正面がどうもおかしい。部隊はことごとく竜王廟の方向に向って躍進を起しているではないか。

私は立ち停まり、森田中佐にいった。

「中佐殿、これはいったいどういう意味なんです？　攻撃するなら攻撃するで、宛平城に向って前進しそうなものを。ほら、あの城壁上にはあんなに沢山中国兵がいるんですよ。それを放っておいて、いやそれに側面を曝露しながら、敵前で分列式をやってるみたいな格好で竜王廟を攻撃するなんて。私にはどうもわけがわからんです」

すると森田中佐も

「実は僕もいま、そう思って見てたところなんだ。大隊長、実に妙な事をやり始めたわい！

だがいずれにしても不拡大が先決問題だ。あんな事していたら、たといこれが演習であるにもせよ、中国側に戦闘と誤解されてとんでもない事になってしまう。よさせよう」

実際のところ、我々一行はそのころまだ、第三回目の不法射撃があった事も知らなければ、連隊長から攻撃命

令が下された事も知っていなかった。

　森田中佐は一文字山の中央台上に立ち上り、ともなって来た一木大隊の副官荒田中尉を通じ、連隊長命令として、前進行動の中止方を大隊長に命ずるとともに、手近にいた歩兵砲隊長久保田大尉に対し、弾薬の装塡を禁止した。

　私はこの情勢を観望していたが

「森田中佐殿、軍命令としては歩兵一ヶ中隊を遣って宛平城の東の城門を押えさせろ。その援護の下に現地交渉を開始せよとの事でした。しかしいま、これだけバラ撒かれている部隊を集結し、その中から一ヶ中隊を引き抜くなんてのんきな事はやっておれません。

　ぐずぐずすればするだけ、中国側は有利な抜け道を考え出すでしょうから、このさい、一刻もすみやかに交渉を開始する事が必要です。私は格別援護の兵なんかいりません。いまからすぐ、宛平城内にとび込んで、中国側と不拡大交渉を開始いたします。

　中佐殿はとりあえず部隊を掌握し、こういう戦闘行動みたいな事をすぐ止めさせるよう、お願い致します。では私はここで失礼致します」

　いままで私のかたわらで、ジーッと宛平城の敵情を監視していた小岩井中尉は私の話を耳にはさんで

「なんですか、大尉殿、あなたはこれからあの宛平城に入って行かれるんですか！

　宛平城ご覧になりましたか？　宛平城を！　城壁上には中国兵があの通りウヨウヨしていますよ。その服装であれに近づこうものなら、すぐにバリンバリンと射たれちゃいますよ。いま情勢は刻々悪化してますからね。

　それにさきほどのお話の東門占領だなんて、一戦交えないであれを占領する事なんか、いまもう絶対不可能です」

　彼はそういって、私が宛平城に行こうとするのを極力押し止めた。

　——なるほどそれが本当かも知れない。いわれてみれば確かに、城壁上の銃口は皆こちらに向けられている。しかし、私はやはり行かなければならぬ。行くという事が私に与えられた任務なのだ。バリバリやられるのがこわくて引き戻ったとあっては、機関長に対してなんの顔向けが出来よう。——私は中尉の言葉を黙殺するともなしに黙殺して、一軒家の方に下って行った。

軍使宛平県城に入る

一軒家では林耕宇と王冷斉とが自動車の中で、私の帰りを待ちわびていた。二人は日本軍がいま、攻撃前進を開始した事なんかまだなにも知らぬらしかった。

「サア林さん！　今から急いで城内に行こう。両軍ブッかってしまったらもうおしまいだからね」

林耕宇の自動車につづいて私の北機第二号車は走り出した。

林耕宇の車は早くも城内に入ってしまって、私が城門に着いた時、扉は半分ばかり閉りかかったところだった。

見上げると城壁上には、東面した重機関銃が銃口を我我の方に向けて睨みを利かしている。細開きの城門から、十数名の中国兵がバラバラッととび出して来た。

その一人が大手を広げて車の前に立ちはだかった。他の兵がグルリと車の周囲をとりかこんだ。大刀、拳銃、自動小銃を構え、目の玉を光らせて車の中をジロジロのぞき込んでいる。

私はすぐ車からとび下りた。下士官らしいのがツカツカと私の前に立ちふさがって

「なんの用件でやって来たのかッ」

と威丈高ににじり寄った。私は簡単に

「日本軍の軍使」

と答えた。すると下士官は、「さきほど来た桜井顧問は軍使として認める。しかしそれ以外の者は軍使としては認められない。ここからすぐ引返して行け」とえらい権幕である。林耕宇のやつ、実に不親切な男だ。なんとか一言、言い残して行けば好いのにと思ったが、いまさらそんな事をいっても仕方ない。私はポケットから自分の名刺をとり出しそれをその下士官に突き付けて

「おれは二十九軍司令部と協議の上、日本軍代表の資格をもってやって来た北京特務機関の補佐官だ。戦争をやりに来たんじゃない。和平解決のため、お前達の隊長と交渉するためにやって来たのだ。俺が来る事は秦市長や馮師長のところからも、電話で連絡がとってあるはず、この名刺をすぐ隊長のところへ取次いでくれい」

兵達はみんなでその名刺をのぞき込みながらガヤガヤいっていたが、その中から「してみるとこの人が本当の軍使なんだ」「軍使だから軍服着て来るはずだ」「営長は電話で聞いて知ってるんだろう」という言葉が聞きとれた。高飛車に利用した秦徳純、馮治安の名前が果然効き

目があったらしい。

下士官は「暫く待っていて下さい」といって、城内に走り去った。残された中国兵は依然私を取り巻いたまま、めずらしそうに私の軍装をジロリジロリ眺めている。私はこれら中国兵と、十分間ばかりも睨めっくらを続けた。

やがてさきほどの下士官がアタフタと帰って来て、急にていねいな態度で、笑顔まで浮べ「どうぞお入り下さい。自動車のままで結構です。私が営長のところまでご案内致します」そういって彼は早くも自動車の助手台に乗り込んで来た。兵隊が二名、これも護衛するような格好で両側のステップにとび乗った。城門の扉がギーッと押し開かれる。自動車は残りの兵隊に砂ほこりをかけて、疾駆した。

城内目ぬきの大通りはガランとして、住民が二、三、家の軒先で何やら話し合っているに過ぎなかった。銃を負い革で肩からブラ下げた兵隊が、まくわうりを噛り噛り、駄菓子屋の前に行ったり来たりしていた。車は県政府の正門前に横付けにされた。

桜井顧問や周永業、それに一足先に着いた林耕宇達は、すでに県政府客庁に集って、中国軍の営長と話し合いを始めていた。ここの中国軍の指揮官は金振中といって三十七八歳、色の浅黒い苦味走った、精悍な男だった。これが事件発端における、中国側当面の責任者だった。

桜井顧問は八仙卓をたたいて

「最初、日本軍に対して射撃をしかけたのはお前の部隊に違いない」と金振中に詰め寄っていた。

「イヤ、私の部下が城内から射撃したなんて、そんな事は絶対ありません」

営長はこれまたハッキリ、事態の釈明につとめていた。

「いや、射って来たのは城外からだ。城外の堤防のところにお前の部下が確かにいたはずだ」

「イヤ、絶対におりません」

「兵隊のいないところからどうして弾がとんで来るかッ！　これ以上見えすいた弁解なんかもうやめてくれ」

顧問は怒り心頭に発し、半ば立ち上らんばかりにして相手を睨みつけ、激しくテーブルを打ちたたいた。金営長も負けてはいない。くちびるを震わせ、物凄い形相で

120

不拡大交渉の場となった宛平県政府の応接間　左から金振中，桜井徳太郎顧問，筆者

桜井顧問を睨み返し、両名対坐、侃々諤々の論争がここに展開されていたのである。

宛平城内諤々の折衝

そこにちょうど私が入って来たわけである。桜井顧問はいままで坐っていた正面のソファーを私に譲ると、自分は私の左側のイスに席を移した。顧問と並んで王冷斉県長が席を占める。それと向い合って林耕宇と周永業とが腰を下した。

私は、この場の空気を一応緩和させる事が必要である、と感じた。そこで落ち着いて、ゆっくり金営長に話しかけた。

「私は、本日、軍使として、現地交渉のためこちらに派遣されて来た、北京特務機関の寺平大尉です」

すると金振中、傍の副官に命じて自分の名刺を持って来させ

「私はこの宛平県城に駐屯している、中国軍の営長金振中です。どうぞよろしく」

そういって細長い名刺を差し出した。

その表書には

陸軍第二十九軍第三十七師第一百一十旅
歩兵第二百一十九団第三営少校営長
陸軍歩兵少校　金振中

そして横の方に小さく、靄如　河南固始と記されてあった。

この会見室は、客庁とはホンの名ばかり、周囲にボロボロの障子を建て回らし、壁はいまにも崩れ落ちそうな、二十畳ばかりの広さである。片手に拳銃を握りしめた護衛兵が三名、いつでも射撃出来得る姿勢で部屋の中に控えている。入口にも歩哨が三、四名いて、ときどき内部の様子をのぞきに来るのだった。

私は金振中の気分がいく分鎮まったのを見届けてから、おもむろに口を聞いた。

「昨夜来発生した事件を、私は日華親善という大きな立場から、非常に遺憾に思っています。もちろん貴国側としても、全然同様の見解を持っておられる事と推察いたします。

そこで私は、日本軍を代表し、これから貴官と一緒に現地について、この事件の実情を調査探究し、事態の円満解決策を打ち出したいと考えます。

ついては貴官は全責任をもって、これに応ずる資格を持っておられるかどうか。その点についてお伺い致したい」

すると金振中は

「ご意見全然同感です。私は部下第三営を率いてこの宛平城に常駐し、付近一帯の警備に任じている者です。したがってこの地区において発生した問題は、こと軍事上に関する限り、その責任は一切私にあります。私は、現地中国軍の代表者という立場において、この際、貴国側の折衝要求に応ずる資格を持っております」といった。

「では現地調査の具体的方法については、これから逐次ご相談申し上げますが、それに先立って、事態をこれ以上悪化させない、つまり戦闘を惹起させないようにするため、貴官細心の配慮と措置をお願いいたします」

「わかっております。この点やかましく部下に言い聞かせます」

「次に、今、東門一帯の城壁上に、貴官隷下の兵が点々配置についておりますが、あれを一時、西門付近まで撤退させていただきたい。

日本側の意向としては、日本軍の一部を宛平城の東門に位置せしめ、貴国軍隊を西門に位置せしめ、我々代表はその中間たるこの県政府において、爾後の交渉を継続するよう致したい。この件、併せてご了承お願い致します」

金振中はこの時パッとそこの土間につばをはいた。そしていった。

「両軍代表、一緒に現地調査を行なう事、これは私としてなんら異存ありません。また東門守備兵の一部を減じて西門方面に移動させるという程度でしたら、ただいまの貴官のご要求に応ずる事も致しましょう。けれど、全然東門の警備をあけっ放してしまうという事、ならびに貴国軍隊をその城門に位置させるという事、これは本日の場合、私として絶対お受けする事が出来ません。

この点、貴国側におかれてはどうかもう一度、お考え直しいただきたいと思います」

「わかりました。では一つおたずねいたします。従来日本軍は、演習の際にはいつでもこの宛平城内を通過しておったし、また北清事変議定書に徴しても、列国軍の駐兵に伴う演習上の権限として、城内に兵を入れ得る事は当然です。現に日本軍はつい先ごろもこの城内を通過して、永定河の中洲において実弾射撃の演習をさえ実施したではありませんか。本日に限ってこれを拒否するという態度に出られた事はすこぶる遺憾とするところです。拒否するという事は即ち条約を無視するという事になります。

貴官にもし、条約擁護の精神がないという事になれば、日本軍は武力に訴えても議定書の精神を擁護するという事態が、今後起らないとも断定出来ません。それでもなおかつ、貴官はいまのお考えを翻さないご決心ですか?」

「私はなにも条約を無視しようの、故意に日本軍の行動を妨害しようの、そういったたくらみがあって申し上げたわけじゃ決してありません。今日は、昨夜来の事態によって、城内、非常に緊張を呈しております。

もしいま、貴国の軍隊がこの城壁の一角に顔を出されたとしたら、勢のおもむくところ、日華両軍の衝突は必然の結果と考えなければなりません。これを未然に防止するため、私としては、どうしても貴国側ただいまのご要求を鵜のみにしてお引受けする事が出来ないのです」

彼の理論は整然としていた。確かに人物のシッカリしている事をうなずかせるものがあった。双方口角泡をとばし、この激論の真っ最中、突如、城外でパーン、パンパンパン、ダーン！　とものすごい銃声砲声がまきおこった。

これ実に日華両軍交戦最初の一瞬間であり、また世界の歴史に「蘆溝橋事件」として特筆された、意義深い最初の第一ページでもあった。

私は覚えず時計を見た。とき、まさに昭和十二年七月八日、午前五時三十分であった。

私と桜井顧問はほとんど同時に、席をけって起ち上った。

「少佐殿、もうだめですッ、交渉は打ち切りに致しましょう」

「仕方がない。任務は放棄だ」

私はただちに金振中に対して申し渡した。

「営長、交渉は打ち切ろう、すぐ、両軍の射ち合いをやめさせる事が先決問題だ。貴官は即刻、部下に対して射撃中止を命令しなさい。我々は日本軍第一線に対して射撃中止を勧告する」

こういって話し合っている間にも、小銃弾が、ピューン！　異様な音を立てて城内、我々の頭上をとんでいった。その一発が向い側の屋根に当り、パチッ！　と跳弾となって我々のいる客庁にハネ返って来る。中国兵がドヤドヤ部屋に駆け込んで来た。そして金振中に対し、口口に日本軍の暴挙を報告している。

まさかと思っていた最悪の事態が、我々の眼の前に現実となって現われたのだ。銃声、砲声、ダダダ……という機関銃の掃射、宛平城外一帯の広野は、一瞬にして両軍しのぎを削る戦場と化してしまったのである。

ドカーン！　とすさまじい爆声が起る。地響きと共に壁土がバラッバラッところがり落ちた。日本軍の大隊砲弾が二、三軒隣の民家の屋根をブチ抜いたのだ。土砂があられのように付辺一帯の屋根にとび散った。城内外相呼応して、射つこと射つこと、なんというにぎやかな戦場風景だろう。

取りあえずこの情況を特務機関に報告しなければいかん。私は窓際にあった卓上電話をとりあげた。「二九八東局！　北京特務機関ですか、私は補佐官です。機関長殿を大至急、お呼びして下さい！　機関長殿、私、補佐官です。ただいま桜井顧問と一緒に宛平城内、県政府に

124

事件勃発時の29軍歩兵219団の位置（宛平県城内）

来ております。

中国軍代表と交渉中、タッタいま、城外で日華両軍衝突してしまいました。いま猛烈に射ち合っています。銃声や砲声、電話を通じてそちらにも聞えていますでしょう。いまの大きな音はこの県政府内庭に据えられた、迫撃砲の発射音です。中国側にはもう大分負傷者が出ているらしいです。兵隊が盛んにそういって報告に来ています。

交渉は継続出来ません。もうだめです、第一の任務は放棄します。取りあえず中国軍の営長に対していま、射撃中止を命令させました。しかし彼等はまだ盛んに射っています。中国軍の兵力は一ヶ大隊です。だが城内には、一ヶ中隊しかおりません。主力は永定河の中の島にいるようです。城内には迫撃砲二門と、重機関銃をいくらか持っている事は確実です。この事を牟田口連隊長の方にも至急連絡して下さい。そして日本側もすぐ、射撃中止を命令するよう、そちらから手配をお願い致します」

一気呵成にここまでしゃべり続けて来た。機関長の声が返って来た。

「とうとうブッかってしまったか。もう仕方がない。いまさら現地交渉といったところで始まりゃしない。いくさの方は一切森田中佐に委せて、君は桜井君とすぐこちらに帰って来給え。機関は交渉や連絡やらで非常に忙しくなってくるから……」

だがその時、宛平城東門の鉄扉はすでに堅く鎖されてしまって、内側からは土嚢がうず高く積み上げられ、一歩も城外へ出られない状態になっていた。結局私達は城内に罐詰になった格好である。

私は答えた。

「しかし私達、もうだめです。城外脱出なんて今の情況じゃ到底思いもよりません。城門はすっかり土嚢でふさがれてしまいましたし、部屋の入口は中国兵が一杯かためています。また中国兵がドヤドヤ部屋の中にとび込んで来ました。着剣で私達を包囲しています。帰還の時期はまったく予想がつけられません。事によるとこれがお別れの言葉になるかもわかりませんが、しかし肚は立派にきめてます。最後まで最善をつくしますからご安心下さい。

どうぞ機関員のみんなによろしく。じゃあこれで電話を切ります。さようなら！　さようなら」

運命の午前五時三十分

この日朝五時過ぎ、一文字山から竜王廟方向に向って攻撃前進を起した一木大隊は、朝露を踏んで一進一止の前進を続けた。

ああ本当にまずい事をしゃべったもんだ。桜井顧問、いまごろはもうあの事を中国側に話しただろうなあ！　敵はもう堤防上にはいないかもわからない。そうだったら、不法射撃の根拠は全然なくなってしまうし、差し当り抜いた刀のやり場に困ってしまう——大隊長はさきほどから、ひとりその事ばかり焦っていた。

ところが第一線部隊が竜王廟の堤防前、四百メートルに達したころ、見ると前方堤防の線には、点々灰色の敵兵が陣地から、頭を出したり引っ込めたりしているではないか。これを見た大隊長は、しめたッ、いるいるッ、まだいるぞッ！　敵は明瞭に二十九軍の正規兵だッと躍り上ってよろこんだ。

敵翼包囲の清水中隊も竜王廟の北方、堤防の線に続々進出している最中である。——敵との距離もいよいよ近づいてきたぞ。ここいらでボツボツ攻撃を開始してもよかろう——

一木大隊長は本部の書記をふり返った。

「歩兵砲隊射撃開始！」砲隊連絡係の阿部升蔵曹長が、それを後方に逓伝させた。

「歩兵砲隊！　射撃開始！」逓伝の声が草原の上を、次から次へと伝わって行く。だがしかし、歩兵砲は一向射撃を開始しようとしない。

大隊長の心は焦ら立って来た。とうとう怒気を発して

「歩兵砲はいったい、なにをぐずぐずしているんだッ！

射撃準備はもうとっくの昔、出来ていたはずじゃないか、連絡係も連絡係だ。命令が徹底するまで、なぜ何度も何度も連絡せんのだッ！　オイ、曹長！　自分でとんで行って砲隊長に連絡して来いッ」

その時、歩兵砲隊の伝令が地隊を縫い、コマ鼠のように大隊長の方にとんで来た。

「大隊長殿、歩兵砲隊長報告、ただいま一文字山に、連隊長代理森田中佐殿が見えております。射撃開始の件は森田中佐殿が、絶対いかんといって中止を命ぜられましたッ」

「そりゃあいかん。森田中佐は情況の変化をご存知ないんだ。小岩井中尉、とんで行って情況を報告して来い、そして直ちに射撃を開始させるんだ！」

小岩井中尉はまっしぐらに一文字山に向って駆け出して行った。

その直後、荒田中尉がひょっこり顔を出した。

「大隊長殿、荒田中尉、ただいま北京から戻って参りました。森田中佐殿と同行して参りましたが、中佐殿はいまから不拡大交渉を開始するといっとられます。

しかし、敵は明瞭に二十九軍ですなあ！　森田中佐殿はまだ、全然この情況はご存知ありません」

「そうだろう、それだもんだからいま、歩兵砲の射撃が食い止められてしまったんだ」

「大隊長殿、このまま演習のような格好で部隊を前進させたらいかがですか。そしたら敵は、きっと射撃して来るに違いありません。その時、断乎反撃を加えたらいいじゃありませんか」

「確かに一案だ。しかし森田中佐の肚がハッキリつかめん事にはなあ」

大隊長は眼を前方に転じた。第八中隊はすでに敵前二、三百メートルに近接している。——いかん！　歩兵砲が協力せんうちから衝突してしまったら、ひどい損害を受けなきゃならん。

「各中隊はその場に停止！　歩兵砲隊は射撃開始！」

大隊長は前線及び後方に対して、矢継ぎ早に命令を下した。第一線各中隊はピタリ、その場に停止した。けれども歩兵砲は、いつまでたっても射撃を開始しようとしなかった。

「荒田中尉、もう一度森田中佐殿のところへ行ってこの情況を報告して来てくれ、そして攻撃決行の意見を具申

するんだ。連隊長からはもう、攻撃命令が下っていると
いう事を、忘れないで付け加えるんだぞ」

——森田中佐の了解を得るためには、まだ相当時間がかかるだろう。それまで兵を遊ばせておくのは勿体ない。そうだ。今の中に兵に腹ごしらえをさせておこう。——大隊長はそう考えると、各中隊に、急いで朝食を摂るよう命令した。

広い原ッパに散開していた各中隊は、直ちに適当な地形を選んで腰をおろした。そして背負袋から乾麵包を出して、ポリポリ嚙り始めた。

「全く戦争だか演習だかわかりゃしない」

「敵を前にして突撃直前にパンを食うなんて、こりゃあ実戦の方が平時の演習よりよっぽど緩みきっとるぞ」

「バカいえ、腹がへってはいくさが出来んわい」

兵はそんな冗談口をたたきながら、嬉々として朝食にとりかかった。

遠くこの有様を眺めた中国兵は、日本軍の攻撃がにわかに頓挫したとでも思ったのだろう。

突如、パンパンパンパーン！　猛烈な急射撃を我が第一線めがけて浴せかけてきた。

大隊長の堪忍袋の緒は、とうとう断ち切れてしまった。蘆溝橋の原の真ッ唯中にスックと立ち上るなり、破れ鐘のような大声張り上げて

「攻——撃——前——進！」

大隊長自ら全大隊に向って呼びかけた。

たちまち起る全線一斉の我が銃砲声。

時まさに午前五時三十分、あたかも我々軍使一行が宛平城内で卓をたたき、激論闘争の真ッ最中だったのである。

一木大隊長は、この時悠然として部下奮戦の情況を観望し、初めてニッコリ微笑んだ。東天には今し朝雲を離れたばかりの大日輪が、光輝燦然としてさし昇りつつあるではないか。

この時の感激がいかに大きかったかを、一木大隊長は次のように述懐している。

「私はいままでにあんな気持のいい、そしてまたあんなに大きな太陽の昇るのを拝んだ事はありません。実に何ともいえぬ荘厳さ、力強さ、それこそ本当に、天祐我に在りといった気持が、五臓六腑に沁みわたるのでした。私はうれしさのあまり、その場で本部の書記を呼んで、

戦闘詳報の資料にするんだ。午前五時三十分戦闘開始、旭日燦として東天に輝く、と書いておけ、と命じました」

敵弾は小止みなくビュウ、ビュウ身辺に飛んで来る。大隊のほとんど全員が、この時生れて初めて敵弾というものの洗礼を受けたわけである。だがこのビューンという音が、人の身体を傷つけたり、生命を奪ったりするんだという気分は、なかなか実感となってこなかった。全員、ただ進め進めの一点張り、一刻も早く敵陣を奪取してしまおうという気持で一杯だった。

間もなく友軍歩兵砲の第一弾が、唸りを生じ、竜王廟南側の敵トーチカを物の美事に粉砕した。これが開戦劈頭、味方の志気を奮いたたせた事はおびただしいものだった。

「第一発から全弾命中、実にものすごい当りじゃないか！　お手柄」

という森田中佐の賞讃に対し、久保田砲隊長は汗を拭い拭い

「アッハハハ、あれですか。あんなの手柄でもなんもぁりゃしませんよ。強いていったらいささかインチキの方なんですがね。

実は歩兵砲隊は検閲のヤマをかけて、毎日一文字山付近に陣地を占領し、西といったら竜王廟のあのトーチカ、南といったら宛平城の望楼や東北角、そういった目標に対して完全に標定がしてあったんです。そこへおあつらえ向きみたいに今日の事件勃発でしょう。だから、検閲のヤマを地で行ったというに過ぎないんです。

あれがもし命中しなかってご覧なさい。それこそ検閲の講評でコッピドくこきおろされるところだったんですよ」

竜王廟北側の戦い

この日早朝、敵翼進出の任務をうけて一文字山を出発した第八中隊は、転進の途中、大瓦窑西側地区で、敵情偵察から帰って来た清水中隊長に出会った。「中隊長殿！　ご苦労様でした」野地少尉がこういって隊列からとび出した。

「おう、中隊はこれからどこへ行くんだ？」

「ただいま大隊命令がありました。中隊は竜王廟北側地区に進出し、当面の敵に対して攻撃を準備し待機せよと

いうのであります。機関銃一ヶ小隊が配属されました」、

「そうか。それじゃあこれから俺が中隊の指揮をとろう。おい軍曹、大隊長殿のところに行って、いまの偵察情況を報告して来い。捕虜を捕まえられなくて申し訳ありませんでしたと、おわびしとくんだぞ」

野地少尉が歩きながら中隊長に呼びかけた。

「さきほど、三時二十五分、竜王廟の方向に当ってまた三発の銃声が聞えました。あれは敵が、中隊長殿を狙って射ったんじゃなかったんですか?」

「また射った? それは気がつかなかったなあ、三時二十五分といえば、そのころまだ一文字山の北方を西に向って歩いていた時分だ。窪地の中だったんで、聞えなかったんだろう」

東の空はグングン明るさを増して来た。中隊は竜王廟の東北方五百メートルくらいのところで、いったん停止、そして全員背嚢をおろし、幹部は高粱畑の中から眼鏡を出して竜王廟方向を眺めた。いるいる。敵は確実に二十九軍の正規兵だ。決して匪賊でもなければ便衣隊でもない。すぐさまとびかかって行って攻撃したいところだが、中隊長以下——まだまだ、まだまだ——と逸る心を押えた。

昨夜、勤務を交代して、部隊に追及して来た江畑兵長以下数名の兵が、この時、自分達のたずさえて来た鉄帽を幹部の前に差し出して

「中隊長殿、是非これをかぶって下さい」

「教官殿はこの鉄帽をお使いになって下さい。お願いします」と嘆願し始めた。

なるほど、警備呼集で出動して来た他の中隊は、全員鉄帽をかぶっていたが、清水中隊は昨夜の演習の延長なので、一人として鉄帽をかぶっている者はなかったのだ。

「ありがとう。だが俺は鉄帽はいらぬ。お前達かぶっとれ」

「いけません。中隊長殿や小隊長殿が斃れたら、中隊の戦力は半減します。どうかお願いです。かぶって下さい」

清水大尉は覚えず眼頭が熱くなった。こういう骨肉的な結びつきこそ、皇軍伝統の美点であり、また国軍精強の素因でもあったのである。

あたりはスッカリ明るくなってしまった。中隊長はこ

こで二ヶ小隊を第一線に配し、南面した展開態勢をとろうと決心した。情況によっては永定河を渡り、一部を中洲の線に進め、竜王廟を側背から脅威するのも一法だな、とも考えた。

そこで「岩谷曹長、兵三名を連れて永定河の河川偵察！　中洲の方まで徒渉出来るかどうか調べて来い」と命じた。

曹長は永定河の濁流にザンブリと入って行った。やがて偵察を終って戻って来た。

「報告致します。永定河は中心部において水深八十センチ、流速は急、しかも河床は泥濘で、このあたりの徒渉はかならずしも容易ではありません」曹長の軍服からは、まだ水がポタポタしたたり落ちていた。

中隊長はそこでにわかに決心を変更し、第一線の兵力を一ヶ小隊と限定、野地小隊を堤防東側地区に展開させた。

大隊本部の書記が、はるか後方から駆けつけて来た。

「中隊長殿、大隊命令であります。第八中隊は敵の左翼を包囲するごとく直ちに前進、敵が射撃を始めたらこちらも射撃開始」

中隊長は大きくそれにうなずいた。そして右手を高くあげると、前方に振りおろして、

「攻——撃——前——進！」と高らかに叫んだ。

中隊は青々とした草原の上に美事に散開して、分隊交互に躍進を起した。ここから左の方を眺めると、大隊主力もいま、一文字山の方から疎開前進を始めている最中である。

敵との距離が次第次第に接近してきた。突如、廟の北側のトーチカから、中国軍の将校が一人、ポッカリ姿を現わした。

彼は両手を広げて、しきりに、

「站着！　站着！」(停まれ！　停まれ！)と叫んでいる。彼の背後には兵が二名従っていた。

野地少尉が

「日本軍は演習のために前進中だッ！　停まれぬ、停まれぬ」とあざやかな中国語で応酬した。敵はそれでもまだ「站着！　站着！」を繰り返していたが、急にトーチカの中に姿をかくした。

瞬間、清水中隊長は、射って来るぞ！　と直感した。大声張りあげて「伏せッ！」と号令したとたん、敵はバ

リバリッ！　と撃続射撃を浴せかけてきた。中隊は直ちに応戦する。これが大隊主力方面の戦闘開始とほとんど同時、いや、実はこちらの方が十数秒早かったのである。

　したがって五時三十分における本戦開始、これは世間に伝えられるごとく、中国軍が一木大隊の攻撃を、頓挫したとあなどって射ちかかってきたのでは決してない。清水中隊に対する対応射撃が原因で、これが全線に波及した、と見るのが至当であろう。この点は清水中隊長もまた、確かにその通りだということを自認している。

　このトーチカの銃眼は、東正面に向ってのみ開かれていた。したがって北方、清水中隊の方に対しては全然射撃することが出来なかった。それがこの陣地の弱点であった。竜王廟以北の敵兵力は三、四十名はあったであろう。

　銃声砲声は激しさを加えてきた。しかし平素の演習場、という気分が先立つため、これが実戦だ、との感じが一向に盛り上ってこない。いつもの通り竜王廟まで突撃して行ったら、もう演習終りの喇叭が鳴り出すんじゃないか、という気がしてならなかった。

「小隊長殿！　敵兵退却！」

　分隊長の報告に野地少尉はふと眼をあげた。確かにそうだ。敵は点々として退却を始めている。しまった！　取り逃がしたか——無我夢中、軍刀引き抜いた野地少尉は、起ち上るより早く

「第一小隊突撃に——進めッ！」

　頭の上で軍刀を無茶苦茶に振り回した。

　一隊は獅子奮迅の勢いで、トーチカ一帯の陣地に躍り込んだ。そこにはもう、敵は一人も残っていなかった。あわてふためいて、竜王廟めがけ退却して行く最中である。

「目標！　竜王廟！」

　中隊は竜王廟までの二百メートルを、息せき切って急追した。弾による追撃ではなく、足による追撃だ。

　竜王廟の囲壁もまた、北の方に対しては、なんら射撃設備がしてなかった。だから中隊はほとんど無人の境を行くように、竜王廟陣地の一角に突入した。清水中隊の前進ぶりは、全く暴進、といった方が適当な追撃だった。

　大隊本部から連絡にやって来た亀中尉は、こりゃあこ

の調子で突ッ走って行ったら、退却する敵と追撃する味方との区別がつかなくなって、味方の歩兵砲で一緒にドカンとやられてしまうぞ。といってこの絶好のチャンスに、追撃の手を緩めることは断じて出来ぬ。よしッ！俺が身をもって友軍先頭の位置を標示してやろう——決心するや、激しい拍車を連続的に馬腹に蹴り込んだ。

中尉の白馬は疾風のように予備隊を駆け抜け、第一線を突破し、日華両軍の中間地区まで躍り出してしまった。中尉は馬上、しきりに帽子を打ち振り友軍部隊への標示連絡につとめている。大胆極まる行動である。これを遠望した一木大隊長は「可哀相に、亀は馬に引っかけられて敵軍の真ッ唯中に突ッ込んで行ってしまった。亀を殺すな、亀を射たすな！」とヤキモキした。

亀中尉は竜王廟のほとりで、陣頭指揮をとっている清水中隊長の姿を見出した。

中隊長は大声で「亀中尉！ 連絡事項はなんだッ！追撃命令かッ？」とどなった。中尉は馬上ニコニコ笑いながら「イヤ、突撃命令ですッ！ 大隊主力の前進中、敵がもし射撃を始めたら、第八中隊は敵陣地の左翼めがけて突入せよ、というのです。こんな命令、もうとっくに用がなくなってしまいました！」中隊長は左手を高く挙げて了解の合図をした。

まッ先きかけて竜王廟を占領した清水中隊は、すぐその南面囲壁に身を寄せて、敗退する敵に向って追撃射撃を開始した。蟻のような行列をつくって堤防上の壕の中を潰走して行く当面の敵、彼我の距離は五十メートルあるかなしかだ。一発放った小銃弾で、二人も三人もの敵が将棋倒しに斃れてしまう。加えて今度は友軍大隊砲が、この敵に対し横なぐりの集中砲火を浴せかけ始めた。砲弾は我が第一線の前方、数十メートルのところで炸裂している。悲鳴をあげ逃げ惑っていた敵兵が、たちまち六、七メートルも空中高く吹き上げられたかと思うと、次の瞬間には五体バラバラになって地上に降って来る惨凄極まる戦場風景である。

野地小隊は、折重なって斃れている敵の死体を乗り越え踏み越え、一意鉄橋に向って前進を続けた。

一木大隊主力の戦い

一木少佐の大隊本部は、京漢線のレールに沿って進んでいた。第七、第九の両中隊は長豊支線以北の地区を、怒濤の勢いで躍進していた。最左翼第一線の兵が「小隊長殿！　左前、城壁の西端に、白旗が出ました。降参旗を立てておりますッ！」と報告する。小隊長鹿内准尉、これに応えて「よしッ！　白旗を立てても油断するなッ！　瞞し討ちは中国軍の常套手段だぞッ！」と大声に叫んだ。友軍歩兵砲は、そのころ鉄橋の東端付近を釣瓶射ちに砲撃しており、爆煙は濛々として地をはっていた。

我が主力第一線と敵との距離は、まだ百五十メートルもある。中隊長穂積大尉は「突撃に——進め！」と決然、突撃発起を命令した。ギラギラ輝く銃剣の穂先が、一斉に敵陣めがけて殺到して行く。

閃光を発して友軍歩兵砲弾最後の一発が、堤防上で炸裂した。穂積中隊の最先頭を進んだ幹部が二人、その強烈な爆風をくって、ゴロゴロッと堤防上からころがり落ちた。原曹長と阿部准尉である。「なんだ。いまのは味方の弾か！」二人はムックリ起き上るなり、軍刀の土を払って再びその堤防をよじ登って行った。

大隊長は全線を挙げて、永定河堤防の線に進出した。この間の戦闘経過は全く疾風枯葉を巻くの勢いだった。戦闘開始から堤防を奪取するまでの時間が、わずか七分しかかかっていない。しかしこの間すでに、鹿内小隊長以下数名の死傷者を生じていたのである。

敗退した敵は、マルコポーロ橋の東端、乾隆帝の宸筆「蘆溝暁月」の石碑のあたりに集結している。そして逃げおくれた一部の敵は、永定河の濁流に身を躍らせて、ザンブと跳び込んで行くのだった。永定河はこのあたりもまた、胸を没する深さだった。赤褐色の濁流はとうとうとして、いくつもの渦を描いて流れていた。その流れの中にとび込んだ敵を、第一線のつわもの達は縁日の煙草落し、空気銃を射ってるみたいな腰つきをして、この敵に狙撃の銃弾を浴せかけた。

大隊長は鉄橋のたもとに取りつくと、まず戦場全般の態勢を観望した。——中国兵ども、蜘蛛の子みたいに逃げ散ってしまったな。膺懲の目的はこれで十分達した訳だ。戦闘もここいらで一応打切る事としよう。——「オーイ！　喇叭手集合」大隊長は喇叭手に「気を付け、止れ！」の号音を吹奏させようとした。その時、永定河の中央、中の島の敵が急にバリバリ射ち始めてきた。

中の島には中国軍の兵舎があって、そこに二ヶ中隊ばかりの兵がいる事は、平時の調査によってはっきりしていた。敵はひとり中の島ばかりではない。さらに永定河西岸の堤防からも射ち始めてきた。

——これはいかん！　戦闘中止どころの騒ぎではない。敵は城内、中の島、西岸の三方面から射ってきている。ぐずぐずしていたら大隊全部が彼等の餌食になってしまうぞ。一気に強襲して宛平城を奪取すべきか？　それとも西岸に進出して敵の退路を遮断すべきか？——大隊長は決心の岐路に立った。

その時、ふと大隊長の頭にひらめいたのは、連隊長牟田口大佐の温容であり、また旅団長河辺少将の八字髭厳めしい壮容であった。

事態はすでにこれほどまでに悪化している。連隊長は間もなく連隊主力を提げて、この戦場に現われて来るだろうし、天津方面の部隊だって、続々蘆溝橋に注ぎ込まれて来る事は疑いをいれない。そうなるとこの宛平城の敵なんか、放って置いたって消滅してしまうに決まっている。

肚は決まった。大隊は直ちに永定河西岸に進出し、今

七月八日戦闘経過要図

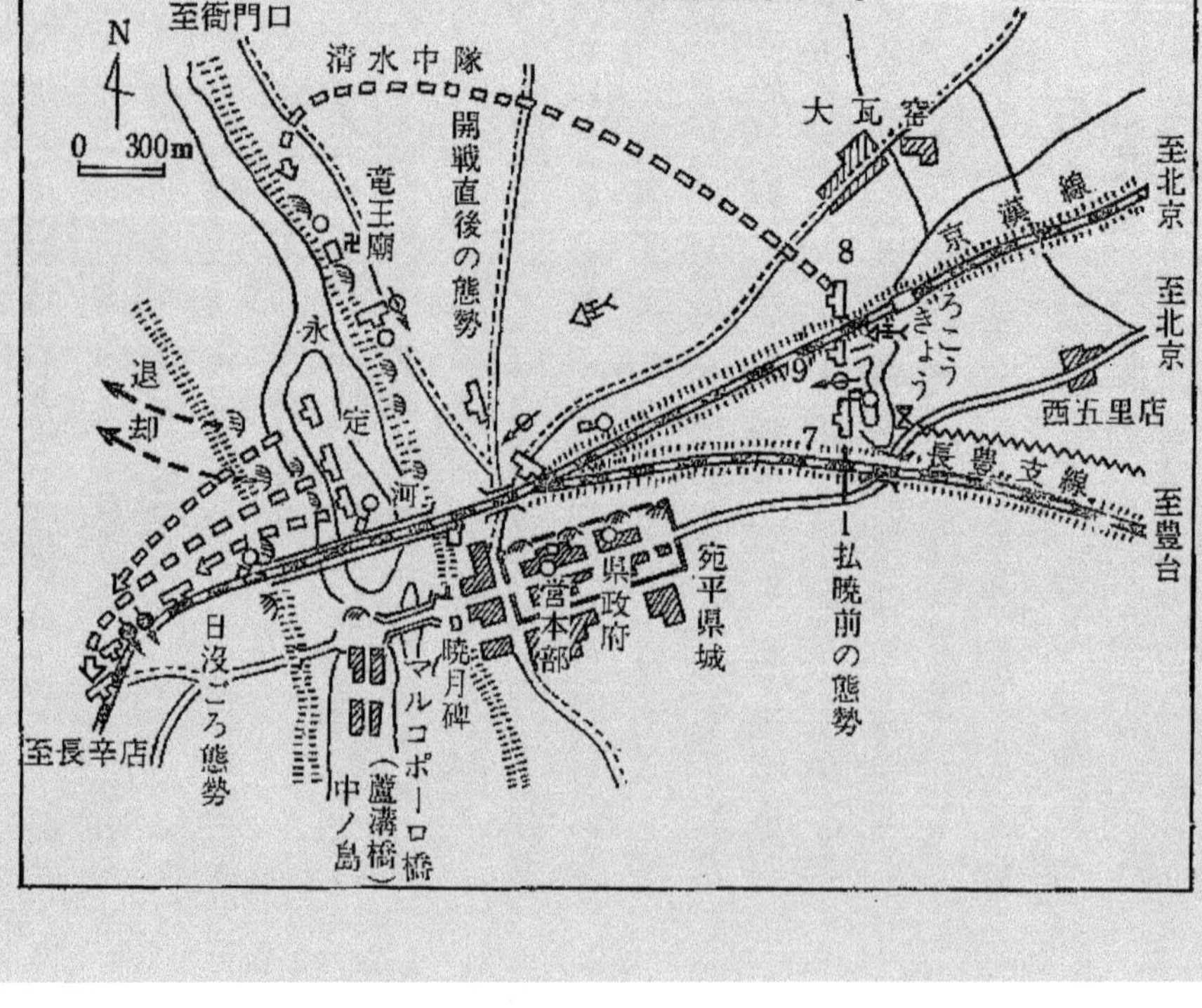

135　日華両軍遂に交戦す

蘆溝橋畔に建つ乾隆帝宸筆の石碑

後の作戦に有利なよう、橋頭堡的態勢をいまのうちにこしらえておこう。大隊長は直ちにその場で大声叱呼した。

「各中隊は右岸堤防の線に向って追撃前進!」

敵の追撃砲弾がヒューッとうなりを生じて飛んで来て、本部間近で炸裂した。一木大隊長がまず、その破片で右手の甲を負傷した。昨夜来、活躍を続けて来た野地少尉も、小銃弾が左下腹部を貫通し、そこに倒れてしまった。兵はまだ、川中の敵を射撃していて一向追撃発進しようとしない。

およそ指揮官としては、自分の命令が徹底しないほど気分の焦ら立たしいものはない。さすがの大隊長も、もうジッとしておれない気持に駆り立てられ、覚えず「コラッ、追撃といったらなぜ追撃せんかッ! 弾の追撃じゃない脚の追撃だッ、改正操典でお前達はいったいなにを習ったんだ。弾の追撃なんか臆病者のやる事だぞッ」とどなりつけ、馬の蠅払いを無茶苦茶に振り回して督戦これ努めた。

鉄橋の真下でザブーンと大きな水音がした。穂積中隊の小隊長山本重作少尉が、率先永定河の濁流に身を躍らせたのだ。ところが鉄橋の真下は、あいにく身の丈を没せんばかりの深い淵だった。少尉はクルクルッと二、三回流れに巻き込まれると、そのまま下流に押し流されて姿を没した。ようやく水の面に浮び上ると声張り上げて「上流を渡れ、上流だ上流だ!」懸命に怒号しながら部下の誘導に任じている。

穂積中隊長は鉄橋の上を、清水中隊長は永定河の濁流を、いずれも中隊の先頭に立って押し渡り、果敢な脚の追撃に移って行った。機関銃中隊の兵の中には、あの重い機関銃を一人で引ッかついで河に跳び込んだ者もあった。重傷にも屈せず、弾の一杯入った弾薬箱を背中に負って、対岸へ！　対岸へ！　と流れを乗り切った兵もあった。

　中の島の敵機関銃はますます猛威を振い始めた。水中に射ち込まれた敵弾がシュッ！　シュッ！　と一線を描きながら水しぶきをあげる。我が第一線はその敵火をおかして遮二無二前岸へ、前岸へ、と突き進んだ。そしてともかく、中洲の線までたどりついたのであった。間もなく大隊長も、中洲の橋脚まで進出して来た。前を見ると第一線中隊が続々西岸堤防に向って躍進を続けている。後方、第二線の方は、今ひときわ熾烈を極めている敵火力にさまたげられて、前進いささか頓挫の状態である。いわば戦場が完全に前後に分断されてしまった形である。

　――これはいかん、早く歩兵砲に陣地変換させて、中の島の敵自動火器を撲滅させなければ！――。

　大隊長は叫んだ。

「歩兵砲隊の連絡者はおらんか、歩兵砲隊！」「歩兵砲隊阿部曹長、参っております」曹長は起き上り大隊長の方に駆け寄ろうとした。瞬間、飛び来った一弾は曹長の胸板を射ち貫いた。曹長はのけ反りざま「天皇陛下　万歳！」と消え入るような一声を残して、壮烈な最期を遂げた。

　大隊本部の付近は敵の横なぐりの弾が旋風のように渦を巻き、前にも後にも連絡のとりようもない。本部伝令の宮崎秀雄という初年兵が、大隊長の前にとび出して来た。「大隊長殿！　連絡には宮崎が行って参りますッ！」タッタいま、阿部曹長の死を、まのあたり見た彼だったが、若々しいその眉宇には、何物をも恐れぬ決意がみなぎっていた。大隊長は心中、よくいってくれた。感謝するぞ――と思いながらも言葉は厳めしく「よしッ、お前は歩兵砲隊長のところに行って、すみやかに中の島の敵自動火器を撲滅するよう、伝達して来い！」「ハイッ！　歩兵砲隊長殿に、中の島の敵自動火器を速く撲滅するよう、伝えて参ります」

　宮崎は軽快に起ち上った。バタバタッと砂利の上を走ると、永定河の流れに身を躍らせていた。狙撃の銃弾が彼の身辺に降り注いで来る。本部の全員は、幾度手に汗握らされたかわからない。しかし宮崎は、ズブ濡れになりながらもとうとう東岸の堤防にたどり着き、一散に歩兵砲隊求めて疾駆して行った。

間もなく、ドカーン！　ドカドカーン！　友軍歩兵砲弾が中の島で炸裂しはじめた。猛砲撃である。屋根瓦が飛散する。木の枝が折れて吹ッ飛んで行く。命中精度百％である。中の島の中国兵は川の西岸へ、また一部はマルコポーロ橋を渡って逆に東岸へ、命からがら逃げ散って行った。大隊はふたたび前進を起した。朝六時五十分ごろの情況であった。

赤藤少佐の資料蒐集

そのころ憲兵分隊長赤藤少佐は、北京より一緒に来た鈴木軍曹や加藤上等兵とともに、竜王廟一帯の敵陣地の状態を視察するとともに、昨夜来の事件の本質、その他一般の情報資料を探索していた。塹壕の中には、まだ生々しい中国兵の死体が幾つもころがっている。下士官らしいのが一人、頸動脈を射ち貫かれたらしく、首が半分ちぎれかかり、上半身真ッ赤に染まって斃れていた。まだ完全には死に切れないとみえて、時々、ビクリビクリと動いていた。「おい、こいつのポケットを調べてみい。下士官のようだから、なにか書類ぐらい持ってるかもわからないぞ」

上等兵はポケットや内隠しの中を探り始めた。傷口にたかっていた蠅がワーッと一斉に舞い上って来る。「手帳が出て来ました。なにか書いてあるようです。とても巧い字で書いてあります」

少佐は引ったくるようにしてそれを手にとると、一ページずつめくって行った。冒頭には直系上官氏名として

第二十九軍	軍長	陸軍上将	宋哲元
第三十七師	師長	陸軍中将	馮治安
第百十旅	旅長	陸軍少将	何基灃
第二百十九団	団長	歩兵上校	吉星文
第三営	営長	歩兵少校	金振中
第十一連	連長	歩兵上尉	耿錫訓

と書いてある。これで事件の責任関係が一目瞭然だ。

少佐はひとりうなずくと、パラパラッとページを繰った。そして一番最後のところに六月二十一日付の訓示を見出した。それは団長吉星文から与えられたもので、内容は、軍人精神発揚に関する注意事項が羅列されている。とくに重要な部分には、文字の横に赤い圏点さえつ

けられていたが、とりわけ赤藤少佐が目を光らせたのは、次の一項である。

「諸情報を綜合するに、日本軍は最近の機会において、演習の名目のもとに宛平城を奪取する企図を抱いているようである。この情勢はここ数日来、とくに緊迫したものが感ぜられる。該地の警備に任ずる部隊は、昼夜間断なく至厳なる警戒を続行し、防務の完璧に最善の努力を傾倒する事が肝要である」

――こんな訓示が出たもんだから、にわかに堤防上の陣地を強化したり、夜間、配備についたりしやがったんだな。――少佐は手帳を自分のポケットに突込んだ。憲兵の一人が、この時、四名の中国人を引ッ捕えて来て、少佐の前に突き出した。「隊長殿、ただいま竜王廟の建物の中を捜していましたら、この四人が匿れていましたので、捕まえて参りました。みんななんだか証明書みたいなものを持っておりますが、それには河務局工兵と書いてあります。兵隊らしいですね」

赤藤少佐は堤防の東斜面を下り、地隙のところまで来て、河務局工兵に対して尋問を始めた。

「お前達は河務局工兵というが、二十九軍に属しているのか?」

四人が口をそろえて答えた。「そうじゃありません。この証明にある通り、宛平県政府に属しています」「県政府の河務局に属している労務者なんです」「私達は決して兵隊じゃありません。だからみんなこういう便衣を着ているんです」

そういえばなるほど、彼等は皆もう相当の年配者ばかりで、見たところ額の皺もかなりに深い。「だがお前達はいまごろ、竜王廟でいったいなにをしていたんだ」

「私達は毎年五、六月以後、雨期に入るとこの竜王廟に寝泊りして、永定河の水の増減を計っているんです。そうして毎日それを県政府に報告しております」「それならお前達は知っているだろうが、この堤防上の散兵壕、これはいったいいつごろから、二十九軍の兵が工事し始めたのか」「それは私達がここで仕事を始めた後、もう大分たってからの事ですから、六月のなかば過ぎだと思います。たしか六月一杯ぐらいで主な工事を一通り終り、近ごろは毎日その補修みたいな作業を急いでました。中の島や河の西岸のは、そばまで行ってみませんからわかりませんけれど、昨日、おとといあたり、まだ盛んに工事を続けていたようでした」「お前達の見たところ、このあたりにいる中国軍の兵力は、およそどのくらいあったと思うか？」「サア私ども、そういう事は素人でよくわかりませんけれど、近ごろいくらかずつふえていた事は確かです。七月に入ってからは、毎晩一ヶ小隊位、交代でやって来ては夜の間だけ、陣地につくようになりました。夜明けになると、それがみんな引き揚げて、兵営の方に帰って行くのです」

赤藤少佐は腕をこまぬいたまま、ジーッと深く考え込んでしまった。頭の上を時々流れ弾が、ピューン、とかすめて飛んで行く。永定河右岸の戦闘は、またその激しさを加えてきたようである。

（四）乱弹之下的折冲

资料名称：乱弹下の折衝

资料出处：寺平忠輔著《蘆溝橋事件——日本の悲劇》，読売新聞社 1970 年版，第 140—163 頁。

资料解说：中日两军在武装冲突的同时，双方代表也在宛平城进行交涉。本资料记载了日军强硬派代表寺平忠辅所经历的交涉情况与相关人物。

第七章　乱弾下の折衝

中国軍の射撃抑制

日華両軍が交戦状態に入ると同時に、宛平城内では営長金振中のところへ、各方面からの報告が次から次へと輻輳して来た。

ちょうど私が特務機関に電話連絡している間に、桜井顧問は「いつまでもこんなところでぐずぐずしていたって射撃は止みやせん！　オイ、営長！　僕と一緒に城壁に上ろう！　そして白旗を振りながら両軍の射撃を止めさせるんだ！」

早くも部屋の片隅にあった寝台の敷布をはがしてしまった。敷布は長さ三メートルほどの竹ざおに結びつけられ、軍使を標榜する大きな白旗に早変りした。金営長と桜井顧問、斉藤秘書等は県政府を出ると東門城壁上に登って行った。東門の扉は完全に閉鎖され、土嚢が七分通りまで積み上げられていたが、中国兵はなお、土嚢を運んだり、円匙で土をホジくったりしていた。東門の上から一文字山の方を眺めると、台上にはまばらにしか日本兵の姿は認められない。大きな部隊はもういないらしく、戦線は大分西の方に移動して行っている。

営長は東門守備の兵に、「射ってはいかんぞ！　今日のはみんな誤解からだ。射ってはいかん、射ってはいかん！」と注意を与えていた。

一行は城の東北角から更に転じて西の方へ進んで行った。パーン！　突然、すぐ眼の前で小銃を発射した音が鼓膜をつんざいた。「営長！　いま射ったのはそこにいるその兵だ！　止めさせろ止めさせろ！　この城内から日本軍に向って射撃したが最後、日本軍は怒って城内に向って攻撃して来るぞ！　そしたら城内沢山の住民の命は、いったいどうなってしまうんだ！」桜井顧問がどなりつけた。

金振中はバタバタッと走った。そして今射撃したばかりの兵の肩を小突いて、またもや、「射ってはいかん！　射ってはいかん！」を繰り返した。兵は不満そうな顔付きをしながら、しぶしぶ銃をおろした。「射撃を止めさせただけじゃいかん！　宛平城からは絶対射撃をしていないという証拠を示すために、到るところ、こういう白旗を掲げさせるんだ。営長！　すぐ命じて白旗をあげさせろ！」兵は、金振中の命令によって、ポケットから汗でしわくちゃになったハンカチや手拭を取り出した。それを有り合せの棒切れに縛りつけて城壁の上に押し立てた。「俺が命令を下さぬ限り、お前達は絶対、射撃してはいかんぞッ！　いいか！　命令をきかんやつは厳重処分するッ！」

金振中はどなり続けた。

城壁上からは、すぐ眼の前を散開して攻撃前進する日本軍の姿が、ハッキリ眺められた。日本兵の行動は、一糸乱れず、堂々たる攻撃ぶりで、平素の演習とちっとも変ったところがない。――あの日本軍に、弾を浴びせてなるものか！――桜井顧問は血眼になって、中国兵の一挙一動を監視した。「ホラ！　営長！　いま、あそこの重機関銃が装塡したぞ！　あの弾を抜かせろッ！　県政府の空地にいるあの迫撃砲には、まだなにも射撃中止を命じてないじゃないか。駄目だ。早く行って命令を伝えなくっちゃ！」

射撃抑制に狂奔している時、俄然！　城壁西北角で猛烈な戦闘が巻き起った。中国兵は白旗の陰から、城外の日本軍に猛射を浴びせるし、日本軍の歩兵砲弾はまた城壁上に、土煙りをあげて炸裂し始めた。彼我の叫喚怒号が銃声砲声と相錯綜し、凄壮の極みである。日本軍は長豊支線のガードを越え、城壁に向って殺到して来つつある。先頭に長刀を閃めかしているのが鹿内小隊長だ。

桜井顧問のおもては怒りに満ちていた。彼は大声を張りあげて弾雨の中をどなり歩いた。「射撃中止！　射撃中止！　秦徳純副軍長の命令だ！」

中国軍の若い将校が、拳銃を右手に桜井顧問の前へにじり寄って来た。そしてさも憎々しげに「なに？　なにが副軍長の命令だ！　俺の部隊はこの通り日本軍から射たれているんだぞ！　それを副軍長の命令だなどといつわって、一方的に射たさんという法がどこにある！」

彼は左の拳でポンと自分の胸をたたくと、更に昂然たる態度でまくし立てた。

「俺達の胸には、誓死救国の真ッ赤な血が流れているんだ。ここは顧問なんかの出る幕じゃない。貴様らが副軍長の命令だとかなんとか、勝手な嘘をホザくもんだから、こんな戦争が起ってしまったんじゃないか！」早口にそれだけいってのけると、桜井顧問の前にペッと唾をはいた。

金振中がきっとこの将校を睨みすえた。そして憤怒の形相も物凄く、大喝一声

「黙れッ！　貴様は俺の命令に服従せんかッ！　射つなといったら射っちゃいかんッ！　言い訳なんか聴きたくないッ」金振中の熱誠ほどばしる努力が功を奏し、城壁上一帯からする射撃は、次第に鎮静していった。桜井顧問は金振中営長の、毅然たる態度につくづく感心させられたようだった。

戦闘はどうやら一時小康を得ているらしい。一行はふたたび県政府の客庁に戻って来た。

金振中は部下に囲まれ、客庁の真ん中に立ったまま、引っ切りなしにテキパキ命令を下していた。

「借光咧！　借光咧！」（ご免下さい！）運転手が大声でそう叫びながら、大きなお膳を両手で抱え、警戒兵達を押分け、その命令下達の真ん中に割り込んで来た。お膳には湯気の立った茶碗が幾つものっていた。「サア来ました、来ました。大変お待たせ致しました」と林耕宇が卓上の地図や白旗などを片付け始めた。おなかをすかせた一同のため、中国側が用意した簡単な朝食だった。

桜井顧問も私も、林耕宇も王冷斉も、そして金振中や周永業も、一斉に箸をとった。「呉越同舟、朝餉の膳とは愉快だな！　ねえ、そうだろう！　金営長！」金振中もそれを聞いて朗らかに笑った。

フウフウ吹きながら中をかき回す。スープに浮いた卵の黄味が破れてパッと散った。私は「これがこの世の食い納めにならんとも限らんからなあ！」という桜井顧問の言葉をしみじみと味わってみた。警戒兵達は拳銃を握ったまま、まだ我々の一挙一動を見守っている。

天晴れな金振中営長

またもや激しい銃砲声が起り始めた。西の方だ。多分永定河の西岸あたりだろう。一同は箸を投じて起ち上った。

「行こう！　そしてすぐあれを止めさせよう。ヨシ！　戦線の真ッ唯中を、白旗を振って射撃中止を勧告するんだッ！」

相談は一決した。王冷斉と林耕宇とは、非戦闘員だからその場に残すことにした。桜井顧問、寺平、金振中、周永業の一行は、ドヤドヤッと県政府を出て、城内を貫通する大通りを西へ進んだ。

西門の手前、七、八十メートル、道路の北側に金振中の営本部があった。私達がちょうどその前にさしかかった時、後方から北機第二号車が追及して来た。「じゃあ皆一緒に、自動車に乗って出かけよう」「僕は旗振り役だから自動車の屋根上の方が便利だ。君達みんな中に入り給え」桜井顧問は大きな白旗を右手に杖ついて、運転台から屋根に跳び乗った。

その時、ちょうど西門の上からドヤドヤッと駆けおりて来た一ヶ小隊ばかりの中国兵があった。いままで城門の上で、日本軍と銃火を交えていた殺気立った一隊である。それが我々の自動車の方に殺到して来た。

車上に仁王立ちに突ッ立っている桜井顧問、車の脇に日本軍の軍装姿の私を発見すると、彼等はグルッと取り巻いて、口々に「打倒日本!」「槍斃!　小日本鬼!」と罵倒し、吐く息も荒々しく、憤怒の形相が物凄い。抜身の大刀、拳銃の包囲。

その群がる雑兵隊を泳ぐような格好で押し分け、我々の前に乗り出して来た将校があった。第十一連の上尉連長耿錫訓である。精悍血気の彼は、やにわにモーゼル拳銃を頭上に振り上げ「敵だッ!　ブチ殺してしまえッ!」と、私めがけて振り下そうとした。瞬間、私の右側に立っていた金振中が身を躍らせて耿錫訓の前に立ち塞がった。そして、鉄拳を振ってその拳銃をたたき落し、耿の頬を五、六回もなぐりつけたうえ、胸倉摑んで一メートルあまりも突き飛ばすと大喝した。「馬鹿者!　軍使や軍事顧問に対してなんという血迷った真似をするのかッ!　このわからずやめが!」耿はグッタリ伸びて立ち向う気力もない。私達を取り囲んでいた雑兵隊たちも、営長の権幕に怖れをなして、さきほどの殺気はどこへやら、一人減り二人減り、次第に西門の方へ消えて行ってしまった。

ジッと考え込んでいた金振中は、やがて私達の方に向き直った。そしていった。

「事件不拡大のため、部下を抑制する事については、これからもなお極力努力致します。しかし、いまご覧になった通り、私の部下はあのように激高し、殺気立って来ております。今後私の微力を以て、これをどれだけ抑え

清水中隊に実弾を発射した29軍連長　耿錫訓

得るか、私自身、非常な疑問となって参りました。これから事態がどのように推移していくか、これも、ちょっと予断が出来兼ねます。そこでいま、あなた方お二人が同時に城外に出てしまったら、日本軍は、猛然、宛平城の攻撃にかかって来ないとも限りません。そうなったら、私の部下はここでますます頑強に抵抗するでしょう。結果は一層事態を悪化させる事になりはせぬかと思います。

ついてはこの際、あなたがたお二人の中、一名だけは是非ともこの城内に留まって頂きたいと思います。いかがでしょう？」

桜井顧問がこれに答えた。「ウン、なるほどそれも理屈だ。じゃあこうしよう。僕は行く。顧問服を着ているから戦線を駆けるのには好都合だ。寺平君は軍服を着ているからかえって中国側を刺激する。しばらくここに残っていてくれ給え」

そういって金振中と周永業とを自動車の中に坐らせ、自身は車の屋根上に打ちまたがって、大きな白旗を打ち振りながら西門の外へ出て行った。

宛平城内の人質

一人、宛平城内に取り残された私——体裁のよい人質だ。弾丸の中にとび込んで行く以上に、気持の悪いことおびただしい。だが桜井顧問に活動してもらうためとあれば、またやむを得まい。——私はやがて、中国軍の将校に導かれて営本部の中に入って行った。

営本部というと厳めしいが民家を改造したに過ぎないボロボロの建物、壁は崩れ軒は傾き、家具らしい家具は一つも見当らない。それでも中国兵がどこからか、底の抜けかかったボロ椅子二脚と八仙卓を一つ探し出してきて、庭の真ん中に据えてくれた。私はそれに腰を下していつとも知れぬ桜井顧問の帰りを待つことになった。足元を見ると石畳の割れ目から、五十センチばかりの白粉花がタッタ一本生えていて、葉の間から、可憐な深紅の花をのぞかせている。

庭の入口には、いつの間に配置されたのか、二人の中国兵が銃に着剣して立っている。私を護衛するためか監視するためか。営本部の裏側には、予備隊らしい一ヶ小隊が待機していた。彼等は入れ替り立ち替り庭の入口まで、私をのぞきにやって来る。恐らく「オイ、日本軍の捕虜が一匹、やって来てるぜ。見て来い。見て来い」といっていたに違いない。

中国兵は私を見ると、さも憎らしそうな表情をして、中には大刀のダンビラを振りかざし、いまにも斬るぞといわんばかりに私を威嚇する者もあった。腕組みしたままジーッと私の頭の上から足の先まで睨みつけ、暗黙の威圧というのを試みる者もあった。しかしさきほどの金営長の権幕に怖れたのか、手を下そうとする者はなく、結局大刀はまた元の鞘に収めて引き下って行ってしまうのだった。

銃声砲声が一しきり盛んになってきたようだ。時計を見ると午前七時を五分ほど過ぎている。余りにも変化に富んだ事態の連続なので、もうお昼ごろのような錯覚をさえ感ずるのだった。

銃声は一時静まったかと思うと、また急に激しくなってくる。まるで呼吸をしているみたいな感じである。そして時々流弾が私のいる庭の中までとび込んで来た。

そんなところへ、四十格好の上品な、血色の良い将校が一人、静かにこの営本部に入って来た。護衛兵三名ばかりが従っている。私の姿を見つけると、ニッコリと微笑んで「私、二十九軍二百十九団の上校団長吉星文です」と挨拶した。物腰から言葉遣いから悠揚迫らず、さすがに団長たるにふさわしい態度である。「私は本日、日本軍を代表して、不拡大交渉のため派遣されて来ました。北京特務機関補佐官寺平大尉です」こちらからも刺を通じた。つい数年前、華北に羽振りを利かせていた軍閥に吉鴻昌という将軍がいた。団長はこの将軍の甥なのである。

彼は私と向い合って腰を下し、シガレットケースから煙草を取り出して私に勧めた。私はおもむろにいった。「あなたとは、どこかで一遍お目にかかった事があるような気がするんですが……」すると吉星文は「イヤ、そうおっしゃられると私もさっきから、どうもどこかでお見うけした事があると思って、いま、考えていたところです。特務機関の方というと、進徳社の、宴会の時か何かじゃなかったでしょうかねえ！」「アアそうそう！それで思い出しました。いつだったか宋委員長が青島視

219団団長　吉星文

察団の壮行会を催された事がありましたねえ。あの時……」

パンパンパンパーン！　突然、機関銃の跳弾が音を立てて家の中にとび込んできた。

「ヒャーッ！　危ねえ！」兵隊が奇声を発して部屋から外にとび出して行った。吉星文は眉一つ動かさず「大分盛んにやっていますなあ！　何とかして早く止めさせなければいけません。いま、私の部隊は、金営長と桜井顧問とが懸命に射撃中止に奔走してくれています。私もやかましく命令を下したんですが、どうも兵は感情が先走ってしまって困ります。なんとか早く解決させなければいけません。私、また出かけて行って西の方を見て参ります」

吉星文はやおら椅子から立ち上った。そして私と握手を交すと、ゆうゆう、また表の方へ出かけて行った。

桜井顧問車上の活躍

停戦指導のため西門の外に出て行った桜井顧問、金振中の一行は、やがてマルコポーロ橋の東のもとに差しかかった。

そのころ、両軍の戦闘はまさに白熱化していて、日本軍の第二線部隊は胸を没する水深を意に介せず、ザブザブ敵前渡河を敢行している最中だった。

「ストーップ！」桜井顧問が自動車の屋根上から大声で怒鳴った。金振中も降りる。周永業も降りる。「蘆溝暁月」の石碑の前には、中国兵三名の死体が転がっている。血みどろの負傷兵が五、六名、あたりをウロウロしていた。

顧問は破れ鐘のような声張り上げて橋の上の兵に呼びかけた。「射撃するなッ！　射撃するなッ！」するといままで、大理石の欄干、狛獅子の陰で、依托射撃していた中国兵の一人が、ギロリと桜井顧問をふり返るなり銃を構えて顧問の方へ歩み寄り、「見ろッ！　中国軍にはこんなに沢山死傷者が出ているんだぞ！　これでもまだ無抵抗でジッとしておれとほざくのかッ！　おとなしく引き下らんと貴様も一緒だ！　たたき殺すぞッ！」それも金振中が一度その兵を睨み据えると、文句ありげな面構えをしながら、脇の方へ避けて行ってしまった。

ここから金振中に代って営本部付の上尉が一名、自動車に乗り込んで来た。顧問はまたもや自動車の上に突っ立って、「射撃するな！　射撃を止めろ！」とどなりながらマルコポーロ橋を西へ進んだ。

中の島では第一営の営長に出会った。「吉団長の命令です。とにかく射撃を中止させて下さい」と営付上尉が話しかけた。顧問も傍から、「これは吉団長一個の命令じゃない。秦徳純副軍長からの命令なんだ。止めろ止めろ！　とにかく射撃をすぐ止めさせるんだ！」営長は納得したらしく、廟の奥深く引返して行った。やがて彼の命令で、中の島の掩蓋（えんがい）重機関銃座からの猛射は、沈黙した。

筆者が軟禁された城内の営本部

次は河の西岸陣地だ。車は一散に西に走った。大理石造りのマルコポーロ橋に続いて、中の島の西側には、堅固な木橋が架けられていた。下は一面の河原で水は全然流れていない。車が木橋の東端に差しかかった時、突然、パン！　パーン！　二発の拳銃弾が顧問の耳元をかすめて飛んだ。「やったな！　小癪（こしゃく）な！」顧問がその方をふり向くと、そこには中国軍の中尉が一名突っ立っていた。顧問を狙撃したのはこの男である。

営付上尉が自動車の窓から上半身を乗り出して叫んだ。「コラッ！　貴様はこの俺がこの車に乗っているのを知らんかッ！　無茶な真似をすると承知せんぞッ！」

一喝食った中尉は、コソコソとどこかへ逃げ込んでしまった。

鉄橋の方を眺めると、いま、日本軍が中洲を越えて、ドンドン西岸に向って躍進を続けている。中国軍の射撃は一応鎮静を保ってはいるが、ただ一ヶ所、木橋西端の軽機関銃だけが、狂気のように火力を日本軍めがけて浴せかけている。射手はエナメルの皮帯（ピータイ）を肩からかけた、若い少尉だ。将校自ら銃とって射撃しているのだ。

顧問は自動車から跳び降りるなり、ツカツカッ、とその傍に歩み寄った。そして強くその肩を小突いた。「待てッ！　射撃待てッ！　営長の命令だ！　日本軍に対して射撃する事は絶対まかりならぬ」軽機関銃に嚙りついていたその将校は、ビックリしておとなしく銃を地に置いた。「全くどうにも仕様のないやつらだ。世話ばかり焼かせやがる」顧問はそうつぶやいてヘルメットを脱ぎ、ハンカチを取り出して滴り落ちる汗をぬぐった。

顧問が眼を据えてジーッと日本軍の行動を見守っている時だった。いまさき、制止したばかりの中の島の重機関銃が、またもや激しく火を吹き始めた。中の島ばかりではない。見ていると宛平城の城内からも、迫撃砲弾が、ドカーン！　ドカーン！　と唸りを生じて飛んできはじめた。

桜井顧問は吐き出すようにいった。「いかん！　もうこうなったら、いくら俺が制止したっちゃ糠に釘だ。やッぱり営長や団長をシッカリ握って、その命令で止めさせなくちゃ……引き返そう。そしてもう一遍あの西門のところまで行くんだ！」顧問は自動車に反転を命じた。

砂塵を蹴立てて走って行く車の窓から、白旗がハタハタと風に靡いていた。

「ヨーシ、ここで停めろッ！」急ブレーキをかけた自動車は、「蘆溝暁月」の碑の前で停まった。顧問が車から降り立った時、そこに漂っている空気はさきほどのそれとは異って、すこぶる緊迫したものが感ぜられた。

吉星文は桜井顧問の方を振り返っていった。「顧問！情勢はますます悪化してきています。突発的にどういう危険が起らないとも限りません。とにかく、顧問は一応城内にお入りになって下さい。不拡大については、私もなんとか最善の手だてをつくしますから！」吉星文としては、顧問の身に危害が及びはせぬかという事が、何より心配の種だったのだ。

——万事休す！——桜井顧問は再び車中の人となって、宛平城内へと引き返して行った。

銃声砲声はまだ依然として断続している。

交戦真ッ唯中の昼寝

薄ノロみたいな伝令兵が、ヌーッと営本部に入って来た。そして私に、「桜井顧問が帰って来ました。いま、県政府の中で待っております」と告げた。私は早速営本部を出て、伝令兵の後からついて行った。一足遅れて私を迎えに来た林耕宇と、営本部の表の通りで一緒になって、肩を並べて県政府の方に歩いた。城外、はるか西の方から、またしても激しい銃声が聞えてくる。

　県政府の客庁に入って行くと、そこでは桜井顧問がソファーに腰をおろし、大の字形になって一人で天井を睨んでいた。顔を合せるなり私は「ご苦労様でした。城外の情況はどんなふうでした？　いったい！」

　すると顧問は、ピョンと八仙卓の上に両手をついて「駄目駄目！　いくら射つなといったっちゃ、やつらもうちょっともいう事聞きゃあせん。僕が行くと、顧問が来た、顧問が来たといって僕が居る間だけ射撃をやめるんだ。だが二、三十メートルも行かんうちに、すぐまたポンポンやり出してしまう。こんな二十九軍を相手に、いくら教えたっちゃ何にもなりゃせん。日本軍はもう、河の西岸にとりついてしまってるんだ」「それじゃどうにもこうにも手がつけられませんなあ！　それで金振中はどうしました？」

「ウン、盛んに努力はしている。しかしもうこうなってしまったんじゃ、彼の威令なんかすこぶる影が薄くなってしまっとるからねえ」「そうでしょうなあ？」卓を囲んで腕をこまぬいた二人は、ジーッと考え込んでしまった。

　桜井顧問は急に両腕を頭の上に伸ばした。そして大きなあくびをしながら、「アーア、どうもねむくていかん！　いまさらいくらもがいたっちゃ、どうにもこうにもなりゃせんのだから、いっそのこと運を天に委せてひと寝入りするか」

「私もなんだかとてもねむくなってきちゃいました。昨夜、十河さんを囲んでドンチャン騒ぎをやってから、まだ一睡もしとらんですからなあ！　銃声の子守歌で、しばらくここで昼寝でもしますか」「ワハハ、銃声の子守歌か。それもよかろう」

　二人はゴロリとソファーの上に横になった。睡眠不足と、非常な緊張の直後に来る精神疲労から、二人は間もなくグーグーいびきを立てて熟睡の境に入ってしまった。林耕宇や周永業は、仕様事もなしに部屋の中を、夢遊病みたいにブラリブラリと歩き回っていた。こうした時間がかれこれ三十分ばかりも続いただろうか。突然物凄い砲声が県政府西側の空地で起った。また例の追撃砲が射撃をやり始めたのだ。二人はねむい目をこすりながら起き上った。

私は、眺めるともなしに蘆溝橋一帯の地図をジーッと見つめていたが、やがてふと、思いついたように語り出した。

「日本軍が河の西岸までとりついてしまったという事になると、これはどうやら、相当拡大の可能性が強くなってきたようですね。

昼間は現状のままで相対峙している事も出来ますが、夜に入ったら西岸は西岸でいがみ合いを始めるし、東岸は東岸でこの宛平城を中心に、両軍いくさを始める事になる。そうなったら本当に収拾つかんものになってしまいますよ」

「ウン、その可能性は確かにあるね」

「せめて日本軍は河の東岸、中国軍は河の西岸、というふうにでもハッキリ分ける事が出来たら、不拡大交渉は比較的容易に進める事が出来ると思うんですけれど……。私はここいらの地形はあまりよく知りませんが、永定河の深さは、いったいどのくらいあるんです？」

「そうだねえ。胸たけくらいは十分あるね。いま、日本軍がザブザブ渡ってるところを見て来たんだが、あるいはもっと深いところがあるかも知れん」

「障害としての価値は十分ですな」

「そりゃ十分だ。それに河幅だって随分広いんだからね。そこでいま、君のいった両軍を河の東西に分けるという案だね。こりゃ確かに名案だ。どうせ細かい戦術判断なんか、睡眠不足のいまの俺達にゃ出来っこないが、極めて大雑把な大局的判断といったら、まずこれが一番の早道だ。だがこれは、実際問題として、両軍とも、なかなかオイソレとは引き下るまいぜ」

「問題はそこです。結局」

「だがどうせ僕達はもう、三途の川の川ッ縁まで来てしまってるんだ。いまから最善と信ずる方法をふりかざして、思いっ切り強く中国側にぶつかってみるんだね」

「やりましょう。当って砕けろだ」

「オイ林君！ ご苦労だが君、ちょっと蘆溝橋の橋のところまで行って金営長を呼んできてくれないか！ いま、日本側としての調停案がまとまったから、すぐここに来てくれといって！」

林耕宇は不承不承出かけて行った。

営長撤退を肯んぜず

しばらくすると金振中が、二十名ばかりの兵をしたがえてドヤドヤ客庁に入って来た。帽子をとるなり汗がバラバラッと滴り落ちる。彼は、懸命の奮闘をしていたらしく、その面には緊張そのものといった気分が漲っていた。「ヤア！　ご苦労さん！　ご苦労さん！」桜井顧問が愛想よく椅子を勧めた。

金振中は部下の方を振り返って「オイ！　お前達は外へ出ておれ！　俺がよぶまで勝手に中へ入って来ちゃいかん！」と兵を中庭の方に追い出してしまった。

私がおもむろに口を開いた。「今日の事件を何とかして早く解決させたいという念願から、その最も効果的な方法を私達ここで考え出したんです。それは日華両軍、これを永定河の東岸と西岸とにキッパリ切り離してしまう。すると地形上双方共直接いがみ合いが出来なくなる。この間を利用して解決交渉を促進させたら、事件を現地限りに局限する事が出来ると思うんです。これに対して貴官のご意見はいかがです？」

金振中は薄汚いハンカチを取り出して汗をふきながら、地図をのぞき込むようにしてこの話を聞いていたが、私の言葉が終るや否や、即座に「全然同感です。これがマア現在の実情に即する一番理想的な解決方法でしょうね」極めて簡明直截な回答を発した。彼の面には微かなほほえみさえも浮び出ている。

「それじゃあ次に、その実行という段取りに進むのですが、貴官は今、宛平城一帯に在る貴官の隷下部隊、これに一斉に永定河西岸に撤退するよう、命令していただきたい。そしたら我々も、日本軍全部、河の東岸に撤退するよう指揮官に連絡をとりましょう」

すると桜井顧問、

「ウン、これが一番手ッ取り速い解決方法だ。営長！　いますぐ命令を下しなさい。日本軍の方は僕が飛んで行って連絡をとってくるから！」

金振中が重々しく口を開いた。「この着想に対しましては、私、全然同感です。唯その実行手段に関しまして、少しく私の立場を説明させて頂きます……」我々二人は固唾をのんだ。

「私はお申し出の案を、すぐにでも実行に移したい気持で一杯なのです。ただ、私は平時からこの宛平県城に駐屯していまして、馮治安師長から、この地を警備せよ、という任務を受けております。したがって上官からの命令とあらば、すぐにでも撤退行動に移りますが、私の独断をもって河の西側に移るという事は、上司の命令に違反し、私の職責を果さぬ結果となって、軍人の本分に悖ることになります……」

「だが大局上から判断したら、事件の不拡大は、焦眉の急務です。その一番大切な解決の鍵を、いま、あなたただ一人が握っているんじゃありませんか！　あなたとしてはここで一つ、是非、独断専行の精神を発揮して下さい。そして日華両国の全面的幸福を招来するため、断乎この最善の策を実行に移していただきたいのです」

「しかし……こればかりは独断というわけに参りません」金振中には少からず遅疑逡巡の色がうかがわれた。

桜井顧問は彼の決心に拍車をかけようとして「独断ではいかんといわれるけれど君！　もともと独断専行の精神は、上司の意図を忖度し、服従の精神とちょっともかけ離れたものじゃないんだぜ！」

「エエ、それはもう確かにその通りなんです。だけど、任務として与えられている私の立場としては、これを曲げる事は非常に苦しいのです。かりに貴方と私の立場をとり換えて考えてみて下さい。日本軍指揮官として一地を守備しているあなたに対し、いわば敵方に回っている私から、守備地区を捨てておさがりなさいといわれた場合、貴方はそうやすやすと引き下ることが出来ますか？　私は根本趣旨に対して反対しているわけじゃ決してないんですよ」

彼の言葉は、確かに筋道が通っていた。だがこちらとても、これで沈黙してしまうわけにはいかぬ。沈黙したら事件はますます拡大して行く一方だ。

「だから先刻からもいっている通り、我々は決して、あなた一人だけに一方的責任を負わせるようなそんな事は決してしない。日本軍としても多数の犠牲者を出して占領した西岸陣地、あれを放棄して東岸に撤退しようといってるんです。万難を排しても不拡大を貫徹しようとする我々の努力、これに対してあなたのご協力がいただけないは事をはなはだ残念に思います。だがあなたのお考えもよくわかりました。要は馮師長が撤退を命令する。そうしたらすぐにでも河の西に引きさがって行く、とこういうご意見なんですね」「そうです」「じゃあこうしよう。現地代表としての双方の意見は完全に一致した。その事を電話で馮治安師長に連絡をとるんです。そして改めて馮師長から電話なりなんなりで命令さえ出してもらったら、万事は解決。これなら営長としても、全然異存はないでしょう」「結構です。早速電話で意見具申いたしましょう」

金振中は起ち上った。そして伝令兵に「オイ！　北京の馮師長公館に電話をつなげ！　もし公館の方に不在だったら、進徳社に連絡してみい！」伝令兵はすぐ電話にかかったが、いくらベルを鳴らしても相手が出ない。やがてガチャリと受話器を置いて「営長！　駄目でありますッ！　この電話は断線しとりますッ！」「断線か！　こういう大切な時に——」大きく嘆息した営長は「お聞きの通りです。今断線しているそうです。いかが致しましょうか？」と私達の顔をのぞき込んだ。

「金営長が独断でやらん限り、結局この案は捨ててしまわんければなりませんなあ！」私は桜井顧問に呼びかけた。「営長はとてもひとりじゃやり切らん！　もうこうなったら仕方がないから、武力をもって宛平城の中国軍を河の西に追ッ払うんだね。それより他に方法はないさ！　しかしこの城内には随分沢山の住民がいるぜ。爺さん婆さん女子供、これをどう処理するかだ」「そうです。これが問題です。オイ！　王冷斉県長はどうした。さっきから一向姿を見せんじゃないか！」「アア、県長はさきほど、この筋向いの民家に入って休んでいました。オイ！　伝令兵！　お前行って王県長をここに呼んで来い！」少年兵の一人が横ッ飛びに表の方へと飛び出して行った。

やがてその兵に伴われてやって来た王冷斉県長、もともと痩せ形の鴉片吸飲患者のような感じだが、見ると特別その顔色が悪く、まるでライスカレーさながら、とでも言いたいくらいだ。

「これはあなたのお役目上の事なんだが、いま、この宛平県城内外には、およそどのくらいの住民がいるんですか？」

すると王冷斉は、しばらく口ごもっていたが、ようやく思い切ったみたいに「二……二千名です」と答えた。

桜井顧問はすこぶる濃い、しかしあまり長くもない髭をひねりながら「その二千人を二十九軍と一緒に、殺してしまうという事は人道上の重大問題だ。日本軍としてはそれが出来ん！」私達二人はシンミリ考え込んだ。

「住民だけ取りあえず、西岸の長辛店へでも避難させますかな。この城内を空ッポにさせるために……」「それより他に策はないね」

悠然、ソファーにもたれて瞑想にふけっていた桜井顧問は、この時突然、ムックリ起き上った。そして「営長！第二案だ！」と次の要求をたたきつけた。「貴官の部隊がどうしても撤退をがえんじないというのなら、この上、議論を続けていても意味はない。日本軍は断乎この宛平城を攻撃する。そして二十九軍といさぎよくここで勝敗を決するのだ。ただ、そうなった場合、罪咎もない二千の住民を、二十九軍諸共砲弾の犠牲に供する事は、我々人道上の立場からこれをなすに忍びない。

いまからこれら住民を、至短時間内に西岸の部落、長辛店に避難させていただきたい。もちろん我々は貴官一人を苦しい立場に追い込み、自分だけ逃げたり隠れたりするようなそんな、卑怯な真似はしたくない。最後まで貴官の営本部と行動を共にし、日本軍の砲撃下に貴官と生死を共にしよう。我々はこれだけの肚をもってかかっているのだ。貴官も住民に対する手配を、手っ取り早くやって頂きたい」

これに対して金振中がいかなる返事をするか。これは単なる興味の問題ばかりでなく、実に我々希望のすべてが挙げてこの一点にかかっていたのである。

ところがこの時、金振中は首をタテに振ろうとしなかった。「私は、軍の営長の職にある者です。自分の部下に対しては、指揮命令権を持っておりますが、一般民衆に対して移動しろとかどうしろとか、そういう行政上の命令権は持っておりません。立場を異にする民衆に対しては、一言半句、発言権がない訳です」「営長が命令を下せないというんなら、王さんはどうか？　県長が行政上の命令を下すことに文句はあるまい」すると王冷斉「ハイ、順序と致しまして、一応これから馮治安省長に了解を得ておきたいと思います……」

この急迫した事態に対し、なんという非常識極まる発言だろう。彼等の真意はいったい那辺に存するのか。察するところ、二千の住民をダシに使い、これさえ抱き込んでおけば、日本軍は絶対この城を攻撃して来ない。悪くいえば住民を援護物に使って自分達の保全策を講じようという、卑劣極まる魂胆なのではなかろうか。「こう頑迷じゃあせっかくの第二案も、オジャンですなあ！　とにかく馮治安を宛平城まで引ッ張り出してこん事にゃ、二進(にっち)も三進(さっち)も動きがとれやしません」「困ったもんだ。あいにくの時に電話は切られるし……」「これが本当の没法子(メイファーズ)というやつですねえ」

城外からは依然、銃声が断続して聞えて来る。午前十一時前後の状態である。

軍使宛平城を脱出す

「城外の情況はいま、いったいどんなふうになっているんですかねえ。銃声判断以外サッパリ様子がわからんが……。もう一遍城外にとび出して、連絡をとってみたらどんなもんです？」

「どこと？」「日本軍の第一線、つまり森田中佐とです。そして出来得れば馮治安や秦徳純とも連絡して、至急撤退命令を下すよう要求するんです」「城外に出るといったって、もうこうなってしまったらそうオイソレとは出られやしないぜ君！」「しかし、留るも死し、飛び出すも死す。結局当って砕ける覚悟でとび出すより他ありません。このままジーッとここに坐っていたって、情況が好転する事は絶対あり得ません。要すれば中国側からもだれか一人連れて行くんですね。今度はこっちの人質みたいにして！」「それがよいかも知れんな。今度は君が行くか？」「エエ、行きましょう」「じゃあそうしてくれ給え。午前中君に人質になってもらったから、午後は僕が人質になって残ろう。人質の交代だ。ワハハハ」

話がたちまちまとまった。「そこで中国側からだれを連れて行くかですな」「やっぱり林君がいいな。それから王県長も一緒に行くがいい」「林さん！　どうだい、私と一緒に城外にとび出さんか？」「どういう方法でとび出すんですか？　今、城内と城外とは猛烈に射ち合っているんですよ。もし日本軍から射たれたりしたら……」

「ナーニ大丈夫だ！　私が一緒について行く。親船に乗ったつもりで安心して来なさい。それに王県長も一緒なんだぜ。私はかえって中国軍から狙撃されやせんかと思って、その方がむしろ心配なくらいだ。アハハハ！」

「東門から出られますか、それとも西門にされますか？」

「東門にしよう。西門の方は私は行ったことがないから地形がわからん。知らない道でまごつくよりも、知ってるコースの方が早手回しだ」「しかし東門は土嚢を一杯積んで、全然開かなくなってるんです。自動車なんか出られやしません」「ナーニ、城門が開かなかったら城壁の上からとび降りたらいいじゃないか。とび降りないまでも城壁を越える方法ならいくらだってあるよ。第一この戦争の真っ最中、自動車で行こうなんて、そんなぜいたくな事、考えとっちゃいかん。歩くんだ歩くんだ。早速出かけるとしよう」

私は桜井顧問に「成否は天に委せます。今から出発します」と挨拶した。

私と林耕宇と王冷斉とは一緒にそろって客庁を出た。金振中も「私も城壁のところまでお見送りします」といってついて来た。出る時王冷斉が私に「どうぞよろしくお願い致します」と頭を下げた。「心配なんかいりませんよ。安心して私についてらっしゃい」

前庭の廂をくぐる時、王冷斉がまたもや私のところにやって来た。そして、「あちらに参りましたら、どうぞよろしくお頼み申します」と、同じ言葉を繰り返した。——こいつ、よっぽど怖ろしいと見えるな。盛んに俺のところにすがりついて来る。——と思ったが、いよいよ県政府の門前に出た時、王冷斉がいない。金振中や林耕宇が皆で手分けして捜し始めた。しかしなかなか見つからない。

私はこの時、ようやく心に思い当るところがあった。——そうだ。先程しつこいまでに私によろしく頼むといったのは、自分を保護してくれいという意味じゃなくって、自分はもう行かない。行かないから後の交渉をしかるべく頼む、という意味のよろしくだったんだな——と判断した。そこで早速「オイ林さん！　県長は見つからなかったらもう見つけなくたっていいよ。それより愚図愚図していると時間の方が遅くなってしまう。急ごう、急ごう！」私は彼をせき立てた。そして宛平城の東門まで自動車を走らせた。

翌日の中国側の新聞は、大きな見出しをつけて、「王冷斉県長の悲壮なる決意」を一斉に書き立てた。「王県長はその際、住民二千と運命をともにする決意を固め、だれの勧告をも却けて、唯一人宛平県政府に踏み止まった。彼のごときこそこの非常時局における、真の隠れたる英雄と称すべきであろう。云々」隠れたる英雄という言葉は、この際、全く文字通り打ってつけであって、実に真をうがった讃辞だと、私は覚えず苦笑した。

その後数日ならずして北京に帰った王冷斉は、爾来病気と称して交民巷内独逸病院に入院し、ズッと本時局間、そこに逃避行を決め込んでいた。こういったようなわけで、世間一般では、この種要人の入院者を「時局病」と呼んでいた。独逸病院やロックフェラーの病院には、「時の病」の患者が続々入って来て、大入り満員札止めの盛況を呈していた。

金振中の天晴れ毅然たる態度にくらべ、これはまたあまりにも浅ましさの限りであって、実によいコントラストだった。

車はやがて東門の内側に横付けにされた。なるほど城門は鉄扉の内側に土嚢がギッシリ積み上げられ、城門を開けるためには総がかりでやっても、三十分や四十分はかかるだろう。一行はドヤドヤと車から降りる。「林さん！　取あえず城壁の上に上ってみようや。場所によっては石崖伝いに下りられん事もないだろうから……」「石崖を伝って外へ下りるのですか？」林耕宇は少なからずそれを渋っている模様。

その時、城門守備兵が白い角封筒様のものを金振中のところへ持って来た。「ただいま、蘆溝橋駅の鉄路巡警が二人、白旗を掲げてやって参りました。そしてこの封筒を営長に差上げてくれといっております」封筒の表書は、宛平城駐屯二十九軍最高指揮官宛となっていて、差出人は日本軍最高指揮官森田中佐である。金振中がサッと封を切った。内容は全部中国文で書かれていたが、その意味は「本日、日華両軍の間、不幸な事態の発生を見るに至った事は、最も遺憾とするところである。当方としては、事件の不拡大を極力希望するが故に、今後貴方の需めに応じ、何時たりとも休戦に移行する用意あり。ついては取りあえず、現在貴官のもとに在る、我が方の軍使寺平補佐官、桜井軍事顧問、並びに貴国側代表林耕宇、王冷斉、及び周永業の諸氏を、至急城外に派遣せられ、本官と連絡せしめられたし。余は蘆溝橋駅付近に在り」

金振中は黙々としてこの書簡を私に示した。私もまた黙々としてそれを読み下した。「ウン、我々の考えていた事と全然一致している。オイ運転手！　お前これを桜井顧向のところへ持って行け！」そう命じて私は城門の南側から、城壁上に登り始めた。城壁には三十名ばかりの中国兵が、点々銃眼によって外に対して銃を構えていた。

東門上に立って城外の景色を眺め渡すと、青々とした野原、森、その間に点在する農家——、午前半日を窮屈な罐詰状態で過した私は、これを見たとたん、急に籠の鳥が自由の天地に放たれたような気分になって、身はいまなお戦場の真ッ唯中に在るんだという感じを、スッカリ忘れ去ってしまっていた。今朝程、私が初めてこの城を眺めた一文字山、それがいま、長豊支線のかなたに青くなだらかに横たわっている。時々その稜線上を動く人影は、大方日本軍の監視兵か何かだろう。

その一文字山とこの東門とを一直線につなぐ街道、それをいま、一台の自動車が砂塵を巻き立てて疾駆して来る。車には明らかにアメリカの星条旗が翻っていた。金振中は「さきほどから、英国や米国の国旗を掲げた自動車が、盛んにこの宛平城の周囲をとばせております。恐らく観戦武官か何かでしょう。邪魔になって仕様がないです」

と説明した。星条旗を掲げたオープンカーは、我々のいる東門のすぐ下にピタリと停まった。カーキ色の上衣に半ズボンの外人は、この炎天下に帽子もかぶらず車からとび下りて来た。肩からカメラをぶら下げている。

「あれは新聞記者らしいですね。多分、タネさがしにやって来たんでしょう」と林耕宇がつぶやいた。

三十七師少校参謀王啓元というのが、我々を追いかけるようにして城壁の上にあがって来た。「それじゃあ王県長は行かないんですか。結局！」「いくら捜したって、いないんだから仕方がない」金振中がしきりに説明している。「じゃあ私が行きましょう。日本語も少しくらいわかりますから！」金振中は私に王啓元を紹介した。「私、日本の士官学校、二十六期の卒業です。一緒にお伴します。どうぞよろしくお願いします」彼はそういって私に握手を求めた。

いつの間にか金振中が部下に命じていたのだろう。兵が麻縄を二、三本持って来て「太さはこのくらいでよろしゅうございますか？」と尋ねていた。私は手ごろの場所を探して、その縄を城壁の下に垂らして見た。大丈夫とどく。「ウン！　ここがいい。ここがいい」「一本じゃもし切れた時、危ないですよ。二、三本になさい」金振中は細かい点にまで気をつけてくれた。

林耕宇と王啓元とはそのとき代る代るそこから下をのぞいていた。

パンパーン！　パンパーン！　突然城門上の中国兵が射ち始めた。「待てッ！　待てッ！　何を射つのか」金振中がどなった。「日本軍の便衣隊が、線路の手前を西の方に移動して行きますッ！」と兵の報告。

私は双眼鏡でみると、草ッ原の中を中国の苦力（クーリー）が二人、布団のようなものを引ッかついで、走って行く。――いくら何でも日本軍が、開戦早々あんな便衣を、この戦場の真ッ唯中に使いもすまい――私は覚えずおかしさがこみあげて来て「ありゃ明瞭に中国人の苦力だよ」とつぶやくと、金振中も応えて苦笑した。

北京への連絡のため城壁を越える筆者

その時、兵二、三名が縄の端をシッカと握って「準備が出来ました」と報告した。「じゃあ営長！　さよなら！」「再見（ツアイチエン）　再見！　一路平安（イールーピンアン）！」私と金振中とは別れの握手、堅い堅い握手を交した。

身軽く城壁上に跳び上った私は、縄の端末を摑（つか）むなり、スルスルッ！と滑って城外へ降り始めた。灰色の粗雑な壁面にピッタリくっついているので、真夏の太陽の照り返しが、ムッとして熱い、縄を握った手が痺（しび）れるようだ。私は地上一間ばかりのところから、一気に下の砂地に跳び降りた。私に続いて林耕宇、さらに続いて王啓元参謀が滑り降りた。

さきほどの米人記者が、まだ城壁の下をうろついていた。彼は愛嬌（あいきょう）タップリの笑みをたたえて私の方に近づいて来た。「私は、ロンドン・デイリー・ヘラルドの通信員です。三人ご一緒に私のカメラに入って頂けませんか？」

私の英語は、中学時代に習ったっきりのものだが、今のひとことは、どうやら聞き取る事が出来た。私達三人は城壁を背にして並んで立った。中腰の姿勢で右から、左から、のぞいていた彼は、やがてシャッターを押し

宛平城外に降り立った日中交渉員，左から37師参謀王啓元，冀察外交委員林耕宇，筆者

た。「サンクュー、ベリマッチ！」私達の一人一人と握手を交した。

後年、私は「アジアの戦争」という本を読んで、その著者、エドガー・スノー氏こそ、この時の、この通信員だった事を知り、大変懐かしい思いをした事がある。

彼は現代中国に関する世界的な権威研究家である。だからあの時、なにも私が苦しんで下手な英語を使わなくたって、中国語でしゃべりさえすれば、意志は十分通じたはずなのである。

「林さん！　これから蘆溝橋駅まで歩かなきゃならないんだぜ。途中、弾が飛んで来たら困るな。アア、いい事がある。今のアメリカの記者から自動車を借りようじゃないか」私はカビの生えた英語でいった。「オイ君！自動車をちょっと貸してくれないか。鉄道のクロス点まで行ったらすぐこちらに返すから！」「オーライ！」

通信員はニコニコしながら、手を振った。

私と林耕宇とが座席に坐った。王啓元参謀は助手台に腰をおろした。「その米国国旗を下し給え。代りに軍使の白旗を掲げるのだ」王啓元は私の命じた通りにした。中国人運転手がエンジンをかけ始めた。自動車は一文字山目がけて走りはじめた。城壁上でしきりに手を振っている金振中の姿が、砂塵のかなたにだんだん小さくなって行った。

突然パンパンピューッ！　ふり返って見ると射っているのは東門上の中国兵からではない。城の東北角に四、五名固まって見える、その中国兵かららしい。——営長のところから離れているもんだから、さっきの命令が徹底しなかったとみえる。——

およそ弾というやつは、前から飛んで来る場合はそれほど怖しいとも思わないが後から来るのは気持の悪いことおびただしい。どれもこれもが、みんな自分の首筋にとび込んで来るようで、覚えず敵の方に向き直りたくなるものだ。向き直ったからとて、弾道が目に見える訳でもないのだが！　跳弾が一発！パチッと自動車のホロのところに出していた私の左の手の甲をたたいた。運転手は猛烈なスピードを出してすッ飛ばし始めた。後の方はもうもうたる砂ホコリで、城門も見えぬ。城壁も見えぬ。小鳥が草原でさえずっているばかりだ。車は急カーブして、間もなく長豊支線のガード下に達した。

軍使森田中佐と会見

私達は一文字山の南端、一軒家付近で自動車を乗り捨てた。もう、日本軍の勢力範囲である。一軒家の前には軍用トラックが三台と、乗用車が二台、トラックの運転手達は車の上に寝転んで、上手に草笛を鳴らしていた。たったいままで、私達が体験して来た息づまるような戦場の空気とは、百八十度の開きがあった。私達はここから北の方に走っている散兵壕に沿って歩き始めた。三人が三人、黙々として、足元ばかり見つめて歩いた。白旗はその時、王啓元少校参謀がかついでいた。

前の方で日本人の呼ぶ声が聞える。私は耳をそばだてた。蘆溝橋駅の西側から、旅団の大塚通訳生が路警を二人連れて走り出して来た。「ヤア、どうも大変ご苦労様でございました。もう来られるだろうと思って、いま、お迎いに参ったところです」「有りがとう。とうとう戦争になっちゃったね。どうだい、日本側の損害は？」「ハア、大分死傷者が出ちゃいました」「それで森田中佐の本部はいま、蘆溝橋駅にあるのかい？」「イヤ、もう大分前進して、いま、鉄橋の少し手前くらいのところです。私がこれからご案内致します」線路に沿うて電柱が二、三本、根本から美事に切り倒されていた。——ハハアこれだな。これで電話が不通になっちゃったんだな——。私はそう直感した。

さらに西に進んで行くと、やがて線路の北側斜面に、日本兵の姿が点々と見え始めて来た。兵は皆、京漢線の路盤に「伏せ」の姿勢で待機していた。そして我々一行の戦場離れした姿に不審の眼を向けていた。鉄帽をつけず、赤筋の入った軍帽姿の私も珍しかっただろうが、白旗をかついでいる二人の中国服こそ、疑惑の的だったに違いない。

「あいつらは便衣隊だろうか?」「イヤ、降参人だよ。白旗を持っているじゃないか」「ことによると軍使かも知れないぞ。とうとう困って降伏申し込んで来たんじゃなかろうか」そういったささやきが交されていた。

銃声はもうスッカリ杜絶えている。軍馬が十数頭、尻尾を振りながら草をはんでいる。電柱の根元に腰を下し、地図を眺めていた森田中佐は、私の姿を見つけるなり、ムックリ起ち上ってツカツカと歩み寄って来た。そして満面に笑みをたたえ、「ヤア! ご苦労でした、ご苦労でした」私の手をとって二度も三度も打ち振るのだった。

「ヤァ! 中佐殿! こちらこそ本当にご苦心なさったでしょう。ご苦労様でした。私達、城外の様子がまったくわからないもんですから、処置なしという状態でした。でも徹頭徹尾、不拡大一本槍で交渉を押し通し、中国側との間に事件解決のための現地案を妥結しました」

「そうですか。それは本当によく来てくれました。一木大隊はいまズッと永定河の西岸に進出しています。大隊本部は中洲にいます。それで今後の対策については私もいま、いろいろ考えていたところなんですが、まず君の方のご意見から伺う事に致しましょう」「エエ、その前に中国側の代表二人を連れて来ましたからご紹介致しましょう」

私は赤土の窪地に待たせてあった二人に声をかけた。中国服の二人は並んでそこの斜面を上って来た。林耕宇が神妙な顔をして森田中佐と握手した。王参謀は、日本陸軍士官学校卒業の肩書のついた、細長い名刺を差し出して、丁寧に森田中佐に敬礼した。「あなたが現地代表という資格でお出になったのですな」森田中佐が念を押した。王啓元は小さな声で答えて頭を下げた。

「そこで今、お話のあった城内方面における現地案というのは、いったいどういう内容なんですか?」森田中佐は私の方を振り向いた。

「この案は、最初私と桜井顧問と二人で研究しまして、その実行を中国側に要求した案なんですが、概略、第一案と第二案とに分れております。それは……」

私は第一案と第二案の内容説明、及び城内においては金営長が全面的に賛同している事実、上官の命令がなければ絶対に撤退しないという彼の意気込み、住民の撤退問題に関しては何ら断行の決意のない事など、事細やかに説明した。そして最後に、「結局、いまのありさまではどうしても一遍北京まで行って、秦徳純や馮治安に、命令を出させせん事には、動きがとれないんです。で、この根本問題が解決するまでは、中国側にも発砲させない代りに、日本側も絶対発砲しないという事、これをご承認いただき、また即時実行に移していただきたいと思うのです」

　すると、足元の石ころを靴の爪先で踏みつけ、踏みつけ聞いていた森田中佐、ようやく面をあげて、「よくわかりました。さきほど私達が考えておった案というのは、寺平君のご意見と完全に一致しています。現地にいる我々としては実際のところ、これ以外、採るべき手段はまったくありませんな。ただ日本軍本来の精神としてはですなあ。いったん占領した西岸の土地は、尺寸たりともこれを敵に譲る事は出来ないのです。ことに今日は、日本側としてももう、相当の死傷者を出しているのですからなあ！　しかし大局的見地から、事件不拡大の方針を貫徹させるためと、罪なき二千の住民を救うため、私としては涙をのんでこれを東岸に引き下げます。射撃中止の件も命令致します」そういってはるか永定河のかなた、一木大隊の方をうち眺めた。これが廟行鎮の猛将だとは、思われない冷静さと慎重さ、悠揚迫らぬ沈着振りが見うけられた。

　私はここで、赤藤憲兵分隊長にも会い、北京へ交渉に行くため憲兵隊の車とサイトカーを借りることになった。

「ではただいまから出発致します。北京では最善をつくして中国側を説得し、善い結果をもたらすよう努力しますから、こちらの方もどうぞそれまで頑張って下さい」

私は森田中佐と赤藤少佐に挨拶した。そして提供されたサイドカーに乗って、一軒家めがけて走り出した。林耕宇は私の背後につかまって乗っていた。王啓元は連絡の要旨を城内の金振中や吉星文に伝えるため、ここから歩いて宛平城内に戻って行った。

　私と林耕宇とは、そこで憲兵隊の自動車に乗り移った。炎熱焼けつくような真夏の真昼、北窓第一号車は坦坦たる街道上を、北京へ！　北京へ！　弾丸のように疾駆して行く。

（五）那一夜的不扩大交涉

资料名称：その夜の不拡大交渉

资料出处：寺平忠輔著《蘆溝橋事件——日本の悲劇》，読売新聞社1970年版，第164—186頁。

资料解说：本资料记录了中国守军方面试图妥协，但牟田口最终提出守军限时退出宛平城等强硬要求，7月8日凌晨双方发生激烈战斗。

第八章　その夜の不拡大交渉

馮治安の回避作戦

蘆溝橋駅西方の砂利取り場を長靴で歩き回って、少しばかり足を捻挫した私は、北京特務機関で自動車から下りると、ビッコひきひきその玄関を上って行った。そして軍刀や眼鏡や図嚢など装具もそのまま、直ちに機関長、今井武官がいる食堂に入って行った。ちょうど食事なかばだったが機関員一同は、一斉にビックリしたような顔をして、私の方に会釈した。

機関長は「ヤアご苦労ご苦労！　さきほどの電話は非常によくわかった。随分大変だったろうな。さあ装具でも解いて、食事しながらゆっくり話を聞こうか？」「ハ、しかし、いま、蘆溝橋方面の情況は非常に切迫しておりますから、取りあえずご報告だけ先に申し上げたいと思います」「そうか、じゃあ食事なんかどうでもいい。すぐ大応接室で話を聞こう。今井君！　それから西田さん！　あなたも一緒に聞いて下さい」

私は図嚢の中からしわクチャになった蘆溝橋付近十万分の地図を出し、それをテーブルの上に広げ、色鉛筆で彼我態勢の概要をその図の上に書き込んだ。汗がポタポタと地図の上に落ちる。

私は行動経過、戦闘概況、ならびに現地案成立の経緯を二、三十分にわたって説明した。「いま申し上げましたようなわけで、桜井顧問はまだ宛平城内に人質となって残っております。永定河を境として日華両軍を東西に引き離してしまう案、これは宛平城内で私が思いついた極めて大ざっぱな案なんですが、現地の複雑した情勢から判断しますと、少なくともこのくらいハッキリした線を引いておかないと、両軍のいがみ合いを食い止める事は非常にむつかしいと思います。そしてこれは桜井顧問や森田中佐はもちろん、中国側の金振中営長まで、現地における一番の理想案として、完全に意見の一致を見たところなんですが、機関長殿のご見解はいかがでございましょうか？　でこれがどうしてもいけないという事になれば、今度は結局、二千の住民を宛平城外に撤退させ、日本軍は改めて城内攻撃を断行するという、第二案に落ちて行く訳なんです。それで今からでもすぐ、冀察側とこの交渉を開始したいと思いますが……」

機関長は暫く考え込んでいたが「これはどうしても君のいう、第一案で押して行くより他、仕方あるまいな。不拡大という事を前提とする以上！　今井君、君はどう思う？」

「私もやッぱり、いま寺平君のいった第一案の方に賛成です。もちろんこういった問題は、机の上だけの判断では、なかなか決定し難いものですが、しかし一番正確に情況を把握している現地案でもあるししますから、今のところ、これ以上の名案は他になかろうと思います」

私と共に秦徳純のところへ交渉に行くことになった。西田顧問は急に連絡やら準備やらに忙殺され始めた。機関長は直ちに天津軍司令部に電話をかけた。そして蘆溝橋方面の戦況と対策とを、軍参謀長橋本群少将に報告した。

食事をとっていると、そこへ西田顧問が入って来た。

「補佐官！　いま、秦徳純の所へ連絡をとってみました。そしたらですねえ。秦徳純は二時間ばかり前、馮治安の所へ行ったというんです。それで今度は馮治安の所へ電話をかけました。ところが馮治安の自宅は今日は余ッ程電話が輻輳していると見えて、何遍かけてもいつもお話中なんです。今度は……」

西田顧問の話はいつでもこんな風に長いのが特徴である。

「かれこれ十五分くらいもかかりましたかね。やっと電話が通じたんです。それからすぐ秦徳純が来ているかどうか訊ねてみました。そしたら、ちょっと見てくるからといって、また大分待たされましたね。なんでもいま会議中だとかいって、それで随分手間取ってしまったんです。結局いま、外交委員会主席の魏宗翰も来ているからすぐ来ていただきたい、といってきました。きょうくらいてこずった電話もありません」

それから五分ばかりの後、私と西田顧問とは長安街の大通りを西へと走っていた。事件が始まって以来、すでに半日が経過している。しかし西城方面は極めて平穏で、路傍では虫屋が、鈴虫を入れた小籠を沢山かついで売り歩いており、子供達はそのまわりに集まって可憐な叫びをあげていた。西城大院胡同の馮治安の邸宅は、さすがに物々しい警戒振りで、門前には土嚢が堅固に築き上げられ、軽機関銃が二挺も据えつけられてあった。名刺を通じて門の中に入って行く。庭には水成岩の大きな石山があって、その後の方に馮治安の住む堂々たる卵色の洋館がそびえていた。しかし、秦徳純は外交委員会に出席するため、馮治安はいずれかへ出かけてしまったあとだった。

私と西田顧問とはすぐ秦徳純の後を追って外交委員会に車をとばせた。

秦徳純会見を回避す

西城府右街の最南端、魏然とそびゆる美しいビルディング、これが冀察政権の外交委員会である。魏宗輸主席の根拠であり西田顧問が弁舌を振う舞台だったのだ。様子を知っている顧問に導かれてエレベーターで三階に上り、主席専用の応接間に入って行った。

やがて魏宗輸が顔を出す。五十年配、愛嬌のある好々爺で実ににくめない男である。こちらはこのいそがしいおり、四角張った挨拶もしておれないので単刀直入に、

「ときに秦市長はいま、こちらに見えていませんか？」

「イイエ、まだ見えていませんよ。どうしてですか？」

「これはおかしい。いま、馮師長の公館に行ったところ、タッタいま会議が終り、秦市長は魏主席と一緒に、こちらに回ったという話だったんですが……」「アアそうでしたか。秦市長とは私、宣武門大街で別れました。しかしまだいろいろ打ち合せもありますから、もうしばらくするとまたこちらに参りますよ。どうぞ一服しながらお待ち下さい」

私の旧知で外交委員の喩熙傑も、さきほど別れたばかりの林耕宇も、皆ここにいた。「今から秦市長との交渉がまとまったら、その解決案をもたらして、もう一遍蘆溝橋に飛んで行くんだ。もちろん君も行くだろうな」

「そうですね。秦市長に聞いてみないとわかりませんが、たいてい行く事になるでしょう」

秦市長の到着を待つ間、私は戦況の概要とこちらの希望する要件とを、魏宗輸に説明した。魏宗輸と喩熙傑とは、息を凝らして熱心にその説明に聞き入った。「それでこの事を秦市長に連絡をとりたいと思って、さっきから追っかけ回しているんですが……」「そうですか。そ

りゃあお急ぎのわけですね。至急、市長のところへ電話で連絡をとりましょう」魏宗翰は席をたって出て行ってしまった。

私はソファーに寄りかかって、軽く眼を閉じている間に、いつの間にか睡魔の虜になってしまっていた。ものの十五分も経っただろうか。ふと眼がさめたが、秦徳純はまだ来ていない。のみならず魏宗翰までがあれからスッカリどこかに姿をかくしてしまっている。私はイライラして、これ以上一刻もジッとしている事が出来なくなった。「林さん！　主席はいったいどこに雲がくれしちゃったんだ！　捜してきてくれ！」

林耕宇は亜州日報という新聞社の社長も兼務していたので、この時、宛平城内軍使折衝の原稿を、一生懸命書いているらしかったが、パタリと筆を置いて「そうですね。捜してきましょう」と部屋の外に出て行った。それとほとんど入れ違いに、魏宗翰が別の入口から帰って来た。

「どうもエライお待たせ致しました。どうやら秦市長の行動予定がまた変ったようで……」「また変った？　来ないんですかここには！　西田さん！　市長の家に行こう！　その前に電話だ電話だ。魏さん、電話はどこにあります？」

私は主席公室に入って行った。そして卓上の電話で秦市長を呼び出してどなった。「私はさっきからあなたの後を、どれだけ追っかけ回したかわかりませんよ。それで今、外交委員会に来ているんですが、あなたはいったいこちらに来られるんですか来られないんですか？」

すると聞きなれた秦徳純の声が受話器に響いた。「いまから西苑の三十七師司令部に出かけるところです。会議が始まりますから……」「ここであなたを取り逃したら、いつまたどこで話が出来るやらわからないから、取りあえず電話で要件をお話しします。よく聞いて下さい。重大問題ですぞ、これは！」

そこで事件調停のための第一案と第二案とを、早口の中国話で五分間ばかり説明した。そして最後に「この問題は電話なんかじゃ不徹底です。どうしてもあなたに直接会って話さなきゃならぬ。ぐずぐずしていたら住民二千の死活にかかわる重大問題なのだから、西苑行きなんか止めてしまいなさい。いますぐ私がそちらに行くから！」

といった。

すると秦徳純、こちらの要求を極めて簡単にあしらって「あなたのお話のこの問題ですがねえ。これについてはタッタいま、天津の橋本参謀長からも電話があったところです。あなたのお話と全然同じなんです。局部的解決、という事については、いま、全力を挙げて我々も奔走していますから、やがて円満に妥結が出来ると思います。私はその事についても相談するため、これから至急、西苑に行かなければなりません。夕方には帰って来ますから、いずれのちほどまたゆっくり、あなたのご意見も伺いましょう。ではこれで失礼！」

ガチャリ！　電話は切られてしまった。

遂に宛平城を砲撃す

蘆溝橋付近で切断された電線は、その後森田中佐の方で応急修理をしたとみえ、宛平城内に罐詰にされている桜井顧問から、午後一時五十分、ようやく電話が特務機関にかかってきた。ちょうど私が馮治安邸を訪れていたころの時間である。顧問は「城内の中国軍に対しては、極力発砲を抑制しています。しかし日本軍の斥候や伝令がとび出して来る度に、それに引きずられてまたボンポン射つ。とにかく寺平君が持って行った撤退案が成立するまでは、日本軍の軍事行動は一切ストップするよう、森田中佐にやかましくいって下さい」と現地の現況を伝えてきた。

また通州の守備隊長藤尾心一中尉からは、午後二時十五分「天津を出発した機械化部隊は、いまから三十分後には通州に到着し得る距離にあります。至急、朝陽門通過の件を中国側に交渉して下さい」と申し出て来た。これに対して機関からは「北京の空気は決してそんな生やさしいものではない。だから木原大隊が通ったように、北京南方地区から、豊台に向うようにせられたい」

と回答した。さらに憲兵隊の重松博治少尉は午後二時二十分「ただいま桜井顧問から言い付けがございました。現地には二十九軍の首脳部がだれもいないので、時局の収拾が出来ないそうです。至急、責任ある高級幹部を現地に派遣するよう、交渉していただきたいとの事でございます」等々、次から次へと錯綜し続ける電話である。

中国側では現地派遣どころか、秦徳純と馮治安とがそのころ西苑兵営に集って、しきりに密議の真ッ最中だった。もちろん日本側から提示した二つの案には真っ向から反対を唱え、馮治安はすこぶる興奮して「今日の事件は日本側が勝手に引き起した問題なんだ。撤退すべき理由は日本側にこそあれ中国側には断じてない」といきまいていた。

　不拡大なら不拡大らしく、また攻撃するなら攻撃するらしく、いずれにもせよ早くその方向が決まってしまわない事には、蘆溝橋における日本軍のこの時の態勢は、河の両岸に分断されていて、実に危険極まる状態にあったのだ。夜に入れば入るほど我々の危惧する危険性が増大してくる。

　北京から午後三時、蘆溝橋駅に到着した牟田口連隊長は、自ら永定河堤防の線まで足を運んで、全般の情勢を観察した。そして態勢上の危険を痛感したので駅の連隊本部に引き返すとすぐ、次の要旨の命令を下した。

「連隊は木原大隊の戦場到着を待って、宛平県城を攻撃する企図を有す。一木大隊はこの攻撃を準備するため、本日、日没後直ちに行動を起し、西岸の陣地を撤去し、竜王廟北側付近において永定河を渡り、部隊を大瓦窑付近に集結すべし」

自主的に全兵力を永定河東岸に集結してしまおうというのである。命令受領者が駅舎に集って、通信紙に鉛筆を走らせ始めた時、第一線の空気は再び緊張の度を加えて来た。

　西岸の敵陣地から、ダダダダッ！　とチェッコ製軽機関銃声が不気味に聞えて来る。ブルルーン！　という跳弾が駅舎の屋根をかすめて飛んだ。やがて迫撃砲弾が付近の鉄道線路上に落下し始めた。

　連隊長は駅のホームに起ち上って眉をしかめ、宛平城の方を眺めていたが、やがて眼鏡片手に「二十九軍もなかなかやるなあ。どうもあの城の中にいるやつがこの戦場の癌だ。あいつさえたたき出してしまったら、河向うの敵なんかあえて問題とするには足らんのだが……」と森田中佐の方をふり返った。「そうであります。寺平補佐官が行ってから四時間もたちますから、もうかれこれ中国軍を撤退さすとかさせないとか、北京から何とか返事がありそうなものです。どうも遅うございますなあ」

　二人の間に重苦しい沈黙が続いた。豆をいるような銃声が、まるで内地の機動演習を彷彿たらしめている。連隊長は再びおもむろに口を開いた。「大勢上、あの宛平県城はどうしても早く攻略せにゃいかん。住民を撤退させる事については、何か城内の方に連絡はとってあるのか？」「イヤ、それもいま北京で寺平君が交渉中なんでありますが、城内にはまだなんとも通じてありません」「これをなんとか城内に連絡する方法はないものか」「それはここにいる鉄路巡警を使えば出来ない事はありません。さっきも一回、連絡にやったのですが、その時には確実に伝達をして戻って来ました」「そうか、じゃあもう一遍それをやる事にしよう」

やがて一片の通告書が、牟田口大佐の手で書きしるされた。二名の巡警はその通告書を大切そうにポケットに収めると、一文字山の窪地を縫って一散に宛平城の東門の方へ駆け出して行った。

宛平城内県政府では、団長吉星文を初めとして営長金振中、その他王冷斉県長や桜井顧問らが、例の客庁で依然、善後策に頭を悩ましていた。そこへ中国兵が、牟田口大佐の封書を持って駆け込んで来た。

「報告！　ただいま東門の外に路警が二人来まして、この書面を営長に渡してくれといって、持って参りました」

金振中は吸いさしの煙草を卓の端に置いてその封を切った。内容は

宛平県々長王冷斉殿

二十九軍営長金振中殿

不幸なる事態を局地的に解決し、また、宛平城内無辜の民衆を兵火の惨害から救わんがため、本官は玆に貴官等に対し、左記二項目を要求する。

一、宛平城内住民を本日午後六時までに、完全に城外に避難せしめる事

二、二十九軍も亦同時刻までに全員、永定河西岸地区に撤退を完了する事

もし右の要求が所定時刻までに完了しない場合、爾後発生するいかなる事態に対しても、我が方としては一切その責任は負担し得ない。右通告する。

大日本軍指揮官牟田口大佐

金振中と吉星文とは、言い合せたように腕の時計を眺めた。「いまもう五時だ。あとタッタ一時間しかない。これでは何にも出来るはずがない」「こんな要求を実行しろというのが第一無茶だ。だれがやるものかッ！」彼

等の面には見る見るうちに、激昂と反抗の決意がみなぎった。

その時、桜井顧問がスックと起ち上った。そして憤然として言い放った。「それ見なさい！ だからさっきから私がいわん事じゃない。あの通りサッサと処置しておきさえしたら、いまごろこんなにあわてなくたって立派に済んだのだ。私はもう何もいわん。貴方達だけで勝手に処置しなさい！」

宛平県政府の正門

吉団長も金営長も、桜井顧問の剛胆さには、今朝ほどからもうスッカリ気をのまれていたのだから、この一語に対しても一言半句、反駁の言葉は持ち合せていなかった。彼等は何か、ヒソヒソと話し合いを始めた。いつもろくろく発言もしない王冷斉が、この時ばかりは身振り手振り沢山に、一人で何かしきりにしゃべり続けた。

結局彼等は日本軍に対して、一通の回答文をデッチ上げた。「お申し越しの件については、当方種々、準備の都合もある事なれば、更にあと二時間の猶予を与えられたい」

しかし彼等の本心としては、かりに二時間の余裕が与えられたところで、撤退を断行しようという肚など全然なかった。いなむしろ彼等はこの時から、直ちに城壁上の工事の増強に取りかかった。

県政府は布告を発して、直ちに民衆の避難準備に着手した。もっとも民衆を城外に避難させたら、宛平城は一たまりもなく日本軍に粉砕されるので、かえって城外に脱出する事を厳禁し、日本軍の砲撃目標となり易い顕著な建造物のかたわらだけを避け、城内の一角、比較的安全だと思われる場所を選んで集結を命じたに過ぎない。

気負い立った中国兵と、家財道具を背負い込んだ避難民とは、狭い宛平城内でゴッタ返しを始めた。赤ン坊は荷物と一緒にひつ抱えられて、火のつくように泣き喚いている。足元も危っかしいヨボヨボの老頭児が、持ち得る限りの荷物を担いで、心ばかりが避難所へ避難所へと焦っているありさまは、戦争のみじめさを深刻に描き出していた。

牟田口連隊長は再度使を遣わして、桜井顧問や王冷斉、それから金振中に対して出城を求め、これとの会見を希望したが、この申し出は中国側によって一蹴されてしまった。「サア、もうボツボツ六時になるぞ。俺達どこか別の所へ場所を変えよう」桜井顧問、周永業、王冷斉、斉藤秘書等はそろって県政府の応接室を出た。そして道路を隔った筋向い、かつて日本軍の憲兵隊が一時借り上げた事のある一軒の民家に移動した。

この時である。突如、一行の背後でドカーン！　ドカドカーン！　地軸も砕けんばかり、一大爆声が轟いた。とたん、県政府の中から十数名の中国兵が、ワーッと喚声をあげてとび出して来た。日本軍大隊砲の榴弾が、宛平県政府正庁に落下したのだ。県政府を狙った砲弾はタッタ三発だったが、それは三の字形の三棟の正庁を、一棟一発宛、実に美事に撃ち抜いて、日本軍砲撃の命中精度がいかに正確無類であるかを示したものであった。城壁上にあると城内にあるとを問わず、中国兵がこの砲撃によって度肝を抜かれ、戦意を喪失した事は確かだった。この日、両軍軍使の会見室となった客庁の中は、椅子といわず八仙卓といわず、調度品の一切は完膚ないまでに爆砕されてしまった。

桜井顧問より一足遅れて県政府を出た中国側の幹部連中は、その前庭のあたりで炸裂の余塵を頭からひっかぶり、また兵何名かがこの砲弾の破片を食らって傷を負った。金振中の抗戦決意が勃然として奮い起ったのは実にこの時からであった。「くそッ！　こうなったからにはトコトンまでも戦い抜くぞ！」そういった言葉が彼の口から初めて発せられた。桜井顧問のこの時の避難が、もう五分遅かったら、彼またこの城内で、日本軍の弾で爆死を遂げたかもわからない。人間の生と死、それは本当に紙一重という、際どいところで決まるものである。

七月八日の陽はだんだんと西に傾き始め、新戦場盧溝橋一帯の原には、夕のとばりが垂れそめてきた。そのころ、銃声はなおも思い出したように、ポコーン！　ポコーン！　と鳴り響いていた。

七日の夜中すぎ秦皇島にほど近い南大寺の廠営地で、萱島連隊川村中隊の検閲を視察していた、支那駐屯歩兵旅団長河辺正三少将は、山海関の大隊副官松尾新一大尉からの急報により、初めて蘆溝橋事件の勃発を確認した。そこで直ちに南大寺を発って、飛行機と汽車を利用し、急遽豊台に駆けつけて来た。午後三時三十分、そこには北京から来た小野口副官が待ち受けていて、駅前の守備隊兵舎に旅団司令部が設置された。旅団長はこの時以後、当面の日本軍を統轄指揮し、自ら二十九軍に対する作戦指導の衝に当ることとなったのである。

午後六時三十分、牟田口連隊長が受領した、旅団作戦命令甲第一号の第三項には「貴連隊は、直ちにその兵力を蘆溝橋駅付近に集結し、死傷者を収容すると共に、桜井少佐、寺平大尉の救出に努力すべし」と記されてあった。私はこれよりさき、すでに宛平県城を脱出し、そのころ北京で不拡大交渉に奔走していたのだが、旅団長の耳にはまだその事が入っていなかったらしい。

夜空には、いつの間にか次第に暗雲が広がり始めてきた。こうして事件勃発第一日、蘆溝橋一帯の原は、やがて不気味な暗黒の淵に沈んで行くのであった。

食い違う二つの提案

七月八日午後の特務機関には、中国側からの連絡者を始め、大使館の人達や居留民団の関係者、新聞記者等が出たり入ったりして、混雑を呈していた。

午後四時十分、秦徳純の代表として、市政府参事祝惺元が訪れて来た。松井機関長と私、それに今朝ほど天津からやって来た和知鷹二参謀の三人は、大応接室で車座になって祝惺元を囲んだ。

祝惺元は白頭、鶴のような痩軀にいつもながらの謙譲さを見せて、

「今日のお昼すぎ、貴軍の橋本参謀長から天津市長張自忠を通じ、秦市長の所に連絡がございました。内容は蘆溝橋事件の処理問題についてでございます。橋本参謀長のご意見によりますと、日本軍は竜王廟へ、それから中国軍は宛平県城内に即時撤退を開始する事を条件として、事態を円満に解決したいとのお申し出でございました。研究しました結果、馮治安師長も、これなら賛成してよかろうとの意志表示をされた訳でございます。

ところがその後、寺平補佐官から別のご注文がございまして、中国軍は永定河の西岸に、日本軍はその東岸

に、即ち河をはさむようにして態勢を整理したらどうかとのお話でございました。これには馮師長絶対反対なんでございます。

　元来宛平県城は、二百十九団が平時から駐屯している土地なのでございますから、この点だけはどうあっても一つ日本側に譲歩していただかなければ、と申すのでございます」

「ハハア、それは馮師長の意見なんですね。秦市長の態度はいったいどうなんです？」

「私には詳しい事はわかりませんが、どうやら二人とも同じ意見だと思います。特にこの事は秦市長から機関側にお願いしてくるように申されたくらいですから」

　和知参謀は葉巻をくわえながら席を起った。そして小声で「松井さんちょっと。寺平君も一緒にあちらの部屋に来てくれ給え」　そこで祝惺元一人をそこに残して三人は部屋を出た。我々は補佐官室接続の秘密応接室に入って行った。機関長はいった。

「和知君、どうも天津とこっちとは、少し歩調が食い違っているな」

「それなんですよ。どうせ電話連絡のことだから、張自忠や馮治安が故意に撤退地区を誤魔化してスリ替えるという手もあり得るかも知れん。しかしまあ九分通りは参謀長がいったというのが事実でしょうなあ。もっとも軍の方は朝ごろの情況で判断した事でしょうが、こっちは寺平君が一番現地最近の情況を知っているんだ。こいつは是が非でもこっちの現地案で押しつけなきゃいけませんな」

「私は現地を見て来たのですが、竜王廟と宛平城とはその距離一キロあるかなしかです。こんな目と鼻の先に両軍を相対峙(あいたいじ)させておいて、何が不拡大交渉が出来るもんですか。軍は図上判断で決めたのか知らんですが、現地ではまったく石を投げたら届きそうな感じがします」

「ウム、こいつだけはどうしてもこちらの現地案で押さんけりゃいかん。竜王廟と宛平城とに引き分けるくらいなら、現在の態勢がすでに大体そうなっているじゃないですか。今更何も改めて取り決めなんかしなくたっていい。むしろ西岸に進出した日本軍を、東岸に引き下げるだけこちらが分が悪い。もっともこちらの案は今日、補佐官が帰って来たあと、私がおひる過ぎ天津に電話で報告したんだから、参謀長の意見というのは、ことによったら行き違いになったのかもわからんですなあ」

「きっとそんなところですよ。それにしても天津軍が張自忠を通じて、そういう交渉を始めたのなら、一言その事を我々の方に知らせてくるのが至当じゃないですか。それをせんもんだからこういう重要なポイントで、とんでもない食い違いが起ってしまう」

「よしッ！　じゃあ決心に変化なしだ。現地案で押して行こう」

「畏まりました」

今井・秦徳純交渉

ちょうどそのころ、北京全城の鉄の城門は、ことごとくガチャリと閉ざされてしまって、内外の交通は完全に遮断されてしまった。北寧鉄道も運転を中止する。夜に入ってからは更に全市に戒厳令が布かれ、三十七師長馮治安中将が戒厳司令に、また憲兵司令部文凱中将と警察局長陳継庵とが戒厳副司令に就任した旨発表された。

大使館付武官今井武夫少佐は、この日午後六時半、武官としての立場から不拡大交渉を促進させるべく、車を駆って西城航空署街に秦徳純を訪ねて行った。秦徳純の

公館は約一ヶ中隊の二十九軍によって警戒されていたが、自動車がその門に到着すると、彼等は直ちに銃剣をもって武官の車を包囲し、険悪な様相をみせたまま、取りつごうとしない。

その時、門の中側から現われた丈の高い背広姿の男があった。ツカツカと武官の方に歩み寄るなり「オヤッ！　今井武官じゃありませんか。随分お久しぶりでしたねえ！」さも懐かしげに声をかけたのは、百三十二師長の趙登禹中将だった。「やあ趙さんか！　暫く！　どうも厄介な事が始まっちゃったねえ」「私もびっくりしましたよ。何とかして一日も早く、この問題を解決してしまいたいもんです」「時に趙さん！　僕は今、その問題で秦市長に会いに来たんだが、この兵達が何とかかとか邪魔しやがって、なかなか取つごうとしないんだ……」「そうですか。どうもご無礼致しました。私がご案内致しましょう。二十九軍の兵隊、特に高級幹部の中にもとかくわけのわからぬ者が多うございましてねえ」趙登禹は、そういった意味あり気な言葉をもらしたまま、あとは黙りこくって今井武官の前に立って歩きはじめた。石畳を歩いて行くと広い内庭に出る。その庭の突き当りが

秦徳純公館の客庁になっていた。部屋部屋には、何れも煌々と電燈が点ぜられ、客庁ではいましも軍議の真ッ最中らしかった。

秦徳純もいた。馮治安もいた。張維藩も賈徳耀も、みんながテーブルを囲み、中でも秦徳純の如きは右手を高く振り上げて、しきりに熱弁を振っている最中だった。今井武官が部屋の入口に現われた事を知ると、彼等の論議はピタリと止まってしまった。ジロリ、横目で武官を睨んだ秦徳純はすぐに顔色をやわらげて「オウ！　今井武官！」と進み出て来て握手をかわした。

武官はズッと中を見渡しながら「やあ！　なかなかお忙しそうですなあ！」「ハア、蘆溝橋では本当に困った事が起ったものです」秦徳純のこの一語は、日本側の行動を一方的に難詰しているかのように聞きとれるのだった。馮治安も嫌応なしといった格好で、席を起って来て握手した。「ヤア！　この間保定に行った時はいろいろご厄介になりました」今井武官のこうした打ち解けた挨拶にもかかわらず、馮治安は極めてムッツリした態度で、今日は一向に愛想が無かった。

事件の責任は何といっても彼の統率する三十七師にひっかかっているはずである。それにもかかわらず彼の口からは、遂に蘆溝橋のロの字も出て来なかった。

秦徳純が先に立って武官を案内した。賈徳耀もキセル片手に、ヨボヨボとその後からついて行った。庭伝いに導かれたところは秦徳純公館のすぐ隣、今までにも時々訪れた事のある、張允栄邸の客庁だった。

会談は凡そ三、四十分にわたって取交わされた。しかし秦徳純側の煮え切らぬ態度から、交渉は一向に進展を示さない。冀察政務委員会の委員で、お人好しの賈徳耀は、長いキセルでスパリスパリ煙草をふかしながら、終始黙々、ただ、時々双方の話に「是的是的！　対了対了！」（ごもっとも、ごもっとも）と合槌打っているに過ぎなかった。

曖昧に腕押し、こうした手応えのない交渉をいつまで繰り返していたって果てしはつかぬ。しかし中国側にも事件を拡大したくないという気分のある事だけは観取出来る。唯彼等は今の場合、烏を鷺と言いくるめても、なんとか自分達の方に分の好い解決をつけたいというのが、唯一の念願らしかった。

そこで今井武官は最後に「あなたの方で考えていられ

る事もおよそ見当はつきました。とにかく、お互いに両国の幸福、ひいてはアジアの平和のためです。商売人みたいな掛け引きは抜きにして、本腰になって一つ大いに努力して下さいよ」そう言い捨てて席を起った。秦徳純はそれでもまだ「日本側でもどうぞよろしくお願いします」を何回となく繰り返した。

結局、両者の意見は一致を見るまでには至らなかったけれど、これが両軍衝突後における、最初の日華当事者間の直接交渉であり、この会見によって双方意志の連絡だけは、一応とり結ぶ事が出来たのであった。

戒厳令下、北京の街

いらだたしい気持に駆られた私は、気を鎮めるため機関の裏庭に出て、テニスコートのあたりをまるで熊のように行ったり来たり歩き回った。空は真ッ暗、希望の光も何もあったものではない。私の頭の中には事件不拡大、宛平城に残っている桜井顧問を気づかう心など、さまざまな思いが駆けめぐっていた。そのとき、機関のタイピストが「ただいま秦徳純さんのところからお電話がございまして——」とメモを差し出した。私は事務室の窓洩る光で、そのメモを拾い読みした。

「補佐官殿へ　秦市長より（電話）先程は電話を頂きましたが、いそがしくて要件を達せず失礼。遅くなりましたが、さきほどのお話をもう一度お聞きしたいから、ご来駕をこう。場所は航空署街、秦市長公館。（午後九時四十分受　檜垣）——そうか、秦徳純、今ごろ漸く西苑の会議から戻って来たのか！——。

私は直ちに秦徳純に電話をかけた。そしていった。

「秦市長ですか。私、補佐官の寺平です。今電話をいただいたので早速あなたのところへ出かけようと思って、交民巷の出口まで行ったんです。ところが交民巷は二十九軍でもうスッカリ囲まれてしまって、私の自動車なんか絶対通してくれません。実に厳重に警戒をしたものですねえ。仕方がありませんから、あなたの方からどうぞこちらに出かけて来て下さい。そうすれば松井機関長もおられる事だし、いろいろご相談するにはかえって好都合ですから」「そうですか。それはどうも失礼しました。じゃあこうして頂きましょう。実は私の方会議の最中でして、ちょっとも身体が外せないんです。で私の方からお迎えの自動車を差上げますからそれに乗って、お出かけ下さいますように」

　間もなく北京市長秦徳純の乗用車、プレートナンバー北京第三号、シボレーの新型が機関の玄関に横付けにされた。卵色の背広を着た私と、鼠色の服を着た西田顧問とが乗り込む。車が伊太利兵営の北、交民巷の出口まで差しかかったところ、案の定「停まれッ！」「だれかッ！」成る程、これでは蟻のはい出るすき間もない厳重さだ。七、八名の兵がバラバラッと走って来て車の周囲をとり囲んだ。運転手がとっさに「秦市長乗用車！」と叫んで、窓から外に葉書大の証明書を突き出した。これを聞いただけで兵達はろくろく証明書を調べようともせず、彼等はシャチコ張って、車中の我々に捧げ銃をした。テッキリ私達を北京市長と思い込んだのだろう。

　第一の関門を通過した車は、長安街の大通りを西へ西へと疾駆した。要所要所には、一ヶ分隊から一ヶ小隊くらいの二十九軍が、銃剣を閃めかして突っ立っていた。何度も何度も停められて調べられるのが、うるさいと同時に薄気味悪くもあった。とうとう一ヶ分隊くらいの時には、運転手は車窓に証明書を靡かせながら、「公用車！」とどなって車をスッ飛ばせた。

まだ宵の口だというのに街には人ッ子一人、出ていなかった。家々の扉は堅く閉ざされ不気味な静けさである。ともかく航空署街の秦徳純邸に着くまでに、かなりの手数と時間がかかった。街の西口には土嚢が物々しく積み重ねられ、二挺の重機関銃が厳然として据えつけられてあった。一ヶ中隊以上の兵が、道路一杯にガヤガヤしている。まるで今夜は、二十九軍のお祭りみたいだ。運転手はチャンと心得ていて私達を秦徳純邸の隣、張允栄の屋敷に案内して行った。

　客庁には林耕宇と喩熙傑とが待ち構えていて、今朝以来もうこれで何回目かの握手を交わした。

　私と西田顧問とは入って左側、一番奥のソファーに並んで腰を下した。そしてボーイの持って来た茉莉花の香り高いお茶に、先ず喉をうるおした。

　その時、秦徳純が例の愛嬌タップリの顔付きで、私達のすぐ横の扉をあけて入って来た。歩きっ振りまでいつもに似合わずいそがしそうでソワソワしている。

円転滑脱の秦徳純

　私は「今日の突発事件、市長もさぞかしご心痛のことでしょうなあ！」と挨拶のいとぐちを切った。

「いやいや、補佐官こそ本当に、朝は早くから槍林弾雨の中を縦横に活躍され、夜は夜で、またこんなに遅くまで、こうした重大な和平交渉に奔走して下さる。あなたの献身的なご努力には、私達全く頭の下る思いがします」

社交にたけた彼の一言一句と、極めて洗練されたそのゼスチュアとは、我々の到底太刀打ち出来る相手ではなかった。しかし私は、こうした言葉の機微の中に、彼が今こちらの感情を極力緩和しようとたくらんでいる事だけは観破出来た。私はまず、中国側の情勢に対する認識程度如何が、あらゆる交渉に先行する要素であると見てとって「あなたの方には林さんが報告された情況以外、その後何か耳新しい情報は入っていませんか？」と打診してみた。「イヤ、蘆溝橋方面の情況については、電信も電話もみんな不通になってしまったものですから、あれ以来何にも新しい情報は聞いていません」私はおどろいた。――いやしくも二十九軍最高幹部ともあろう者が、まるでツンボ桟敷に置かれたみたい。朝の情報を聞いただけで、それで対策を練っているなんて、これではとんでもない食い違いを生じてしまう。――「じゃあ軍事に

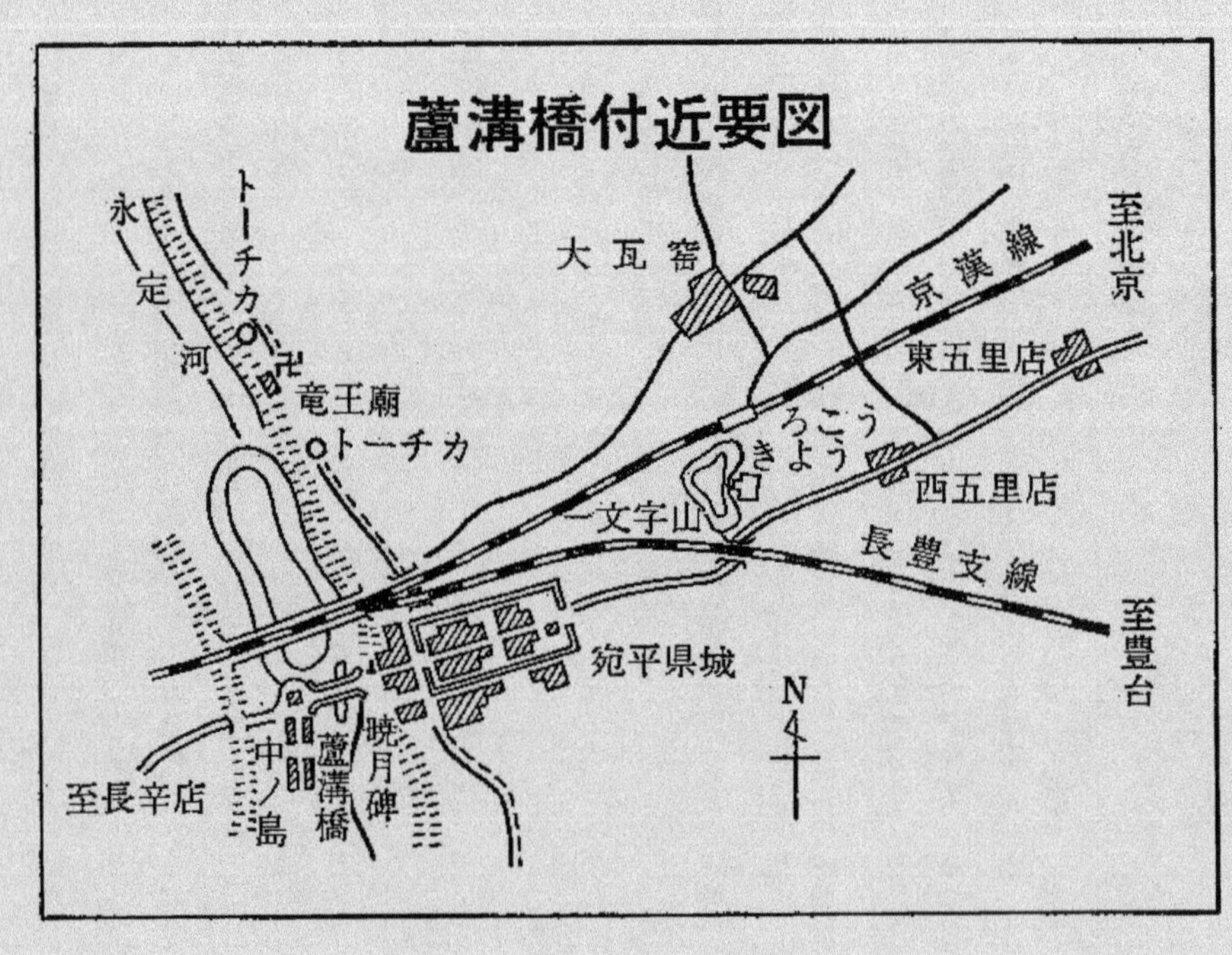

かけては林さんよりも私の方が専門家ですから、一番新しい現地の情況をお話しましょう」

私はポケットから、蘆溝橋付近一万分の一の図を取り出して、それに両軍午後四時の態勢を色鉛筆で書き込んだ。秦徳純、林耕宇、喩熙傑、皆が一斉にこの図のまわりに額を集めた。

「ここが宛平城、これが中の島、そしてこれが西岸堤防、ここに二十九軍が赤鉛筆の通り、陣地を占領しております……」秦徳純、頭をさすって笑いながら「ハハア！私の方が赤鉛筆ですか！」戦術作業では通常、敵を赤、味方は青で現わすことになっている。

私は図上の隊標を指差しながら、現在の戦況についてるる説明を続けた。そして最後に「で、情況はおおむねこんなふうなんですが、日本側としては、冀察との親善関係には絶対ヒビを入れたくない。そこでいま、その対策について最大の関心をもって細心の考案をめぐらしているところです。あなたの方も、もちろんご同様の事と思います。そこでこの問題解決のため、取りあえずの措置として、先程私が外交委員会からあなたにお電話した現地案、あれを即時実行に移す事が、絶対必要になってきているのです」

「先程電話でお話のありました二つの案ですね。あの内容についてもう一度、詳細なご説明をお願い致しましょう」

「では申し上げます。

第一案は日華両軍を永定河の東西両岸に引き下げてしまって、まず交戦態勢から離脱せしめる。その上で両国折衝機関が徐ろに和解調停を進めていこうという行き方なんです。

永定河という川は、地形上から見れば大した障害じゃないかも知れません。しかしそれでも、今日私が見てきたところでは、濁流は胸を没して流れています。両軍お互い手を出させないという見地からは、どうしてもこうしたハッキリした境界線が、絶対必要になってくるのです」

「お話途中ですが、私の方が皆宛平城内に入ってしまう。即ち竜王廟やその他城外には、一切配兵しない。そして日本軍は戦闘開始以前の態勢、即ちこの西五里店付近の部落に集結、という事にして、それから今の和解交渉を進めるようにしたらどんなもんですか。

つまり衝突前の態勢に戻すんですね。そうすればやッぱり……」

「ではおたずねします。現に金振中営長や桜井顧問が今朝程来、声を枯らして射撃中止を叫んでいるんですが、ヤレ日本軍の斥候が出て来ただの、ヤレ中国軍の一部が出撃して来ただのいって、この地区での射ち合いはいつまでたっても止もうとしないのです。この点は現地の情況を一度ご覧になったら一番よくわかると思います。

したがって、ただいまおっしゃった西五里店案は、現地の実情に即しない、姑息な、そしてまた非常に効果不徹底な案なのです」

「そうなりますかなあ！　それで？」

「私のお話する案というのは、決して一方だけに偏しない、即ち中国側だけに撤退を要求しておいて、日本側はノホホンとしているような案じゃない。私の方も多数犠牲者を出し、またズブ濡れにまでなってようやく進出した西岸陣地、これを捨てて東岸に下るというんです。第一線としてはなかなかツライ仕事ですよ。

それというのも不拡大に徹底したい。即ち二十九軍はあくまで友軍であって敵ではないという信念から、忍び難いところもこの際あえて忍ぼうという考えからなんです」

「しかしそういわれれば、蘆溝橋にいる二十九軍だって、これは昨年九月まで豊台におった部隊なんですよ。それが豊台事件の時に、前の特務機関長松室少将や天津軍方面の強硬なご意見で、今の蘆溝橋宛平城まで撤退したわけなんです。

それをさらにまた永定河の西まで引き下れといわれるのですか？

河の西は原ッパばかりで、兵の寝泊まりする家なんか一軒だってありはしない」

「家がないって、それは日本軍だって同じことです。宛平城北側の原ッパで野ざらしになっているんですからお互い様です。

それに私が今述べている撤退案は、永久駐屯とか何とか、そんな事を意味しているんじゃ決してない。今日の事件だけを丸く納めるための一時的対策、臨機の措置便法なんです。この点、よくよくお考えになっていただきたい」

秦徳純第一案に共鳴

「第二案というのは、いよいよあなたの方で第一案受諾し難しという場合に起ってくる問題なんです。第一案、いよいよ放棄に決定されますか？」

「ハハハ……まあのちほど、また改めて研究は致しますが、ともかく第二案の方も一つ伺っておきましょう」

「じゃあお話します。中国軍がどうしても宛平城から撤退しないという事になる。この際日本軍指揮官としての決心、もちろん宛平城を攻撃するという事になるでしょう。つまり武力によって中国軍を永定河の西に移動させるというわけですね。

そうなると今日、現に私がこの目で見て来た情況なんですが、宛平城内にはまだ非常に沢山の住民が住んでいます。お爺さんお婆さん女子供、王冷斉県長に聞いてみたら優に二千人はいるだろうという事です。

あの罪とがもない一般民衆を砲撃の目標にさらす事は、日本軍としてどうしたって出来ません。そこであの住民をどこか城外の適当な場所に避難させていただきたいんです」

「それは何時までにですか？」

「あなたの方で第一案を放棄と決定されたら即刻」

「その避難が完了したら直ちに、日本軍は宛平県城の攻撃を開始する、というわけですな」

「そうです。その攻撃開始の時期がすぐになるかもう少し延びるか、その点は私にはわかりません。第一線部隊長がしかるべく決定する事になるでしょうから。

なおついでに、これは第三案というんじゃなくて、目下の情況に即応するための緊急措置として、二十九軍から首脳者、とくに三十七師の師長か旅長を、一刻もすみやかに蘆溝橋の現地に派遣していただきたいのです。

その目的は中国軍第一線部隊の無統制な射撃を中止させるためです。日本軍の方は高級指揮官が現地に至って、すでによく統制を保っていますが、二十九軍の方は吉団長と金営長が、ともすれば部下に引きずられ気味で、いまのままではいつまでたっても射撃が止まないばかりか、ますます拡大して行く一方です。どうかすみやかにこの措置を講ずるようにしていただきたいのです」

「よくわかりました。そこでもう一遍第一案に関して私の意見を申し述べますが、宛平城内の二十九軍を撤退させるとして、全部を同時に撤退させる事なく、一部を城内に残置するという事はいかがですか？　日本側として認めていただけますか？」

「一部？　一部って、いったいどのくらいの兵力ですか？」

「まあ一ヶ連ばかり」

「じゃあ申し上げますがねえ。宛平城内には平時から営本部と歩兵一ヶ連、それだけしかおらなかったんですよ。今日事件が始まってから後、中の島の方からさらに歩兵が一ヶ連と、迫撃砲連が増加して来たのを目撃しました。だから一ヶ連残置したら、それは何も撤退した事にはならないじゃありませんか！」

「じゃあ一ヶ小隊」

「一ヶ小隊であれ一ヶ分隊であれ、城内に残しておく自体がいけないんであって、これが端緒となって今後どんな不測の事態が引き起されるかわからないんです」

「不拡大という事に対する私の方の考えは、さきほど寺平さんのおっしゃった日本側のお考えと、完全に一致しているんです。ただ、立場を異にする私として、最後に一、二、あなたに聞いていただきたい事柄があるんです」

「承りましょう」

「それは先程林委員からの報告にもあり、また今日あなたが蘆溝橋でまのあたりご覧になった事とも思いますが、宛平城警備の営長金振中、あれが非常に立派な態度をとって事件の不拡大という事に関し、終始誠意をもってあなたがたと歩調を合せてきたという事です」

「その点は確かにこれを認めます。金営長が事件発端当面の責任者たる事は免れませんが、個人的に非常によく出来た人物である事は、私も賞讃を惜しみません」

「そうでしょう。その金営長に対して上官たる我々が、今まで住み馴れた兵舎を捨ててしまえ。そして河の西の何もない原ッパへ行ってしまえという事は、人情上、どうしても命令が出せないのです。

もう一つは彼の面子（メンツ）の問題です。いま、にわかに彼にさがれという事は、金振中が何か悪いことでもしたかのように思われて、同僚や部下に対し、彼は面子を失墜してしまう事になりましょう。

人情と面子、この二つの点から考えても、これに撤退を命ずるという事は、我々としてすこぶる心苦しい事なのです。あなたも軍人です。私のこの気持は、一番よくわかっていただけると思います」

私はこの話を聞きながら、人情という字、面子という字を指先で卓の上に書いてみた。——いやしくも交渉内容に人情だとか面子だとか、こんな問題を持ち込んでくるようになったらもうおしまいだ。——

秦徳純が話し終るや否や、私は直ちに反撃に転じた。

「いま、あなたは最後の理由と前提されて、人情論面子論を持ち出してこられました。しかし今、金振中一個の問題にこだわって、この不拡大交渉が停頓したら、貴国側は今後、長辛店、保定、石家荘、鄭州、あるいはもっと南の方から京漢線を通じ、大兵団を続々この戦場に送ってくる事になるでしょう。

また一方、日本軍もこれは放っておけぬと、天津軍の全兵力がこの戦場に注ぎ込まれる事はもちろん、さらに続いて関東軍が長城線を突破してとび込んで来る。やがて朝鮮軍や内地師団あたりが続々これに増加して来て戦線を拡大し始めたら、それこそ東部戦場、西部戦場というような事になり、つまりは日華両国の全面的衝突という、最も悲しむべき事態にまで、進展しないとだれが保証出来ますか？

最後に一言、申し上げますが、現地指揮官たる金振中営長は、この第一案には絶対賛成の意を表しているんです。すぐにでも実行に移したいが上司の命令がない限りそれが出来ない。馮師長から実行命令が下りさえすれば、喜んで宛平城を開放し、率先して和平解決の動機を作り出したいといっているのです。

いわばこの第一案は、日本側一方的の案じゃ決してない。現地における日華両軍合同作製の案といっても何等差し支えないのです。

残された問題は、この現地案をブチ毀すおつもりなのか、護り立てるおつもりなのか、唯この一点だけです。どうかよくよくご考慮になって頂きたい」

秦徳純はとうとう、本当に腕を組んで考え込んでしまった。

しばらくするとようやく口を開いて、

「ただいまのお話、あなたの条理をつくしたご説明によって、事件の本質というものが非常によく了解出来ました。ただ、事は極めて重大ですから、私一個の考えだけでも決定致し兼ねます。どうかもう暫くお待ち下さい。いま、別室で、綏靖公署の連中と、二十九軍首脳者とが、会議を開いている最中ですから、あなたのご意見を、一応みんなと相談してみることに致します」秦徳純は座を起って、会議室の方へ消えて行った。

林耕宇が突然、横合いからその主宰する新聞、亜州日報を私の前に差し出した。そしていった。「寺平さん！　もう今日の記事と写真が印刷出来ましたよ。早いでしょう」「ホホウ！　これが私の宛平城乗り越えの写真か！　まるで蜘蛛が城壁からブラ下っているみたいだなあ！」「しかし城外で三人一緒に撮ったこの方は、なかなかよく出来ているじゃありませんか」「何だって？　至今晨四時許　到達宛平県署　寺平仍堅持日軍須入城捜査　我方未允　正交渉間　忽聞東門外　槍砲声大作　我軍未予還撃鎮静如故　継因日軍砲火更烈　我軍為正当防衛　万不得已　始加抵抗　……　林さん！　これで見るとまるで日本軍が、ひとりで戦争始めたみたいな書きっ振りじゃないか。これが君の筆だとすると、私の方にも文句があるぞ　ことに私がいつ城内の捜査なんかを要求したんだ？　この内容は全部君の勝手な創作なんだな！」「イヤ、これはみんな、実情を知らない記者が書いたんですよ。私だったらこんな嘘は書かないんですが……」

とにわかに狼狽し始めた。

「宛平城内の情況を知ってる記者は、林さん以外にあるはずはないじゃないか。ことに林さんはこの新聞社の社長さんだ。さっき外交委員会でペン走らせていた。あれがそのまま、この活字に変ったんじゃないか！」「ト、とんでもない！　唯、私が要旨を話したのを、記者がまとめたに過ぎないのです。まとめ方がまずかったもんだから、勝手な枝葉をつけて、こんな誤解を起しちゃいましてなんとも申しわけありません」と困った顔だった。

二、三十分たつと秦徳純が戻って来た。腰を下すと左手に煙草、右手でマッチをすりながら、「いま、会議にかけてきたところなんですが……」そういって煙草の煙を輪にして吹き上げた。——すぐに二の句が続かないところを見ると、どうも結果はあまり香ばしくなかったな。——

一座水を打ったように静まり返った。重苦しい沈黙が続く。彼は再び言葉を続けた。

「あなたのお言葉には少しの無理もありません。私個人としてはもう全然異存なし。ただ、二十九軍としてこれをお受けするのに、いま少し時間がかかるというわけです。どんな事があっても、第二案には決してしないつもりです。いまもう零時半ですね。これからもう一度、最後の会議を開きます。そしてなんとかして、ただいまの第一案を採択する事に努力致します。ご返事は、遅くも三時までには差し上げられると思います。どうぞそれまでお待ちを願います」彼の態度は極めて友好的でありまた協調的だった。我々も唯、何とは知らず、目先がボーッと明るくなってきたような感じに包まれた。「よろしい。一か八かだ。戦争になるか妥協が出来るか、とにかく和戦何れかのふたが午前三時にはあけられるのですね。あとは一切を挙げて秦市長にお委せいたします。特務機関に帰って、楽しんで吉報をお待ちいたしましょう」

「どうぞそうして下さい。三時までには、きっと、張允栄を私の代表として機関の方に差し向けます」

庭には臨時増設の電燈が煌々と輝いていた。その下をこの真夜中、二十九軍の将校が軍装厳めしく、あわただしそうに往き来していた。秦徳純は歩きながらも終始ニコニコして、「本当によろしくお願い致します。お互いはいつまでも堅く手をつなぎ合って行きましょう」

といって私の手をとった。彼はわざわざ、一番表の門口まで、私達を見送って来た。そして いった。「夜分遠いところを、ご足労煩わしまして本当に済みませんでした」

私と西田顧問とは、再び市長用第三号車に乗り込んだ。車は静かに動きはじめた。「挙――槍！」（捧げ銃！）来た時とはまるで違った気持で、私達は航空署街を後にした。振り返ってみると、秦徳純は門燈の下に突っ立ったまま、私達の方に対してまだ手を高くあげて振り続けていた。

内地ではそのころ、外務省発表の公報として、「寺平、秦徳純交渉は決裂に瀕し、前線は再び交戦状態に入った」とか、「寺平、秦徳純交渉は、未だ一縷の望みは存する。ただし前線では、依然交戦状態が続けられている模様」といったニュースが、ラジオや新聞を通じて、巷に流されていた。

（六）保安队接收宛平县城

资料名称：宛平県城の接收

资料出处：寺平忠輔著《盧溝橋事件——日本の悲劇》，読売新聞社1970年版，第187—208頁。

资料解说：本资料记载了7月8日中日两军经过交涉，决定撤军停战。7月9日上午第二十九军吉星文部撤出，宛平城在日军代表监督下由石友三保安队接防。

第九章　宛平県城の接収

中国側の撤退通告

事件勃発直後、北京特務機関増援のため、天津軍司令部から急遽派遣を命ぜられてとんで来た、軍参謀和知鷹二中佐は、その夜特務機関の二階の一室に泊り込んでいた。秦徳純公館から帰った私とあれこれ話していると外交顧問部の松尾隆男秘書がやって来た。

「補佐官殿！　ただいま玄関に張允栄が参っております。機関長殿と補佐官殿に、至急お会いしたいって申しますので、取りあえず大応接室の方に案内しておきました……」私は反射的に腕時計を見た。まだ一時を十分過ぎたばかりだ。――午前三時という約束が、これはまたえらい早くやって来たじゃないか。――

私は応接室の扉をグンと押し開けた。卵色に輝く電燈が、部屋一杯に和やかな光芒を投げかけている。「ヤア！　張さん！　ご苦労様でした」機関長と和知参謀、それに私は張允栄を囲んで腰を下した。張允栄は日ごろの重い口調で訥々として話し始めた。

「先程補佐官からお申し出のありました件について、秦市長の代理としてご連絡にお伺い致しました。

結局、秦市長としてもこういう情勢になった以上、如何とも致し方あるまいから、とにかく撤退はさせようという事に話が決まったわけですが、その実施の方法について、なお、一、二機関の方のご了解を願わなければならない点がありますので、一応機関長のご意向をお伺い致したいと存じます。

その一つは、部隊撤退に際して一ヶ小隊だけ残置する事を認めていただきたい。これは決して戦闘の用にあてたり警戒に任じさせたりする意味合いでなく、城内には相当多数の死傷者がありますので、それを整理したり手当てしたりするために、どうしてもこれだけの兵力を残置する事が必要と考えられます」

機関長は暫く考え込んでおったが、やがておもむろに反問した。

「いったいその死傷者の数はどのくらいです？」

「サァ！　ハッキリした事はよくわかりませんが、何でも七、八十から百くらいはあるという話でした」

　すると和知参謀がいった。

「そんな事いって残さしたら限りがないですよ。どうしても残すというんなら、五十人なら五十人と、キッパリした数を限定して、しかもそれらはスッカリ丸腰にして残させるんですなあ！　死傷者を整理するのに剣や鉄砲はかえって邪魔になるでしょうから！　そして半日もかかったら立派に整理が出来ちゃいますよ」

「マア今、和知君のいわれた程度だったら承認しましょう」

　松井機関長はジーッと張允栄の顔をのぞき込んだ。

「概略、それだけご承認頂けたら、秦市長も別に異存はなかろうと思います。

　つぎに第二の問題は、部隊が撤退してしまうとその後、宛平城内の治安を維持する者がなくなってしまいます。そこで部隊と入れ替りに、北京から約五百名の保安隊を入城させたいと思うんです。もちろんその保安隊の素質だとか装備だとかは、十分吟味して派遣するつもりですが」それは多すぎる、百名程度だったら承認しようと、議論しているところに天津の軍参謀部、鈴木嘉一少佐から電話がかかって来た。

「ヤア寺平君ご苦労様です。そこで停戦交渉の件ですがねえ。軍司令部から天津市長張自忠を介して秦徳純と交渉した結果、蘆溝橋の二十九軍は今日、午前四時を期して撤退させる事に意見がまとまったんです。

　これに伴って北京特務機関には、また実地指導の細部をやっていただかなければならなくなりますから、取りあえずお知らせしときます。タッタいま、張自忠のところから電話がかかって来たばかりなんです」

「そうですか。その事について実はいま、秦徳純の代表として、張允栄が特務機関に来て、いろいろ相談しているところです。ついでにお尋ねしますが、撤退の付帯条件として中国側は何とかいっていませんでしたか？　たとえば一部の兵力を城内に残置するとか、あるいは交代に保安隊を導入するとか、そういったような事は？」

「いいえ。細目なんか何もありませんよ。ただ、午前四時撤退という事をいって来ただけ」

　私の傍に立った機関長は

「そうか、無条件で撤退を承認したという事は結構だが、しかし待てよ。この交渉は張允栄と張自忠と二筋道からやっている関係か、一向歩調が合っていないようだな。どうれ。俺(おれ)が一つ参謀長に直接掛け合ってみよう」

機関長は自ら電話口に立った。そして軍参謀長橋本群少将と通話し始めた。

「……ハア、そうなんです。張允栄はそれを秦徳純の意図として熱心に申し出ているんです。それは問題ありませんが、保安隊の方ですねえ。いますぐというわけでもないようです。ハアそうです。張允栄の面子もありますからなあ。じゃあそういう事にして――」

その時また軍から電話がかかって来た。航空参謀塚田理喜智中佐からだ。

「さきほど鈴木嘉一少佐から連絡した二十九軍撤退の件ですなあ。あれが少々変更されましたからお知らせ致します。

その第一項は馮治安の希望によって、午前四時の撤退は実行困難だから、午前五時に改めてくれというのです。これは参謀長もその通り認可されましたから訂正しておいて下さい。

第二項は、竜王廟の北方地区に出て来た三十七師の一部ですなあ。これはその北方、衙門口(ヤーメンコー)に撤退させる事になりました。

第三項は、これは日本側としての実行条件ですが、我が軍は、中国側がこの誓約を確実に実行したならば、天津方面から蘆溝橋に向ってする軍隊の移動、並びに弾薬類の輸送は、即時これを中止するという事です」

張允栄はそれから間もなく帰って行った。特務機関と豊台との間では、電話連絡が引ッ切りなしに行なわれた。電話は軍用線に中継されて、蘆溝橋の停車場とも連絡が出来るようになっていた。今、もう七月九日の午前二時半、いつのころから降り始めたか、外には雨がシトシトと落ちていた。

一木大隊東岸へ撤退

蘆溝橋畔乱弾の下、数多戦友の壮烈な最期を目のあたり見せつけられ、今日という今日こそ人生最大の衝撃に直面した一木大隊のつわもの達は、八日の日が次第に暮れて、宵闇がだんだん迫ってくるにつれ、知らず知らずあの「戦友」の歌にあるような、さびしい感傷にかり立てられていくのをどうする事も出来なかった。ことに清水中隊のごときは、昨日の夕食この方、タッタ一粒の飯、唯一切れのパンさえ全然喉を通していないのだ。百何十度という炎天の下、空きッ腹を抱えての善戦健闘、身体はもうクタクタに疲れ切ってしまって、気力一つでこの日没まで頑張って来たというのが実情だった。

「分隊長殿！ 右前の畑に水瓜がありますッ、取ってもよいでありますか？」「待てッ！ 小隊長殿にうかがってみる」 小隊長は許可を与えた。しかし「取ってもよいが、分隊長はどこでどれだけ取ったかを書きとめておけ。損害賠償の時必要だからその紙なくすなよ」

そのころ、永定河の中洲にある一木大隊長の手元には「大隊は日没と共に行動を起し、永定河東岸、大瓦窑付近に兵力を集結すべし」という連隊命令が堅く握られていた。

薄暮、八時前後になると、大瓦窑付近の友軍歩兵砲が俄然火蓋を切って、中の島に全火力を集中しはじめた。いよいよ大隊転進のための援護射撃が始まったのである。大隊は疎散な昼間の隊形から、夜間配備の隊形に移った。そしてさらに小隊ごとに集結し、宵闇にまぎれて竜王廟付近、永定河東岸に向って転進行動を始める事になった。敵を至近距離に控えて死傷者の収容がなかなか思うようにはかどらない。時刻はすでに午後九時を過ぎている。

真夏とはいえ、永定河の夜の水はさすがに冷たかった。深さ一メートルに及ぶ濁流を、大隊は黙々として渡った。夜の河幅は意外に広い。いくら歩いても歩いても、東岸はなかなか近づいてこなかった。竜王廟のすぐ間近、闇の中からふいに大きな声がして「大隊本部はまだか？ 大隊長殿はまだ来られないか？」 しきりに一木大隊長を探し求めている者がある。通信班長小岩井中尉だ。ようやく本部の位置を探し当てると、息せき込んで「大隊長殿！ 緊急報告を申し上げます。連隊本部の得た確実な情報によりますと、兵力不明の新たなる敵が八宝山付近に進出し、逐次南下して衙門口からこの竜王廟北側に向って前進中だとの事でありますッ！」「何？ 八宝山に敵が出た？ そりゃあ西苑三十七師の主力だな。よしッ！ 命令受領者は聞けッ！ 大隊命令の一部を変更する。これから渡河する中隊の渡河点は全部鉄橋のすぐ北側という事に訂正する。いいがッ！ 命令終り！ 直ちに伝達！」

八宝山方面からの新しい敵は、幸いにも大隊の渡河完了まで、竜王廟正面には現われてこなかった。十一時やや前、竜王廟南側に集合を終った大隊は、八名の死体と十二名の重傷者を擁して、粛々長蛇の列をつくり、線路の北側を蘆溝橋駅に向って進んで行った。闇を透して見ると、すぐ左前の原を側衛である清水中隊が、墨絵のような一線を画して、これまた黙々として蘆溝橋駅の方へ進んでいる。

清水中隊の兵の感慨は、とりわけ深いものがあった——昨夜不法の第一弾を受けたのは、ちょうどいま時分、ちょうどこのあたりではなかったか？　あれからまだ、二十四時間しか経っていないのに、随分長い月日が過ぎ去ったような感じがする。そのはずである。この間、実にめまぐるしい、さまざまな変化が起ったのだから——つい昨日の夕方まで、一緒に馬鹿ッ話をしながら腹をかかえて笑い合った、あの斉藤が死んでしまった。鳥塚も死んだ。そして小川も、大沢も、菅原も、皆がもうこの世の人ではなくなってしまったのだ。まるで夢のような感じがする。——銃から、服から、河の水がポタポタしたたり落ちてくる。靴の底に溜った水が、まだジックジック靴下の間で躍っている。大隊はやがて、蘆溝橋駅西側の窪地、暗闇の中に集合を終った。

原ッパの真ん真中、ポツンとただ一つさびしく立った蘆溝橋の停車場、その片隅では淡いカンテラの光がユラユラと揺れている。この薄あかりを囲んで牟田口連隊の幹部が、しきりに図上の画策に余念がない。そこへ、

「河野副官殿！　唯今第三大隊が到着して、一木大隊長殿がお見えになりました。こちらにご案内して参りました」と本部書記の声。「アアそうか。連隊長殿！　第三大隊長が見えました」

河野副官の報告が終るよりも早く、牟田口大佐はやおら立ち上った。そして五、六歩入口の方へ歩み寄った。薄暗い部屋の中で相会する連隊長と大隊長。

「一木少佐！　ご苦労だったなあ！　実にようやってくれた。有難う」カンテラに半面を照し出された一木少佐は、面を伏せたまま、ポトポトと涙を落していた。

「連隊長殿！　洵に申し訳ございません……」

力強いが万感胸に迫ったオロオロ声である。

「……一木の指揮、至らざるため、戦死者九名、負傷者

192

三十名という、多数の犠牲を生じてしまいました。まことになんとも、おわびの申し上げようがございません」

「イヤ、それはもう致し方ない。残念ではあるが、情況当然、これだけの犠牲を払わなければならない状態にあったんだ……」

「唯今大隊は全部、ここに集結を終りました。戦死者も完全に収容を終りまして、取りあえず担架のまま、あの位置に安置してあります」

「オオそうか、じゃあ早速、英霊をおがましてもらおう！」

連隊長はデコボコした斜面を下り、草株や石塊につまずきながらも、暗中模索、漸く担架の位置までたどりついた。そしておごそかな態度を崩さず、いつまでもいつまでもねんごろな黙祷を捧げ続けるのだった。闇の中から、第一大隊長木原義雄少佐が顔を出した。「オウ！一木さん！　ご苦労でしたなあ！　随分心配されたでしょう。それに犠牲者も大分出されたそうで、お悔み申し上げます。

今夜は一つゆっくり休んで下さい。後は私の大隊が引き受けるから！　私のところは今朝早く通州をたって、夜八時過ぎ、こちらに着いたばかりなんです。いま、一文字山を占領して、宛平城の方を警戒しています」

この時、牟田口連隊長

「ちょうど両大隊長がそろったから、もう一度、連隊明日の攻撃について説明しておこう。明日といったって後三、四時間で夜があけるんだがね。こっちの小高いところに来給え。

いいか！　連隊は明九日、天明を期して宛平城を攻撃するんだ。一木大隊は右第一線、おおむねこの前の長豊支線の付近で宛平城の北面城壁に対して攻撃を準備、その中から一ヶ小隊を連隊予備として蘆溝橋駅に差し出すように、次に木原大隊は左第一線、おおむね現在の態勢のまま一文字山を隠蔽占領、楼門のある東面城壁に対して攻撃を準備、両大隊共午前二時までに準備を完了するように。」

連隊砲は大瓦窑に位置して、天明と同時に宛平城の東北角に集中火を浴せ、君達両大隊の攻撃に協力させる。

いいか、わかったな。その他細かい事は全部図上に書き込んでおいたから、燈の下でゆっくり研究してくれ給え。

旅団司令部と、筒井少佐の第二大隊は、いま豊台に来ているが、夜明け方にはこちらに到着する事になっている」

連隊長と両大隊長とは、黙々として宛平城の方を睨んで突っ立っていた。時々、ピカリピカリと光るのは、城壁上の敵の懐中電燈らしい。

一木大隊のつわもの達は、その時、豊台から運ばれて来た夕食の握り飯を、闇の中でムシャムシャと食べていた。「オーイ！　みんなそのまま聞け！」分隊長が大声でどなった。「この握り飯は豊台の居留民が、総出でこしらえてくれたんだぞ！　みんなそのつもりで感謝して食べろ！」兵はさまざまな思いにふけりながら、黙々としてそれを味わい続けていた。戦友が自分の分け前を減らしたのでもあろうか。戦死者の枕元にもまた、ムスビが一つ宛供えられていた。

それから三時間ばかりの後、両大隊は完全に攻撃準備の態勢をとり終っていた。いまは亡き戦友にはなむけすべき復讐戦！　不遜な二十九軍に天誅を加える膺懲戦！　その火蓋は、黎明と共に間もなく切って落されんとする。将兵の意気は方に天を衝き、気魄はすでに敵をのむの概があった。

中国軍の協定不履行

その時である。河辺旅団司令部から牟田口連隊の本部に対し、作戦命令甲第六号が、筆記電話をもって伝達されてきた。「旅団命令であります」河野又四郎副官の一語に、牟田口連隊長、森田中佐の面はサッと緊張した。

「命令を読みます。旅団命令　七月九日午前三時　豊台において」

折り柄の風にカンテラの火が軽くまばたく。副官は持ち前の訥々とした言葉で、一語は一語より力強く朗読を続けた。

一、二十九軍首脳部は軍の要求を容れ、午前五時を期してその部隊を、宛平城内より永定河右岸に撤退せしむる事を確約せり。

二、旅団は蘆溝橋駅付近に兵力を集結し、中国軍協定履行の確否を監視せんとす……

「また命令の変更だ！　払暁攻撃の計画は中止せにゃい

かん！」牟田口連隊長が疳走った声で叫んだ。森田中佐も残念そうに「そうですなあ！　準備は全部整ってしまったのに、この命令じゃまたまた中止しなければなりません」

連隊長は、まだ読みも終らぬその命令を、副官の手から奪うように取り上げると、眉の間に皺を寄せ「政策とからみ合った戦争はいつでもこれだ。純作戦上の要求が事毎に政策のために枉げられてしまう。しかしまあ、不拡大という方針からいえば、これもまたやむを得まい。ことに相手が無条件で引き退るという事だったら、大局上からは大いに喜ぶべき現象だからなあ！」

全くその通りである。折衝機関としては、この協定の締結は、なるほど成功と言い得るかも知れない。しかし戦闘を本然の任務とする第一線部隊にとっては、こうした情勢の急変、命令の変転は、実に迷惑千万であって、それがいかに忍び難い苦痛であるかは、およそ当事者以外には、到底窺知し得ない心境であろう。

旅団命令には、さらに次のような内容が示されてあった。

三、歩兵第一連隊は、午前五時、「射ち方止め」の喇叭吹奏と同時に、一部を一文字山東側に留め、主力は蘆溝橋駅付近に集結すべし。

四、中国軍の撤退に際し、これに敵対行動をとり、また宛平城内に兵を進むることは厳にこれを禁止す

云々。

第一線の将兵が、手ぐすねひいて待ち構えた攻撃前進の命令は、こうして遂に下されることなく、それに代って部隊集結のための命令が下されてしまった。「ナーンだ。攻撃じゃなくて回れ右か！」「敵はまだ相変らずポコンポコン射ってるじゃないか。中国軍が約束通り撤退するなんて、そんな事があり得るもんか。何が確約だい！」

夜はほのぼのと明けはなれてきて、いよいよ九日の午前五時になった。協定による両軍一斉撤退の時刻である。

雨がシトシトと降っていた。一木大隊も木原大隊も命令に基いて、それぞれ兵力の集結にとりかかった。堆土の脇から、線路のほとりから、兵隊がチョロチョロと現

われて、いずれも後方へ後方へと下り始めた。

突如、ドカーン！　すぐ目の前に、物凄い火柱が立った。敵の迫撃砲弾が、一文字山陣地の一角に落下したのだ。これを切ッ掛けとして、小銃弾、砲弾、ゴッチャ混ぜにした篠つくような猛射撃が、宛平城の敵から浴せられて来た。殷々轟々、戦線がにわかに活気を呈し始めた。「オイ！　これはいったい、どうした事なんだ？」

「やつら、日本軍が退却し始めたくらいに勘違いしているんじゃなかろうか？」

とたんに「集合待てッ　各小隊は元の位置に戻って敵情を監視せよ！」中隊長からの命令が散兵線に逓伝されて来た。兵は駈歩で再び元居た場所に戻って行った。

「完全に中国側から瞞し射ちを食ったな」「全くだ。今度という今度こそ、連隊長殿もきっと怒っておられるに違いないぞ」敵弾は依然、頭の上をビューン！　ビューン！　飛んで行く。

「オーイ！　衛生兵！　衛生兵はいないか！　松井少尉殿が負傷されたぞ！」「何？　小隊長殿が？」兵の憤激はいよいよ昂ぶって来た。「小隊長殿！　分隊は射撃を開始しますッ！」

「待てッ！　射っちゃいかぬ。俺が命令するまでは一発も射っちゃいかん！」身は傷つきながらも乱弾の下、闘志にはやる部下を制し、一発の応射さえもあえてさせない松井元之助小隊長の苦衷、実に不拡大に徹した軍紀厳正な部隊といわなければならぬ。

本部通信所では、その時盛んに電話のベルが鳴らされていた。牟田口連隊長自らが受話器をとっているのだ。

「旅団長閣下でございますか。私は牟田口でございます。ただいまの戦況をご報告申し上げます。

連隊は協定の趣旨に基きまして、午前五時、蘆溝橋駅に集結を始めました。ところが中国軍は撤退を肯んじないばかりか、宛平城の城壁から、逆にこちらに対して猛烈な火力を浴せかけて参りました。また、相変らず射ち続けております。そのため味方には戦死一名、負傷はいままでに報告があっただけでもう三名も出ております。

中国軍としては、こういう事は常套手段かも知れませんが、実に言語道断、横暴極まる遣り方です。理屈は抜きと致しまして、敵を沈黙させるため、歩兵砲の全力をもって制圧射撃を加えたいと思いますがいかがでございましょうか？」

「城内にはまだ住民がいるんじゃないか？　それから桜井顧問あたりも……」

「ハアおります。そこで主として城壁に対する威嚇射撃を行なって、城内には射ち込まぬよう努めたいと思いますが……」

「よろしい。その点だけわかっていてくれたら一切は君の裁量にお委せする。十分注意してやってくれ給え」

機関は二十九軍の親戚かッ！

私はその時、北京の特務機関でちょうど顔を洗っている最中だった。給仕の杉沢がやって来た。

「補佐官殿！　お電話でございます。豊台の旅団司令部から参謀の方らしゅうございます」「よしきた。すぐ行く」

私は電話口に立った。ガンガン破れ鐘のような声が受話器に響いて来る。

「午前五時を期して日華両軍、永定河の両岸に一斉に撤退を開始するなんて、あんなインチキ協定は、いったいだれが結んだんだ。現在日本軍は協定通り、立派に撤退を開始しているんだ。それなのに中国軍は退るどころか、かえって猛烈な射撃を浴せてきやがった。

いったい貴公ら特務機関のする事なんか、もうスッカリ二十九軍になめられ切っているじゃないか。やれ不拡大だ、やれ和平交渉だ、偉そうな事ばかり言いやがって、事毎に軍の作戦行動を妨害している。

もう戦争が始まってしまった今日、特務機関なんか必要はないんだ。貴公等も第一線に出て来て戦争をやれよ。北京特務機関なんてもともと二十九軍の親戚じゃあないのか！

こういう言語道断な不信行為をあえてした以上、旅団は断乎、今から宛平城を攻撃するッ！　今後は一切、貴公等のご厄介にはならぬ。軍の行動には絶対嘴を容れてくれるな！」電話は荒々しく切られてしまった。

相手は私と士官学校の同期生鈴木京大尉である。いかにお互いの気易さからとはいえ、これはまた何という暴言だろう。

もうこうなってしまったら仕方がない。中国側がそういう瞞し射ち的態度に出るのなら、我々も匙を投げた。後は自然の成り行きに委せるより他はない。私がなかば捨て鉢的気分になって起ち上ったところに、また、別の電話がかかって来た。天津軍司令部の鈴木嘉一少佐からだ。

「いよいよ撤退の時間になりましたね。いまごろ現地ではもう、両軍それぞれ新しい配置に向って行動を起している事でしょう。唯、先程もお話したように、協定の実行を監視するということが、この際何より大切です。旅団の方に対しては、別に私からも要求しますが、二十九軍側に対しては君の方から一つ、万々間違いのないよう責任ある指導を要求して下さい。

とにかく、いま中央も、それから軍も、打って一丸となって不拡大に邁進している一番大切な時ですからね。中国側もあくまでこの方針に同調させなくちゃいかん。くれぐれも一つ、この点お頼み致しますよ」

私はこの一語によって、心境に翻然、一大変化を来した。——そうだ。我々は今、国家の重大危局に直面しているのだ。さすがに軍司令部は常に大局に着眼し、国家全面的の立場から物事を考えているから、このように冷静なのだ。第一線の将兵は、身をドンドンパチパチの渦中に投じているから、自然猪突盲進に陥り易い。我々までがそうした心理で二十九軍に突っ掛って行ったんでは、国策だろうがなんだろうが、一遍でブチ壊しになってしまう。そうだ。俺は依然不拡大主義で一貫しよう。あくまで不拡大工作の奴隷になって折衝を継続するんだ！——

私はすぐ、林耕宇の所に電話をかけた。「いま盧溝橋の情況はどうなっているのか？」と突っ込んで訊ね「タッタいま、日本軍第一線からの報告によれば、日本軍は午前五時、正々堂々撤退を開始したにもかかわらず、中国側はこの撤退を退却とでも誤認したのか、かえって猛烈な射撃を浴せかけて来た。日本軍はやむを得ず反転して中国軍に対し、反撃を加えなければならない状態に立ち至ってしまったのだ。

いったいどうして君達は、こんなでたらめな事ばかり仕出かすんだ？　今朝ほどの協定、あれは決して単なる一片の空手形じゃないんだぜ。第一線の日本軍は、あの協定を評してインチキ協定だと猛烈に憤慨しとるんだ！」とどなりつけた。すると彼は「おかしいですなあ！　そんな事は絶対ないはずなんですが、一応連絡をとって調べてみましょう」と電話を切った。

それから二十分ばかりたって電話がかかってきた。林耕宇からだ。

「誠に申し訳ありません。実はすみやかにあの協定を宛平城の金振中に伝えようと思って、いろいろ工夫したんですが、軍用電話は切断されて役に立たんので、鉄道電話を使って豊台駅を呼び出し、豊台から駅員をやって宛平城内に伝達させたのです。

ところが雨が降ったため道は悪いし、ことに宛平城付近は両軍交戦の真っ唯中なので、連絡の者がどうしても城内に入る事が出来ず、そのため一文字山の手前から再び豊台に引き返して来て、タッタ今、豊台駅から電話がかかり、今朝ほどの命令は宛平城内には伝達出来ませんでした、といって謝まって参りました」

「だからいわぬ事じゃない。いくら日本側が真剣になって円満解決に骨を折っても、中国側がそんな無責任なやりっ放し主義じゃ、事件はますます拡大して行く一方じゃないか。

両軍首脳部が不眠不休でこしらえ上げた、重要協定を、名もない一匹の男に持たせてやるという、その事自体がそもそも大局を誤ってしまう根本なんだ。全責任は当然君達の方にある。

しかしいまどきそんな事をぐずぐずいってたって仕方がない。即刻、第二段の処置を講じ給え。日本軍は十五分もあれば、第一線の散兵にまでも命令の徹底が出来るのだ。

いくら雨が降ったからといったって、もう少しテキパキやってくれなくちゃ困るじゃないか」

私は取りあえず事のおもむきを松井機関長に報告し、改めて電話連絡で中国側と、協定の建て直しを交渉した。そして中国側の申し出でに従って、撤退時間を午前九時という事に決定した。

中島顧問現地に向う

日支両軍撤退の円滑を図るため、双方二名ずつの代表を現地に派遣し、実地指導と行動の監視をすることになり、日本側からは事件発生当時張家口におり、急遽北京への途を急いでいた二十九軍軍事顧問中島弟四郎中佐とこれと同行していた二十九軍の周思靖参謀とは、北京西直門駅でそれぞれ連絡をうけ、同駅から秦徳純市長からの迎えの自動車によって、まだほの暗い九日の朝方、西直門をくぐってまず秦市長邸に入った。

29軍軍事顧問　中島弟四郎中佐

ここも昨夜以来一睡もしていないらしい。机の上は一杯取り散らかされ、地図は広げられたまま放りっぱなしにされていた。部屋の中はムッとするくらい、煙草の煙がもうもうとしている。

中島顧問が入って行くと、秦市長はニコニコしながらもあわてて地図を裏返しにし、「お帰り早々大変ご苦労様です。いまからもう蘆溝橋にお出かけなんですか。とにかく、早く事件が解決するよう、何分ご尽力をお願い致します」

中島顧問は、性格極めて明朗闊達、一見大久保彦左衛門を偲ばせるような、直情径行の人柄である。

「大丈夫ですよ。お互いが誠意をもって交渉しさえすれば、決して拡大することなんかありません。安心して一切を私達にお委せなさい。

だがまず第一に秦さん！　顧問に対して地図を匿すなんて何事です。そんな事していたら事件はますます拡大しますぞ。

お見せなさいお見せなさい。いかにして二十九軍をよくしようかと、それればかり考えて努力している我々に対し、匿し立ては一切ご無用！」顧問はそういって地図を表側にひっくり返した。

「ハハア、なるほど、この青鉛筆が二十九軍ですな。八宝山には三十七師の主力が出ていますね。三十八師は南苑から、まさに豊台の虚を衝こうという態勢をとっているじゃありませんか。この矢印は確かそうなんでしょう。

いかんいかん！　こんな図を描いているようじゃ、いつまでたったって事件の解決は出来ませんぞ。いやしくも不拡大な標榜する以上……」

「いえ、決してそういう意味じゃないのです。もし日本軍から攻勢に出られた場合、二十九軍はいかなる態勢をもってこれを防ごうかという研究をしていたのです」

「イヤ、そういう釈明は信ぜられません。考えてもご覧なさい。いま、華北に日本軍がいったいどれだけいると思いますか。虫眼鏡で見なければわからないほど僅かな日本軍に対して、あなたの方がこういう大袈裟な騒ぎ方をするもんだから、日本軍はますます戦備を整えなければならなくなるんです。

ともかく、私はいまから現地に行って問題を解決してきますから、その間に決して別の部隊を動かすような事をしてはいけませんよ。いいですか」 子供に教え諭すようにして念を押した中島顧問は、林耕宇と周参謀を伴って、秦徳純邸の応接室を出た。

その出会頭に鼻突き合せたのが問題の三十七師師長馮治安中将である。

「ヤア！ これは馮師長！ 実に都合のいいところで出会った。僕等はいまから盧溝橋に停戦指導に出かけるところです。日本側は河辺旅団長も行っているんだから、馮さん、あなたも是非私と一緒に現地に出かけなさい。あなたが現地で命令一つ下しさえしたら、今度の問題なんか一遍に解決だ。こりゃいい人に出会った。アア！ 一緒に自動車に乗ろう。来なさい来なさい」中島顧問は馮治安の袖をとらえて、懸命に車の方へと引張った。

しかし馮治安はニコリともせず「私、今非常に忙しいのです。放して下さい。放して下さい」ほとんど振り切らんばかりにして中島顧問から離れると、歩度を速めて一散に応接室の方へ逃げ込んで行ってしまった。

中島顧問と周参謀、それに林耕宇ともう一人、三十七師の上校参謀を乗せた二台の自動車は、まっしぐらに宛平県城さして走って行った。西五里店の原に出たころ、戦線の方からはボコーン！ ボコーン！ 次第に銃声が聞え始めてきた。

宛平城の東門は、鉄扉が堅く鎖されていたので、一行は迂回して城壁の北側伝いに、西門の方へと進んで行った。鉄橋の方向で突然激しい銃声が始まった。「ストーップ！」一行は車からドヤドヤと跳び降りた。「まだ射撃してやがる。白旗を出せ！ 白旗を！」そうどなったのは中島顧問である。林耕宇が眉に皺を寄せながら「どうも困りますねえ。あれはみんな日本軍の射撃ですよ……」言いも終らず中島顧問「何ッ？ 日本軍か二十九軍か、この高いところに上ってよっく見ろ！　無責任な出まかせをしゃべると、この俺が承知しないぞッ！」顧問の一喝！　林耕宇は青くなって縮み上った。

周参謀は勇敢に長豊支線の線路上に駆け上って、白旗振り振り大声にどなった。「射っちゃいかぬ。射っちゃいかぬ。師長の命令だ。射っちゃいかぬ。射っちゃいかぬ」打ち振る度に白旗がハタハタと、心地よい音を立てる。「もういいでしょ。早く宛平城に入りましょうよ」林耕宇と上校参謀とは、早く城内に入ろうとそればかりを焦っていた。

ようやくにして射撃は鎮静におもむいた。一行は宛平県城の西門を入って、まず営本部に吉星文団長を訪ねて行った。

本部では金営長やその他の幹部連も集まって、しきりに会議の最中らしかったが、一行が入って行くと、まず吉団長がスックと起ち上った。周参謀の説明によって一行が和解調停の任務をもってやって来た事を知ると、吉団長は頷きながらにこやかにこれを迎え、手を差し伸べて握手を交した。

中島顧問はまず真ッ先に「団長！　桜井顧問は今どこにいますか？」と鋭く尋ねた。吉団長は落ち着いた態度で「アア桜井顧問ですか。顧問はあちらの方で休んでおられます」「何？　休んでいる？　あなたがたは軍事顧問を監禁なんかしてやしないでしょうな」「監禁なんてとんでもない。決してそんな事はしてはいません。十分気をつけて保護しております。何ならすぐそちらの方にご案内致しましょう」「じゃあそうして下さい。その前にもう一つ団長にお話する事がある。日華両軍、停戦協定が成立したんです。周さん！　これはあんたの口から、詳細に説明して下さい」

周参謀は持前の茶目気分で、協定成立の経緯から撤退の手段方法に至るまでを、身振り手振り沢山に、詳細かつ早口に説明した。

吉星文は腕の時計を眺めながらいった。

「九時撤退といえば、あともう五十分しかありません。雨も大分降っておりますし、荷物の運び出し、その他に相当時間がかかります。ギリギリのところ、あともう一時間半ばかり延ばしていただきたいもんですなあ。実際問題として九時までというのは、すこぶるむつかしい問題なんですが」すると周参謀「でも九時という時間は、北京ですでに協定済みの時間なんだから、いまさら変更という事になると、もう一遍日本軍の方に行って掛け合ってこなければならないんです。そんな事してたらますます時間が間に合わなくなってしまいますよ」と一人で気をもんでいる。

　中島中佐は小首を傾けて、しきりに仁丹髭を捻っていたが

「そういえばもう八時過ぎだなあ！　よろしい。僕が責任を負って承認する事にしよう。一時間半だね。十時半になってからまたまた延期だなんていったって、今度は僕が承知しないぞ。一時間半だけ、僕が独断で日本側に何とか連絡をつけて上げよう」「それだけやって頂けたら結構です」「しかしそれはそれだ。中国軍としてはそんな事を当てにする事なく、出来得る限り迅速に、いまから早速撤退準備に取りかかんなさい」

　林耕宇がそれを吉星文や金振中に通訳している間に、中島顧問はもう起ち上っていた。「サア、話が決まったらこんどは桜井顧問だ。だれか桜井の居る所を案内してくれ！」

雨の中の不拡大工作

　桜井顧問は昨夜以来、宛平城の中で——今晩こそ日本軍が、この城に夜襲をしかけて来るに違いない。夜襲しないとしたら、明払暁には必ず攻撃して来る事が判断出来る。しょせん俺の命はあと数時間限り。——と考えて、悲壮な決意の下に、いままでの交渉経過や中国軍の動静など、詳細手帳に書き認ため、これをポケットに突っ込んで死後の報告書として準備した。

　八時を少し過ぎたころである。部屋の外が急に騒々しくなってた。荒々しい中国語で、何か盛んにどなっている声が聞えてくる。顧問は耳をそばだてた。どうも聞きなれた中島顧問の声によく似ている。「これはいったいなんのための歩哨だ！　着剣なんかして。やはり桜井顧問はこの中に監視されてるじゃないかッ！」「イヤ決して！」「弁解はいらぬ。退れッ！　そして脱れ剣！　無礼者めがッ！」そういってドヤドヤ入り込んで来たのは中島顧問、周参謀、林耕宇の一行だった。

「ヤァ！」「ヤァ！」互いに顔見合せて双方とも、言葉がちっとも出て来ない。「よう城内に入って来られましたなあ！」「イヤ、入るよりもなによりも、僕はもう十

中八九、君は殺されているものと判断した。どうか僕の任務が、君の死体引き取りという事にならなければいいがと、そればかり心配しとったんだよ」

こうして両顧問は、昨夜来からの撤退協定について語り合った。「――そこでタッタ今、僕は独断をもって十時半までまけてやったところさ。いまからこの事を河辺閣下のところまで連絡に行かなきゃならん」と中島顧問がいう。「そうですか。じゃあ私もそこまで一緒に行きましょう。何よりもまず、両軍の射撃を止めさせなきゃあいかん。昨日この方、私も旗振りの要領が大分上手になってきましたタイ！」両軍事顧問、それに周参謀は、並んで軒端に突っ立った。雨垂れがバシャバシャ落ちてくる。一行はそれぞれの自動車に分乗して宛平城を出発した。

そのころ、戦闘は雨の中でなお依然として続けられていた。日本軍は京漢鉄路の路盤によって、また中国軍は宛平城の城壁によって、相対峙(たいじ)している。顧問一行は両軍の間を、白旗振り振り射撃中止を勧告して歩いた。

桜井顧問は長豊支線の線路上から城壁上の中国兵を振り返って射撃を制止し、さらにこんどは日本軍に向って大声で射撃中止を勧告した。その正面はちょうど一木大隊の第一線だったが、大隊は大隊長の命令一下、ピタリと射撃を中止し一方、中島顧問は一文字山の方に回って、これまた木原大隊の射撃を中止させ、そこから逐次蘆溝橋の駅舎にある旅団長河辺少将のもとにおもむいたのだった。

今朝ほどまで騒々しかった戦線は、次第次第に鎮静に返って、いまではもう銃声一発聞えてこない。雨も次第に小降りになってきた。あたかも戦闘の小康を物語っているかのようである。

バケモノ保安隊

補佐官室のソファーに身を埋め、両手で頭を抱えながら、ひとり深く考え込んでいるのは、今朝程張家口から帰って来たばかりの笠井半蔵軍事顧問である。

「寺平さん！　実際僕くらい戦争運の悪い男ってないですよ。二十九軍の軍事顧問として、こんないい舞台に上っておりながら、今度のような千載一遇の好機会に、生憎北京を素ッぽかして張家口に行っていたなんて、アーア、もう何から何まで一切がオジャンになってしまった」

笠井顧問は撤退協定が成立したという事を聞いて、もう事件はスッカリ片付いてしまったかのように思い込んだのだ。だから髀肉の嘆に堪えないで、こうした悲観的な言葉がとび出したのも、まことに無理からぬところだった。

しかし幸か不幸か、事件は決してそう簡単には片付かなかった。いやだといっても笠井顧問にどうでもこうでも働いてもらわなければならない仕事が、次から次に湧いて出て来た。

その第一が、中国側保安隊宛平入城の誘導だった。

七月九日午前九時、私は風順胡同の自邸にある、冀北辺区保安隊総司令石友三将軍と電話で話をしていた。

「石さん！　僕、寺平です。わかりますか？」

「オオ！　寺平補佐官！　久しぶりです」

「ご家族の皆さん、相変らずお元気でしょうな。忙しい忙しい。昨日から例の事件でとっても忙しいんです。昨日は宛平県城で弾の下を潜ってきました。とても得難い経験をしました。

時にお尋ねするんですがねえ。今日張允栄さんからお話があって、保安隊を宛平城内に入れる事になったんですなあ！　ところがその保安隊は石さんの冀北辺区保安隊だっていうじゃありませんか。

石さんの部下なら、私、一人残らず知っているから非常に好都合です。隊長はいったいだれが行く事になるんです？　馮寿彰？　それとも羅東初？」

石友三はいつもながらの、少しかすれたような声で答えた。

「ところがそうじゃあないのです。今日宛平城に行くのは先農壇に駐屯している、河北省保安隊です。隊長は買と云う営長ですがね。

実は昨日、戒厳令が布かれると同時に、河北省保安隊、つまり省長馮治安の隷下部隊も、私の指揮下に入れられちゃったんです。だから私にとってはホンの一時的の部下なんです。いずれはまた、私の手から離れ去ってしまうべき性質のものなんです」

「ナーンだ。じゃあまるで臨時傭いみたいな保安隊ですね」

「そうです。全くの臨時傭いです。私はまだ顔も見た事がないんですよ。アハハハ……

もっとも命令だけはシッカリ聴かせなきゃいけません

から、私の司令部から参謀の黄雅山、ホラ！　ご存知でしょう。この前、酒を飲んで、武家坡の歌を唱った、あれを付けてやる事にしました」

雨は依然、降り続いていた。その日の午後一時半ごろだった。カーキ色の軍服をまとった二百余の保安隊が、北京城の広安門を後にして、北京街道を西へ、蘆溝橋の方へと前進していった。チャルメラに似て一抹の哀愁味を帯びた喇叭の音、それに歩を合せて進む保安隊の兵隊達。笠井軍事顧問と広瀬秘書、それに特務機関の愛沢通訳生が、この一隊の誘導係兼監督役として、部隊と行動を共にしていた。

笠井顧問は自動車の窓から、時々外の雨雲を見上げながら

「この保安隊が城内に入ってしまったら、事件はこれでもうスッカリ片付いてしまう。張家口に行ってたばかりに、活躍の好機をとり逃がして、僕は実に残念だ！」とつぶやいた。「まったく惜しかったですねえ！」と愛沢通訳生が相槌を打った。「河辺旅団と連絡のために、俺達はここいらから先行しようじゃないか」「そうしましょう。オイ！　運転手！　部隊を追い抜いて、それからグッとスピードを出せ。蘆溝橋まで先行するんだ」

車の動揺が激しくなってきて、水溜りのトバッチリが遠慮会釈もなく、両側の人家や道を通る苦力達にはねとんで行った。

やがて煙雨の中に、永定河右岸、青く霞んだ大行山脈の姿が見え始めて来た。こんもりとした大瓦窰の森、一文字山の緑が目に映ずる。この先はもうすぐ西五里店の部落だ。「顧問殿！　ありゃあいったい何ですか？　二十九軍らしいものが前の方に一杯かたまってるじゃありませんか」「ウム、こりゃおかしいぞ。日本軍の背後にこんな中国軍がいるはずはないのだが！　とにかくまああそこまで行ってみよう」車は一散に西五里店の部落に突っ込んで行った。そしてその中国軍の真ん中で顧問達は車から降りた。

兵は皆、家の軒下に入り込んで雨宿りをしている。道路脇には血に染まった中国兵が三人、仰向けになって死んでいる。腕を手拭で首から吊った兵が、雨の中をうろついている。無言の中に何か知ら、殺気立った空気が感ぜられるのだった。

顧問は兵の一人をつかまえて聞いてみた。

「お前達はいったいどこの部隊なんだ?」「北京から来た保安隊です」「北京から来た保安隊? すると何か。これから宛平県城へでも入ろうというのか?」「そうです。そして二十九軍と交代するんです」「ハーテ、これはいよいよもっておかしいぞ。保安隊が二つも出来ちゃった。そしてこの死んでる兵や、怪我をしている兵は一体全体どうしたんだ」「今朝方、私達がここまで来ると、日本軍があの蘆溝橋の原ッパから射って来だんです。それで私達もすぐこの原に散開じて応戦したんです。その時、こいつ達とうとう死んじゃったんです」「愛沢君! 保安隊といえば僕等が誘導して来た保安隊一つに決まっているのに、どうしてまたこんなバケモノ保安隊が、朝早くからこういうところにとび出して来たんだろうなあ! まるで狐につままれたみたいだ。いずれは中国側が、また例のでたらめの命令を出したんだろうと思うが、日本側に一言の挨拶もなく、突然こんなところにとび出して来たんじゃ、、そりゃあ日本軍に射たれるのが当り前だよ」

「そうですねえ。これから河辺旅団と、それから特務機関の方に一応電話で連絡をとってみましょう」

ちょうどその時、家の中からヒョッコリとび出して来たのが中島顧問である。それに続いて周参謀も出て来た。

「やあどうも——。ところでここにいるこの保安隊ですがねえ。こりゃあいったいだれから派遣されて来た保安隊ですか?」「イヤ、それがどうも実にけしからんのだよ。だんだん聞いてみると、命令が二つ出ているらしいんだ。君の連れて来ているやつは、正式に冀北辺区保安隊の石友三を経由した命令だし、ここに集っているやつは従来通り河北者保安隊独自の命令でやって来たらしいんだ。石友三からの命令なんか、全然知らないといってるんだもの……」「ハハア、なるほど」「それにこいつらの指揮官ときたら、情況も任務もまるっきりわかってやしない。服だけはどうやら保安隊らしくカーキ色の制服を着けているが、外套ったらどうだい。二十九軍の借り物だか何だか知らんが、全員灰色のを着てるだろう。これじゃあいくら何だって、日本軍が敵と判断するのが当り前だよ」「イヤ、だから今も愛沢君や広瀬君と、こいつらの事をバケモノ保安隊だっていってたところですよ」

「まったくその通りだ。バケモノ保安隊とはよかったなあ。アハハハ……」

やがて間もなく本物保安隊が西五里店に到着した。今日のネグラがどこなるかも知らぬ顔の保安隊の兵隊達は、饅頭を頬張ったり、隣のやつの頬ッペタを引っぱたいたりして、雨のひとときをこの西五里店の部落でゴッタ返していた。

保安隊宛平に入城

その時、私は特務機関で、蘆溝橋駅からの電話にかかっていた。話の相手は今朝程喧嘩したばかりの威勢のいい参謀である。

「こんな事件を引き起した以上、旅団としては保安隊を宛平城内に入れる事は絶対不賛成だ。早速止めさせてくれい。今朝方の事件なんか全く寝耳に水で、旅団は一生懸命、蘆溝橋と八宝山とを警戒していたら、突然背後の北京街道から、灰色の大部隊が散開隊形でこちらに向って前進して来るじゃないか。

大塚通訳生を遣ってこれを食い止めさせようとしたところ、かえって射撃で対応するという始末、結局正当防衛としてもこちらは戦わなければならなくなったんだ」

「いま、笠井顧問からも電話で、その一伍一什が報告されてきたところだよ。だが保安隊入城の件は、昨夜来交渉の結果、中国軍の宛平県城撤退に伴う交換条件として、こちらがすでに承認を与えた問題なんだ。不拡大の目的達成のためには大事の前の小事というわけさ。

保安隊の入城を拒否する、その事は極めて易々たる問題だが、その反動として、せっかく撤退した二十九軍がまたまた宛平城内に舞い戻って来たらどうする。ことにこの問題は、軍司令部でもすでに協定通りやらせろという意向なんだぜ。今朝だけの問題で、根本までひっくり返すような愚をなさぬよう、その点はよくよく考えてくれい」

「だが最初の協定というやつがなあ！　余りにも軟弱過ぎたんだ。まあ一応閣下に申し上げてみよう」

電話は暫くの間放置されて、受話器がジージー音を立てていた。

「今、閣下の意向を伺って見たんだ。軍の方針がそうと決まったら仕方がない、入城の点では譲歩しよう。しかしいったん日本軍に対して銃口を向けたような保安隊は、断じて城内に入れるわけにはいかない。即刻、他の保安隊と取り換えて欲しいというご意見なんだ」

「その点はご心配無用！　すでに別の一隊を派遣してあるからその方を入城させる」

笠井顧問と中島顧問とは協議の上、これ等保安隊の編制装備について再検討を加える事になった。そして松井機関長からの指示に基いて、入城保安隊には、重火器に類するものは一切、即ち軽機関銃といえども携行させない事にして、弾薬の数も一人十発に制限し、特に人員の点では厳に百五十名に限定した。こうして整理された保安隊百五十名は、笠井顧問及び愛沢、広瀬両機関員に引率されて宛平県城へ、また残余の五十名、及びバケモノ保安隊は、中島顧問に引率されて北京指して引き揚げて行った。

九日の午前十時半、宛平県城駐屯隊長金振中営長は、部下全員に対して移駐命令を下達し、住みなれた宛平城に別れを告げ、粛然、蘆溝橋を渡って永定河西岸へ撤退を開始した。入れ変って午後の四時、西門から城内に入った保安隊の一隊は、やがて街のほぼ中央と覚しきあたり、道路の一側に整列を終った。

保安隊員に一場の訓示を与え、やがて県政府に落ち着いた笠井顧問は「ヤア、どうもいろいろご苦労様でした。じゃあどうぞ後をシッカリお頼み致しますよ」と、県長の王冷斉や、この城内で日本語を解する唯一人の警察官李巡官らにそういった。

陰うつな雨が、まだシトシトと降りそそいでいる。蘆溝橋一帯の原は早くも夕靄にとざされて来た。この果てしもつかない霖雨のように、事件はいったいいつまで続いていくのだろう。早く何とかして、カラッと晴れた真夏の大空は仰げないものだろうか。

（七）缔结停战协定

资料名称：停戦協定の締結

资料出处：寺平忠輔著《蘆溝橋事件——日本の悲劇》，読売新聞社1970年版，第209—225頁。

资料解说：第二十九军撤出宛平后，中日两军代表再度谈判，于7月11日一度缔结停战协定，但日军并未停止军事行动，关东军宣布向山海关、古北口集结兵力，日本内阁也通过了出兵决定。

第一〇章　停戦協定の締結

橋本参謀長を出迎え

笠井顧問や愛沢通訳生達が、保安隊誘導のため出ていってしまった後も、中国側の要人達は、依然、次から次へと特務機関を訪れて来て、機関の中は相変らず上を下へのゴッタ返しを続けていた。

応接室と事務室の間を、あわただしく駆けずり回っている私をつかまえて、吉富機関員が話しかけた。

「アア補佐官殿！　先程豊台からお電話がありました。関東軍の連絡将校、辻政信とかいう大尉の方が、今豊台に来ておられるそうです。それで今晩北京に泊ろうと思って、汽車に乗ろうとされたところ、豊台の駅長が、作戦上の目的で北京に行く者は、絶対、汽車に乗せる事まかりならんといって、もう三時間ばかりも汽車を動かさないんだそうであります」

「フーム、それで北寧鉄路局の方へ、交渉でもしてくれといってきているのか？」

「イヤ、北京行きは中止されたそうであります。ただ、そういう事があった事だけ、お知らせしておいてくれとの事でございました」

「そうか。辻大尉がやって来ているんだな。この辻大尉というのは、この前、上海事変の時、金沢の連隊の小隊長として出征し、勇敢に戦ったが、戦後はもう一人、辻権作という大佐と一緒に、あちこち講演して歩いたので、ますます有名になったんだ。幼年学校、陸士、陸大の恩賜組で、口も八丁、手も八丁、なかなかの遣り手だそうだ。関東軍、いよいよジッとしておれなくなったもんだから、天津軍をケシかける意味で辻大尉なんかをよこしたんだな」

話し合っているところに天津の軍司令部から、電話がかかってきた。

「軍参謀長の橋本少将と塚田参謀それから大木参謀の三名が、停戦協定締結のため、今日午後三時四十五分、天津発、列車で北京に向われました。出迎えの準備と宿の支度を、どうぞよろしくお願い致します」というのだ。

「こりゃあいかん！　早速今の問題を解決してしまわんと、今度は参謀長一行まで、豊台の駅で河止めみたいな事になってしまう」

私はトントンと階段を駆け上って機関長室に入って行った。

「そうか。宿の方は扶桑館に交渉したらそれでよかろうが、列車の一件は、こいつちょっとうるさい問題だなあ！　それに時間もう余りない事だしするから、北寧鉄路局に連絡をとる一方、どちらに転んでも大丈夫なように、ご苦労だが補佐官一つ、自動車を二台ばかり用意して豊台駅まで迎えに行って来てくれ。汽車が順調に出るようだったら補佐官もそれに乗って、一緒に帰って来るがいい」

私は早速吉富機関員に命じ、北寧側どの交渉を開始させた。「あとは頼んだぞ！」私は一声を残して、北機第一号車と、軍事顧問用の車一台とで特務機関を出発した。

車が豊台の駅についたのは、六時にはまだ大分間のある時間だった。霧のような雨がまたモヤモヤと降り始めてきた。私は駅のすぐ前にある、豊台守備隊を訪れて行った。軍装物々しい、そしてズブ濡れになった兵隊が、あわただし気に営内を行き来している。彼等は何れも七日の夜以来、蘆溝橋の戦場で善戦健闘したつわもの達なのだ。私なんかと一緒に死生の巷にさらされてきた戦友なのだ。なんともいえぬ親しさ、懐かしさがこみ上げてくる。

入口のすぐ左側に通信所があった。私は雨宿りのつもりでツカツカとその中に入って行くと声をかけられた。それは旅団の次級副官小野口大尉だった。「いつの間にこんなところに来られたんです？」私はろくろく挨拶もしないで、尋ねた。

「昨日ですよ。牟田口連隊長と一緒にこちらにやって来ました。しかし戦争というものは、こういう後方勤務は一向有難くないですな。河辺閣下はもう今朝程から、第一線に立って指揮をとっておられます。それで君はまた、どういう要件でこちらに来られたんですか？」

「アア私ですか。私は参謀長閣下のお出迎えです。何だか豊台から北には汽車を出さないような噂を聞いたもんですから」

すると副官は「さきほど、河辺閣下から電話がありましてね。参謀長閣下が来られたら、ちょっとでもいいから蘆溝橋の戦場を回って、見ていただきたいっていわれるんです。閣下としちゃあ、すでにこの戦場で部下を殺しておられるんですからねえ。そういったお気持が多分にあるんでしょう。

だから僕は、どうしても参謀長閣下を、ここで汽車から引きずり降さなきゃならない立場にあるのです。オヤッ！　もうボツボツ列車が着く時刻です。駅の方に参りましょう」

二人は一緒に自動車に乗った。そして雨の中を素ッ飛ばしてホームのオーバーブリッジの脇に車を横付けにした。

豊台における参謀長

ガランガラーン！　ガランガラーン！　信号所の方で合図の鐘が鳴る。やがて北京行き急行列車がすさまじい勢いでホームに滑り込んで来た。「一号車はもう少し後の方に停車いたします」豊台憲兵の三橋実上等兵が私達二人に注意してくれた。

車輌の胴体に赤色のライン、そしてその下に「頭等臥車」としるされた車が、静かに私達の前に停った。二人は車の中に乗り込んでドアーをあけると、出会い頭にブツかったのが大木良枝少佐参謀だった。

「お迎えに上りました。実は豊台の駅長が作戦関係の日本軍人は一人も北京にやらんと頑張っていますし、またこの次の永定門駅では、ワカラズヤの二十九軍が抜身のダンビラを突き付けて、乗客をしらみつぶしに調べるんです。それやこれやでいっそのこと、自動車で北京まで素ッ飛ばされた方が早手回しと考えまして、ここまでお迎えに上りました」「それはどうもご苦労様でした。じゃあちょっと待ってくれ給え。その事を閣下に申し上げてくるから……」

参謀長は「外は雨が降っているようだな」と言いながらマントを羽織り、やがて列車から降りて来た。一行三台の自動車は、参謀長の車を先頭にして、守備隊の中に入って行った。雨は次第に本降りになって来た。ゴッタ返しの本部事務室で、一杯の渋茶に喉を潤している参謀長に小野口副官が「当兵舎には、昨日の戦闘で名誉の戦死をとげました鹿内（しかうち）准尉以下十名の遺骸が安置してございます。それから野地少尉以下、二十数名の負傷者を、医務室の方に収容しております。ただいまからその方をご案内申し上げます」と報告に来た。

静かに立った参謀長に続いて、私も廊下伝いに将校集会所へと足を進めた。入口で丁寧に拝礼をして中へ入る。集会所といっても、実はいたってお粗末な、そして陰気な二十畳ばかりの板の間に過ぎない。机も椅子も全部取り払ってしまって、床の上に十体の遺体が、担架のままで安置されてあった。遺骸はつい今さき、運ばれて来たばかりとみえ、まだ掩いもかぶせてなかった。軍服は赤土の泥と血に塗れて凄惨なまでに汚れており、その顔はいずれも蒼黒く、そして心持ち膨れ上っていた。

「こちらが小隊長　鹿内准尉です。こちらが鳥塚上等兵の遺骸であります」小野口副官はその一人一人について紹介の労をとった。参謀長はその一体一体に対して丁重な黙禱を捧げるのだった。戦友が供えたのでもあろう。パイナップルのあきカンに灰が入れられ、その中から香煙が縷々として立ち昇っていた。一同はこれら護国の忠霊に対し、もう一回、心からなる黙禱を捧げ、静かにその室を退出したのであった。

医務室の方には、二十何名という重傷者が、一度にドッと運び込まれたため、寝台ばかりギッシリ一杯でほとんど身動きも出来ない有様だった。負傷者達はその上で、輾転反側呻吟していた。戦友が、汗でグッショリになりながら、大きな団扇で傷者の一人一人をあおいでいる。

軍医が一人一人についてその症状を説明した。「この中の一番重傷なのはだれかな？」参謀長が尋ねた。「ハ、この列の一番右端におります第七中隊の中村権太一等兵であります。腹部の盲管銃創を受けまして、もう腹膜炎を併発しております。いまのところ本人はいたって元気で、気が張っておりますけれど、助かる見込みはほとんどありません」

軍医は低い声でそういって、聴診器を診察衣のポケットにねじ込んだ。その白衣の膝のあたりには、生々しい血痕が点々としてついていた。「こちらが野地少尉であります。やはり腹部をやられております」軍医の声に応じて参謀長は野地少尉の方を振り返った。「野地少尉！ご苦労だったな。よくやってくれた。どうかな？　傷は痛むか？」すると少尉は上体を起そうとしてもがき始めた。「イヤ、そのまま、そのまま、無理しちゃいかん！」

参謀長は軍医の方を振り返った。そして「軍医もなかなか忙しいだろうが、どうか最善をつくして傷者の手当をやってくれ給え。大変ご苦労だったな」とその労をねぎらった。

雨の新戦場展望

やがて車は守備隊の正門を出発した。参謀長一行は停戦協定を結ぶため北京へ向う途中、蘆溝橋付近の戦場を視察することになったのである。道路をさしはさんで両側の畑には、見渡す限り青々とした野菜が、美事に育っていた。年老いた農夫がキャベツを籠に入れて雨の中を運んでいる。

車はやがて窪道にさしかかった。こんもりとした楊柳が両側から覆いかぶさらんばかりに生い繁っている。乗馬の将校が一人、自動車と擦れ違いに豊台の方へ走って行った。その後の方から歩兵が一ヶ中隊、泥濘の道を前進して来る。

「ホ？　今ごろ豊台の方に行くのはどういう部隊かな？」

参謀長がいぶかしそうにたずねた。状況説明をかねて、参謀長の車に同乗した私は「ア、これはさきほど小野口副官から聞いて参りました。天津から第二大隊が到着したので、今夜の警備は第二大隊に委せ、昨日からブッ続けに戦闘して来た第三大隊と第一大隊とは豊台に帰して休養させるのだそうであります」

「アアそうか。するとこれらは皆、一いくさ済まして来た歴戦の顔触れなんだな」

隊列の真ん中を担架が通る。自動車に乗っている我々は何だか相済まぬような気持をもって、この一隊を眺めるのだった。

眼界が急に、明るくなって開豁地に出た。西五里店の南方、蘆溝橋の原の入口である。「アア、見えます見えます。あの左前の高い城門、あれが宛平県城の東入口に当ります」私は中国軍配備の概要や、清水中隊が演習した場所なんかについて、参謀長に説明した。そして最後に「しかし今日はもう、あの城内には石友三の保安隊が百五十名入りました。二十九軍はスッカリ河の西岸に撤退してしまったはずです」と付け加えた。参謀長は終始黙々として、その一つ一つに頷いていた。

雨は多少小降りになって来た。北京街道を横切ると、前の方、木立の手前に赤屋根のモダンな建物が見え始めてきた。「あの建物が蘆溝橋の停車場です」私はその方を指差した。ガタン！　ゴトン！　大きく車が揺れて、京漢鉄路の踏切りを越えた。歩哨が立っている。馬が繋がれている。馬糞のにおいがプーンと漂って来て、車はやがて蘆溝橋の駅舎の前に横付けにされた。

河辺旅団長、牟田口連隊長、一木大隊長等はその時皆、ホームのところに集って、参謀長の到着を待ち受けていた。

「ヤア！」「ヤア！」

参謀長と河辺将軍、言葉は簡単ながら感慨深げな挨拶を交した。

「とうとう余儀ない情況の下に、衝突を起してしまいましてなあ。大変ご心配をおかけ致しました」

「イヤイヤ、どう致しまして、非常なご奮闘で本当にお疲れでご、いました。ことに犠牲者を出されました事について、衷心ご同情申し上げます」

「有難う。牟田口君や、それから一木大隊長が実によくやってくれました。

中国側に対しては、これで十分精神的打撃を与え得たことと思います。ただ、多数の犠牲者を出した事が非常に残念です。

今日はもう、戦場も大分鎮静に赴いたようですから、一部をあの一文字山付近に残し、主力は一応豊台に引き揚げるよう命令しました」「じゃあいまから、直接、戦闘を指揮した牟田口連隊長と一木大隊長から、戦況の概要を聞いていただきましょう」

そこで牟田口大佐と一木少佐とは、代る代る鞭を振り振り、事件発端の経緯から戦闘経過を、現地についてつぶさに説明した。二人の説明はかれこれ三十分ばかりかかった。その一言一句には、今日はまた格別力が籠っていて、当時の戦況が彷彿として私達の眼前に描き出されて来るのだった。

最後に一木大隊長

「私の戦闘指揮が当を得ませんでしたため、多数の死傷者を生じました事は、誠におわびの申し様がございません……」

そこまで語り来った大隊長は、そのままパッタリ言葉が途切れてしまった。隊長の脳裏には、この時、昨日来の情景がマザマザと映じて来て、かれを思いこれを想い、うたた断腸の念にたえなかったに違いない。参謀長も、旅団長も、そしてなみいる将校一同も、ことごとく暗然として涙をのんだ。

夕靄立ちこめる盧溝橋の原、これが昨日の激戦の跡とは思われないばかりに、あたりはシーンと静まり返っている。遙か堤防の方には、竜王廟の赤褐色の塀がボンヤりと霧雨の中に煙っている。

「じゃ、私は今からまだ仕事がありますから、これで失礼いたします。諸官のご健闘を祈っております」

参謀長は一同に挨拶した。そして旅団長等に見送られながら、自動車の方へ歩を運んだ。その時、宛平城の空を、鴉の群が北へ北へと飛んでいった。車は北京街道を東へ走った。参謀長の車が北京市内の宿舎に入ったのは午後八時三十分であった。

関東軍から至急官報

バケモノ保安隊を引率して、いったん北京に戻って来た中島顧問は、その晩すぐまた宛平県城に引返し笠井顧問と交代して、その夜は宛平城内に宿泊し、保安隊の動静をジッと監視し続けた。

十日午前二時五十分、私の卓上の電話が鳴った。宛平城内にある中島顧問からだ。

「僕中島です。いまから十分ばかり前、僕等のいる宛平県城の西北方に当って、相当激しい機関銃声が聞えました。軽機じゃありません。確かに重機です。三、四百発くらい射ったでしょうよ。機関の方から第一線に連絡をとって、至急原因を調べてみて下さい。銃声で保安隊や住民共が、大分動揺し始めているんです。どうぞ至急お願い致します」

私はすぐ、盧溝橋駅に在る第二大隊本部に連絡をとってみた。すると大隊副官平井大尉が出て

「そうです。いまから二十分くらい前ですかなあ。竜王廟の方向に当って約三分間ばかり、機関銃の銃声が聞えました。もちろん日本側のものじゃありません。

察するところ、日本軍が永定河の堤防上に出ていやしないかと思って、威力偵察の目的で、中国側がブッ放したんじゃないでしょうか？」

十日午前六時、豊台旅団司令部の松山副官から電話がかかってきた。

「旅団長閣下は昨夜一晩お考えになったんですがねえ。大局上不拡大という方針が確立された今日、そしてまた

216

中国軍も河の西に撤退してしまった今日、木原少佐の第一大隊は、早く駐屯地北京に帰してしまった方がよかろうと申されるのです。

それで今日中にでも北京へ鉄道輸送したいのですが、輸送とか入城とかに関する中国側の態度は、一体全体どんな風ですかなあ？」

「その件はですねえ。作戦部隊の列車輸送を認めないとか、個人といえども日本軍人の搭乗を許さないとか、中国側はかなり喧ましい事いっていましたが、参謀長閣下の来京に関連して、種々折衝を重ねた結果、結局先方が折れて出ました。

もし輸送されるというんでしたら、早速中国側へ連絡をとりますよ。今の調子だったら大丈夫出来る見込みです」

夜はほゝぼのと明けはなれてきた。やがて松井機関長が二階から下りて来た。

一晩中、椅子に腰かけたまま、マンジリともしなかった私は、夜来の情況を逐一機関長に報告した。

「そうか、輸送の件、こいつはまあ大丈夫だと思うな。一応北寧の局長陳覚生に相談してみ給え。それはそうと、僕はいまから扶桑館に行って、参謀長に情況を報告して来るがね。それに引き続いて今日は一日、会議を開かなきゃならん……」機関長はそう言い捨てると、すぐ自動車をとばして扶桑館へ出かけて行った。

いままで武官室で勤務していた武藤正美機関員が、紙片一枚握ってアタフタ補佐官室へ駆け込んで来た。

「補佐官殿！　参謀長閣下あて、関東軍から至急官報が参りました。これがそうです」「何？　関東軍から至急官報だって？　どんな電報だ」私はジーッと暗号の訳文に目を通した。

天津軍参謀長　宛

一、関東軍奈良歩兵連隊及び入江砲兵連隊は、昨九日、山海関に集結を完了す。

二、関東軍飛行隊（一部欠）は、錦州、山海関に集結す。

三、在承徳鈴木混成旅団の主力は、承徳、古北口間に在って、すでに出動準備を完了しあり。

関東軍参謀長　発

「ホホウ！　こりゃあ、また関東軍エライ気の早い事をやってるなあ！　しかしこれは今日の会議に非常に大きな波紋を巻き起すぞ。

天津軍は和平交渉の手を差し伸べようとしているのに、関東軍はまるで、やれやれッ！といわんばかりに、戦争をケシかけているみたいじゃないか。ヨシッ！この電報は早速扶桑館の方に届けてやろう」

午前八時、扶桑館では、蘆溝橋事件調停に関する会議が始められた。

列席者は、橋本参謀長、塚田中佐、大木参謀、松井機関長、和知参謀、今井武官の六名である。

不拡大方針を検討する松井北京特務機関長と筆者

参謀長はまず、和平処理に関する軍の根本方針を説明し、その後で今度は現地当事者から、事件処理に関するさまざまの意見を聴取した。ちょうどこの時、さきほどの関東軍参謀長からの至急官報が届けられた。

参謀長は電文内容を一同に披露した後

「こういう電報が発せられてくるにつけても、今や現地の停戦は一刻の遅滞を許さない切迫した情況にあります。これはまた、中国側においても、ほぼ同様の状態にある事が想像されます。

したがってこの問題は、巧遅よりも拙速、この方針でいかなければなりません。

いまからその具体的研究に移りたいと思いますが……」

その時、今井武官が発言した。

「お話中ですが、停戦問題の取り決めをするには、これから中国側ともいろいろ折衝しなければなりません。また刻々移り変る第一線方面の戦況とも、睨み合せなければなりません。その上こういった電報連絡の事を考えますと、扶桑館では万事につけて不便を感じます。会議場所を、一つ特務機関の方へお移しになったらいかがですか」全員これに賛同して、会議は一応解散、一同車を連ねて特務機関に移動した。

この移動の最中、午前九時五分、豊台から無電による連絡があった。

「第一線の情況悪化す。第一大隊は北京帰還を見合せ、目下出動を準備中」

停戦協定条文の審議

午前九時半から機関の小応接室で、引き続き、さきほどの会議が開かれた。会議は紆余曲折したが、せんじ詰めたところ、次のような交渉案がまとまった。

条　文

一、第二十九軍代表は日本軍に対し、遺憾の意を表し、かつ責任者を処分し、将来責任をもって再びかくのごとき事件の惹起を防止する事を声明す。

二、中国軍は、豊台駐屯日本軍と接近し過ぎ、事件を惹起し易きをもって、蘆溝橋付近永定河東岸には軍を駐屯せしめず、保安隊をもってその治安を維持す。

三、本事件は、いわゆる藍衣社、共産党、その他抗日系各種団体の指導に胚胎すること多きに鑑み、将来これが対策をなし、かつ取締りを徹底す。

以　上

私は早速二十九軍側に電話した。そして事件調停の衝に当り得る、重要人物を特務機関まで派遣するよう要請した。すると先方から、張自忠と張允栄とを差向けたいのだが、張自忠は今、病臥中のため、取急ぎ張允栄だけを機関に出頭させるという回答があった。斡旋の主は冀察の元老格、元陸軍上将斉燮元将軍である。張允栄は午後四時、随員の盧南生を帯同して、特務機関を訪れて来た。

橋本参謀長を含めず、さきほどの会議の面々、それに私を加えた六人は、機関の大応接室で二十九軍代表張允栄と対坐した。盧南生は張の横にシャチコ張って坐っていた。張自忠、張允栄、この二人は従来から親日系をもって目せられ、つい最近の日本内地視察旅行以来、日本の現状に対しても、一番深い認識を持った知日派である。

松井機関長は条文内容について説明した。張允栄は黙黙、頭を垂れて傾聴し、その要所要所を自らメモしていた。

やがて全部の説明が終った時、彼は

「本件は、両国、明日以後の親善提携を卜すべき、重要ポイントとしての役割を帯びております。従って双方の意向に、いささかの無理もわだかまりもない事が大切です。このため、これから二十九軍首脳部とも、打ち合せしたいと思いますので、暫くの間、ご猶予いただきとうございます」と申し立てた。「よろしゅうございます。どうぞお持ち帰りの上、十分検討なさって下さい」と松井機関長がいった。会談は二十分ばかりで終ってしまい張允栄は間もなく機関を辞去して行った。

この夜、二十九軍司令部からは、細目交渉のため、何回となく特務機関に電話がかかってきたし、張允栄ばかりでなく、斉燮元までが頻繁に機関の門を出たり入ったりした。

中国側第一の難点とするところは、第一項の責任者の処分である。日本側としては、事件の責任者として、少なくとも三十七師長馮治安の処分くらいを期待しているのに対し、中国側としては、現地の直接関係者たる、団長、営長、連長クラスの処罰くらいで糊塗してしまいたい意向だった。第二項の永定河東岸に軍を留めずという一件は、これまた面子上すこぶる困った問題である。そう簡単にオイソレとは撤退が出来ない。それが出来ると思ったところに、日本側の大きな誤算があった訳である。

七月十一日午前三時、中国側は「第一項、責任者の処分だけは、何とかこれを撤回していただきたい。また、第二項は、東岸にある馮治安の三十七師を撤退させる。その代り張自忠の三十八師をこれに置き換える事にして、その辺のところで何とか了解を遂げていただきたい」と申し出て来た。

我が方は、深夜会議を開いたけれど、ほとんど全員の意向が、中国側の要求拒否、この一点張りである。

「本来なら、我々のつくった条件を中国側にたたきつけそれに応じないなら即時開戦、という手を打つべきですがなあ！　それを枉げて不拡大に徹しようとしている我々の気持、これがどうして彼等に通じないですかなあ！」

「我々が今の中国側の要求をそのまま受諾したとした

ら、この交渉はもう完全な骨抜きですよ。第一、我々はどうして第一線の将兵に顔向けが出来ますか。また、熱狂し切っている銃後の国民に対し、いったい何といってお詫びをします?」

諤々の論議は容易に鎮静し難いものがあった。

「張自忠や張允栄は、なるほど知日派かは知らないけれど、秦徳純や馮治安等の横暴を抑えつけるだけの、何等の力も持ってやしない。単なる行ったり来たりのメッセンジャーボーイに過ぎんじゃないですか。これが二十九軍の代表だなんて、実に頼りない事も甚しい限りです」

橋本参謀長はこうした激論をよそに、両手で頭を支えながらテーブルに向い、ひとり様々な思索に耽っておった。

十一日の明け方近く、中国側が一歩を譲って

「永定河東岸からは、実質的に完全に兵を撤退させます。ついては条文にある、東岸には軍を駐屯せしめず、というこの言葉、これだけはどうか、うたわないようにしていただけないものでしょうか」と申し出て来た。

「自分達が売国奴といわれたくない面子からだな」

「条文があってさえ、なおかつこれを空文視するのが彼等の常套手段だ。条文抜きの口頭契約だけじゃ、それこそ何を仕出かすかわかりゃしない。この申し出では問題にならんね。断然、ハネつけて然るべきだね」

「国と国との交渉だぜ。それがこんな安易な考えでまとまると思っている二十九軍は、いったいバカなのか、それともこちらをペテンに引っかけようという魂胆あっての事なのか。いずれにしても日本側を甘くみるにもほどがあるよ」

先方がなかなかこちらに同調してこないため、この交渉は十日の正午から始めて、十一日の正午まで、丸々二十四時間にもわたって長びいてしまった。

十一日午後零時三十分、今井武官はとうとう痺れを切らし、自身、神輿をあげ、張允栄邸まで押しかけて行った。そして先方の首脳者とも会見の上、第一条、「責任者の処分」は嫌応なしにこれを受諾させてしまい、さらに第二条、「蘆溝橋付近、永定河東岸には軍を留めず」とあるのを「蘆溝橋城郭、及び竜王廟には軍を留めず」というふうに改変し、まあまあこのくらいのところなら——という事で、曲りなりにも双方の意見が結着を見た。

天津軍司令官田代皖一郎中将は、そのころ病気重篤だ

った。したがって軍参謀長橋本少将は、軍司令部を二日も三日も明けっ放しにしておく事は出来なかった。そこで停戦処理一切の業務を松井機関長以下に委ね、塚田中佐、茂川少佐を帯同し、この日午後二時、南苑飛行場を出発し、一路天津に向って帰還する事になった。

協定案に目鼻をつけた今井武官は、すぐさま車を南苑にとばせ、まさに出発しようとしている橋本参謀長にこの情況を報告した。参謀長は喜色満面

「そうでしたか。それは結構でした。これで私も、天津に帰る大変よいお土産が出来たわけです。今後の措置がまた極めて重大ですから、あくまで慎重にやって下さい。どうも大変ご苦労でした」と安堵の色を浮べ、タラップを昇ってやがて機の中に吸い込まれて行った。

こうしてスーパー機は南苑の緑野を後に、爆音も勇ましく、晴れ渡った真夏の大空にグングン上昇して行った。

二十九軍代表調印す

重荷をおろした今井武官は、交渉の顚末を松井機関長にも連絡するため、参謀長を送り終るとすぐ、車をとばせて特務機関にやって来た。武官が機関の玄関に上って来るのを待ち構えたようにして私が

「今井武官！　天津からお電話です。エライ急ぎの要件らしいですよ」

「アアそう。有難う。どの電話ですか？」

「アッチの電話もコッチの電話もみんなそうです」

「エッ？　アッチもコッチも？」

武官はとりあえず補佐官室の電話にかかった。先方は天津軍司令部の専田盛寿少佐参謀でお互に陸士の三十期、同期生である。

「タッタいま、停戦交渉がまとまったという事を電話で聞いたところだ。しかし時すでに遅し、中央は華北派兵を決定したぞ。もう不拡大なんていっとる時期じゃない。協定の調印は取り止めにしてくれ」

「何ッ？　そんな馬鹿な事が出来るものかッ！　せっかく不拡大にまとまったものをブチ毀せなんて、いったいそれは軍の意見か、貴様の意見か？

参謀長閣下もタッタいま、交渉がまとまった事を非常に喜ばれて天津に出発されたばかりだ。軍司令部の中でそんなに意見がチグハグしていて、どうして国策の遂行

が出来るかッ！」

「しかし考えてもみろよ。これほどまでに思い上った二十九軍、これに断乎鉄槌を加えるチャンスは、いまをおいてもう絶対にないじゃないか。だからこそ中央は……」

「いかん！　絶対にいかん！　貴公が何といったって、僕は徹底不拡大だ。ひとり僕だけじゃない。参謀長も特務機関長もみんな不拡大だ。

　血気に逸って国策を誤るような、馬鹿げた真似は絶対出来ん！　調印はするよ。立派にやって見せる。僕はいま、非常にいそがしいからね。そんな下らん意見なんか聞いてる暇はないんだ」ガチャリ、武官は受話器をたたきつけるようにして電話を切った。

　その後、武官は機関長と、いまの電話の内容について話し合った。そして専田参謀に対し、二人は口を極めてこれを難詰するのだった。

　もともとこの専田参謀は、昭和十年十一月、殷汝耕が冀東防共自治政府を樹立した当時、その産婆役をつとめた人物である。最近冀東が解消されるとか、冀察に合併されるとか、そういった噂が喧しくなってくるにつれ、彼の心は穏かでなかった。彼はついに、冀察をたたきつける事が冀東を存続させるための唯一の方法だ、というふうに考えはじめていた。

「だから専田の意見なんかどうだっていいんだよ。我々の問題は停戦交渉の本論だ」

「そうです。私は冀察の面子を重んじて、責任者処罰の内容までは突っ込まなかったが、彼等はあるいは下ッパの、団長や営長クラスを処分して、肝心の馮治安なんか案外ノホホンと済まし込むようになるかもわかりません」

　ともかく、これで全面停戦の見通しが明るくなり、昨夜来の労苦が酬いられた喜びに、一同はひとまずホッとした。

　折りも折り、そこに東京三宅坂、参謀本部から橋本参謀長宛、軍事極秘の電報が送られて来た。

「内地においては、華北に派遣すべく、目下三ヶ師団、動員の準備にあり」

　機関長と今井武官は、電文を囲んでにわかに額に皺をよせた。

「これはすでに動員令を下して、部隊が目下出動準備中というのか、あるいは現地の情勢が悪化したら、動員派兵の用意があるという意味か、いったいどちらと解釈す

223　停戦協定の締結

べきだろう？」

「もしそれが後者の方だったら問題はないのですが、前者だとしたら、これから現地で協定を結ぼうとする我々は、中国側から欺瞞者と罵られても、一言も返す言葉がない事になってしまいます」

「我々が罵られるのはまだ甘んずる事も出来る。しかし日本そのものが不信不義な国として、烙印を押される事には我慢出来ない」

二人は再び電文を取り上げて、ジッとそれに眼を据えた。

やがて今井武官が面をあげ「やはり私は動員が出来得る態勢にある、という意味にとりたいのですが……」すると松井機関長も「私もその解釈が妥当だと思う。かりに刀を抜いても、血を見る事なく鞘に収める事が出来たら、これに越した事はないのだからね。同様に、動員したら必ず戦争しなければならぬという理屈もない筈だ。

ともかく、我々はその判断に基いて、協定の調印だけは断然決行しようじゃないか」「そうですな」「もし……」「もし？」「我が政府が他に理由なくして動員を強行し、強引に華北派兵を断行するようだったら、我々は潔く責を負って職を擲つばかりだ」「そうなればもちろん、私も……」

二人は悲壮な面持で決心の臍を固めた。

松井機関長は午後五時五十分、和知参謀、今井武官同道、張允栄を訪問した。そして張自忠と連名の下に、次の停戦条文に調印させた。

停　戦　条　文

一、第二十九軍代表　対於日本軍表示遺憾之意並懲罰責任者　以及声明　将来負責防止再惹起比類事件

二、中国軍　為日本在豊台駐軍　避免過於接近　易於惹起事端起見　不駐軍於蘆溝橋城廓及竜王廟　以保安隊維持其治安

三、本事件　認為多胚胎於所謂藍衣社　共産党　其他抗日系各種団体之指導　故此将来対之講究対策並徹底取締

以上所提各項　均承諾之

中華民国二十六年七月十一日

第二十九軍代表　張自忠　押

第二十九軍代表　張允栄　押

38師長　張自忠

病中の張自忠は、ベッドから起き上って来て署名調印し、それが終ると、松井機関長、今井武官、和知参謀等と堅く握手を交した。調停委員が条文に調印を終ったのは、七月十一日の午後八時だった。

もちろんこれで日華抗争のすべてが解決したというわけにはいかない。ただ単に、蘆溝橋付近における軍事行動に、一応妥協のけじめがついたという程度にしか過ぎないが、しかし事件が勃発以来丸四日間、文字通りの不眠不休、不拡大に徹して工作を続けて来た人々は、これでようやく安堵の胸を撫でおろす事が出来、機関の中にも久々ぶりに、明るい笑い声がさざめいたのであった。

その夜おそく、松井機関長が内地方面最終のラジオニュースを聞こうとして、スイッチを入れると、アナウンサーはちょうど今日の停戦協定のことを伝えている最中だった。

それは「陸軍省当局談」と前置して「……こうして本日、北京において停戦協定が成立したとはいうものの、冀察政権従来の態度から判断すると、これが果して先方の誠意に基くものであるかどうかは、すこぶるもって疑わしく、全幅的信頼は寄せ難い。おそらくこの一片の協定書も、やがて間もなく、また反古同然のものになってしまうだろう事をあらかじめ覚悟しておかなければなるまい」

これを聞いた機関長は、椅子を蹴って起ち上った。そして憤然、ただちに電報起案紙にペンを走らせた。

「……当局談の真意はそもそも那辺に存するや。協定実行の誠意を冀察側に求めんがためには、我また十分の誠意を披瀝する事肝要なり。

本日の放送のごときは、冀察を責むるに何等の効なく、かえって彼に、協定破棄の口実を与うる不幸なる結果を招来せんのみ」

この数語の中、現地機関の苦衷と、不拡大目的完遂のための誠意とが、実に躍如としているではないか。

やがて三宅坂、陸軍省から返電が来た。「ラジオの放送は誤りなり。引続き努力を継続せられたし」何という間の抜けた電報であろう。当局の不見識も甚しく、「いったい東京は何をしているんだ？」と言いたいところである。

これは後になって判明した事であるが、右のラジオ放送は、陸軍省新聞班の強硬派雨宮巽中佐が、班長秦彦三郎大佐の点検を経ることなく、独断原稿を放送局に回したものだとの事である。

冀察の情報関係者が、何でこの東京放送を聞き逃がそう。ことにそれが「陸軍省当局談」と銘打ってある点を重要視し、まさにこれ全陸軍の総意であると判断し、冀察側の神経は爾来極度に昂ぶってきた。そのトバッチリは直ちに特務機関にハネ返って来た。

彼等は叫んだ。

「今次の停戦協定がかくまで軽視され、侮蔑された事は心外である。これを要するに日本側には一片誠意の認むべきものすらないのではないか。自分が反古扱いすればこそ、相手も反古にするだろうと考えるのは当然である。

こう考え来れば、日本が称えるところの不拡大方針、ないし停戦前後措置というものも、究極は、自分の作戦準備が完了するまで、時間的余裕をかせごうとする、卑怯極まる緩兵策に他ならないではないか」

こうした疑惑を彼等の脳裏に植えつけてしまったのだから、爾後の交渉は非常にやり憎いものになってしまった。

現地機関はそういう冀察側の感情を解きほぐし、真の不拡大を招来するため、さらにどれほどの苦心と努力を払わなければならなかったか、この点は筆舌のよく尽し得るところではない。

「天に代りて不義を討つ……」日毎夜毎、内地のラジオから流れて来るメロディーは、我々幼いころから聞きなじんだ勇ましい曲ではあったが、およそこの時くらい複雑奇妙な感じをもって、耳にした事はなかったのである。

（八）中日停战交涉的成立

资料名称：日支停戦交涉成立

资料出处：新聞集成《昭和史の証言》第十一卷，本邦書籍株式会社 1985 年発行，第 349—350 頁。

资料解说：这是日本媒体对 1937 年 7 月 9 日中日两军停战交涉达成协议的报道。

一日朝市外吉祥寺の博士邸に赴き、拳銃で博士を射ち重傷を負はせた福岡県生れ、元大統社工業塾舎監小田十壮(三二)氏に係る殺人未遂事件の第一回公判は八日午前九時五十分から東京刑事地方裁判所第四部潮裁判長、栗谷検事係り、林、竹上、佐々木（高）伊藤氏等第七弁護人立合ひで開廷された、傍聴席には海軍大学生廿二名に右翼関係者多数詰め掛けてゐる、小田は絽の紋付羽織に絽の袴いが栗頭で出廷、栗谷検事起つて公訴事実を開陳すると、小田は「その通り相違ありません」とハツキリ美濃部博士射撃の動機を肯定して裁判長の審理に入る、小田は小学校卒業後郷里の福岡県蘆屋町の弘道赤心社に入つて教養を受け、漸次国家革新運動に走り、上京後は苦学を続けたが、同人は幕末の人傑がづれも卅歳前後の青年であつたのに鑑み、自分も又卅五歳位に名を成し、然らざる時は死すとの信念を固め政治家を志し弁護士にならうとしたが、事志と添はず、遂に帰郷大統社塾の舎監になる迄の生活を語る偶々議会で美濃部の「天王機関説」が問題になり、東京地方検事局に不敬罪で告発が提起され、相当な処分ある事を期待したのに反して司法当局は博士を不起訴とし、而も博士の声明は一向に謹慎したものでなく、之を新聞で知つた小田氏は国家に代つて博士を殺害してこそ年来の所信を実現するものだと、同年十二月上京、博士の教へ子の「元福岡地方裁判所判事法学士弁護士小田俊雄」との名刺をこしらへ、博士邸訪問の時機を狙つてゐた

十年十二月に上京し、はじめは十一年の正月に年賀客に化けて美濃部宅に入らうとしたが、時を失し、次の機会を狙ひ稲田登戸で拳銃の試射をやつたが、非常に具合よく、いよいよ二月十一日の建国祭当日を決行日ときめて博士邸附近を窺つたが、とても警戒厳重で物にならず、同月廿日の総選挙日前後なれば警戒も緩むだらうと考へ、拳銃と実弾十数発と、博士に対する斬奸状を果物籠の中に忍ばせて、籠を携へて廿一日午前十時頃吉祥寺の博士宅に参りました

と「小田俊雄」の名刺を出し、難なく面会し得た事を述べる

裁　博士を殺して如何なる効果があるのか

小　博士個人の声明を奪ふのが目的ではない、博士の学説は自由主義の産物であるから法律で罰する事が出来ぬなら国民の手で之を誅し、世の自由主義者を応懲せんとしたのです

博士を殺したら自殺するつもりだつたと答へる、訊問はいよいよ博士との退団模様に入る

小　私は博士と対談の後「時に博士は日本の家族制度についてどう考へられますか」と問ふと博士は「大家族制度は駄目でせうやはり夫婦中心の家族制度になるでせう」と答へられた、私は更に「先生の天皇機関説には大分反対がある様ですが」と云ふと博士は言下に「あの人達の云ふ事は迷信でしてネ」と事もなげに答へましたので、いよいよ改悛の情ないものと認め殺害の決意を固め博士に「本を貸して下さい」と欺いて二階へ上つた隙に果物籠からピストルと斬奸状を取り出し、降りて来た博士に斬奸状をつきつけたのです、すると博士はそれを最後まで読んだ後「あなたは私の本をよく読んでゐない」と云ふので押問答を重ねた揚句、博士は急を知つて「お客様のお帰りだよ」と家人を呼んだので、私は之迄だと思つて立ち去る博士に後からパンパンと七発乱射したのです

博士の右大腿部に全治廿日の創傷を負はせたが、其時同邸警戒の古沢、新井、小林の三巡査がいづれも拳銃を擬して向つて来たので氏は之迄と思ひ自ら左腕に一発射つて自決を図つたが果さず、警官から又三発受けて逮捕される迄の事を詳細に語つて審理を終り、裁判長から

裁　被告はもう少し博士の考へを確かめようとは思はなかつたか

小　反対説を迷信だと一蹴してゐる博士にはそれ以上の忠告は無駄だつたのです

と最後に

小　法を犯した事は申し訳ないが私のやつた事は後悔してゐない、起つ可き時に起つたと信じてゐます

と昂然と答へて正午すぎ休憩、午後一時再開した

日支停戦交渉成立

両軍第一戦より撤退

夫々永定河の左・右岸へ

〔七・一〇　読売夕刊〕　冀察側代表張允栄氏は九日午前一時（日本時間午前二時）松井特務機関長を訪問約二時間に亘り蘆溝橋事件解決につき折衝の結果双方意見完全に一致を見たので日支両軍当局は即刻各第一線部隊に対し射撃停止の命令を下した、これにより一昼夜に亘る戦闘状態は午前五時に至り漸く解消されわが軍は永定河の左岸平漢線の東北地区に集結、宛平県城を始め蘆溝橋付近にある支那軍は永定河右岸に撤退することになつた、かくて日本軍は支那側に先立つて未明のうちに永定河左河地区に撤退を開始したが、支那側は命令の撤退を缺きわが軍撤退完了後もなほ永定河右岸地区への撤退を完了せず、午前六時ごろには却つてわが軍の撤退に際し射撃を加へるの暴挙に出でたゝめわが軍も已むなくこれに応戦し更に三名の負傷者を出すに至つた

北平における日支交渉当時者はなほも局地的解決に努め直ちに現地に対しそれぞれ人を急派して再度交戦の原因を調査せしめたる結果支那側の停戦命令不徹底に基因すること判明し午前六時四十分北平より派遣された日支調停委員日本側第廿九軍顧問中島中佐、支那側冀察外交委員会専員林耕宇氏ら

四名の現地到着によつて支那軍への命令初めて徹底しこゝに戦闘は全く停止され、日本軍は直ちに蘆溝橋停車場並びに平漢線北側に再び集結を開始し宛平県城内及びその付近の支那軍は永定河右岸地区に撤退準備を開始した、かくて事態重大化の危機は全く去り蘆溝橋事件は和平解決の曙光を見るに至つた

厳たり・我態度
事件不拡大方針なるも

九日の重大閣議後午後零時廿分、風見書記官長は当日の閣議の経過並びに申合せにつき左の如く発表した

蘆溝橋事件処理に関する臨時閣議は全閣僚出席のうへ午前八時五十分会議を開き陸軍大臣より事件の経過並びに事態の見透しにつき詳細なる説明あつたのち、その方針を次の如く決定した

【一】今次事件の原因は全く支那側の不法行為に基くものである【二】我方としては事件不拡大の方針を堅持すること【三】支那側の反省による事態の円満収拾を希望すること【四】若しも支那側に反省なく憂慮すべき事態を招来する危機を見るに至らば我方としては適切迅速に機宜の処置を講ずること【五】各閣僚は何時にても臨時閣議の招集に応ずるやう待機すること

愈々善後処置交渉へ
我軍厳重監視の態度

〔七・一〇大朝〕蘆溝橋における日支両軍の対峙は七日夜来、三日間にわたり形勢重大を極めたが、八日の交渉に引続き九日朝来七時より午後零時半に及ぶ支那側との交渉および第百十旅長何基豊氏が自ら現地に赴き支那軍を説得した結果、遂に午後零時二十分支那軍は永定河右岸地区に撤退を完了したので、わが方も戦闘行動を中止し、事件善後処置の交渉に入ることゝなつた

陸軍武官室発表＝昨八日以来日支両者間において折衝の結果、蘆溝橋にある支那軍は九日午前五時を期して永定河右岸に移る旨確約したのであつたが期限となるも実行せざるのみならず却つて約に本づきて蘆溝橋附近に集結中の我軍に射撃を浴びせるの不法をあへてなし我軍もまたこれに応戦やむなきにいたり事態は再び逆転するにいたつた、我方としてはあくまで事件不拡大の方針を堅持し速かなる事態の収拾に努力を傾注して来たのであるか、かゝる状態のまゝ推移せんか、時局ますます悪化し不測の事態は邦辺におよぶか想像を許さぬものがあつたが幸ひにも何旅長ら現地に至り支那側に対し命令の徹底を努めた結果、支那軍も最初の約束に聴従し、午後零時二十分大部隊の撤退を終りたるをもつて、わが軍も戦闘を中止して厳にこれを監視するとゝもに本件善後処理の交渉に移るはずである

【陸軍省発表】九日午後二時陸軍省に達した報告によれば蘆溝橋にある支那兵は午後零時十分一個小隊を残置して全部撤退した

九日午後八時三十分外務省着電によれば九日午後四時蘆溝橋に残留せる支那部隊は完全に永定河西方に撤退を終了した、日本軍は豊台方面に集結しつゝある

首謀学生処罰決る
十四名に退、停学命ず
五教授も進退伺い提出
注目の同大教授部会

〔七・一〇京都日出〕予科生龍城事件から果然混乱に陥つた同志社学園ではその後着々事態収拾につとめてゐたが、九日朝文部省へ報告を終へて帰学した湯浅総長は直に上谷財務、浅野庶務、奥村事業の三部長をはじめ河原法学部長らと凝議して後午後四時より教育部会を開催過日の予科、法学部両教授会でそれぞれ決定を見た龍城組学生処分の件につき二時間にわたり協議の末、予科は諭旨退学六名、無期停学五名、譴責十二名、合計廿三名、法学部は諭旨退学二名、無期停学一名を決定し同六時十分散会したが、この決定は同夜直に各学生に送達の手続きを執つた、なほ今回の事件の責任を負つて柴山予科長、山田教務主任、徳予科学生主事は揃つて進退伺を、河原法学部長は解任願、生島学生主事は辞職願を同教育部会に提出したが、学園当局としては来る十五日開かれる常務理事会にはかつた上それぞれ却下するものゝ如くである

粛学への第一歩

教育部会散会後湯浅総長は次のごとく語つた

今回の事件につき世間をお騒がせしたことは申訳ない、学園としては将来かゝる不祥事件の勃発せぬよう厳正に自粛自戒し教育機関としての使命を全うすることに努力する、今回の事件につき関係職員は一同深く責任を感ずる所である、学生の処分については予科の分は同教授会で決定した稟議書が廻附されたのでそれを決裁し、法学部の分は教育部会で信義の上で何れも決定したが、本来はもつと厳罰に処すべき所を慎重に教育的立場からまた本人の将来を考へて幾分寛大な処置となしたのであるが、今次の事件は昭和五年ごろ以前から生れた空気による一の現象であり、今回の処分をもつて事件は終りとはいへないので寧ろ今回の処置は同志社学園粛学への第一歩と見られるべきであらう

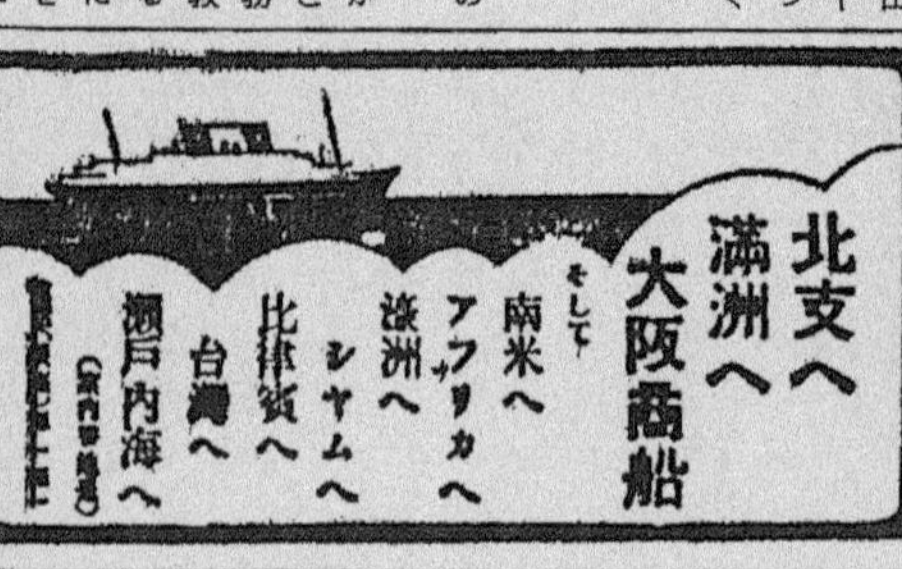

（九）华北事变现地协定内容

资料名称：北支現地協定内容

资料出处：新聞集成《昭和史の証言》第十一卷，本邦書籍株式会社1985年発行，第364頁。

资料解说：本资料是日本媒体报道的中日两军在华北达成协议的内容。

るのはこの二科目を中心として準備教育が行はれることであり

若し各児童がこの二科目に勉強の主力をそゝぎ他を軽んずるが如きことあるときは、それこそ初等教育の健全な発達を害するものである

とし数日中各小学校長宛この弊害防止について厳重通牒を発すると同時に準備教育に対して監視の眼を向けることになつた、しかし学校内における準備教育については徹底的に取締れるが、校外の場合には府の威力も及ばず目下その対策に悩んでゐる

さすが日本国民

全国労働争議解消

一転、銃後の護りへ　事変突発に奮起して

〔七・二三　国民〕　暴支膺懲——緊迫した北支の天地に一度び火蓋が切られるや今春来燎原の火の如き勢ひで全国を席巻くした労働争議も全く影をひそめこれ等の労働全体は今やあざやかな転換振りを見せ、只管銃後の護りに専念してゐるさまは警視庁は勿論遂先月まで争議調停、解決斡旋に汗だくだつた関係諸官庁を感激せさせてゐる

即ち警視庁調停課の調査によれば今春交通産業部門に端を発した賃上闘争は見る見るうちに全産業部面に浸潤して東交の対市賃上同盟、東洋紡等々一月以後六月末迄に二百五十一件、参加人員五万一千六百六十余と言ふ一大争議時代を現出昨年同期の累計百廿二件、三千六百余名の水準を遙かに凌駕し参加人員に於ては十倍余に達し鰻昇りの高物価と共に世人を啞然たらしめたが

七月に入り北支事変突発するや時局認識に基いてか既存の労働組合を解消するものや、闘争中の賃上闘争も自発的に休戦を宣言するものなどが続出して日毎、巷に織出される愛国佳話、軍国美談等々と共に「流石は日本国民！」と内務省社会局、警視庁労働課員を感激させてゐる

和平収拾至難

北支現地協定内容

『冀察側から自発的の申出』

我方厳重監視中　陸軍当局発表

〔七・二四　読売〕【廿三日午後八時廿分陸軍省発表】　支那駐屯軍よりの報告によれば「今回の北支事変に関し冀察側においては責任者の謝罪処罰の外今次事変の原因は所謂藍衣社共産党その他の抗日系各種団体の指導に胚胎するところ多きに鑑み将来これが対策取締を決定することを協定せり即ち冀察側はこれが実行のため七月十九日文書により左記具体的事項を自発的に申出たり

（一）日支国交を阻害する人物を排す（二）共産党は徹底的に弾圧す（三）排日的各種機関諸団体及び各種運動並にこれが原因と目さるべき排日教育の取締をなす

又別に冀察側は今回日本軍と衝突したるは主として第三十七師に屆するものなれば将来双方の間に意外の事件発生を避くる為同師を北平より他へ移駐する旨通告し来り昨二十二日午後五時以降列車により逐次南方に移動中なり」と、駐屯軍は目下之が実行を厳重に監視中なり

陸軍の態度

北支の形勢は我方の事件不拡大の根本方針厳守によつて、去る十九日冀察当局の自発的解決弁法申出を容認しこれが実行を確約するにいたつたゝめ漸次平静に帰しつゝあるが陸軍中央部としては今後の態度の関し次の如き方針を堅持してゐる、即ち冀察当局よりの申出による解決弁法を支那側が果して完全に実行する誠意ありや否やが今後に残された問題で我方としてはこれが実行如何を厳重に監視する必要がある而して今後南京政府にして今回の現地解決主義の真意を曲解し依然北支に藍衣社その他の排日諸機関を潜入せしめて煽動せんとするが如き態度に出る場合は此の時こそ東亜の禍根一層のため断固たる決意を示す秋であるとして南京政府の態度を専ら注視し情勢の推移を看視しつゝある

中央軍　更に増派決定

北支における日支両当局者間に成立した事態収拾の現地協定に対し国民政府が中央としての立場よりこれいかに対処するか内外斉しく重視するところとなつてゐるが確聞するところによれば国民政府は廿三日朝来の軍、政、党最高会議の結果馮治安部隊の撤退は日本軍との同時撤退といふ双務相互的なものである以上はこれを軍事行動拡大防止の応急措置として是認するが盧溝橋事件そのものゝ解決は中央外交機関を通じて処理さるべき性質のものであり地方当時者間の現地協定の如きは内容の如何を問はず中央の容認すべきものでない旨意見の一致をみた、さらに中央軍の河北省浸入問題に関しては梅津、何応欽協定は于学忠部隊の河北省入りを禁止したもので中央軍に関しては何等の拘束なく、しかもこの種協定は永続的効力をもつものでなく且つ今回の中央軍北上は日本軍の平津大増兵に対応すべくなされたものであるから日本軍の入関部隊が撤退せざる以上・中央軍を更に増派し北支包囲の陣形の完璧を期すべしと云ふに一致した、かくの如き国民政府の強硬度は宋哲元の対内的立場を一層困難ならしめ北支和平の一縷の希望を蹂躙さるゝをとなるは明かであるが中央としては全国的な抗

（十）中央强制抗日，地方丧失自治权

资料名称： 中央の抗日強制下に自由権能を全く喪失

资料出处： 新聞集成《昭和史の証言》第十一巻，本邦書籍株式会社 1985 年発行，第 351—352 頁。

资料解说： 本资料是日本媒体对中日两军在华北谈判的评论。认为与日军谈判的华北当局受制于南京政府，并没有足够的自主权。

百万円債鬼の包囲下！

死守するこの一線

ラスキン蒐集品

世界的至宝散逸を防ぐには

〝如何なる断罪も甘受〟 悲痛な御木本氏

〔七・一〇 読売夕刊〕 英国が生んだ大社会思想家ラスキンの理想具現を銀座街にもとめてラスキン文庫、ラスキン・ホール、ラスキン・カテージの三高級喫茶店及びラスキン参考館等を経営したが、銀座に探求した理想主義的生活はもろくも街の商業主義に敗れて、現実に見る百万円の借財から逃避した既報真珠王御木本幸吉翁の長男御木本隆三氏(四五)は、その後市内某所に身をかくして、雲野弁護士らを財産整理者に、近づく破産宣告の日を待ちつゝあるが、この期に及んでなほどうしても離れ得ない一事—それは氏が魂の糧として半生を費し蒐集したラスキン・コレクションの運命への関心であつた氏の財にして、そして氏の特異な性格にしてはじめてなし得られたこの世界的大コレクションはいま群がる債権者と、この一線だけはとこれを死守する財産整理者との間に浮沈生死線上を彷徨しつゝある—

御木本氏は自己の経済的失敗に対する償ひとして財産の一切を投げ出すことは失踪以来の動かぬ覚悟ではあつたが、どう考へても思ひ切れないのはラスキン・コレクションが無慈悲な債権者の手による逸散であつた、つひに堪りかねた氏は八日、雲野弁護士に、このコレクションだけは、どうか心なき債権者の手から護つて理解ある人にそつくり譲り渡し、四散の運命から救つてくれるやう懇願した、雲野弁護士もこの一途な学徒らしい心情に同感し、必ず無智な債権者の手から護らうとたゞちに銀座の三喫茶店および七丁目のラスキン参考館、渋谷の本邸等にあるラスキン・コレクションの整理に着手した

氏が直接に投じた金だけでも卅万円を超えたといはれるだけにこの蒐集は数知れぬ限定版もの、絶版ものに、たゞ一枚に千金を投じたといはれるラスキン自筆の原稿やラスキン自らの自画像からラスキンが使用した調度など、中でもラスキンが十七歳の折、恋人に送つたといふ恋文などにいたつては金では換算出来ぬ代物で、しかも、これらが一つにラスキン・コレクションとしてはじめてラスキンの出生地たる英本国のそれにつぎ、好事家には百万円とまで評価される無限の価値と意義を生じるわけである

しかしこゝに問題は果してこの大コレクションを譲り受け得る篤志家が日本にあるかどうかの点で、現在では寥々たる日本のラスキン研究者にはこれを得るだけの資力がなく、ほとんど絶望視され、結局かねて垂涎するアメリカのラスキン蒐集者の手に莫大な値によつて落ちるものとみられ

若しこれも不可能な場合は古本か反古なみに債権者によつてバラバラに四散されるの外ないといふ悲観すべき運命にある、右につき雲野弁護士は語る

「本人が、このコレクションの逸散さへ防いでくれたならば、後はどんな断罪にでも服する涙を流して頼みましたので、私もぜひこれだけは債権者の手から護らう、これが日本の知識人に与へられた任務であると考へこれの整理に着手しました、なにしろ金にあかせて集めたゞけに全く大変なもので目録を作りあげるだけでも数人の手であと四日間は完全にかゝります、おそらく日本の資産家にこれを買ひ取るだけの興味と篤志をもつた人はありますまいと考へられますが、どうしても仕様のないときは結局バラバラに四散されるより他はないでせう」

トピック解剖

中央の抗日強制下に自由権能を全く喪失

冀察〝爆弾箱〟と化す

局地交渉と冀察政権の現状

〔七・一一 東日〕 河北、察哈爾を中心とする北支の一帯は、今や「日支関係の爆弾箱」だ。満洲事変以来刻々悪化して来た日支危局のスポンジ地帯としての北支の地位は、刻々に変形して両国のアルサス・ローレン的な存在となつた。活火山のやうに噴煙は常に立ちのぼり、このごろでは不気味な地動さへ感じられるのである。この上に立つてゐるのが冀察政権なのだ。

満洲事変以来の日支摩擦の拡大は一九三三年春の関東軍の北支進軍を余儀なくせしめた。この結果同年五月卅一日の塘沽停戦協定となり、これによつて河北の非武装地帯の設定はじめ、北支の日満支関係における特殊性が確立された。日満側から見れば、満洲国の直接接壌地域たる河北方面が、依然として反日満地帯であることはたへられぬことで、こゝが日支関係の緩衝地帯化であり、親善地帯であることは必要である

一方南京から見れば、日満側の希望を諒解したわけではないが、こゝを従来通りの排日、侮日の地帯としておくことは日本

を刺戟することになり第二、第三の北支進軍の発生は、自己政権の崩壊の恐れがある。根本的には相対立する出発点に立ちながらも河北省の一帯を日満支関係のスポンジ帯化することにおいて、結果的な一致を見たのである。そこで塘沽協定後の黄郛政権が出来、王克敏政権が出来たのである。

南京政府は満洲事変の進展につれ、地方勢力たる学良勢力の抱懐化が早まりその後に南京勢力の拡大をはかつた、河北に南京の出店を作つた。これは何応欽を首班とするものである。これは河北に及んだ日満支摩擦の結果、漸次特殊な政権として、専ら対日の関係のスポンジ帯に移行し、黄郛の北上黒眼鏡の王克敏の北平入りとなつたのである。南京政府は、河北方面の日満支関係の特殊性を認むるゼスチユアをとらざるを得ず相当の権限を与へて対日満関係の処理に当つた。しかし南京の同政権に対する考へ方は、南京の出店であり、根本的には北支における南京勢力の拡大強化機関であつた。だから黄郛も王克敏も北支探題としての機能はカラツキシ発揮し得なかつた。従つて同地方における日満支の摩擦はひどくなるばかりで遂に一九三五年夏の酒井爆弾抗議事件が起つた。これが結果として河北の特殊性を強調する梅津・何応欽協定が出来、これにより南京勢力の河北退場となつた。北支安定を求める住民は北支自治運動を起し、この要望によつて同年十一月殷汝耕の冀東政権が樹立された一方酒井爆弾抗議以来の北支治安の責任者となつた宋哲元勢力は、同年末北支特殊性が日支関係の円滑化にあることを強調して河北、察哈爾の二省を一丸とする半独立政権たる冀察政権を樹立したのである。

これは約十万の廿九軍勢力を脊柱とするもので、従来の北支政権とは違つて実力的にも相当ハツキリしたものであつた。南京政権は勿論この半独立性を警戒し種々の牽制を加へたが、北支の現情がこの政権を無視し得ないところから軍事、外交、財政その他諸般の事項に亘る広汎な権限を付与、政治形態をとるべきことを認めたのである。而して宋哲元は「北支刻下の急務は日本との外交関係を円滑にするとともに共産軍防衛の二大問題である。北支の現状認識については南京は大なる錯誤に陥つてゐる。

今日の事態では北支特に河北、察哈爾両省においては日本と全面的強調を保たねば絶対に存立の余地がない……」と声明した。かくて同政権こそ「北支明朗化の玉手箱」と期待されたものである。

しかるに常に南京から牽制されかつ政権首脳部のヌエ的態度によつて、日本の意欲との摩擦は依然深刻なものを包蔵してゐたのである。北支明朗化の具体的手段としての経済提携工作も、はかばかしく進行しなかつた。この間南京の同政権牽制と抗日政策は北支中央化政策の形をとつて肉薄した。一九三六年秋には同政府の特殊性の第一である対日外交権を奪ふ法令を出し、その束縛力は将来は勿論過去にまでさかのぼるといふひどいものであつた。これによつて同政権は日本との経済合作について全く自由な機能を失つた。さらに山西、山東にのばされた中央化の圧力は漸時政権内部に及び、要人中の知日派を苦境に陥れ、南京派勢力を圧倒的ならしめるに至つた。陳学生の弾劾問題の如きはこれの露骨な現れだ。かうしたやり方と併行して日本及び日本人圧迫の政策と一般の抗日熱強化策が行はれた。かくて諸種の抗日事件が発生した。これは冀察政権と日本との関係を悪化せしめるわけである。更に南京の触手は廿九軍に主力をそゝいだ。

同軍はかつて長城戦における抗日最前線軍であり抗日のドン・キホーテ馮玉祥の旧部下である。彼等は馮を偶像視してゐる。南京の同軍の抗日軍化政策は馮勢力を通じて屡々行はれ、一九三六年秋以来同政権内部にあつた石敬亭等の暗躍、本年に入つては馮玉祥の密使は頻繁に来往した。

かゝる南京の冀察政権抗日化政策の効果は、支那全土の抗日熱と廿九軍の抗日的生地によつて、表面に現れた。平津一帯の学生インテリ層は全般的抗日運動の頂点に立ち、たへず該運動を続け、特に昨年の打ち続いた抗日テロ事件、同年末の綏遠事件に刺戟され、抗日の第一線に立つとの英雄感が益々強くなつた。特に綏遠軍が民族の英雄として、全国の賞讃の的となつてゐることは、廿九軍中堅層を強く刺戟し、同軍は抗日第一線軍としての自負をさへ覚えつゝある。かゝる空気の綜合は、南京政府の政策と統合して、ひたむきに冀察政権を抗日色で塗りつぶしつゝあるのである。かくて本年春以来河北を中心とする北支の一帯に悪性の対日不法事件が続発し、日支摩擦の危機は逼迫の傾向となつた。宋哲元の故郷山東楽陵への逃避はかゝる空気の結論と見られるものである。北支の特殊性の故にのみ存在価値を見出す冀察政権の首脳部を抗日派に大勢がリードされ、自重派も今では政権の脊柱たる廿九軍中堅層の抗日に呼応してゐる状態にある。今や北支の特殊性は日満支親善化の本質を離れて日支の爆弾箱に変異してゐる。そしてその上に立つ冀察政権は頭を失ひ、抗日勢力の極点と化しつゝあるのである。

生産力拡充と熟練職工

〔七・二　報知〕重工業、化学工業を中心とする生産力拡充政策は原料資源、技術者、熟練職工の欠乏がその最大のしつこくと化し、なかんづく技術者並びに熟練職工の補給に際し予想以上の難関に逢着し、政府は商工、文部、内務の各省、企業庁相連絡してこれが対策に狂奔し、急を要するものは来るべき特別議会に提出、日、満、鮮を通ずる産業五ケ年計画に関連し、やゝ恒久的性質を帯びるものについては通常議会に提出してこれが養成をなす方針である一方民間側でも重工業、機械工業、

（十一）中国军队再度来袭，我方应战占其两点

资料名称： 支那軍また も来襲　暴戾・停戦協定を蹂躙　我が方応戦両所占拠

资料出处： 新聞集成《昭和史の証言》第十一卷，本邦書籍株式会社 1985 年発行，第 353 頁。

资料解说： 本资料系日本媒体报道，所谓中国军队破坏停战协定，两军再次爆发冲突，日军占领了龙王庙与东辛庄两个要点，中国军队遗尸无数，而日军伤亡亦达二十余名。

化学工業等の中枢部面では職工養成機関の大拡張を具体化しつゝあり、なかんづく学校、工場のコーエペラチブ・システム（連繋制度）の充実を強調しつゝある

新旧財閥挙つて 養成機関の新設・拡張

生産力拡充の中枢部門として最も緊急を要する部面は鉄鋼機械（工作機械、精密機械等）造船、自動車、航空機等で、技師、職工の充実についてもかなりの障害に直面し、三菱、住友等の既成コンツエルンは勿論日産、理研その他の新興コンツエルンでは早くもこれが拡充策につき真剣な研究を進め、同一コンツエルン下の各種機械工場直属の職工養成機関の新設拡張をはかると共にこれ等の各職工学校を統轄する財団法人の設置が具体化しつゝあるやうである

即ちたとへば三菱重工業は造船造機、航空機を兼営し現在の受注高は約二億五千万円の巨額に達し、前年に比し約八千万円の大激増であるが、所要職工数も現在約三万六千に及び、本年度名古屋航空機工場採用職工数のみでも前年の三百名に対し約一千名の多数に上つた

従つて職工養成機関の充実に邁進し財団法人三菱工業教育会統率の下に長崎、神戸、名古屋の工場附属職工学校の大拡張を進めつゝある

住友でも同様の方法で職長（後は職工）教育をもこれに加味し日本産業でも日立制作、大阪鉄工その他関係工場職工学校の統制機関設置につき考慮中である

以上の如き大工場と並んで資力薄弱なる諸工場については工業学校、青年学校等各種教育機関と民間工場とのコーエペラチブ・システムの採用が特に重視されてゐる

支那軍またも来襲 暴戻・停戦協定を蹂躙 我が方応戦両所占拠

〔七・一一 読売〕 十日朝復旧した北寧線の運行は午後四時北平発列車を最後に再度不通となり平津間の電話も同五時半すぎ中断された、支那両前線では再度日支両軍衝突説が伝へられ日本側にはまだ確報なきも司令部は相当緊張して事態悪化を思はせるものあり支那軍の抵抗意識は各方面の煽動で相当強く謡言盛んに飛び情勢は楽観を許さない

【天津十日発同盟】 十日午後五時十分約百名より成る支那軍は突如八実山の南方衛門口に現れ小銃、追撃砲を以て龍王廟の我軍を襲撃し来つた、我軍は直に応戦忽ちにしてこれを撃退した、これがため前線は再び緊張を呈してゐる永定河右岸には支那軍約五個団（五個連隊）あり西苑に駐屯する支那軍にも油断する能はず

（午後八時北平武官室発表） 十日午後五時十分ごろ衛門口、永定河右岸蘆溝橋の西北約四キロに約百名の支那軍現れ小銃、追撃砲を発射しつゝ龍王廟に向け前進し来り、又一方西苑の第卅七師が八実山に兵力を増加するとの情報もあり非常に危険な情勢にあつたが日本側は支那側に要求の結果、進撃し来つた支那軍は射撃を中止し原駐地に引揚げたので危機一髪のところで事なきを得た

【北平十日発同盟至急報】 暴戻なる支那兵は前日の日支双方の約束により蘆溝橋沢付近永定河右岸に一兵も残さぬ筈であつたが支那側はこれを蹂躙し十日午後七時廿分永定河西岸より蘆溝橋駅付近にある我部隊に迫撃砲の集中

龍王廟付近にある支那兵二小隊と東辛荘、蘆溝橋東北方付近にも兵力不明の支那部隊が同地一帯を占拠したので我方は一部隊を以て迫撃砲の射撃を受けながら応戦し十日午後九時十五分龍王廟の敵陣に夜襲しこれを占拠、同時に東辛荘をも占拠した

深夜の大白兵戦 牟田口隊長 敵陣へ斬り込む 我死傷廿数名

【天津十一日発同盟】 牟田口〇隊長の率ゐる東北健児の龍王廟における戦闘ぶりは真に壮烈無比のものであつた龍王廟は日支双方の不拡大申合による撤退地域に包含されてゐたところなのに支那軍数百は十日この協定を無視して午後十時ごろ夜陰に乗じ追撃砲の掩護の下に龍王廟に新剰し来つたので我部隊は極度に憤慨直に応戦、牟田口〇隊長はこれをも手温しと見て自ら抜刀して先頭に立ち敵陣に踏入りこれに続く我将兵は悉く一騎当千の兵士揃ひのことゝて勇戦奮闘直にこれを撃退した、この戦闘は今日までの最も激戦で我死傷も廿数名に達し敵は無数の死体を遺棄して退却した

天晴れ！〝盟主〟巨人軍 二季連続、優勝を遂ぐ 職業野球 長期リーグ戦最高の覇

〔七・一二 読売〕 職業野球春の覇権を決定する日は遂に来た、去る三月廿七日開幕された大リーグ戦は東の〝盟主〟巨人軍と西の〝王者〟タイガースが龍虎相譲らぬ壮烈な王座争奪戦を展開して一進一退の戦況はゴール間近まで何れに栄光輝くとも判らず、野球ファンの熱狂を極度に沸かしてゐたが、十一日の試合では巨人軍がセネタースを激破して前日の恨みを雪いだに反し、タイガースは金鯱に連敗を喫して、茲に巨人軍は五十五戦・四十一勝・十二敗・二引分・勝率七割七分四厘、タイガー

（十二）断然发动自卫权派兵华北

资料名称：断乎・自衛権を発動す　支那の計画的武力抗日　北支派兵・暴戻を断つ　政府声明・挙国一致邁進

资料出处：新聞集成《昭和史の証言》第十一巻，本邦書籍株式会社 1985 年発行，第 354 頁。

资料解说：本资料是日本媒体对日本当局正式决定增兵华北，扩大战争的报道。

スは五十五戦・四十勝・十四敗・一引分・勝率七割四分一厘となり、あと巨人軍の対名古屋戦一試合、タイガースの対阪急戦一試合の戦績が如何にならうとも巨人軍の首位は動かず、かくて巨人軍は昨年結成された職業野球連盟の第一回覇戦に覇を称へてより引続き最初の長期大リーグ戦たる昭和十二年春期のペナントを掌握した、リーグ戦の当初首位にあつた巨人軍がタイガースに首位を譲つてより久しく両者の位置は動かなかつたが、去月廿六、七両日行はれた事実上の優勝決定戦と見らるべきこの両雄の第七、八回戦に巨人軍がみごと進勝を遂げて首位は再び巨人軍の手に奪還され、僅少のリードをもつて最終のゴールを目指す追撃戦はタイガースの奮起と相埃つて熾烈を極め一戦毎に手に汗を握らせたが、遂に奇しくもリーグ当局が最初に春の最終日として予定してゐた十一日をもつて覇者の栄光は再び巨人軍に燦として輝き、タイガースはまたしても長恨の涙を呑んだのであつた

断乎・自衛権を発動す

支那の計画的武力抗日

北支派兵・暴戻を断つ

政府声明・挙国一致邁進

〔七・一二東日〕北支重大化に対処する十一日の臨時緊急閣議は五相会議に引続き午後二時卅五分から首相官邸に開会、近衛首相以下全閣僚出席の上まづ近衛首相から五相会議の経過並びに結果を報告し五相会議の結果に基く政府としての事件の処理方針を協議し「（一）帝国政府は曩に事件不拡大の方針をもつて臨んだに拘らず支那側がかくの如き背信行動に出る以上はわが方としてもこの際自衛権を発動して支那側の不法行為を排除しさらにわが居留民の権益を保護するため有効かつ適切なる方針をとり、帝国の確固たる不動方針を中外に闡明すること（一）右のために必要なる経費の支出」を付議し各閣僚意義なく右大方針を確認し挙国一致事態の処理に当ることを申合せて同三時四十分散会、終つて近衛首相は四時廿二分東京駅から省電で葉山に向ひ同五時廿二分御用邸に伺候、五相会議と閣議の結果を委曲上奏御裁可を仰ぎ、同七時卅七分御用邸を退出し、四十九分逗子駅発省電で八時四十五分帰京した、なほ政府は同日午後六時半左の如く中外に声明した

相踵く支那側の侮日行為に対し支那駐屯軍は隠忍静観中の処従来我と提携して北支の治安に任じありし第二十九軍の七月七日夜半蘆溝橋付近における不法射撃に端を発し該軍と衝突の已むなきに至れり為に平津方面の情勢逼迫し我在留民は正に危殆に瀕する至りしも我方は和平解決の望を棄てず事件不拡大の方針に基き局地的解決に努力し一日第二十九軍側において和平的解決を承諾したるに不拘突如七月十日夜に至り彼は不法にも更に我を攻撃し再び我軍に相当の死傷を生ずるに至らしめ而も頻りに第一線の兵力を増加し更に西苑の部隊を南進せしめ中央軍に出動を命ずる等武力的準備を進むると共に平和的交渉に応ずるの誠意なく遂に北平における交渉を全面的に拒否するに至れり以上の事実に鑑み今次事件は全く支那側の計画的武力抗日なること最早疑の余地なし、思ふに北支治安の維持が帝国及び満洲国にとり緊急の事たるはこゝに贅言を要せざる処にして支那側が不法行為は勿論排日侮日行為に対する謝罪を為し及び今後かゝる行為なからしむるための適当なる保障等をなすことは東亜の平和維持上極めて緊要なり、よつて政府は本日の閣議において重大決意をなし北支派兵に関し政府として執るべき所要の措置を成す事に決せり、しかれども東亜平和の維持は帝国の常に顧念するところなるをもつて政府は今後共局面不拡大の為平和的折衝の望を捨てず支那側の速なる反省によりて事態の円満なる解決を希望す、又列国権益の保全に就ては固より十分之を考慮せんとするものなり

支那の戦意愈々明日

全面的衝突・不可避

我軍遂に重大決意

許し難き重なる不信

〔七・一三東日〕一触即発の危機を孕みつゝ不安に暮れた十一日夜は果然支那軍の協定蹂躙によつて事態は遂に急変悪化した、日本軍は蘆溝橋付近から豊台に十一日夜集結、協定条件を即事履行したに拘らず八実山付近の支那部隊は蘆溝橋の北方二キロの地点から平漢沿線に出でわが軍に挑戦、一方これに呼応して永定河の右岸に撤退した支那部隊は沿岸高地に現はれ永定河奪回の挙に出でわが軍の第一線の監視兵に乱射をあびせた、わが軍はこれに向つて隠忍自重いまだ応戦しないが支那側の度重なる協定蹂躙の不信行為は今や絶対に許すべきからざるものとしてわが全軍は激昂その極に達し遂に全面的衝突不可避の事態に逢着した

【十二日午後一時陸軍省著】現地よりの報告によれば、わが軍は昨夜（十一日）の支那側との申合せによつて所定の地位に撤退したるところ支那軍の態度は俄然変化を示しわか方に対し逐次攻撃前進の気勢を示し、第一線部隊は我に向つて射撃を開始し本日（十二日）午前十一時彼我の態勢は急変し事態は支那側の不信行為によりまたもや重大化するにいたつたのでわが駐屯軍当局は重大決意をするにいたつた

（十三）中国全军受命即刻出动，军需品陆续运往北方，南京完全进入战时状态

资料名称： 支那全軍に即時出動命令　軍需品続々北方へ運搬　南京今や全く戦時状態展開　共産軍も共同戦線に起つ

资料出处： 新聞集成《昭和史の証言》第十一卷，本邦書籍株式会社1985年発行，第355頁。

资料解说： 本资料是日本媒体对中国军队动向的报道，包括国民政府向华北运送物资，南京进入战时状态，中共军队也推进抗日民族统一战线、奋起抗日等内容。

大軍続々北上す
藍衣社も露骨活動

【十二日午前十一時陸軍省発表】諸情報によれば

一、平漢線方面の支那軍は昨十一日既に北上を開始し万福麟軍及び馮占海軍は保定より涿州および瑠璃河（北平西南方面十二、三里）方面に、また商震軍及び龍炳勲軍は彰徳及び順徳方面より石家荘、保定（北平西南約卅五里）間の地区に、更に中央軍の劉峙部隊は開封及び鄭州方面より衛輝、順徳（保定南方五十里）付近に向ひそれぞれ移動中にして別に韓復榘軍は去る九日以来津浦線沿線に兵力を配備中なるが如し

二、かねて平津地方において極秘裡に伏匿せられありし藍衣社系の積極分子はその仮面を脱して急遽各地において活発なる活動を開始し共産党並びに学生の煽動工作と相呼応して一般民衆の抗日気勢を激成しつゝあり

三、昨十一日夜協定成立の勃語においても支那軍は撤退の模様なく第一線を推進し蘆溝端東方地区にあるわが監視部隊に対し発砲せり、なほ装甲列車数個はすでに長辛店（永定河右岸）に到着せるものゝ如し

支那全軍に即時出動命令
軍需品続々北方へ運搬
南京今や全く戦時状態展開
共産軍も共同戦線に起つ

〔七・一四 読売夕刊〕【南京十三日発同盟】国民政府軍事委員会は十二日深更まで軍政部長何應欽氏を中心に軍事秘密会議を開催した結果、直系中央軍は固より傍系中央軍に至る迄即事出動出来るやう動員命令を発した、これがため十三日朝来帰休中の将兵は続々原隊に帰還しつゝある

昨夜来軍事委員会を中心に参謀本部軍政部は徹宵異常の緊張を呈し煌々と電燈を点じ大車輪の活動をなしてゐたが南京市内も亦今朝来俄然緊張し軍需品を満載した大型トラックの往来織るが如く軍用トラックは何十台と列をなし揚子江岸下関方面に向ひつゝある、又十二日夜以来京滬（南京、上海）津浦両線の列車を以て徐州、海州方面へ軍需品の大輸送を開始されその他紹商局、三北汽船会社の各汽船も軍需品を満載して漢口方面へ遡行しつゝある

昨夜の軍事委員会に於ては抗日作戦を決定すると共に最高幹部は更に極秘裡に共産軍との共同戦線を協議した模様で仄聞するに大体次の如き決定したと伝へられる

（一）今次北支の日支衝突は相当長期に亙るから共産軍との共同作戦を取ること（二）甘粛にある共産軍は逐次綏遠を迂廻して察哈爾に出で熱河、北平間の日本軍後方連絡線を強襲する

北上命令に接した萬福麟部隊の前衛装甲車中隊は既に十二日夜長辛店に到着その主力は満洲に進出中である次で鄭州及び開封付近にあつた馮古海及び商震軍の一部隊も十三日早朝来行動を開始し北上しつゝある模様

十二日夜以来、閘北停車場には解体せる飛行機を満載せる軍用トラツク六十台杭州より到着、京滬線により直ちに南京方面に急送された

対日抗戦を決意した蔣介石氏は広汎に亙る動員令を下すと共に作戦本拠を洛陽に置くものゝ如く既に飛行機三、四十台は同地に到着し更に続々増加中だと伝へられる

【上海十三日発同盟】淞滬警備司令部では軍事委員会よりの命令に基き上海地方の防衛に備へるため十三日上海保安隊を一団増加し三団とした更にこれを五団に増加すべく目下手配中である

彼の作戦最高方針

【南京十三日発同盟】昨夜来の国民政府軍事委員会緊急会議で決定した対日作戦最高方針大要は左の通りと確聞する

（一）河北には商震、馮占海の如き雑軍を第一線に立たせること（二）日本軍の支那大陸進出に対して北方は隴海線東方は海岸線を以て防衛第一線として死守する（一）中央軍は主として隴海線沿線に集結させて雑軍部隊の督兵に当らしめる（一）空軍の作戦中心は必要に応じて杭州より洛陽に移すこと

【南京十三日発同盟】国民政府軍事委員会は十二日夜閻錫山、傅作義に対し山西軍を率ゐ直ちに平綏沿線に結集し戦時配置を完了せんことを要求した

全国小麦収穫予想
未曾有の大豊作
九百八十三万六千石

〔七・一四 中外商業〕農林省発表の本年度全国小麦予想収穫高は九百八十三万六千二百九十石で前五ヶ年平均実収高より一割五分増の豊作、昭和十年の九百六十五万余石を突破すること十八万余石で未曾有の数字を示してゐる

全国米穀現在高

農林省発表＝昭和十二年七月一日現在内地における米穀現在高は総数量二千七百十九万六千三百七十八石で前年同期の二千五百五十九万二千八百八十六石に比すれば百六十万三千四百九十二石即ち約六分の増加である

全国津々浦々に揚る
〃日本正義〃の雄叫び！
陸軍省に山なす激励文

〔七・一五 国民〕盧溝橋の一角から捲き起つた北支事変は日一日と暗雲を孕んでゐるが、一たびラ

（十四）从正午开始行动的重大声明

资料名称： 今正午から独自行動　支那の不信に業を煮やし　わが駐屯軍より重大声明

资料出处： 新聞集成《昭和史の証言》第十一卷，本邦書籍株式会社 1985 年発行，第 360 頁。

资料解说： 本资料是华北日军司令部以所谓中国军队不守信用为名，宣布日军将采取自由行动，实即为扩大军事行动的报道。

月三日資を惨殺、保険金を詐取した呪はれた肉親謀殺の殺人同未遂、詐欺事件公判は東京刑事地方裁判所第二部吉田裁判長係り野村検事、太田（金）伊藤弁護人等立会で去る五月廿四日以来開廷はま、栄子の母娘は素直に犯行を認め、泣いて重刑処断を求めて居るに反して、独り父親だけは頑強に事件無関係を主張し、之に対して検事は父が中心となつた三名共謀のものと断じ本月二日痛烈に三名の犯行を難じ、寛に死刑を求刑、同月五日結審以来裁判長は八並、西村両陪席判事と慎重合議の結果十九日午前十一時十五日次の如く判決を言渡した

判決

死刑（求刑死刑）医師　徳田寛（五四）

無期懲役（求刑無期懲役）妻　徳田はま（四八）

懲役六年（求刑懲役八年）長女　徳田栄子（二三）

危局へ驀進・支那暴慢の回答

今正午から独自行動
支那の不信に業を煮やし
わが駐屯軍より重大声明

〔七・二〇大朝〕　十九日支那不遜の回答により、形勢は急転重大化のおそれあり、こゝ二、三日の形勢はすこぶる重大視され事態の急迫を思はせてゐる

十九日の南京政府の回答は我方の重大通告に対しいよいよ挑戦的であり、救ふべからざる以夷制夷の外交方針を改めない態度であつて、この回答によつて二十九軍および冀察当局の抗日派をますます硬化せしめ、交渉中の天津協定は実質上南京政府によつて中止を厳命したと同様のものとなつた

十九日午後五時ごろ盧溝橋において支那軍は突如わが警戒部隊に猛射を浴びせかけ山崎雅良部隊長は大腿部に盲管銃創を受け更に同日午後七時ごろ北平、天津間軍用電話線が切断されたが右の如き重ね重ねの支那側の不信行為に対し十九日午後十時支那駐屯軍司令部から左のごとき重大声明を発表した

本十九日までの状況を見るに支那軍は盧溝橋およびその付近よりしばしば斥候をもつてわが部隊直前に進出射撃をなし、十九日午後五時ごろつひに我に負傷者を生ずるにいたつた、また盧溝橋付近において該地の保安隊は我に対し陣地を設備しかつ永定河西岸にある支那軍隊と連絡し今なほ盛んに構築中である、この間に処し日本軍は隠忍自重一発も応戦せず、忠実に協定を履行してゐる、しかるに支那側の行動は右のごとく明らかに協定に反するのみならず、日本軍としては自衛上黙し難きところである、したがつて支那軍が依然かくのごとき不信行為を繰返すにおいては二十日正午以後独自の行動をとるのやむにいたるであらう

時局収拾
望み絶えん
外務当局声明

外務省では北支事変に関し帝国政府の覚書に対する南京政府の回答につき二十日午前一時半左の如く外務当局の見解を発表した

七月十七日日高代理大使より南京政府に申出でたる要旨は

（一）現地解決案の履行を阻害すべからず（二）対日敵対行為を停止すべしの二点になるが、十九日南京政府の右に対する回答は概ね（一）日支双方軍隊の同時撤退（二）外交交渉による解決（三）現地解決は南京政府の許可を要す（四）南京政府は直接交渉、斡旋協定乃至仲裁を受諾する用意ありの四点なるところ右は顧みて他をいふものにして我方の申入れに対する回答とは認め難し、そもそも

（一）今次事件の端を開きたるは支那側の不法射撃にして事件の責任は挙げて支那側にあり、須らく先づ自ら不法を廃め兵を撤収し誠意を披瀝してこそ事件の円満解決を見るにいたるべきなり、しかるに同時撤兵といふが如きは責なき責を我方に分たしめんとするものと見るべく、これに加ふるに現地における両軍撤収の約に背き我が撤収部隊に対し数次不法射撃を加へ我軍に多数の死傷者を生ぜしめたるが如き背信無道といふの外なく、このゑをもつて我方は去る十二日支那側の同時撤退の要望を黙殺せり

（二）支那側が二十数万の大群を北支に集結し平津の我が小部隊ならびに居留民に対し一挙鏖殺の姿勢を執りたるため政府はつひに派兵の閣議決定をなしたるものにしてこれ全く自衛権の発動なり然れども我が方は隠忍自重して支那側の反省に一縷の望みをかけ小部隊を除きいまなほ内地部隊は依然待機しゐる次第なり然るに支那側が大軍の北支結集をもつて自衛を云々するが如きは詭弁もまた甚しといふべし

（三）冀察政務委員会は他の地方に見ざる特殊大規模の政治形態にして従来幾多の重要なる地方的交渉を行ひ来り南京政府は敢てこれに容喙せざりしに今日卒然として冀察政府とわが方との談合につきその容認を主張するが如きは即ち新たに事を構へて故意に事件の円満解決を阻害せんとするものといふのほかなく事態悪化の原因は南京政府が現地協定する一面続続中央軍を北上せしめたる事実にありこの際南京政府において翻然反省するにあらざれば時局の収拾全く望みなきにいたらん

売れるは!!売れるは!!
〝愛国切手〟
頗る好調

〔七・二〇国民〕「愛国切手」の発行は北支事変の発生にもよ

（十五）华北形势严峻化

资料名称：重大化せる北支情勢

资料出处：新聞集成《昭和史の証言》第十一卷，本邦書籍株式会社1985年発行，第361頁。

资料解说：本资料是日本媒体1937年7月21日对日益严重的华北局势的报道。

り、国民の航空事業に対する関心ます〜深く非常な好調を示してゐる、七月九日現在の売捌き高は六月一日発売以来僅々四十日間の成績であるが、二銭、三銭、四銭並に葉書を加へ総計一千二百二十九万三十四枚に上り、この附加金即ち、航空事業に対する寄付金となつた額は、実に二十四万二千六百三十四円六十一銭に上つてゐる、今年中に予定の百万円突破は、さして難事でも無い見込みがついて、逓信当局ではすっかり感激してゐるが、いままでの売行状況から見れば、関心度は比較的都会地に薄く、かへつて地方に非常に関心をもつて迎へられてゐることは明瞭で、宣伝も徹底し、理解も多い筈の都会に売行の悪いことは頗る遺憾とされてゐる

都市別に見れば東京、名古屋、大阪、神戸といふ順序で数から言へば、流石東京は第一位にあるが、人口の比率から見ればお話にならない、

重大化せる北支情勢

〔七・三 読売〕（社説）　和平解決の為にわが政府は凡ゆる努力を傾け、度重なる挑戦的行為に対しても、わが軍はあくまで隠忍して応戦すら控へてゐるに拘らず、国民政府の態度は益す抗争的となり、十七日に與へたわが覚書に対する回答では、責任の所在を無視する両軍の同時撤退を要求し、更に事件解決の唯一の途と見られる現地交渉を妨害せんとする意図を表明し、又わが国が屡々反対を声明せる第三国の調停希望を繰返す等現在の緊迫せる事態の解決につき、努力しようとする考へのないやうな意思を齎らし、好意を以て促したわが当局の再考にも耳を籍さなかつたのである。

右の回答と時を同じくして発せられた蒋介石の声明は、激越なる口調を以て対日決戦の意図を示唆したものとも云ふべく、これらが廿九軍一部の抗日感情を刺戟し無謀にもわが軍に砲撃を加ふるに至り、遂にわが軍の宛平城攻撃を誘起するに至つたのである。

当然な交渉打切り

右の経過から見ると、国民政府とわが当局との間には、時局の認識と和平とに対する態度に根本的な相違のあること明瞭であつて、わが政府が交渉打切りに決したのも当然至極であり、和平解決の最後の手段として現地交渉に今一応の努力を試みようとするのも已むを得ないことなのである。

事変解決の為には既に去る十三日に、わが軍当局と廿九軍当局との間に三ヶ條より成る解決方針の協定が出来、廿九軍当局はこれに調印してゐるのである。唯右の協定は和平解決の大綱に止まり、実施の細目につきなほ交渉を要するものあり、遷延今日に及んでゐるのである。その間廿九軍の統制の乱れてゐるのに乗じ、国民政府は中央軍の北上、空軍の集中、決戦の宣伝等を以て抗日気勢を煽り、現地協定を妨害するは勿論、機会ある毎にわが軍に対して攻撃を加へしめ、殊更に事端を醸して和平解決の成就を妨げんとするが如き奇怪な態度に出でゝゐるのである

実力行使已むなし

この際において協定第三項の実施に関し、共産党及び排日取締の細目協定が十九日に成立したとの報道は注目に値する。今次の事変の原因をみても、全国に瀰漫せる排日抗日の運動が徹底的に取締られぬ限り、日支関係の好転は望めないのであり、更に防共に関する処置は、わが国としては国内的には勿論、国際的にも凡ゆる努力を払つゐること日独防共協定を見ても明瞭なのであつて、ソ連に近く、且つ満洲国に接壌する北支一帯における共産党運動の徹底的防圧は、是非とも実現せしめねばならぬのであるから、との細目の決定は何よりであるといへる。

実施細目にはなほ責任者の処罰と部隊の撤退が残り、白昼公然わが軍に対する砲撃を敢行するまでになつてゐる今日、果して協定に達するか否か、全く予断を許さない、又仮りにこさが出来たとしても、完全に実施されるかどうか頗る疑問であり、危機はなほ爆発点を彷徨してゐるのである。

事態はすでに最後の段階に達してはゐるが、わが方が局地的和平解決の希望を有することは今日においても美化はない。従つて吾人は国民政府及び廿九軍の一部が、その頑迷なる態度を改めて北支安定の為に大悟せんことを望むのではある

今朝突如憲兵隊の大検挙
北代議士ら十余名
紅一点　磯部元主計夫人も
二・二六事件関係怪文書頒布の容疑
私服憲兵数十名を動員

〔七・三 読売〕　二・二六事件を契機として世情の動揺を防ぐため東京憲兵隊では内務省、警視庁と緊密な連絡をとりつゝ不穏な怪文書の厳戒に当つてゐたが、最近にいたつてまた〜この種怪文書が巷間に流布されてゐるので準戦時的時局に鑑みこの際徹底的にその根源を絶滅すべく過去二ヶ月に亘つて内偵を行つた結果、遂にその全貌を突きとめたものゝ如く廿日未明突如市内に一斉検挙を断行し、民政党代議士北昤吉氏、大化会の岩田富美夫氏をはじめ十数名を不穏文書臨時取締違反容疑で一網打尽に検挙した、その中には例の二・二六事件で死刑の判決のあつた元陸軍一等主計磯部浅一の妻

（十六）蒋介石返回南京，命令20余个师开始战斗，全国军队准备出动

资料名称： 蒋介石南京に帰り　廿師に戦闘開始を命ず　全国軍隊には出動準備令

资料出处： 新聞集成《昭和史の証言》第十一卷，本邦書籍株式会社1985年発行，第362頁。

资料解说： 本资料是日本媒体报道，7月20日蒋介石从庐山返回南京，命令已经北上的20余个师开始战斗，同时命令全国武装力量进入战斗准备。

登美子さんが登場するなど同事件の深刻さを物語つてゐるなほこれより先警視庁では去る十五日同様不穏文書事件で杉並区天沼二ノ三〇七皇道自治会会長佐藤慶次郎氏を検挙取調べてゐるが一脈の関連があるものと見られてゐる

媒介役の磯部夫人
隠れ家を襲撃
議会召集前を狙つて北氏検挙

東京憲兵隊では今暁午前四時半特高課長林少佐の総指揮で同課付和田少尉、同係長和田准尉ほか市内各分隊から私服憲兵数十名を動員同五時を期し営業用自動車十台を狩集めてこれに分乗して憲兵司令部を出発、疾風迅雷的に一斉検挙に着手し同七時十分北昤吉代議士(五三)を杉並区井荻三ノ一の自邸から連行したのを始めとして元一等主計磯部浅一妻登美子さん(三七)を牛込区戸山町四戸山ハウスから、大化会岩田富美夫氏を牛込南榎町七四の自宅からそれぞれ連行したほか午前九時までに渡邉正義、岩崎次郎、三浦義一氏ら数十名を検挙、それ／＼同隊地下調室で取り調べを開始した、一方林特高課長は二階警務部長室で馬場東憲隊長、菊池警務部長等と事件取調べに関し打合せを行ふ等早朝からあわたゞしいなかにも異常な緊張を呈した

事件の内容はまだ極秘にされてゐるが前議会当時から巷間に流布されてゐた二・二六事件関係の怪文書の出所経路につき磯部夫人登美子さんが媒介して登美子さんが北氏に手交し同氏が巷間に頒布してゐた嫌疑によるものらしい検挙がかくも突然断行されたのは北氏が代議士であるところから二日後に迫つた特別議会の召集があれば代議士の身分保証によつて司法権の発動が不可能のため召集前に急遽行つたものであるが当局では更に第二次検挙の手を拡げるものと見られてゐるなほこの取調べにより怪文書の出版分布の事実が明白となれば昭和十一年六月十三日公布された不穏文書臨時取締法によつて処断されるものである

『出版、頒布した覚えはない』
憲兵隊への直前　北氏語る

杉並区井荻町の北代議士邸に私服憲兵二名をのせた自動車がピタリと停止したのは午前五時過ぎ、その時はもう北氏は起床して読書してゐた、憲兵から同行を命ぜられた同氏はいさゝかも動じた色なく

『では一寸食事をしてまゐります』

と何事かと驚く夫人や女中を制しつゝ静かに朝食をとりパナマ帽に紺の背広、白靴、黒檀のステツキといふ瀟洒ないでたちで七時過ぎ同行されたが、その際同氏は語る

『選挙違反その他不審を受ける心当りはないのだから万一あるとしたら不穏文のことだらう、それも僕は受け取つたことは受け取つたが、前に議会の問題にしようと軍部、政界上層の極く一部の人に見せたゞけで出版も配布もした覚えはないのでそれを追及されることはあるまい』

北代議士の略歴
北一輝氏の弟

北昤吉氏は明治十八年新潟県の生れ、今年五十三歳、早大文科に学び母校の講師として教弁をとり大正七年欧米に留学、大東文化学院教授、大東文化協会第二研究主任、日本新聞編集監督を経て現在多摩帝国美術学校並に帝国音楽学校を主宰、日本主義哲学者として知られ政界に乗出しては昭和十一年二月、同十二年四月の二回新潟県から立候補して衆議院議員に当選、無所属から現在民政党に移つてゐるなほ二・二六事件民間側関係者にして我国々家主義運動陣の惑星北一輝氏は氏の令兄である

蒋介石南京に帰り
廿師に戦闘開始を命ず
全国軍隊には出動準備令

〔七・二一　大朝〕　蒋介石は日支の全面的破局に直面したので二十日午後六時十分盧山より降り、九江から飛行機で夫人および張群らを同伴南京に帰つた、蒋介石はいよ／＼南京にて非常時に対処する軍政各方面の直接指揮に当るはずで、同九時より軍事委員長官邸に王外交部長、何軍政部長を招致し協議したが、同日午後の宛平付近の日支両軍の衝突を全面的交戦の序幕と見なし、全国軍隊に出動準備令を発するとともに北上中の約二十ヶ師に対し適宜軍略上の必要に応じ戦闘開始の命令を下したといはれる、なほ劉峙は河北省境に集結せる中央軍の本部にあり軍政部次長陳誠は十九日午後盧山より直接前線に飛び韓復榘、閻錫山と連絡を計るとゝもに前線部隊の総参謀の職務をとるに決したといはれる

蒋介石は二十日盧山出発に際し平漢前線総指揮商震に対し保定一帯に集結せる中央軍六万を一斉に北進、参戦せしめよと電命した

蒋介石・抗日参戦命令

蒋遂に南京へ帰還

全首脳を招致號令

蒋介石、抗日参戦命令
（昭和12年7月20日付号外）

（十七）中央军决定再增兵力

资料名称：中央軍更に增派決定

资料出处：新聞集成《昭和史の証言》第十一卷，本邦書籍株式会社1985年発行，第364—365頁。

资料解说：本资料是日军1937年7月23日报道中央军继续向华北增兵的消息。

るのはこの二科目を中心として準備教育が行はれることであり

若し各児童がこの二科目に勉強の主力をそゝぎ他を軽んずるが如きことあるときは、それこそ初等教育の健全な発達を害するものである

とし数日中各小学校長宛この弊害防止について厳重通牒を発すると同時に準備教育に対して監視の眼を向けることになつた、しかし学校内における準備教育については徹底的に取締れるが、校外の場合には府の威力も及ばず目下その対策に悩んでゐる

さすが日本国民
全国労働争議解消
一転、銃後の護りへ　事変突発に奮起して

〔七・二三　国民〕　暴支膺懲——緊迫した北支の天地に一度び火蓋が切られるや今春来燎原の火の如き勢ひで全国を席巻くした労働争議も全く影をひそめこれ等の労働全体は今やあざやかな転換振りを見せ、只管銃後の護りに専念してゐるさまは警視庁は勿論遂先月まで争議調停、解決斡旋に汗だくだつた関係諸官庁を感激せさせてゐる

即ち警視庁調停課の調査によれば今春交通産業部門に端を発した賃上闘争は見る見るうちに全産業部面に浸潤して東交の対市賃上同盟、東洋紡等々一月以後六月末迄に二百五十一件、参加人員五万一千六百六十余と言ふ一大争議時代を現出昨年同期の累計百廿二件、三千六百余名の水準を遥かに凌駕し参加人員に於ては十倍余に達し鰻昇りの高物価と共に世人を啞然たらしめたが

七月に入り北支事変突発するや時局認識に基いてか既存の労働組合を解消するものや、闘争中の賃上闘争も自発的に休戦を宣言するものなどが続出して日毎、巷に織出される愛国佳話、軍国美談等々と共に「流石は日本国民！」と内務省社会局、警視庁労働課員を感激させてゐる

和平収拾至難
北支現地協定内容
『冀察側から自発的の申出』
我方厳重監視中　陸軍当局発表

〔七・二四　読売〕　【廿三日午後八時廿分陸軍省発表】　支那駐屯軍よりの報告によれば「今回の北支事変に関し冀察側においては責任者の謝罪処罰の外今次事変の原因は所謂藍衣社共産党その他の抗日系各種団体の指導に胚胎するところ多きに鑑み将来これが対策取締を決定することを協定せり即ち冀察側はこれが実行のため七月十九日文書により左記具体的事項を自発的に申出たり

（一）日支国交を阻害する人物を排す（二）共産党は徹底的に弾圧す（三）排日的各種機関諸団体及び各種運動並にこれが原因と目さるべき排日教育の取締をなす

又別に冀察側は今回日本軍と衝突したるは主として第三十七師に属するものなれば将来双方の間に意外の事件発生を避くる為同師を北平より他へ移駐する旨通告し来り昨二十二日午後五時以降列車により逐次南方に移動中なり」と、駐屯軍は目下之が実行を厳重に監視中なり

陸軍の態度

北支の形勢は我方の事件不拡大の根本方針厳守によつて、去る十九日冀察当局の自発的解決弁法申出を容認しこれが実行を確約するにいたつたゝめ漸次平静に帰しつゝあるが陸軍中央部としては今後の態度の関し次の如き方針を堅持してゐる、即ち冀察当局よりの申出による解決弁法を支那側が果して完全に実行する誠意ありや否やが今後に残された問題で我方としてはこれが実行如何を厳重に監視する必要がある而して今後南京政府にして今回の現地解決主義の真意を曲解し依然北支に藍衣社その他の排日諸機関を潜入せしめて煽動せんとするが如き態度に出る場合は此の時こそ東亜の禍根一掃のため断固たる決意を示す秋であるとして南京政府の態度を専ら注視し情勢の推移を看視しつゝある

中央軍　更に増派決定

北支における日支両当局者間に成立した事態収拾の現地協定に対し国民政府が中央としての立場よりこれいかに対処するか内外斉しく重視するところとなつてゐるが確聞するところによれば国民政府は廿三日朝来の軍、政、党最高会議の結果馮治安部隊の撤退は日本軍との同時撤退といふ双務相互的なものである以上はこれを軍事行動拡大防止の応急措置として是認するが盧溝橋事件そのものゝ解決は中央外交機関を通じて処理さるべき性質のものであり地方当時者間の現地協定の如きは内容の如何を問はず中央の容認すべきものでない旨意見の一致をみた、さらに中央軍の河北省浸入問題に関しては梅津、何応欽協定は干学忠部隊の河北省入りを禁止したもので中央軍に関しては何等の拘束なく、しかもこの種協定は永続的効力をもつものでなく且つ今回の中央軍北上は日本軍の平津大増兵に対応すべくなされたものであるから日本軍の入関部隊が撤退せざる以上・中央軍を更に増派し北支包囲の陣形の完璧を期すべしと云ふに一致した、かくの如き国民政府の強硬度は宋哲元の対内的立場を一層困難ならしめ北支和平の一縷の希望を蹂躙さるゝをとなるは明かであるが中央としては全国的な抗

日風潮に順応するためにも、かかる強硬態度ををとらざるを得ず表面上体面論一本槍で進むが実際問題としてはその間多少の余裕を残し当面の危機回避と時日の遷延によつて動揺と不安定の持続のうちに実質的な北支中央化工作を積極的に進めんとする真意にあるごとくで何れにしても北支の事態は愈よ複雑悪化しこそすれ今回の現地協定をもつて北支和平収拾の礎石と見るは到底不可能だとされてゐる

特別議会召集さる
準備時体制下に緊張
議長に小山氏当選
衆院副議長には金光氏

〔七・二四 東朝夕刊〕北支事変の勃発により第七十一特別議会は準戦時体制下に二十三日を以て召集された、この日貴族院は松平新議長の下に型の如く手続を完了して成立、一方衆議院は先般の総選挙において当選した新代議士が午前九時には殆ど全部登院し各派共それ〴〵控室において代議士会を開いて勢揃ひをなし正副議長選挙の本議場に入つた、正副議長選挙は予て政、民両派の了解が成立してゐるので予定の如く議長には民政党の小山松壽氏、副議長には政友会の金光庸夫氏が当選し、かくて召集日の両院は無事終了した

召集日二十三日の衆議院は正副議長選挙のため午前十時三十八分一同本会議場に入る、北支事変をめぐる非常時気分を反映して議席は殆ど空席なく敵も味方もない挙国一致の雰囲気に包まれてゐる、議席は前議会と異り議長席に向つて右端を一挙三十六名に躍進した社大が占めて断然目を惹きその後方に東方会が陣取り、順次左へ政友、民政が並び左端は旧昭和会、国民同盟、日本革新党、第二控室その他の無所属が占めてゐる、田口書記官長議長席につき

正副議長選挙せられるまで暫時議長の職務を代行し正副議長の選挙を行ふ旨を宣し直に堂々廻りにより議長候補三名の選挙に入つた、選挙の結果は

投票総数　四二二票
三四四票・小山松壽（民政）
二六九票・斯波　貞吉（民政）
二三九票・津原　武（民政）
四五票清瀬一郎（第一）▽三五票鈴木文治（社大）▽五票島田俊雄（政友）

その他散票あり、かくて第一議長候補に小山松壽氏第二候補に斯波貞吉氏、第三候補に津原武氏が当選、ついで同じく堂々廻りにより副議長選挙を行つた結果

投票数　四二二票
三七八票　金光　庸夫（政友）
三〇〇票　工藤十三雄（政友）
二六九票　宮本雄一郎（政友）
三五票杉山元治郎（社大）▽三票平野力三（皇道）

その他散票あり、副議長第一候補に金光庸夫氏第二候補に工藤十三雄氏、第三候補に宮本雄一氏が当選し午後零時十一分散会

日支風雲急の折！
祖国へ馳せる思ひ
在京の支那芸人たち

〔七・二五 読売夕刊〕号外売りの鈴の音もけたゝましく日支の風雲一伸一張のとき、日本の舞台に芸を見せてゐる支那人たちは一体どんな気持ちでその日を送るか、婚家と実家に火花が散つてゐる時、この花婿さんには割切れぬ気持ちが胸にモヤ〳〵してゐよう

あちらの日本人を脅かす同胞が憎い

日本へ渡つて「シナテジナミナミハイ〳〵」ともう卅七年の高座生活寄席になくてならぬ人気を呼んでゐる李彩ヂイさんにしてみてもいやな気持ちに変りはない、李徳福が本名で生れは戦渦の北支地安門外何回か帰化願ひをしても許されず、内地の女を娶としてもう二人の間には四人の可愛い子供まで出来てゐる

「支那どうも国は大きいが腹は小さい、何度もたのンだが帰化まだ駄目です、支那服着てるのがどもいやで、電車に乗つてもいろ〳〵と戦争のはなし、とてもイヤです」

李彩ヂイさんは高座へハラ〳〵しながら上ると、客はみんな拍手してくれる、奇術もしくじらないで済ませると楽屋でホツと安心、好い日を送れたと神にお礼をいふといつたいぢらしさだ、そして在支の日本人を脅かす同胞が憎くてならぬといひながら、世界中で安住の地は日本だけだと涙している、長いキセルから紫煙をプカ〴〵と吸ひ出してはブーツと吐く、郷愁がその度に大きく輪をゑがいてタバコの煙のやうに拡がるのだ、とつて五十九の皺に刻んだのは、故国への抗議のみだといふ

金準備の新評価基準
二百九十ミリグラムに内定
評価益八億一千余万円

〔七・二五 中外商業〕大蔵省では既報の如く日銀、鮮銀、台銀の正貨準備評価替を断行し、之に基く評価益を以つて為替調整特別資金を設定するため関係法律案を特別議会に提出するが、新評価基準は日銀重役総会及び金融評議会の希望を容れ、世界市価との間に一割強の鞘を置き純金二百九十ミリグラムを以て一円（一匁につき十二円九十三銭一厘）とすることに内定した

厳密に一割の開きをとつてロンドン金塊相場最近三週間の平均

（十八）中国军队撤兵，南京政府态度强硬

资料名称： 支那軍撤兵す　南京の逆捻的態度

资料出处： 読売新聞社編輯局編《支那事變實記》第一輯，非凡閣 1937 年發行，第 15—21 頁。

资料解说： 本资料是卢沟桥事变后日本出版的宣传读物，其中描写在 7 月 9 日双方停战后，中国军队一度开始撤退，但终因南京政府的强硬态度而导致事态不断恶化。

七月九日

支那軍撤兵す

七月八日

南京の逆捻的態度

一五

（戰況） 昨夜深更まで繼續された日支兩軍代表の折衝により、支那側は事件不擴大の方針に立つたわが方の正當公正なる撤兵要求を容れざるを得なくなつて、午前一時、冀察側代表張允榮がわが方に松井特務機關長を訪問、約二時間にわたつて會談の結果、支那側は蘆溝橋に在る部隊を永定河の右岸鐵道の南側に、わが軍は左岸蘆溝橋の東方に一齊に撤退することとし、午前五時を期してこれが實行に移ることに意見の一致を見たので、直ちに第一線部隊に對して停戰命令が發せられた。

支那軍撤兵す

よつて、朝五時頃、わが部隊はただちに『撃方止め』のラッパを吹き、撤退を開始したが、血迷つた支那軍はまたしてもわが部隊に對して不法射撃を加へて來たので、わが軍もこれに應戰、數十分にして支那軍を沈默せしめた。この時のわが負傷三名。

この報に接したわが和地參謀等は、ただちに秦德純等二十九軍の首腦部に對してその不信を責め、嚴重抗議したが、今回の支那側の挑戰は第一線部隊に對する命令の不徹底によるものと判明したので、何旅長、周參謀等を軍使として蘆溝橋に赴かしめることとした。また午前七時頃、北平より派遣された日支調停委員たる日本側の中島中佐、支那側の林耕宇等四名の現地到着とゝもに、やうやく支那軍への命令が徹底し、ここに戰鬪は全く停止、日本軍は蘆溝橋停車場および平漢線の北側に集結を開始し、宛平縣城内およびその附近の支那軍は、わが方の嚴重監視の下に、一箇小隊を殘して永定河右岸地區に撤退を開始、午後零時二十分頃から夕刻にかけて大部分の撤退の完了を見たので、蘆溝橋事件もここに平和解決の曙光をみるに至つた。

保安隊入城治安に當る

なほ、宛平縣城内の支那軍が撤退したのちの城内の治安については、日支兩當局の協議の結果銃器を有しない保安隊約百五十名をもつて當てることとなり、九日夕刻に入城を終つた。その際手續上の手違ひと、保安隊の服裝が支那兵と殆んど見わけがつかないため、わが軍との間に若干の小競合があり、事態を危惧されたが、間もなく事情が判明したので、大事に至ることなくて濟んだ。

これに先立つて、わが支那駐屯軍參謀長　橋本少將は、事件善後處理の交渉のため、午後四時幕僚を帶同し、列車にて北平に向つたが、この交渉において北支の和平のため、事件の根本的な原因を芟除し、問題の解決に當ることとなつたのである。

（國內）事件處理に關する臨時閣議は全閣僚出席のうへ、この日午前八時五十分開會、杉山陸相より事件の經過および事態の見透しについて詳細なる說明があつたのち、その處理方針を次のごとく決定して、十時に散會した。

一、今次事件の原因は全く支那側の不法行爲に基くこと、

一、我方としては事件不擴大の方針を堅持すること、

一、支那側の反省による事態の圓滿收拾を希望すること、

一、若しも支那側に反省なく憂慮すべき事態を招來する危機を見るに至つたならば、適切迅速に機宜の處置を構ずること、

一、各閣僚は何時にても臨時閣議の招集に應じ得るやう待機すること、

なほ、事件に關する政府の解決方針としては、支那兵の撤退、責任者の處罰、支那側の謝罪、今後の保障をその中心とし、事件に直接關係するもののみとする意向であつた。

天皇陛下に奏上

閑院參謀總長宮殿下には、午後零時五十二分東京驛御發車にて葉山に赴かせられ、御用邸に伺候　天皇陛下に拜謁仰せつけられ、蘆溝橋事件の經過につき委曲御奏上、種々御下問に奉答して御前を退下、四時十八分御歸京あらせられた。

また、近衛首相は閣議散會ののち、葉山御用邸に伺候　天皇陛下に拜謁仰せつけられ、蘆溝橋事件等に關して奏上、御下問に奉答ののち退下した。

陸軍は推移を凝視

杉山陸相は午前八時、閣議に臨むに先立つて、官邸に梅津次官、後宮軍務局長を招き、事件に關する現地よりの情報を中心に種々協議したが、今回の事件は單なる局地の偶然的事件ではなくその眞因は南京政府、國民黨の抗日工作の結果であり、殊に、南京政府が冀察に中央軍を入れて北支を中央の完全なる統轄下に置かんとした計畫の必然の現はれであるとして、日本側としては愼重、忍べるだけ忍んで支那側の誠意ある解決を望むとしても、日本側の忍耐にも限度があるから、この限度を超える場合は、斷乎たる決意をもつて臨むべしと、重大なる決意を藏しつつ支那側の態度を監視することになつた。

見透し難で株式は低迷

前場　爲替安定維持のため爲替平衡資金設定の議あり、物價對策委員會の行惱み外電の强調と相俟つて、新東を始め氣丈に寄附いたが、折柄北平における日支兵の衝突事件勃發の飛報を入れて、新東が五圓臺に崩れ込むや、小口の嫌氣投げに、利喰急ぎの場面に轉換、長短期ともに前日急反撥したものから引落されたが、引際氣預け的の押目買ひに小戻し歩調となり、新東は五圓五の安値から引けは五圓八と下げ澁つた。一般に日支事件の詳報待ちに商內は閑散であつた。

後場弱含み　新東は六圓ドタと小締りに寄つたが、新鐘安始め諸株甘模樣のため臺割れし、弱含みであつた。

（支那の動き）　盧溝橋事件の解決方針について、蔣介石は地方當局をしてこれに當らしめる考へであつたが、今朝、現地の事態が惡化すると共に、全國の中央軍將兵中にも好戰的氣運が濃厚となつたため大いに狼狽し、王外交部長をして擴大防止の折衝に當らしめることとなつた。よつて、その指示を受けた外交部長王寵惠は、立法院長孫科と同道にて、この日午後三時半ころ、飛行機で廬山より南京に到着、直ちに、外交部において首腦者會議を開き、蔣介石の方針を傳へるとともに、今後の對策を協議した。

支那側の逆捻的態度

その頃、わが日高參事官は外交部に陳介次長を訪問し、開口一番、何よりも先づ、今回の事件は全く中央の北支に對する抗日煽動に起因することを前提し、地方、中央を通じて近來頻々と行はれる侮日行動を列擧して警告し、この種の抗日行動の取締を嚴重に要求した。いふまでもなく、正確なる調査に基づいて、確證の存在する幾多の具體的事實を列擧しての要求であつた。これに對して、陳介は、

『支那軍民の死傷は判明せるものだけでも百餘名に上るので、追つて詳細判明するまで、責任者の處罰、損害賠償など一切の要求を保留する』

と、極めて強硬な逆ねぢ的態度を示した。

なほ、この夜、雨にぬれた寂然たる北平市中には、南京の中央放送臺より放送される抗敵歌、あるひは自衞歌などが、來るべき全國的抗日の狂亂を示すかのやうに、高らかに鳴りひびいてゐた。

七月九日

（十九）木原大队夜袭龙王庙

资料名称：木原大隊の竜王庙夜襲

资料出处：支駐步一会編《支那駐屯步兵第一聯隊史》（非壳品），内海通勝1974年印行，第19—21頁。

资料解说：日军以武力迫使第二十九军签订停战协定，但继续调集兵力发动攻击。按该联队史记载，7月10日傍晚日军增派第一联队第一大队（大队长木原义雄少佐）进攻龙王庙附近中国军队，双方进行了激烈的白刃战。日军第二大队也从天津进驻丰台。日方指责中国军队「违反协定擅自进军」，其记载却说明日军出动驻屯在北平的第一联队主力，主动发起攻击；关东军及其国内军队亦迅速出动，向平津地区开进。

木原大隊の竜王庙夜襲

然るに十日夕、衛門口に中国兵進出、その一部は南下して竜王庙に現わるとの情報あり。

一文字山に在った連隊長は手近にいた世良少尉に部下小隊を率い、竜王庙に対し威力偵察を命じた。世良小隊は出発すると間もなく散開し、竜王庙に射撃を始めた。確かに中国軍は協定を無視して進出したものと判断し、連隊長は直ちに木原第一大隊長に之が撃滅を命じた。

時既に黄昏。大隊は大瓦窑北方に展開、日没後前進を起し竜王庙北方より白兵突撃を敢行した。時に午後九時。敵は多数の死体を遺棄し、永定河に飛び込んだ者も多い。瞬時に潰滅した。我が大隊戦死兵六名、負傷将校二下士官兵八名。多くは手榴弾破片瘡と銃剣刺瘡であった。

然し旅団長河辺少将は飽く迄、事件不拡大方針を堅持していたので、連隊長が独断を以て攻撃に出たことは不同意であった。

十一日午前二時、木原大隊は戦場掃除を終り、世良小隊を併せて帰来した。

蘆溝橋附近の戦火拡大せらるるに及び、北京は不安の空気が濃くなって来たので、旅団命令により木原大隊は北京に引揚げ、大使館及び居留民の保護に当ることとなった。

天津東機局には第二大隊（長・筒井少佐）が駐屯していたが、蘆溝橋事変が勃発するや連隊命令により第二大隊主力は列車輸送により急遽豊台に出動した。

これがため第二大隊の歩兵一小隊と砲兵工兵戦車各々一分隊を以て東機局警備隊として附近一帯を確保し、附近居留民の保護と軍用建築物の掩護を命ぜられた、宮本中尉は、部下七〇名を指揮し四周に歩哨を配置し、適時巡察を派遣し、主力は中兵営に在って警戒に専念した。

七月二十九日午前一時半、天津より北寧公園附近に於て日支一部衝突、又塘沽に於て日本商船襲撃さるとの報あり、続いて天津東站を襲撃中、又、電話線不通との報に接した。此の頃電燈線も切断された。愈々敵の襲撃企図も明瞭となったので、守備隊は兵営西端南北の線に展開した。午前四時頃であったろう、兵営西南隅弾薬庫正面に敵約五十名襲撃して来たが、原田工兵分隊長は能く奮戦し之を撃退した。

我が正面に来襲する敵は凡そ二〇〇名位である。敵は喇叭を吹奏しながら高粱畑や溝を利用しながら我が陣地前面百二、三十米の線まで前進して来た。機到来とばかり、満を持して居た我が守備隊の銃砲の一斉射撃に戦意を失い、喇叭をならし一斉に退却を始めたので、守備隊主力は趙里庄南北の線に向い追撃した。この間我が航空隊の爆撃及び地上攻撃と相俟って午前七時十分趙里庄西端の線に進出した。

停戦協定の成立

現地に於ける停戦協定は橋本参謀長、現地機関と協議の上中国側に左記要件を認めさせることにより十一日漸く成立した。

1第二十九軍代表は遺憾の意を表し責任者を処罰する

2蘆溝橋及竜王廟には中国軍を駐屯せしめない

3藍衣社、共産党其の他抗日份子の取締

以上により七日以来の事件は不拡大方針が貫かれ一応終止符が打たれた。

(右協定の第三項にある不逞份子の取締の件に関し若干附記する)

蘆溝橋事件は既述の如く一局地事件として速やかに終束せしむることが現地日支首脳の方針であったから、純作戦と政策とが入乱れ、特に中国側の統制力不足等から一進一退であった。

此の間第三者の策謀が行われた。日支両軍共いない所で銃声が起るとか夜間盛んに爆竹を放つとか、日支軍の中間にかくれて射撃し、日支共に相手方の射撃と誤認せしめ、或いは百姓に紛れて謡言を放つ等奇異な現象が屡屡発生した。当時は不思議な現象として其の謎は解けなかったが、戦後各種資料によってこれは中共の謀略であることがわかった。即ち、日支を挑発して紛糾せしめ、事件を拡大して本格的戦争に導き国民政府の勢力を削ぎ、終にはこれを打倒して支那大陸を中共の支配に帰すという遠大な構想の一端であった。当時はそこまで気のつく人はいなかったが結果的には中共をして漁夫の利を得しめたのである。

停戦後の状況

蘆溝橋事件は局地的事件として終了したものの其の反響頗る大きく、内外に波紋は拡大されていった。

事件後連隊は豊台附近に主力を集結し、和戦両様の構えを以て事態の推移を見守っていたが、事件の火種は諸所に飛び散って次々と事件が起る状勢となった。

中国側は国民政府が地空の大部隊を逐次北上せしめ、我が国に於てもこの事件を北支事変と称し戦争準備を整えつつあった。蘆溝橋事件の最中病死せられた田代中将に替り、新たに着任せられた香月軍司令官は十二日「軍は全面的作戦を顧慮し逐次準備を整う。之がため豊台、通州に兵力を増加す。関東軍の一部は密雲、天津に集結」の旨軍命令を発せられ、戦雲将に北支を覆わんとする状勢となった。

（二十）夜袭龙王庙

资料名称：竜王廟の夜襲

资料出处：寺平忠輔著《蘆溝橋事件——日本の悲劇》，読売新聞社 1970 年版，第 226—232 頁。

资料解说：在达成停战协议后，7 月 10 日中日两军再次在龙王庙发生激烈战斗。与日军的联队史记录相比较，寺平忠辅的著作更富于细节描述，强调是中国军队在龙王庙发动攻击，日军第一大队木原部为救援侦察兵而出动应战。按寺平的说法，由牟田口直接下令，第一大队三个中队全面展开进攻，占领了龙王庙附近阵地，其后受命返回北平城内。

第一一章　竜王廟の夜襲

情況の急変

七月十日午後四時、張允栄と盛南生とが特務機関にやって来て、停戦協定の下相談を済ませた後、正式協定の締結にはまだ相当手間取るだろうが、取りあえず今晩のところ、両軍に射ち合いさせない事が先決問題だというので、その席でこれに対する双方の申し合せを行なった。この内容は

申し合せ事項

一、十日夜における両軍の行動

イ、日本軍は西五里店付近に兵力を集結し、本夜前方に向って行動する事なし。ただし背後における連絡行動を妨げず。

ロ、中国軍は絶対永定河を越えて東進することなし。ただし該河以西において後退行動をとるを妨げず。

二、現地に派遣する日華調停員

日本側　中島顧問　笠井顧問

中国側　周参謀　王団付　王県長

ちょうどそのころ、桜井顧問は単身車をとばせ、航空署街に秦徳純を訪ね、これまた同趣旨の問題を交渉した。

ところが午後五時四十分、豊台の小野口副官から私のところに、あわただしい電話がかかって来た。「第一線の情況が急変しました。午後五時十分、約百名の中国軍が衙門口に現われ、迫撃砲の射撃を交えつつ、いま、竜王廟に向って前進中です。牟田口連隊は出動を準備中だとのことです」続いて十五分の後「永定河右岸からも新たに迫撃砲を射ち始めました。旅団長はいま、牟田口連隊長に、竜王廟に出してある将校斥候は、日没後直ちに一文字山に撤退させてしまうこと、並に、八宝山方面の偵察には、一切斥候を用いる事なく、土民の諜報だけでやるよう厳命されました」

これより先、この情況の急変を真ッ先に知った牟田口連隊長は、一文字山の台上で仁王立ちに立ち上り大声で木原第一大隊長を呼んだ。「木原少佐！ 第一大隊は直ちに小銃機関銃各一ヶ小隊を竜王廟に出せッ！ そして第二大隊の山下将校斥候を救援しろ！ 早く早くッ！」

木原少佐はとりあえず手近にあった世良少尉の機関銃小隊に、田淵准尉の小銃小隊をつけ、意図を含めて一文字山から真っ直ぐ、竜王廟に向って出発させた。命ぜられた処置を終った大隊長が蘆溝橋駅の大隊本部の方に戻って行く途中、小岩井中尉が息せき切って追かけて来た。大きな声で「第一大隊長殿！ 連隊命令でありますッ！」とどなっている。

木原少佐はふり返った。すると「命令をお伝えしますッ！ 木原大隊は、協定に違反して竜王廟付近に進出して来た当面の敵を、全力をあげて撃滅すべし。目的達成後は、また速かに兵を引き、現在地に復帰して現任務を続行すべし。特に、衙門口方面に深入りせざる事肝要なり。命令終りッ！」

通州から炎暑を冒し、蘆溝橋の戦場に駆けつけて以来、また一度も戦争らしい戦争もせず、手ぐすね引いて攻撃命令を待ちうけていた木原大隊である。将兵の士気は勃然として奮い起った。

堤防上の白兵戦

大隊はいままで、八宝山方向に対して警戒配備についていたが、その隊形をそのまま、右より渋江第一、乃美第三の両中隊を第一線、古川第二中隊を第二線とし、本部はその中央に位置し、日没と共に竜王廟に向って発進を起した。

出発に当って大隊長は、本部書記の松浦軍曹を伝令として世良小隊に出し「大隊主力は、今夜竜王廟正面の敵に対して夜襲を決行する。貴小隊は現在地に停止、そして絶対同志射ちの混乱をひき起さないよう注意せよ。夜襲成功後は貴小隊の正面に引揚げて行く予定、特に大隊主力に対して連絡を緊密にせよ」と伝達させた。

大隊は原ッパの真ん中、一本柳付近から、大きく斜め左に方向を変換して堤防に正対し、大隊左翼の目標を竜王廟にとり、これより上流、堤防上の敵を攻撃するよう夜間戦闘を準備した。堤防までの距離はタップリ千メートルはある。

視界がだんだん薄暗くなってきた。前方百メートルくらい見透せるのが精々である。それが刻々暗さを加えてきて、大隊が濃密散兵の隊形で一本柳を出発した時は、もう足元だけしかわからぬような真ッ暗闇になっていた。時々、堤防上からパーン！　パーンと緩徐な銃声が起って来る。中国軍が索敵の目的をもってブッ放している射撃らしい。

第一線両中隊はグングン突き進んで行った。大隊本部との隔たりが、大分開いたようである。本部としてもまた、第一線両中隊の現在地がハッキリとは摑めていない。大隊長のまわりには、大隊副官代理の因幡中尉、それに伝令、書記、連絡兵等合せて十二、三人がいた。大隊長は因幡副官をふり返って「オイ！　因幡！　どうも拙い夜襲になってしまいそうだなあ！」とつぶやいた。

午後九時近くである。鼻をつままれてもわからぬ闇の中で、敵の射撃が俄然激しさを加えて来た。敵弾はピュッ！　ピュッ！　みんな頭の上を飛び越して行く。銃声や敵火の閃光から判断すると、正面の敵兵力が二、三百ある事はまず動かぬところである。パンパンいう音がまるで豆でも炒っているみたいだ。

因幡副官が大隊長の耳元にささやいた。「大隊長殿！　銃声がにわかに激しくなってきました。第一線はもう突っ込んだんじゃないでしょうか？」「ウム、でもまだ百五十メートルくらいあるだろうぜ。歩度を伸ばしてもう少し前進してみよう」

それから三十メートルばかり進んだころ、敵火はいよいよ狂気のように激しくなってきた。——第一線、いよいよ突っ込んで行ったな。——そう直感した大隊長は、軍刀頭上に振りかぶりざま、大隊本部に「突っ込めッ！」と命令した。

長身の大隊長が最先頭を走った。ところが走っても走っても、一向堤防に到着しない。これは後に調べてみてわかった事であるが、突撃発起の地点から敵線までの距離が、何と二百五十メートルもあったのだから、敵と格闘するより先に、まず息切れの方で参ってしまう。それともう一つ、陣地間近く迫ったところ、いつの間に掘ったか、幅約三メートルという一連の外壕が堤防の手前に横わっていて、昨日の雨水がそれに溜り一大障害を形造っている。大隊長以下、それら障害を意に介せず一気に堤防上に駆け上って行った。勢い込んだ木原少佐は、当面の中国兵に袈裟がけの一刀を浴せかけた。剣道五段、腕には十分の自信があったが、この初太刀あいにく敵の弾帯に斬りつけたため、カチンと音がしてハネ返されてしまった。大隊長はやにわに軍刀の柄を両手で握りしめ、新たな敵に向って斬り込んで行った。

このころ第一線の両中隊は、果敢な白兵戦を中国兵と挑み合っていた。銃声はパッタリ止んで、手榴弾の爆声ばかりがかなたからもこなたからも盛んに聞えて来る。それと交錯して起る喊声！　怒号！　堤防の脚を洗って流れる永定河の水勢は滔々として物凄く、時々、ザブーン！　ザブーン！　聞えて来るのは、どうやら中国兵が河中に跳び込んで行く水音らしい。

さしも激しかった爆声が、やがて次第に衰えてくると、あとは連絡兵や伝令達が、中隊長を呼ぶ声、大隊本部を捜し求める声で一しきり。それに混じて第三中隊の方向からは、

「中隊長殿！　山崎上等兵、もう駄目であります」「アイヨー！」という中国兵のうめき声も、闇の中、そこここに起って、凄壮の感がひとしお深い。

敵は我が強襲に致命的の打撃をこうむったらしく、鳴りをひそめ、抵抗しようとする者もない。大隊長はとりあえず命令を下して隊伍の集結、人員の点検、そして死傷者、鹵獲品等に対する戦場掃除を開始させた。

味方の損害は、戦死、兵六、負傷、将校二、下士官兵八、そしてその大部分が手榴弾による破片創と、銃剣による刺創ばかりだった。敵側の推定損害は少なくとも百五十を下らず。永定河の濁流にとび込んだ者が、随分沢山あったようである。

世良小隊を併せ、大隊が盧溝橋駅に引揚げて来たのは、午前の二時に近かった。連隊長は木原大隊長を迎えて、「ヤア、ご苦労だった。随分猛烈な白兵戦だったなあ。僕はここからズーッとあの戦況を眺めていたが、爆声のたびごとに胸が痛んだよ。でも二十九軍も今日という今日こそ、日本軍の真価をイヤというほど思い知っただろう。膺懲の効果を十二分に挙げ得た事を、君及び君の部下に感謝する。僕のこの気持を全員に洩れなく伝えておいてくれ給え」この時、河野副官が言葉をさしはさんだ。「連隊長殿！　さきほど旅団長閣下が……」「オオそうだ。旅団長閣下がいま、戦闘司令所を西五里店ま

で進めて来ておられる。さきほどから夜襲の成果について大変心配しておられたから、すぐ行って君から詳細報告してくれ給え」木原大隊長は護衛の一ヶ分隊を伴って、暗い夜道を西五里店に向った。

河辺旅団長は午前二時半、茅屋で寝もやらず、カンテラの光に地図を按じていたが、木原大隊長の姿を見かけるなり、サッと椅子から起ち上って、二歩三歩大隊長の方に歩み寄り、その手を堅く握りしめた。

「ヤア木原君！　ご苦労でした。連隊長の意図通り、実に立派な夜襲が出来て、君の戦闘指揮に満腔の敬意を表します。犠牲者が出た事は何とも残念だが、負傷者は至急豊台に送って、十分の手当をしてやってくれ給え。他の兵は皆元気だろうな。これまた十分労わってやってくれ給え」

慇懃な犒らいの言葉に、大隊長が感激と部下を失った悲しみもひとしお深く、戦闘司令所の外にでた時、叢にはもう、朝露がシットリと置かれていた。

政策と作戦との相剋

これより先、十日の夕刻五時半ごろ、河辺少将は豊台の旅団司令部に在って、北京特務機関からの電話連絡、「十日夜における両軍行動に関する申し合せ」を受取った。相前後して、第一線からは情況急変に関する電話報告がやって来た。

旅団長はとりあえず竜王廟に出ている山下将校斥候の撤退命令を発したわけであるが、その後の情勢はますます悪化の一途をたどり、形勢全く予断を許さないものになってきた。そこで旅団長は、司令部を西五里店に前進させることにした。河辺少将以下幕僚が、装甲自動車二台に分乗し、豊台の兵舎を出発したのは、ようやく陽も傾きかけてきた午後七時前後だった。

旅団長は西五里店に着くなりすぐその足で、一文字山に出かけて行った。ブッシュの茂みを分け、丘の斜面を登って行くと、そこでは牟田口連隊長が筒井第二大隊長と一緒に、前方の情勢を観望しているところだった。

旅団長は帽子の汗を拭い拭い、「ヤアどうだ。前方の敵情は？」すると連隊長「ハイ、二十九軍のやつ、またまた挑戦的行動をとり始めました。竜王廟から右、衙門口にわたる堤防上に、点々敵の姿が現われております。連隊はとりあえず今、小銃機関銃各一ヶ小隊を竜王廟に派遣して、山下将校斥候を救援させると共に、木原大隊主力をもって、今夜竜王廟以北の敵を攻撃するようさきほど命令を下しました。大隊はもうすでに行動を開始しとります……」「何ッ？　攻撃するッ？」旅団長の面には、一瞬、むつかしい、ニガイ表情が浮び上った。

旅団長の考えは、——敵はともあれ、日本軍にだけはあくまで協定を厳守させるのだ。馬鹿正直といわれてもやむを得ない。不拡大の根本方針に徹底するんだ。——という気持で一杯だった。ところが連隊長の肚はこれとは異なっていた。——これほどまでの協定違反、これ以上の容赦は出来ん。断乎膺懲の一撃を加え、猛省を促す事がとりも直さず事件不拡大への最有効手段だ。——

河辺旅団長は黙然、それ以上、何もいわなかった。連隊命令はすでに発せられているのだ。兵はすでに行動を起しているのだ。これを撤回させ、これを引き戻す事は、いかに見解上、相違があるとはいえ、高級指揮官として採るべき策ではなかった。後年の牟田口将軍はこの時の心境を述懐して、「私は旅団長から、全く無言の叱責を受けた形である」と語っている。

そういう状態だったから、午後九時十分、木原大隊が竜王廟一帯の敵を制圧し、銃声爆声がパッタリ止んでしまった時、連隊長は西五里店の旅団長に電話して、「はなはだ申し訳ない事を致しましたが、木原大隊は竜王廟を占領し、ただいま、銃声爆声全く鎮静いたしました」と報告した。旅団長はこれに対し、「それはよかった。これで安心しました」と虚心坦懐その成功を祝福し、この攻撃企図に対し、いささかも文句がましい事をいわなかった。

では、日本側のこれほどまでの協定擁護の精神に対し、中国側はいったいどんな態度をとっていたか？　彼等はこの時、むしろ意識的に計画的に、協定破棄をやってのけようという、明確な企図を持っていたのである。ここにその歴然たる証左をご紹介しよう。

そのころ、東京の北多摩大和田に、海軍無電傍受所があって、海軍軍令部第十一課に直属し、米英ソ華、四ヶ国の暗号無電を傍受し、解読し、いわゆるブラックチェンバーをやっていた。

七月十日午後の二時、傍受所は北京にいる米国大使館付海軍武官補佐官オベレッチ中佐発、本国海軍作戦部長宛の緊急電報をキャッチした。これを解いてみると、

「信頼すべき筋の情報によれば、宋哲元将軍麾下の少壮士官は、現地協定にあきたらず、本十日夕七時、日本軍に対し、新たなる攻撃を仕掛けるべく、その計画を決定せり」というのだった。

大和田の指揮官、和智恒蔵海軍大尉はおどろいた。——午後七時といえば、もうタッタ五時間しかない。大至急何とかして、これを現地の陸軍部隊長に伝えなければならぬ。——早速、これを海軍省の柳沢蔵之助副官に報告した。副官からそのむねが陸軍省に伝えられた。ところがこれを受け取った陸軍省の副官、川原直一少佐は「それは何かのデマでだろう。現地協定が出来ている以上、そんな事態は起り得るはずがない」と軽くあしらい、採り上げようとしなかった。したがって惜しくもこの電報は、現地部隊には全然伝えられないで終ってしまった。

果然、七月十日午後七時、敵は確かに計画通りやって来た。新たなる攻撃とは、衙門口から竜王廟に向ってする進攻がそれであり、また永定河西岸から、一文字山めがけて迫撃砲をブッ放したのがそれである。

木原大隊の精悍極まる夜襲に、彼等の企図は微塵に粉砕されてしまったけれど、けだしこれ、彼等自らがまいた種といわなければなるまい。それはともかく、このあと木原大隊は旅団命令により、一転して北京城内に戻り、居留民保護の守りにつくことになった。

（二十一）深夜的大规模白刃战

资料名称：深夜の大白兵戰　不遜、支那の正式抗議　蔣介石北上命令を發す

资料出处：読売新聞社編輯局編《支那事變實記》第一輯，非凡閣1937年發行，第22—26頁。

资料解说：本资料以「深夜的大规模白刃战，中国无理的正式抗议，蒋介石发令军队北上」为题，记载了7月10日中日两军再次在卢沟桥龙王庙附近发生战斗的情况。

七月十日

深夜の大白兵戰
不遜、支那の正式抗議
蔣介石北上命令を發す

（戰況）豪雨に明け、豪雨に暮れた昨日にひきかへて、今日は朝からからりと晴れ、北支の地は射られるやうな暑さだ。この空のやうに、北支の空氣も支那軍の撤退によつてからりと晴れた——と思つたのも束の間、昨日の協定は、又しても支那側によつて蹂躪されてしまつた。

深夜の大白兵戰

十日朝から復舊した北寧線の運行が、午後四時北平發の列車を最後にふたたび杜絕し、平津間の電話が五時すぎに支那軍によつて切斷されたのをきつかけのやうにして、午後五時十分ごろ、衛門口、永定河右岸蘆溝橋の西北約四キロの地點に、およそ百名の支那軍があらはれ、監視中のわが部隊に對して小銃、迫擊砲を發射しつつ龍王廟に向けて前進し來り、龍王廟附近にあつた支

七月十日

最前線のわが偵察兵

二三

那兵二ケ小隊と、東辛庄・蘆溝橋東北附近にも、兵力不明の支那部隊が進擊し來つてこの地方一帶を占據し、わが部隊に對して攻勢に出て來たのだ。

よつて、わが軍は一部隊をもつてこれに應戰、敵迫擊砲の殷々たる炸裂をものともせず勇躍して進擊し、午後九時十五分、龍王廟の敵陣地に夜襲を敢行してまたたく間にこれを占據、同時に東辛庄の敵をも蹴散らしてこれを占領してしまつた。

この戰鬪において、牟田口〇隊長の率ゐる東北健兒の戰鬪ぶりは壯烈きはまりなく、隊長みづから先頭に立ち、拔身をひつさげて敵陣におどり込めば、これにつづくわが將兵は一騎當千のつはもの揃ひのこととて、勇戰、奮戰、當るを幸ひなぎ倒し、瞬く間にこれを擊退した。この戰鬪は事變始まつて以來の激戰で、わが死傷も十數名に達したが、敵は無數の死體を遺棄したまま、わづかに逃れ去つたのだつた。

因みに、この戰鬪の行はれた龍王廟は、日支双方の不擴大申合せによる撤退地域に包含されてゐたところなのに、彼等は平然とこれを蹂躙したのである。

（國內）蘆溝橋事件再び惡化の報に、わが關係當局は、陸軍首腦部がこの夜深更陸相官邸に參集、對策を協議したのを始めとして、海軍、外務、兩當局の關係官いづれも登廳し、現地よりの情報を接受するとともに、各方面の連絡を緊密にしつつ對策協議を遂げたが、支那側が計畫的に停戰協定をふみにぢり、撤兵區域に侵入して、わが部隊に不法射撃を加へ來つた不信暴戻なる行爲には極めて憤慨し、かれが飽くまでかかる態度をくり返すにおいては、斷乎たる決意をもつて臨む外はないとするに至つた。

（外交）北支において、支那側が停戰協定を蹂躙してわが部隊に不法射撃を加へつつあつた午後七時ごろ、南京政府外交部はわが大使館に、文書をもつて正式抗議を提出した。

不遜支那の正式抗議

抗議の內容は、日支兩軍衝突の責任が全くわが方にあることを强辯し、日本側の正式謝罪と責任者の處罰、死傷軍民及び砲撃による建物の損害の賠償、不祥事の再發を防止すべき日本側の今後の保障等を要求せるものであつた。なほ、南京政府はかかる嗤ふべき抗議をわが大使館に提出すると同時に、冀察側の秦德純に對しても、この抗議と同一趣旨にもとづいて折衝にあたるやう訓電した。

一方、この日午前十一時、わが日高參事官は外交部において王寵惠部長と會見したが、席上、蘆溝橋事件が支那軍の挑發的行動に基くものであることを指摘し、未解決の汕頭事件についても速かなる解決によつて誠意を示さんことを要求したに對し、王部長は、今回の事件が北支問題の未解決にあることが根本問題なりとして、北支問題調整に關する交渉開始を提議し、塘沽停戰協定の取消要求をさへほのめかすに至つた。

◆**（支那の動き）** 南京政府は表面では事件不擴大を希望すると公表してゐるが、裏面においては冀察當局に對して大いに抗戰せよと激勵電をよせ、蔣介石は四箇師に石家莊附近に北上するやう命令を發し、同時に、全飛行隊に對しても出動命令を下した。

また、軍政部長**何應欽**は四川の雜軍整理のため重慶に赴いてゐたが、この日午後四時、飛行機にて南京へ歸還し、同夜ただちに軍事會議を開き、津浦沿線、隴海線一帶の軍隊に待機令を下し特に津浦線方面の軍事責任者たる第一軍長胡宗南に對して重大指令を下すとともに、北平市長秦德純に急電をもつて、いかなる日本側の要求條件をも接受すべからず、一歩も軍事的後退を許さす、必要の時の犧牲の準備をなせ、と三項の指令を發した。

（二十二）中国驻屯军步兵第一联队龙王庙附近战斗详报

资料名称：《支那駐屯歩兵第一聯隊龍王廟附近戦闘詳報》2／4（昭和十二年七月十日）

资料出处：JACAR（アジア歴史資料センター）Ref.C11111146100、Ref.C11111146200、Ref.C11111146300、Ref.C11111146400、Ref.C11111146500《支那駐屯歩兵第一聯隊龍王廟附近戦闘詳報》2／4（昭和十二年七月十日）（防衛省防衛研究所）。

资料解说：1937年7月10日，日本「支那驻屯步兵第一联队」在龙王庙附近的战斗详报。主要内容有战前中日双方态势分析、战斗经过、伤亡损失等。

昭和一二、七、一〇

支那駐屯歩兵第一聯隊

龍王廟附近戰闘詳報

2/4

昭和一二、七、一〇

支那駐屯歩兵第一聯隊

龍王廟附近戰闘詳報

2/4

支步一戰詳第三號

昭和十二年七月十日

龍王廟附近戰闘詳報

支那駐屯步兵第一聯隊

龍王廟附近戰鬪詳報目次

第一 支那駐屯牟田口部隊死傷表

第二 支那駐屯牟田口部隊鹵獲表

第三 支那駐屯牟田口部隊武器彈藥損耗表

龍王廟附近戰鬬詳報

第一、戰鬬前ニ於ケル彼我形勢ノ概要

七月九日戰鬬終了後旅團命令ニ依リ第二大隊ヲシテ一文字山附近ヲ占領シ支那軍ノ行動ヲ監視セシメ其他ノ部隊ハ豐台兵營ニ集結シ有リシモ七月十日午前七時旅作命甲第七號ヲ受領シ作戰行動ニ移リタリ

戰鬬前ニ於ケル彼我ノ態勢附圖第一ノ如シ

第二、戰鬬ニ影響ヲ及ホシタル

天候氣象及戰鬬地ノ狀態

一

一、天候　晴天　暑氣甚シ

二、氣象　黎明時間　自午前三時〇〇分至午前四時四十分

日出時刻　午前四時四十二分

日没時刻　午後七時三十一分

薄暮時間　自午後七時三十一分至午後八時五十分

夜暗時刻　午後八時五十分

月　齡　六月三十日（暗夜）

三、戰鬪地ノ狀態

戰鬪地ハ平易ナル地形ナルモ相當ノ起伏ア

リテ利用スヘキ地形地物アリ又一部ニ高粱繁茂シアリ

第三　彼我ノ兵力交戦セシ敵兵ノ團隊號

我軍兵力

聯隊本部　第一大隊（第二中隊缺）

第二大隊（第四中隊、第五中隊（一小隊缺）缺）

聯隊砲中隊（四門）

敵軍兵力

明瞭ナラサルモ約四百名迫撃砲二門[四]以上アルモノノ如シ

團隊號　第二十九軍第二百二十團所屬部隊

第四、戰鬪間下シタル命令及戰鬪經過

一、午前七時三十分左記旅團命令ヲ受領ス

旅作命甲第七號

旅團命令　七月十日午前七時　於豐台兵營

一、諸情報ヲ綜合スルニ北平城内ハ警戒至

嚴ニシテ不穩ナル情勢ニアリ永定河右岸ニ撤退セル敵ハ平漢線以北ニ進出シアルカ如シ

二、旅團ハ暫ク現在ノ態勢ヲ維持シ支那軍ノ行動ヲ監視セントス

三、北平諸部隊ハ現在地ニ待機スヘシ

四、第一聯隊長ハ（第二大隊ヲ基幹トスル部隊ヲ以テ）平漢線以北龍王廟附近ノ敵情ヲ捜索スヘシ

五

五號無線機一基ヲ屬ス

五、鈴木參謀ハ第二大隊ノ位置ニ在リテ前線ノ指導ニ任スヘシ

六、予ハ暫ク現在地ニ在リ

旅團長　河邊少將

二、右命令ヲ受領スルヤ先ツ聯隊本部ヲ豐台兵營酒保ニ位置シ而シテ右旅團命令ニ基キ聯隊長ハ午前九時十五分左記聯隊命令ヲ下達ス

步一作命第七號

聯隊命令

七月十日午前九時十五分
於豐台兵營

一、諸情報ヲ綜合スルニ北平城内ハ警戒至嚴ニシテ不穩ナル情勢ニアリ
永定河右岸ニ撤退セル敵ハ平漢線以北ニ進出シアルカ如シ
旅團ハ暫ク現在ノ態勢ヲ以テ支那軍ヲ監視ス

二、聯隊ハ主力ヲ以テ東五里店西五里店附

七

近ニ一部ヲ以テ一文字山ヲ占領シ支那 八
軍ノ協定違反ヲ認ムルヤ直ニ立ツテ之
ニ一撃ヲ加フルノ準備ニ在ラントス
三、筒井部隊ハ現在地ニ於テ蘆溝橋、龍王廟
並其以北ノ地區ノ敵情ヲ捜索スヘシ
大隊砲一小隊ヲ附ス
右捜索ノ為ニハ敵ノ抵抗ヲ豫期スルヲ要ス
四、第一大隊ハ西五里店附近ニ兵力ヲ集結
シ高庄、小屯附近ニ進出スルコトアルヲ
豫期スヘシ

特ニ蘆溝橋南方齋家庄方面ニ對シ警戒スヘシ

一部ヲ以テ蘆溝橋停車場ヲ占領スヘシ

五、第三大隊ハ東五里店附近ニ兵力ヲ集結シ大屯附近ニ進出スルコトアルヲ豫期スヘシ

六、步兵砲（大隊砲一小隊缺）ハ一文字山並其附近ニ於テ龍王廟、蘆溝橋東北角城壁及東辛庄ニ對シ射擊シ得ルノ準備ニ在ル

九

十

ヘシ

第一大隊及第三大隊ハ計画ニ基ク歩兵砲隊増加員ヲ歩兵砲隊長ノ許ニ差出シ其指揮ニ入ラシムヘシ

七、通信班ハ西五里店ヲ中心トシテ筒井部隊及第一、第三大隊、豊台間ノ通信網構成ニ任スヘシ

八、予ハ暫ク現在地ニアリ後西五里店ニ至ル

聯隊長　牟田口大佐

下達法　命令受領者ヲ集メ口達筆記

三、右命令ニ依リ準備ノ都合上第一大隊ハ午前十一時三十分第三大隊ハ正午現在地出發所命ノ地点ニ前進セリ

四、午後二時聯隊本部ハ西五里店ニ移動ス

五、第一大隊ハ午後一時第三大隊ハ午後二時三十分夫々所命ノ地点ニ到着シ配備ヲ完了セリ

十二

六、龍王廟附近ニハ第二大隊ヨリ山下中尉ノ指揮スル一分隊ヲシテ占領セシメ敵情ヲ監視セシメアリシモ捜索並敵動静監視上重要ナル地点ナルカ故ニ別ニ有力ナル一部ヲ以テ占領スルヲ有利ナリト認メ午後三時左記聯隊命令ヲ下達セリ

歩一作命第八號

聯隊命令　七月十日午後三時　於西五里店

一、敵情及友軍ノ情況変化ナシ

二、第一大隊ヨリ歩兵一小隊（機関銃一小隊ヲ配属）ヲ龍王廟ニ派遣シ山下中尉ト交代シ該地ヲ占領シ敵情ヲ監視スヘシ

三、第三大隊ヨリ歩兵一小隊ヲ聯隊本部直接警戒ニ任スヘシ

聯隊長　牟田口大佐

下達法　命令受領者ヲ集メ口達筆記

注意

一、支那側ニ於テハ射撃ヲ嚴禁シタル由

十三

十四

乙、日支協定ノ死體捜索ヲ行ヒ度申込ミアリタリ當軍ハ右ニ
同意セリ

3 電柱電線ノ修理ニ來ルモノハ其儘行ハシム

七、午後五時永定河方面ニ銃聲ヲ聞ク此カ爲聯
隊長ハ午後五時三十分一文字山ニ移動シ自
ラ敵情ヲ視察シ且第一線ヲ指揮ス續テ左記
命令ヲ下達ス

步一作命第九號

聯隊命令

七月十日午後五時三十分
於一文字山

一、第一大隊ハ直ニ大瓦窯ヲ占領スヘシ
特ニ八寶山方向ニ對シ警戒スヘシ
別ニ小数ノ兵力ヲ以テ前地小起伏ヲ占
領スヘシ
二、通信班ハ第一大隊第三大隊間ノ通信網
ヲ構成スヘシ
聯隊長　牟田口大佐
下達法　隊長ヲ集メ口達ス
八、午後六時三十分左記旅團命令ヲ受領セリ
十五

十九

旅作命甲第九號

旅團命令

七月十日午後六時三十分
於豐台

一、北平機關ヨリノ通報ニ依レハ支那軍隊ハ絶對ニ永定河ヲ越ユルコトナク又西苑方面ノ支那軍ハ八寶山、衙門口ノ線以南ニ行動スルコトナキヲ確約セリ

二、旅團ハ西五里店附近ニ兵力ヲ集結シ依然、支那軍ノ行動ヲ監視セントス

三、步兵第一聯隊長ハ依然一部ヲ以テ一文字山ヲ占領セシメ主力ハ西五里店附近

ニ集結シ支那軍ノ行動ヲ監視スヘシ
八寶山方面ノ敵情ニ注意スルヲ要ス
又目下龍王廟及鐵道橋附近ヲ占領シア
ル仟候ハ夜暗ヲ利用シ撤收スヘシ
歩兵一中隊ヲ豐台ニ位置セシメ旅團予
備トナスヘシ
四、軍無線班ハ五里店、豐台北平間ヲ連絡ス
ヘシ
軍有線班ハ東五里店、豐台北平、天津間ヲ

十七

十八

連絡スヘシ

五 予ハ依然現在地ニ在リ

旅團長河邊少將

下達法 要旨ヲ口達シ後筆記セルモノヲ送付ス

九、右命令ニ基キ午後六時五十五分左記聯隊命令ヲ下達セリ

歩一作命第十號

聯隊命令 七月十日午後六時五十五分 於一文字山

一、支那側ハ爾後絶對ニ永定河ヲ越ヘテ前

進スルコトナク又西苑方面ノ支那軍ハ八寶山、衙門口ノ線以南ニ行動スルコトナキヲ確約セリ

旅團ハ西五里店附近ニ兵力ヲ集結シテ支那軍ハ行動ヲ監視ス

二、聯隊ハ一部ヲ以テ一文字山ヲ占領シ主力ヲ以テ西五里店附近ニ集結セントス

三、第一大隊ハ日没後現在地ヲ撤シ西五里店ニ兵力ヲ集結スヘシ

二十

四、第三大隊ハ東五里店ニ位置スヘシ

五、第二大隊ハ現在地ヲ守備スヘシ

六予ハ一文字山ニ在リ後西五里店ニ至ル

聯隊長　牟田口大佐

下達法　命令受領者ヲ集メ口達筆記

十、午後七時第一大隊ハ大瓦窑ニ到着ス又歩一作命第八號ノ聯隊命令（午後三時發）ニ基キ山下仵候ト交代スヘク派遣セシ第一大隊ノ世良少尉ノ指揮スル部隊ハ既ニ大瓦窑西方三

百米附近ヲ前進中ニシテ龍王庙及東辛庄方向ヨリノ敵ノ射擊ヲ受ケ交戰中ナリ
又山下作候ハ龍王廟南方二百米附近ニ於テ龍王廟ノ敵ト對戰シアルモノノ如シ當時西方山上ヨリ照ス夕陽ニ向ヒ視察極メテ困難ナリ
又敵迫擊砲彈ハ龍王廟東側附近ニ落下ス
其兵力少クモ二百ヲ下ラス
十六、聯隊長ハ右情況ヲ一文字山ニ於テ目擊シ直

三五

二三

ニ獨斷此敵ヲ撃滅スルニ決シ左記命令ヲ下
達スルト共ニ旅團長ニ報告ス

歩一作命第十一號

聯隊命令　七月十日午後七時　於一文字山

一、聯隊ハ敵ノ不信行爲ヲ膺懲スル目的ヲ以テ之ヲ攻撃セントス

二、第一大隊（大隊砲一小隊配屬）ハ速ニ攻撃現在世良小隊ト對戰シアル敵ヲ側方ヨリ攻撃シ一擧ニ之ヲ殲滅スヘシ

敵ヲ現陣地ニ於テ殲滅シタル後西五里店ニ集結スヘシ

聯隊長　牟田口大佐

下達法　大隊長ニハ通信班長歩兵中尉小岩井光夫ヲシテ傳達セシメ其他ハ命令受領者ヲ集メ口達筆記セシム

十三、小岩井中尉ハ銃聲盛ナル間ヲ馳驅シ第一大隊長ノ許ニ至リ確實ニ前記命令ヲ傳達セリ

十四、大瓦窑ヲ占領シアリシ第一大隊ハ午後八時

二十三

二十四

頃世良小隊ノ現在スル地点ヨリ東北方ニ在ル灰庄附近ニ進出シ龍王廟附近ノ敵ニ對シ攻撃前進セリ

又聯隊砲ハ永定河右岸ノ迫撃砲ニ、大隊砲ハ龍王廟附近ノ敵ニ對シ射撃ヲ開始シ戰鬪正ニ酣ナリ

十四、午後八時二十分頃旅團長ハ副官帶同一文字山聯隊本部ニ来リ右ノ情況ヲ知ルト共ニ聯隊長ノ處置ニ同意シ左記旅團命令ヲ下達セ

1)

旅作命甲第十號

旅團命令　七月十日午後八時三十分
於一文字山

一、支那軍ハ我トノ協定ヲ破約シ龍王廟東辛庄ノ線ニ進出ス
其兵力少クモ二百ヲ下ラス

二、旅團ハ支那軍ヲ膺懲スル目的ヲ以テ之ヲ攻撃セントス

三、步兵第一聯隊ハ龍王廟、東辛庄ノ敵ヲ

二十五

二十六

撃退シ該線ヲ占領スヘシ
戦線收縮ノ為ノ處置ハ支那軍ト約定
ヲ確認シタル後之ヲ指示ス
旧機械化部隊掩護ノ為配屬ノ歩兵一小
隊、工兵一分隊ヲ其指揮ニ入ラシム
四、軍第二救護班ハ歩兵第一聯隊長ノ指
揮ヲ受クヘシ
五、輕装甲車小隊、旅團予備隊ハ暫ク西五
里店ニ位置スヘシ

旅團長　河邊少將

下達法　口達筆記

十五、世良少尉ノ指揮スル歩兵一小隊（機關銃一小隊屬ス）ハ友軍相擊ヲ避クル爲龍王廟東方四百米附近ニ於テ第一大隊長ノ命令ニ依リ前進ヲ中止シ敵情ヲ監視シアリ

第一大隊ハ逐次薄暮ヲ利用シ龍王廟東北方ヨリ前進ス

第二大隊ヨリ出サレタル山下斥候ハ南方ヨ

二十七

リ近接シ遂ニ午後九時十分第一大隊先ヅ突 二六
入シ續テ山下作候突入シ殲滅的ノ打撃ヲ與
ヘタリ以テ龍王廟附近ハ我ノ占領スル所ト
ナレリ
當時聯隊長ハ一文字山ニ在リテ第一大隊ノ
攻撃ノ結果如何ヲ痛心シアリシカ龍王廟方
向ニ當リ大元帥陛下ノ萬歳ト思シキ聲聞ユ
ルト共ニ熾烈ナリシ敵ノ銃聲一時ニ熄ミ確
ニ夜襲成功セルヲ認ムルヲ得タリ依テ一文

山東南麓一軒屋ニ至リ旅團長ニ其旨ヲ報告ス

第五、戰闘後ノ行動

一、第一線部隊ハ隊テノ命令（歩一作命第十一號）ニ基キ所命ノ地点ニ集結ス其行動極メテ齋整ニシテ午前二時集結ヲ終レリ

第六　戰闘ノ成績並勝敗一決セシトキノ景況

我軍ノ損害

二九

戰死　六名　負傷　十二名

戰場ハ我聯隊ノ常時演習セル熟地ニシテ「駐屯地即チ戰場」ノ常用語ヲ如實ニ示セリ故ニ少クモ地形ニ關シテハ何等遲疑スル所ナク勇敢ニ行動シ得タリ

時期ハ恰モ中隊教練檢閱ヲ目前ニ控ヘ訓練最高潮ニ達シアリシタメ演習即チ實戰トナリ且ツ平素夜間ノ訓練ニ精進シタル結果其ノ成果ヲ遺憾ナク發揮スルヲ得タリ夜襲ハ薄暮敵ニ近接シ攻擊準備ヲ行ヒツヽ前進一擧ニ突擊セリ

敵ノ損害ハ戰死約八〇アルモノノ如シ

附記

戰闘一決シ戰場寂トシテ聲無シ聯隊長ハ一文字山ニ在リテ第一大隊ノ報告ヲ待ツヤ切ナリ此時大隊本部傳令タリシ第三中隊二等兵恩田直吉聯隊本部ノ位置ヲ尋ネテ來ルニ依テ聯隊長ハ何レヨリ來レルヤヲ問フ龍王廟ヨリ來レル旨ヲ答フ更ニ戰況ハ如何ナリシヤト問フ以下彼ノ答其儘ヲ記述ス

龍王廟ノ夜襲ニ於テ十三、四名ノ敵ヲ刺　三十一
シマシタ
聯隊長殿コンナニ銃剣カ曲リマシタト
テ血染ノ銃剣ヲ差出ス
問、エライ澤山突イタノ—、ドウシテソンナ
ニ突ケタノカ
答敵ハ壕内ヲ右往左往シ間ニハ青龍刀ヲ
頭ノ上ニタダ動カスモノモアリマスガ
何ニモ抵抗シマセンノデ上ヨリ突キ刺

スノニハ極ク容易デアリマシタ
此ノ銃モ分捕ツテ來マシタトテ背負ヒ
シ敵ノ銃ヲ差出ス
軽機関銃モアリマシタガ重クテ邪魔デ
シタノデ小銃丈持ツテ來マシタ
何等ノ粉飾ナク如何ニモ初年兵（本年三月
一日入營）ラシキ純情ハ聯隊長始メ、本部諸
官ノ氣分ヲ壯快ナラシメタルコト大ナリ
直ニ旅團長ノ許ニ帯同シ直接報告セシメ

三三

三四

タリ旅團長モ大ニ喜ハレタリ戰場ハ一揮
諒トシテ附記ス

第七、參考トナルヘキ所見

一、本戰鬪ハ事變不擴大ノ軍ノ方針ノ下ニ穩忍自重シ而モ彼ノ不法行爲ヲ監視セシメラレ第一線指揮官トシテ任務遂行上極メテ困難ナル情況下ニアリ然ルニ支那軍ハ我穩忍ヲ以テ何等爲ス無シト做シ彼ノ氣驕リ遂ニ我ト確約ヲ無視シ約束ノ線タル衙門口ハ寶山ノ線

ヲ越ヘテ前進スルコト正ニ三千米ナリ
之ヲシテモ忍ツヘクンハ彼ヲ監視スルノ意
義ハ正ニ消滅セリト謂ツヘシ茲ニ於テ聯隊
長ハ敢然之ニ對シ攻撃ヲ断行シ之ヲ膺懲ス
ルニ決シタリ而カモ此攻撃ハ第一大隊ノ神
速果敢ニシテ機宜ニ適シタル行動ニ依リ殆
ント敵ヲ殲滅セシメ以テ完全ニ膺懲ノ目的
ヲ達シ支那軍ノ不法ヲ世界ニ宣明シ皇軍ノ
威勇ヲ宣揚スルヲ得タリ

三十五

三夫

二、白兵戦ノ威力

龍王廟北側ノ敵ハ我突撃ニ當リ後方掩壕ニ逃匿シ逆襲セス我兵ハ壕内ノ敵ヲ逐次刺殺シ銃剣ノ威力ニ依リ殲滅セリ敵ハ壕内ニ在リテ處置ナク僅ニ一二名勇敢ナル者壕外ニ出テ青龍刀ヲ振ヒタルモ直ニ我兵ノ銃剣ニ斃レタリ

三、敵ノ亂射

敵ハ夜間恐怖心ヨリ亂射スル癖アリ其所ニ

テ銃聲スレハ直ニ比隣相和シ亂射ヲナス
其狀況恰モ一犬虚ニ吠ヘ𪜈萬犬亦之ニ習フ
ニ似タリ
從テ敵ニ近接シテ沈着ニ偵察ヲ行フ時ハ其
兵力及位置ヲ確實ニ認ムルコトヲ得
龍王廟北側陣地ヲ攻撃シタル第一中隊ハ敵
前ニ十米ノ堤防ニ於テ停止シ中隊長ハ兵ニ
先ツ水筒ノ水ヲ飲マシメ「敵火猛烈ナルモ彈
丸ハ頭上ヲ飛フ皆堤防上ニ頭ヲ出シ敵ノ位

三八

置ヲ見ヨ」ト注意シ突擊目標ヲ確認セシメタ
ル上一彈モ發射セス手榴彈モ使用スルコト
ナク喊聲モ發セス平常演習ノ場合ト同シク
敵陣ニ突入セリ

四、獨立シタル小部隊ハ後方友軍ニ自己ノ位置
ヲ知ラシムルコト及自己ノ射擊目標ヲ報告
スルコト必要ナリ

晝間龍王廟ニハ我將校斥候ヲ派遣シタリタ
刻之カ交代ノタメ歩兵一小隊機關銃一小隊

ヲ派遣シタルニ該小隊大瓦窯ヲ出発スルヤ間モナク猛烈ナル射撃ヲ開始シツ、龍王廟ニ向ヒ攻撃前進セリ

敵ノ迫撃砲弾ハ我前進スル第一線並機関銃陣地ニ落下スルヲ見ル

聯隊長ハ當時一文字山ニ在リ此状況ヲ目撃シ敵ハ衙門口方向ヨリ南下セシモノト判断シ且龍王廟ニハ敵兵アルモノノ如ク感セラレ聯隊砲ヲシテ射撃セシメントシタルモ該

三十九

地ニハ晨ニ第二大隊ヨリ派遣シタル將校斥候アルヲ思ヒ聯隊砲ノ射撃ヲ實施セス只管前方ヨリノ報告ヲ待チタリ然ルニ前線ノ射撃ハ猛烈ニシテ小隊苦戰ノ状況ニ在ルヲ認メ第一大隊（步兵約二中隊、機關銃一中隊）ヲ大瓦窑北側ニ展開シ東辛庄方向ヨリ南下スル敵ノ側背ヲ攻撃シ小隊ノ龍王廟占領ヲ容易ナラシメントセリ時既ニ太陽西山ニ没シ視界暮幕ニ覆ハレ聯隊砲ノ射撃ハ困難トナル

此ノ時始メテ小隊ヨリ報告アリ
龍王庙ハ敵既ニ占領シアリテ晝間派遣セシ
我將校斥候ハ二百米南方ニ於テ之ニ對峙セ
ルコト並交代ノタメノ小隊ハ龍王庙ノ敵ト
交戰シアルヲ知レリ
依テ第一大隊ヲシテ龍王庙ヲ攻擊セシメ大
隊ハ同地ニ在ル敵ヲ殲滅セリ
若シ將校斥候ニシテ自己ノ位置ヲ日章旗等
ニテ標示シ又交代ノ爲前進セシ小隊カ自己

四十二

ノ攻撃目標ヲ速カニ報告スレハ聯隊砲ヲ以テ速ニ之ヲ制壓シ得タリシナラン
因ニ世良小隊ハ本戰闘ニ於テ四名ノ戰死二名ノ負傷ヲ生シタリ

五、負傷者ノ愛護ニ就テ

戰闘直後ニ於テハ攻撃精神旺盛ナル者就中當面ノ責任者タル幹部特ニ將校ニ於テハ負傷ヲ意トセス外觀極メテ健康ニ見ユル爲往々重傷ヲ輕傷ト誤ルコトアリ故ニ幹部ノ負

傷ニ對シテハ特ニ注意ヲ拂ヒ無用ノ雜談等
ヲ避ケ要務終ラハ直ニ治療ヲ受ケシムルコ
ト肝要ナリ

武功録

第一大隊

一、特殊功績部隊

右ハ龍王廟ノ夜襲ニ當リ志氣極メテ旺盛團結鞏固ニシテ神速ナル行動ニ依リ白兵ヲ振ヒ一擧ニ敵ヲ殲滅シ完全ニ膺懲ノ目的ヲ達成セリ

其ノ武功拔群ナリ

二、特殊功績者

第一大隊長歩兵少佐　木原義雄

右ハ世良小隊ト對抗セル敵ノ側方ヨリ攻擊ヲ實施スヘキ命ヲ受クルヤ敵ノ確約違反ヲ看破シ薄暮ヲ利用シテ一擧ニ龍王廟ノ敵ヲ殲滅シタル動作ハ指揮勇敢適切ニシテ其ノ功績ハ武功拔群ノ

モノト認ム

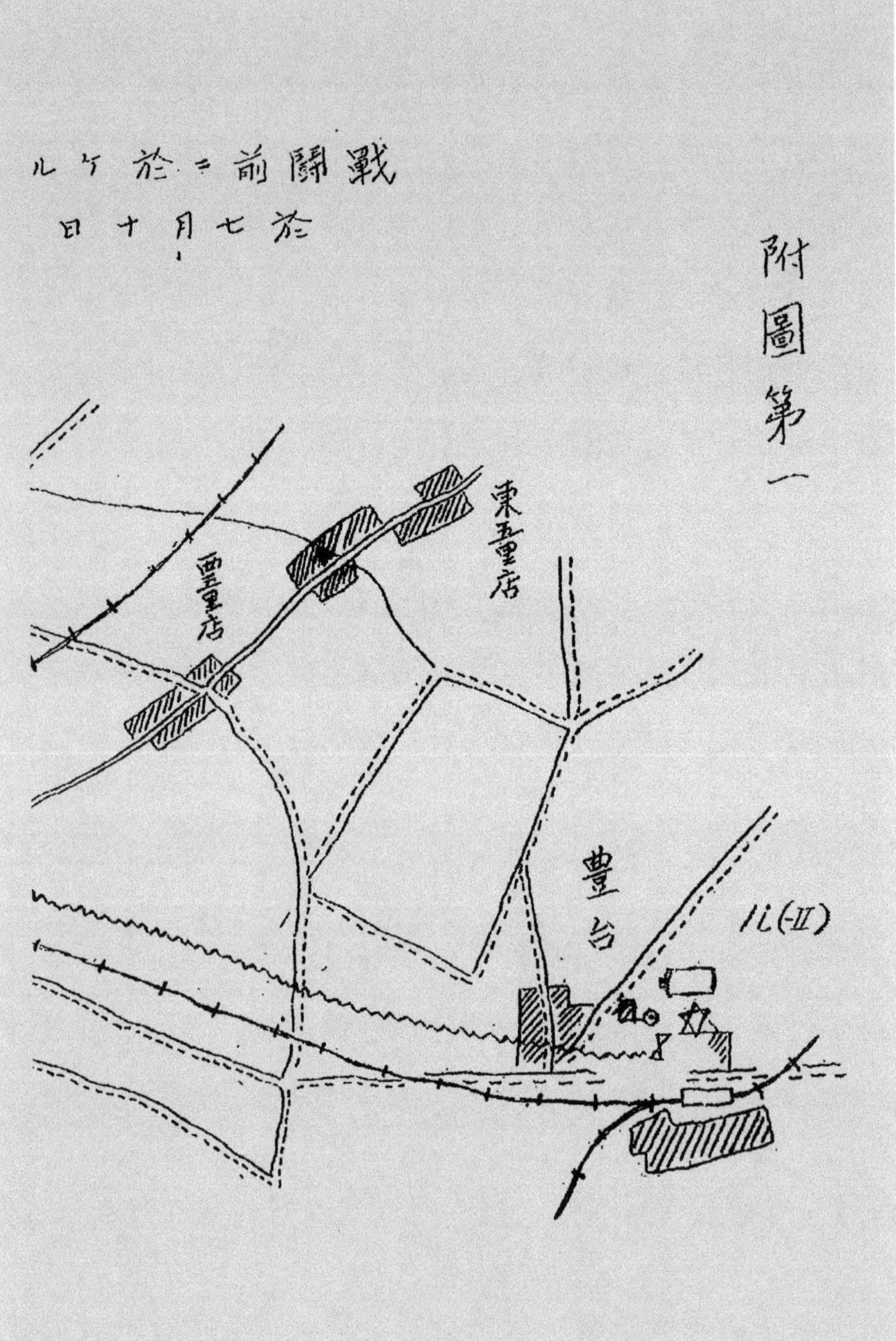
附圖第一
戰闘前ニ於ケル
於七月十日
東五里店
西五里店
豊台

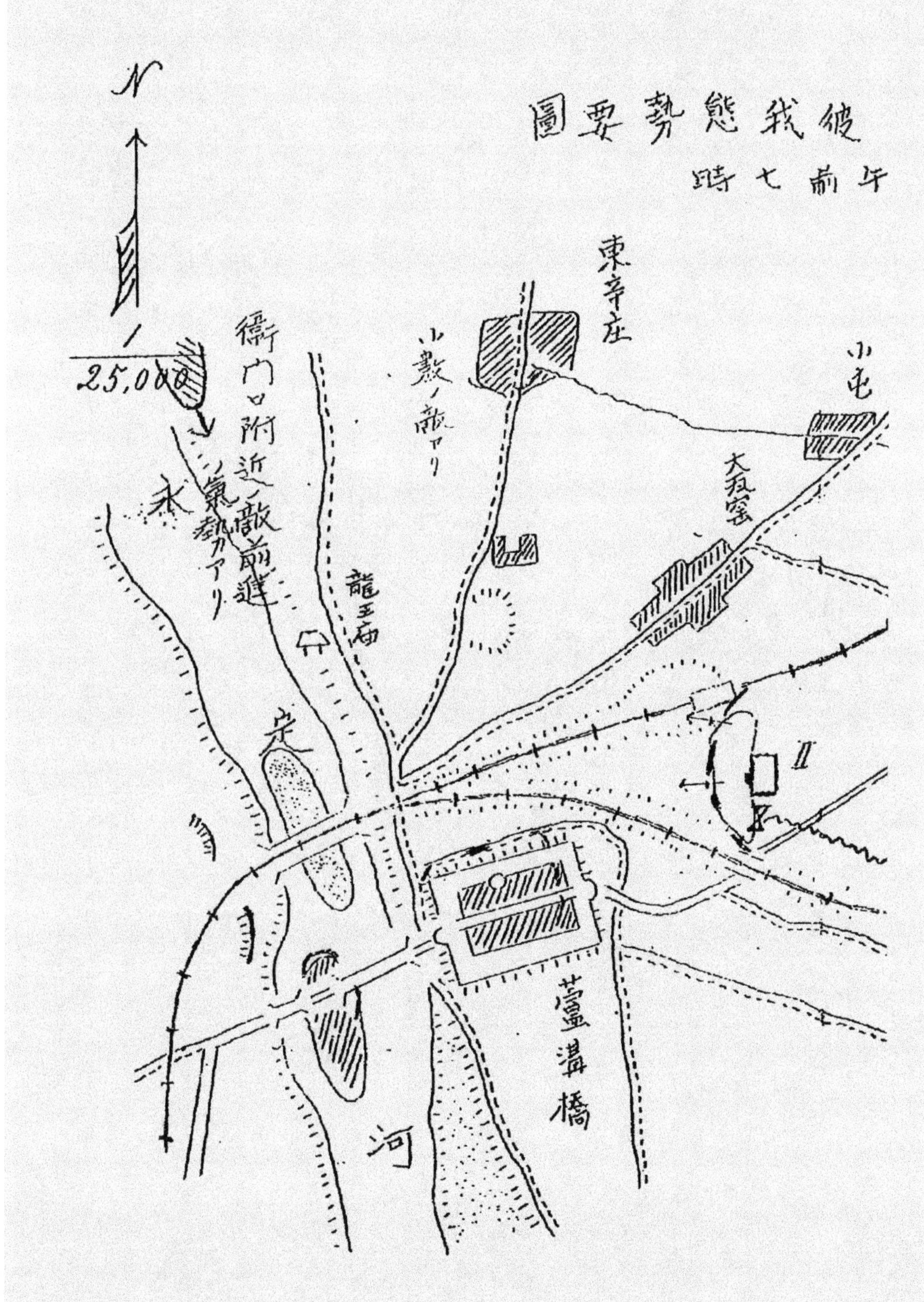
彼我態勢要圖
午前七時
N
25,000
東辛庄
小屯
小數ノ敵アリ
衛门口附近ノ敵前進ノ氣勢アリ
大瓦窑
龍王廟
II
蘆溝橋
河

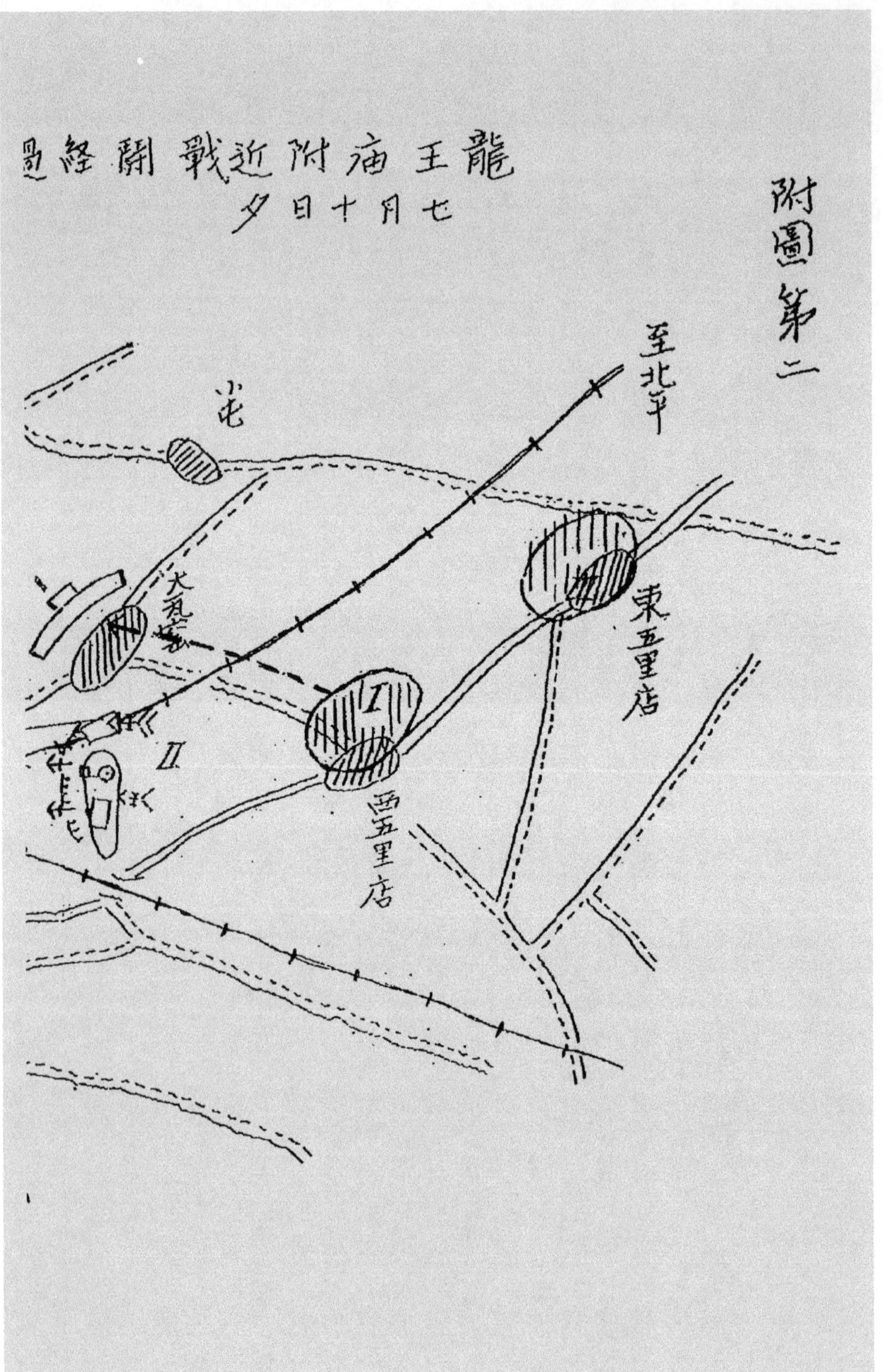
附圖第二
龍王廟附近戰鬥經過圖
七月十日夕
至北平
小屯
大瓦窑
東五里店
西五里店
I
II

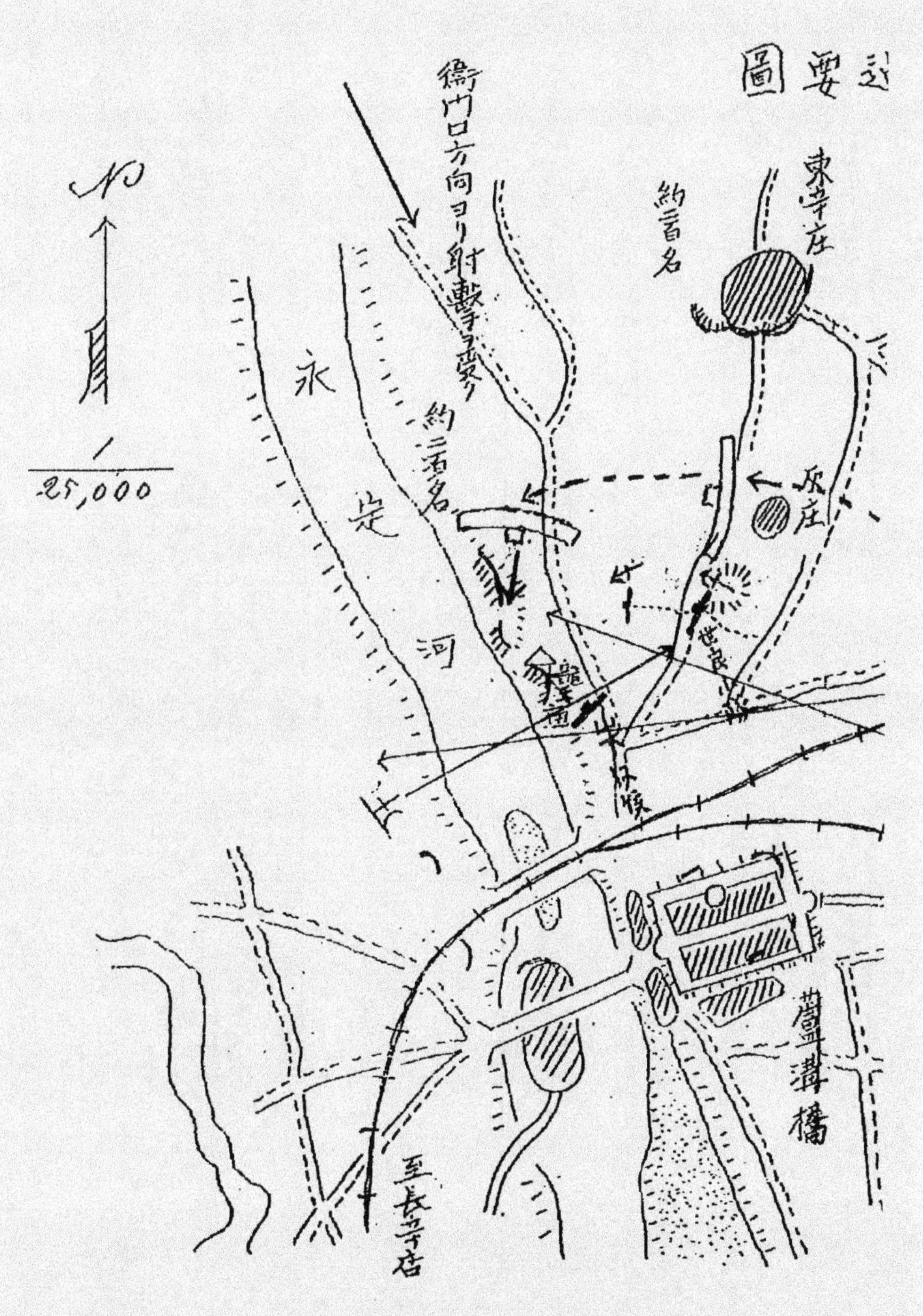
要圖
東辛庄
約百名
衛門口方向ヨリ射撃ヲ受ク
約二百名
永定河
1/25,000
N
盧溝橋
至長辛店

戰闘詳報第三號附表

昭和十二年七月十日　支那駐屯牟田口部隊死傷表

區分／團隊號	戰闘參加人馬 將校	戰闘參加人馬 准尉下士官兵	戰闘參加人馬 馬匹	死 將校	死 准尉下士官兵	死 馬匹	傷 將校	傷 准尉下士官兵	傷 馬匹	生死不明 將校	生死不明 准尉下士官兵	生死不明 馬匹
聯隊本部	七(三)	四〇(五)										
第一大隊(砲一小隊屬ス)	一一(三)	三二〇(三)	一〇		六		一	一二				
第二大隊(砲一小隊屬ス)	七(三)	二七四(四)	五				一					
歩兵砲隊(砲一小隊欠ク)	二	一四四	二七									
計	二七(五)	七七八(一二)	四二		六		二	一二				

備考

一、本表中括弧内ハ非戰闘員ヲ示ス

二、將校ノ負傷者左ノ如シ

第六中隊附　歩兵中尉　山下末吉

第一大隊副官　歩兵中尉　因幡昇一

戰鬪詳報第三號附表

昭和十二年七月十日　支那駐屯軍牟田口部隊鹵獲表

種類	區分	員數
俘虜	將校	〃
	准尉 下士官兵	〃
	馬匹	〃
戰利品	自動小銃	3
	劍	3

備考

戰鬪詳報第三號附表

昭和十二年七月十日

支那駐屯牟田口部隊武器彈藥損耗表

種類	區分	隊號	第一大隊	第二大隊	步兵砲隊	計	備考
消費	彈藥	小銃	1,347	432		1,779	
		輕機		680		680	
		機關銃	2,070	135		2,205	
		八九式擲彈筒榴彈	32	16		48	
		榴彈		5	7	12	
損失	武器	小銃	1			1	
		輕機關銃	1			1	
	其他ノ兵器	四一式山砲眼鏡			1	1	
		九三式雙眼鏡			1	1	
		小圓匙			1	1	

（二十三）八宝山中国兵开炮，我决定派兵方针达成举国一致

资料名称：八寶山の支那兵發砲　わが方針派兵に決す擧國一致の結束成る

资料出处：読売新聞社編輯局編《支那事變實記》第一輯，非凡閣1937年發行，第27—36頁。

资料解说：本资料记载了中日两军在卢沟桥交战后，驻八宝山等部中国军队向日军开火，但距离较远，弹丸未能伤及日军。7月11日日本当局决定向华北大规模派兵，展开全面的战争行动。

七月十一日

八寶山の支那兵發砲
わが方針派兵に決す
擧國一致の結束成る

（**戰況**）龍王廟、東辛庄一帶の敵を蹴散らして一擧に敵陣を占據したわが部隊は、夜來の戰鬪に疲れも見せず、勇氣百倍して支那軍の行動を監視しつつあつたが、この日、北平においては、天津から急行したわが橋本參謀長の要求に對して、冀察首腦部は悉くこれを承認し、また冀察側代表張允榮は松井特務機關長に對して解決辦法を提示し、わが方の要求を受諾するとともに、蘆溝橋一帶よりの撤退を命じたので、わが部隊も午後一時半、主力の原駐地歸還を決定すると同時に、支那側の協定履行を嚴重監視することとなつた。

八寶山の支那兵發砲

ところが、支那軍は夕刻に至るも撤退する樣子がないばかりか、平漢線方面においては大部隊の支那軍が北上の氣配を示し、第五十三軍長萬福麟の部隊は保定から涿縣琉璃河方面に、商震部隊は彰德方面から石家莊、保定の間に、さらに中央軍の劉峙部隊は開封、鄭州方面から衛輝、順德の附近にむかつて、それぞれ移動せんとし、また裝甲列車數臺を永定河右岸の長辛店に進出せしめ、あくまで攻擊の態勢をととのへつつあつたのだ。そして、これに相應するかのごとく、八寶山方面に南下した支那軍は、午後九時半頃から、しきりに小銃、大砲をもつてわが部隊に射擊を浴せはじめた。が、遠距離のため、彈丸はわが部隊まで達せず、わが部隊は敵の發砲にもかかはらず飽くまで冷靜を持し、停戰協定をまもつてこれに應戰しなかつたので、この夜はおほむね平穩裡に更けて行つた。

一方、この日早朝、わが第〇艦隊は北支、中支、南支一帶のわが居留民保護及び權益擁護のため、一齊に警備の位置についた。

天皇、皇后兩陛下におかせられては、來る特別議會開會前まで葉山御用邸に御駐輦の御豫定のところ、目下の時局に鑑みさせ給ひ、十二日午後　兩陛下御揃ひにて還御　あらせられる旨仰せ出された。

（國内）昨夜、深更の飛電に登廳した陸軍省、參謀本部の各關係官は、いづれも徹宵の協議、緊急處置にこの朝を迎へたが、午前四時すぎ、阿南人事局長の葉山御用邸伺候の發表につづいて香月清司陸軍中將〇〇へ急行の發表、午前十一時三十分には、香月中將、支那駐屯軍司令官に親補の正式發表など、三宅坂はいつにない緊張した動きであつた。

北支派兵中外に宣明

またこの日、政府は帝國の態度を決定するため、午前十一時三十分、首相、外相、陸相、海相、藏相の五相會議を開き、會議實に二時間ののち緊急閣議を開催、廟議において決定せる根本方針について近衞首相より委曲奏上御裁可を仰いだのち、午後六時二十五分、北支派兵について左のごとく聲明した。

相つぐ支那側の侮日行爲に對し、支那駐屯軍は隱忍靜觀中のところ、從來我と提携して北支の治安に任じありし第廿九軍の七月七日夜半蘆溝橋附近に於ける不法射擊に端を發し、該軍と衝突の已むなきに至れり。爲に平津方面の情勢逼迫し、我在留民は正に危殆に瀕するに至りしも、我方は和平解決の望を棄てず、事件不擴大の方針に基き局地的解決に努力し、一旦第廿九軍側に於て和平解決を承諾したるに拘はらず、突如七月十日夜に至り、彼は不法にも更に我を攻擊し再び我軍に相當の死傷を生ずるに至らしめ、しかも頻りに第一線の兵力を增加し、更に西苑の部隊を南進せしめ、中央軍に出動を命ずる等武力的準備を進むると共に、平和的交涉に應ずるの誠意なく、遂に北平における交涉を全面的に拒否するに至れり。以上の事實に鑑み、今次事件は全く支那側の計畫的武力抗日なること最早疑の餘地なし。思ふに、北支治安の維持が帝國及び滿洲國にとり緊急の事たるは玆に贅言を要せざる處にして、支那側が不法行爲は勿論、排日侮日行爲に對する謝罪を爲し、及び今後斯かる行爲なからしむる爲の適當なる保障等をなすことは、東亞の平和維持上極めて緊要なり。仍て政府は本日の閣議に於て重大決意を爲し北支派兵に關し政府として執るべき所要の措置をなす事に決せり。然れども東亞平和の維持は帝國の常に顧念する所なるを以て、政府は今後共局面不擴大のため平和的折衝の望を捨てず、支那側の速なる反省によりて事態の圓滿なる解決を希望す。又列國權益の保全に就ては固より十分之を考慮せんとするものなり。

七月十一日
三一
寫眞上より
杉山陸相、香月支那駐屯軍司
令官、長谷川〇〇艦隊司令長官

擧國一致の結束成る

この聲明發表ののち、政府は擧國一致、結束せる國力をもつてこの方針の遂行を期するため、言論機關、貴衆兩院、財界、三方面の協力を求めるべく、夜九時から、右三方面の代表者の參集を乞ひ、政府側からは近衞首相以下の各閣僚、各關係官出席して、事件の經過と政府の所信を述べて協力を要望したが、これに對し、各代表よりもそれぞれ協力してこれに當るべしとの挨拶があり、ここに政府の方針は完全なる擧國一致のもとに遂行されることとなつた。

當夜、首相官邸に參集せる各方面代表、及びその挨拶は次のとほりである。

言論機關代表　岩永同盟社長、上田同編輯局長、阿部東日總務、岡野報知編輯局長、村上國民編輯局長、田中中外社長、山本都主幹、柴田讀賣編輯局長、緒方東朝主筆、美土路同編輯局長、その他右各社幹部、片岡東京放送局常務理事など約四十名。

衆議院代表　町田民政黨總裁、小泉同幹事長、鳩山、前田、島田三政友會代行委員、松野同幹事長、安達國盟總裁、無所屬望月圭介、東方會中野正剛、社大安部磯雄の諸氏。

貴族院代表　松平議長、佐々木副議長、德川圀順公、井上三郎侯、池田宣政侯、小村捷治侯（以上火曜會）樺山愛輔伯、酒井忠正伯、松平康春子、潮惠之輔氏（以上研究會）安保清種男、淺田良逸男、中村謙一男、辻太郎男、矢吹省三男、周布兼道男、東久世秀雄男（以上公正會）伊澤多喜男、小坂順造、菅原通敬三氏（以上同成會）橋本圭三郎、竹越與三郎兩氏（以上交友俱樂部）眞野文二、有吉忠一兩氏（以上同和會）等、

財界代表　日銀副總裁津島壽一、橫濱正金銀行頭取大久保利賢、日本興業銀行總裁寶來市松、日本勸業銀行總裁石井光雄、三井銀行取締役會長万代順四郎、三菱銀行會長瀨下清、安田銀行副頭取森廣藏、住友銀行東京支店副長長谷川元、第一銀行頭取明石照男、朝鮮銀行總裁加藤敬三郎、臺灣銀行理事山本健治、東京貯蓄銀行會長澁澤敬三、生命保險會社協會專務理事玉木爲三郎、信託協會理事山室宗文、東京株式取引所理事長杉野喜精、帝國農會々長酒井忠正、船主協會代表（郵船社長）大谷登、日本商工會議所副會頭有吉忠一、日本商工會議所副會頭中野金次郎、日本經濟聯盟會常任委員串田萬藏、同井坂孝、日本工業クラブ理事磯村豐太郎の諸氏出席

挨拶

松平貴院議長　お話を承つて御趣旨のあるところはよく諒承しました。各會派にもその旨御傳へする。

七月十一日

町田民政總裁　自分は各派の代表の意味でなく、集つた中の年長者として先づ最初に御挨拶する。自分は民政黨代表として總理の御挨拶、外務、陸軍兩大臣の經過報告並に閣議決定の聲明等を拜見して簡單にその所見を申上げる。國際正義に立脚し東洋和平の趣旨を有する帝國國是を實行する必要手段については何人と雖も異論ないと思ふ。この重大事件に處し、總理並に各閣僚諸君は、願はくば擧國一致の力で一日も早く事件の處理を致されんことを希望する。今民政黨は幹部が皆本部に集つてゐるから、政府の趣旨の在るところを傳へる。

鳩山政友代行　政友會代表の一人として御挨拶申上げる。お話をきいて至極御尤と思ふ。擧國一致協力して難局打開の實をあげたい。これから黨に歸つて黨の幹部に話し、御趣旨に副ふやう努力したいと思ふ。

安達國盟總裁　三相の話をきいて、この時局の下、誠に御尤の次第と思ふ。過ぎ去つたことには或はそれぞれ意見があるにしても、事ここに至つては、一切の行懸りをすてて擧國一致で行きたい。

望月圭介氏　町田君が衆議院代表で挨拶されると思つてゐたがさうでなかつた。私は町田君のいはれた言葉のうち民政代表のことばを除けば同氏と全く同感である。政府の御趣旨に副つて協力したい。

中野正剛氏　平和を專念する帝國政府の態度が、常に極めて謙虛なる行動に出てゐるに拘はらず相手方のあやまつた出方のために事茲に至つた事情を明らかにしまして、吾々同志全責任を以て協力する考へである。

安部社大黨首　社會大衆黨を代表して御挨拶申上げるが、吾黨にあつては只今幹部が本部に集合してゐますから、歸つて總理その他閣僚の話を傳言する。無論擧國一致の精神で進むことの必要なことは疑を容れぬ。吾々も驥尾に付して擧國一致進みたいと思ふ。

（外交）　政府が擧國一致、派兵をもつて支那側の反省を促がすことに決定したこの日、南京の日高參事官は、午後四時、外交部に陳介次長を訪問、本省の訓令にもとづいて支那側の不信を難詰、事件の擴大惡化は一にかかつて支那側の態度如何にあり、わが方としては重大決意を有するものであると警告を發した。

これに對し、陳介は支那側の常套手段である逆襲的態度に出で、會談一時間半に及んだが、結局、物わかれのまま辭去した。

（支那の動き）　病氣の故をもつて故郷の山東省樂陵に靜觀中であつた宋哲元は、蔣介石の電命をうけたものの如く、自動車にて天津に歸還したが、彼は二十九軍に對して戰鬪準備命令を發したとも言はれ、事態は宋哲元の歸來によつて改善される見込みはなく、北支の不安は刻々と深くなつた。十一日早曉には、約五十名の支那兵が北平の日本人旅館を襲撃して暴行、市內各所において、通行中の邦人が毆打抑留されるなど、支那側の不法は數へるに遑がなく、そしてこれらの背後には藍衣社の策動があると見られるに至つた。

また上海では、該地抗日團の尤たる上海地方協會始め多くの抗日團が結束をかため、上海市政府は、二十九軍に對して一萬元の慰問金と激勵電報を發した。

（二十四）五万中央军北上，南京政府不承认现地交涉

资料名称： 五萬の中央軍北上す　南京政府現地交涉不承認

资料出处： 読売新聞社編輯局編《支那事變實記》第一輯，非凡閣1937年發行，第36—44頁。

资料解说： 本资料记录了南京政府不承认现地交涉卢沟桥事变，派遣五万中央军北上增援华北，日本方面也采取了相应的举措。

七月十二日

五萬の中央軍北上す
南京政府現地交涉不承認

（戰況）昨夜、わが前線部隊では協議の結果ひと先づ原駐地へ撤退することに決し、午後十一時、撤退を開始し、北平部隊の一部はすでに午前七時北平へ歸還したところ、支那軍はまたして

寫眞は上より
王寵惠、孫科、秦德純

〇〇に入場するわが軍の精鋭

も態度を豹變して漸次前進の氣勢を示し、八寶山附近の敵は從來の位置を棄てて逆襲し來つたため、午前十一時、彼我の態勢は全く急變、事態は支那側の不信行爲により重大化した。わが駐屯軍司令部は、かかる支那兵の不信行爲について極度に憤慨し、今後の支那側の出やう如何によつては、急轉直下、全面的衝突となるも止むを得ないとするに至つた。

蔣介石、動員下令

前線において、事態がかくの如く緊張せるとき、帝國政府の重大決意を知つた支那側はいよいよ事の重大性を知り、廬山にある蔣介石は極度に狼狽、汪兆銘、程潛、陳誠などの軍首腦部を招集して協議の結果、萬やむを得ない場合は敢へて抗戰を辭せずとの結論に到達したものの如く、午後七時に至つて、陝西、河南、湖北、安徽、江蘇等に駐屯せる直系、準直系軍に對して、さらに廣汎なる動員令を下し、鄭州を中心とする隴海、平漢兩鐵道沿線にこれらの各部隊の結集を命ずるとともに、山東省主席韓復榘に對して津浦線北段の防衞を一任した。

これより先、隴海沿線の中央軍劉峙部隊は、十日以來ぞくぞく北上しつつあつたが、現在、平漢線によつて北上中の中央軍は龐炳勛、商震、劉峙の各部隊合せて約五萬であり、南京側のかかる大げさな動員は、益々二十九軍の全部を抗日戰に捲きこむものと見られるに至つた。

北平の邦人續々引揚ぐ

これと同時に、北平の不安は刻々增大し、北平の邦人の安全は次第に脅かされつつあり。わが出先官憲は在留邦人に對して避難準備の通告を發したが、この不氣味な切迫を前に、在留邦人は續々と引揚げを開始した。

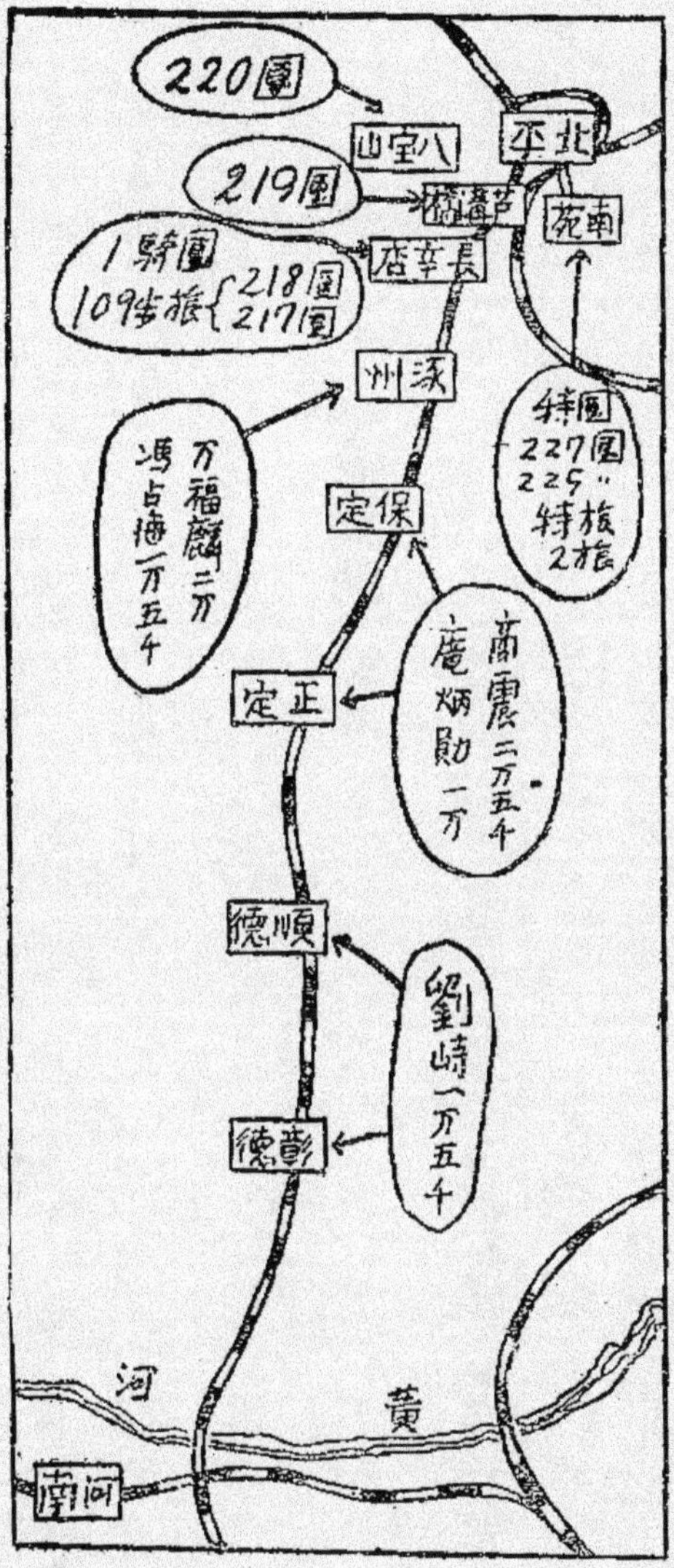

（國內）政府は朝野一丸となつて事に當らんとの方針から、既に貴衆兩院、財界、言論界の代表を招いて協力を求めたが、

さらに擧國一致の體勢を強化するため、ひきつづき産業界、農會關係、產業組合、思想關係等の各方面代表の參集を求めることとしたが、この日は、午後八時二十分より、名古屋財界代表を首相官邸に招いて懇談を遂げた。

軍事參議官會議

最後の『斷』の發動に向つて準備全くなつた三宅坂では、その熱つぽい緊迫感の中心陸相官邸で、午後三時二十分から、軍の長老をすぐつた元帥、軍事參議官會議が開かれた。

御七十三の御高齡もいとはせられず、日夜軍務にいそしみ給ふ閑院參謀總長宮殿下には、けふは御不參遊ばされ、軍長老におはす梨本元帥宮殿下、東久邇、朝香、兩軍事參議官 宮 殿下の御三方が御出席、中村中將、寺內教育總監等も列席のうへ、杉山陸相より北支事變の情勢を御說明申上げた。

學生教團に文部通牒

また、文部省では事變にたいする政府の方針にもとづき、伊東文部次官の名をもつて、地方長官、官私立大學、專門學校長、および各宗派管長にたいして、次のやうな通牒を發した。

今次北支事變に關し、政府より聲明これありたるについては、この際貴管下各學校生徒兒童並に、社會教育諸團體關係者、貴學校學生生徒をして正しく時局を認識せしむるに努め、その本分を守らしむると共に協力一致、いよ〳〵國民精神の振作に遺憾なきを期せられたし。

（外交）今次の事件の善後處置について、支那駐屯軍と冀察當局との間に定められた協定にたいして、國民政府がいかなる態度を執るかは各方面から注目されてゐたが、この日午後八時、薫道寧日本科長は王外交部長の代理としてわが大使館に日高參事官を訪問し、文書をもつて、

『日本軍、冀察當局間に約諾樣のもの成立せる由なるも、かかる地方當局の約諾は中央の容認を經ない以上承認し得ず、よつて凡ての地方的取極めについては中央の承認を求められたし。』

と通告し來つた。これに對し、日高參事官は、

『北支の事態を正當に認識し、國民政府が眞に不擴大を希望するならば、現地當局間で、實情に卽して協定をなすことが最も適切である。このことは本日王部長との會見においても述べたが、國民政府がわが方の不擴大方針を阻止するがごとき事なきやうされたい。』

と、わが現地解決、事件不擴大方針にもとづいて猛省を促した。これによつて、國民政府が協

定を無視し、事件不擴大に對して何等の誠意もたぬことが明かとなつた。

因みに、かねて老齢多病のゆゑをもつて辭意を表明、杭州に靜養中であつた許世英駐日大使は事態の緊迫に鑑み、この日辭意を取消し、速かに歸任することに決定した。

(支那の動き) 國民政府はこの日、政府令をもつて、戰時並に準戰時において軍事上必要と認められる一切の物資、施設、および勞力に關する徹底的な『軍事徴用令』を公布した。

支那の借款交渉停頓

國民政府財政部長、孔祥熈の歐米における借款交渉は、事變の勃發によつて一大難關に逢着しつつあつたが、政府の招電によつて急遽アメリカ經由歸國することになつたため、借款交渉は全く中絶のやむなきに至り、支那の經濟建設にも重大なる支障を及ぼすものと見られるに至つた。

(挿話) 龍王廟の夜襲で皇軍の威力を遺憾なく發揮した北平部隊の一部が、この日午前八時、步武堂々と歸還した。幾人か戰友の血を吸つたあの蘆溝橋の戰場から、四日目で原駐地へ歸還したのだ。額の汗が頰につたはつて、土と血がこびりつくわれ等の精鋭。肅然と營庭に整列すれば點呼にぬけた戰友の名が一人、二人……。思はず脣を噛む口惜しさだ。飯盒の飯にかぶりつく兵をまへに、指揮官岡村隊長の笑顔！『事變が收まつたから歸つたんぢやない。あの廿九軍の遺口ぢや、いつ何をやらかすか判るもんぢやない。戰鬪狀況か？なアに、廣い原つぱだよ、お誂へ向きの演習場だ。しかし兵は實によく戰つた。一兵よく百兵に當る威力だよ。』と語つた。

（二十五）宋哲元进入北京

资料名称：宋哲元の北京入り

资料出处：寺平忠輔著《蘆溝橋事件——日本の悲劇》，読売新聞社1970年版，第259—268頁。

资料解说：本资料主要记录了宋哲元被迫回到北平与日军谈判，宋表示第二十九军实行「不抵抗政策」，后提出「严禁与日军摩擦」，作出让步，同日军达成停战协议。

第一五章　宋哲元の北京入り

宋哲元への要望

二ヶ月余りも冀察の政務を放ったらかし、山東省の片田舎、楽陵に逃避行をきめ込んでいた宋哲元は、留守中、盧溝橋事件が勃発し、しかもそれが楽観を許さぬ状態に引ずり込まれて行くのを知った時、心中、少なからず焦慮と悔恨の念が萌し始めてきた。

彼の留守を預る秦徳純からは、戦況や交渉の電報が頻繁に送られてくる。そこで彼は、七月九日、秦徳純に宛てて次のような第一電を発した。

「今般、中日の間、盧溝橋において事件の発生を見た事は、まことに東亜の一大不幸とするところである。これが単なる局部的衝突として、短時間に解決を見得たならば、なお不幸中の幸いである。

余は従来平和を愛好し、民衆を愛護するをもって、施政上唯一の方針とし、また信条ともしてきたが、いやしくも無益な犠牲を伴うような事態の発生は、決して余の希望するところではない。

軍政各界の諸公よ！　希くは東亜の大局に重きをおき、誠意を披瀝して日本側との交渉に当り、事件を一日も速かに、かつ円満に解決されるよう、切望に堪えない。

この趣旨、隷下に徹底せしめられたし」

さすがは冀察の重鎮である。彼の抱負と識見とには、確かに傾聴に値するものがあった。

彼は十二日、楽陵を出発し、その日のうちに天津に到着した。そしてここに滞在して、あらゆる角度から事件の真相を検討し始めた。

いよいよ宋哲元が北京に帰って来るという事になると、我々特務機関としてはその任務上、当然彼に対する交渉の腹案を準備しておかなければならない。

私が機関長から、この交渉の骨子を立案するよう命ぜられたのは、十三日夕刻の事だった。大紅門事件は起っている。関東軍との連絡準備も急がなければならない。

何だかだと忙しい真っ最中ではあったけれど、私は取りあえず、思いついたままペンを走らせた。

その概要は次の通りである。

「日本側は本日まで、終始平和愛好の精神に徹し、またその努力を続けてきた。しかし南京側最近の軍事行動から判断すると、彼の底意はすでに、対日決戦の段階に入っているのではないかと思われる節がある。

この間に処する冀察の態度は、およそ今日ほど慎重を要するものはない。この際冀察は、冀察自身が誠意を披瀝し、和平解決に努力する事はもちろん、さらに進んでは南京側を動かし、大局に目覚めしめ、その妄動を戒める底の、遠大な抱負と、溌剌たる気概があって然るべきである。

今にして一歩を過ったならば、冀察の自滅はいわずもがな、日華全面的衝突の一大不祥事が、ここ旬日を出でずして生起される事も、決して杞憂とは断じ得ないであろう。

これがため、冀察はまず、率先左記四項目を実行に移し、とりあえず華北の事態を安定せしめ、範を南京に示す事が肝要である。

左記

一、二十九軍に対し、対日無抵抗を命令すること。

二、北京市の戒厳を緩和すること。

三、逮捕した日本人を釈放すること。

四、北寧鉄道交通の正常化を計ること。

不幸にして情勢悪化の一途をたどり、北京周辺において両軍干戈を交える場合においても、城内を兵乱の巷と化する事は、一千年の文化を破壊し、市民百五十万の生命をおびやかし、事、人道にかかわるところすこぶる大である。

したがってこのような情勢に立ち至った場合は、直ちに城内の二十九軍を、一律に城外に撤去せしめられたく、しからば日本軍また、一兵といえどもこれを城内に進める事は敢てしないであろう。

ただ、貴方においてこれを肯んじない場合に限り、やむなく日本軍がこれを攻撃するという事態も起り得べく、この結果発生する一切の責任は、当然貴国側において負わるべきものである」

ところが宋哲元は、十四日になっても北京に帰って来なかった。十五日になっても十六日になっても、依然、天津に留まったままである。そればかりではない。彼は七月十五日、すなわち私が関東軍に連絡のため、出発した日の新聞紙上に、全国各界に対し、次のような通電を発している。

「今回蘆溝橋事件の勃発を見るや、内外各地の同胞より、慰問電報並びに献金をかたじけのうし、まことに感激のいたりに堪えない。

　さりながら、今次事件は局部的小衝突に留まり、死傷も至って僅少である。由来軍人が戦場に命を墜すは、その天職とするところである。いわんや軍人には平戦両時、分に応じて給与があり、また軍事費がある。

　余は各界の厚意は感激をもってこれを享受するも献金は一切これを受納するわけにはいかぬ。右、了承を乞う」

　こういった調子で、宋哲元は天津に腰を据えたまま、いったいいつになったら神輿をあげるのか、全然見当がつかなくなってしまった。

　せっかく彼に対する交渉案は出来上がったけれど、このままぐずぐずしていたら、情勢はまたまた一瞬のうちに変化してしまって、この次には、もうこんな事前通告くらいでは、間に合わぬ時期が到来するかもわからない。

　そのくらいならいっそのこと、この案を秦徳純に提示してやろう。彼を通じて天津の宋哲元を動かす事だ。方法が直接か間接かという違いはあるが、宋哲元の耳に入った以上、何等かの反響は期待出来よう。

　七月十七日午前八時半、中島軍事顧問は中国服を身にまとって、飄然、秦徳純邸を訪れて行った。そして和やかな談笑のうちに、この要求を伝えたのだった。

北京駅頭の大歓迎陣

　その晩十時すぎ、北寧鉄路局長陳覚生から、突然私のところに電話がかかってきた。

「寺平さん！　お元気ですか？　僕、陳覚生です。いま天津からお電話しているんですよ。

　今日宋委員長のところに行って、いろいろ時局対策について話し合ったんですがね。その際委員長は、日本側に対して絶対無抵抗という方針を打ち出されました」

「結構ですね」

「これは何でも中島顧問からの申し出で事項を、秦市長が天津に電話してきたらしいんですが、それに全面的に賛同された訳なんです」

「成る程」

「唯、その中に、二十九軍に対して対日無抵抗を命令せよという一項があったんですがね。委員長はこれをいろいろ検討された結果、日本軍との摩擦を厳禁するという言葉に改められました。そのわけは、この内容を外部に発表する場合……」

「よくわかっています。委員長に肚を決めていただきたいのが、こちらの意向だったんですから、それだけのご返事がいただけたらもう結構です。次は実行という段取りですな」

「そうです。差し当り私のところは、列車の運行という点で、またなにかと特務機関のご厄介にならなくちゃなりません。何分よろしく……」

「それで宋委員長は、いつ北京に帰って来られるんですか?」

「まだ確かな見通しはついていませんが、明十八日は、日本軍司令官のところへご挨拶に上る予定になっていますから、もう一両日遅れる事は確かです」

「とにかく、一日も早く帰って来て時局を収拾されるよう、貴方からも勧めて下さい。

今度の事件は、親の留守中に子供が火弄りして、火事を引き起しちゃったようなもんですよ。だから親は、急いでとんで帰って消し止めなきゃ」

「まったくおっしゃる通りです。私からもその事、お話しておきましょう」

陳覚生の言葉の通り、宋哲元は七月十八日、正式に日本軍司令官を訪問した。香月中将はこの日午後一時、天津宮島街の偕行社、即ち上海市長呉鉄城から譲り受けた洋館建ての倶楽部で、宋哲元と会見した。張園の軍司令官官邸は、前司令官田代皖一郎中将が、十六日午前十時五十分、そこで亡くなったばかりなのでゴッタ返していて使用出来なかったからである。

宋哲元は、張自忠、張允栄 陳中孚、陳覚生等を帯同し、悠揚迫らざる態度で車から降り立った。

軍司令官は橋本参謀長はじめ、和知、大木、塚田等各参謀を侍立させ、この冀察の重鎮と握手した。

双方共、いずれ劣らぬ貫禄のある、ドッシリしたタイプで、この会見こそ、実に、本場所における東西両横綱の立合いといった感が深かった。

会談はまず、初対面の挨拶、前司令官の病没に対する悔みの言葉、それに引き続いて蘆溝橋を中心とする時局問題に入って行った。

宋哲元はまず、身をもって停戦協定条文の第一項、日本軍に対する遺憾の意表明を、いとも丁重厳粛な態度でやってのけた。

また第二項、二十九軍撤退の件は、北京帰任後責任をもってこれを実行に移すべき事を確約した。第三項、反動分子取り締りの件は、さらに細目の協定を必要とするので、その場において張自忠と張允栄に命じ、具体案を作製して橋本参謀長に提出し、妥結を見るよう指示した。

この日宋哲元の述べた和平論には、かなり透徹した真実性があって、単なる口頭禅、ないし外交辞令とは思われぬだけの深味があった。香月中将は、果たして如何の感懐をもってこのダークホースを眺めたであろうか？

北寧鉄路局長　陳覚生

一方、宋哲元側としては、この非常時局に際し、いままで極めて昵懇だった田代軍司令官を失い、これに代ってついに新顔の司令官以下が、この家の主人公として納まっている現実に対し、心中一抹の寂しさを感じたであろう事は否めなかった。

宋哲元は、翌十九日午前七時半、少数の護衛兵を従え特別仕立の列車に乗り込み、天津総站を出発、久々ぶりの北京に向った。

車窓見渡す限り生い繁っている高粱の畑には、真夏の陽光が燦々として降り注ぎ、今日もまた暑いぞといわんばかりに照り返していた。

楊村を過ぎたころ、蒸しタオルと、何杯目かの香り高いお茶を取りかえた宋哲元は、突然、思い出したように同席の陳覚生に話しかけた。

「この方面には、今年はまだ余り蝗の群は見かけないようだね」彼の郷里、山東地方は、年々歳々莫大な蝗群の害を蒙り、時として高粱の収穫皆無というような事も、決して珍しくなかったのだ。したがって民生を念ずる為政者としては、これは非常に重大な関心事だったのである。

陳覚生は車中徒然の当意即妙「ハア、今年は皇軍が沢山やって来ましたのでね。蝗群はみんなどこかへ影を潜めてしまったのでしょう」

宋哲元はにわかに目を細くして微笑みを浮かべ「オオ！　皇軍！　蝗群！」

彼は口の中でこの言葉を繰り返し、その言い回しの面白さを、ひとりで反芻しているみたいだった。

ちょうどそのころ、灰色の大城壁を背景に持つ、北京正陽門東停車場では、いよいよ宋委員長が帰って来るというので、冀察の要人、財界の大物、ないし灰色の軍服に皮帯姿いかめしい、二十九軍の高級幹部が、早朝から続々詰めかけて来て、プラットホーム一杯にひしめき合っていた。その数五百といわれている。

やがて列車は哈噠門の踏切に姿を現わした。ホームの北側、アカシヤの樹陰に、隊伍整然、堵列していた綏靖公署軍楽隊は、この時一斉に楽器をとりあげた。

タクトを執った楽長の白い手袋が、頭上に高く振り上げられる。そしてそれがサッとふり下された瞬間、極めて急テンポなメロディーをもって、「栄光の曲」が演奏され始めた。

いままでバタバタあおいでいた、要人達の白い扇子が次第に影をひそめていく。やがて列車は音もなく、緩やかにホームに滑り込んで、出迎えの人々の前で静かに停まった。

真っ先に列車から降り立ったのは、鉄路局長の陳覚生である。続いて総帥宋哲元が、悠々その巨軀を一同の前に現わした。五月ごろよりも一層陽焼けして、脂ぎった彼の顔色は、とりわけ印象的だった。

出迎えの人達は、手に手に帽子を打ち振って彼を迎えた。まず秦徳純が進み出て、真ッ先に宋哲元と握手した。双方共ニコニコしているが、万感を胸にこめての堅い堅い握手である。

張維藩もいる。張越亭もいる。石友三もおれば阮玄武もいた。賈徳耀、李思浩、魏宗翰、そういった冀察の要人が綺羅星のように並んでいる前を、宋哲元はあたかも閲兵でもするように、一々答礼しながら歩みを進めた。

日本側顧問団の前まで来ると、彼はにわかに立ち停まった。そしてその一人一人と、丁重な握手を交わした。

彼の自動車はすでにホームの入口まで、持ち込まれていた。彼はふり返って、もう一遍全部の人々に会釈すると、やがて京綏鉄路局長兼総参議張維藩と一緒に、その大型自動車中の人となった。

軍楽隊はこの時なお、にぎやかにさきほどのメロディーを奏で続けていた。車は滑るようにホームを出た。そして前門の広場にさしかかった。

アカシヤの香りをはらんだ薫風が、サッと車窓から流れ込んで来る。遙かに聞える鳩笛の音、宋哲元はウットリそれに聞き入って、しみじみ北京のよさを懐かしんでいるようだった。

彼はふと、思いついたように張維藩にたずねた。「アア、馮治安が今日は駅に来ていなかったようだな。どうしたんだろう？」「アアそういえば確かに見えませんでしたね。どうして来なかったんですかなあ！」

今次事変、一番の当事者は馮治安ではないか。宋哲元としては、一刻も早く彼に会いたかったに違いない。その馮治安が今日、駅頭に姿を見せなかったという事は、そこに何か知ら、一抹不明朗な空気が漂っている事を感ぜずにはいられなかった。あるいはこれは、物にこだわりがちな、彼の性格の一端だったのかもわからない。

車は北京飯店の前から王府井大街へ、それから一路、進徳社の方へ進んで行った。

眺め渡したところ、街中もなかなかにぎわっているし、一般の空気は北京独特のなごやかさを保って、戦争気分といったようなものは、その片鱗すらも窺われなかった。

東安市場の前は、相変らず大変な人出で、宋哲元はいとも満足げにこれを眺めたが、やがてその北側の四ツ辻に差しかかると、そこには土嚢がうず高く積み上げられ、道幅は自動車一台が、やっと通れるくらいに狭められていた。

「これはいったい、どうしたというのだ？」「万一の場合を慮かって、警備上こうした掩体をこしらえたわけです」「覚悟は結構だ。だがいたずらに人心を刺激し、日本側の反感をそそるのは感心しないな。取り除いたらどうか！」「ハア！　では早速そのように取計らいます」

やがて車は静かに、進徳社に滑り込んで行った。

顧問、宋哲元と会見す

この日午後四時、中島、桜井両軍事顧問が補佐官室に入って来た。

「補佐官！　今日宋哲元が帰って来たから、最初の連絡といった意味で僕達二人、今から彼のところへ行って来ます。いまのうちにシッカリ宋哲元の舵を取っておかんと、冀察が脱線するといけんからねえ」二人はアタフタと車にとび乗って、機関をとび出して行った。

宋哲元の公館は、西城の武衣庫胡同にあった。入口には、土嚢こそ厳めしく積み上げられてあったけれど、警戒は平素となんら変りないほどの緩やかさだった。

顧問はその応接室で待つこと暫し、やがて宋哲元が扉を開いて、ノッシノッシと現われて来た。そして従来と少しも変らず、至ってニコやかな顔付きで、二人とガッシリ握手を交した。

腰をおろすと、先ず中島顧問が口を切った。

「今回の事件は、日華両国のため衷心から遺憾とするところです。私共顧問は、万策つくして不拡大工作に奔走したのですが、微力遂に功を奏せず、未だに解決を見るに至らない事は、委員長に対し、面目次第もありません。

しかし本日委員長が帰ってこられた事によって、民心も非常に安定し、両国の感情も次第に歩み寄りを見せてきました。これは和平の曙光に一歩近づいた何よりの証拠でして、実に欣ばしい限りです」

「イヤイヤ、何はさておき両顧問今日までのご奮闘に対し、私の心は感謝の気持で一杯です。

私は考えるのですが、中日両国の戦争、これは徒らに欧米各国の笑いを招くばかりでなく、悪くするとこの隙に乗ぜられ、両国共、とんだ不幸を招来する結果にならないとも限りません。

一日も速かに円満解決を計って、事変発生前の状態を取り戻す、これがいま、一番大切な事だと思います」

桜井顧問がその後を引きとった。

「今日までの経過を、軍事顧問としての立場から観察しますと、上層部は了解していても、それが下級幹部のところまでなかなか徹底し難い憾みがあります。これが事態悪化の一番の根源をなしています。命令伝達の確実と迅速、これだけは隷下将兵の全員に、洩れなく徹底させるようご配慮を願います」

「承知しました」

「次に委員長としては、常に一方的の報告だけ聞いておられると、時として大勢上の判断を誤ることがないとも限りません。

顧問は日華両軍の間に介在し、常に双方の情況を一番よく知っているのですから、今日以後、日に一回は顧問からの進言を聴取されるよう希望します」

「顧問諸氏が双方の間に立って、最も正しく情勢を判断し、最も熱心に不拡大に努力しておられる事は、私、よく承知しています。今後共、一層のご協力を切望する次第です」

「とにかく、既往の事は今更論議しても始まりません。お互い、今後の和平解決について大いに努力いたしましょう。

特に委員長のご希望なりお考えなりを、その都度我々に話していただけたら、直ちにこれを日本側にも反映させます。どうか顧問は、日華両国間の潤滑油であるという事をお忘れないように」

後はゆっくり、またいろいろな懇談に時をすごし、顧問一行は会見三十分にして宋哲元邸を退出した。

帰りの車窓から街中を眺めると、市中の十字路や、その他要所要所に築き上げられた土嚢は、二十九軍の監督指導の下に、市政府の人夫が、今盛んに撤去作業の真ッ最中である。「やッぱり鶴の一声はエライもんですなあ！　これで北京全市がスッカリ明るさを取り戻してしまった」

「全くだ！　宋哲元はどうしても北京に鎮座ましまさなきゃいかん。楽陵に行きさえしなかったら、今度の事件なんか、絶対起ってやしなかったのに……」

一方、天津では、宋哲元が出発してしまった後、張自忠、張允栄とが額を集めて、停戦協定第三項の細目を研究した。そして十九日午後十一時、橋本参謀長との間に、次のような取り決めが成立し、これに円満調印をおわった。

停戦協定第三項細目

七月十一日調印した協定の第三項を実現するため、次の通り実行する事を約束する。

一、共産党の策動を徹底的に弾圧する。

二、双方の合作に不適当な職員は、冀察において自主的に罷免（ひめん）する。

三、冀察の範囲内に、他の方面から設置した各機関の排日色彩を有する職員を取り締る。

四、藍衣社、CC団のような排日団体は、冀察においてこれを撤去する。

五、排日的言論、及び排日的宣伝機関、並びに学生、民衆等の排日運動を取り締る。

六、所属各部隊、各学校の排日運動を取締る。

中華民国二十六年七月十九日

第二十九軍代表　張自忠　印

第二十九軍代表　張允栄　印

こういう調子で、宋哲元の北京入りは、日華両国の間に介在する一切のわだかまりをときほぐし、事変勃発以来二週間目にして、ここに漸く和平解決の曙光が兆し始めたのである。

戒厳司令部に連絡に行った軍事顧問部秘書の話によると、百十一旅長劉自珍少将は、これでやっと重荷を下したといわんばかりの表情で

「明日以後、市内の警備は公安局、保安隊、及び憲兵に一任し、二十九軍は時折り隊伍を整えて市中を巡邏する程度に緩和される。そしてまた、諸般の残務整理が終わったら、この戒厳司令部も近々のうちに撤廃されるはずだ」と極めて朗らかにハシャギ回っていたそうである。

（二十六）不彻底的撤退作战

资料名称： 不徹底な撤退作戦

资料出处： 寺平忠輔著《蘆溝橋事件——日本の悲劇》，読売新聞社 1970 年版，第 269—281 頁。

资料解说： 7 月 11 日中日双方签订停战协定之后，日本内阁随即通过出兵决定，关东军和朝鲜军都加紧向华北地区派兵。国民政府方面也开始增援华北，中日两军不断发生冲突。期间在日军的压力下，第二十九军副军长秦德纯曾同意撤退驻八宝山的第三十七师，但实际并未实行。

第一六章　不徹底な撤退作戦

中央軍を銃撃す

諜報というものは、動的と静的とに大別する事が出来る。

動的諜報というのは、いわゆるスパイ網を張りめぐらし、これを活発に働かせ、相手の秘密、機密をすっぽ抜いてしまおうというもので、二十九軍作戦会議の内容が、筒抜けに特務機関に洩れてきたり、また、宋哲元が自動車の中で話した事が、我々の耳に伝わってきたりするのがそれである。

静的諜報は、無電によって相手の電波をキャッチし、入手した暗号を解読する。今次事変においても軍直轄の特殊情報班は、よく遠隔地の中国軍の動向を、実に巧みに摑んでくれたものである。

だから我々は、これによって中央軍が、京漢線や津浦線を北上して来る情況を、あたかも掌に指すように、知る事が出来た。

ことにさきに梅津・何応欽協定によって、冀北を追われた中央直系軍、関麟徴の二十五師が、協定に違反し、十三日夜、兵一千五百を保定に進めたという傍受電報は、我々の神経を少なからず刺激したものであった。

この種の情報は、東京参謀本部特情第十八班においても、キャッチしていたのだから、軍中枢の情勢判断が、これによって常に正しく行なわれていた事は、いうまでもない。

七月十八日午前十時半、我が偵察機が一機、天津の飛行場から西南の空に飛んだ。これは特情に基く中央軍の北上輸送を確認するため、京漢線に沿って、河南省境までの空中偵察に向ったものであった。

一望千里、見渡す限り坦々として、緑の毛氈を敷きつめたような大平原、その沃野の真っ唯中に黒く一線を引くもの、これすなわち目ざす京漢鉄路である。

一千五百メートルの高度を保って邯鄲、磁州、順徳と次第に進み、午前十一時二十分、漳河の上空にさしかかったところ、ボッカリ白い煙を吐いて北上する、一ヶの列車を発見した。

機はその内容を確かめようと急角度に降下した。彼我の距離がグングン接近してくる。列車は有蓋車と無蓋車とを雑然と連結し、その数四十輛余り。それに灰色の軍服を着た中国兵がギッシリ一杯、詰まっているのがはっきりわかる。

突如、中国兵は我が機めがけて、小銃、機関銃を乱射し始めた。列車の最後尾からは高射砲が射撃を始め、ドーナツのような煙の輪が、機をめぐって前に後に開き始めた。

偵察機の機関銃が直ちに火を吹いた。銀線のような細い煙が列車めがけて、降り注いで行く。百五十発の機関銃弾が、中国兵の上に浴せかけられたのである。

列車はガックーン！　大きく動揺して急停車した。車上の中国兵は蜘蛛の子を散らしたように、高粱畑の中に逃げ散った。中国側の公表するところによると、このとき彼は死者二名、重軽傷者十数名を生じたとのことである。

偵察機は機首を北に向けると、さらに石家荘、保定、涿州、琉璃河方面の中央軍配置状況を偵察し、反転、天津に引き返していった。

この戦闘は極めて短時間のものであったが、中央軍と、増加日本軍との初顔合わせという意味において、特筆されるべき性質のものだった。

中島顧問をしていわしむれば、「子供の喧嘩に親が出たキッカケ」という事にもなるであろう。

北からは関東軍が、また東からは我が朝鮮軍が、一日一日蘆溝橋の戦場に近づきつつある。一方南からは蒋介石の中央軍が、いま、この戦場に向って極めて緩やかではあるが逐次近迫して来つつあるのだ。

しかし北京城内ではなお、この日このころ、日華双方の折衝機関が、事件不拡大の交渉に全力を挙げていた。

七月二十日午前九時、斉燮元が特務機関を訪れて来た。松井機関長と私とは、大応接室でこの冀察の元老と会見した。

「――そこで今日申し上げます件は、例の停戦協定条項の実施についてですが、まず第一の遺憾の意表明、ならびに将来に対する保障、これは宋委員長自ら、すでに天津で済ましてこられましたので、ご了承願います。

また、当の責任者だった二百十九団第三営長金振中、これは七月十二日付、罷免してしまいました」「エッ？金振中営長をですか？」

私は覚えず声を挙げてしまった。身に数創を負いながら、なおかつ毅然として、是は是とし、非は非とし、一意不拡大の信念に徹底して来た金振中——。

しかし立場は立場、事件の責任者たる事に間違いはないのだ。彼の罷免は当然まッ先に採り上げらるべきであったかも知れない。だが私にいわせれば、師長馮治安の処罰こそ、より以上必要なのではなかったか。宋哲元の出迎えにさえ行かぬという、それ自体、すでに自分の心に疚ましい点があったからだと考えられる。

斉爕元は更に言葉を続けた。

「昨十九日の夜、天津で締結されました細目協定、これは本日から早速手分けして、全面的の取り締りと弾圧に乗り出す事になりました。次に部隊の撤退に関してですが……」

彼は中国服の内ポケットから手帳をさぐり出し、パラパラッとページをめくって、

「宋委員長は今日明け方の五時、三十七師の撤退に関して次のような命令を下されました。

一、北京付近に在る三十七師は、本二十日西苑に集結を開始し、明二十一日これを完了すべし。

二、右集結中、警戒のため、石友三部隊は一部を八宝山付近に位置せしめ、三十七師の集結完了後、翌二十二日これを撤退すべし。

委員長は私がこちらにあがる前、以上は第一段階の措置である。第二段階としては、さらにこれを永定河の西側に移動させるのだという事も付け加えて申されました」

機関長は

「問題は馮治安が唯々諾々としてこれに従うかどうかですなあ！」

「軍長の命令ですからねえ。いくら馮治安でもこれに楯突くわけにはいかんでしょう。しぶしぶながらでも動かすだけは動かさなくっちゃ。

それについてですね。撤兵の状況を確認するため、軍事顧問は明二十一日午前八時、戒厳司令部に来ていただいて、秦市長と打ち合わせの上、周永業処長、周思靖参謀も同道し、この撤退に立会っていただきたいと、宋委員長直々のお話なんです。

前線の撤退は、午前十時から十二時ごろまでの間に実行するとの事でした」

「しかし今朝五時の命令というと、宋委員長もお帰り早早なかなかのご勉強ですなあ」

「ハア、委員長はいま、政務や軍務が山積していましてね。昨夜は報告を聞いたり、会議に顔を出したりで、ほとんど徹宵だったようでした。

委員長は実にハッキリした不拡大主義者ですね。馮治安なんか、昨夜随分耳の痛くなるようなお説教を聞かされていましたよ」

蔣介石の廬山声明

私は石友三将軍を訪ね、時局について意見を聞いた。その帰りの自動車の中で、石友三が心配している華北の嵐、とくにその根源をなす蔣介石の廬山声明なるものについて考えてみた。

それは、昨十九日夕刻ごろの事だった。機関の臨時嘱託が南京ラジオ放送の要旨を走り書きして私のところに持って来た。

「今日の放送にこんなのが入りました。ところどころ空電でハッキリしない個所もありましたが、内容はどうやら蔣介石が、国民の戦意昂揚を計るための重大声明らしいです」「何？　いまごろ戦意の昂揚なんかされてたまるもんか。ドレ、見せ給え」私は引ったくるようにして、それに目を通した。

廬山声明の内容は、概略次の通りだった。

「今次事変は決して偶発的のものではない。本年初頭以来、日本の外交政策ないし世論が、ハッキリこれを匂わせている。ことに最近の日本新聞紙は、曰く塘沽協定の範囲拡大、曰く冀東政権の組織の強化、曰く二十九軍の華北撤退、曰く冀察首脳部の罷免更迭、等等、こうした論戦で火花を散らしている。

今回の軍事行動のごときは、実に綿密周到に企画立案されたものであって、今日の段階では、和平を論議すべく、すでにその時期を逸した観がある。

今、華北に一時的の静謐をねがおうとするならば、我が国土をほしいままに彼等の蹂躙に委せ、我が軍隊は彼の命のままに随所に移駐撤退し、また、彼発砲すとも我は隠忍、一発の応射すらもあえてしない場合においてのみ、それが可能であろう。

およそ世界いずれの国家が、よくこのような屈辱に甘んずる事が出来るであろうか。

満州失陥以来ここに六星霜、今や北京至近の距離盧溝橋に、再度の点火を見たのである。

盧溝橋を一度日軍の手に委ねようものなら、故都北京は容易に第二の奉天と化し、華北は第二の満州となること必定である。

その暁、ひいては南京がさらにまた、第二の北京と化する事を何人かよくこれを否定し得よう。

換言すれば、盧溝橋の健否こそ、実に中国の命運の係るところ、実に国家最後の関頭とも称すべきである。

我々は戦いを欲する者ではない。しかし生か死か、二つに一つという土壇場に追い込まれた我々には、活きんがために戦う事もまたやむを得ず、という理論が許さるべきではなかろうか。事変が全面的抗戦に移行するか否か、今なお和平の護持が可能であるか否か、これを決定づける鍵は一に日本側が握っている。

我々はあくまで和平を欲求しよう。しかしそこには、絶対譲歩すべからざる最後の一線というものが厳存する。

それは

一、中国の主権と、領土の侵害は断じてこれを許さない。

二、冀察政権の地位は、中央政府の決定に基いたものである。これを非合法的に改変する事は絶対許すべからざるものである。

三、冀察政権の人事は、中央政府の権限による以外、断じて他の圧迫によって左右される事は出来得ない。

四、二十九軍の駐防地に関する限り、他からの干渉は断乎これを排撃する。

以上四点は対日交渉の根本であり、最低限度の主張である。我々は断じてかりそめの静謐は求むべきでない。

救国のための抗戦とあらば、我々には徹底的の犠牲をさえあえて辞せない覚悟がある。国民は挙国一致、国家の統制に服し、この非常時局突破のため、勇往邁進せん事を切望してやまない」

ただ一つ、ここに非常に微妙な問題がある。それは、中国側は中央軍を北上させ、その目的を日本軍の華北侵略阻止という一点にしぼり、日本側が挑戦しなければ、あえて自ら攻撃はしないと言明している。一方日本側は、居留民を保護するため、やむなく必要最小限の兵力を派遣するが、これは決して戦争を目的としたものではない。と声明している。

こうして爆薬とマッチとが、一刻一刻接近しつつあるのが、昨日今日の華北の実状ではないだろうか！

宛平城に対する砲戦

松井機関長と今井武官、それに今日午前十一時過ぎ、天津から戻って来た和知参謀を加えた三人は、斉燮元に約束した通り、午後三時、武衣庫（ウーイーク）の私邸に宋哲元を訪ねて、帰京後第一回の会見をした。

宋哲元は今朝斉燮元が述べたのと同じ言葉を繰り返し

「……とにかく、現地の静謐という事が、累を大局に及ぼさないための先決問題ですから、この目的達成のため、今後共、日本側の緊密かつ強力なご協力をお願いしたい」

と語を結んだ。

そこで機関長が尋ねた。

「それで三十七師はいったん西苑に集結した後、これをどの方面に移動させられるお考えですか？」「まず永定河の西岸に、そしてさらに保定に移駐させる計画です」

「すると北京城内には、保安隊だけを残すというお考えですな」「イヤ、保安隊だけでは治安維持上、万全を期する事が出来ませんので、ただいま北上中の、趙登禹（ちょうとうう）の百三十二師、この一部を入城させる考えです」

一行がこうして宋哲元公館で、和平不拡大を話合っていた午後三時、蘆溝橋の原では数日来の鎮静を破って、またまた変事が勃発（ぼっぱつ）していた。

午後二時四十分、宛平城の城壁上に、ポッカリ灰色の中国兵の姿が見え始めてきた。

「オヤッ！　あいつは中国兵じゃないか。どう見たって保安隊とは服の色が違うぞ。

また図々しくあんなところに出しゃばって来やがって、これは明瞭に停戦協定違反だ！」

「そうだ！　確かに中国兵だ。しかし彼等は宋哲元の命令で、ここ一両日中に全部撤退しなきゃならんもんだから、わざわざマルコポーロ橋を渡って、この古戦場に名残りを惜しみにやって来たんだろうぜ。中国兵の中にも、あれで案外風流を解するやつもあるだろうからなあ！」我が第一線は極めて軽くそれをあしらっていた。

ところが中国兵は、一人、二人、三人、四人、だんだんその数がふえて来る。突如、彼等は我が第一線めがけて、小銃、軽機関銃による一斉猛射を浴せかけてきた。どうやら撤退を前にして、悔し紛れの仕返しらしい。

蘆溝橋の駅舎にあった牟田口連隊長は、眼鏡でジーッと宛平城を睨んでいたが「やむを得ん。せっかく停戦協定まで結んだのに、彼等自らこれを無視し、蹂躙しようというのなら、こちらは懲らしめの砲火をもって酬いよう。重砲および連隊砲、直ちに宛平城の城壁に対して砲撃開始！」

大瓦窑部落の森陰に放列を布き標定まで終って待機していた連隊砲および一文字山に陣地進入した十五センチ榴弾砲は、一斉に急襲射撃の火蓋を切った。榴弾は城壁上各所に閃光を発して炸裂し、東北角および西北角の堅固な城壁が、次々に打ちくだかれていく。宛平城一帯はまたたくうちに濛々たる砲煙に包まれ、さきほどの中国兵はたちまち沈黙を守ってしまった。

旅団長河辺少将は、この時、戦闘司令所を豊台から西五里店に推進させた。ところが永定河西岸の三十七師は今度は一文字山に向って迫撃砲火を集中し始めた。戦闘司令所至近の距離にその十数発が落達し、我が方では即死一、負傷一の犠牲を生じてしまった。

執拗な中国兵はこれに力を得て宛平城の東の城門からも、一文字山に向って小銃弾を注ぎ始めた。我が重砲が、城壁および永定河西岸の敵に対し、第二回目の膺懲射撃の火蓋を切ったのはこの時である。時正に午後七時。こんどの砲戦はさきほどのそれにも増して激しかった。夕陽はまさに大行山脈のかなたに没せんとして、蘆溝橋一帯の原はいま、燃え立つばかり赫々としている。

パノラマに見るような薄暮の砲戦を、終始息を凝らして見守っていた第一線の将兵達は、その砲煙が薄れてゆくと共に、ついいまさきまで、東の城壁上に巍然として屹立していた二層の楼門が、跡形もなく吹ッ飛んでいるのを見て、あちらからもこちらからも、たちまち万歳の喚呼が湧き起った。

連隊長はやおら駅のホームに立ち上った。そして副官

日本軍の砲撃で破壊された宛平城順治門

河野又四郎少佐をふり返り「砲撃の威力は、物凄いもんだなあ！　楼門を吹ッ飛ばされた宛平城の姿はどうだい。まるで兜を脱いださむらいといった格好じゃないか」「そうですなあ。実に痛快にやっつけましたなあ。これで中国兵もスッカリ度胆を抜かれた事でしょう」「オイ、副官！　こんなの歌にならんか」連隊長が示した手帳には鉛筆の走り書きで

　蘆溝橋　夕陽に映ゆる望楼も
　　砲声一発　跡かたもなし

とあった。

その夜九時すぎ、斉燮元が自動車をとばして特務機関にやって来た。いつもの彼に似ず、今日は私に会ってもニコリともしない。そしてソファーに腰をおろすなり

「また蘆溝橋でブツかってしまいました。明日は三十七師を撤退させるというのに、どうして日本軍は宛平城を、砲撃なんかされたんですか？」

「その件について今日午後三時、豊台からも電話がありました。中国兵が点々城壁上に姿を見せ始めたので、日本軍は、ハヽアいよいよ三十七師が撤退するんで、戦場の見納めにやって来たんだなくらいに軽く考えて、初めは相手にもしなかったんだそうです。

　そしたら中国側が、にわかにドンドンパリパリやり始めたでしょう。それに続いて永定河の西岸からもドカンドカン砲撃を始めたので、とうとう日本軍、堪忍袋の緒を切って、膺懲の砲撃をこれに浴せたというわけです。

　察するところ、三十七師は行きがけの駄賃というか、捨て鉢的気持が多分にあったのじゃないかと、第一線では見ています。

　とにかく、宛平城内にノコノコ入り込んで来た、その事自体がすでに重大な協定違反ですからね。今後この問

題をどう裁きますか」

「フーム」斉燮元は腕組みして考えこんでしまった。そしてしばらくして「そうですね。それが真相かも知れません」「中国側ではこれをどういうふうに見ているのですか？」「イヤ、それはもう申し上げる必要もないと思います。それで今夜、私がお伺いしました目的は……。いよいよ明二十一日、三十七師を撤退させます。ついては、これに対して日本側が攻撃しかけたりする事のないよう、第一線の方に十分注意していただきとうございます」

「それはもう申すまでもありません。もう一度私から第一線に念を押しておきましょう」「それから明朝、軍事顧問を出していただく事も……」

斉燮元は機関長にも会わないで、しかし来た時とは打って変って、かなり朗らかな表情を湛えながら、特務機関から帰って行った。

八宝山部隊撤退せず

七月二十一日、三十七師が撤退を開始すべき日がやって来た。中島、笠井両顧問は、約束通り早朝八時、航空署衙の秦徳純邸に向った。そこにはすでに、二十九軍参謀長の張越亭、保安隊第一旅長の程希賢、交通副処長周永業、それに軍参謀の周思靖などが来合せていた。一同は秦徳純を囲んで、撤退に関する細部を打合せたうえ、中島顧問と笠井顧問、周参謀と周副処長、それに程希賢旅長を加えた一行は、ドヤドヤ自動車に乗り込んだ。軍事顧問部の斉藤、広瀬両秘書や、朝日新聞の常安特派員等がこれと同行する事になった。

秦徳純は門のところで笠井顧問を呼び止めて「今日の撤退は宋委員長の自発的意志に基き、松井機関長、今井武官、和知参謀とも協議の上、いよいよ実行に移す事になったわけです。どうかこれがスムーズに完了するよう、ひとえに顧問のお骨折りをお願いします」とくれぐれも頼んだ。

午前八時半、秦徳純邸を出発した一行は、阜城門を出て八里庄、半壁店を過ぎ、午前九時、田村に到着した。今日の撤退部隊、第百十旅長何基灃少将がここに一行を出迎えた。そして旅長も一緒にさらに進んで、黄村、楊家村に達したが、この付近は道路がひどいぬかるみのため、とうとう車を乗り捨てて歩かなければならなかった。そのため、予想以上に時間を食い、目的地の衙門口に到着したのは、十一時半を回っていた。

部落の入り口で小憩した後、何旅長の案内で部落東南端の第一線陣地を視察したが、守備についている兵一人一人について訊問した結果、それがことごとく冀北辺区保安隊である事が確認された。

この兵力は、程旅長の話によると四百名だとの事である。しかし実際はもう少し多いのではないかと思われた。

何基灃の部隊約一ヶ大隊は、午後一時すぎ、磨石口に向って撤退を開始したので、顧問達は確実にこれを見届けた後、互に打ちくつろいで昼食にとりかかった。ところがこの休憩中、部隊の撤退をめぐって一悶着が持ち上った。

中島顧問が何気なく「衙門口はこれでよしと、次は八宝山の部隊点検だが、経路はどの道を通って行きますかな」

すると何旅長「衙門口の部隊は撤退命令をうけたから、今こうして引き揚げさせたのですが、八宝山の部隊は何にも命令は受けていませんよ。だからこれは撤退させるわけには参りません」と突ッぱねて来た。

「こりゃおかしい。私は宋委員長から、八宝山も蘆溝橋も、三十七師に対しては全部撤退命令を下すというふうに聞いてきたのだが、話がこうチグハグじゃ、てんで問題にならんじゃないか。ところで蘆溝橋の西岸にいる、吉星文の二百十九団、あれはやっぱり、あなたの部下なんでしょう。移動させるのですか、させないんですか？」

「あれは隷属系統は確かに私の部下に間違いありません。しかし今は馮師長の直轄指揮に入っているんです。だから宋軍長または馮師長の命令がない限り、私がこれを動かす事は出来ません」

「しかし考えてもご覧なさい。衙門口のタッタ一ヶ大隊だけを撤退させるために、こんなに大勢で物々しく視察に来るなんて、馬鹿馬鹿しくて話にならん。

ことに宋委員長の命令は、斉燮元さんが直き直き特務機関に伝え、また機関長も宋委員長に会って、双方完全に了解が出来ていたんですぞ。それでも旅長は動かさんといわれるのですか？」

「北京における協定がいかなるものであれ、直接私に命令が来ない限り、独断で撤退させる事は断じて出来ませぬ。貴官に対してはまことにお気の毒ですが何分共にあしからず」

八宝山と蘆溝橋の撤退監視は、こういった経緯でとうとう果すことが出来ず、やむなく一行は馬上の人となって帰途についた。ぬかるみのために、馬の蹄の音がポコッポコッと極めて重い。

松井機関長、秦徳純を面責

午後五時、両顧問は今日の情況を交々機関長に報告した。

「八宝山には二ヶ大隊、八里庄、半壁店には各々一ヶ中隊、依然陣地についたままです。命令がない以上、一歩も退るわけには行かないといって頑張っております」

「何基灃が命令を握りつぶしているとは思えません。宋哲元の命令を途中で有耶無耶にしてしまったやつは秦徳純か馮治安です」

「あるいはその二人がグルになって企んでいるのかもわかりませんね」

機関長はそれを聞き終ると「秦馮ブロックが確かに宋哲元の光を遮っている。イヤ、宋哲元を完全にロボット化してしまっている。これがどうも今日の冀察の実体らしい。オイ補佐官！　電話で斉燮元と今井武官に、大至急おいでを願いたいと連絡してくれ」

間もなく今井武官が駆けつけて来た。次で斉燮元もやって来た。機関長は今日の経緯を逐一説明した後「ともかく、私は今から進徳社に、冀察首脳部の背信行為を詰問しに出かけます。斉さん！　それから中島顧問も問題の証人だ。私と一緒に付いて来て下さい」機関長の顔は決意に引き緊っていた。

今井武官は「それじゃ私も一緒にお伴しましょう。私は他にも一、二連絡の要件を持ってますから」

午後五時四十五分、一同は自動車三台を連ねて進徳社に向って急行した。

進徳社の大広間では今の四人、それに秦徳純、張越亭を交えて、撤退問題に関する息詰まるような交渉が展開された。

松井機関長は鋭い眼でギロリ、中国側を見渡した後、重々しい口調で語り始めた。

「我々は今日まで、日華親善と東亜の和平を念願し、このため少なからざる努力を傾倒してきました。それにも拘らず冀察側最近の態度はいったい何です。我々の意のあるところを少しも解せず、誠意の見るべきものが全然ないじゃありませんか。その行動たるや協調性を欠き、むしろ日本側をペテンにかけて、故意に事を荒ら立てようとする態度さえ見うけられる」秦徳純、張越亭はいかにも困ったという表情を面に浮べてこれにうなずいた。部屋の中はシーンとして、ただ、機関長の声だけが大きく響いてくる。

「昨日宋委員長がこの私と、直接協定した三十七師の撤退命令、それが衙門口(ヤーメンコー)には達したけれど八宝山には届いていない。これはいったいどういうカラクリです。

八宝山あたりの空気は撤退どころか、かえって敵対意識極めて旺盛ですぞ。今、私の述べた言葉が、日本側の作為的報告だと思われるなら、我が軍事顧問と一緒に現地に行ったあなたの方の責任者、周副処長、周参謀をここに呼んで来て聞いてみられるがいい」

「………」

「宋委員長は確かに命令を下した。当の何旅長は全然これを受け取っていない。いったいだれがこの命令を中間で握りつぶしてしまったんです。こういう行動こそ両国の親善を根本的にブチ毀す、非常に大きな癌(がん)なのです。日本側はいかにお人よしだとはいえ、これ以上の隠忍はもう出来ません。今から我々は、我々の信念に基いて、独自の行動をとる事にします。左様ご承知おき下さい」機関長は興奮した面持でここまで話すと、後はもう用はないといわんばかりに、決然、席を蹴って立ち上った。

冀察側はその言葉、その態度にスッカリ狼狽(ろうばい)して、とっさには返す言葉さえ出て来なかった。日ごろもの軟らかで、何時も微笑を湛えて応待する秦徳純が、今日はもう蒼くなってしまっている。命令握りつぶしの反逆者、それが馮治安であるという事をハッキリ知っているからだろう。

彼はあわてて機関長を押しとどめた。「まあちょっと待って下さい。そういわれずにちょっと待って下さい。部隊は必ず撤退させますから!」

それでもなお立ち去ろうとする機関長を、秦徳純はむりやり席に戻らせて、張越亭を別室に招き、二、三何事か相談したらしかったが、やがてまたもとの席に戻って来た。

「誠に申し訳ありません。八宝山付近の三十七師は、今夜八時までに必ず撤退させます。また西苑や城内に在る三十七師は、明二十二日、京漢線の開通を待って、直ちに保定に向って撤退させます。なにとぞご承諾を願います」と嘆願するように申し出た。

そこで機関長も鉾を収めて「今度こそ間違いなく、必ず実行するんでしょうな」と念を押した。「ハイ、決して間違わぬよう、確実に命令いたします」「じゃあ日本側としては、今晩もう一遍、顧問を現地八宝山に差し向けます」

交渉の目的を達した機関長は、やがて一同と共に進徳社を退出した。

三、日军全面攻势的展开

（一）关于对华作战用兵的内定事项

资料名称： 対支作戦用兵に関する内示事項

资料出处： 臼井勝美、稲葉正夫解説《現代史資料》9《日中戦争》2，株式会社みすず書房 1976 年発行，第 8—14 頁。

资料解说： 本资料是日本海军军令部在 1937 年 7 月 12 日内定的侵华作战相关事项。在配合陆军作战的同时，确定了对于上海、青岛等地的进攻计划，附有各作战部队的编制序列。

三　対支作戦用兵に関する内示事項（差当り統帥部腹案として内示せらるべきもの）（七月十二日軍令部策定）

一　作戦指導方針

(一) 自衛権の発動を名分とし宣戦布告は行はず但し彼より宣戦する場合又は戦勢の推移に依りては宣戦を布告し正規戦となす。

(二) 支那第二十九軍の膺懲を目的とし為し得る限り戦局を平津地域に局限し情況に依り局地戦航空戦封鎖戦を以て居留民保護及支那膺懲の目的を至短期間に達成するを本旨とす。

(三) 海陸軍協同作戦とす。

二　用兵方針

(一) 時局局限の方針に則り差当り平津地域に陸軍兵力を進出迅速に第二十九軍膺懲の目的を達す。

海軍は陸軍輸送護衛並に天津方面に於て陸軍と協力する外対支全力作戦に備ふ（第一段作戦）。

(二) 戦局拡大の場合概ね左記方針に依り作戦す（第二段作戦）

(イ) 上海及青島は之を確保し作戦基地たらしむると共に居留民を現地保護す。

爾他の居留民は之を引揚げしむ。

(ロ) 中支作戦は上海確保に必要なる海陸軍を派兵し且主として海軍航空兵力を以て中支方面の敵航空勢力を掃蕩す。

(ハ) 北支作戦は青島は海陸軍協同して之を確保し爾他の地域は陸軍之を制圧す。

(ニ) 陸軍出兵は平津方面に対する関東軍、朝鮮軍より応援するもの並に内地より出兵する三箇師団の外上海及青島方面に二箇師団の予定にして其の配分は情況に依る。

但し海軍としては之を三箇師団必要と認め陸軍側に申入れ中。

(ホ) 封鎖戦は揚子江下流及浙江沿岸其の他我兵力所在地附近に於て局地的平時封鎖を行ひ支那船舶を対象とし第三国との紛争を醸さざるを旨とす。

但し戦勢の推移如何に依りては地域的にも内容的にも之を拡大す。

(ヘ) 支那海軍に対しては一応厳正中立の態度及現在地不動を警告し違背せば猶予なく之を攻撃す。

(ト) 当初第三艦隊は全支作戦に第二艦隊は専ら陸軍の輸送護衛

8

に任ず。

青島方面に出兵するに至らば北支作戦は第二艦隊之に当り中南支作戦は第三艦隊之に任ず。

作戦境界を海州灣隴海線の線（北支作戦に含む）とす。

(チ) 南支作戦は充分有力なる指揮官並に部隊を以て之に充て第三艦隊司令部は中支作戦に専念し得る如く編制を予定す。

(リ) 馬鞍群島には水上機基地艦船燃料補給等の為前進根拠地を必要とし之が所要兵力を第三艦隊に編入せらるる如く編制を予定す。

(ヌ) 輸送護衛は第二艦隊之に任じ青島方面出兵後上海方面に出兵の場合其の輸送護衛は第三艦隊主として之に当り第二艦隊之に協力す。

(ル) 上海陸戦隊は現在派遣のものの外更に二箇大隊を増派し青島には特別陸戦隊二箇大隊を派遣す何れも其れ以上に陸戦隊を必要とする場合は一時艦船より揚陸せしむ。

(ヲ) 作戦行動開始は空襲部隊の概ね一斉なる急襲を以てす。

第一（第二）航空戦隊を以て杭州を第一聯合航空隊を以て南昌南京を空襲す爾余の部隊は右空襲と共に機を失せず作戦配備を完了す。

第二聯合航空隊は当初北支方面に使用す。

空中攻撃は敵航空勢力の覆滅を目途とす。

(ワ) 右空襲に先だち揚子江上流並に廣東警備艦船は所要の地点に引揚げあるを要す。

(ニ) 上海及青島方面に派遣せらるる陸軍との作戦協定は未済なるも当部協定案の大要左の如し。

(イ) 上海及青島方面派兵を必要とする場合とならば上海方面は混成一箇旅団青島方面は一箇聯隊程度の先遣部隊を急派す。

(ロ) 海軍艦船を以て為し得る限り陸兵輸送を援助す。

三、作戦部隊編制（内案）別表第一の通

天龍、龍田は第二艦隊司令長官北支作戦指揮の場合は其の指揮下に入らしめらるる予定。

四、作戦部隊軍隊区分（参考案）別表第二の通

別表第一

作戦部隊編制（内案）

区分		艦船部隊	特設艦船部隊	集合地	所属長官	司令官
第	第一戦隊	陸奥・長門・日向			第一	（第一艦隊司令長官直率）
	第三戦隊	霧島・榛名				第三戦隊司令官

聯合艦隊

艦隊	部隊	艦艇	航空隊	根拠地	指揮官
第一艦隊	第八戦隊	鬼怒・名取・由良		佐世保	第八戦隊司令官
第一艦隊	第一水雷戦隊	川内（第九駆逐隊（有明・夕暮・白露・時雨）第二駆逐隊（村雨・夕立・五月雨）第二十一駆逐隊（初春・子日・初霜・若葉））		佐世保	第一水雷戦隊司令官
第一艦隊	第一潜水戦隊	五十鈴（第七潜水隊（伊一・伊二・伊三）第八潜水隊（伊四・伊五・伊六））		佐世保	第一潜水戦隊司令官
第一艦隊	第一航空戦隊	鳳翔・龍驤 第三十駆逐隊（睦月・如月・彌生・卯月）		佐世保	第一航空戦隊司令官
第二艦隊	第四戦隊	高雄・摩耶・鳥海		呉又は佐世保	（第二艦隊司令長官直率）
第二艦隊	第五戦隊	足柄・那智・羽黒		呉又は佐世保	第五戦隊司令官
第二艦隊	第二水雷戦隊	神通（第七駆逐隊（曙・朧・潮）第八駆逐隊（天霧・朝霧・夕霧）第十九駆逐隊（磯波・浦波・敷波・綾波））		呉又は佐世保	第二水雷戦隊司令官
第二艦隊	第四水雷戦隊	木曾（第十駆逐隊（狭霧・漣・曉）第十一駆逐隊（吹雪・白雪・初雪）第六駆逐隊（雷・電・響））		呉又は佐世保	第四水雷戦隊司令官
第二艦隊	第二潜水戦隊	迅鯨（第十二潜水隊（伊六八・伊六九・伊七〇）第二十九潜水隊（伊六一・伊六二・伊六四）第三十潜水隊（伊六五・伊六六・伊六七））		呉又は佐世保	第二潜水戦隊司令官
第二艦隊	第二航空戦隊	加賀 第二十二駆逐隊（皐月・水無月・文月・長月）		呉又は佐世保	第二航空戦隊司令官
第二艦隊	第二聯合航空隊		第十二航空隊（艦戦十二・艦爆十二・艦攻十二）第十三航空隊（艦戦十二・艦爆十八）	呉又は佐世保	第二聯合航空隊司令官
第二艦隊	附属	長鯨・襟裳・鳴戸（水上機母艦任務） 特別陸戦隊二大隊（呉第一・横須賀第一）	第二十一航空隊（水偵六）	呉又は佐世保	

聯合艦隊司令長官：第一艦隊司令長官（聯合艦隊司令長官直率）；第二艦隊司令長官

対支作戦用兵に関する内示事項（差当り統帥部腹案として内示せらるべきもの）

別表第二

作戦部隊軍隊区分（参考案）（附任務）

区分	部隊	兵力	航空隊・特運	任務	指揮官
附属	附属	大井・厳島 第二十四駆逐隊（江風・山風・海風・涼風）	特運二		
第三艦隊	第十戦隊	出雲・天龍・龍田		第三艦隊司令長官の定むる所に依る	第三艦隊司令長官 第十戦隊司令官
	第九戦隊	妙高・多摩			第九戦隊司令官
	第十一戦隊	八重山・安宅・栗・蓮・栂・鳥羽・勢多・堅田・比良・保津・熱海・二見・（小鷹）			第十一戦隊司令官
	第三水雷戦隊	北上 第二十三駆逐隊（菊月・三日月・望月・夕月） 第一水雷隊（鴻・隼・鵯・鵲） 第二十一水雷隊（千鳥・眞鶴・初雁・友鶴）			第三水雷戦隊司令官
	第五水雷戦隊	夕張 第十三駆逐隊（若竹・呉竹・早苗） 第十六駆逐隊（朝顔・芙蓉・刈萱） 第二十九駆逐隊（追風・疾風）			第五水雷戦隊司令官
	第十二戦隊	沖島・神威 第二十八駆逐隊（朝凪・夕凪）			第十二戦隊司令官
	第一聯合航空隊		鹿屋航空隊 木更津航空隊		第一聯合航空隊司令官
	附属	上海特別陸戦隊 特別陸戦隊二大隊（呉第二・佐世保第一） 嵯峨 第一掃海隊（掃一・掃二・掃三・掃四・掃五・掃六） 第十一掃海隊（掃一三・掃一四・掃一五・掃一六・掃一七・掃一八） 佐多・隠戸・鶴見（水上機母艦任務）	第二十二航空隊（水偵六） 特運二		
記事	第八戦隊・第一水雷戦隊・第一潜水戦隊及第一航空戦隊は情況に依り第三艦隊に編入せらるるものとす。				

11

区分	艦船部隊	一般任務	任務の細項	指揮官
主力部隊	第一戦隊・第三戦隊・第二十四駆逐隊・大井	一般作戦支援	佐世保附近に在りて警戒並に訓練	聯合艦隊司令長官
北支部隊	第四戦隊・第五戦隊・第十戦隊第二小隊・第二水雷戦隊・第四水雷戦隊・第二潜水戦隊・第二航空戦隊・長鯨・厳島・第二十一航空隊・鳴戸・特運二・襟裳・横鎮第一特陸・呉鎮第一特陸	一　青島の確保 (イ)　居留民保護 (ロ)　滄口飛行場の占領整備 (ハ)　要地の占領 二　外征陸軍の輸送及輸送護衛 三　敵艦船の監視処分 四　敵船舶の抑留 五　附近敵航空兵力の覆滅	一　(木曾)・(多摩)・長鯨・厳島は横鎮第一特陸・呉鎮第一特陸を輸送し第十戦隊第二小隊及之等と共に (イ)　居留民を保護す (ロ)　滄口飛行場を占領確保し之を整備す (ハ)　要地・要点を占領す (ニ)　青島・連雲港・芝罘・威海衛等を封鎖し敵船舶を抑留す 二　第五戦隊・第四水雷戦隊・第二十一航空隊・鳴戸・特運 情況逼迫するに至らば適時青島に回航前号の作戦に任ず 三　第四戦隊・第二水雷戦隊・第二航空戦隊（第二聯合航空隊） (イ)　北支方面に派遣さるる陸軍の輸送護衛に任ず (ロ)　前諸号の作戦に任ず	第二艦隊司令長官
中支部隊	第十戦隊第一小隊・第十一戦隊・第八戦隊・第一水雷戦隊・第三水雷戦隊・佐多・特運二・上海特陸・呉鎮第二特陸・佐鎮第一特陸	一　上海の確保 (イ)　居留民の保護 (ロ)　前進航空基地の整備 二　要地の確保占領 三　敵船舶の抑留 四　敵艦船の監視処分 五　外征陸軍の輸送及輸送護衛	一　第八戦隊・第一水雷戦隊は呉鎮第二特陸・佐鎮第一特陸を輸送し之等及第十戦隊第一小隊・第十一戦隊・第三水雷戦隊・上海特陸と共に (イ)　居留民の保護 (ロ)　上海附近及呉淞の要地・要点を確保す (ハ)　公大・新公園飛行場を整備す (ニ)　東溝灘・大康飛行場を整備す (ホ)　揚子江下流（南京下流）に於ける水上管制、敵艦船を監視処分す	第三艦隊司令長官

12

对支作戦用兵に関する内示事項（差当り統帥部腹案として内示せらるべきもの）

部隊		兵力	任務	作戦	指揮官
隊				(ヘ) 揚子江口を封鎖し敵船舶を抑留す (ト) 派遣陸軍の上陸掩護 二 第三水雷戦隊 (イ) 中支方面派遣陸軍の輸送護衛 (ロ) 右の外前号作戦に任ず	
南支部隊		第九戦隊・第十二戦隊・第五水雷戦隊・第一潜水戦隊・第二十二航空隊・第一掃海隊・第十一掃海隊・第一防備隊・鶴見・嵯峨・隠戸	一 南支方面の敵艦船の監視処分 二 南支方面の敵船舶抑留 三 前進根拠地の設営	一 馬尾・厦門・汕頭及廣東等に在る敵艦船を監視す 二 之を要する時機に至らば前号艦船を処分す 三 前号港湾の外寧波・温州・三都墺・泉州湾・銅山湾・神泉港等を封鎖し敵船舶を抑留す 四 馬鞍群島に前進根拠地を設営す	第九戦隊司令官
航空部隊	第一空襲部隊	第一航空戦隊（第二航空戦隊）	一 中支方面に在る敵航空兵力の覆滅 二 中支方面の敵要地・重要施設等の攻撃	一 第一航空戦隊は作戦行動開始日未明、其の航空兵力の全力を以て杭州方面に在る敵航空兵力を急襲し爾後引続き中支方面に在る敵航空兵力及要地・重要施設等を攻撃す 二 第二航空戦隊は北支方面に派遣さるる陸軍の海上輸送を護衛し後中支方面に転用す 三 第一航空戦隊・第二航空戦隊飛行機は上海方面基地整備せば之に進出す	第一航空戦隊司令官
	第二空襲部隊	第一聯合航空隊	一 支那内地に在る敵航空兵力の覆滅 二 支那内地の敵要地・重要施設等の攻撃	一 一部は濟州島に一部は臺湾方面に進出し作戦行動開始第一日成るべく速に南京・南昌方面に在る敵航空兵力を急襲す（濟州島部隊）（臺湾部隊） 二 爾後濟州島部隊は上海方面に進出し共に支那内地に在る敵航空兵力及要地・重要施設等を攻撃す	第一聯合航空隊司令官
	第三空襲部隊	第二聯合航空隊	一 中支及山東方面の敵航空兵力の覆滅 二 青島・上海附近陸上戦闘に協力	一 先づ旅順方面に進出待機し青島方面飛行基地整備の上は、之に進出し陸軍海上輸送の護衛に任ず 二 作戦行動開始日或は要すれば其の以前山東方面の敵航空兵力を覆滅し要地・重要施設を攻撃す 三 情況之を許すに至らば上海方面に転戦す	第二聯合航空隊司令官 第二艦隊司令長官

13

備考

一　括弧を以て示せる艦船部隊は他所属より一時編入のもの
二　第三艦隊司令長官は当初全支の作戦を指揮す
三　本表の外に第三（第二）艦隊司令長官の指揮下に白河方面に於て陸軍に協力する旅順要港部部隊あり

14

（二）马村两军冲突，南京极力争取列强

资料名称： 馬村に兩軍衝突す　南京、列国牽制に狂奔

资料出处： 読売新聞社編輯局編《支那事變實記》第一輯，非凡閣1937年發行，第44—51頁。

资料解说： 本资料记录了1937年7月13日日军强行通过北平南的马村地区，与中国军队交火，进一步恶化了华北地区局势。中国军队拒不撤退，南京政府立场强硬，强调日本方面要对事态扩大负责，并希望列国牵制日本等。

七月十三日

馬村に兩軍衝突す

南京、列國牽制に狂奔

（戰況）事件現地の支那軍は依然として撤退せず、夜になると、わが部隊に對して屢々威嚇射擊をくりかへしつつあつたが、この日は朝來、萬福麟の軍隊三ケ團約五千が長辛店の一帶に進出したのを始めとし、北平の廣安門外および北平西方四千メートルの競馬場内には、三十七師に屬する支那兵一ケ旅が進出して、豐台にあるわが部隊に對して次第に包圍態勢をとり始め、北平城内にある二十九軍は城門を閉鎖するとともに、わが軍の北平入りを防害するため、午後二時ごろ、永定門近くの北寧線レールを破壞するなど、大童になつて防戰準備を始めた。

七月十三日

四五

待機するわが部隊

馬村に兩軍衝突

これに呼應するがごとく、午前十一時ごろには、自動車にて北平の南方千メートルの馬村を通過しようとしたわが軍の小部隊に對して、突如、小銃、機關銃をもつて射撃を浴せかけて來た。勇氣凛々たるわが部隊は、『何を小癪な！』とばかり、直ちに下車、散開してこれに應戰、銃火を交へること數十分にして敵軍を撃退した。この戰鬪におけるわが戰死者四名、敵は多數の死體を遺棄したまま敗走してしまつた。

二十九軍代表調印の解決辨法

しかし、前線支那兵の身のほど知らずな挑戰にひきかへ、二十九軍首腦部はわが擧國的激怒と斷乎たる決意にふるひ上がつたものか、午後八時、張自忠、張允榮の二十九軍代表はわが松井特務機關長を訪問、現地解決辨法として、

一、支那軍は蘆溝橋城廓及び龍王廟に駐軍せず、該地の治安は保安隊をもつて維持す。

二、第二十九軍代表の陳謝、責任者の處罰、將來の保障をなすほか、本事件を誘發せし藍衣社

共產黨その他の抗日團體に對し、適切なる對策及び取締をなす。

との條件に署名のうへ、これを手交した。わが方としては事件不擴大の方針をもつて最初より臨んでゐるので、十分なる準備を整へつつ、支那側の實行を監視することとなつた。

（國內） 政府は午前十時より首相官邸に首相をのぞく全閣僚參集のうへ會議を開き、諸般の情勢を交換したるのち『先般の閣議において決定したる方針を堅持しながら、萬般遺漏なき用意のもとに嚴重事態の推移を凝視する』との申合せをなし、昨日にひき續き產業界代表、雜誌關係者を招いて擧國一致の協力を要請した。

この日、內務省は在鄉軍人會、青年團、社會事業團、愛國、國防兩婦人會に對する警備と救護の總動員計畫を決定し、中央放送局は南京の宣傳放送を粉碎すべく、國際放送陣を强化――。

（外交） 北平大使館の加藤書記官は本省の訓令に基づいて、午後四時半、北平市長秦德純をその私邸に訪問、前後二時間にわたつて會談し、冀察側が誠意をもつて速かに事件の圓滿解決につくすことを嚴重督促するとともに、昨今の緊迫した情勢に鑑み、在住邦人の生命財產の保障をかさねて要求した。

七月十三日

嗤ふべき支那の逆抗議

一方、駐日支那代理大使楊雲行は、この夜、わが外務省に堀内次官を訪問し、本國よりの訓令に基くものであるとして、『今次事件の原因は日本側にある』と抗議し、現地の日本軍を速かに撤收し、後續部隊の進發を中止されたいとの要求を提出したので、わが方は、

『今回の事件を日本の不法行爲となすごときは不法抗議の甚しきもので、責任はすべて支那側にある。現地に集結しつつある中央軍の動員を即時中止し、抗日態勢を中止するならば、日本側においても不必要な派兵を行はんとするものではない。』

とこれを一蹴した。

對米爲替昂騰す

北支事變の重大化にも拘らず、政府並に民間各銀行の協力によつて圓爲替は極めて平靜を保ちつつあつたが、十三日も引き續き落付を呈し、殊に對米爲替のごときはドル安を反映して却て强調を示してゐる。卽ちドル貨の軟調を映し、ニューヨーク對日爲替の急騰を入れて、正金銀行は對米建値を一ポイン

ト方引上げ、二十九ドル丁度と昨年九月以來の高値となり、市中もこれに追隨して、對米今來月物二十八ドル十六分十三賣、八分七の買ひ唱へで、前日に比し半ポイント方引上げてゐる。

一方對英爲替は正金は變らず、市中も一シル一ペンス十六分十五賣、一シル二ペンス丁度買ひと保合ひ極めて冷靜である。

（支那の動き） 國民政府外交部は、十三日、南京の各國大公使館にたいして『外交部の觀測によれば、日本軍は北平に集結しつつあり、その意圖するところは不明である。北平は外支人雜居しをり、事變發生した場合は生命財産の保護に萬全を期しがたいから、各國はその居留民に對し至急北平を去り南下するやう通達されたい。若し引揚に際し交通上不便があれば飛行機を用立てる』と、北平在住外人の引揚げについて通告した。

列國の牽制策

これについてわが關係當局は、『北平には如何なる動亂にも脅威されることなき大使館區域なるものがあり、列國としても自國在留民の生命財産をまもるに足る兵力を持つてゐるので、萬一北平に事件が發生しても、何ら在留民引揚げを必要とする程の危險は感じない筈だ。にも拘らず支那側が殊更危險を誇大に宣傳して引揚げを勸告するのは、これによつて各國の居中調停を促さんとする見えすいた魂膽である。』と理解してゐた。

上海の爲替市場軟化

北支いよいよ重大化の懸念のため、上海財界の動搖は甚だしく、不安益々加はりつつあるが、十三日の後場爲替は外貨買ひすこぶる旺盛にてレートは急軟化し、引値は對日百一圓四分ノ三、對英一シル二ペンス十六分ノ三、對米二九ドル八分ノ三と、對英、對米ともつひに中央銀行の建値最低點を割るにいたり、しかも先物商内は全然なく、キャシユ・オンリーの市場となつた。これに對し、國民政府は爲替維持に必死となり、中央銀行は十三日朝アメリカに向けて銀二千萬元を送り、さらに夜の船便でも同額をアメリカに積出す豫定となつた。

（挿話）北支の空氣切迫につれて、はるばる日本へ留學してゐる支那學生、その中でも未來の軍國支那を背負つて立つべく、士官學校海外留學生隊に籍をおく五十數名の若き武官の惱みはどうであらうか。また、それにもまして、盛り上る暴支膺懲の輿論のかげに、彼等を教へ導く隊長落合甚九郎中佐の氣持は？　この日、落合中佐はその苦衷と、留學生の狀態について語つた。

『支那留學生等は幸ひ未だちつとも騷いでをらん。だが、若しこれから戰局が全面的に展開でもしたら、送金の杜絶その他の支障で歸國しなければならん者も出來るだらう。しかし、わしは彼等の本國からの歸還命令や陸軍省から命令でもない限り、學生をいつまでも平素と同樣に教育する。いまは互ひにこんなことになつたけれど、彼等には、何の罪もない。彼等はよく日本を理解し、わし等を信じてゐる。わしの大乘的信念は事變の勃發によつて左右されることはない。こんな時こそ、未來のよりよき日支親善を培ふ絕好の機會だ。わしはどんなことがあつても、最後まで自分の子供に對するやうに、心から面倒を見てやる考へぢや。』

七月十三日

（三）中央军、共军携手合作，我侨民面临死亡危机

资料名称： 中央、共産軍と結ぶ　死を覚悟のわが居留民

资料出处： 読売新聞社編輯局編《支那事變實記》第一輯，非凡閣 1937 年發行，第 51—58 頁。

资料解说： 记载 1937 年 7 月 14 日的中方动向，指出国民政府中央军和中共军队正在携手抗日，华北局势更加紧张。

七月十四日

中央、共産軍と結ぶ
死を覺悟のわが居留民

（戦況）平漢線にて北上中であつた商震、萬福麟、龍炳勛各軍の支那兵は、午前四時から五時にかけて四十個列車以上も石家荘を通過し、なほ續々と北上を續けてをり、また長辛店附近に集結を綜つた約一箇團内外の支那兵は、長辛店北側の高地から永定河右岸に沿ってもの凄い第一線陣地を構築して、連日猛烈なる演習を續けつつあり。その他八寶山には歩兵二箇團、衙門口附近には數個團が配置されて、絶えずわが豐台部隊に露骨な挑戰的態度をとつてゐる一方、中央軍に屬する蔣鼎文の第十師はこの日朝すでに保定へ到着、直ちに抗戰準備を開始し、支那空軍は午前七時、九時の兩度にわたり、各五機編成をもつて杭州飛行場方面より南京を經て北上、さらに後方より鄭州方面に空軍の大移動を開始し、廣東の三十餘機をはじめ、蘭州、西安、南昌の各空軍に對しても出動命令を發した。

同時に、去る十一日、蔣介石の召電によつて陝西省膚施より廬山に入り、緊急軍事會議に參加した共產軍代表の周恩來は、十三日、膚施にひき返すや、蔣との會談にもとづいて、共產軍と中央軍との連絡、協同作戰を工作、すでに北支への出動準備に着手するなど、支那各紙の『焦土抗日』のヒステリックな論調と相俟つて、わが不擴大方針にもかかはらず、支那全土の抗日開戰の機運は刻々に高まつて來た。

餘裕綽々たる我部隊

かかる敵の挑戰に對し、第一線の支那軍と對峙しつつひたすら冷靜を保つてゐるわが豐台部隊は、相踵ぐ支那兵の暴戾なる不信行爲にも悲憤の涙をのんで隱忍自重をつづけ、北平において成立した約諾の履行を監視しつつ、百三十度の炎熱の下に、演習、銃馬の手入れ、非常の場合の作戰に餘念がない。

八日の戰端開始以來、今日初めて剃刀をあてたといふ牟田口〇隊長は、幕僚を相手に地圖を睨んで作戰をつづけながら、『今度の戰鬪における部下の勇敢さは、全く涙の出る程嬉しかつた。正義のためには、我々は勿論一身を投げ出してあくまで戰ふ。今幸ひ戰鬪の小康の間を得て、次の戰鬪のために英氣を養つてゐるのだ。』と決然たる意氣を示し、筒井〇隊長は『水鳥の羽音に驚いた平家ではないが、支那兵はものに怯えたやうに、夜半になると發砲する。花火でも見てゐるつもりで、なるべく相手にしないが、時には癪にさはるよ。』と諧謔一番、綽々たる餘裕を示しつつ來るべき決戰に備へてゐる。

時あたかも午後四時頃、通州から豐台へ向ふわが連絡兵六名は、國河村附近（馬村南方八キロ）にさしかかるや、突如支那兵の不法射擊をうけ、近藤二等兵は戰死、他に一名の負傷者を出した。重ね重ねの不信行爲に、わが部隊は將兵一同極度に憤激しつつ、膺懲の時機を待つた。

七月十四日

廣安門に輝く日章旗

死を覺悟の居留民

かかる間にも、北平在留邦人の危險はいよいよ迫つて來た。同仁病院、滿鐵などではすでに家族の引揚げを終つたが、他の大部分の邦人は、事態急變の場合は大使館に逃げ込むより仕方がないとして最後まで踏みとどまつてゐるが、ある邦人商店などは、向側に支那側の戒嚴兵が詰所を設け、アンペラを垂れた蔭に不氣味な機關銃の銃口をちらつかせて數十人の支那兵が晝夜なく警戒してゐるので、一時として心の休む間もない有樣だ。この中で、居留民の安全を保障するため自警團が組織され、毎晩交替で警戒に當ることになつたが、平津間の鐵道の不通のため日用品は三倍にも四倍にも暴騰し、あまつさへ二十九軍の增兵と戒嚴によつて、邦人の危機は益々深くなりつつある。

（國内）政府は樞府定例本會議ののち、午前十時四十分、陸、外兩相より事變の經過および政府の方針について説明したが、これに對し、金子、元田、原、石渡、石井、各顧問官との間にそれぞれ質問應答あり、各顧問官より『政府としては相當な決意をもつて愼重事に當り、殊に列國との間に對立を來さざるやう遺憾なきを期されたい。』と希望して、零時四十分散會。

七月十四日

なほ、各閣僚は今後毎日、首相官邸に參集して情報を交換し、臨機適切の處置をとり得るやう準備することとなつた。

（外交）　川越大使は豫定どほり午前十時五十五分、青島より飛行機にて天津に着き、午後香月司令官を訪問した。

列國我に好意

事變に對する列國の態度は、現在のところ、ソ聯において惡意的見解が發表されてゐる以外には、いづれも具體的動向を示してゐないが、今のところ英、獨、伊各國は大體においてわが國に對し好意的態度を示してゐると見られる。卽ち、

一、英國は、最近支那が國內統一工作の進むに從ひ、自國の實力を過信し、排日抗日より更に侮日に轉じつつあつた事實にたいし、事變前、英國官民のあひだには支那關係者に警告を發しようとの意向すらあつたこととて、一般に支那側に對し遺憾の意を表明してゐる。

二、米國はまだ何等具體的態度を示してゐないが、ルーズヴェルト大統領をはじめ、ハル國務長官は極東における日本の立場を諒解してゐるので、事態の擴大を希望せぬことは勿論である

が、この際スチムソン前長官の轍を踏んで極東問題に干渉し介入する意志はもつてゐない。なほ英國側の申入れに對して、ハル長官が事態靜觀をもつて應へたといはれるのも、好意的自重の證左である。

三、ドイツは極東問題の解決は極東の手で行はるべき旨を說いて、好意的靜觀の態度を示し、イタリーも大體ドイツと同樣の態度を示してゐる。佛國はまだ具體的な動きは示してゐない。

（支那の動き） 蔣介石は廬山會議の結果に基づき、對日戰費充實のため、財政部次長鄒琳をして、とりあへず軍費五千萬元を調達せしむるに決し、鄒次長はこの日午後ただちに南京の金融界代表と協議を開始した。

二十九軍幹部會議混亂

十四日午後、二十九軍最高幹部は北平某所において軍事會議を召集し、當面の時局に對し二十九軍としていかなる態度をとるべきかについて、二時間餘にわたつて協議したが、某々二要人が『現在われわれの方には防空設備が全然ないから、日本と一戰すれば、二十九軍は滅亡の他はない。』

と自重論を述べたところ、他の幹部連は彼等を『賣國奴』呼ばはりして、會議は大混亂に陷つてしまつた。そして會議散會ののち、その二要人が自動車で出門せんとするや、興奮した旅長級の一人は、この自動車めがけてピストルを亂發、某要人は脚部に負傷して、附近の病院に收容されるに至つたので、他の一人はそのまま自動車を走らせて天津にかけつけ、一切を宋哲元に報告した。

これによつても、二十九軍幹部がすでに和平解決の意志を有たぬことは明らかになつた。

（四）紧急召开地方长官会议，决定派出国内部队

资料名称：緊急地方長官會議開かる　内地部隊の派遣決定

资料出处：読売新聞社編輯局編《支那事變實記》第一輯，非凡閣 1937 年發行，第 58—62 頁。

资料解说：记载了 1937 年 7 月 15 日的日本国内政治动向，日本内阁紧急召开阁僚及各地方长官会议，实行国民动员，并决定从日本国内向华北地区派兵。

七月十五日

緊急地方長官會議開かる
內地部隊の派遣決定

（戰況）支那軍第一線の陣地構築、抗日挑戰が、中央軍の北上と相俟つてますます露骨になりつつある時、冀察政務委員長宋哲元は、十四日來津した政務委員齊燮元、及び張自忠と會見、さらに張允榮、北寧鐵路局長陳覺生その他要人と、昨夜來、和平解決につき協議しつつあつたが、交渉は依然として進展せず徒らに時日を遷延してをり、一方、二十九軍代表才定遠をして冀察内部の事情を詳細に報告せしめて蔣介石の指示を仰ぐなど、さきに調印した二十九軍代表の約諾も不履行のまま事態をますます惡化せしめつつあり。この間に、中央軍はこの日を期して、すでに動員令を下したもののほか、安徽、河南兩省に駐屯の特科隊に對し、動員開始を命じた。

わが部隊の觀測では、隴海線以北、山西省以東の地區に集中せる兵力はすでに三十箇師に達し第一線永定右岸の支那兵は、此日も夢中になつて陣地を構築しつつあつたが、わが監視部隊は嵐のまへの靜けさにあり、前線はおほむね平穩を持してゐた。

（國内） 重大時局に當面して擧國一致の實をあぐるため召集された緊急地方官會議は、午前十時から首相官邸に開催され、政府側からは病氣缺席の近衛首相を除き、各閣僚、風見書記官長、瀧法制局長官その他の關係官、地方長官側から、舘東京府知事、齋藤警視總監、石黑北海道長官その他各府縣知事が出席し、首相訓示の代讀ののち、廣田外相、杉山陸相、米内海相、賀屋藏相の順に事變の經過、現狀、今後の外交方針、またこれに伴ふ財政關係等をそれぞれ報告して、これら政府の方針が國民に十分徹底するやう協力を希望し、ついで、外務省東亞局長等から補足的説明を加へて質問に入り、午後は一時半から内相官邸において、内相から治安維持そ

七月十五日

の他に關する訓示があつた。

内地部隊の派遣發表

この日午後八時十分、『北支の現勢に鑑み本十五日内地より一部の部隊を派遣することに決定せられた』旨、發表された。

（外交）　駐支イギリス大使ヒューゲッセン氏は、午後四時すぎ外交部に王部長を訪問したのち五時半、わが日高參事官に會見を求め、八時すぎまで三時間の長きに亘つて意見の交換を行つた。席上、わが日高參事官は日本政府の終始一貫せる不擴大の方針を説明するとともに、『平和的に事態を收拾し得るや否やは一に國民政府の態度如何にかかつてゐるが、その態度から見るに、國民政府は事態の重大性を認識せず、憂慮にたへぬ。』と語つた。

（支那の動き）　日本軍内地より派兵さるとの報に南京政府は極度に狼狽、和戰いづれを採るべきか、文字通り最後の肚を決めるべく餘儀なくされるに至つたが、北平にある宋哲元は、冀察綏靖主任の資格をもつて次の如く布告した。

『現在の地方に對しては治安維持が最も重要であり、民衆は須く各人その本分に安んじ秩序に影響あらしむべからず。若し不逞の徒にして投機を事とし民心を惑はし、或ひは逸脱行動を企圖するものは、治安攪亂者として處分し絶對に假借せず。』

南京で抗敵後援會

國民政府および國民黨部では對內宣傳に大童になつてをり、政府の宣傳によつて自國の力を過信した支那人の間では、抗戰氣分は日一日と高調しつつあるが、南京市黨部は、この日、南京各界の民衆團體代表大會を招集して抗敵後援會を組織し、大々的に慰問品、義捐金の募集に乘だすこととなつた。

支那事變實記

六二

援軍の到着

（五）中国驻屯军策定作战计划

资料名称： 支那駐屯軍ノ作戦計画策定

资料出处： 臼井勝美、稲葉正夫解説《現代史資料》9《日中戦争》2，株式会社みすず書房1976年発行，第15—16頁。

资料解说： 本资料是日本华北驻屯军在7月15日拟定的作战计划，在永定河以西扫荡第二十九军为第一期作战，第二期作战为利用增援兵力，在保定一带同增援的中央军决战。

四 支那駐屯軍ノ作戦計画策定

（十二年七月十五日）

其ノ一 方針

一、軍ハ作戦行動ヲ開始スルニ至ラバ所在ノ支那第二十九軍ヲ速カニ武力ヲ以テ膺懲ス而シテ先ズ北平郊外ノ敵ヲ永定河以西ニ掃蕩スルヲ第一期トス

二、北平居留民ノ保護ニ関シテハ右作戦ト同時ニ平時計画ト関聯シテ極力万全ヲ策ス

三、第二期作戦ハ状況ニ依ル而シテ現有兵力ヲ以テ保定—任邱（保定東方約五十粁）ノ線、増加兵力ヲ以テ石家荘—徳縣ノ線ニ進出シ中央軍トノ決戦ヲ予期ス

其ノ二 指導要項

七月二十日迄ニ各兵団ヲ集中スルト同時ニ第一期作戦ヲ準備スル為之ヲ展開スルコト左ノ如シ

独立混成第十一旅団　主力高麗營、一部順義

独立混成第一旅団　懐柔

第二十師団　天津、唐山、山海關ノ地区

其ノ三 会戦指導ノ大綱

一、第一期作戦ハ主トシテ北平西部ニ在ル第三十七師ヲ一挙ニ攻撃シテ之ヲ永定河以南ニ掃蕩ス状況ニ依リテハ南苑ニ在ル第三十八師ヲモ併セテ攻撃ス

此ノ間第百三十二師ニ対シテハ第二十師団ヲ以テ随時之ヲ撃破スルノ用意ニ在ラシメツツ作戦ヲ指導ス

二、航空部隊ノ主力ヲ以テ地上会戦ニ先タチ第二十九軍中最モ挑戦的ナル第三十七師ニ対シ攻撃威力ヲ集中ス之カ為爆撃ハ西苑、八寶山、北苑、長辛店ニ指向シ状況ニ依リ南苑ニ指向スルコトアリ

第一期掃蕩作戦間航空部隊ハ集結セル威力ヲ以テ地上作戦ニ協力ス此ノ間常ニ中央軍空軍ノ挑戦ニ応シ之ヲ撃破ス

三、北平市街及萬壽山ニ対シテハ絶対ニ爆撃ヲ行フコトナシ

四、独立混成第十一旅団及同第一旅団ハ北平ノ西北及西方地区ヲ永定河ノ線ニ向ヒ作戦シ第二十九軍ヲ求メテ之ヲ撃破ス

此ノ際北平城内ニ対シテハ攻撃ヲ行フコトナク之ヲ要スル場合ニ在リテハ所要ノ兵力ヲ以テ監視ス

五、支那駐屯歩兵旅団ノ主力ヲ以テ豊台附近ニ在リテ軍ノ企図ニ従

ヒ随時八寶山（北平西方約八粁）ノ敵ヲ攻撃シ得ルノ態勢ニ在ラシメ独立混成第十一旅団、同第一旅団ノ攻撃ト策応シ徹底的打撃ヲ与フル如ク攻撃開始ヲ軍ニ於テ指導ス此ノ場合南苑ノ敵ニ対シ所要ノ監視ヲ行ヒ在通州部隊ヲ招致ス

状況ニ依リ所要ノ兵力ヲ以テ八寶山ノ敵ニ対セシメ且成ルヘク豊臺ノ補給基点ヲ掩護セシメツツ在通州部隊ヲ併セテ南苑ノ敵ヲ攻撃スルコトアリ

在通州支那駐屯歩兵旅団ノ一部ハ適時之ヲ小梅子（北平東方約六粁）ニ進出シテ速カニ旅団長ノ指揮下ニ属シ八寶山又ハ状況ニ依リ南苑ヲ攻撃セシム

在通州支那駐屯歩兵ノ一部ハ北平居留民保護ノ為更ニ兵力ヲ要スル場合ハ城内部隊ト協力シ北平城内ヘ強行進入セシムルコトアリ

六、第二十師団ハ主力ヲ鉄道ヲ以テ北平南方地区ニ輸送シ北平郊外ノ掃蕩戦ニ逐次加入セシム

此ノ際成ルヘク永定河右岸ニ於テ敵ノ退路ヲ遮断スル如ク作戦セシム一部ノ兵力ヲ以テ第百三十二師ヲ撃破スルノ準備ヲ整ヘシムルモノトス

七、軍ハ当初ヨリ支那駐屯歩兵旅団ノ約一大隊ヲ天津ニ於テ予備トシテ直轄シ主トシテ天津警備ニ当ラシメ別ニ第二十師団ノ来著ニ伴ヒ其ノ歩兵一聯隊ヲ天津ニ於テ軍予備タラシム

八、本会戦間特ニ軍ニ於テ処置スヘキ事項左ノ如シ

1、第一期作戦間中央軍ノ北上ニ対シ随時平漢線ヲ遮断シ又第二十九軍ノ鉄道ニ依ル脱出ヲ困難ナラシメ輪転材料ヲ押収ス

2、八達嶺方面ニ対シテハ独立混成第十一旅団ヨリ、津浦線ニ対シテハ第二十師団ヨリ各一部ノ兵力ヲ以テ軍ノ側背ニ対スル脅威ヲ除去シ且為シ得レハ該方面ニ対スル将来ノ作戦ニ対シ地歩ヲ獲得セシム

3、天津ノ警備ヲ厳ニシ且天津—通州道上ノ要点特ニ楊村及通州ヲ確保スルノ手段ヲ講ス

其ノ四　補給及通信

一、兵站ハ差当リ第一期掃蕩戦ニ応スル諸準備ヲ完了セシムルヲ主眼トス之カ為兵站主地ヲ天津ニ設ケ通州及豊臺ニ補給基点ヲ設ケ半会戦分ノ軍需品及一箇月分ノ糧秣ヲ集積ス

二、通信ハ天津ヲ基点トシ平時ノ諸施設ヲ増強シテ有線通信ヲ行ヒ軍及兵団ノ有スル無線ニ依ル通信ヲ副トス

三、軍司令部ハ第一期、第二期作戦間天津ニ位置ス会戦間通州又ハ豊臺ニ戦闘司令所ヲ進ムルコトアリ

16

（六）在华北用兵场合下之对华战争指导要纲

资料名称： 北支ニ兵力ヲ行使スル場合対支戦争指導要綱（案）

资料出处： 臼井勝美、稲葉正夫解説《現代史資料》9《日中戦争》2，株式会社みすず書房1976年発行，第17—18頁。

资料解说： 本资料是参谋本部第一部第二课在1937年7月17日制定的作战计划。计划规定了当下在华北的作战目标，还规定要做好出兵上海，甚至长期作战的准备。

五　北支ニ兵力ヲ行使スル場合対支戦争指導要綱（案）

（昭和一二、七、一七〔参謀本部第一部第二課〕第二課）

方針

一、初期ノ武力行使ハ第二十九軍ノ敵対並不信行為ニ対スル報復膺懲ヲ目的トシ同軍ノ撃破ニヨリテ北支問題ノ解決（別ニ定ム）ヲ図ル

此間事態次項ニ進展スルコトアルヲ考慮シ所要ノ準備ヲナス

二、中央軍トノ交戦ハ彼側ノ敵対行動明瞭トナリ已ムヲ得サル場合ニ於ケルモノトス此場合ニ於テハ排、抗日ノ根源タル中央政権ノ覆滅ヲ目的トシ全面的戦争ニヨリ日支間ノ問題ノ抜本的ナル解決ヲ期ス

三、何レノ場合ニ於テモ目的達成ニ必要ナル兵力ヲ初動ヨリ使用スルト共ニ政治的、経済的等ノ謀略手段ヲ併用シ努メテ短期間ニ敵側ノ抗戦意志ヲ挫折センコトヲ図ル

四、第三諸国ノ動静ニ関スル注意ヲ深甚ナラシメ対支当面ノ目的達成ノ為努メテ第三国ヲ刺激セサルコトニ努ム

第一　武力行使ノ意志決定及作戦行動ノ発起

一、中央交渉ニ於ケル先方ノ態度ニヨリ我武力行使ノ意志ヲ決ス

二、現地実行不誠意ノ確認ニ依リ天津軍ヲシテ作戦ヲ発動セシム

第二　第二十九軍ノ掃討

一、初動ヨリ第二十九軍ニ対シ優勢ナル兵力ヲ使用シ作戦ノ地域ハ北部河北省トシ急速ニ大打撃ヲ与ヘ其影響ニ依リ中央軍戦闘加入ノ意志ヲ放棄セシム

山東ニ於ケル作戦行動ハ初期之ヲ保留ス

二、天津軍ハ現地ニ於テ最後通牒ヲ交付シ作戦行動ヲ開始ス其発動ハ当面ノ敵集中状態ト内地部隊到着ノ状態トニ依リ中央ニ於テ之ヲ定ム

三、内地ニハ別ニ中央軍ノ戦闘加入ニ応スルノ兵力ヲ動員シ逐次満洲及冀東ニ前進セシメ以テ同軍ノ戦闘加入ニ備ヘシム

四、軍需動員及総動員ヲ発動ス

五、北支政略指導機関ヲ派遣ス

六、対支就中対支那軍及対支経済謀略ヲ実行ス

七、対第三諸国（特に英米）経済謀略ヲ実行ス

対蘭印石油政策ヲ実施ス

八、第三国干渉排撃ノ意志ヲ明示ス

九、中央交渉ハ局面拡大防止ノ目的ヲ以テ依然之ヲ継続シ且日支全面戦否ノ意志ヲ決定ス

本作戦ノ成果ニ依リ休戦ノ形勢誘導ニ努ム

一〇、本作戦ハ概ネ二ケ月ヲ以テ終止センコトヲ期ス

第三　対中央軍作戦

一、北支ニ進出セル中央軍ヲ撃破スルヲ第一段階トシ中央軍敵対ヲ持続セハ続イテ作戦行動ヲ継続スルト共ニ経済並謀略方策ヲ併用シ蔣政権ヲ倒壊シ日満支提携可能ナル政権ノ発生ヲ誘導シ以テ一挙日支問題ヲ解決ス

二、中央軍討伐ノ目的ヲ声明ス

三、作戦行動ハ十分ナル兵力ヲ以テ急速ニ南京方面ニ重圧ヲ与ヘ且蔣政権ノ西方逃避ヲ防止ス

四、上海方面ニ対スル出兵ハ時ノ形勢ニ依リテ之ヲ定ム

五、対支経済戦方策ヲ全面的ニ実施ス

経済的破綻特ニ軍需枯渇ヲ実現セシムルタメ海面監視ヲ行フ

六、作戦ノ進捗ト共ニ後方守備ノ為所要ノ兵力ヲ北支ニ派遣ス

七、適時満洲ニ所要ノ兵力ヲ派遣シ「ソ」聯邦ニ備ヘシム

八、本作戦ハ三、四ケ月ヲ以テ終結センコトヲ期ス

第四　爾後持久戦ニ陥ル場合

一、北部河北省及要スレハ上海、蘇州ノ間ニ所要ノ兵力ヲ配置シテ之ヲ軍事占領シ且海軍ヲ以テ海面ヲ監視シ経済的謀略ト相俟チ、支那ノ屈服ヲ待ツ

爾後ノ兵力ハ機ヲ失セス之ヲ撤収ス

本作戦ノ継続ハ少クモ一年以上ニ亙ルモノトス

二、一般作戦遂行中ト雖形勢交綏ニ陥ラントスル（三、四ケ月以上）慊アル場合ハ適時本持久戦ノ指導ニ転移ス

18

（七）山东各地国人从青岛撤退，后方二万女学生发起慰问袋运动

资料名称： 山東各地の邦人青島に引揚ぐ　銃後二萬の女學生慰問袋運動

资料出处： 読売新聞社編輯局編《支那事變實記》第一輯，非凡閣 1937 年發行，第 63—65 頁。

资料解说： 本资料记载 1937 年 7 月 16 日，中日两军在通州等地的交战及日本侨民撤退、日本国内支援战争运动的情况。

七月十六日

山東各地の邦人青島に引揚ぐ
銃後二萬の女學生慰問袋運動

（戰況）午前八時過ぎ、わが〇〇部隊は通州の東南方三〇キロにあたる通州街道安平附近に達した。このときである。同部落附近に配置されてゐた支那軍の監視兵が、突如わが軍に向つて猛烈な攻撃を開始したので、わが軍も直ちに應戰、不氣味な靜寂は忽ち破れて部落附近はみるみる硝煙の巷と化した。

敵軍の武装解除

硝煙地を這ひ銃聲空にコダマする巷、そこに敵軍監視兵の打ち鳴らす警鐘の音が響く。部落内にあつた支那兵百名は、それに應じて部落外周の城壁に據り、わが軍めがけて盛んに猛射を浴びせはじめた。交戰數十分、だがわが軍はつひに敵陣を猛襲して支那軍の武装解除を行ひ、歩武堂堂と部落に入つた。

悲壯！　濟南在留邦人の決意

膠濟鐵道沿線濰縣地方の對日空氣は益々惡化して來た。そのため同地方における在留邦人は、四十九名の中男子二十二名を殘し、その他の婦女子全部が青島に引揚げた。坊子における婦女子もまた引揚準備を開始した。このとき濟南における二千の居留邦人は、最後の一人までも踏み留まつてその權益と財産を死守せんと決意を固めた。まさに悲壯そのものである。

この日、七月十二日までにおける北支事變のわが軍の戰死傷者が發表された。戰死、准尉下士官五名、兵十二名。戰傷、將校七名、准尉下士官五名、兵二十八名。

（國內）閣議において杉山陸相から內地から一部派兵することに決した旨が報告され、閣議散會後廣田外相、馬場內相、杉山陸相、米內海相によつて事變に關する重要協議が行はれた。また貴族院改革審議も事變急を告げつつあるため延期することに決定された。

慰問袋調製に女學生二萬動員

陸軍省では都下の女學生を動員して慰問袋の調製を依賴するため、恤兵係前岡大尉に各女學校を訪問させたが、その結果二十校二萬二千の女學生は、十九日乃至二十日までに四萬個の慰問袋を調製することとなり、直ちに行動を開始した。

（外交）廣田外相はこの日天津にある川越駐支大使に對して、直ちに南京に歸任の上、王外交部長と北支の事態收拾に關する折衝を開始するやうとの重要訓電を發した。

また日高參事官は田尻書記官と共に午後八時から約一時間半に亙つて高宗武亞洲局長と會見、南京政府の善處を促すと共に、わが方の態度と重大決意とを告げ、同時に南京側の態度に對して嚴重な警告を行つた。

（支那の動き）南京飛行隊員百餘名は軍事委員會の命によつて十五日夜津浦線で浦口から出發したが、この朝更に鄭州駐屯の殷義新の率ゐる騎兵第一師楊渠統の百六十七團は、北上して河北省境に向つた。

統制的抗日運動はこのたびは一切の遠慮と制肘とから解放されてゐるから、文字通り燎原の火の如き勢ひであり、各地からのニュースは益々それに拍車をかけて進みつつあり、この日午後六時から八時の間に上海市內數ケ所で激越な抗日傳單が撒布されたりした。

七月十六日

（八）对南京政府的严重警告，恤兵部出现的娘子军

资料名称：南京政府に對して嚴重通告す　恤兵部に現はれた娘子軍

资料出处：読売新聞社編輯局編《支那事變實記》第一輯，非凡閣1937年發行，第66—68頁。

资料解说：本资料记载的是1937年7月17日，日本方面以违反《何梅协定》为名向中国方面进行抗议，并撤退日本侨民。日本国内展开「献金」运动支援战争，一些女演员和女生到陆军省恤兵部献金、送慰问袋。

七月十七日

南京政府に對して嚴重通告す

恤兵部に現はれた娘子軍

（戰況）　南京駐在武官大城戸大佐は午後六時十分わが陸軍代表として、南京政府の軍政長官である何應欽軍政部長に會見を申込み、その代理たる常務次長曹浩森と會見し、次のやうな通告をした。

『中華民國が昭和十年五月二十九日より同年七月九日に至る期間において、わが在北支那及び中國の兩軍事當局の間に成立せる諒解事項（梅津・何應欽協定）を無視し、中央軍（空軍を含む）を北上せしめ、また航空武力を行使せしめんとする態度を執るが如き場合においては、日本軍はその適當と信ずる處置を執ることあるべく、右により發生することあるべき事態については、その一切の責任は中國側にあることをここに通告す。』

張家口の邦人いよいよ引揚に決定

平綏方面は今日のところ平靜であるが、張家口は今次の北支事變以前から排日空氣が濃厚なところなので、大使館當局では居留民引揚げ方について種々苦慮した結果、この日支那側が列車の運行を承諾したので、直ちにその旨を張家口領事館と連絡し、十七日、十八日中に邦人五百名を天津に引揚げしむることに決定した。

(國內) 午前十一時から總理大臣官邸において陸軍、海軍、外務、內務、大藏各大臣の五相會議が開かれた結果、午後一時政府は左の如く發表した。

『北支の交涉は遷延を許さず、政府はこれが促進に關する措置を決定した。』

なほこの日政府は閣議において、北支事變に關する經費に充てるため一千萬圓の第二豫備金支出を決定した。

恤兵部及び街頭の娘子軍

七月十七日

陸軍省恤兵部には朝からダンサーや歌劇女優などが續々と押しかけ、嚴めしい場所に珍らしい

六七

異風景を現出せしめた。彼女達は慰問袋の持ち込み、あるひは献金のために現はれたのである。

またこの日北支駐屯軍恤兵金募集のために起つた女學生らの姿は東京市内の街頭到るところに見られた。

（外交）　南京に頑張つてゐて、今回の外交交渉で全身に注目を浴びてゐる日高參事官は、わが政府の訓電によつてこの日午後十一時半、外交部長王寵惠を訪問『時局は正に重大であり、遷延を許さざるものあり、十九日に支那の責任ある回答ありたし』と要求し、『確答する』旨の挨拶を受け、同時にその覺書を手交した。

（九）冒弹雨侦查敌情，和平解决无望

资料名称：彈雨を浴びて敵狀偵察　和平解決も絶望か

资料出处：読売新聞社編輯局編《支那事變實記》第一輯，非凡閣 1937 年發行，第 68—71 頁。

资料解说：本资料记载了 1937 年 7 月 18 日的动态，中日两军继续交战，日军机侦查中方北上列车遭受射击，媒体认为「和平解决已经无望」。

七月十八日

彈雨を浴びて敵狀偵察
和平解決も絶望か！

（戰況）中央軍が協定に違反して河北省に侵入しつつあるとの情報に接したわが軍は直ちに偵察に着手、小林曹長操縦、酒井少尉同乘の飛行機は午前九時〇〇飛行場を離陸〇〇方面に向つた。

飛行機は正午頃順徳附近において北進中の四列車を發見、高度七百メートルくらゐで偵察中、突然列車の後部から濛々たる白煙のあがるのを認めた。音はまるで聞えないが、あきらかにわが飛行機に向つて猛射を浴せてゐるのだ。それを俯瞰しながら偵察機は悠然と飛んだ。

已むなき應戰

突如、飛行中の機翼に敵彈がプスプスと命中しはじめたので、つひに自衛上已むなく應戰、列車からはなほも盛んに猛射を浴びせかけて來る。だが進行中の發射なので彈丸は割に當らない。わが飛行機は列車の周圍を旋回しながら三回に亙つて攻擊を加へた。二回目の攻擊中列車の中から逃げるのか、彈丸に當つたのか、支那兵が次々と轉落した。三度目の攻擊はつひに敵の列車を止めた。更に元氏においても敵の列車は盛んにわが飛行機を射擊した。偵察機は午後一時任務を果して無事原隊に歸還した。

和平解決も今や絶望

午後一時、宋哲元、張自忠、張允榮が天津偕行社に香月司令官、橋本參謀長を訪問して來た。

宋哲元から軍司令官に對して陳謝の意を表するところがあり、わが方の要求實行に關しては引續き橋本參謀長と二十九軍代表張自忠との間に最後の打合せをすることとなつた。だが今や和平解決は絶望狀態である。この日北平城內は人通りも減じ、休業しはじめた商店も目立つて來てゐた。張家口よりの引揚邦人二百三十名。

（國內） 午後三時九段偕行社に東京在鄉陸軍將官約八百名を招待した杉山陸相は、懇談會の後、斷乎皇威を發揚する旨の挨拶を述べた。

鮮血に描く日章旗

この朝雜沓する陸軍省恤兵部へ現はれた獻金軍に混つてゐた一少女が『これは私から』と云つて一枚の眞新しいハンカチを差出したが、それは鮮血で描いた日章旗、受付の將校連もアツと聲をあげて驚いた。

（支那の動き） 南京首腦部は日支關係の緊迫化と同時に日貨檢查團を組織したが、上海私貨賣買禁止運動委員會と同樣、來る八月一日から各市黨部に命じ、市總會と協力して各商店の日貨登記を實行、指令後の日貨輸入は絶對禁止、違反者は嚴罰に處することとなつた。

對日軍事費に關する協議

國民政府の臺所を受持つ宋子文は正午蔣介石の差廻した飛行機で上海から廬山に到着、直ちに蔣介石と會見、對日軍費支出方法、一般財政狀態並びにイギリス政府との折衝について協議し、大活躍の準備についた。

七月十九日

（十）卢沟桥危机高涨一触即发，蒋介石声明全国对日决战

资料名称：蘆溝橋に漲る一觸即發の危機　蒋介石對日決戰を全支に聲明す

资料出处：読売新聞社編輯局編《支那事變實記》第一輯，非凡閣 1937 年發行，第 71—76 頁。

资料解说：本资料记载了卢沟桥事变后中日两军面临日益加深的「一触即发的危机」，蒋介石7月17日在庐山发表抗战声明，倡导建立全国抗日民族统一抗战，同时中方也向在日外交官表示并未放弃和平解决希望。

七月十九日

蘆溝橋に漲る一觸即發の危機

蔣介石對日決戰を全支に聲明す

（戰況）　午後五時ごろ、蘆溝橋において新陣地構築中の支那兵は、不法にもわが警備隊に突然猛射を浴びせかけた。この度重なる支那兵の不法行爲に對しわが軍は極度に緊張した。今やまさに一觸即發の危機を孕んでゐる。ついで午後七時頃、支那兵はまたもや北平天津間のわが軍用電話線を切斷した。わが軍は直ちに修理に着手したが、つひに堪忍袋の緒を切り、自衛權發動の決意を固めて午後十時次の如き重大聲明を發した。

『本十九日までの狀況を見るに、支那軍は蘆溝橋及びその附近よりしばしば斥候などをもつてわが部隊直前に進出射擊をなし、十九日午後五時ごろ遂にわれに負傷者を生ずるに至つた。また蘆溝橋附近において該地の保安隊は我に對し陣地を設備し、且つ永定河西岸にある支那軍隊と連絡し今なほ盛んに陣地の構築中である。この間に處し日本軍は隱忍自重一發も應戰せず忠實に協定を履行してゐる。然るに支那側の行動は右の如く明かに協定に違反するのみならず日本軍としては自衞上默し難きところである。從つて支那軍が依然かくの如き不信行爲を繰返すにおいては、軍は二十日以後獨自の行動を執るのやむなきに至るであらう。』

だが支那軍は依然として反省するところがない。今やわが軍は斷乎獨自の行動を執るべく滿を持して支那側の動向を注視することとなつた。

（國內）　戰地におけるわが軍の態度に關する飛電をキャッチした深夜の三宅坂は、一瞬にして不氣味な靜寂が破れた。緊張の渦が陸軍省を包む。局面は急轉回したのだ。煌々と電燈の輝く新聞班では、雨宮中佐、齋藤少佐、林少佐らが顏面神經を緊張させながらテーブルを圍んでゐる。構內電信所からは、カタカタツ、カタカタツと、機關銃の音のやうな響音が傳はつて來る。一觸

七月十九日

軍用犬の活躍（××附近）

七三

卽發緊迫の旋律だ。一旦私宅に引揚げた秦新聞班長が十一時半頃には劍欛を握りしめて再び登廳したが、『なに大したことはない、あわてるな』といひ、やがて歸つて行つた。陸軍省から庭續きの陸相官邸にも物音一つしない。嵐の前の靜けさか、無敵日本軍の沈着ぶりを象徴するやうに、氣味惡い沈默のうちに夜は刻々と更けて行つた。

この日東京市では、北支事變の重大化に處するため、いよいよ非常災害處務規程を適用することに決し、午前十一時、小橋市長は助役以下各局長、部長、課長、三十五區長ら百餘名を市正廳に非常招集して、地方長官會議並びに東京府知事よりの訓示事項を通達した。

（外交） 午後二時四十分、南京政府外交部長代理として董科長が大使館に日高參事官を訪問、十七日わが政府から手交した重大通告に對する回答を覺書によつて提出したが、それは事件不擴大の方針に變化はない、和平解決の希望を堅持してゐると述べ、その方法についても提議したものであつた。

（支那の動き） 宋哲元はこの日特別仕立の列車で護衛兵を滿載して天津を發し、午前九時五十五分北平平陽門に着くとすぐ自動車で私邸に入つた。驛頭には冀察政務委員會の要人が若干出迎へたのみで、他は悉く鼠色の二十九軍將兵によつて埋つてゐた。連日の苦惱のためであらう、宋哲元の顔には窶れの色が濃厚に浮んでゐた。

蔣介石全文に對日決戰の決意を聲明す

この日午前蔣介石は廬山談話會において事變發生以來最初の聲明を發表、飛行機で南京に輸送、午後八時、南京、上海で同時に發表した。即ち對日決戰の最後的決意であり、彼はその中において次のやうに述べてゐる。

今回の事件につき、吾等の態度は次の四件に要約出來よう。

（一）如何なる解決案も中國の領土完整並に主權を侵害することを許さず。

（二）冀察政務委員會の地位は中央政府の決定するところ、如何なる非合法的變更をも許さず。

（三）冀察政務委員長の如き中央政府の任命した地方官憲を外部の壓迫により罷免することに同意すること能はず。

（四）第二十九軍の現在の駐屯區域に對する如何なる制限をも甘受し得ない。

如何に弱國たりとも苟も國家たる以上右四ヶ條は交涉の基礎として承認し得る最小限度の條件である。若し相手方が地位を變へて吾等の地位に立つならば、且つ東亞平和の維持を念とし、日

七月十九日

支兩國民を戰爭の渦中に捲込み、相互に永遠の仇敵となることを望まねば、右四ケ條が考慮さるべき最小限度の條件なることを承認し得よう。(中略)

この重大危機に當り、政府は冷靜自重をもつて國民の指導に當るであらう。國民もまた眞劍な態度をもつて一糸亂れぬ統制を示さねばならぬ。民族に對する義務の遂行に關しては、南北老幼の別なく一致團結鋼鐵の統制を示して政府の指導に從ふやう希望する。』

急遽歸任の許大使聲明

國民政府の重要訓令を帶びて急遽歸任した日本駐在中華民國大使許世英は、この日船中で左の如きステートメントを發表した。

『私は久しく病氣し、未だ健康も完全ではないが、盧溝橋事件の發生に依り命を奉じ急遽歸任した。盧溝橋事件は極めて不幸な事件であり、また兩國間の感情を阻害することも甚しい出來事である。その具體的解決方法としては、この事件を擴大せしめざると同時に軍事行動を一切停止されんこと、及び正義に基き外交に公平な解決點を發見されんことを希望する。未だ病體回復せず多くを語るを得ないことは遺憾である。』

（十一）击毁卢沟桥望楼，王外交部长依然态度强硬，中国财界愈加恐慌

资料名称：蘆溝橋の望樓粉碎　王外交部長依然として不遜　支那財界不安深刻化す

资料出处：読売新聞社編輯局編《支那事變實記》第一輯，非凡閣1937年發行，第77—83頁。

资料解说：本资料记载了1937年7月20日的动态。中日两军在卢沟桥激烈交战，日军击毁了卢沟桥的望楼。国民政府外交部态度强硬，中国财界陷入恐慌。

七月二十日

蘆溝橋の望樓粉碎
王外交部長依然として不遜
支那財界不安深刻化す

（戰況） 去る十一日の約諾に基く共産黨及び排日運動嚴重取締に關する細目協定は、昨十九日夜成立し、最後に殘された問題は、支那軍の撤退並びに不法挑戰行爲の防止であるが、しかし支那軍は依然として反省せず、戰線に軍を集結して不法射擊を繰返し、一方中央軍の大部隊は續々河北に侵入集結して、梅津・何應欽協定を蹂躪しつつある。蘆溝橋においては昨夜から今拂曉までに三回に亙つてわが部隊に迫擊砲の射擊を浴びせて來、また楊村附近の軍用電線は午前六時頃再び切斷される、といふ狀態なのだ。もはや事態は急激に惡化の道を辿るばかりである。

蘆溝橋附近三度の交戰

十九日支那側に對して發した重大通牒に基いて、わが方はこの日の正午以後の支那側第一線部隊の動靜を嚴重に監視してゐた。と、午後二時三十二分となつたときである。蘆溝橋附近の二十九軍前線からまたもや不法射撃が開始された。隱忍自重のわが方ももはや獨自の行動に出でざるを得ない。斷乎！　河邊部隊はつひに砲撃を開始した。わが軍反撃の曳火榴散彈の十字砲撃は、忽ち宛平縣城に集中され、着々その威力を發揮してゆく。砲撃はわづかに三十分をもつて終つた。さすがの二十九軍も一まづ兵火を收めて沈默したからである。だが三時過ぎ、敵は永定河右岸の堅陣に據つて再びわが陣地めがけて十字砲火を集中して來た。わが軍も直ちに應戰、今度は一時間にして敵を沈默せしめた。

午後七時頃、敵は再び永定河岸、蘆溝橋西側高地の陣地に據り、豐台附近のわが軍に向つて迫撃砲を猛射して來た。わが方は直ちに砲兵部隊をもつて應射、殷々たる砲聲は附近一帶の天地をゆるがした。そしてこの砲兵部隊の反撃は、みるみる間に蘆溝橋高く聳ゆる望樓二ケ所を完全且つ美事に破壞した。

午後八時に至つて砲聲も止み、巷には再び不氣味な靜寂が忍び寄つた。蘆溝橋の空には滿月に近い月が冴えかへつてゐる。

なほこの日の戰鬪においてわが軍は何らの損傷も受けなかつた。

宋哲元二十九軍の撤退を約す

わが嚴然たる態度に色を失つた冀察軍政最高首腦部は、この日夕刻から夜にかけて宋哲元の私邸に首腦部會議を開催したが、その結果、

一、二十九軍は絕對無抵抗主義をとつて決して挑戰的態度に出ぬこと。

一、第三十七師馮治安部隊を第一線から後退せしめ、長辛店方面に移駐せしめること。

の二項を決定し、わが軍當局に右の主旨を通達し、わが軍の砲擊停止方を懇請して來た。二十九軍のうち最も頑强に抗日の態度を示した馮治安の第三十七師は、今回の事變を惹起せしめた全責任を負はねばならぬものであるが、軍長宋哲元から三日以內に平漢線長辛店以南に移駐すべき命令を受け、西苑駐屯部隊はすでにこの夜に移動を開始した。

軍用品の缺乏を歎く吉興文

宛平縣城の守備に當つてゐた第三十七師第二十九團々長吉興文はこの日午後七時の戰鬪に際して負傷、野戰病院に收容されて次の如く語つたといはれる。

七月二十日

破壊された〇〇の支那兵營

『我々はたとひ最後の一名となつても抵抗は止めぬが、ただ現在藥品、注射針、マスク、望遠鏡などが最も缺乏してゐることは遺憾の極みである。』

（國内）永田町高臺、炎熱の空に聳立する首相官邸にいよいよ『斷』の日の重大な定例閣議が開かれる。午前十時半、北支に燃え熾る百二十度の猛熱が支那海を渡つてヂリヂリと帝都に迫り、盛夏九十度の酷暑を呼ぶ。南京政府の不遜なる態度に對し、つひに帝國政府が斷乎たる『行動』の腹を決める歴史的な閣議だ。この閣議にはさすがに近衛首相もベッドを蹴つた。さる十二日腹を下して私邸に引籠つてから九日目である。

閣議室のドアがぴつたり閉され、丸テーブルの中央に若い公達宰相を置いて歴史的な閣議が開かれた。まづ杉山陸相からその後の情勢について『支那側は暴戻なる態度をなほ改めず、中央の爆撃機七、八臺は今朝山東省方面に向つた模樣がある』との現地情報が報告され、ついで廣田外相から歸京した許世英駐日大使との今朝會見の報告があり、閣議は『先きに一決せる廟議を不動のものとなし、適切なる措置に出づべきこと』を申合せた。午後二時に至るも南京政府から來る筈の回答の公電は到着しない。緊張裡に開かれた閣議はかくて公電の到着次第直ちに參集することとなり、一旦散會した。

七月二十日

（外交）　北支事變に關する支那側の不誠意極まる態度は、わが外務當局を極度に憤慨せしめてゐるが、更にこの日行はれた廣田外相と許世英大使との會談においても、事態解決に對する南京政府の積極的意向を發見することが出來なかつたので、政府としてはこれ以上南京政府に交渉することは一切無駄であるから、當初の方針通り現地解決に一切を委ね、今後南京政府に對してわが方からは積極的に働きかけぬことに決定した。今や豫想は最も憂慮すべき場面を現出せんとするに至つてゐるのである。

王外交部長依然不遜

日高參事官は外交部長王寵惠の申出によつて午前八時外交部を訪問したが、王部長は十九日わが方に通達した覺書は正式回答なる旨を冒頭して、その內容について約二時間に亙つて縷々説明を繰返すとともに、日高參事官の具體的質問に答へて、蘆溝橋事件を地方案件として局地的解決を計ることに反對ではないが、それが有効なるためには中央の承認が必要であると、事態の急迫を餘所に依然として不遜の態度を示した。

蔣介石南京に歸着

午後四時蔣介石は宋美齡、錢大鈞その他の隨員と共に軍用飛行機二臺に分乘して廬山を出發、同六時南京故宮飛行場に歸着、直ちに軍事委員長官邸に何應欽、王寵惠その他軍、政、黨の各最高要人を召集して對日作戰及び國家總動員計畫に關ずる重大會議を開催した。そして異常な緊張裡に長時間に亙つて協議を進め、同席上で彼自ら陸海空軍總司令として對日決戰の總指揮にあたる旨を闡明した。

中央銀行つひに貸出停止

事變勃發以來支那の財界不安は刻々と深化しつつあつたが、ことに上海各市場は連日混亂を續け、日支全面的開戰の危機を危惧して非常な不安狀態に陷り、中央銀行はつひにこの日から貸出しを停止するに至つた。かくの如き經濟財政的危機が平素に現はれたのであれば、外國政府又は外國銀行からの救濟が考へ得られるかも知れぬのであるが、殊更に日本の恨みを買ひ、又は戰禍に捲き込まれるのを避けるため、救濟の手は現はれては來ない。

七月二十日

（十二）第三十七师拒绝撤退，南京颁布戒严令

资料名称：撤退を實行せぬ三十七師　南京に戒嚴令布かる

资料出处：読売新聞社編輯局編《支那事變實記》第一輯，非凡閣1937年發行，第84—89頁。

资料解说：本资料记载了1937年7月21日的动态。包括中国军队冯治安部第三十七师拒绝撤退，南京发布戒严令等。

七月二十一日

撤退を實行せぬ三十七師
南京に戒嚴令布かる

（戰況）午前八時約十名の支那軍斥候は八寶山方面からわが陣地に接近して來て挑戰行爲をとつたが、わが軍は直ちにこれを擊退し、ついで宋哲元の口約による二十九軍の撤退狀況を監視すると同時に、中央軍の北上に備へることとなつた。午前十時、わが軍用〇〇機は北平上空を通過し、勇躍南方に向けて機影を沒した。

宋哲元の命令が比較的完全に徹底したのであらう、蘆溝橋一帶の第三十七師は正午頃から撤退を開始し、それに代つて衙門口の警備にあたることとなつた石友三麾下の保安隊が部署につきはじめた。三十七師部隊は一まづ西苑の兵營に集結したうへで、二十二日頃から更に保定方面に移駐する豫定といはれてゐる。この日保安隊は二十九軍と服裝が同じなので、上着を脫ぎ帽子に白帶を卷いて目印としてゐた。これで漸く蘆溝橋方面における日支兩軍衝突の危機は一まづ除かれるかの如くである。だが危機は果して除かれたであつたらうか？　豫想のみであつた。事態は再び逆轉するに至つたのだ。

撤退を澁る三十七師

衞門口附近一帶の第二十九軍は、午前十時から西苑兵營に向けて引揚げを開始し、午後一時までに全部完了したが、永定河左岸、八寶山附近、蘆溝橋附近一帶の支那軍は、撤退命令には接しないと稱して協約を實行せず、またもや最も懸念されてゐた支那側の協約不履行に逢着して、事態は頗る憂慮すべき狀態に立ち至つた。しかも望遠鏡をもつて望めば、彼らは昨夜わが軍の射擊によつて破壞された宛平縣城東南角の望樓を土嚢をもつて修理しつつあるばかりか、わが軍に向つて小銃を放ちさへしはじめたのだ。だが自重のわが軍は絕對に應戰せず、午後六時、松井機關長が今井武官並びに中島顧問を帶同して進德社に宋哲元を訪れ、嚴重抗議をするだけに止めた。とはいへ事態がまたもや最惡の危機に直面しつつあるのは免れぬことである。

(國內)　銃後の憂ひを一掃するための軍事扶助法は、本年七月一日その扶助範圍が擴大されたが、北支事變の勃發とともに、百二十度の炎天下に活躍する應召兵も漸次增加が豫想され、これらの家族の扶助は緊急を要する狀態にあるので、東京府社會課ではこの日『應召軍人家族臨時相談部』を同課内に特設して名實共に後顧の憂ひを一掃することとなつた。

白熱化す銃後の献金

宛平縣城の砲聲に、軍への献金もいよいよ熾烈となつた。この日の朝早く、陸軍省恤兵部へ一個の小包が屆いた。開けてみると銀のかんざし五本、金指環一個に添えて『鹿兒島六十婆』と記した次のやうな手紙が入つてゐた。

『私は六十近い老婆ですが、最近の支那軍の有樣をみてゐるとくやしくてなりません。金があるなら献金したいが、あまり持合せがありません。先祖から傳へられた銀のかんざしと指環がありますから御送りします。金にかへて北支の皇軍を慰問して下さい。』

またこの日苦學生によつて組織されてゐる『學生輸血組合』が文字通り血を賣つた金四十餘圓を國防費のために献金した。

（外交）午前十時廣田外相を訪問した許世英駐日大使は、前日現地において王外交部長が日高參事官に對してなした意思表示通りの建前を縷々と說明したが、これに對して廣田外相は次の如く答へた。

「支那側の內部の問題は日本側の關知せざるところであるが、軍の行動については現地における日支兩軍當局者の約諾の有效なることは慣例として認められてゐる國際通念である。支那側の意向如何に拘らずわが方は旣定方針に基き一切の措置を講ずる方針であるから、國民政府においても、現地における約諾を追認することは最も穩便に事態を收拾する途であらう。」

(支那の動き) 蔣介石の歸京を契機として南京市內は俄然緊張し、この日の正午戒嚴令が布かれた。着劍の憲兵保安隊が到る處に警戒の眼を光らせてゐる。街頭には出動間際の武裝兵が慌しく去來し、軍用トラックは城內から揚子江岸碼頭と停車場の間を引つ切りなしに往來し、兵士と軍需品の輸送とで下關は雜踏甚だしく全くの戰時氣分に充ち滿ちてゐる。

(挿話) 矢丸飛ぶ血腥い中にも人間の頭にはエア・ポケットがあるものだ。以下戰場に拾ふ微苦笑篇。

御大宋哲元がわが軍の正義に敗けてペコ〳〵と入京して來たのを知つた市民達は、それをてつきり廿九軍が勝つたごとく思つた。街を流しでゐる西瓜賣りがけふは俄に陽氣な鼻唄だ。得意顔で記者を捕へ、

『日本兵、どこまで逃げた。』

と鼻をうごめかした。とそこへブーンとわが軍の○○が○○に現はれるや、西瓜賣り先生、急に怪訝な顔をして『アレ、どこにかくれてゐた？』

×　×

學生は違ふ『マドリッドを護れ』のスペイン歌をもぢつて『祖國を護れ』と腕を組んでデモ行進を盛んにやつてゐる。昨夜も活動館に漫畫入りの抗日ビラを撒いた學生があつた。館内は俄然、蜂の巣をつついたやう。ところがそれはいまや息づまる濡れ場のクライマックスといふところだつたので、それを邪魔されたと群衆が『入場料を返せ』と怒つた。飽くまで支那式。

×　×

宋哲元御大の納まつてゐる『進德社』といふところは丁度わが偕行社といつたところである。門前は愚か一町とて近寄れないが、それを警備してゐる兵が又ふるつてゐる。腰に刀とネギを差してゐる。ギョロリ〳〵とあたりを睨み廻しながらまづ一服といつた恰好で、腰なるネギを引きぬきムシャリ〳〵と食ふ。ニンニクとこのネギの臭ひで近寄ると眼がしみる。上官が來るとあわてて食ひかけを腰に差し『氣をつけェ』

在留邦人の義勇隊は一日々々と殖えてけふは二百名にもなつた。ゲートルをつけてゐるもの、長靴の人、跣足袋の哥兄と服裝こそまちまちだが、何れも死を決してゐるだけにネギの先生とは意氣が違ふ。

× ×

記者が支那服で義勇隊本部のあたりをギヨロ〱してゐると矢庭に『こらッ！』とピストルを向けられた。記者の顔が支那式に見えるらしくちよつとの辯明では許してくれない。名刺を出したうへ日本人の證據に『ガギグゲゴ』をやらせられた。

× ×

ここ一、二日有難いことには物價がやや下がつた。しかし米などは全く途絶えてゐるらしく今朝は支那米のボロ〱飯を食はせられた。こいつは砂を嚙むやうでいくら食つても腹にたまらない。東京生れだといふ若い兵隊さんが飯盒の日本飯を鷲摑みにしてくれた。うまい、ノドが鳴る、だが僕はいま兵隊さんから惠まれて、それでよいのだらうか。ノドを鳴らしながら自責の念に打たれた。（北支にて讀賣小川特派員發）

七月二十一日

（十三）北平围城中的邦人女性，民间飞行人士的奋起

资料名称： 籠城を決意する北平の邦人女性　民間鳥人蹶起す

资料出处： 読売新聞社編輯局編《支那事變實記》第一輯，非凡閣 1937 年發行，第 90—93 頁。

资料解说： 本资料记载了 1937 年 7 月 22 日的动态。北平城中的日本女性大部撤离，而民间爱好飞行人士志愿到前线支援。中国方面蒋介石命令派兵北上。日军参谋总长向天皇汇报华北形势。

七月二十二日

籠城を決意する北平の邦人女性
民間鳥人蹶起す

（戰況）南京に歸來するや直ちに軍事會議、中央政治會議などに出席して對日戰備に對する指示を與へた蔣介石は、この日も早朝から中央常務委員會議を開催、馮玉祥、陳立夫、葉楚傖、邵力子など多數の參集者と共に對日開戰の際における中央黨部の活動方針について重要協議を續けた。また午前九時から蔣介石司會の下に軍事委員會緊急會議を開き、宋哲元から報告された日本軍と第二十九軍との停戰協定締結問題を中心に重大協議を行つた結果、冀察に對して對日本和平交涉を打切れと電命したと傳へられた。

一方馮治安の第三十七師主力は、昨夜から今朝にかけて西苑に集結中であつたが、いよいよ保定方面に移駐することに決し、午後五時北平西直門驛から步兵一箇大隊、騎兵一箇中隊を先頭部隊として第一列車で出發した。更に第三十七師に屬する北平城內兵第百十一旅、二百十八團部隊も、午後五時四十分北平朝陽門驛を出發、平漢線によつて一まづ涿州に向つて移駐した。なほこれに代つて城内警備に當る張自忠麾下第三十八師の一部、及び第百三十二師趙登禹部隊の一部はすでに南苑兵營にあつて入城の準備を進めた。

わが軍は依然緊張の度を緩めず、この撤退完了を嚴重に監視し續けた。

なほ支那駐屯軍参謀和知中佐は現地の情勢報告のため午後六時八分飛行機で東京に來た。

雄々し白粉をすてて

硝煙の北平籠城風景を彩る花――

それは白粉氣をなくした雄々しい大和撫子だ。蘆溝橋の砲聲は、北平在留の日本女性の半分以上を追ひ立てた。天津經由で内地へ避難しただけでも六百人、事變はじめの悲壯感は、皇軍の派兵で大分落付いて來たとはいふものの、それでも毎日幾人かは北平を去つて行く。後に殘つた籠城娘子軍は半島の女性を交へてただ四百人あまり、これが北平をかざる悲壯な花である。彼女達はいよいよ最後の籠城となつたら炊出しを引受けて女ながらも力の續く限り働いて見せやうと力んでゐる。

七月二十二日

閑院參謀總長宮御奏上

閑院參謀總長宮殿下にはこの日午後三時九分、宮中に御參內、天皇陛下に拜謁仰付られ、北支事變その後の情勢に關して御奏上種々御下問に奉答あらせられ、同三時五十四分御退出遊ばされた。

（國內）殺到する恤兵獻金の波は日每に高まりつつある。わが國防第二軍の誇りを翼に秘めて蒼穹を翔ける全日本の民間航空士は、北支事變に自ら義勇の蹶起を決意、支那中央軍の北上によつて更に戰雲急を告げつつある北支の戰線へ從軍を志し、それを陸軍航空本部に願ひ出るべく、この日午後六時から芝區田村町の飛行館において各飛行學校、飛行研究所などの代表者の會議を開いた。

またこの日陸軍省恤兵部に殺到する獻金群の波の中には『北支の兵隊さんの軍服のほころびを縫つてあげたいから從軍させてくれ』といふ洋服屋の少年店員や『支那には娘子軍があるとのこと

自分は自動車運轉の心得があるから是非戰地の後方連絡にでも使用してほしい』といふ女などがあつて、係官はその愛國熱に胸を打たれた。更に右の如き事情を遠隔の地から血書の手紙で申込んだものは副官室に數百通積まれた。

七月二十三日

（十四）华北风云紧急，我兵在上海被中国人绑架

资料名称：北支の風雲なほ急　わが兵上海で支那人に拉致さる

资料出处：読売新聞社編輯局編《支那事變實記》第一輯，非凡閣 1937 年發行，第 95—97 頁。

资料解说：本资料记载了 1937 年 7 月 24 日的动态。华北战况断断续续，依然是风云紧急，在上海一名日本水兵被中国人绑架(后证明实为脱队出走)。

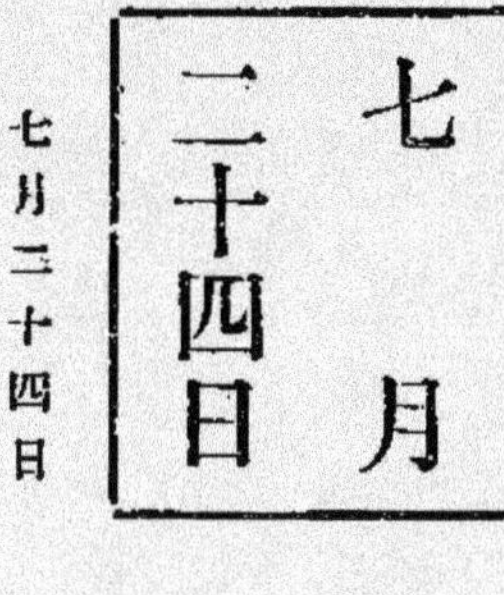
七月
二十四日

北支の風雲なほ急

わが兵上海で支那人に拉致さる

（戰況）北支一帶の硝煙の匂ひを豪雨に洗つて明けた朝、空には名殘りのガスが一面に立ちこめてゐる。戰火を知らぬ平和郷の如き風景である。だが——北平城外及び蘆溝橋方面から兵を撤退して保定以南の地へ移駐することを約した馮治安部隊第三十七師は、この日は北平城外から一歩も撤退せず、今日までに僅かに一箇團の撤退を行つたばかりで、協定の實行ぶりは極めて遲遲としてゐる。そればかりか北平城外の東北方面に當つて新陣地の構築をさへ敢てしてゐるのだ。このやうに馮治安部隊の誠實には極めて疑はしいものがある外、第百三十二師の如きは、日本側との約にそむいて二十二日夕刻には既に二箇團を北平城内に入れてゐるといふ暴戾さだ。松井特務機關長はこの日支那側に對してその態度を嚴重に抗議した。

北支事變は支那側の撤兵意志表明の結果一時小康を得た模様ではあつたが、しかしこのやうな彼らの態度であり、また中央との折衝は今後に殘された大問題であり、現地の狀勢は決して樂觀することの出來ない狀態にある。そして事態は上海にも險惡の火蓋を切つたのだ。

宮崎一等水兵拉致さる

午後九時二十分頃のことである。宮崎一等水兵は狄思威路購買組合横通りを陸戰隊本部へ指して歸途についてゐた。と、このとき突如として横合の闇から十數名の支那人暴漢が現はれてやにはに打ちかかつて來た。目擊者の談によれば、彼は極力抵抗したのであつたが多勢に無勢でつひにかなはず、支那暴漢は捕へた宮崎一等水兵を用意のトラックにぶちこんでそのまま風の如く消え去つたといふ。

急報に接したわが陸戰隊では直ちに非常出動を行ひ、購買組合を中心に北四川路、狄思威路、蘇高塔路、江灣路一帶に水も洩らさぬ警備陣を張り、事件の端緒を得るべく活動を開始した。だが現場には宮崎水兵の帽子と襟飾が落ちてゐるのみで何らの手掛もなかつた。排日團の仕業であらうか？

（國內）臨時議會つひに纏らず。この日、事變勃發のさなかに平津において病逝した支那駐屯軍增強後の初代司令官であつた田代中將の遺骨はしめやかに歸國した。

（十五）骚乱的上海，中国兵在廊坊不法射击

资料名称： 騒然たる上海　支那兵郎坊で不法射撃

资料出处： 読売新聞社編輯局編《支那事變實記》第一輯，非凡閣1937年發行，第97—99頁。

资料解说： 本资料记载了1937年7月25日的动态。上海中日两军关系紧张，而在华北，两军在廊坊再次爆发战斗。

七月二十五日

七月二十五日

騒然たる上海

支那兵郎坊で不法射擊

九七

（戰況）北支に『晴れ』の白旗を見守る國民は、また上海における水兵行衛不明事件の怪奇の軌跡に憂患を集中しなければならなくなつた。テロの流れ、スパイの渦卷き、國民叫喚の中心地上海における同胞は、その胸を極度の不安と緊張におののかせずにはゐられない。

どつと繰り出したわが陸戰隊の鐵兜の警戒に驚ろいた支那側は、この日の曉かけて保安隊を非常召集し、閘北一帶に忽ちいかめしい鐵條網を張り土嚢を積みあげて物々しい警戒陣を築いた。非常な狼狽ぶりである。この騷然たる空氣に怖えた、わが陸戰隊本部附近から北四川路一帶にかけての支那商人やその家族達は『打戰々々』（戰爭だ〳〵）と喚き合ひながらどしどし避難しはじめた。午後五時、北四川路の大通りは家財道具を山と積んだトラックや黄包（人力車）などで物凄い混雜である。美しい支那娘が『可怕々々』と泣き聲を立てながら汗グッショリで揉まれてゐる。街の空氣は刻々と不安の底に沈んでゆくばかりである。

郎坊の支那軍またもや不法射擊

平津沿線郎坊附近の軍用線が支那兵のために切斷されることは屢々であつた。この日もまた切斷された。そこでわが通信隊は故障修理に赴き、まもなく天津から派遣された掩護隊たる五ノ井部隊も到着した。ところが夜十一時半頃のことである。支那軍は突如として手榴彈、機關銃、迫撃砲をもつてわが軍に不法射撃を浴びせて來た。わが軍も止むなくこれに應戰、だが增援部隊の到着するまでの五ノ井部隊はなかなかの苦戰であつた。

（國内）　都下十六萬の在郷軍人を擁する東京市聯合會では、この日早朝『暴戻なる支那を膺懲せよ！』のスローガンのもとに、九段靖國神社社頭において都下郷軍大會を開催、席上、閑院參謀總長宮より特に左の御言葉の傳達を賜つた。

七月二十五日

（十六）廊坊的激战，广安门的冲突

资料名称：郎坊の激戰　廣安門の衝突

资料出处：読売新聞社編輯局編《支那事變實記》第一輯，非凡閣1937年發行，第99—104頁。

资料解说：本资料记载了1937年7月26日的动态。中日两军在廊坊、北平广安门均爆发激烈战斗。

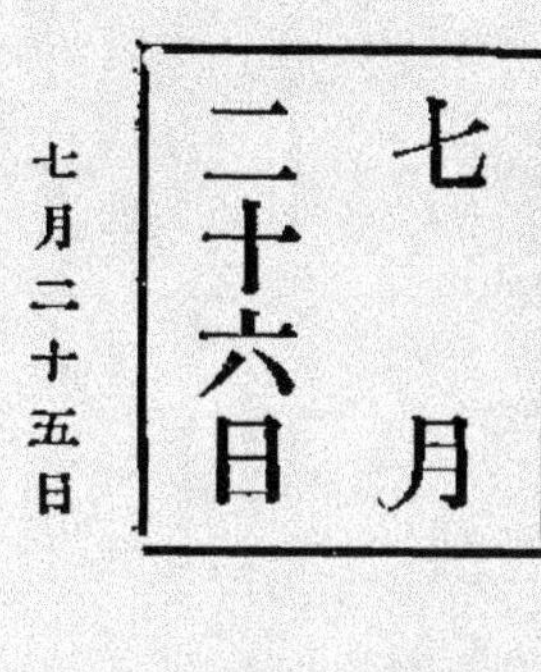

郎坊の激戰

廣安門の衝突

（戰況）天津から七五キロ、北平から七二キロの地點で平津線上の小驛である人口一萬足らずの郎坊――この郎坊驛において支那軍の重圍に陷りながら寡兵をもつて應戰してゐる五ノ井部隊が危機に瀕しつつあるとの報に接したわが鯉登部隊は、急遽憤然として救援に出動した。俄か仕立ての軍用列車は無蓋の貨車だ。佩劍の音、軍靴の響き、緊張した戰士に滿たされた貨車は星明りの下を靜かに滑り出した。時に午前三時二十分。滿天文字通り綺羅星の空である。

郎坊の空爆・地上戰

夜は全く明け放れたが軍用列車は警戒しながら進むのでスピードが出ない。鯉登部隊を乘せた軍用列車が郎坊驛の入口にさしかかつたのは七時五十分。見よ！　このときすでに來援してゐたわが軍の飛行機は、澄み切つた青空に爆音を響かせながら悠々と飛翔してゐるではないか！　と、飛行機はたちまち下舵をとり、列車の右側約三〇メートルほどの林めがけて、一齊照射の猛擊を浴びせかけた。林につづいて支那軍の兵舍があり、彼らは爆擊を恐れて林の中に逃げこんでゐるのだ。

突如列車の左側一〇メートル高粱畑から轟然たる砲聲と同時に黑煙があがつた。敵の迫擊砲が鯉登部隊の列車を狙つて火を吹いたのだ。列車は停つた。そしてその刹那、鋭い聲の命令が下つた。

『全員鐵兜をかぶつて大急ぎ下車！』

同時に鯉登部隊長は線路を挾んで部隊を左右に展開した。約一萬の支那軍に包圍され乍ら郎坊驛を死守してゐる五ノ井部隊を救はうとするのだ。彼我の殷々たる砲聲は、わが空軍の照射を加へて更に激烈さを極めて來た。だが敵は狼狽してゐるらしく彈丸はとんでもない方向に飛んでゆく。一進一止、わが增援部隊はやうやうにして郎坊驛に近づいた。遙かに驛のホームが望まれ、ホームに積まれた土嚢の陰から日章旗を振つてゐるのが見える。おお五ノ井部隊の勇士達だ。進め！の命令一下、增援部隊は一氣に驛の構內へ押し進んだ。思はず叫ぶ萬歲！時に八時三分。

しかしながら優勢をたのむ敵は息つくひまもなくなほ挑戰を續けて來る。だが增援隊を加へたわが軍の火力とたて續けの空爆とのため、さすがの敵も抗しかねてまもなく退却した。大潮の引くが如き態の敵、わが軍は息もつかすに追擊戰に移つた。

正午ごろ、わが駐屯軍の繁川部隊長、二十九軍第三十七師の李參謀、その他現地協定員を乘せた列車が白旗を掲げて驛に滑りこんで來た。そして約三時間にわたつて詳細に現場調查をして天津に引揚げて行つた。だが郎坊は日本軍がすでに占據し、支那軍は敗走してしまつてゐたので撤退協定の必要もなかつた。この日郎坊附近の戰鬪における鯉登部隊の損害は次の如くであつた。

——戰死、下士一、兵三。重傷、下士一、兵一、輕傷、七、他に損害なし。

北平・廣安門における衝突

この日の午後八時、わが部隊の一部は北平の兵營に歸還するため北平城外廣安門にさしかかつた。と、突如城内守備の支那兵は、不法にもわが部隊に向つて小銃や機關銃を發射した。わが軍を止むなくこれに應戰、豆を煎るやうな小銃、機關銃などの響きの中に不氣味な夜は更けて行つた。

（國内）北支の空が再び硝煙に閉されつつあるこの朝五時半、暴戻支那軍の不信を告げる第一報に曉の夢を破られた新聞班の齋藤、馬淵兩少佐は宿　直の床を蹴つて起つた。けたたましい電話のベル、六時半には班長秦大佐が『なにつ！　またやつちよるか！』と、云ひながら現はれて新聞班室へ姿を消す。雨宮中佐、林、市田、佐久間の三少佐が軍刀の柄を握りしめながら登廳、省内の靜寂は俄然破れた。電信所からはカタカタツ、カタカタツといふ緊迫の響音が、ひつきりなしに北支の腥風を傳へて來る。不氣味な緊張、音無しの構えだ。

ラヂオの咆哮、號外の鈴の音に憤激した銃後の人々で、恤兵部もまた朝から人波の渦であつた。

陸相重大決意を披瀝

閣議は午前十一時開會、この日杉山陸相は次の如き重大決意を披瀝した。

『廿九軍が一旦態度を改め撤去するかの素ぶりを見せたのに、また〳〵我が軍に對し暴戾なる仕打ちをなすに至つたのは遺憾である。卅八師が本格的に我軍に抵抗する氣持ちであるかどうかなほ注視せねば判らぬが、本格的に抵抗するといふのであれば、形勢は逆睹すべからざるものがある。』

（支那の動き）郎坊衝突の報に接した軍事委員會は、二十五日深更から蔣介石を中心に緊急會議を開催した結果、事態はいよいよ爆發點に達せりとなし、中央の軍事有力者を北平に急派して先發の熊斌と協力、二十九軍及び河北内に侵入せる中央軍の現地作戰指導に當らしめることとなつた。派遣要人の名は嚴秘に附されてをり消息通は楊杰を有力視してゐるが、楊の携行する中央の指令は次の如くである。

一、馮治安軍の撤退を中止せしむること。二、馮軍に代つて北平に入るべき趙登禹軍の北上を急がしむること。三、兩軍協力して長辛店、蘆溝橋の一線を死守抗戰せしむること。四、廿九軍首腦部と平漢線方面より進出しつつある孫連仲、萬福麟其他の救援軍との連絡に當ること。

（十七）我政府表明重大开战决心，宋哲元欲辞职，通州、南苑方面的空陆战斗

资料名称：わが政府、重大決意を表明す　宋哲元、辭職を申出る　通州・南苑方面の空陸戰

资料出处：読売新聞社編輯局編《支那事變實記》第一輯，非凡閣 1937 年發行，第 104—109 頁。

资料解说：本资料记载了 1937 年 7 月 27 日的动态。日本政府表明强硬态度，宋哲元表示要辞职，通州、南苑方面中日两军进行空陆战斗。

七月二十七日

わが政府、重大決意を表明す
宋哲元、辭職を申出る
通州・南苑方面の空陸戰

（戰況）豐台の最前線であらゆる困苦を嘗めて來たわが廣部部隊は、二十六日久しぶりで北平城內の住みなれた兵營に歸ることになつた。ところが北平城門まで來ると、廣安門守備の支那兵は『時間がおくれた』とか何とか、勝手な理窟をつけて、傲慢にも我兵の通過を遮ぎらうとする。我軍からその無法なることをいくら指摘しても敵は聽き入れず、面倒な事態が持ち上りさうにな

八月二十七日

一〇五

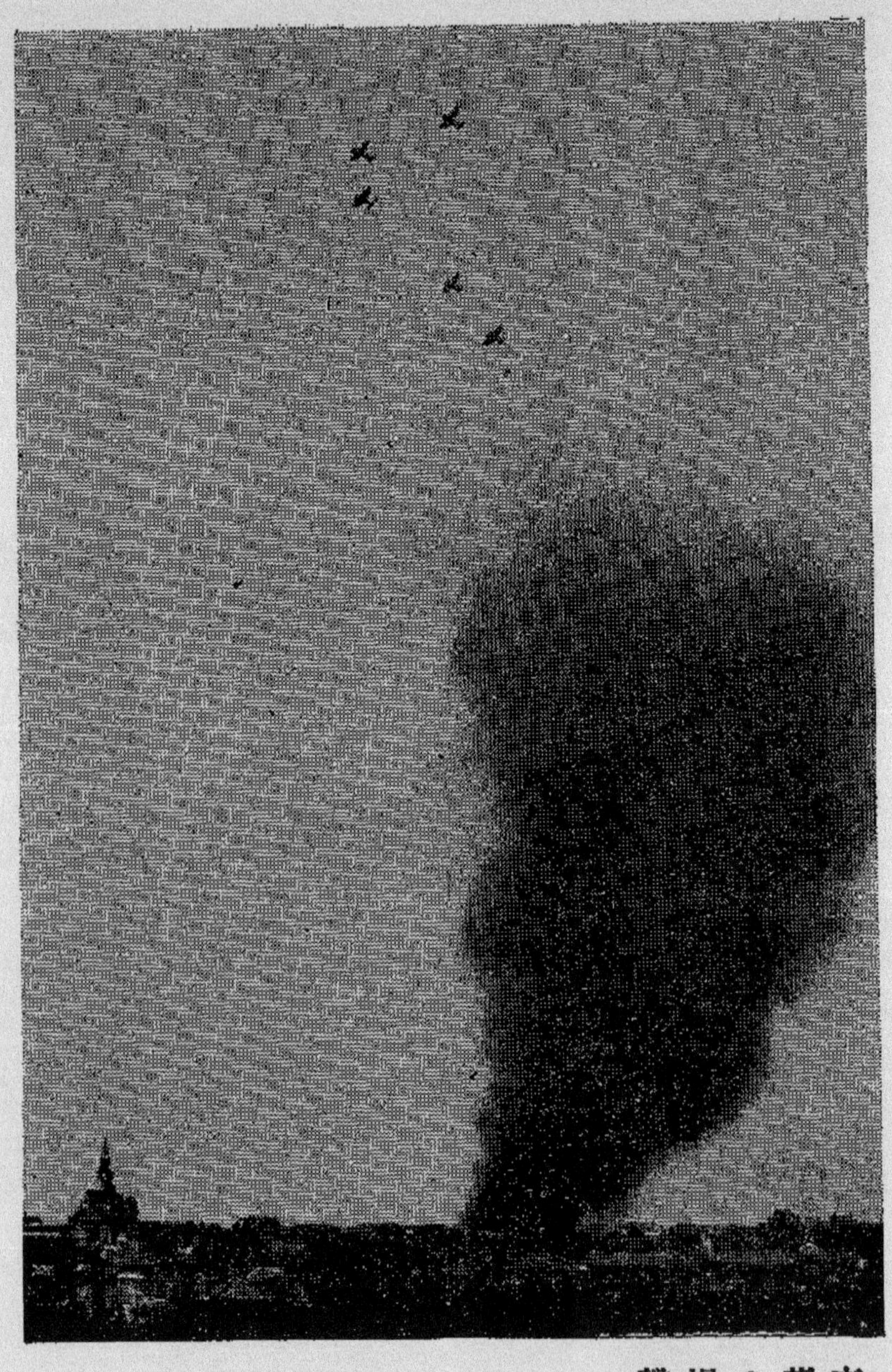

南苑の爆撃

つた。

櫻井顧問の挺身的奔走

この時二十九軍顧問櫻井少佐、川村通譯等は仲に立つて兩軍をなだめ、大いに斡旋した結果、漸く廣安門第一樓門が半開きになつた。城門の上から櫻井少佐がハンカチを振つて『早くしろ、早く通れ』と叫んでゐる。我軍の自動車が一臺二臺三臺と樓門を通過し、二十間ばかり先の第二樓門にさしかかると、突然卑怯極まる支那兵は、鐵扉をギー、ギーと下しはじめたのだ。思はず後を振向くと今通過したばかりの第一の門は、鐵扉が堅く閉されてゐるではないか。我軍は袋の鼠だ。と、この穴藏のやうな空地にある我軍を城壁上から一齊射撃だ。愚圖々々してゐれば文句なしに全滅だ。後續部隊がどうなつたか、そんな事を考へる間はない。第二門の扉が少しばかり未だ開いてゐたので、自動車をぶつつけるやうにして關門突破だ。突進！突進！運轉手の片腕は血に濡れてゐるが、傷の痛みも感じないやうに、ハンドルを握つたままだつた。かくて樓門外に出て直ちに應戰の火蓋を切る。輸送指揮官がやられた。傳令が地を這つて連絡をとる。が、やがて協定が成立、午前二時頃、無事交民巷の兵營に入ることができたのだつた。

又、通州城外でも、二十九軍の一部隊が發砲したので應戰、空軍も加はつて鮮かな爆擊を加へたので、敵は大損害を受けて退散、つづいて獨立三十九旅の一營を、萱島部隊が冀東保安隊と協力して武裝解除を行つた。

北平居留民にいよいよ引揚命令

廣安門事件以來北平內外の物情は騷然として來たので、居留民の不安は加はるばかりである。そこでわが大使館では、在留全邦人に引揚命令を發し、同時に北平市長秦德純に對し、居留民引揚げに際し不祥事の發生せざるやう手配されたし、と要求した。かくて正午頃に至つて概ね大使館區域に全員の引揚げを終つた。

(國內)北支事變の急轉換に際し、政府は臨時議會中にも拘はらず、午前中二回の緊急閣議を開き、愼重熟議の結果『我方は當初より事件不擴大、現地交涉の根本方針で臨んで來たが、支那側は何等誠意を示さざるのみならず、南京政府はあらゆる挑戰的言動を續けてゐる。殊に郎坊事件、廣安門事件の如きは、我軍の條約上に認められたる當然の行爲を蹂躪したるものであつて、今や我軍は協定事項の履行確保に必要なる自衞行動を執るの已むなきに至つた。然し帝國の期する處は、單に今次事件の如き不祥事發生の根因を除くにあつて、善良なる支那民衆を敵視するものにあらず、又領土的企圖を有せず、且列國の權益は飽まで尊重するものである。帝國は已むを得ず自衛行動を執るも、支那側の速かなる反省により、平和的解決の日の早からんことを切望する」旨を内閣書記官長談の形式で發表した。

一方、冷房裝置の不調整で暑苦しい議院内は、定刻前より北支事變の成行に緊張して詰めかけた議員で非常時議會らしい光景を呈した。青年宰相の初登壇に視聽をあつめ、つづいて杉山陸相米内海相の事變關係の説明があり、この間貴族院では北支派遣將兵への感謝決議案、衆議院では同じく慰問決議案が、それぞれ滿場一致で通過、銃後の議會に適はしい情景を呈した。

（外交）郎坊事件の報告を受けたイーデン英國外相は本日の下院にて、英國は日支兩國に對し、平和的解決に到達するやう要望し、また米、ソ聯とも緊密な連絡をとり善處する旨を答辯した。

各國大使活躍を始む

北支事件發生以來、愼重に成行を注視してゐたヒユーゲッセン英大使、ジョンソン米大使、ボゴモロフ露大使等は、本國政府よりの訓令により、それぞれ南京政府外交部を訪問し要談しつつある。

一方わが廣田外相は、天津にて情勢の推移を觀望しつつある川越駐支大使に對し、至急南京に歸任するやう訓令を發した。

（支那の動き） 抗日の大勢に押され、自繩自縛の窮地に陷つた蔣介石は一戰の覺悟を定め、宋哲元に對し飽くまで武力抗爭せよと電命した。

また本日開催された中央政治全體會議は、國民政府は全力を盡して宋哲元を應援し、且つ北上せる中央軍を必要により宋の指揮下に置くことを決定するなど、強硬な身振りで我を牽制せんとしてゐる。

宋・突如下野を表明す

抗日に突進して自滅するか、國賊と呼ばれて政治的地盤を失ふか？　兩途の決定に迷つて洞ヶ峠をきめこんでゐた宋哲元は、事件の急激なる發展に驚き、遂に最も安全の途を撰んで、冀察政務委員長、第廿九軍長其他一切の兼職を辭任したき旨中央に申出たが、南京政府は極力慰留中とのことである。

七月二十七日

（十八）命令总攻击第二十九军，英美大使希望事件不扩大，中央军陆续北上

资料名称：二十九軍總攻撃の命下る　英米大使・事件不擴大を要望す　中央軍續々北上

资料出处：読売新聞社編輯局編《支那事變實記》第一輯，非凡閣1937年發行，第110—113頁。

资料解说：本资料记载了1937年7月28日的动态。日军向第二十九军发起攻击，赵登禹等人殉国，英美表示希望事态不扩大，中央军继续北上。

七月二十八日

二十九軍總攻擊の命下る
英米大使・事件不擴大を要望す
中央軍續々北上

（戰況）午前零時松井北平特務機關長は、香月軍司令官代理として宋哲元を訪問し、二十六日手交した通牒に基き『協定履行の不誠意と累次の挑戰的行爲は、最早我軍の隱忍しがたきところとなつた。廣安門に於ける支那軍の欺瞞行動は、我軍を侮辱するものにして、斷じて許す能はず、軍は玆に獨自の行動を執る』旨を通告し、直ちに我軍は全面的に進擊に移つた。

南苑の兵營、一日にして灰燼

二十九軍中の精鋭三十八師の立籠る南苑は北支一の大兵營で、彼等が誇りとしてゐた近代的裝備をもつてゐたので、高木部隊の此の日の猛擊にも頑強な抵抗を試みるものと思はれたが、空陸からの隙もなく攻め寄せる我兵の前には敵にあらず、午後一時半には、日章旗が風雨の晴れ間にかがやく日光にはためいた。初陣の島田部隊長の率ひる飛行隊は、午前六時すぎ南苑上空にあらはれ、無電による爆擊開始の合圖に、爆彈は風を切つて落ちて行く。とパッとあがる黒煙と共に天地を搖がす爆音がつづく。黒煙は白煙をも交へて段々擴がり、やがて兵營全體が煙の中に消える。敵も初めのうちこそ、高射砲、機關銃で應戰してゐたが、耐えきれずに逃げだすのを、地上部隊が追擊だ。敗殘兵は北平城に逃げ込まうと北上するのを、馬村附近に豫め待ち伏せしてゐた牟田口部隊、萱島部隊が包圍して、將棋ではないが雪隱詰めの體勢にしてしまつた。更に一部分は北平に逃げのびたが、此處でも永定門、大江門は我軍に封鎖されてゐたのだ。師長趙登禹、旅長佟溱郭はここまで自動車で辿りついたが、城外で我兵の一齊射擊に頭部に貫通銃創を受け悲慘な最後を遂げた。翌日此の二將の死骸は城內に運ばれ、支那兵によつて埋葬されたが、宋哲元は趙の戰死を非常に惜んで、下野通電の中でも、その武勇振りを回顧してゐる位である。

更に西苑方面では、長辛店に向つて退却中の敵を追擊、宛平城、郞坊、沙河鎭でも兩軍の戰鬪が行はれたが、何れも我軍の空陸兩方面からの猛襲に敵は敗退してしまつた。

宋哲元等逃げだす

この日の我軍の總攻擊に、北平外廓の敵軍は殆んど全滅の形で、最早殘軍を整理して有力な抗日戰を行ふ望みがなくなつたのと、身邊の危險に迫られた宋哲元、秦德純、馮治安等の冀察首腦部は、午後十一時頃逸早く西直門驛より長辛店を經て、保定に逃亡してしまつたので、城內の兵も之に從つて退去する者多く、北平市內の治安は張自忠が臨時に治維會を組織して、之に當つてゐる。

（外交）北支問題の重大化に伴ひ、これに對する列國の態度が注目されてゐたが、果然英米兩國大使は本日相前後して、廣田外相を官邸に訪問し、北平には英米居留民も相當數ゐることであるから、これが保護に萬全を期せられたきこと、事態をこれ以上擴大せず、速かに平和的解決を計られるやう、申入れをなしたに對し、廣田外相は、廿六日の郎坊、北平に於ける日支兩軍の衝突は、全く支那側の不法射擊に端を發するもので、我方としては已むを得ざる自衛行動に出でたものである旨を答へた。しかし英米兩大使の申入れは、佛ソとの諒解に基くことは明かで、我方にては之を重大視し、同日午後外務省は首腦部會議を開いて對策を協議した。

廣田外相は本日の衆議院で龜井代議士の質問に對し、日英會談は今日の事態に合はない爲に中止してゐる旨を答辯した。

（支那の動き）中央が頼みとする廿九軍は、たつた一日の戰鬪で殆んど主力を失つてしまつたので、此の上は毒ガスでも撒布して勝つより外ないと考へたのか、南京政府は洛陽の毒ガス工場に命じて、盛んに毒ガスの製造をつづけてゐると報ぜられる。

中型タンク六十臺を津浦線にて前線へ急送した。事變以來銀資金の海外への逃避を防止するため、國民政府は防戰賣りを行ひ、旁々公債の崩落を喰止めてゐる。孔祥煕は英國との鐵道借款にあたつて、一千萬磅の三分の二を鐵道材料の購入に、三分の一を爲替資金とすることを提案して一蹴されたと傳へらる。

七月二十八日

一一三

（十九）作战命令及指示（1937年7月26—28日）

资料名称： 命令・指示（1937年7月26—28日）

资料出处： 臼井勝美、稲葉正夫解説《現代史資料》9《日中戦争》2，株式会社みすず書房1976年発行，第19—24頁。

资料解说： 本资料记录的是1937年7月26—28日，日本陆海军下达的对华作战命令，公布日军作战序列。

六　命令・指示

一

臨命第四一八号

指　示

刻下ノ情勢ニ鑑ミ支那駐屯軍司令官ハ臨命第四〇〇号〔三頁参照〕ヲ廃シ所要ニ応シ武力行使ヲ為スコトヲ得

昭和十二年七月二十六日

参謀総長　載　仁　親　王

支那駐屯軍司令官　香　月　清　司　殿

二

臨命第四百十九号

指　示

臨参命第六十二号ニ基キ左ノ如ク指示ス

支那駐屯軍司令官ハ武力行使ノ已ム無キ場合ニ於テ飛行隊ヲ使用スルニ方リテハ左ノ趣旨ニ拠ルヘシ

一、地上作戦ニ密ニ協力スルヲ本旨トス

二、対地攻撃及爆撃ノ実施ニ方リテハ目標ノ選定其他ニ関シ国際関係ヲ顧慮スルヲ要ス

昭和十二年七月二十六日

参謀総長　載　仁　親　王

支那駐屯軍司令官　香　月　清　司　殿

三

臨参命第六十四号

命令

一、支那駐屯軍司令官ハ現任務ノ外平津地方ノ支那軍ヲ膺懲シテ同地方主要各地ノ安定ニ任スヘシ

二、細項ニ関シテハ参謀総長ヲシテ指示セシム

昭和十二年七月二十七日

奉勅伝宣

参謀総長　載仁親王

支那駐屯軍司令官　香月清司殿

四

臨参命第六十五号

命令

一　左記部隊ヲ北支那ニ増派ス

第五師団		
第六師団		
第十師団		
独立機関銃第四大隊	一	（第六師団ヨリ）
独立軽装甲車第五中隊	一	（第五師団ヨリ）
独立軽装甲車第六中隊	一	（第六師団ヨリ）
独立軽装甲車第十中隊	一	（第十一師団ヨリ）
戦車第一大隊	一	（第十二師団ヨリ）
戦車第二大隊	一	（第一師団ヨリ）
独立山砲兵第三聯隊	一	（第十二師団ヨリ）
野戦重砲兵第一旅団	一	（第三師団ヨリ）
野戦重砲兵第二旅団	一	（第十二師団ヨリ）
迫撃第三大隊	一	（第八師団ヨリ）
迫撃第五大隊	一	（第十四師団ヨリ）
砲兵情報班	一	（近衛師団ヨリ）
独立攻城重砲兵第一大隊(丙)	一	（第一師団ヨリ）
独立攻城重砲兵第二大隊(丙)	一	（第四師団ヨリ）
近衛師団第一乃至第六野戦高射砲隊(甲)	六	（近衛師団ヨリ）
第十二師団第一乃至第四野戦高射砲隊(乙)	四	（第十二師団ヨリ）
第二十師団第一第二野戦高射砲隊(乙)	二	（第二十師団ヨリ）
近衛師団第五第六野戦照空隊	二	（近衛師団ヨリ）
第三師団第一乃至第四野戦照空隊	四	（第三師団ヨリ）
独立工兵第四聯隊(甲)	一	（第三師団ヨリ）
独立工兵第六聯隊(丁)	一	（第五師団ヨリ）
野戦電信第四十二第四十三中隊	二	（第十六師団ヨリ）
無線電信第二十五小隊	一	（近衛師団ヨリ）
第四野戦気象隊(乙)	一	（第十六師団ヨリ）
第一野戦測量隊	一	（第二師団ヨリ）
野戦鳩第十五第十六小隊(車)	二	（第七師団ヨリ）
第二師団第一第二架橋材料中隊	二	（第二師団ヨリ）
第十六師団第一第二渡河材料中隊	二	（第十六師団ヨリ）
兵站監部	一	（近衛師団ヨリ）

20

第二師団第一第二兵站司令部　二（第二師団ヨリ）
第九師団第一第二兵站司令部　二（第九師団ヨリ）
第十六師団第一第二兵站司令部　二（第十六師団ヨリ）
兵站電信隊本部(車)　一（第八師団ヨリ）
兵站電信第三第四中隊(車)　二（第二師団ヨリ）
兵站電信第九中隊(車)　一（第七師団ヨリ）
第五第六兵站輜重兵隊本部　二（第二師団ヨリ）
第三師団第一第二兵站輜重兵中隊　二（第三師団ヨリ）
第七師団第二第四兵站輜重兵中隊　二（第七師団ヨリ）
第八師団第一第二兵站輜重兵中隊　二（第八師団ヨリ）
第五第六兵站自動車隊本部　二（第十四師団ヨリ）
兵站自動車第十五乃至第十九中隊　五（第一師団ヨリ）
兵站自動車第三十三第三十四中隊　二（第三師団ヨリ）
兵站自動車第四十四乃至第四十八中隊　五（第四師団ヨリ）
兵站自動車第六十四第六十五中隊　二（第十二師団ヨリ）
兵站自動車第八十七乃至第九十一中隊　五（第十六師団ヨリ）
第九師団第七乃至第十一輸送監視隊　五（第九師団ヨリ）
第十師団第一乃至第三輸送監視隊　三（第十師団ヨリ）
第十二師団第七第八輸送監視隊　二（第十二師団ヨリ）
予備馬廠　一（第一師団ヨリ）
野戦砲兵廠　一（第十二師団ヨリ）
第四野戦航空廠(甲)　一（第十六師団ヨリ）
野戦予備病院第十七班　一（第七師団ヨリ）
野戦予備病院第二十二班　一（第九師団ヨリ）

野戦予備病院第二十八班　一（第十二師団ヨリ）
患者輸送部本部　一（近衛師団ヨリ）
患者輸送部第十六班　一（第七師団ヨリ）
患者輸送部第二十一班　一（第九師団ヨリ）
患者輸送部第二十七第二十八班　二（第十二師団ヨリ）
兵站病院　一（第七師団ヨリ）
兵站病院　一（第九師団ヨリ）
近衛師団後備歩兵第五大隊　一（近衛師団ヨリ）
第七師団後備歩兵第一乃至第四大隊　四（第七師団ヨリ）
近衛師団後備騎兵第三第四中隊　二（近衛師団ヨリ）
第八師団後備野砲兵第一第二中隊　二（第八師団ヨリ）
第二師団後備山砲兵第一第二中隊　二（第二師団ヨリ）
近衛師団後備工兵第一中隊　一（近衛師団ヨリ）
第七師団後備工兵第一中隊　一（第七師団ヨリ）
第一鉄道監部　一（近衛師団ヨリ）
鉄道第二聯隊一（応一中欠）　一（近衛師団ヨリ）
第一鉄道材料廠　一（近衛師団ヨリ）
第一第二手押軽便鉄道隊　二（近衛師団ヨリ）
第三牽引自動車隊(乙)　一（第一師団ヨリ）
第七師団第一乃至第五陸上輸卒隊　五（第七師団ヨリ）
第八師団第一乃至第五陸上輸卒隊　五（第八師団ヨリ）
第九師団第一乃至第五陸上輸卒隊　五（第九師団ヨリ）
第十一師団第一乃至第五陸上輸卒隊　五（第十一師団ヨリ）
第八師団第一第二水上輸卒隊　二（第八師団ヨリ）

第八師団第一第二建築輸卒隊　二（第八師団ヨリ）
第九師団第二建築輸卒隊　一（第九師団ヨリ）
第一第二野戦道路構築隊　二（第七師団ヨリ）
第一野戦鑿井隊本部　一（近衛師団ヨリ）
野戦鑿井第一第二中隊　二（近衛師団ヨリ）
第二野戦建築部　一（第四師団ヨリ）
第一物資蒐集部　一（第五師団ヨリ）
第一野戦防疫部（甲）　一（第一師団ヨリ）
第一野戦化学実験部　一（第一師団ヨリ）

二　第五、第六、第十師団長ハ北支那ニ到リ支那駐屯軍司令官ノ隷下ニ入ルヘシ

三　各師団長ハ第一項所掲ノ動員管理部隊ヲ北支那ニ派遣シ支那駐屯軍司令官ノ隷下ニ入ラシムヘシ

四　支那駐屯軍司令官ハ関東軍司令官ト協議ノ上其隷下部隊ノ一部ヲ満洲ニ位置セシムルコトヲ得

五　第一項ノ部隊ハ満支国境通過又ハ北支那上陸ノ時ヲ以テ支那駐屯軍司令官ノ隷下ニ入ルモノトス

但満洲ニ位置スル部隊ハ奉天到着ノ時トス

六　細項ニ関シテハ参謀総長ヲシテ指示セシム

昭和十二年七月二十七日

奉勅伝宣　参謀総長　載仁親王

関東軍司令官　植田謙吉殿
朝鮮軍司令官　小磯國昭殿
支那駐屯軍司令官　香月清司殿
近衛師団長　西尾壽造殿
第一師団長　河村恭輔殿
第二師団長　岡村寧次殿
第三師団長　伊東政喜殿
第四師団長　松井命殿
第五師団長　板垣征四郎殿
第六師団長　谷壽夫殿
第七師団長　三毛一夫殿
第八師団長　下元熊彌殿
第九師団長　蓮沼蕃殿
第十師団長　磯谷廉介殿
第十一師団長　多田駿殿
第十二師団長　山田乙三殿
第十四師団長　土肥原賢二殿
第十六師団長　兒玉友雄殿
第二十師団長　川岸文三郎殿

五

七月二十八日午後十時発電
軍令部機密第三六一番電
大海令第一号
昭和十二年七月二十八日

22

奉勅

軍令部総長　博恭王

〔修身〕永野聯合艦隊司令長官ニ命令

一　帝国ハ北支那ニ派兵シ平津地方ニ於ケル支那軍ヲ膺懲シ同地方主要各地ノ安定ヲ確保スルニ決ス

二　聯合艦隊司令長官ハ第二艦隊ヲシテ派遣陸軍ト協力シ北支那方面ニ於ケル帝国臣民ノ保護竝ニ権益ノ擁護ニ任ゼシムルト共ニ第三艦隊ニ協力スベシ

三　聯合艦隊司令長官ハ第二艦隊ヲシテ派遣陸軍ノ輸送ヲ護衛セシムベシ

四　細項ニ関シテハ軍令部総長ヲシテ之ヲ指示セシム

七月二十八日午後十時三十分発電

軍令部機密第三六四番電

大海令第四号

昭和十二年七月二十八日

軍令部総長　博恭王

永野聯合艦隊司令長官ニ指示

一　帝国陸軍ハ平津地域ニ概ネ左ノ兵力ヲ派遣ス

関東軍ヨリ混成約二旅団其ノ他所要ノ部隊、朝鮮ヨリ動員一師団及内地ヨリ動員三師団其ノ他所要ノ部隊

二　聯合艦隊司令長官ハ第二艦隊司令長官ヲシテ平津方面ニ於ケル帝国陸軍ノ作戦ニ協力セシムルト共ニ海州灣（含ム）以北支那沿海ノ警戒ヲ厳ニセシムベシ

三、軍令部機密第二九九番電ニ依ル輸送警戒ノ任務ハ第二艦隊司令長官ヲシテ之ヲ継承セシムベシ

四、聯合艦隊司令長官ハ第二艦隊、第八戦隊及第一水雷戦隊ヲ除ク爾余ノ聯合艦隊ヲ率キ概ネ九州沿岸方面ニ在リテ第二艦隊ノ作戦ヲ支援シ第三艦隊ニ協力スベシ

五、使用時ヲ中央標準時トス

六

臨命第四百二十一号

指示

臨参命第六十四号及第六十五号ニ基キ左ノ如ク指示ス

一、北支作戦ニ関スル陸海軍協定ノ抜萃別冊ノ如シ

二、武力ヲ行使スル場合ニハ左記事項ニ準拠スヘシ

1、軍ノ作戦地域（航空ヲ除ク）ハ概ネ保定獨流鎮ノ線以北トス

2、適時催涙筒ヲ使用スルコトヲ得

三、第十師団ヲ基幹トスル部隊（独立山砲兵第三聯隊主力ヲ含ム）ハ概ネ八月十五日乃至十八日頃北塘及塘沽附近ニ上陸ノ予定ナルヲ以テ特ニ左記諸件ニ関シ顧慮スルヲ要ス

1、上陸点附近ニ於ケル対空掩護

2、上陸時ニ於ケル支那軍等ノ妨害ノ排除

3、上陸作業ニ関スル所要ノ援助

四、平津地方ハ列国ノ利害錯綜シ且列国軍環視ノ中ニ在ルニ鑑ミ軍ハ厳正ナル軍紀ト正当ナル行動ヲ中外ニ理解セシムルニ努ムルト共ニ努メテ列国軍ト協調ヲ保持スルヲ要ス

五、交通兵站ニ関シテハ別ニ指示ス

昭和十二年七月二十八日

参謀総長　載仁親王

支那駐屯軍司令官　香月清司殿

24

（二十）中央统帅部的对华作战计划

资料名称：中央統帥部ノ対支作戦計画

资料出处：臼井勝美、稲葉正夫解説《現代史資料》9《日中戦争》2，株式会社みすず書房1976年発行，第25頁。

资料解说：本资料是参谋本部在1937年7月29日制定的对华作战计划，要求击败平津方面的中国军队，并依据形势考虑向上海、青岛派兵，限定作战范围在保定、独流镇一线以北。

七　中央統帥部ノ対支作戦計画（昭和十二年七月廿九日策定）

一、作戦方針

平津地方ノ支那軍ヲ撃破シテ同地方ノ安定ヲ図ル

作戦地域ハ概ネ保定獨流鎮ノ線以北ニ限定ス

状況ニ依リ一部ノ兵力ヲ以テ青島及上海附近ニ作戦スルコトアリ

二、兵団ノ兵力編組及任務

1、平津地方　支那駐屯軍ヲシテ約四師団ヲ基幹トシ平津地方ノ支那軍ヲ撃破ス

2、青島附近　概ネ一師団ヲ基幹トシ青島附近ヲ占領シテ主トシテ居留民ヲ保護ス

三、作戦指導ノ要領

1、支那駐屯軍ヲ以テ平津地方特ニ前記作戦地域ニ於テ支那軍ニ対シ可及的大打撃ヲ与フル如ク作戦セシム

2、青島及上海附近ニ対スル作戦ハ状況止ムヲ得ザル場合ニ之ヲ行フ

3、戦況ノ推移特ニ第三国トノ関係ニ依リ最小限ノ兵力ヲ以テ平津地方ヲ領有シ持久ヲ策スルコトアリ

四、第三国ニ対シ厳ニ警戒シ情勢ニ応ジ逐次所要ノ兵力ヲ動員シテ満洲ニ派遣ス

五、別ニ五師団ヲ中央直轄トシ情勢ノ変化ニ応ジ得ル如ク準備ス

〔註　中央統帥部トハ参謀本部ヲ指ス〕

（二十一）战局波及天津，征战二日，永定河东部不见敌影

资料名称：戰局遂に天津に波及す　征戰二日、永定河東部に敵影なし

资料出处：読売新聞社編輯局編《支那事變實記》第一輯，非凡閣 1937 年發行，第 113—118 頁。

资料解说：本资料记载了 1937 年 7 月 29 日的动态，华北战局波及天津，「通州事件」发生。

七月二十九日

七月二十八日

戰局遂に天津に波及す
征戰二日、永定河東部に敵影なし

（戰況）北支の重要貿易港としてその繁榮をうたはれた天津市街も、本日早曉日本租界近接の支那兵の不法射撃に、戰ひの火蓋は切られ、硝煙に曇る死の街と化してしまつた。

伏しては進む居留民の引揚

日本租界から北にあたつて、濛々たる黒煙があがり砲聲が地殼を搖がしてゐる。わが空軍の正確無比な爆彈投下に、一瞬にして潰滅した東停車場だ。約千米の高度で旋回をつづけてゐる精鋭機から、黒點が二つ三つ四つ五つ、はつと息をのむ間もなく、南方に處女のやうに瀟洒に構えてゐた南開大學に物凄い火柱だ。支那軍が夜襲の機を覗つて潛伏してゐた建物だ。津浦、北寧兩鐵道局、保安隊本部、電話局も同じく爆彈に見舞はれた。他方では至るところに張りめぐらされた鐵條網、築かれた土嚢をへだてて市街戰が、百廿度の炎熱の中で展開する。わが兵の中には半裸體の者もゐる。軍司令部の西方の部落に集結してゐる支那兵が目標だ。青い田圃の中にあるその部落は、砲口が火を吐くごとに忽ち火の海と化す。火煙の中から昆蟲のやうに逃げだす敵兵の姿が小さく見える。砲彈炸裂の中をわが商業學校、青年學校の生徒が砲彈運びに從事してゐる。と、彼我の戰線の間から日章旗を先頭に、進んでは伏し、伏しては進んで來る一團がある。引揚

（寫眞は〇〇線沿線の支那避難民）

命令を受けた特別租界の邦人避難民だ。中には子供を負ぶつた女達も大分ゐる。大膽不敵、決死的進軍にも比すべき避難行だ。やがて戰火の巷に夜が訪れ、盛んだつた砲聲も止んで、時々我偵察機の爆音が聞えるばかりだ。

この日太沽方面でも戰鬪起り、我軍は海軍の協力の下に白河を强行渡河、支那兵に殲滅的打擊を與へた。

また北平外廓殘兵の掃蕩戰は完全に成功し、鈴木部隊は西苑の敵を攻擊して黄村を、酒井部隊は衞門口を占領し、總攻擊開始以來僅か二日にして、永定河左岸に敵兵の影を認めざるに至つた。

通州の居留民消息不明

冀東自治政府の所在通州城の保安隊は、敗殘兵と合流して我に攻擊を加へるに至つた。政府長官殷汝耕は監禁されたとの說あり。同地は綠の廣野にぽつつりと浮んだ小さな街、邦人は男八〇女卅二人に鮮人を加へ三百餘名で、領事館もなく、反亂勃發と同時に連絡を絕たれ消息不明であるが、在留邦人の悲壯な姿が眼に見えるやうだ。我軍は直ちに空中爆擊を加へると共に增援隊を急派した。

（外交）平津方面の狀勢が緊迫するに從つて中南支一帶にも漸く排日的行動が續發せんとする情勢となつたので、大使館付武官本田少將は南京政府に對し第三艦隊司令長官代理として、南支一帶の惡質な排日行爲に對し、國民政府は嚴重な取締方法を講ずるやう要請したが、同時に長谷川司令官は談話の形式にて『中國の中央及び地方當局が、惡化せる事態を今日のまま放任する場合は、第三艦隊は任務遂行上必要なる手段を執るの已むなきに至るべき』旨を聲明した。

（國內）陸海軍省、諸團體及び各新聞社に集まる献金は、事變高潮の波にのつて益々增加し、大人はむろんのこと、女子供まで『僕もアタイも』と蓄へた小遣をそつくり献金して、係員を感激さ

七月二十九日

一一七

通州殘虐の跡

戰火を受けた守備隊(上)と領事館警察の燒跡(下)

してゐる。

（**支那の動き**）蔣介石は本日夜遂に兜をぬいで、北支に於ける支那兵の敗北を認め、組織ある軍事行動を執り得なかつた責任を負ふ、然し戰鬪は之からであるから、敗戰に失望せず國民一致して長期抵抗を行へ、といふ意味の聲明を發した。

そこで南京政府は重要諸都市に一齊に戒嚴令を布いて、國民の動搖を防ぐと共に、上海に保安隊を集結、警備司令を任命する等露骨に挑戰的戰備を急いでゐる。

（**挿話**）天津白河の我軍橋を守備してゐた我步哨線に、對岸のイタリー兵が夜になると遊びにやつて來て、言葉が通ぜぬところから、手ぶり身ぶりで愛嬌を振りまいた上、外國煙草や菓子を出すなど、皇軍に對する絶大な好意を示してゐるが、我軍ではこれに大いに感謝してゐる。

（二十二）解除三千中国兵的武装·通州事变

资料名称：支那兵三千を武装解除す　北平治安維持會組織さる　平漢線は支那兵で大混雜

资料出处：読売新聞社編輯局編《支那事變實記》第一輯，非凡閣1937年發行，第118—127頁。

资料解说：本资料记载了1937年7月30日的动态。日军俘虏了三千中国士兵，占领北平并组织治安维持会，中央军自平汉线北上，并详细记录了「通州事件」的情况。

七月三十日

支那兵三千を武裝解除す

北平治安維持會組織さる

平漢線は支那兵で大混雜

（戰況）陸海空軍協力のもとに太沽攻撃は開始され、午前十一時に至つて市街の半ばを占むる西沽を占領、午後一時半には完全に太沽全市を占領した。

さらに北平方面では西苑につゞいた萬壽山、玉泉山の敗殘兵が、酒井、鈴木部隊の包圍攻撃の結果潰滅、昨日宛平を占領した河邊部隊は永定河を渡河、長辛店に迫り午後三時早くも占領。

また此日、北平市內栴壇寺兵營に逃げおくれて隱れてゐた支那兵三千名の大量的武裝解除が行はれ、また北苑の陸元武麾下獨立三十九旅は投降した。

事件擴大と共に支那各地より北上する中央軍のために、平漢線は大混雜を呈してゐるが、それ等の軍隊は保定を中心とする各地に集結しつゝある。そこでわが飛行隊は本日午後保定に對して爆撃を敢行し、同驛は火災を起した。

通州叛亂保安隊を一掃す

わが援軍は本日通州に到着、直ちに叛亂保安隊の掃蕩を開始するや、元々北平戰で支那軍が勝利を得たといふ逆宣傳に乘せられて叛亂を起した兵のことだから、それが噓とわかると直ぐに潰走して終ひ、一部は武裝を解除され、他の一部は北平方面に遁走してしまつたので、我軍は直ちに城内の邦人救助に移つたが、叛亂當時の模樣を調べて行くに從ひ、彼等の非人道的な暴虐ぶりが曝露され、聞く者をして思はず耳目を覆はせたといふ。この事件で通州特務機關、甲斐少佐以下七名戰死、守備隊員戰死五名、負傷七名である。

恨みは深し通州城

通州事件は尼港虐殺事件にも劣らぬ日本國民に深い印象を與へた。我々は永久にこの事件を忘れてはならないのだ。今、慘虐振りの二三を次に紹介しやう。

叛亂部隊は計畫的に總てを進めてゐたことは確實で、日本人の居住先は豫め十分調査してゐた模樣である。彼等は襲撃開始と同時に、一齊に日本人家屋を襲ひ手當り次第に射殺又は毆殺し、痛いよ？助けて？と泣き叫ぶ小兒は首を捻るか毆り殺すか地に頭を叩きつけて殺した慘虐振りは鬼畜以上である。婦人達は一樣に射殺された上青龍刀で頭、横腹その他を斬りさいなまれてゐるが、日本婦人は死の最後まで身だしなみを忘れず、和服の人は帶をしつかりと締め、洋裝の人は靴下靴を履いて支那兵に最後の抵抗をした。見る人をして敬服の念を起さしめる。叛亂兵の掠奪は文字通りに徹底したもので一本の箸すら殘さず、現場は僅かに新聞紙や手紙等が四散してゐるのみであつたと。

後から後からと掘り出される死體の發見は、いつになつたら終るか見當も付かない。今日は北門外の泥沼の中から卅四死體が引き上げられた。昨日迄の發見死體は百廿五で、これで總計百五十九死體となつたわけだ。生存者百卅五人、死亡を確認されたもの百五十九名で、合計二百九十四人の行方が明確となつたわけであるが、全居留民三百五十名から見ると、未だあと五十六人の生死不明者が殘されてゐる。勿論今となつては誰れも此の五十六人の中一人でも生きて居るとは思つてゐない。

屍體の中には何人か判別の出來ないのも相當あり、それらは不明の儘假埋葬されてゐる。今日北門で發見された死體の假埋葬が午後三時から保安隊幹部養成所の前庭で行はれた。豫め掘られた縱廿間餘程の穴が二列に並んでその中に、誰とも判らず、男か女かさへも一目では判らない死體が殆ど凡て全裸かで、僅かに腰のまはりを蔽つてゐる位のものである。

式場に參列した人達は、生き殘つた人々の中、僅かに卅人程で、男は夫々の部署に就いてゐるので殆んど女ばかりである。夫を失つた妻、子を失つた親、親を失つた少女、親に先立たれ乍ら健氣にも同胞の死體を埋める半島の人々、南向にしつらへられた形ばかりの祭壇に向ひ、記者と

七月三十日

救援に赴くわが〇〇部隊

共に北平から最初に通州入をした本願寺本山の大谷照乘及び北平本願寺の福澤、光岡師等の讀經の聲が炎天下の野に響き、そして幾分心の平靜を取戻した遺族や生存者の眼からとめどもなく涙が流れるのであつた。此地上には墓標として僅かに阿部しげ子、阿部すま子の二本のみが並んでゐるに過ぎない。生前の友達だつたのだらう、十三四歳の少女が二人、名も知れぬ野の花を手折つて此の墓の上にしづかに置いた。

通州事件の消息がはつきりと分らなかつた卅日の天津の話である。居留民會から罐詰のやうな長期に耐へる食料はなるべく食べないで貯藏しておくこと、といふ決議が通達された。正陽門の河北銀行は朝から取付け騷ぎがはじまつた。同銀行は流通の紙幣が使へなくなるといふので、札束をもつた支那市民が狂氣のやうになつてワイ〳〵とたかつてゐる。ある映畫班がそれをクランクしてゐるところを、保安隊と群衆に包圍されフイルムを取りあげられハウ〳〵の體で逃げてきた。夕方皇軍の通州爆擊から逃れてきた冀東保安隊五〇〇名が安定門外へ到着した。二日間も物を食はずヒヨロ〳〵だから、飯を食はせてくれれば、武裝解除に應じる旨を傳へてきた。こんな奴等は餓死が因果應報だが、武器を持たしておいたら何をするか判らない。わが〇名の兵がトラツクで急行、安定門の城壁の上と下で交渉をはじめたが、やつと交渉がついたらしく城門を半開

七月三十日

していよいよ城外で武裝解除をやつた。保安隊の服裝をかなぐりすてて今は土匪同樣のテイタラクで、たつた〇〇名の我が兵の命令でヅラリと並んだ五百餘の敗殘兵どもは銃を捨て、青龍刀を投げて早く飯を食はしてくれと言はんばかりのガツ〳〵した顏色だ。その中から突然一人の平服の男が獨り『ワツ』と聲をあげてとび出して來た。之が意外にも冀東防共自治政府長官殷汝耕氏だつたのだ。ヨレヨレの服は泥によごれ破れて痛ましくも脚に輕傷を負ひ憔悴しきつた姿だ。『あゝ、よかつた。』と殷長官は感極つたやうに涙をポロ〳〵流し、その救出は誠に劇的場面であつた。保安隊どもは共產學生と敗殘兵の煽動に乘つて暴動を起し、殷長官を拉致して北平へ乘りこめば、宋哲元が喜んで正規軍に編入してくれるだらうといい氣になつてここまでやつて來たものらしい。ところが來てみると案に相違して北平はどの城門もピツタリ閉ぢ『支那軍大勝利』の夢は一ペンに覺め途端に、空腹が身にこたへ、かくは泣込んだ始末。

北平早くも明朗化の第一步へ

二十九軍總退却後の北平に、平和と正義に立脚する明朗な政治を行ふ第一階梯として、組織準備中だつた治安維持會は、今まで實際政治に緣はなかつたが、人望家として知られてゐる江朝宗氏を委員長として、本日發會式の段取にこぎつけた。

(支那の動き)南京政府軍事委員會は、抗日戰にいよいよ本腰となり、海軍部長陳紹寛を上海、福州、廣東三地方の戰時特別警備に任じ、また宋哲元に對しては天津を奪回するやう、實現しさうもない命令を下した。

(挿話)奇蹟的に虎口を脱して救助された同盟特派員安藤利男氏の談。

死刑の一歩前で塀を越へて逃走

『いよいよ保安隊の叛亂と悟つた。窓硝子から外を窺ふと保安隊だけではなく、黑服黑帽の學生團も混つて、拳銃をところ嫌はず發射してゐる。午前九時半頃一時銃聲が止み一安心した處へ入つて來た近水樓子飼のボーイが第一報を齎した。聞けば邦人の居留する北平館、旭食堂の前には日鮮人が多數彈丸に殪され、鮮血に塗れた屍が累々としてゐるとのことである。一同危險の迫るのを覺悟してゐると、十時頃から又復銃砲聲が轟き始めた。やがて冀東政廳の邊りから、盛んに帽子に白線を付けカーキ服を着た保安隊がやつて來る。『撃つな、撃つな』と頻りに學生團、藍衣社員を追つてゐるらしい。併し一向肯きいれる樣子もなく、黑服學生隊が、近水樓の近くに

七日三十日　一二五

押寄せ笛を合圖に掠奪を開始し、遂に彈丸が家の中へまで飛來して來た。一同二階に遁れ疊を上げ心細い防禦陣を構へたが、危險極まりないので屋根裏へ上らうとの提議で十九名の内十一名は屋根裏へ上つた。記者もその中の一人である。小窓から見る時、學生が掠奪する有樣が手にとる樣に見える。椅子、机、お客さんの靴等なんでも手當り次第に持つて行く。やがて一階、二階に殘つた人々の處にもピストルの音がし始め、その内に板戸や唐紙を外す音が聞えてきた。今まで侵入の目的は掠奪だとばかり思つてゐたが、何ぞ圖らん殘酷な邦人虐殺がその目的であつたのだ。併し幸なる哉、彼等は我々の存在に氣付かず一旦引揚げて行つた。代りに靑服を着た殷長官の衞隊が入つて來た。彼等は遂に我々の屋根裏に氣がついて了つた。駄目だ！もうすつかり諦めた！隊長らしいのがつと首を出しピストルを突きつけ乍ら『我々は君等を保護するから金を出せ』と言ふなり屋根裏に飛び上り、女中一人を抱き降ろして、その指輪をもぎとる樣に奪つて了つた。みんな五圓十圓と金を出した。すると今度は屋根裏から降りる手傳ひまでして吳れる。記者は腰に付けた寫眞機、ポケットの中の百圓許りの金を取上げられた。

それから片手を麻繩で縛りあげられ、十一時頃珠數繋ぎになつて二階から下へ降ろされたが、入口のところで多數の邦人の死體を見て戰慄すべき運命の迫つてゐるのを直覺した。

隊長が現れて『城門内の銃殺場へ連れて行く』と宣告した。

愈々死刑だ、銃殺をやるんだなと覺悟を決めた。引き立てられて行く途中、互ひに『みんな覺悟しませう』と云ひ合つて、最後の決心を固め肅然としてゐる。愈々銃殺場へ着いた。銃殺場には十間位の堀が掘つてあり、これを渡ると銃殺されるものの立つ臺が幾つもある。記者は先頭に立ち總勢十一名が登つた。全部かたまつて土手の内濠に立つた。すると矢庭に向ふ岸の廿名ばかりの敵が銃を構へて狙撃の姿勢をとつた。その瞬間、誰か判らぬ女の聲で『逃げませう……』と絶叫した。その途端ハット我に返つた記者は、豫めゆるめて置いた手の縛を外して、四五尺の城壁の上に躍り上つた。

『パン、パン、ヒューン』と虚ろな音が追ひかけて來る。記者は向ふ側の城壁の端に飛びつき、二丈餘の石崖を無我夢中で猿のやうに辷り降りてゐる。銃聲は猛烈に追ひかけて、逃げ遅れた邦人の運命が閃光の様に記者の腦裡を一閃した。午後二時半頃でもあつたらうか。かくて記者は脱出行の第一歩を踏み出したのだ。

支那國民よ、そもそもいかなる理由があつて、君達は同じ人類にこのやうに殘忍な行爲に出るのか？ 日本人を益々怒らせることは、君達にとつても決して有利なことではないことを思へ！

七月三十日

（二十三）扫荡残兵结束，天津维持会成立，山东居留民从青岛撤离

资料名称： 殘兵の掃蕩終り、天津治維會成立　山東省居留民・青島に引揚

资料出处： 読売新聞社編輯局編《支那事變實記》第一輯，非凡閣1937年發行，第128—130頁。

资料解说： 本资料记载了1937年7月31日的动态。主要有击溃「通州事件」的保安队，天津成立治安维持会，山东日侨撤离等。

七月卅一日

殘兵の掃蕩終り、天津治維會成立
山東省居留民・青島に引揚

（戰況）午前五時頃より高木部隊は、總站附近の鐘紡工場地區に殘留する敗殘兵を攻擊して四散せしめた。

また通州兵變の敗殘兵約一千名は、北平安定門外に於て、完全に武裝解除を行ふ。この日萱島部隊は通州に到着、市內の保安隊殘兵を掃蕩した。なほ殷汝耕氏の拉致に依り空席となつた長官には、冀東政府秘書長池宗墨氏が代理に任命された。

天津に於ける日本租界及び隣接地區より、完全に支那兵を驅逐し終へたので、愈々金融界方面の實力者を主體とし、高凌蔚氏を委員長に治維會を組織し、安民樂土の建設に踏出すことに決定した。

山東省の居留民涙をのんで引揚げ

山東の韓復榘は事變以來鵺的態度をつづけてゐたが、中央の壓迫に抗し得ず數日來軍隊の移動を開始し、何時我方を攻擊してくるかも分らない狀態となつたので、山東省居留民は萬一の場合を豫想して、濟南その他の在留邦人五百餘名は青島に引揚げることに決定した。

（支那の動き） 國民政府は愈々人民戰線派の要望を容れ、擧國一致國防內閣に近いものを作り蔣を軍事委員長專任とし、汪を常務專任とすること、日本軍を保定に誘導して奧地戰を策することを決定したと云はれる。

なほ、二十九軍並に中央軍幹部は、保定で軍事會議を開き、抗戰計畫及び各軍の配備を決定した。

蘇州高等法院で公判中であつた、沈鈞儒等救國會幹部七名の判決如何は、非常に注目されてゐたが、同法院は南京政府當局の命により被告等を保釋する旨發表。沈鈞儒等は蘇州において釋放され、宋慶齡女史等はこれが引取りのため蘇州に乘込んだ。

又南京政府は最近日本より上海に歸著した左翼作家、郭沫若等の逮捕令を正式に取消した。こ

七月三十一日

れにより上海の救國會系分子は俄然活氣を呈し、八月一日を期して抗日デモ決行の準備を進めつつある。

上海に於ける日貨排斥は漸く惡化し、新規商內は勿論荷物引取り殆どなく、而も電話等で卸商人を壓迫する者が激增したが、廣東でも同様で勞働者は日本船への荷役を一切中止した。

（二十四）大红门事件和团河事件

资料名称： 大紅門事件と団河事件

资料出处： 寺平忠輔著《蘆溝橋事件——日本の悲劇》，読売新聞社 1970 年版，第 233—240 頁。

资料解说： 7 月 11 日停战协定之后，日军行动不断升级，日本政府将事变名称确定为「华北事变」，准备与国民党中央军进行全面战争，局势不断恶化，中日两军在北平附近的大红门及团河等地再次爆发严重冲突。

第一二章　大紅門事件と団河事件

日本軍トラックの爆砕

十三日の午前、連絡会議が終った後のひととき、機関長は外交顧問部の松尾隆男秘書と閑談にふけっていたところへ、笠井顧問がとび込んで来た。

「事件もどうやら峠を越したようですなあ。昨日午後六時、二十九軍側から聞いた情報によりますと、宋哲元は天津に帰って来るなり、すぐ馮治安を電話口に呼び出して、八宝山に在る三十七師は、日本軍の行動如何にかかわらず、直ちに原駐地に撤退させろと厳命したそうです。日本軍も引きあげたし、中国軍も引き下ってしまって、後はもう宋哲元が北京に帰って来さえすれば、一切はめでたしめでたしという訳ですなあ！」

「ところが笠井君、情勢はなかなかそう簡単にはいかんぞ。十一日には風見内閣書記官長が、今次事件はその性質に鑑み、これを北支事変と称すなんて声明しているだろう。昨日はまた昨日で、新しく着任した香月軍司令官が、早速全面戦備に関する軍命令を下しているんだ。だから情勢は今のところ混沌として、まだ海のものとも山のものとも、ハッキリ見境はつけられないな。君はまだ、あの軍命令は見とらんのだろう！」

私は机の上の書類ばさみをとり寄せて、それを笠井顧問の方に差し出した。「ホホウ！　これがそうですか」顧問はジーッとその命令に眺め入った。

軍命令　　七月十二日

一、敵の中央軍は、空中及び地上部隊共、逐次北上しつつあるもののごとし。

二、軍は全面的作戦を顧慮し、逐次準備を整えんとす。

三、これがため

イ、豊台、通州には兵力を増加す。

ロ、関東軍の部隊は、主力を密雲、一部（約二大隊）を天津に集結す。

ハ、飛行隊は六ヶ中隊を天津に集落す。

――以下省略――

「なるほど、すると軍は全面作戦に拡大する事を予期しているんですな」「あえてやるとはいっていない、しかし自ら恃むところあれば憂いなしという心境だな。とにかく、いま、中央軍の北上に関する情報がとても多いんだ。保定以南の京漢線は中央軍で一杯らしい。これらが今後、どういう行動に出て来るかは、ちょっと予測がつかんからねえ」

そう話し合っていた折りも折り、十三日の午前十一時、突如、ドーン！　城外の方向に当って、大きなニブい爆声が聞えた。

愛沢通訳生は調査のため永定門の公安分局に電話をかけた。永定門からは巡警を現場に走らせたので、返事が来るまでに二十分ばかりかかったが、その報告によると、事件は永定門の南、三、四百メートル、南苑街道と通州街道の分岐点で起っている。何でも日本軍の自動車数十台が、通州から豊台に向って移動の途中、最後の二、三台がこの大紅門で、警備中の中国兵とブツかったものらしい。その時、自動車上で炸裂した一発の手榴弾がガソリンに引火して、大爆発を起したのが、さっきのあの音だというのである。日本兵四名が、木ッ葉微塵になって死んでいるという事も、その報告によってわかってきた。

笠井顧問は早速「こりゃぐずぐずしちゃおられません。私はいまから現場に行って来ます。中国側の代表者も一緒に引っ張って行って、共同調査の形式をとる事が大切ですね。直接秦徳純に会って、だれか出すよう交渉します」と、車を航空署街の秦公館に走らせたが、彼は折り悪しく外出していて不在。そこへヒョックリ姿を現わしたのが二十九軍参謀周思靖だった。

顧問は早速周参謀をつかまえて、事件の顚末を説明した。すると周参謀は一緒に現場へ行くという。二人が車に乗り込もうとしている折りも折り、これはまた、おあつらえ向きに三十八師長張自忠が悠然そこに姿を現した。

「これはよいところでお会いしました。実はあなたの部下の三十八師が……」と顧問が大紅門事件の概貌を説明すると、彼は「エッ？　そりゃあ誠になんとも申し訳がありません。一に師長たる私の監督不行届で全責任は私にあります。この点重々お詫び申し上げます。実は私、自ら現地にとんで行って、事態を収拾したいのですが、いま、のッ引きならぬ会合に出かける途中ですから、対策は一切を周参謀に一任します。周君！　日本側と緊密に提携して、この問題を善処してくれ給え。なお、万一の誤解を避けるため、私から現地部隊にあて、命令書を一札書きましょう」

張自忠は副官の手から、赤い罫の入った、陸軍第三十八師司令部公用箋と、同じく封筒を受取って、それにスラスラと命令文を認めた。

笠井顧問と周参謀は、いったん特務機関に立ち寄って、軍事顧問部の広瀬秘書を帯同し、午後一時半、永定門外事件の現場に車を走らせた。笠井顧問が張師長の命令の内容を尋ねた。

「エート、何だ？　今日大紅門で起った事件は、師長としてこれを非常に遺憾に思うという事。次は事件の顚末を至急詳細に調査し、順序を経て上司に報告せよという事。最後に、厳重に部下を戒め、日本軍に対しては今後絶対、このような行動をとる事がないよう取締れ、と書いてあります」と、その一枚一枚を顧問に示した。

南苑街道をとばせて行くと、間もなく事件の現場はここだという事がハッキリした。

爆破されたトラック、天津砲兵連隊第二〇二号車が、ブスブス煙を吐いていぶっている。爆発が余ッ程激しかったと見えて、付近には手榴弾、背嚢、真ッ黒こげになってヒビの入った鉄兜、自動車の部品などが、あたり一面飛び散って、実に惨憺たる状態を呈していた。このトラックは北、永定門の方に頭を振って止まっており、この車は故障した乗用車を牽引していた。別の一台は頭を南に向け、楊柳の並木に激突して、十五センチもあるその幹をへし折っていた。

西側の溝には日本兵の死体が一つ、鉄兜を被ったままで仰向けに横わり、両脚はグシャグシャに粉砕されていた。いま一人の兵は腹から下が黒焦げとなり、さらにまた、乗用車脇の戦死者は、軍服や肉塊があたり一面に飛散して、全く人としての原形を留めていない。笠井顧問は取あえずその場で苦力を雇って、まず戦死者を一ヶ所に集めさせ、これを路傍に安置して、その上に静かにムシロを覆いかぶせた。

楊柳を折り倒したトラックの傍らには、柄付の手榴弾が二、三十本、積み重ねて置いてあった。顧問がまずこれを見付け「これは中国軍の手榴弾じゃないか！」と叫んだのと一緒に、周参謀がその一本を手に取って「そうです。中国軍の手榴弾です。これでもってトラックを爆破させたのかもわかりませんね」といった。

中国軍の営長が部下四、五名を引き連れて、その場を通りかかった。周参謀は呼び止めて、「オイ！　この自動車はお前の部下が爆破させたのか？」と問いただした。「ハイ、そうです。ちょうどこの付近を警備していた私の部下がやっつけたんです」営長の面には得意の色が浮んでいた。周参謀はこの時にわかに声荒らげ、「とんでもない事をしてくれたもんだ！　張師長は報告を聞いて、カンカンになって怒っておられるぞ。この命令書を見ろッ！」とどなった。営長はおそるおそるその手紙を見た。彼の顔色がサッと変った。

そこで笠井顧問が口を切った。「私は二十九軍の軍事顧問です。日本軍が今日ここを通ったのは、豊台に移動するのが目的であって、決してあなたの部下と戦争する目的なんか持っていなかったんです。日本軍は今後まだ、続々この付近を通るだろうが、師長の命令にもある通り、今後決してこういう事を仕出かしてはなりません」営長はうな垂れて「部下の不始末から、不祥事を引き起しましてまことに申し訳ありません。今後厳に部下を戒め、絶対このような事のないよう、気をつけさせます」

この部隊は菰岡淳吉砲兵中尉が指揮する天津砲兵連隊第二大隊の修理班である事も判明した。

今日の事件は単なる一局部的の、小さな問題に過ぎなかったかも知れない。しかし日本兵四名の尊い生命が失われた事実、並びに停戦協定の第一条、「将来責任をもって再びかくのごとき事件の惹起を防止す」という一項が調印後僅々四十時間にして破り去られてしまったという事実、これは決して軽視するわけにはいかなかった。

永定門外の爆竹騒ぎ

この日真夜中の一時半、私が機関長の命によって、「宋哲元に対する下交渉案」を書きつづっていると、卓上の電話がけたたましく鳴り始めた。「こちらは哈噠門（ハーターメン）外に住む、日本居留民です。いま、永定門外に当って激しい銃声砲声が聞えています。特務機関では何かお心当りでもおありでしょうか？」との事である。

私は早速豊台部隊の情報将校浅野鉱太郎少佐に連絡をとってみた。すると「こちらには、そうした銃声砲声は聞えておりません。またいまごろ永定門外を通って、豊台の方に移動して来る部隊は、計画されておりません。何かの間違いじゃないんですか？」との返事である。

午前二時、さきほどの居留民から再び電話がかかって来た。「いままた第二回目の銃声砲声が始まっております。さきほどみたいに激しくはありませんが、まだ断続して聞えております」

機関ではみんなで寄り寄り話し合った。

「不思議だ、とにかくいまごろ、いったいどうした銃声砲声なんだ？　事によると大紅門事件で日本兵が十四名ばかり行方不明だとか聞いているが、まさかあれがやられてるわけじゃないだろうな」

「やられるったって、中国兵もみんな引き揚げて行ってしまったあとだぜ」

「イヤ、それはわからん。南苑からまたノコノコ出て来るっていう手もあるからな」群盲象を撫す。この正体はとうとう夜が明けるまで、わからずじまいだった。

十四日午前十一時、笠井顧問は張允栄を、その私邸に訪問して、大紅門事件の善後処理に関して協議した。そして、

一、行方不明の日本兵の捜索に協力。

二、破壊自動車後片付けに対する援助。

三、日本軍通過部隊に対する安全保障。

以上三項に関して同意を得た。

ところが午前十一時五十分、通州特務機関甲斐補佐官からの電話によって、行方不明の十四名が、今朝方、通州守備隊に戻って来たという事がわかったので、第一項の捜索に関する件は問題解消、そこで第二項の処理のため、午後二時、笠井顧問、周参謀、それに憲兵四名と通訳二名が、三度大紅門に赴いて、自動車の解体作業や情況聴取にとりかかった。

一方、憲兵は住民から、いろいろの話を聞き集めたところ、計らずも昨夜の銃声砲声について、耳新しいニュースがとび込んで来た。

「昨夜の真夜中です。このトラックのある場所で、物凄い爆竹が打ち鳴らされました。そしてまた、土炮までドカドカ打ち上げられたんです。余り賑やかだったので、私はとび起きてのぞいて見たら、便衣の中国人が七、八

238

人でそれをやっておりました。いったい何のためにあんな事したんですかなあ！」これが住民数名、口をそろえての話であった。

憲兵は首をひねった。「犯人は便衣」ただそれだけでは雲を攫む(つか)ような話である。いったい何者が何の目的をもってそんな事をやったのだろう？

しかしこの問題はそれから十日ばかりの後、他の類似の事件に関連して、ようやくその真相が判明した。共産分子が策動し、日華両軍をもう一遍衝突させようとの企みから、わざわざこうした手のこんだ行動をとったのである。

苦力達を督励し、自動車の解体作業をやっていると、そのかたわらを二十九軍兵士の家族が、南苑から北京城内へ陸続引き揚げて行く。洋車(ヤンチョ)に乗ったもの、トラックに積み込んだもの、荷車を利用したもの、等々、かなりおびただしい避難者の群れである。南苑には張自忠の三十八師が駐屯しており、また二十九軍司令部の建物もあった。そこの軍人家族が引き揚げて来るからには、何か知ら近いうち、そちらの方で変事が起るんではなかろうかという不吉な予感がピンと来た。避難者の群れに混じって、時々弾薬なんかまで運ばれて来る。その都度憲兵の眼がギラリと光った。

騎兵二等兵惨殺さる

野口欽一少佐の指揮する天津駐屯騎兵隊は、十四日、通州を経由して豊台に向った。出発に当ってあらかじめ、大紅門事件の経緯を聞いていたので、不測の事態を避けるため、わざわざ南苑の南方を大迂回して、三角形の二辺に当る、団河、黄村方面に進んで行った。そして部隊主力はその夜の十一時ごろ、無事目的地の豊台に着いた。

しかし途中、落鉄のため部隊から遅れた近藤百男二等兵と大垣軍曹とは、馬をひきながら部隊の後を追ったが、道に迷い、午後五時過ぎには、まだ南苑南方八キロの、団河付近を西に向って歩き続けていた。

あたりは一面丈なす高粱(こうりゃん)畑、風はすっかり死んでしまってムッとするような蒸し暑さである。汗を拭いながら進んで行くと、不意に前の方にポッカリ、白いものが二つ現われた。上衣を脱いだ中国兵である。彼等は日本兵の姿を見付けると、薄気味悪い眼付きでジーッとこれを睨み据えた。

――しまった！　このあたりに中国兵の兵営でもあるのかな。急いで道を変えないと、昨日の大紅門事件の二の舞を踏んでしまう。――二人は、大有堂という部落の北側で直ちに乗馬した。そしていま来た方向に反転した。そのとたん！　中国兵から激しい軽機関銃の急射撃が浴せられた。敵は二人だけではなかったのである。

近藤二等兵はたちまちその場に射ちたおされた。軍曹は拳銃で応射しながら、馬から跳び降りるなりとっさに高粱畑の中のもぐり込んだ。十数名の中国兵が後を追って来た。ワイワイいいながら大垣軍曹を捜し求めている。だがいったんこの広い高粱畑の中に逃げ込んでしまったら最後、彼等がいくら手分けして捜しても草ッ原で落した針を探す以上の難事だった。

彼等は小銃で数回、威嚇射撃をやっていたが、やがてガヤガヤ騒ぎながら、近藤二等兵のたおれている方に引き揚げて行った。大垣軍曹は高粱の根株で、息を殺して日の暮れるのを待った。――ああ、可哀そうに、とうとう近藤はやられてしまった。もう少し早く気づいて、高粱畑にとび込んだらよかったんだがなあ！――軍曹の胸中には、さまざまな思いが去来した。――ハテ、これから豊台に行ったものかどうか。豊台までの距離はあまり遠くはないようだ。しかし地図一枚持っていない身では、これから先はお先真ッ暗だ。通州に引き返すとすれば、これはかなりの道のりだけれど、一度通った道だ。よしッ！　俺は通州に引き返そう！

――日がトップリ暮れると軍曹はようやく腰をあげた。そしてトボトボと歩き始めた。彼は高粱畑の中を重い軍刀と長靴を引きずって、激しい孤独感、寂寥感に襲われながらも、一路、東へ東へとたどった。そして十五日の夕刻、ようやく通州守備隊に到着したのだった。

北京特務機関が豊台の浅野少佐から、二人の捜索方を依頼されたのは、十五日の明け方近くだった。機関長は早速桜井顧問を団河に派遣し、事件の処理収拾に当らせる事にした。これには朝日新聞社の常安弘通特派員が同行した。

顧問は正午すぎ、三十八師の呉参謀に案内されて団河に着き、まずそこに在る騎兵特務団を訪れて、営長董少校と会見した。彼は騎兵第九師長鄭大章中将の直轄であり、ソ連の騎兵学校を卒業したという、優秀な将校だった。初めのうちは、言を左右にしていたが、営長室の片隅に立てかけてあった日本の四四式騎兵銃を顧問に見つけられた。「これは何だ！　これでもなおかつ知らぬ存ぜぬと言い張るつもりか？」とにじり寄られ、とうとう近藤二等兵射殺の顚末を告白した。

　取りあえず現場に行き、死体の検証を行なうと、二等兵は軽機の銃弾六発を身に受けて即死しており、斃れた後、青竜刀で頭を二つに割られ、脳漿はなかった。その上、右脚も無残に斬り落されていて、残虐さは眼もあてられない。顧問はこの死体や装具一切を回収して、自動車で豊台に運び、午後五時、完全に野口騎兵隊長に引き渡しを終った。

　夜七時半、特務機関に帰って来た桜井顧問は、極度の興奮から口角泡を飛ばし、博多弁を丸出しにして「イカン！　もうだれが何といったっちゃ駄目ですタイ。三十八師の空気はスッカリ変ってしもうとる。俺達は中国軍だ！　俺達は徹底抗戦だ！　といって、幹部級までがいきまいとるですもんナ。二十九軍を友軍に引ずり込もうなんて、そげん事はもう昔の夢みたいなもんですタイ。二十九軍にゃ、もうホンに顧問の必要なかとです」と悲憤慷慨、ご飯をボロボロこぼしながら、時間外れの夕食をとっていた。

（二十五）大红门事件、廊坊事件、广安门事件、通州事件

资料名称： 大紅門事件　廊坊事件　広安門事件　通州事件

资料出处： 支駐步一会編《支那駐屯步兵第一聯隊史》（非売品），内海通勝1974年印行，第21—25頁。

资料解说： 记载了华北中日军队签订停战协定后，爆发的大红门事件、廊坊事件、广安门事件、通州事件等多次冲突。

大紅門事件

日支現地主脳部の事変不拡大方針に拘らず、その後しばしば不祥事件が起った。

十三日通州より豊台に移動中の天津砲兵連隊自動車隊の一部が大紅門通過中、中国兵の投げた手榴弾によりガソリン大爆発、我兵四名即死、同日夜大紅門及び北京永定門外に於いて爆竹及び土炮発射（共産軍の謀略）。

廊坊事件

電線修理並びに鉄道保護のため天津より派遣せられた小部隊が二十五日夜、廊坊（天津—北京中間）に於いて宿舎のことから同地に駐屯する中国軍と衝突、天津より一中隊増援せしめたが、数倍の中国兵に包囲せられ戦闘惹起、死傷を生ずるに至ったため、軍は朝鮮より派遣せられた一連隊を急行させると共に、二十六日飛行機六機を以て敵を爆撃させた。

広安門事件

連隊主力が蘆溝橋事件に出動し、北京には岡村中佐の指揮する二中隊が残留しているのみ。大使館護衛、居留民保護のためには甚だ手薄である。軍は之を増強するため支駐歩二の広部大隊を派遣することとなった。二十六日、此の大隊は豊台に下車、自動車二十六輛を連ねて、北京交民巷に至るため午後四時五十分豊台を出発した。北京に入るためには広安門を通過せねばならぬ。そこには中国兵が守備し、扉の開閉をやっているので、部隊を安全に通過せしめ、且つ之を誘導する任務は特務機関に課せられた。扉ははじめ開いていたのを中国兵は之を閉す。説得して開かしめ、守備の中国兵隊長には特務機関員及び連行した中国側連絡者より不法射撃をせぬよう充分注意し、午後七時自動車は城門に進入して来た。第三輛目が入らんとしたとき、突如中国兵が射撃を開始した。十二輛目までは強行突破したが、十三輛目からは遮断せられ、大隊は城内外に二分された。広部大隊長は城内に入った部隊を以て応戦。中国兵は城内より逐次増兵して夜間の市街戦となった。豊台の旅団長は之が急援のため、当時旅団に配属せられていた戦車隊に歩兵一大隊、砲工兵若干を附し、広安門に急進すべく準備せしめた。広部大隊長は城壁上の敵を撃滅するため登攀を準備していた。これを敢行すれば北京城に名実共に火がつき大動揺を起し、未だ交民巷に避難していない居留民は所在に於いて惨殺される悲劇ともなりかねない。累卵の危さであったが、幸い特務機関の活躍により広安門より交民巷に至る間の中国軍を退避せしめ、広部大隊の城内に入ったものは夜二時交民巷に至り、城外に残された部隊は一応豊台に引揚げ、又戦車隊の増援は中止となった。此の戦闘に於いて自動車隊長、桜井軍事顧問は重傷、特務機関一名戦死、大隊の死傷十数名。

通州事件

通州は冀東防共自治政府（長官殷汝耕）の所在地。我が特務機関あり。連隊からは常時一小隊を守備隊として派遣していた。

廊坊事件、広安門事件は痛く我が方を刺戟し、中国軍の不信不義に憤慨しており、既に軍は二十八日を期し北支の中国軍を全面攻撃する企図であった。通州には第二十九軍の一大隊が常駐していたが、其の動静怪しく、頗る危険性のある部隊として特務機関は其の冀東地区に害あると認め、之が撤退を要求していた。

彼等は馬耳東風何等回答もせず。折柄天津より派遣せられた支駐歩二（萱島聯隊主力）は現地機関と打合せ、二十七日払暁之を瞬時にして剿滅したる後、明日の戦闘のため北京南方に転進した。ところが萱島部隊に協力した我が爆撃隊は中国兵に隣接する冀東保安隊訓練所を誤爆し、若干の死傷を生ぜしめた。

この保安隊は政治的に見て友軍である。特務機関は之を育成強化に努めていた。然るに蘆溝橋事件以来流言に迷い、南京放送のデマを信じ、日本軍が蘆溝橋、廊坊で大敗し、宋哲元軍はやがて通州にも来る。今日、日本側に協力しているものはひどい目にあうと思ったらしい。二十九日朝四時、当時通州兵站司令官辻村中佐は突如銃声を聞いた。間もなく敵襲が報ぜられた。見れば守備隊を包囲する敵は無慮一千、中国兵ではなく、明らかに通州保安隊である。辻村中佐は先任将校として守備隊四〇名（長・藤尾心一中尉）及び折柄来合せていた自動車隊五十名を指揮し防戦之努めたが、死傷続出（藤尾中尉も戦死）、集積弾薬が打ち続いて爆発、自動車十七輛全部爆発。特務機関は別の場所にある。気にかかるが救援に

22

行くことが出来ない。承徳の戦爆隊が通州の火煙を見た友軍飛行機の連絡により独断十機を以て応援に来た。敵は爆撃を受くるや囲みを解いて退散した。

守備隊攻撃の外、敵一中隊は特務機関を急襲し、機関長細木中佐以下全員戦死。

当時通州には三百名居留民がいたが、反乱保安隊は邦人の家屋全部に亘り破壊、掠奪、暴行、女子供まで惨殺する暴虐の限りを尽した。

因に昭和十二年秋牟田口部隊本部編「牟田口部隊戦闘経過の概要」の中から通州藤尾守備隊の奮戦の模様を次に摘記する。

二十九日の午前三時衛兵及び不寝番より南門外の支那兵営附近から銃声が聞えて来るとの報に接した。直ちに南門を守備していた柏原上等兵の指揮する分隊に電話で確認した。

藤尾守備隊長は、之は第二十九軍の敗残兵が支那兵営を奪還するため夜襲して来たものと判断し、直ちに警急集合を命じた。この際、兵舎に点燈したのを合図に夜の静寂を破って四囲より猛烈な銃声が起った。

隊長は直ちに消燈を命じ兵力を集結し、予ての警備計画に従って左の如く部署した。

1小川分隊は兵舎南方及東方の壁を占領し該方面の敵を攻撃
2福永分隊は兵舎西方及北方の壁及鉄条網の線を占領し該方面の敵を攻撃
3殿納分隊は屋上占領四囲に対し射撃
4其他の残部は屋上占領殿納分隊と連絡し四囲に対し射撃すべし

合言葉　忠節　武勇とす

部署が終った後山田自動車隊と連絡し、警備隊は兵舎四周を占領し、山田自動車隊は倉庫周囲を占拠するように協定した。

この時既に囲壁内外全周に亘って侵入して来た敵は第二十九軍の敗残兵ではなく、通州保安隊の反乱部隊であったことが判った。その数、凡そ一千名と推定された。守備隊は兵站を死守するに決した。

戦闘経過

1小川分隊は新川准尉と共に飛び出し、二十米前に侵入している敵に手弾榴を投げかけ突撃を敢行し、奮戦乱闘し遂に敵を撃退した。分隊長は直ちに部下を集結し壁を占領したが、衆を恃む敵は度々猛射を浴せかけて負傷者も続出する有様だったが、分隊長以下固く団結しよく戦い、交戦十二時間、悪戦苦闘を続けながら克く之を撃退した。

2福永分隊は西方の兵舎に一部の敵が侵入しているのを発見、敵の主攻撃方面に対しては主として手榴弾を投じてひるませ、室内の敵に対しては突撃を敢行し敵の度重なる逆襲に対しよく之を撃退した。

3屋上を占領した殿納分隊及びその他の兵は前進或は退却する敵に対し沈着、勇敢に手榴弾や小銃をもって応戦に死力をつくした。隊長藤尾中尉も自ら銃を執って部下を励まし勇戦奮闘中、敵の機関銃弾を受け壮烈な戦死を遂げた。

4南門を占領中の柏原分隊は最も有力な敵の攻撃をまともに受け六名の分隊員一団となってよく防戦之れ努めたが、敵は遂に南門の扉を押し開き後方からも襲いかかり、遂に矢尽き刀折れ奮戦四時間、分隊長以下六名相次いで壮烈な戦死を遂げた。

5舎営衛兵として直接警戒の重任に在った河井公以下八名は敵の襲撃を知るや直ちに隊長に報告、予定の抵抗線たる堤防を占領した。この時敵は鉄条網を切断し前進して来る。分隊長以下この敵に猛射を浴せ敵の攻撃を挫折させたが、側面からの敵の火器により一名倒れ二名倒れた。分隊長は、守備隊長の命に依り逐次兵舎に後退し兵営屋上に登り殿納分隊と合流、押し寄せる反乱保安隊に対し猛烈な射撃を繰返し敵の攻撃を挫折せしめた。

北京居留民籠城

蘆溝橋事件当時北京の居留民は約四千、事件突発に驚いたものの、当初は軍の不拡大方針を聞き直ちに動揺することはなかったが、日の経つと共に中国側の不法行為、(掠奪、致傷、拉致)等の事件起り、物価の騰貴、不売、日系漢字新聞検閲・故意の遅延、街路では抗日学生のデモ等起り、居留民も漸く不安の色を見せ始めた。七月十四日より事件後初めて一般列車が動き出し、内地、朝鮮、満洲等へ避難する婦女子がだんだん増えて来た。大使館、居留民会は万一を考慮し、居留民を交民巷内に収容するため居住、食糧、衣類等の準備をするの外、青壮年を以て義勇隊を組織する等連日活動した。

我が警備隊は之等業務を指導援助した。日支当局交渉中は一喜一憂であったが、広安門事件発生するに及び、最早躊躇を許さずと大使館から居留民総引揚げを命令し、二十七日早朝から続々交民巷に収容され、正午迄に

24

は殆んど集った。約二千人である。オランダ公使館から一部の土地を借り、テニスコートに張る天幕は英国護衛隊から借り、又、食料品は北京飯店主（フランス人で夫人は日本人）から多量を融通して貰った。日本軍用食料、衣料、衛生材料等を貸与又は支給したので兎に角生活は出来た。籠城は八月八日、河辺兵団北京帰還後、避難を解除した。

（二十六）南苑战斗

资料名称： 南苑の戦闘

资料出处： 支駐步一会編《支那駐屯步兵第一聯隊史》（非売品），内海通勝1974年印行，第25—27頁。

资料解说： 1937年7月28日的南苑战斗为战争全面升级后的重大战斗，中方军队损失惨重。

南苑の戦闘

日支の関係愈々険悪となり北支全面に戦闘が開始せらるることとなった。今までは政策的に作戦行動が掣肘を受けたが、最早考慮はいらない。中国兵を見たならば一切敵とするのである。将兵の志気は奮った。

先ず血祭りにあげられたのが南苑の兵営である。南苑は北京の南方に在る大兵営で二十九軍の二ケ師が駐屯している。二十八日払暁までに朝鮮から来た山下少将の第四十旅団が南苑南方に、我が河辺旅団は萱島連隊（支駐歩二）を南苑東方に、我が連隊を南苑西北地区に、夫々展開した。四界漸く明るくなるや北方の空より爆撃機の編隊勇姿を現わすと見る間に低空を飛翔し瞬時にして南苑兵営に猛爆を加えた。爆煙朦々、地軸を揺がす大音響、続いて我が砲の唸り、忽ち修羅場と化した。この時槐房附近の小部隊を撃滅した第三大隊に対し連隊長は「第三大隊は天羅荘（南苑北方一粁）附近に急進し敵の退路を遮断し其の北京城内への遁入を阻止すへし」との命令を与えた。これは上司の指示によるもので、若し南苑を脱出した敵が北京に遁入せば之を攻撃せねばならぬ。かくては中国の古都で世界的価値ある古代文化を灰燼に帰せしむる虞れがある。戦火を北京市に及ぼすことは絶対に避けねばならぬとの考慮によるものである。

午前十一時所命地点に達した。大隊は展開して監視兵を出し遮蔽して待機していた。かくとは知らぬ敵の騎兵約四百は砂塵を上げつつ南苑—北京街道を速歩を以て北進して来た。我が第七、八中隊前方約四百米、「撃て!」倒れた先頭馬に後方馬が乗り上げ、騎手を振り切って逃げる馬、落馬する兵、溝に飛び込むもの、忽ち阿鼻叫喚、一部下馬して我に対抗射撃するものもあったが直ぐさま四散、北方に逃れたものなし。騎兵のあとには徒歩、自転車、自動車も来たが街道上に阻止せられ、路外に三々五々周章狼狽、殆んど隊形を成さず北京に向い逃げんとしたが、我が伏兵により潰滅的打撃を受けた。敵戦死者の中には百三十二師長趙登禹の戦死体もあった。

南苑附近戦斗経過要図

七月二十八日ニ於ケル

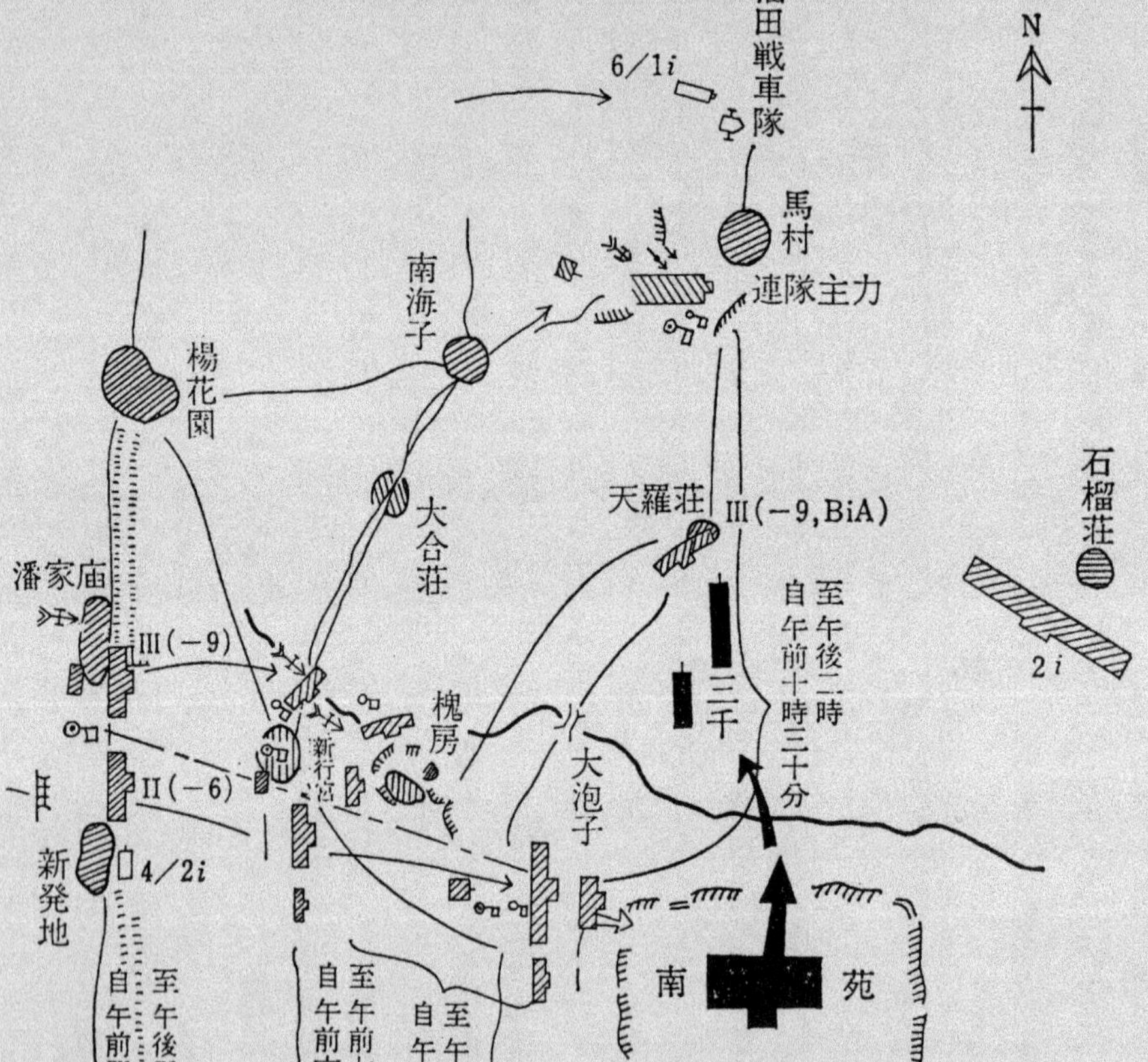

福田戦車隊
6/1*i*
馬村
連隊主力
南海子
楊花園
大合荘
天羅荘
III(−9,BiA)
石榴荘
2*i*
潘家庙
III(−9)
II(−6)
新行宮
槐房
大泡子
三千
至午後二時
自午前十時三十分
新発地
4/2*i*
至午後五時三十分
自午前四時
至午前七時
自午前六時
至午前十時三十分
自午前八時
南
苑
20D

26

連隊は残敵を求めて附近を掃蕩したが、北方に逃る人馬を見ず、南苑は空虚となり戦場は静寂に返った。時は夏、遺棄せられた数百の人馬の死体は忽ち腐敗して悪臭鼻を衝き惨状目を掩わしむる状態となる。啾々鬼哭天地を覆う。

南苑攻撃は空爆による不意急襲により瞬時に敵を潰乱に陥れたため、敵に対応する猶余を与えず、歩兵が肉迫攻撃して白兵戦を敢行するに至らず、此の点勇躍して本戦闘に参加した我が連隊将兵には物足らぬものがあったが、戦果は既述の如く、又、北京を保全する大目的は完全に達成した。而して我方損害なし(要図参照)。

（二十七）攻击宛平县城

资料名称： 宛平県城の攻撃

资料出处： 支駐步一会編《支那駐屯步兵第一聯隊史》（非売品），内海通勝 1974 年印行，第 27—29 頁。

资料解说： 日军在攻击南苑之后，进攻并占领了宛平县城，第二十九军撤退，日军于 7 月 30 日进入北平。

宛平県城の攻撃

南苑の殲滅戦を終えた連隊は、引続き附近の残敵を掃討していたが、時に一文字山及び豊台は優勢な支那軍の攻撃を受け目下苦戦中との情報に接し、直ちに戈を転じて豊台に急進した。

この時、豊台にいた第九中隊は一文字山の野口騎兵部隊が危険だという情況を察知したのでこれが救護に当り、西五里店の敵を撃退し、又、第六中隊は戦車隊と共に馬村附近から急遽転進し、午後四時豊台に着き直ちに一文字山に進み、極めて優勢なる敵の真只中に突入し、鉄道線路南側の敵を攻撃し、敵は包囲を解いて退却し、野口騎兵隊の危急も救われ、豊台もこのため安全となることができた。

斯くて此の日、連隊主力は豊台、第九中隊は西五里店に、第一中隊は大井村に、第六中隊は一文字山南方の鉄道線路の南側に夫々位置し、至厳なる警戒の裏に夜を徹した。

七月二十九日、此の日河辺旅団長は断固、宛平県城攻略を牟田口連隊長に命ぜられたそのため、連隊に工兵一ケ中隊を配属、又、鈴木砲兵部隊及び福田戦車部隊も協力することになった。

ここで連隊長は、砲兵に前面の城壁を、又、工兵に城門を破壊させ、筒井大隊長の指揮する第二大隊を突撃隊として一挙に宛平県を屠る策を樹て、午後六時十分砲撃を開始した。

この時、敵の迫撃砲弾が各所に炸裂し、機関銃小銃弾も雨霰と飛び交い、暮れかかった蘆溝橋一帯は彼我の銃砲声で耳を聾するばかりであった。午後七時三十分、我が砲撃により、遂に東北角の城壁に突撃路を開設した。

機を失せず配属工兵隊は爆薬筒を抱え敵弾飛雨の下、

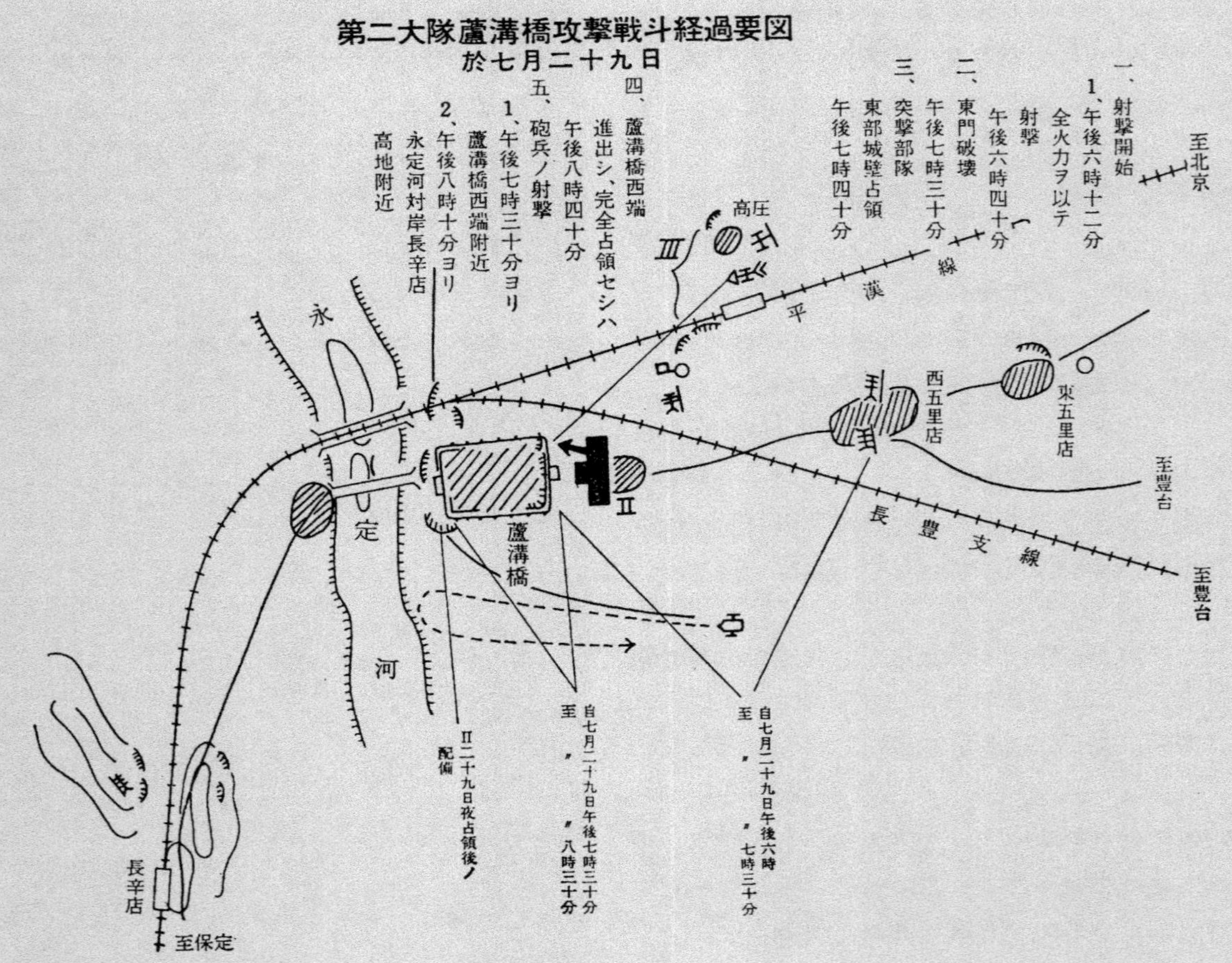
第二大隊蘆溝橋攻撃戦斗経過要図
於七月二十九日
28
一、射撃開始
1、午後六時十二分
全火力ヲ以テ
射撃
二、東門破壊
午後六時四十分
三、突撃部隊
東部城壁占領
午後七時三十分
午後七時四十分
四、蘆溝橋西端
進出シ、完全占領セシハ
午後八時四十分
五、砲兵ノ射撃
1、午後七時三十分ヨリ
蘆溝橋西端附近
2、午後八時十分ヨリ
永定河対岸長辛店
高地附近
至北京
平漢線
高圧
III
II
西五里店
東五里店
至豐台
長豐支線
至豐台
蘆溝橋
永定河
長辛店
至保定
II二十九日夜占領後ノ配備
自七月二十九日午後七時三十分
至 〃 〃 八時三十分
自七月二十九日午後六時
至 〃 〃 七時三十分

宛平県城東門に爆薬筒を装着し、之を爆破に成功した。

筒井大隊長は砲兵によって作られた突撃路より第四中隊を、又、工兵隊によって破壊した中央城門より第五中隊を各々突進させ、大隊長は予備隊たる第六中隊を提げて第四中隊の後方を城内に突入した、時、正に午後七時四十分である。大隊は突撃後、北側及び南側の城壁上と中央道路を前進し、抵抗する敵兵を蹴散らして、宛平県西方城壁を占領し、続いて蘆溝橋梁西端に進出して完全に同地を占領した、時、正に午後八時四十分である（要図参照）。

連隊長は、軍旗を奉じ午後八時一文字山を出発し、宛平県城の東北角に前進した。

七月三十日には長駆長辛店を、次で三十一日には我が第三大隊は更に遠く良郷を占領した。

ここで良郷及び長辛店の守備を川岸兵団に譲り、連隊主力は豊台に、第二大隊主力は南宛に転進、附近の警備に任じつつ待命。

（二十八）在兵火中保护北京皇城

资料名称：王城北京を兵火から護る

资料出处：寺平忠輔著《蘆溝橋事件——日本の悲劇》，読売新聞社 1970 年版，第 241—249 頁。

资料解说：本资料记录的是寺平忠辅以保护古城文物为名，借助军事压力要求中国方面主动撤出北平，放弃在北平城内抵抗的前后过程。

第一三章　王城北京を兵火から護る

江戸城明け渡しの故智

天津軍司令官田代皖一郎中将は、従来心臓喘息の気味があったが、昭和十二年四、五月ごろ、山海関部隊の検閲に行ったさい発作が起り、爾来健康とかくすぐれず、天津宮島街張園の軍司令官官邸で病を養っていた。蘆溝橋事件が勃発したところはかなり重篤の症状で、事件そのものの報告さえ、差し控えなければならない状態だった。

だから事件の善後措置は、一切が軍参謀長橋本群少将の裁量に委ねられていた。参謀長はとりあえず軍伝統の使命にかんがみて「不拡大」の方針を決め自ら北京までもとんだ。その結果がようやく、停戦協定という形となって現われたのである。

一方、東京三宅坂の軍中枢部では、この重大時局に当って軍司官が病気では、万事につけて不都合であるとの見地から、新しく軍司令官として教育総監部本部長香月清司中将を任命した。中将は、新たに軍の増加参謀として命課された橋本秀信、菅波一郎、堀毛一磨等三中佐を帯同し、七月十一日立川飛行場を出発し、一路京城に向って飛翔した。錦州からはいよいよ暗雲低迷する華北に突入するというので、関東軍戦闘機の直衛までもつけられて、物々しい態勢で天津に向った。

廟議は当初から事件の不拡大、現地解決、そして兵力不行使を標榜していたのだから、香月中将が東京で受けた訓令はまた「徹底不拡大」であったことはいうまでもない。

しかるに中国側は、当時京漢線沿線各所に駐屯していた中央軍に対し、急遽北上の命令を下した。この命令は我が無線諜報によってキャッチされ、解読された。これにより東京もまた大いに考え直さなければならなくなって来た。

――出兵はもちろん欲するところではない。しかし華北に在住する居留民はあくまで保護しなければならぬ。彼が兵を動かし始めた以上、我もまたこれに備えるのは当然である。戦う戦わないはおのずから別個の問題である。――こうした見解の下に、かの「目下三ヶ師団、動員の準備にあり」という電報が発せられるようになったのである。

関東軍はこのころ、すでに独断兵を動かして長城線を越え、続々冀東地区に乗り込んで来た。即ち鈴木重康中将の熱河独立混成第十一旅団に属する、麦倉、奈良の両連隊は北京の北方、密雲、懐柔に兵力を集結し、虎視眈眈と北京城を睨んでいたし、酒井鎬次少将の公主嶺機械化混成第一旅団は、また熱河の山岳地帯を突破して、古北口に兵力を集結し始めていた。

もっともこのあたりまでの行動は、塘沽停戦協定第二条に基いて、日本軍に許容された範囲内のものであったから、中国側がいますぐこれを取り上げて、主権侵害と騒ぎ立てる材料にはならなかったのである。

七月十二日朝、松井特務機関長は機関の主だった職員を一堂に集め

「いつもいう通り、我々は軍の使命という観点から、あくまで事件の不拡大に徹底しなければならぬ。そこで機関としては本日まで、心血を注いで停戦交渉に奔走し、昨日、すでに一応の目的は達成することが出来た。

しかしながら、内地の世論、ないし四囲の情勢から判断すると、はなはだ不吉な予感ではあるが、今後、この不拡大方針を一擲しなければならぬ事態が起って来ないとも限らない。

純作戦に関する事項は、我々特務機関が容喙すべき性質のものではない。しかし、万一北京周辺で戦争発生し、個々の兵団が一番乗りを争って、無統制に城内攻撃を始めたら、北京一千年の文化はたちまちにして破壊し尽され、城内百五十万の民衆、就中我が四千の居留民は、悉く兵火にさらされなければならぬ。

我々はこのさい、断じて北京城を兵火の巷に陥れないよう措置することが肝要であり、これには特務機関自らが主体となって計画し、また工作を進めなければならんと思う」と強く望んだ。これに対し各機関員からも、北京を守ろうとの意見がつぎつぎ述べられた。とりわけ機関長の通訳を担当していた武田嘱託が西郷隆盛と勝海舟による江戸城明け渡しの故智にならって努力しようと次のような意見が出された。

「差し当り日本軍に対する説得指導、これは機関長にお

願いするとして問題は中国側に対しては、いったいどんな風に仕向けて行くか。ちょっと頭に浮かんだだけでも、二十九軍に対する説得工作、新聞報道機関に対する説得工作、大学教授、学生層に対する説得工作、その他経済界や一般大衆に対する宣伝工作、こう数え上げてくるとまだまだ随分いろいろあるでしょうが、早速文化方面を通じて行なう工作について一案たてて後程ご検討をお願いいたしましょう」

文化方面を通ずる工作

これに基いて武田嘱託が立案した計画というのは、概ね次のような内容だった。

「趣　旨」

一、北京は建都一千年の歴史を有し、中国古来の文物ことごとくがこの地に集まっている。いわば中国の縮図といった観が深い。

したがってこの北京を文化的に保持することは、とりも直さず中国を永遠に護ることであり、これをかき乱すことは、中国を根底から破壊し去る結果となろう。

我々はあくまでも「古い都北京」「文化の都北京」を護り抜いて行かなければならぬ。

我等百五十万民衆は、この際一致結束して立ち上がり、「戦禍から北京を護れ！」このスローガンを掲げて共にともに進もうではないか！

二、冀察と日本側とは、従来極めて緊密な友好関係をもって結ばれてきた。将来もまた、こうした和平状態を継続して行く事が望ましい。

ただ、北京を兵火の巷に陥れないという見地から、我々は日本軍に対し、断乎、北京城を攻撃しないよう要請することが肝要である。同時に二十九軍中、特に三十七師に対しては、この際大いに自重反省を要望したい。

それは昨年の豊台事件といい、また今次の蘆溝橋事件といい、これらことごとくが三十七師の関係においてのみ発生しているという現実についてである。これではまるで、三十七師が治安の攪乱者であり中日離間の策動者であると誹謗されても、一言反駁の言葉がないではないか。

三十七師が北京の警備を担当している限り、双方の感情は自然的に対立し、激化し、これが戦禍を城内に導入する原因にならないとだれが断言し得よう。

抗戦に勇敢な軍隊は条理にもまた極めて明敏な筈である。この意味において、古都北京の文化を永遠に保護し、無辜の民百五十万の夢を円かならしめるという大乗的見地から、この際三十七師が、自発的に北京城外に撤退するよう切望してやまぬものである。

そうすれば日本軍が、これを空爆しようと思っても、また砲火を浴せようと思っても、その口実は全くなくなってしまうであろう。

三、古今東西の史上、国都が焦土と化した例はその数決してすくなしとしない。しかしそれらのことごとくが兵火に禍されている事に想い到ったならば今こそ我等の都北京をして、その轍を踏ましめないよう、軍民一致、最善の努力をつくすこそ、今日緊急の要事ではなかろうか！

「中国側に対する工作手段」

一、一般民衆に対しては

武宜亭、陳修夫等の手を通じ、北京全市に同趣旨の伝単を撒布せしめる。

二、商務総会に対しては

鄒泉蓀、冷家驥等を通じ、総会のメンバーを説得し、総会の総意として活発な運動を展開させる。

三、大学教授団及び学生層に対しては

北京大学教授樊際昌、同法学院長張貽恵、文化委員会の橋川時雄氏等を通じ、同様の趣旨を力説する。

四、新聞界に対しては

魏誠斎、何庭流等を通じて宣伝する。

五、各種工会に対しては

武宜亭が一切の連絡、工作を担当する。

六、武術界に対しては

通背拳法の賀振芳、架子拳法の劉子川、子母拳法の白楽民等を動員し、何れもそれぞれの縄張りに対し、不逞の輩の妄動を封止する。

「外人筋に対する工作手段」

一、在北京外交団に対しては
元国務総理江朝宗、及び曹汝霖等を動かして趣旨の了解方を依嘱する。

二、外人記者団に対しては
欧大慶氏を通じて趣旨を力説し、協力を懇請する。

三、外人宣教師筋に対しては
崇貞学園の清水安三氏を通じこれを行なう。

四、外人教授筋に対しては
橋本源治郎氏これを担当。

五、一般個々の外人に対しては
岡城堅造氏これに当る。

ウオーナー博士の絶讃

さて計画は出来上ったが、これをどのようにして実行に現わすかが問題である。

もし日本側自らがこの工作の表面に立って、鐘太鼓で宣伝に乗り出そうものなら、かえって中国側の反感を煽り立て、逆効果をもたらすであろう事は必然である。真にこれが中国一般大衆の要望であり、盛り上った世論であるとして推進させなければならないところに、非常な苦心が存した訳である。

もともとこの種工作は、一般民衆からは喜ばれるとも決して反対される性質のものではなかった。従って民意も次第にこれに同調しはじめ、七月二十日ごろの一部華字紙にはその社説に「この際、北京城を名実共に平安城と呼ぶ事にし、永遠に戦禍を見ない都にしたらどんなものだろう」といったような意見まで現われてきた。

商務総会は戒厳状態が永続きすると、これが市況に及ぼす影響の大きい事を苦慮していた矢先、得たり賢しとばかりかえって先方からこの案にとびついてきて、早速全商民を動員し、陳情団や投書をもって盛んに二十九軍の自発的撤退を嘆願し始めた。

ところがここに一つ、是非とも特筆しておきたい事がある。それは欧大慶氏の扱った外人工作の一端である。

欧大慶、彼は広東省中山県の出身、新聞人でありまた政治家でもあって、他の追随を許さない俊秀だった。彼は若いころの十余年間を米国に渡って勉学に過した。従ってこの間、米人中には各階層にわたって少なからざる有力な知己を得ていた。

北京城の全景

彼がこの工作の協助者として選んだ一人に、ランドン・ウォーナーという博士があった。博士は東洋古文化財研究の権威で、これまで日本や中国の間をどのくらい往復したかわからない。かつては我が岡倉天心氏あたりと、無二の親交を結んでいたともいわれている。

「王城北京を兵火から護る」この言葉は、非常に大きな魅力をもって博士に迫った。博士はこの工作に異常な感激を覚え、即座に「実に素晴しい」と絶讃の言葉をさえ寄せてきている。博士自らが趣旨を通じた外国人や中国人が、果してどのくらいあったかは私自身これを詳かにしない。しかし由来この種工作は、文化財関係の専門家だとか、直接利害関係の伴わない外人筋あたりの発言の方が、最も自然的でありかつ効果的である事は、何人も首肯出来得るところである。

それから十余年を経過して、私が終戦後の祖国に復帰した時、我が京都、奈良が米軍飛行隊の爆撃圏外に置かれ、全然兵火の災害をこうむっていない事を目撃した。とりわけその献策者が、かつてのランドン・ウォーナー博士であった事を知るに及んで、一種いうべからざる深い感激に浸ったのである。

工作実施の各様相

こうした反面、従来硬論を主張し続けてきた一部大学教授の中には、これが日本側の工作である事を知ってか知らずしてか、「国、辱かしめらるるに北京のみを護って何の益するところがあろう」と言い、また、「国民は国家と一蓮托生じゃないか」といわんばかりの意見を吐く者もあった。ともかく、文化方面を通じて行なう諸工作は、概ね右のような行き方で、七月二十九日宋哲元北京撤退の日まで、うまずたゆまず続けられていった。

一方、日本軍に対する工作としては機関長自身、天津軍司令部に連絡し、軍自体が慎重かつ統制ある行動をとるよう要請した。かたがた七月二十八日の総攻撃に当って下された天津軍の作戦命令には、池田純久参謀の進言もあったりして、「北京城内に対する砲爆撃禁止」の一項がつけ加えられ、各兵団はこれを鉄則と心得て厳重にその行動を律していった。

また七月十五日には補佐官を単身長城線まで潜行せしめ、関東軍の最高兵団長鈴木重康中将に連絡させた。中将は機関長の企図に全面的に賛成し。「全く同感です。いやしくも北京城を兵火にさらすがごときは、断じて文明国軍隊たるもののなすべき事じゃありません」と極めて明快に協調的意図を表明した。これによって当初最も難物視されていた関東軍の行動にも、一切の懸念を必要としなくなり、大いに意を安んずることが出来たのであった。（第一四章、関東軍との連絡、参照）

ところが七月二十六日午後七時、突如、広安門事件が勃発した。居留民保護の任務を有する広部大隊の北京入城に端を発し、両軍交戦、戦火遂に北京城の一角に及ぶという危険な状態をまき起してしまったのである。

機関長は眥を決して立ち上った。そして、「機関は死力をつくし、是が非でもこの火を消し止めてしまわなければいかん！」機関長この時の決意こそは、実に千鈞の重味を以て人に迫った。

広部大隊は広安門内敵軍重囲の中に孤立しており、機関の嘱託川村芳男は広安門上で壮烈な戦死をとげた。また、桜井顧問が重傷を負って城壁から跳びおりた事態もまたこの時のことである。

この最大の危機に直面し、機関長は、補佐官と笠井顧問を呼んで命令を与えた。

「貴官らは直ちに広安門に急行、日華両軍の間に割って入り、即時戦闘行動を中止せしむると共に、広部大隊を救出し、午前二時三十分までにこれを公使館区域に誘導すべし」

軍使一行は風激しい暗夜、急遽現地に赴き、極めて至難なこの工作にとりかかった。そして北京城の一角に燃えついた火を、ともかく、実に際どいところで辛うじて消し止めることが出来たのであった。(第二二章、広部大隊救出工作、参照)

七月二十六日、宋哲元に対して最後の通謀が発せられたが、彼は遂に完全にこれを黙殺してしまった。ここにおいてか軍は、東西南北、四周から起って北京城に対し、包囲攻撃の火蓋を切ることに決した。

南苑攻撃の南正面を担当したのは朝鮮兵団の猛将山下奉文少将だった。同じく東正面は天津駐屯の萱島歩兵連隊、西正面は七月七日以来歴戦のつわもの、河辺旅団長自らがこれに当った。二十八日の黎明、徳川飛行集団の大爆撃をキッカケとして、我が軍の銃砲火は篠つく雨となって南苑柳営に降り注いだ。三十八師の将兵は算を乱して一路北京街道を、城内へ城内へと遁走を企てた。彼等敗残部隊をして、もし一度永定門をくぐらしめたならば、城内の治安はいったいどういう事になってしまうだろう。またこれを急追する朝鮮兵団城内攻撃の結果も、すこぶる怖ろしいものになってくる。

慧眼、早くもこの情勢を洞察した河辺少将の処置は神速だった。機を失せず、牟田口連隊の一ヶ大隊と戦車隊の一部を北京街道上天羅荘に転進せしめ、敵の退路の完全遮断を図ったのであった。この計画は美事図に当った。この日正午ごろには北京街道を陸続北上して来る敵の大集団を捕え、一木大隊がこれに至近距離の猛射撃を浴せかけ、北京への遁入企図を完全に粉砕し去ってしまったのである。敵屍累々、街道上の屍臭は旬日にわたってなお消えやらず、北京城内の治安はこれによって美事守り抜かれたのであった。

これは松井機関長政治工作の狙いと、河辺旅団長の戦術的着眼とが、期せずして以心伝心、ピッタリ一致した結果に他ならぬのである。(第二三章、趙登禹将軍の最期、参照)

一方進徳社に在って逡巡遅疑、最後の決意をためらっていた冀察の総師宋哲元は、この日朝来、日本軍が断平全面攻撃に転じた事を知るや、ここにようやく大勢の帰

249　王城北京を兵火から護る

趨を察し、その夜おそく北京城西直門を脱出した。

しかし彼は、刀折れ矢弾つきて北京を放棄したのでは決してない。戦力はまだ十分に保持しながらも、何等の抵抗を試みることなく、自主的撤退をあえてした。彼の心中にもまた、北京を兵火で傷つけたくないという気持が、多分に動いていた事がこれによって窺われるのである。（第二五章、宋哲元の都落ち、参照）

さらに通州に在って邦人百三十余に残忍の刃を振った冀東の反乱保安隊は、七月三十日未明、大挙北京城に殺到し、小銃をブッ放しながら朝陽門の開扉を迫った。一度彼等を城内に入れようものなら、第二の通州事件が北京城内随所でまき起される事は火を見るよりも瞭らかである。報に接した特務機関は、直ちに警察局に命じて北京全城門を閉鎖せしめ、この反乱保安隊を断乎城外に食い止めることに成功した。もしあれが、もう一刻手遅れだったら……と思う時、実に肌に粟を生ずる感を禁じ得ないのである。（第二八章、殷汝耕救出記、参照）

また北京の北郊、北苑に蟠踞する阮玄武の一ヶ旅は、すこぶるその向背が危惧されていたが、今井武官の施策よろしきを得て、総員三千二百、無条件日本軍に投降する旨申し出でに接し、関東軍の船引正之参謀これが現地指導の衝に当り、完全武装解除の目的達成に成功した。（第三〇章、北苑の武装解除、参照）

「王城北京を兵火から護る」という大方針の下、こうした様々の工作が推し進められたが、何等の惨害を見ることもなく、一千年の文化、並に百五十万民衆の安全を護り抜く事を得たのは、真に不幸中の幸いといわなければならぬ。これこそ現地軍官民三者一体、苦心努力の結晶でなくして何であろう。

後日、北京地方維持会主席江朝宗氏は親しく北京特務機関を訪れて、頌徳表を奉ると共に、百五十万民衆再生の恩人として、松井機関長銅像建立の議をもたらして来た。機関長はこれに「北京を兵火から救ったのは、北京全民衆の総意総力によるものであって、決して私共の力ではありません。強いていえば、日本側各機関はこれ等民意を尊重し、単にそのお手伝いをさせて頂いたに過ぎないのです」と婉曲な言葉で辞退した。

（二十九）和关东军联络

资料名称：関東軍との連絡

资料出处：寺平忠輔著《蘆溝橋事件——日本の悲劇》，読売新聞社 1970 年版，第 250—258 頁。

资料解说：寺平忠辅回忆自己前往古北口，和关东军铃木忠康中将会谈有关北平局势与「不扩大方针」问题的前后过程。

第一四章　関東軍との連絡

関東軍説得役を志願

武田嘱託が計画立案を引き受けた後、今度は私から機関長に対して「機関長殿！　差し詰め最も緊急を要するものは、いまもう北京城外に迫って来ている関東軍に対する対策です。関東軍は、肚(はら)の中では戦争をケシかけたくてたまらない方だし、このワカラズ屋に対して不拡大方針を説明する事は、一番むつかしいと思います。これは電報や文書じゃ、到底意志を伝える事が出来ません。何でしたら私を関東軍まで行かせて下さい。十分機関長殿の意のあるところを、現地各部隊長に説明して参りますから……」

「ウン、関東軍に対する交渉、これは確かに難物だからな。それじゃあ一つ、関東軍を説得する役は補佐官に委せるとしよう」

「じゃあ私は二十九軍一本槍でいきます」

と中島顧問。

すると桜井顧問が、「じゃあ私は、秦徳純のところへでも商務総会へでも、必要な所へはどこへでも使い走りします。そして大局から説明してやって、必ず彼等を納得させてきます」話はたちどころにまとまって、みんな持場に従って工作を始める事になった。

私はただちに愛沢通訳生を呼んだ。「オイ！　君の所に華北一帯の中国軍配置要図があったろう。あれと二十九軍の素質及び編制装備一覧表を、至急二千枚宛印刷させてくれ」「二千枚も何に使われるんですか？」「密雲、懐柔方面の関東軍に、それを持って行って分けてやるのさ。北京城を攻撃させないためにね」

「オイちょっと待った！　まだ用がある。兵用地誌が三十冊ばかり残っておっただろう。それから北京一帯の空中写真、二十九軍軍隊調査、これらは二、三部宛残して、あとは全部持って行けるよう。アアそうそう！　東亜公司に電話をかけて、北京市街図百枚と近郊詳図百枚を、至急持って来させてくれ給え」

事件が始まってこの方、北京の街は、夜の戒厳がきわめてきびしいので、日ぐれ時になると、家路を急ぐ民衆で街中が急にゴッタ返しを始めるのだった。しかしその後はまた、急に潮が引いた後のような静けさに返ってしまう。

これまでだったら、狭い二間幅くらいの胡同には、晩の十一時を過ぎると、決まって酸梅湯や汽水などを詰めた箱車を押して、ダミ声張り上げた飲物売りが通るのだが、このころではそれもパッタリ途絶えてしまって、暗い土塀の陰には、灰色の二十九軍が音もなくうごめくようになった。

彼等は青く磨ぎすました青竜刀を腕にかかえ、民家の門口にジーッとしゃがみこんで、中の様子を探ったり、通行人を調べたりする。これが戒厳令下彼等一日の仕事なのだ。犬が哀調を帯びた声でそれをほえ立てている。

明け方の街はそれとは反対に、前夜の陰欝な空気を吹ッとばして、六時ころからもう人がドンドン出盛って来る。城門はそのころ時間を限って半開きにされ、城外から野菜をかついだ年寄りや、豚を連れた若者達の出入りでにわかに雑踏を呈して来る。彼等は東四牌楼や前門外の菜市にこれを運び、野天の市に商品をならべて売り始めるのだ。

真ッ黒い豚が何十頭となく追い立てられて進んで来る。着剣した城門看視の兵が、饅頭を頬ばりながらそれを見張っている光景は、戒厳令下の緊張した北京とは思えないほどの微笑ましいシーンだった。

私と愛沢通訳生とは七月十五日の早暁、商人風の装いに身を固め、あらかじめ準備してあった書類を自動車の座席下に突っ込み、その上に麻袋や修理工具を雑然とならべて乗込んだ。

運転手は、この前蘆溝橋に連れて行った大胆な男、高である。もちろんナンバーは平素の「北機第二号」というのを外して「北京〇一九八」というのと付け換えていた。「城門監視の兵がうるさい事いったら、これを掴ませろ!」私は高に若干の金を持たせておいた。

車は朝陽門を出ると坦々たる通州街道をかなりのスピードで素ッ飛ばし、楊柳の並木道を通り過ぎると、やがて通州城内に入って行った。クネクネした道を幾曲りかすると、そこに大きく、「通州特務機関」と書かれた白亜の建物が見え始めて来た。車は間もなくその玄関に横付けにされた。

玄関に出迎えたのはここの補佐官甲斐厚少佐だった。部屋に入ると機関長の細木中佐がいつもの通りニヤリと笑って

「君達は実に巧い事やっとるのう。戦争が始まって以来、毎日毎日働きがいのある仕事ばかりで、大いに気合も入るじゃろうが、通州は駄目だ。ここを通って蘆溝橋に行く部隊の兵站業務ばかりで全くつまらん！　退屈しとるよ」吐き出すようにそういった。

私は甲斐補佐官に、任務の概要を説明した。そしてこれから麦倉連隊の屯する、懐柔までの道案内に、冀東保安隊の兵を一名、つけて貰いたい事を交渉した。

敢然古北口に向う

私は機関長や補佐官、それに顧問の宮脇賢之助氏等に見送られて機関を出た。助手台に一人、それからステップのところにまた一人、保安隊の兵がつかまって、これから先の道案内をしてくれる事になった。浅黄色の制服を着たこの保安隊員は、懐柔付近の生れだとかで、言葉も非常に奇麗な北京官話を操っていた。

私達はまず道を順義にとった。そしてそこから左折、張喜庄を経て、高麗営、板橋村、懐柔へと進んだ。道の両側は行けども行けども、丈を没する高粱畑の連続、すこぶる単調なので自然に睡気を催してくる。しかし道路がひどく悪く、車がガクン！　大きくバウンドするごとに、二人は睡気を覚まされて、にじみ出て来る汗を拭った。

牛瀾山の上では関東軍の偵察機が、しきりに旋回飛行をしていた。なだらかな丘を越え、水流を渡ると、やがて懐柔の灰色の城壁が見え始めた。関東軍のカーキ色の兵の姿が点々として目に映る。

私は車を城内に乗り入れた。そして独立第十一連隊長、麦倉俊三郎大佐と会見した。連隊長はお粗末な民家の一室に陣取っていた。土間にはご親授後、まだ日も浅い、真新しい軍旗が安置されてあった。

私が北京方面の軍事情勢を説明すると、連隊長は黙々としてそれに耳を傾けた。不拡大の精神、特に北京城攻撃回避のことに就いて説明すると、連隊長は

「よくわかりました。それは天津軍の方針なんですね。関東軍には関東軍としての方針があり立場がありますから、一にその方針に基いて行動します。まあ君のご意見

も一応の参考として承っておきましょう」――なるほど連隊長は旅団長の命令には絶対服従すべきであり、勝手な行動をとる事は許されぬかも知れぬ。

しかし私が、千言万語を費して述べた重大方針を、一応の参考くらいに軽視されたのでは、この忙しい最中、わざわざ懐柔くんだりまでやって来た意味がない。事によるとこの説得は、秦徳純を説き伏せる以上、骨が折れるかもわからない。

よしっ、それならばそれで考えがある。これはジワリジワリ、搦手の方から説明を継続し、必ずこの連隊長を懐柔してやろう。そうしない事には私の任務が達成されやしない。――

ちょうどその時である。副官が連隊長室に入って来た。

「ただいま北京特務機関の補佐官が、懐柔に来ておられる事を旅団司令部に報告しました。そしたら旅団長閣下は、補佐官を大変によくご存知だそうで、閣下ご自身電話口にお出になり、補佐官にすぐ、古北口まで足を伸ばすよう伝えて欲しい。北京方面の情勢について、直接お話もうかがいたいし、お尋ねしたい事も沢山あるから、との事でございました」

私は最初、日帰りのつもりでここまでやって来たのであるが、連隊長に対する説得が停頓している現在、これは一層のこと、旅団長に説明した方がより以上効果的だと考えた。ことに鈴木重康中将は、かつて静岡で隊付時代、目をかけていただいた間柄であり、また最も畏敬している上官でもあった。

将軍なら不拡大の真意も十分わかってもらえるに違いない。さらに酒井鎬次機械化兵団司令部も、いま、古北口に来合せていると聞いて、これはもう、日帰り案なんか捨てて足を伸ばさなければいかん、と決心した。携えて行った沢山の資料は、ことごとく麦倉連隊の副官にことずけ、旅団長の指示に基いて分配して欲しいと依頼した。

私は午後一時、懐柔を出発、車を古北口に向けて走らせた。密雲を過ぎ穆家峪に差しかかると、前から戦車と装甲自動車の大集団が、続々南下して来るのに出会った。

シッカリ偽装網をかぶっているが、車体はおびただしい埃を浴び、兵の大半はその車の上で、他愛もなく睡りこくっていた。これが公主嶺からやって来たという、酒井機械化兵団、長谷川美代次大佐の部隊だった。道幅が狭いので車のすれ違いが出来ない。私は車を道路脇に留め、小高い丘の上に立って、よく子供がするように一輌二輌と装甲自動車を数え始めた。しかし百輌二百輌という数になると、もう馬鹿らしく、数えきれるものではない。私は青草の上に、身を投げ出した。

こりゃまだ後何百輌続いて来るかわかりゃしない。この調子だと、陽のある中に、古北口まで行けるかどうか、怪しいもんだ。

それにしても関東軍が、これほどまでの大機械化兵団を擁していようとは、現物を見せつけられる今まで、ちっとも知らなかったが、全く心強い限りである。これを持って行ってブッつけたら、二十九軍なんか鎧袖一触、たちまちどこかに吹ッ飛んで行ってしまうだろう。だが、これだけ勢い込んで、北京平地に乗り込んで来つつある大関東軍に対し、不拡大！　という言葉が、彼等の耳に入るだろうか？　せっかく古北口まで行ったところで、結局、麦倉連隊長説得と同じような結果になってしまうんでは……——

そこへ愛沢通訳生がやって来た。「今行った兵隊さんに聞いてみたんですが、この先の方にかなり深い川があって、こんな華奢な乗用車じゃ、とても古北口まで行けやしないというんです」だんだん情況が悲観的になってきた。

私は決心した。「よしッ！　俺はいまから一人で歩いて行こう。この機械化部隊が終ったあたりで、トラックでも拾って乗って行くさ。君は高と一緒に懐柔に引き返し、今晩麦倉部隊に泊めて貰うんだ。明日帰りがけに私が電話で連絡するから、それまでそこで待っていてくれ」

自動車を乗り捨てた私は、機械化部隊のほこりを浴びながら古北口さして歩き始めた。この道は四年ばかり前、一度通った事のある熟地なので、その時の記憶がいまの私を大いに力付けてくれた。

かれこれ六キロばかり歩いたところで、ようやく機械化兵団最後尾の車輌がやって来た。丁度その付近で、同じように待避していた麦倉連隊の連絡車が見つかったので、私はそれにとび乗った。そして石匣鎮、南天門の険を越え、その日の日没、ようやく古北口の独立混成第十一旅団司令部に着くことが出来た。

鈴木重康将軍と語る

旅団長鈴木重康中将は、アンペラでつくった陽よけの下にテーブルを持ち出し、幕僚達と一緒になって作戦にふけっていたが、私の姿を見つけると、ツと立ち上って

「ヤア！　寺平君！」しばらくでした。

蘆溝橋でのご活躍はかねがねうかがっていましたが、こんどはまた、私の兵団にまでわざわざ連絡に来て下さって本当に恐縮です。幕僚達を全員集めますから、今夜は一つ、ゆっくり北京の情況を聞かせて下さい」

鈴木中将はいつに変わらず春風駘蕩、温情溢れんばかりの、重厚味ある将軍だった。陸軍大学校幹事という要職を経て以来、ますますそれに貫禄がついてきたという感じが深い。

私はその晩、鈴木中将や船引正之高級参謀と、簡単な会食を済ました後、旅団の全幕僚、並びに酒井機械化兵団の参謀達に対して、蘆溝橋事件勃発の経緯から、二十九軍の配置、特性、将帥の人物論等、微細に説明した。一同は、自分達の明日の戦場に関する、生々しい資料ばかりなので、眼を輝かし、息を凝らして、熱心に私の話を聞いた。そして各々が発する質問も、ことごとく要所要所を衝き、真剣そのものの研究振りだった。

「以上申し上げましたような訳で、北京城に対する攻撃、これは旅団長閣下の責任において、絶対回避していただきたいのです。また、当旅団の行動正面、即ち北京北方、北苑兵営に駐屯している、阮玄武の独立歩兵第三十九旅は、事変勃発直後から、すでに日本側に款を通じており、情況切迫の場合には、直ちに日本側に寝返るという意向を、北京武官今井武夫少佐のところまで申し出ています。油断は禁物ですが、相当の確実性がありますから、この点あらかじめお含みおきを願います」

「ホホウ！　日本に寝返る軍隊もありますかなあ！」

「無条件降伏を申し出ています。

また、黄寺、清河鎮、南口に駐留している、冀北辺区保安隊は、これまた日本軍との戦闘を極力回避したいと、度々申し込んで来ています」

「その方の指揮官はだれですか？」

「石友三将軍です」

「アア、あの有名な石友三将軍ですか。石友三という名は私も前々から聞いて知っております。旅団も石友三将軍とブツかるなら、敵にとって決して恥かしくないです

ね」

「それが今、先方から和平の手を差し伸べて来ているんです」

「承知しました。和平提携、大いに結構です」

「最後にもう一つ、一番大切な事を申し上げます。これは情況最悪の場合、どうしても城内攻撃を決行しなければならない時の事なんですが、日本居留民は非常時計画に基いて、ことごとく東交民巷（トンチャオミンシャン）、つまり公使館区域に集結させ、ここで籠城する事になっております。

したがって攻撃部隊は、真ッ先に北京城の東便門（トンピェンメン）、これから哈噠門（ハーターメン）方向に進出し、ここから公使館区域に連絡して、真ッ先に居留民を救出するよう努めていただきたいのです。

このコースは北清事変の際、福島安正将軍が選んだ公使館救援隊の進路でして、皆さんも戦史で、すでにご研究になった事があると思います」

「これは非常に大切な事だ。実際にこんな事態が起ってきちゃ困るけど、君達よく図上で研究して、最悪の場合の措置を誤らんよう、準備しておき給え。そしてわからん事は何でも今の中に寺平君に聞いておき給え」

旅団長はそういって幕僚達に指図した。

一応の説明が終った時、鈴木中将は自らロウソクの火を継ぎ足しながら、

「僕はですねえ。今、寺平君のいわれた、北京城を兵火の巷に陥れないという事、そして百五十万民衆の生命を保全し、一千年の文化を保護するという、この事に非常に大きな意義を感ずるのです。ローマは一日にして成らず、北京だって同じ事です。これに砲弾をブチ込むがごときは、文明国軍隊のなすべき事じゃありません。

同時に私はまた、無意味な戦闘を引き起して、私の部下から無益の犠牲者を出すこと、これを極力避けたいと思うのです。乃木将軍の二〇三高地の場合、あれはまた特別の例外ですよ。要するに今度の作戦は出来る限り慎重にやりましょう。そして阮玄武の部隊を始め、その他のものでも、先方から求めて武装解除に応じようというものがあったら、極力、鉄砲を射つことなく、平和裡に話を進めて行くことを希望します」

旅団長のこの説明を聞いた時、私は心中、——やっぱり古北口までやって来てよかった。これなら大丈夫北京城を兵火から救う事が出来るぞ。いよいよ明日は、大手

を振って松井機関長の前に復命が出来る。——

こう考えて、嬉しさが急に胸一杯に込み上げて来た。事件後、私がベッドの上に、横になって寝たのは、この晩が初めてである。累積した疲労も、そのため一度に吹ッ飛んでしまった。

翌十六日の朝、私は鈴木中将と食事を共にしながら、連絡事項を補足した。

「閣下！　昨晩大切な事柄を申し上げるのを失念しておりました。今後の作戦に使用する時間の規正ですが、満州国と北京、天津とでは、ちょうど一時間の時差があります。そこで協同作戦上、これを統一しておかないと……」

「その点は問題ありません。郷に入っては郷に従えです。我々関東軍は早速、天津軍の時間に右へならえさせましょう」

「どうぞそういうふうにお願い致します」

「今日帰られるんでしたら、ここから通州まで、兵団配属の飛行機でお送りさせましょう。小型で大変窮屈ですけれど、十五分か二十分の間ですから、しばらく辛抱して乗ってって下さい」旅団長はプリモス機の用意を副官に命じた。

操縦士は民間航空界練達の士、承徳満州航空会社の飯島飛行士だったが、飛行機はいざり車みたいで乗り心地は感心出来なかった。しかし高度三百に舞い上り、脚下に万里の長城を俯瞰した時の気持は素晴しかった。満州事変の末期、長城作戦で有名な三つ望楼の高地やハート型陣地、ないし、南天門の堅塁が、まるで箱庭みたいにならんでいて、往年の塹壕がまだ点々その跡を止めている。昨日、私が難行苦行して歩いて来た街道上には、今日もまた機械化兵団の後続部隊数百輛が蜿蜒長蛇の列をなし、砂埃を巻き上げながら南へ南へと進んでいる。

さらに高度八百、順義の上空から眺めた北京城の姿は雄大だった。四角い灰色の大城壁に取り囲まれた一面の樹海、その真ん中にポッカリ北海の白塔がそびえ立ち、宮殿の甍は燦然として黄金色の光を放っている。——あの王城を兵火から護るんだ！——そう考えると、いま、自分のやっている仕事に大きな誇りが感ぜられ、元気が自ら全身に満ち満ちて来るのを覚えるのだった。

時局の中心地、蘆溝橋の姿も、永定河の畔、遙かに眺められた。

小さな通州の飛行場で飯島飛行士に別れた私は、特務機関差回しの自動車にとび乗って、ふたたび通州機関に向う。機関から電話で北京機関に、関東軍との連絡概況を報告し、また懐柔に電話して愛沢通訳生に、至急反転して来るよう連絡をとった。二人は七月十六日の正午近く、一応の任務を終って、無事北京特務機関に帰着した。

（三十）共产分子的策动

资料名称：共産分子の策動

资料出处：寺平忠輔著《蘆溝橋事件——日本の悲劇》，読売新聞社1970年版，第282—288頁。

资料解说：卢沟桥事变发生后，中日双方围绕所谓「非法射击」进行探讨和交涉，中国方面一再声明中国军队没有向日军开枪。本资料记载了日军宪兵分队长赤藤自事变后直至7月下旬进行的所谓调查，指称引发两军冲突的枪声有可能是「信奉共产主义的学生燃放鞭炮，引发中日两军冲突的阴谋」。

第一七章　共産分子の策動

八宝山の亡霊射撃

中島顧問がふたたび八宝山に出かけようとしていると き、周参謀がやってきた。

「あ、補佐官殿、ちょっとご相談があるんですが。実は宋委員長が帰って来られてから、第一線には特別やかましく命令して、絶対射撃をさせないよう取り締っているんです。この点日本側だってもちろんご同様なんでしょう。ところが昨日も一昨日も、日が暮れるとどっちからかわからないが銃声砲声が聞えて来て、日本側からは二十九軍がけしからんといってお小言をいただくし、中国側第一線では、あれは明瞭に日本軍の射撃だと頑強に言い張るんです。それで……」

「イヤ、こいつは私も何とか早く、責任の帰趨をハッキ

りさせたいと思ってたところなんです。幸い今日は、中島顧問がこれから八宝山に出かけるところです。この際一つ中国側に対するお目付役として、その原因不明の射撃が中国軍のものであるかどうかを監視してもらいましょう。

同時に日本軍に対しては、周さん、あなた一つお目付役として、これから蘆溝橋の日本軍連隊本部に行ってくれませんか。そうすれば正真正銘のところ、どっちが不法射撃をやったか、確実なところが突止められると思うんです」

「ようございます。それじゃあ中島顧問！　八宝山の方はどうぞよろしくお頼みしますよ」

「引き受けました。しかし監視もまあ精々前半夜くらいですなあ。もし音がしなかったら、適当な時期に切り上げて帰って来ますよ」

中島顧問と周永業とが、宋哲元の命令書を携えて八宝山に着いたのは、午後の八時を大分過ぎていた。山際のアカシヤの林の中を、中国兵があわただしく行ったり来たりして、昼間の空気とは、大分変ったザワめきが感ぜられた。あちこち尋ね回ってようやく何基澧を見つけ出

し、携えて来た命令書を突き付けてその撤退を促したところ、彼は

「ちょうど七時二十分ごろでしたかね。宋委員長からこの撤退命令が伝えられてきました。

命令さえあれば我々は即時実行です。早速兵を取りまとめにかかったところ、十五分ばかりたった時、この八宝山の南南東三キロばかり、日本軍の第一線方向から、六発の砲撃をうけました。そこで私は独断、兵の集結を中止させました。

いったい日本軍は、どういうわけでああした挑戦行動をとるんですか？ その理由についてまずご説明を承りましょう」と鼻息当るべからざるものがある。そこで中島顧問「弾はどの辺に落ちました？」「幸いにして弾はこの陣地までは飛んで来ませんでした」「よござんす。早速その理由、日本軍に問い合せてあげましょう」顧問は電話で、日本軍発砲の理由を特務機関に照会して来た。

これより先、私は豊台の浅野少佐から、次のような電話をうけていた。「午後七時三十五分、蘆溝橋駅の北北東三キロあまり、ちょうど八宝山と覚しき方向から六発の砲声が聞えました。昨夜とまったく同じ方角なんです。弾はとんでは来ませんでした。この事について、中国側に喧ましく警告を発して下さい。日本軍は今日は一日、全線にわたって極めて静粛で、小銃一発射っていないのです」

そこで私は中島顧問からの電話に対し、すぐその場で以上を説明し「どうもおかしいですねえ。今日で丸三日、得体の知れない銃声、砲声に対して、日華両軍責任のなすり合いですよ。どうせ、どちらかがやった事には間違いないでしょうが、お目付役の現地到着が今日は少少遅かったですねえ」

顧問が私との電話の内容を何旅長に説明していると、ちょうどその時、またもやその不法射撃というのが始まった。今度は七発の砲声、そしてその後引き続いて断続する機関銃の銃声。

「ホラホラ、顧問！ また始まりました。あれですよ。昨日も今日もあの方向、あの距離です。どうです。だれが何といったって、あれが私の部下だといえますか？ 日本軍なる事間違いないでしょう。だから日本軍の横暴には困るといってるんです」何基澧はそれ見よがしの態度で、得意満面である。

顧問はウンともスンとも答えず、直ちに電話に噛りついた。そして私を呼び出して、一部始終を語気も荒々しく報告した。そしていった。

「私は今日くらい、赤恥かかされた事はありません。面子丸潰れです。

日本軍は相手を中国軍とあなどって、毎日毎日自分で射撃しときながら、責任を中国側になすりつけていた事明瞭です。さっきの君からの電話なんか、日本側のこじつけですよ。卑怯ったらありゃしません。私はもう、これ以上二十九軍の顧問なんかつとまりません。ご免こうむります。すぐ蘆溝橋に電話して、牟田口さんか河辺さんに喧ましくいって下さい。こんな事じゃ三十七師は、何時までたっても退りゃしませんぞッ！」

私は何といって中島顧問を慰めていいかわからなかった。

何はさておき、日本軍に厳重警告する事が先決問題だ。私は早速、電話で蘆溝橋駅を呼び出した。電話は驚くほど早く通じた。いや、ちょうど先方からこちらにかけてきたのとブッかったらしい。

「補佐官殿ですか。ちょうどよかった。私、周参謀です」私は——しまった——と思った。周参謀、きっとカシカンになって日本軍の不信不義をなじってくるに違いない、と判断したからである。

私は受話器を耳にあてがいながら、一切を観念して目をつぶった。

「周ですがね。タッタ今、五分ばかり前、蘆溝橋駅の東北方で七発の砲声、それに続いて断続する機関銃の銃声が起りました……」

私は、俎上にのせられた魚みたいなものだった。

「今日はこれで二度目だそうでして、距離と方向から判断して、明瞭に中国軍がやった事に間違いありません」

私は自分の耳を疑った。今のは周参謀の言い間違いじゃないかとさえ考えた。覚えず

「やったのは中国軍なんですね。日本軍じゃないんですね」と念を押した。

「そうです。残念ですけれど私の方でした。日本軍の将校に聞いてみたら、昨日と一昨日聞えて来たのも、やッぱり今のと同じ方向だったそうです。

どうも本当に申し訳ありません。私これから北京に帰って軍にも報告し、以後、絶対こういう事をさせないよ

う、厳重取り締らせます。今日のところはどうぞお許し下さい」

私は電話を聞きながら、まるで狐につままれてるみたいで、どうにもこうにも解釈のつけようがない。

とりあえず十万分の一の地図を広げて、八宝山と蘆溝橋駅とを探し出して見た。八宝山の南南東三キロ、そして蘆溝橋駅の北北東三キロ、定規で図上に線を引っ張って、交会法によって砲声の起った場所を探してみた。そのあたりには曹家墳だとか古子墳だとか小さな部落が点在して、ちょっと方向が狂うとどれが本当なのか見当がつけられない。

――ウーム、大体このあたりだとすると、これは日本軍でもなければ中国軍でもない。何か中間でいやがらせ的に策動している者があるんじゃなかろうか？――

私はすぐさま電話をとり上げ、八宝山にいる中島顧問に連絡した。

「今の不法射撃の件ですがねえ。日本軍の第一線はあんなところまで伸びてはいませんよ。また周参謀からの電話によれば、これはハッキリ中国軍の仕業だといって謝まってきているのです。いろんな情況から判断すると、これはどうも中間策動者か何かがあるんじゃないでしょうか？　今から早速、その方の調査に取りかかりますが、八宝山の中国側部隊は、そんなものには拘泥する事なく、命令通りドシドシ撤退させるよう、顧問の方から指導して下さい」

何基澧は、中間に得体の知れない策動者があるという事を聞くと、それで一切が釈然としたらしく、早速部下に集結命令を下した。今晩はもう大分遅いので、一応黄村付近まで下って宿営し、爾後の行動は明日また、改めて命令するよう副官に指示した。この日の撤退兵力は第一線の五ヶ中隊と予備の三ヶ中隊、合計八ヶ中隊であった。

爆竹の正体は共産学生

私は中島顧問に連絡を終るとすぐ、憲兵分隊長赤藤少佐に電話した。それから二十分ばかりの後、私と赤藤少佐とは、先程の地図を中にはさんで、亡霊射撃の正体について話し合っていた。

「図上判断でいくとこの曹家墳付近一帯の部落ですね、この辺がどうも臭いと思うんです。

早速密偵でも張り込ませて、銃声砲声の真相を探らせたいんですが、特務機関の密偵にはそうした戦術能力のあるやつがありません。憲兵隊の方から一つ、有能な下士官兵数名を、便衣で現地に遣っていただけませんか」

二十二日の午後、便衣をまとった十名ばかりの密偵が、北京城広安門を出た。彼等は赤藤分隊長から示された経路を、問題の中間地区に向って進んで行った。これら密偵の報告を綜合すると、彼等は薄暮ごろ現地に着いて、早速付近の住民から情報を集めた。すると、銃声砲声の正体というのは――。

「日が暮れると、このころ毎晩のように、便衣をつけた青年十名ばかりがこの部落に入り込んで参ります。そして村はずれの落花生畑で、土炮と爆竹を盛んにバンバンやり始めるのです。なんの目的であんな騒ぎをやるのか、私共には皆目見当がつきません。今日もやがて、もうボツボツ集って来るころでしょうよ」

密偵は憲兵の指図に従って高粱畑の中に身をひそめた。今日は満月らしく、やがて東の空がポーッと赤味を帯び始めてきた。と、住民がいった通り、八時ごろになると、十名余りの便衣が一列の縦隊で部落の陰から姿を現わし、黙々、落花生畑の方に進んで行く。

やがて彼等は畑の真中で一塊りになって、何やら支度にとりかかった。そして用意が整うと、指揮者らしい男の合図に従って、間もなく爆竹が点火された。

パンパンパンパン……けたたましい響と共に発する閃光！　鼻をつく煙硝のにおい！　おびただしい白煙が濛濛として地を這った。

この時、密偵は高粱畑の中から一斉に姿を現わし、たちまちその数名を逮捕した。彼等は密偵を二十九軍側の便衣とでも感違いしたらしく、リーダー格の一人が極めて率直に「我々は学生です。救国のためにこうして日本軍の側面を脅威してるところです。許して下さい」と弁解した。

彼等は北京の西北、万寿山街道にある清華大学の学生を中心とし、共産系の指導の下に、日華両軍交戦地帯の真っ唯中に潜入し、土炮や爆竹で両軍を刺激する事によって、事変の拡大を企てていた事がハッキリした。

彼等の背後関係には、共産党の全国総工会書記、中共北方局主任、劉少奇などが采配を振っている事も判明した。「七月十三日、大紅門事件の起った日の真夜中すぎ、永定門外でドンドンパリパリやったのも、やっぱりお前達の仕業だろう?」

との問いに対し、彼等自身ではなかったが、同類がやった事も白状した。

赤藤分隊長は電話で私に「日本軍も二十九軍も、どうやらこうした共産系に踊らされている感が多分にありますね。

これを放ったらかしておいたら、いくら不拡大だの停戦交渉だのいったって、片っ端からみんな突き崩されてしまいます。この際何とか一つ、抜本的対策の手を考え出さんといけませんな」と語った。

事実、事変対策としては、責任者の謝罪や処罰、そういった形式的の問題よりも、今や潜行的に抗日工作を展開している、赤色策動の摘発弾圧、これこそより以上優先しなければならぬ、極めて重要な措置ではないかと痛感させられるのだった。

中間策動の実証を握った特務機関は、二十三日朝、直ちに中島顧問を秦徳純のところに遣って警告を発した。

「承知しました。私の方でもこの点は、前々から気をつけてはおりましたが、事変の主役は、北京天津間に駐在

する藍衣社第四総隊じゃないかとも思うのです。総隊は軍事部長が李杏村、社会部長が斉如山、それから教育部長馬衡、新聞部長成舎吾、そういった面々でして、これにさらに西安事変当時西安におった第六総隊の一部を参加させ、日本軍が最も頻繁に演習する蘆溝橋を中心に、巧みに日本軍と二十九軍とを衝突させようと画策していたらしいですね。

七七事件はつまり、三十七師が全く彼等の術中に陥った結果、惹き起されたとみるのが至当でしょう」

「ちょっと待った! 秦市長! 私のいわんとするところは、共産側が日華の紛争をますます拡大させようとして、大きな団扇で煽り立てているから警戒しなさいという意味ですぞ。七月七日、事件勃発最初の第一発を、共産側が仕組んだといってるんじゃありませんよ。

あの時は竜王廟一帯に陣地を占領していた金振中の部下が、最初の第一発を発射した事は明瞭であり、またそこに二十九軍の死体が点々ころがっていた事実が何より雄弁にこれを物語っているじゃありませんか。だからこそ金営長は、その責任をもって罷免されたんでしょう!

しかし今のあなたのお説によると、共産党や藍衣社の話

が出たのを幸い、最初の第一発まで彼等の策謀だと押しかぶせるのは、いささか便乗し過ぎてやしませんか？　いったいその確証がどこにあるんです？　あったら承わりましょう。

かりに一歩を譲って、それが彼等の策謀だったとします。すると共産分子や藍衣社が、軍服をまとって二十九軍の中に食い込んでいた事になりますが、いったい二十九軍は今日まで、その内部に共産党なんかを養っていたんですか？

あなたはそれを肯定されますか？」

「…………」

「蘆溝橋の一発は、大局を弁えない心なき中国兵が、疑心暗鬼から上官の許可も受けず、覚えず知らずブッ放したものと私は思ってました。それならそれで大した罪はない。しかし共産党や藍衣社を兵隊の中に混入させ、そしてそれらが計画的にブッ放したという事になりますと、二十九軍の責任はいよいよもって重大なものになってきますぞ。三十七師が被害者だったなどとはいわせません」

中島顧問は、これだけいうとさっさと秦徳純邸を引きあげ、さらに車をとばせて、城北石碑胡同に在る百三十二師長趙登禹将軍の私邸に向うのだった。

（三十一）第三十七师的撤退工作

资料名称：三十七師の撤退工作

资料出处：寺平忠輔著《蘆溝橋事件——日本の悲劇》，読売新聞社 1970 年版，第 289—292 頁。

资料解说：为不战而控制北平地区，日军施展全方位压力迫使第二十九军撤退。从本资料可以看出，第三十七师的撤军问题一直是日军咬紧交涉的要点。

第一八章　三十七師の撤退工作

京漢鉄路の補修作業

三十七師を撤退させるため必要な条件の一つとして、京漢鉄路の開通という問題があった。何といってもこの鉄道は、蘆溝橋の戦線の真ッ唯中を突ッ走っているので、事件以来パッタリその運行が止まってしまい、また電線もあちこちで切断されていたので、まずこれを修理する事が先決問題だった。

「日本側のご協力がいただけたら、早急に京漢鉄路の復旧を計り、これによって三十七師をドンドン保定方面に輸送致しましょう」

そういう秦徳純からの申し出でに対し、機関長は直ちにこれに同意を与えた。

七月二十二日朝六時半、北京を出た修理列車は蘆溝橋の駅に着くまでに丸々三時間もかかるノロノロ運転だったが、駅のホームには牟田口連隊の小岩井中尉が待っていた。これと連絡して付近一帯の電線修理にとりかかり、午後四時半ごろまでに一通りの補修作業を完成した。北京及び長辛店の駅に連絡したところ、通話状態はまず満点である。この修理に同行した笠井顧問が一休みしているところへ、北京西站から電話がかかって来た。先方はまがいもなく周参謀の声だ。

「鉄道も電線も全部修理が出来ましたね。ご苦労様でした。そこで笠井顧問、今から兵の輸送を始めますが差し支えないでしょうね。部隊は歩兵二百十八団の一ヶ営と、迫撃砲連を第一回に下らせます。私もそれに乗って一緒に行きます」

修理列車に同行の関係者が待っているうち、静かな平原のかなたから、汽笛の音が長く尾を引いて聞えてくる。来た、来た、撤退兵を満載した三十輛の無蓋車が、高い路盤の上を蜿蜒として走って来る。

驀進して来る機関車の把手につかまって、白旗を振っているのは、まがいもなく周思靖参謀である。笠井顧問も広瀬秘書も、そして周永業も、みんな帽子を振ってこれに合図した。

ギッシリ詰め込まれた中国兵は、不安そうな顔付きをしてしきりにこちらを見守っている。無蓋車の上には土嚢が積み重ねられ、機関銃を据え、また小銃を擬していつでも応戦出来る態勢が整えられていた。中には青竜刀まで抜いている兵もあった。「まるで武装した葬式みたいですなあ」と広瀬秘書がつぶやいた。「しかし日本軍の精鋭が頑張(がんば)っている真ッ唯中を突っ走るのだ。三十七師ならずとも、余りいい気持のするもんじゃ あるまいぜ……」

列車は盧溝橋の駅には停まることなく、そのまま緑なす平原を、永定河の鉄橋さして走り去って行った。去り行く彼等の心情に想到すると、胸中一抹、憐愍(れんびん)の情が湧いてこないでもない。

周参謀の振る白旗は次第次第に小さくなって、とうとうそれも見えなくなってしまった。

停頓した撤退工作

そのころ北京の西站では、続いて第二第三の輸送を続行すべく、兵はすでに集結を終っていた。しかしこれは車輛の準備が整わないという理由から、とうとう翌二十三日の早朝に延期されてしまった。

笠井顧問の一行は、間もなく北京に引あげて来た。列車が西站に着くと、そこには三十七師の撤退兵がワンサと詰めかけていて、時ならぬ雑踏を呈していた。手鍋をさげた兵、唐傘を背負った兵、毛布を抱えた兵等、ちょっと日本の軍隊では想像もつかない異風景である。

二十三日は午前中に三ヶ列車二千名が西站を出発した。これで三十七師の二百十八団は完全に永定河以西に撤退したわけである。しかしこの部隊は事変発生以後、新たに北京に増加されたものであって、それがことごとく撤退したからといっても、単に戦前の態勢に復したというに過ぎなかった。従来から北京に駐屯している劉自珍の百十一旅は、依然としてまだ城内に留まっており、撤退はおろか、その準備さえしている様子は見られなかった。

そればかりではない。二十二日には趙登禹の百三十二師の二ヶ団が、日本側に無断で城内に潜入して来たのだから、実際面から見たら、城内兵力はこれまで以上に増強された形である。

一日中、自動車をとばして三十七師の撤退情況を視察して来た桜井顧問は、午後四時ごろ汗を拭き拭き特務機関に戻って来た。そして報告した。

「私はまず、西苑の三十七師司令部に行きました。まだ何も撤退の準備はしていません。将校をつかまえていろいろ聞いてみましたが、撤退の話なんか、まだ全然耳にした事もないらしいんです。

　次に田村、磨石口に行って、何基澧の百十旅を見て来ました。これまた八宝山、衙門口から引き退ったままの態勢で、スッカリそこに腰を据えていました。旅長の何基澧なんか、田村で昼寝している始末です。百十二旅の張凌雲は門頭溝に兵を集結しただけで、これまた全然移動はしていません。

　蘆溝橋事件を引き起した吉星文の二百十九団は、今なお永定河の西岸、長辛店にがんばっている事を西苑の司令部で確かめて来ました。

　総てがこういった状態でして、とにかく完全に日本側をなめてかかってますね。もう一遍秦徳純に拍車をかけとかにゃいかんです」

　この報告を聞いた機関長は、即座に決心して午後四時三十分、進徳社に秦徳純を訪ねて行った。

「撤退問題は一体全体どうなったんです？」

「ただ今京漢線で盛んに輸送を実施中です」

「今日の午前中は確かにやっていた。それは知っています。しかし午後はパッタリ止まって、今もう一般旅客の輸送なんか始めてるじゃありませんか」

「輸送計画は一切交通処の方に委せていますので、その辺のところがどうなっているか確かめてみましょう」

「田村、磨石口に集結している百十旅はどうするんです。至急西苑に移動させるか、それとも徒歩で長辛店にやってしまわなけりゃ、宋委員長が我々と結んだ協定は、あなたがた自らがこれを破る事になるじゃないですか」

「誠に何とも……、早速宋委員長の命令を仰いで処置いたします」

「次に新聞や雑誌の内容ですが、排日記事が依然として跡を絶たない。

　ことに林耕宇の主宰している亜州日報なんかどうです。日本軍を指して事もあろうに非人軍というような言葉で表現してますよ。

　日本の新聞紙は、今はまだ国と国との戦争じゃないからというので、敵と云う言葉を使うのも差し控えて、中

292

国軍というふうに書き現わし、あくまで紳士的態度に出ているのです。

停戦協定の細目に基いて今少し積極的に弾圧を加え、日本側に対して誠意を示されたらどんなもんです」

「昨日と今日とにわたって二名、処分しました。今後もご趣旨に従って厳重注意致しましょう」

「居留民の奈良教文というのが阜城門付近で行方不明になったまま、スッカリ消息を絶ってしまいました。また朝鮮人で綏靖公署や牢獄に監禁されているものが大分あるようです。即時釈放するよう手配して下さい」

「貴意に副うよう努力いたします」

会談は終った。しかし彼の回答は総じてノラリクラリで、如何せん誠意のつかまえどころがない。こういった状態で協定の実施は一向捗らず、いたずらに一日一日が経過して行くばかりだった。

軍の経済参謀から、作戦参謀に変ったばかりの池田純久中佐が、二十四日、事変以後初めて北京に姿を現した。そして松井機関長、今井武官同道、進徳社に行って午後三時から宋哲元と会見した。

参謀は宋哲元の意向打診を目的としていたが、このころの宋哲元には、すでに完全に秦馮ブロックというヴェールがかかっていた。いや、むしろ冀察総師の座からなかば引ずり下された形になっていた。だから彼を相手の交渉で、果して何が摑めるかはすこぶる疑問とするところだった。

会談は一時間余りに及んだ。しかし内容は三十七師の撤退を除くの他、おおむね原則論に終始し、現況打開の具体案といった緊急問題は、とうとう最後まで語らずじまいになってしまった。

「とにかく戦争は絶対に避けましょう。両国が相争うことは東亜民族の悲劇であり、また第三国に漁夫の利を占めさせるばかりです」

そういった外交辞令的結論を最後に、一行は午後四時半進徳社を退出した。

（三十二）赵登禹将军之北京入城

资料名称： 趙登禹将軍の北京入城

资料出处： 寺平忠輔著《蘆溝橋事件——日本の悲劇》，読売新聞社 1970 年版，第 293—299 頁。

资料解说： 宋哲元为应对日军的攻势，调集赵登禹第一三二师部进入北平南部，日军为此提出抗议，指责中方第三十七师没有及时撤退，反而派出赵登禹部加强在北平的力量。本资料记载了赵登禹奉命进入北平城，和日军方面进行交涉的情况。

第一九章　趙登禹将軍の北京入城

百三十二師の北京入城

緑一色に彩られた交民巷の木立では、蟬が喧ましいまでに鳴いている。金髪の男の子が二人、懸命にその蟬を追っかけ回している。七月二十一日、午前十一時過ぎである。

黒塗りのドッジブラザーが砂利の音も軽く、特務機関の玄関口に入って来た。取次ぎに出た給仕に渡された名刺には、第二十九軍百三十二師中将師長　趙登禹と記されてある。

車から降り立った趙登禹将軍は瘦身長軀、四十がらみの年配で、眼は一種異様の光を帯びており、慓悍といった感じだった。灰色の大衣をまとい、大型の扇子を持っていた。随員二人を連れていた。

機関の大応接室では、松井機関長、和知参謀、それに私と武田嘱託とが席に連なった。

「私は百三十二師の師長、趙登禹であります。このたび宋軍長の命をうけ、部隊を北上させる事になり、近日中に北京に入城する運びとなりましたので、本日はご挨拶のためお伺い致しました。今後いろいろご厄介になる事と思いますが、何分よろしくお願い申し上げます」

彼の言葉は身体に似合わず低い声だった。

松井機関長がこれに応えた。

「それはわざわざご丁寧なご挨拶で痛み入ります。お話によれば、貴下の部隊はただいま北上中との事ですが、もともと二十九軍も日本軍とは、いわば兄弟みたいな間柄ですから、北上される事については何等異存はありません。

ところが現在北京城内に在る馮治安の三十七師、これは保定方面に移動させるという事に宋委員長との間に話がまとまり、現在撤退中との知らせを受けました。しかしご覧の通りまだすっかりは完了しておりません。

これに代るべき貴部隊の北上については、先に委員長からも一応のご連絡はいただきましたが、北京入城とい

294

う事についてはまだ具体的のお話を取り交すまでに至っておりません。

そこでこれが決定をみるまで、いましばらく、お差し控えいただきたいと思います」

――会談は三十分ばかりで終った。

「承知致しました。私は逐一宋軍長の命に従って行動する考えでおりますので、この点は一応委員長とも相談の上、双方の交渉がまとまるまで、入城は見合せる事に致します。

なお今後、軍事に関する一切の交渉は、どうか斉燮元老先輩を通じてご連絡下さいますようお願い申し上げます」

29軍132師長　趙登宇

ここで、私は機関長の言葉に一言補足した。

趙登禹部隊の原駐地は、河北省中部の任邱だった。しかし事件の勃発と同時に、軍命令に基いて北上を開始、七月十五日には固安、十八日には北寧鉄路上の黄村に達し、引き続き北京南郊の警備を担当する事となった。

特務機関としては、北京城内の治安維持だけなら、保安隊と警察隊で十分である、と考えていたが、天津軍司令部としてはすでに宋哲元に対し「趙登禹部隊の北京入城はこれを承認する。ただし入城に関する細部の事項は、北京特務機関と緊密に連絡をとった上で実行するように」

との一札を与えていた。

そこで機関は、入城を許すとしても、目下の情況だったら精々一ヶ団くらいと肚を決め、その時期については三十七師の撤退情況、その他の情勢と睨み合せた上、改めて連絡すると云う腹案を持っていた。

二十二日午前十時半、私が北京にあった軍旗を前線の牟田口連隊に護送する任務を終って広安門から帰って来るとすぐ、機関長から呼ばれた。

「補佐官、趙登禹部隊入城の件について、命令の徹底化という点で、もう一度二十九軍側に念を押しておく必要がある。

今日桜井顧問と一緒に斉燮元のところに行って、警告を発しておいてくれ給え」

そこで桜井顧問と共に、進徳社で斉燮元と会見、これを申し入れ、了承を得た。そのさい、機関としては、百三十二師が交替入城する場合、その兵力は差し当り一ヶ団以下である事を希望した。

ところが翌二十三日の朝方、斉燮元の代理の者が機関側を訪れ、趙登禹の歩兵一ヶ団が昨夜北京に入城した事を通知して来た。機関側はあぜんとして、二の句がつげなかった。一昨日は趙登禹自身に、また昨日は斉燮元に、あれほど堅く約束したばかりではないか。その舌の根も乾かぬ中にもう裏切り行動をとっている。

しかもこの裏切り行為たるや、代理の者が帰った後、一層皮肉な現実を表わして来た。それは、機関の密偵二名の情況報告によると「昨夕六時前後、趙登禹部隊の二ヶ団が永定門から入城しました。うち一ヶ団は天壇に、他の一ヶ団は緑米倉(ルーミーツァン)に集結し、昨夜はそこで宿営しました」というのだ。密偵たちは「これは決して人から聞いた情報じゃありません。私達この眼でハッキリ見て来たんです。

私達は部隊と一緒に行動し、天壇に入った部隊は独立歩兵第二十七旅の六百七十九団、緑米倉(ルーミーツァン)に入った部隊は同じく六百八十一団という事まで確かめてきております」

北京城内の三十七師はまだ一ヶ団しか撤退していないというのに、新たにまた二ヶ団も入って来たら、結局城内兵力は増強ではないか。

秦馮ブロックには明らかに戦意がある。彼等は増兵の策謀を隠蔽(いんぺい)せんがため、日本側との折衝責任者として、特にロボット的存在の斉燮元を選んだのではなかろうか。機関としては、一刻も速やかにこの撤兵交渉を強行する必要に迫られてきた。

北寧招待所での会談

この日午後四時、私は東城煤渣胡同(メイチャーホートン)の北寧鉄路局招待所に、斉の代理者の謝呂西委員を訪ね、事実をただした。

驚いた謝はすぐさま趙師長に電話した。趙師長は二ヶ団入城させた事を率直に認めた。謝は憤慨したがそれを押えて、趙師長にすぐ北寧鉄路局招待所までやって来るよう促した。斉燮元に連絡すると二ヶ団も入ったという話は寝耳に水だと云う。

二十分ほどたったころ、趙登禹が悠然（ゆうぜん）として入って来た。別に駭（おどろ）いてもおそれてもいる様子がない。

「さきほど謝委員からあなたに連絡していただきましたが、一昨日松井機関長から、あれほど入城を待ってくれとお話したにもかかわらず、すでに入城、しかも二ヶ団も入れたのは、どういう理由ですか？」

「実は私もそれで困っているのです。入城を差し控えよといわれたので早速手配したのですが、その時、部隊はすでに高米店（カオミーテイエン）から城内に向って行動を起していたので、部下に伝達する方法がなく、遂に入城してしまったような次第でして――。現在入ってしまった部隊は何ですが後続部隊は絶対に入城させません。どうぞご了承を願います」

「謝委員から日本側に正式に通告があったのは一ヶ団だけです。だから後の一ヶ団は日本側には無断入城という事になります」

私の方としては緑米倉（ルーミーツァン）にいる一ヶ団だけを、今晩中に撤退させる事を、ここで承諾していただきたいのです」

「承知しました。もともと二ヶ団同時に入城させたのは宋軍長の命令ですから、その方の了解をとげた上で、早速ご返事を申し上げましょう。なお、撤退に関する打ち合せや準備などもありますから、今晩すぐという事はちょっとむつかしいかも知れません。明日の正午までご猶予をいただけませんでしょうか？」

「では明日の正午を限って、撤退していただきます」

私は謝呂西に向って話しかけた。

「京漢鉄路はいったい何してるんです。保定方面に三十七師を送るというので、電線の修理や列車の運行など、いろいろ便宜を計ったのに、昨日と今日の午前、四ヶ列車、総計二千六百名を送っただけで、今日の正午以後またまた輸送がストップされています。今日の午後から京漢線のダイヤはすでに旧に復して、旅客列車を四つも南方に送ってるじゃありませんか。現在の情況は準戦時態勢にあるんでしょう。それなのに旅客列車を先に出して軍用列車を後回しにするなんて、本末顛倒（てんとう）ですね。

今日交通処長に連絡したところ、軍事輸送は当分中止、先の計画はまだ何も出来ていないとの事です。こうなると三十七師の撤退なんかいったいいつになる事やらわかりゃしません。

こういうやり方は誠意がないというよりも、むしろ挑戦的に受け取れますが、あなたはどう思います？」

「……………」

「天津軍司令部に電話したところ、幕僚達カンカンになって怒っちゃいましたよ。数々の不信行為に対しては、これ以上の容赦は出来ぬ。明日にでも徳川飛行集団の百数十機を北京上空に飛来させ、厳重二十九軍の行動を監視する、とまでいっているんです。不拡大には殆んど失望してしまった形です。

私は不拡大方針を放棄してしまいたくありません。貴国側の反省と自発的善処を促す次第です」

招待所での会見は終った。玄関先の大輪の日回り草の下に立って、手を振りながら私の車を見送ってくれた趙登禹将軍の姿、これが彼との永遠の別れになろうとは、夢にも思いかけないところだった。

秦徳純、趙登禹を面罵す

趙登禹は直ちに鉄獅子胡同、進徳社に車をとばせた。進徳社の大広間では、二十九軍軍長宋哲元、副軍長秦徳純、軍参謀長張越亭、三十七師長馮治安等が出席し、最高首脳部会議の最中だった。

秦徳純が尋ねた。

「寺平補佐官、何かいってましたか」「私の部下で今緑米倉に入っている六百八十一団を即時城外に撤退させて欲しいと要求しております」

宋哲元は黙々として聞いている。馮治安は顔をあげて、趙登禹の次の言葉を待ちうけている様子だった。突然、秦徳純が眼をいからせて起ち上り、難詰し始めた。

「貴官は百三十二師統帥の責を持つ師長である。一途に宋軍長の命を奉じ、部下の指揮統帥に当っておればそれでよろしい。いったい何の用があって日本特務機関の補佐官なんかと会見するんだ。

我々の肚はすでに決まっている。しかるに貴官は彼等の口舌に丸められ、北京警備の任についたばかりの二ヶ団に対し、即時城外撤退という重大問題を軽々しく受諾するとは。いったい二十九軍の威令はどうなったって構わないと思っておられるのか」扇子で卓をたたきながら詰め寄った。

続いて馮治安が起った。

「趙師長がどの辺まで受諾したか、私にはわからない。しかし守土抗敵は我が二十九軍の信条である。喜峰口の一戦以来、我が軍の赫々たる武勲はすでに天下に喧伝されている。

趙師長、軍長以下の気持も解せず、このような屈辱極まる撤兵をもし受諾したとするならば、今次蘆溝橋の一戦に、頑として敵の襲撃に抗して起ち上った、我が二十九軍の愛国的熱誠は、ことごとく地に堕ちてしまうではないか」

「そうだ」

秦徳純が合槌を打った。

「まだ確約はしていません。

ただ、肚はすでに決まっているというただいまのお言葉、ここで初めて伺ったばかりです。私は、一意、軍長の意図を奉戴し、情勢の安定化、即ち正面衝突の回避、事件の不拡大、という方針のみに徹して一切の行動を律してきました。

こうした根本方針の変更を、なぜもっと早く私の部隊に知らせて下さらなかったんです」

秦徳純、馮治安の述べるところもさる事ながら、趙登禹の言い分にも道理があった。

決戦か、不拡大か、この二つの方針をめぐって宋哲元は先日来、ひとり深く悩み続けていた。今日の気拙いこの激論も、畢竟するに自分自身の優柔不決断が、趙師長をこれほどまでに苦しめているのだ。

先日南京から蔣主席の特使、熊斌将軍がやって来た。そして秦徳純の妻子を、人質的に南京に拉し去って行った。秦徳純、馮治安、この二人は完全に南京側に組し自分の意図を汲む真の協助者ではない。

事茲に及んでは、自分が今、日本側の意志に従ってみたところで、この冀察政権はあといつまで続けて行く事が出来るだろう。

冀察政権が樹立されてから、一年余にしかならないのに、早くももう先が見え始めている。——

沈黙を破って馮治安が叫んだ。

「趙師長、蘆溝橋の問題にしろ今日の問題にしろ、撤退すべきは我々ではなくってむしろ日本側である。彼等の要求は即刻、断乎排撃されよ！」趙登禹は心持ちうなずいただけで静かに起ち上った。

宋哲元以外の一同は、冷たい眼でジーッとそれを見送っていた。気のせいかその時の趙師長の後姿には薄暗い影が漂っていた。

（三十三）最后通牒

资料名称：最後の通牒

资料出处：寺平忠輔著《蘆溝橋事件——日本の悲劇》，読売新聞社 1970 年版，第 300—313 頁。

资料解说：驻北平的第二十九军部队没有按照日军要求撤退，7 月 25 日日军在廊坊挑起冲突，26 日向中方递交最后通牒，要求第三十七师驻卢沟桥、八宝山一带的部队在次日中午前撤退到长辛店附近，北平城内和西苑的部队在 28 日中午前撤到永定河以西，否则日军将采取军事行动。

第二〇章　最後の通牒

大城戸大佐の出現

夜を日に継いでの忙しい事務に逐われ通してきた特務機関の人達に、疲労がたまってきていた。七月二十五日の事である。

松井特務機関長は、午前零時半、軍参謀長の招電に接し、急遽準備を整え早朝六時の列車で天津に向った。

事変の交渉はこのところ暗礁に乗り上げ、解決の見通しもつかず、機関長の赴津によって、何等かの打開策がもたらされるのではないかと思われた。そこで機関長の新しい指示を待つためもあって、機関はこの日一日を久しぶりの休日にした。

アカシヤの林にひぐらしが鳴き始めた夕方六時ごろ、機関長は天津の軍司令部から、スーパー機を飛ばして戻って来た。機関員が機関長の周りを取り巻く。機関長は土産のようかんを出しながら「軍の不拡大の根本方針は、依然として変化なしさ」と前置きして「不拡大という事については、参謀長もいっておられた。たとい軍は馬鹿正直といわれてもいい。とにかく不拡大に徹底するんだ。不拡大の奴隷になるんだとね。あとはただ最高統帥の命ずるところに従って動きさえすればそれでいいのだ」

その時、機関に客があった。

ボーイに続いて応接室に入って来たのは堂々たる体軀を背広服に包んで、心持ち眼鏡越しに部屋の中を眺め渡している温顔の紳士、南京駐在武官の大城戸三治大佐だった。

「ご無沙汰しました。こんど天津軍の方へ来ることになりましたのでどうぞよろしく、ヤア寺平君、君とはちょうど一年ぶりだねえ。随分忙しいだろう」

大城戸大佐は愛想よく話し始めた。

「上海から欧亜航空で、まっすぐ天津に行くつもりだったのが天津には止まらず、北京に来ちゃったんです。これから汽車か自動車ですぐ天津に行こうと思ってますが」

「私も今、飛行機で天津から帰って来たばかりなんです。いまは汽車がなかなか不便ですからね。もし行かれるんでしたら明日の朝、自動車で通州経由で行かれるのがいいでしょう」

おりから来合せた中島、桜井両顧問をはじめ、今井武官なども交え、二階の機関長室に席を移し、最近の南京情勢について話を聞くことになった。

中国の心臓部南京にあって、つい昨日まで蔣介石の一顰一笑を観察し続けて来た大城戸大佐は、まず日本当局の優柔不断を槍玉に挙げ、さらに南京政府の抗日政策を論難し、華中全域にわたって抗日意識の旺盛な事、今回ほどの例は未だかつて経験した事がない。いまどきなおかつ不拡大を叫ぶがごときは、井底の蛙大海を知らぬものとまで論及した。要するに南京方面の現況から推断すれば、対中国の開戦も早やむなしというのが、大佐の結論であった。

環境を異にし、イデオロギーを異にする北京在住の我我は、強い反対論をもってこれに応え、激論はいつ果てるとも思われなかった。

郎坊事件の勃発

その夜十一時やや過ぎである。電話が鳴った。

「僕、陳覚生です。時にこんな事を聞いたんです。今日午後四時半ごろ、郎坊の駅に日本の兵隊さんが一ヶ小隊ばかりやって来て、宿舎を貸せとか貸さぬとかいって、中国軍と睨み合いを始めたんだそうです。

何かそんな情報、あなたの方に入っていませんか」

「知らんですよ。それは初耳です」

「困りましたなあ、もしわかりましたら僕は今晩、ズッと張自忠師長の宅に居りますからお電話いただけませんか」

私のかたわらにいた愛沢通訳生が一応軍司令部に確めることになった。

天津の司令部に連絡をとると「情況は不明だが、郎坊付近の電線修理、並びに鉄道保護の目的をもって派遣された一ヶ中隊が、宿舎の問題で夕刻以来中国側と交渉中で、いまだに話はまとまらぬらしい」という簡単な返事だった。そこでその旨を直ちに陳覚生に伝達した。

この通告が終って、五分もたたないころだった。豊台の連隊副官河野少佐からと、旅団の情報将校浅野少佐から同じ情報が別々の電話で送られて来た。内容は「郎坊の中国軍は日本軍に対して包囲の態勢をとり、午後十一時三十分、ついに軽機関銃射撃を浴せてきました。日本軍はいまのところ、一発も応射はしておりません。目下のところ、事態は一応おさまっている模様です」

愛沢通訳生は舌打ちしながら電話で張自忠師長を直々に呼び出し、談じ込んだ。通訳生はこの五月、二十九軍首脳部の日本見学旅行に同行し、張自忠とは仲よしになっていたので、その気安さから鼻息も荒く「張さん、なんでもいいから早く部下に命令を下す事が先決ですよ。宋委員長のいわゆる、摩擦を避けよという訓示をこの際徹底的に強調するんですね。あなたの部隊に限って、絶対こんな事は仕出かさないと、いままでだれだって信じ切っていたんじゃないか。停戦協定調印の責任者という立場からも、あなたは身をもって事件の拡大を防ぐ義務がある。大至急電話で命令を下しなさい」

補佐官室の横のソファーでは、軍事顧問が額を集め、協議を重ねていたが、この情報を聞くとこの分なら大した事もないだろうと、中島顧問はボーイに蚊いぶしをたかせ、ソファーの上に横になってしまった。あとはまだ睡りもやらぬ機関員達が、戦局雑談に花を咲かせている。

交通顧問部の河端誠二秘書はこの日電話当番だったので、軍用電話を前にして、宣伝ポスターの裏にしきりに習字の稽古（けいこ）をしていた。私は腕時計をみた。午前二時である。その後の状況を知るため豊台の司令部に電話をかけさせた。二、三問答していた河端は、受話器を握ったまま私の方をふり向いた。「浅野少佐が出られまして、郎坊では午前零時半、中国軍がまたまた射撃を開始し、日本軍も応戦していま猛烈な射ち合い中だそうです。

中国軍は迫撃砲まで持ち出しており、日本軍の損害は重傷二、軽傷四、合計六名です」

私は奪うように受話器を取り上げた。「旅団として、もしくは軍として、この事件の対策は何も講じないんですか」「それをいうのを忘れていました。天津から連隊長の指揮する歩兵二ヶ大隊が、直ちに救援に出かけるそうです。連隊長は鯉登行一大佐です。朝鮮から来た部隊ですね」「連隊長の指揮する二ヶ大隊ですか。こりゃあ一いくさまぬかれませんね」眠っていた機関員は、あちこちからムクムク起き出して来た。

鯉登連隊の掃蕩戦

午前二時半から機関の応接室で緊急会議が始められた。中国側当局や陸軍武官室、天津軍司令部に電話はつぎつぎとかけられた。

午前三時、豊台の佐藤中尉からの電話「前線は鎮静しました。しかし救援部隊は未だ到着しておりません。依然楽観を許さない状態を持続しております」

「我々軍事顧問が一人、至急、郎坊に行く事にしましょう。中国側から周参謀かだれかを一緒に連れて行って、現地の中国軍を押えない事には、とても解決はつきやしません」発言したのは中島顧問だった。桜井顧問が「郎坊に行くんだったら私が行きましょう。私はこの間張自忠と一緒にあそこの部隊を検閲して、兵が残らず私の顔を知っとるから、交渉にはかえって好都合です」

そこで早速北寧鉄路局に掛け合って列車を準備させる。また二十九軍にも交渉して代表者二名を差し出させる事とし、桜井顧問が一緒に現地に向って出発する事になった。

一方、天津海光寺の軍司令部では、二十五日夕刻、郎坊において電信隊が危険な状態にさらされている事を聞いて、とりあえず五ノ井中隊を現地に派遣したが、真夜中ごろになってその中隊もまた数倍の敵の重囲に陥り、危機刻々に迫るとの無電に接した。そこで軍の総予備だった鯉登連隊を郎坊に急派する事に一決した。

連隊は第一梯団と第二梯団とに分れ、二列車編成で天津東站を出発する事になった。第一列車には、鯉登連隊長自ら軍旗を捧じ、連隊主力と共にこれに搭乗、第二列車には、配属砲兵、並びに北京救援の任務を併せ有する天津軍の広部大隊が搭乗した。いつ敵前下車を敢行しなければならぬかわからないので、列車はことごとく無蓋貨車。

午前三時二十分、まず先頭梯団の列車が発車した。夜はほのぼのと明けて来た。さわやかな暁の冷気を衝いて蒼穹高く、日本空軍戦爆連合の勇壮な飛翔。空軍も同じく郎坊さして馳せ向うのだ。

救援列車が郎坊近くに差しかかったのは、六時過ぎだった。空軍は郎坊の中国軍めがけて爆弾の雨を降らせている。

灰色をした郎坊の家々が、緑の木の間にクッキリと見え始めて来た。前方、郎坊の森から白煙が挙った。轟然たる音響と共に、敵の迫撃砲弾が列車の側方高粱畑に落下した。すさまじい土塊と高粱の幹が空中高く巻き上げられる。「全員下車！」指揮官搭乗車から命令の下達。兵は列車から跳び下りて、線路両側の高粱畑の中に姿をかくした。

部隊は、あらかじめ指示されていた通りに当面の敵に対して展開を完了。

続いて、攻撃前進の声に応じ、高粱畑の間を縫って中隊ごとに一進一止、郎坊めがけて前進を起した。銃声と、大隊砲の発射。三輪寛少佐の指揮する友軍戦闘機隊は美事な急降下を敢行して、中国軍の集中している森目がけて対地攻撃の反覆。地上部隊はぐんぐん突き進んだ。

やがて郎坊の駅がすぐ目の前に見え始めて来た。T字形の駅標が朝の陽ざしに白くクッキリ浮び上っている。シグナルが見える。駅舎が見える。土嚢らしいものも見える。その土嚢の上に、何やら白いものがヒラヒラしている。日章旗だ。日章旗を打ち振っているのだ。「友軍はあそこに頑張っているぞ」救援隊は一気に、郎坊駅へ突き進んで行った。

駅では五ノ井淀之助中隊以下が、血達磨になって昨夜から孤軍奮闘を続けていた。戦死者の屍がそのままに、駅舎の電報室に横たえられている。敵は先程の爆撃に耐えられず、主力は退走してしまったらしく、あたりにはその影を留めていなかった。連隊は直ちに駅付近の警備に就くと共に、部落内の掃蕩戦にかかった。

郎坊の敵は、三十八師百十三旅、劉振三の隷下部隊で二二六団である。初め劣勢の日本軍を軽く侮り、張自忠再三の命令をもあえて無視した中国兵だったが、夜が明け放れたとたん、空地からの立体攻撃をうけ敗走した。時をおかず我が軍は戦場追撃に移って行った。

軍用電線切断さる

機関交渉日誌の整理をしていた私に今井武官から電話がかかってきたのは午前六時三十分だった。

「軍司令部から電話があってね。お知らせするが、今朝方爆撃機六機を遣って郎坊を爆撃させたそうだ。救援隊も今ごろはもう到着して、攻撃しているころだろう。連絡事項はそれだけだ。今日の定例会議は平常通り実施されるんだね。八時ごろには君のところへ行くよ」私は機関長や軍事顧問に報告した。笠井顧問は昂然としていった。「武力解決が一番ハッキリしていていいですよ。もうこれからはいつでもこの要領でいく事ですね。アハハハ……」

軍司令部からはこれより先、広部大隊の北京救援を電話で伝えてきていた。その電話はまた「部隊入城の経路方法については、現地機関において慎重討議研究の上、最善の案を決定し、これを直接当該部隊に連絡せられたし」という言葉が付け加えられていた。

そこでこの日、二十六日午前八時からの定例会議は、時にその参集者を軍関係者だけに限定し、議題として広部大隊北京入城の方法、並びに郎坊事件発生に伴う情勢判断について討議研究し、十時前後には会議も一通り終了した。私は小別当海軍武官と談笑していると檜垣機関員が通信所長の高橋中尉から電話がかかっていると伝えた。

高橋猛中尉の電話によると今朝ほど豊台と北京の中間で、軍用電線が切断されたらしく、豊台へも天津へも全然通話が出来なくなってしまったとの事である。「無線で連絡をとる以外、全然他に方法がありません。断線の部分はそんなに遠いところじゃありませんから、汽車さえ出してもらえたら、私自身、修理に行って来ようと思います。特務機関から鉄道の方に、交渉していただけませんでしょうか」「おあつらえ向きに、北寧鉄路局長が私のところに来ていて、話をしている最中なんだ。早速連絡をとって上げよう」

私は、すぐその事を私の部屋に顔を出していた陳覚生と林耕宇に話した。そして列車の準備を要求した。

その日午後一時半、高橋中尉の電線修理班には、機関側から笠井顧問と広瀬秘書、二十九軍側から周思靖参謀が参加して、ガソリンカーに搭乗し、北京正陽門東站の駅を出発した。徐行する車の中から、一々線路に沿う軍用線の切断個所を点検して行くのだから、時間のかかる事おびただしい。

一行は南欠口の城門を出て、西約百メートルの地点で電柱が三本、根元から伐り倒されて高粱畑の中に捨てられているのを発見した。「ひどい事をしたもんだなあ。このくらいハッキリしていれば抗日の輩が計画的にやった事は、だれが見たって極めて明瞭だ」周参謀までが、「こいつはヒドイですなあ」を連発するありさま。一隊は直ちに材料をおろして修理にかかった。修理はなかなか思うようにはかどらない。埃にまみれ、汗ダクになりながら、夕方六時までかかってようやく電柱四間隔の接続を完了した。

南矢口警備の中国兵はこれより先、周参謀から厳重な注意をうけていたので、妨害行動には出なかったが、一行が応急修理を完了し、帰途につこうという間際になって、急に不穏な態度に転じてきた。ガソリンカーが城門近くにさしかかると、彼等は手に手に銃を携え、片手に柄付き手榴弾をふり上げて、今にも投げつけようという気配を見せ始めた。周参謀は運転台から半身を乗り出して城壁上の中国兵に向い「誤解しちゃいかん、誤解しちゃいかん、これは二十九軍の専用車だ。電線は全部の修理が完成しなかったから明日の朝もう一遍やって来る」とどなった。機宜に適した措置によってあやうく引き起されようとした不祥事件も未然に防ぐ事が出来、一行は七時半、無事正陽門駅に帰りついた。

鉄のごとき皇軍の決意

枚挙にいとまない二十九軍の不信行為、さすがに隠忍を重ねた天津軍司令部も業を煮やした。ことに郎坊事件の勃発によってその憤激は極度に達した。

ここにおいて軍は遂に、自衛権発動の見地上、軍本然の任務に還元し、断乎膺懲の師を起すことを決意したのである。

七月二十六日午前十一時半、天津軍司令部から北京特務機関長宛「第二十九軍に与うるの書」という、最後通牒的文書が発せられてきた。

一方、東京三宅坂の軍中枢にも、その最後の決意が報告された。

参謀本部作戦部長石原莞爾少将は、由来北進論の急先鋒だった。ソ連をたたくためには中国など顧みている余裕はない、というのがその持論であった。

だから盧溝橋事件に対しては、徹頭徹尾不拡大方針を堅持し続け、中央の空気を引ずり回した迫力はさすがであった。「中国と事を構えるくらいなら、いっその事、天津軍司令官以下一兵に至るまで、ことごとく満州国境まで引き退げてしまえ」この一語は有名であり、彼の主張がいかに強硬だったかが窺われる。だが、その作戦部長すらも、郎坊以後はついにさじを投げた形だった。

ここにおいて最高統帥は、天津軍司令官に対しその要請を認可した。

二十六日午後二時三十分、軍司令官香月清司中将は松井機関長あて「貴官は直ちに宋哲元と会見し、前電第二十九軍に与うるの書を手交すべし」との電報を発してきた。

この日、北京の空は心地よく晴れていた。百何十度の炎熱は頭の真上からジリジリ照りつけて、拭っても拭っても玉の汗が頰(ほお)を伝って滴り落ちた。それでも機関員達は、元気に充ち溢れていた。いつの間に集ったのか新聞通信員達が、機関の玄関前にカメラの包囲陣を布き、機関長一行の出馬を待ち構えている。

この歴史的通告の場面には、松井特務機関長の随員として、駐屯軍参謀大木良枝少佐、私、そして武田嘱託が通訳として進徳社に同行する事となった。

紫の帛紗(ふくさ)に包んだ通告書を、大切に抱え込んだ私は、午後三時三十分、機関長に続いて北機第一号車に乗り込んだ。一行はこの日皆、背広を着ていた。

車は目ぬきの大通り王府井大街(ワンフーチン)へとさしかかった。プラタナスの街路樹の木陰では、露天商人が鐘を鳴らし、酸梅湯(ソワンメイタン)のはかり売りをやっている。大道理髪師はビーンという音叉(さ)の音を響かせながら、理髪道具を荷って歩いていた。最後の通牒とはおよそ縁の遠い、平和な風景がそこここにあった。

車は鉄獅子胡同(ティエシーズホートン)、その名もいかめしい冀察の心臓部にかかっていた。王者の邸宅を偲(しの)ばせて、丹青の美を凝らした豪壮華麗な純中国風の大建築、これが宋哲元の弁公庁であり、また今日の会見場となる進徳社だった。

衛隊の兵数名が厳重にその入口を固めていた。我々の車がその大玄関に横付けにされると、接待係の背の高い中尉が一行を内に誘導した。金碧燦爛(きんぺきさんらん)、色彩りもケバケバしい柱や欄間、天井、進徳社の内部は日光の廟宇のそれにもまして美しかった。

我々は入って右側の控え室で、十分ばかりも待たされた。私はつぶやいた。「正式会見の代表を、こんな控え室に十分以上も待たせるなんて——時間はあれほど念を入れて打ち合せしといたのに」

病気を装う宋哲元

やがて無表情なボーイが出て来て、無言のまま我々を大客庁に案内した。満面に笑みを湛(たた)えながら入口に出迎えたのは、京綏鉄路局長兼冀察の総参議、張維藩である。

機関長が今日の来訪の趣旨を通ずると、張維藩は「非常に暑いところを大変ご苦労様でした。どうぞお掛け下さい」と言い、煙草をすすめたうえ、言葉を継いで「実は今日、宋委員長はあいにく頭痛で休んでおられるのです。それで私が委員長の代理としてお目にかかり、何のお話に限らず一切責任をもって、間違いなくお伝えする事に致しましょう」と劈頭から逃げを張って来た。

そこで機関長「実は、今日、私は日本軍司令官の代理という資格でお伺いしたのです。だからどうしても宋委員長にお会いしたい。もしご病気というのならば、病室までお伺いしても構わない」と強くいった。それに敗けた張維藩は、都合を伺ってくると奥に去った。

ガランと広い大客庁、天井の扇風機の音だけがやけに耳に響く。大木参謀が「宋哲元先生、もうすっかり参っちゃってるんだよ。ここに顔を出せば機関長から例の懸案について突っ込まれるし、そういつまでも放ってはおけないからなんとか即答しなけりゃならない。頭も少しは痛くなるだろうさ」といった。

張維藩はなかなか戻って来ない。庭先では油蟬がやかましく鳴き続けている十五分ばかり経ってようやく張維藩が戻って来た。秦徳純も一緒にやって来た。

張維藩は座につくなり「委員長は何とも高熱のためお会い出来ませんのでどうぞ悪しからず。その代り秦市長に来て頂くことにしました」秦徳純は何となく浮かない顔に薄い笑みを浮べながら、小声で「私と張局長と、二人で委員長の代理としてお話を承る事に致します。今日は大事なお話があると承りましたが」

機関長は秦徳純の方に向き「今日は私達、特別の任務をもってやって来ているんです。委員長が病気というのなら長い時間はとらせません。一分でも三十秒でも結構です。病室に通していただけませんか」「その……今も申し上げたような次第でして……」この押し問答がかれこれ十分以上も続けられた。たいていの者ならシビレを切らしてしまうところだ。

我等が今、突き付けようとするのは最後の通告書一枚だけだ。ただ一枚の通告書を宋哲元に手渡しさえすれば、それで機関側の任務は達成出来るのだ。この土壇場に臨んで物を聞く必要もなければ、意見を述べる事も要しない。

温厚な機関長もいささかいら立って来た。「通告書の手渡しさえいかぬといわれるからにはやむを得ない。貴方のお考えは極めて明瞭だ。全面的衝突を覚悟の上でこの通告書を撤回しろといわれるんですな」仮病にせよ重態にせよ、我々のこれほどまでの懇望がきき入れられないのは、彼に一片の誠意がないからだ。それだけはハッキリしている。否、宋哲元が我々に会わないというのは、恐らく宋哲元の本意ではあるまい。今や宋哲元に代ってこの冀察を牛耳っている秦徳純と馮治安の二人が中間に介在して妨げているに違いないのだ。

309　最後の通牒

京綏鉄路局長兼冀察総参議　張維藩

張、秦二人が「それじゃあもう一回、伺って参りますから」といって座を外した。

冀察の心臓部進徳社では、こうして日華双方の代表が虚々実々、拡大か不拡大かの大きな疑問符をめぐって、お互いが画策する。

私は数分の後、眼前に展開されるであろう息詰まるような両国折衝の場面を胸に描きながら、部屋の円柱に書かれてある、岳維峻将軍の奔放不羈、豪壮極まる大文字を、眺めるともなしに眺め入っていた。

ボーイが紅茶を入れかえる。二人が立って行ってから二十分以上経過した。窓の外から流れて来る交響楽は、隣の綏靖公署軍楽隊の演奏らしい。軽快なシューベルトのミリタリーマーチだ。

遂に通告書を手交す

突然、扉が開いてさきほどの二人が戻って来た。機関長は吸いさしの煙草を灰皿の中にねじ込んだ。秦徳純は愛想よく笑いながら「本当に松井さん、お願い致します。どうか私達を信頼して下さい。宋委員長には責任をもってお伝え致しますから……。してその通告内容というのは、いったいどういう条件でございますか」

私は奉書の紙に書かれた「第二十九軍に与うるの書」を紫の帛紗から取り出し、機関長に手渡した。機関長は無造作にそれを開いて、しばらく黙読していたが、秦徳純の前に差し出して「ご覧の通りです」といった。怖ろしいものにでも触れるような格好の秦徳純と張維藩とは、緊張した顔付きで、二人寄りそうようにして日本文の通告書に眺め入った。

通告書の全文は次の通りである。

第二十九軍に与うる通告書

昨二十五日夜、郎坊において、通信交通の援護のため、派遣せる一部我が軍に対し、貴軍の不法射撃に起因し、遂に両軍の衝突を見るに至りしは遺憾に堪えず。

かくのごとき事態を惹起するに至れるは、貴軍が我が軍との間に協定せる事項の実行に誠意を欠き、依然挑戦的態度の緩和せざるに起因す。

貴軍において、依然事態不拡大の意志を有するにおいては、まず速かに蘆溝橋、八宝山付近に配置せる第三十七師を、明日正午までに長辛店に後退せしめ、また北京城内にある第三十七師は、北京城内より撤退し、西苑に在る第三十七師の部隊と共に京漢線以北の地区を経て、本月二十八日正午までに永定河以西の地区に移し、爾後引続きこれ等軍隊の保定方面への輸送を開始せらるべく、右実施を見ざるにおいては貴軍に誠意無きものと認め、遺憾ながら我が軍は独自の行動を執るのやむなきに至る。

これの場合起るべき一切の責任は、当然貴軍において負わるべきものなり。

昭和十二年七月二十六日

日本軍司令官　香　月　中　将

第二十九軍長　宋　哲　元　殿

一通り読み終った秦徳純は、フッと吐息して張維藩に渡した。そして脇の方を向いたまま、黙々と考え込んでしまった。

私は判断した。——今、彼の頭の中では、通告書の内容、特に、「二十八日正午までに」「実施を見ざるにおいては」「我が軍は独自の行動を執る」「責任は当然貴軍において負わるべきものなり」といった言葉が渦を巻いているに違いない。

決裂だ、戦争だ、そしていよいよ冀察政権最後の日来たる！――。

「軍の方のご要求はタッタこれっきりなんですか」突然、秦徳純がこうたずねた。意想外な言葉である。九分九厘、激しい反駁だと思っていた私は、いささか拍子抜けがして、禅問答でも始まったんじゃないかといった感に打たれた。

秦徳純は付け加えるように「他には何もご要求はないのですね」と念を押した。

「要件は通告書にあるだけです」機関長は荘重に答えた。

もう一遍改めて通告書に目を通した秦徳純は、やがて話し始めた。

「この通告書で拝見しますと、日本側のご要求というのは、単にこの間お約束した協定事項の期日が、若干早まったに過ぎないようです。が今の場合、すぐそうしろといわれても、実際問題としては到底困難な事ですから、どうか今しばらく期日を延期するようにして頂きたいのです」

「現在の問題は、ただこの通告書を、宋委員長に伝達する事だけをしていただきたい。

伝達しないでおいて延期とか何とかいわれても、私の方としてはご返事すべき筋合いじゃないのです」

「しかし実際問題として、実行不可能な通告書を、黙って受け取れといわれても、それは私の方として、すこぶる苦しい立場にあるのです」小手先外交にかけて海千山千の秦徳純は、こういった弁舌を弄して妨害をしかけて来るのだった。

機関長は声を励まし、断乎として言い放った。「私の任務は通告書の伝達である。任務以外には一切聞く耳をもたぬ」すると秦徳純がいった。

「あなたの任務は軍司令官の代理として、この通告書を伝達する事、私共の任務は宋委員長の代理として外部と折衝する事、これは全く同じ立場です。まあ同病相憐れむとでもいうところでしょうか」

何という人を食った言葉だろう。彼の面に、薄い笑いが漂っていた。

機関長はなかば怒気を含んで

「そんな事はどうでもよろしい。いったい貴官はこの通告書を受取るというのか受取らぬというのか。

最初は責任をもってお伝えしますとキッパリ言明しておきながら、今また立場がどうのこうのといっておられるが、私には一向貴官の真意が捕捉出来ない。貴官がどうしても伝達を拒まれるというのなら、この交渉は所詮決裂の他はない。

ことに宋委員長に伝達せぬというに至っては、これ一に貴官の不誠意を暴露するものであって、さきにお約束した部隊の移動、あの約束不履行に輪をかけた以上の不誠意だ。

冀察と日本との衝突の動機を作る者は実に貴官であり、今後日本軍がいかなる行動に出ようとも、私は最早関知すべきすべを知らない」

秦徳純はややあわて気味に、

「イヤ、伝達しないという意味じゃ決してないのです。ただ、問題が極めて重大ですから、平素ご懇意なあなたに対して、特に一応のご了解を願ってみた次第なんです。

ご趣旨はよくわかりました。私から確実に宋委員長に伝達いたします。この書類はそうするともう、有っても無くても同じようなものですから、どうぞお持ち帰りを願います」機関長は眉を逆立てた。

「持ち帰れとはいったい何事ですッ。この通告書の伝達それ自体が物をいうのであって、この通告書は決して我等一片のメモではない。

今日の交渉をそれほどまでに簡単に考えておられるようでは、折角の事ながら貴官が伝達するというその言にさえも、我々は疑いを挿しはさまざるを得なくなって来た。

あなたがた二人は、責任をもってこれを宋委員長に伝達すると、今、私の目の前で一札お書きなさい」

「そういわれれば仕方ありません。一応相談して参りますから……」またもや二人は何事か密議をこらしに出て行ってしまった。

五分、十五分……。

「冗談じゃない。もう五時二十分ですよ。たったこればっかりの交渉に丸半日も棒に振ってしまった」

「しかも通告書はまだ先方の手に渡っていないんだぜ」

「交渉している時間より、こうして待たされてる時間の方がよッぽど長いみたいだね」

秦徳純、張維藩、二人が再び戻って来た。さきほどとは打って変って、ニコニコ微笑んでいる。

「松井さん、あなたはどうして今日はそんな怖い顔ばかりしているんですか、もうちょっと朗らかな顔におなりなさいよ」

「問題はどうなったんです」

「ハハハ……致し方ありません。ご要求通り伝達します。領収証も書きましょう」彼はそう言いながら呼鈴を押した。

戸口に現われたボーイに命じ、筆と墨と便箋を取り寄せた秦徳純は、我々の目の前でスラスラと一枚の領収書を書き上げ、張維藩と二人でそれに署名捺印した。「これでよろしゅうございますか」機関長の前に差し出された領収書には、「日本軍司令官香月中将より、二十九軍軍長宋哲元に提出せられたる通告書は、我等両名においてこれを領収し、責任をもって宋哲元に手交す」という意味が記されてあった。

私は横合いから嘴をいれた。

「機関長殿、これでは単に手交するというだけであって、いつ渡すとも書いてありません。時期を失したら意味をなさない事になってしまいます。即刻という二字を入れさせて下さい」

秦徳純はまた筆をとって、その側に即刻の二字を書き加えた。「アハハハ……」期せずして同時に起る双方の爆笑。

この日百三十度の炎熱下に、進徳社の客庁は蒸されるように暑かった。そうした中で、二時間にわたる重苦しい雰囲気のうちに行なわれた折衝ではあったけれど、今、こうして通告書を中国側に手渡してしまうと、ホッとして、これでようやく重荷をおろしたという感じだった。

しかし次に来たるべき問題は、彼等が果してこの通告文を、忠実に実行に移すかどうかである。二十八日の正午までといえば、もうあとわずか四十時間しかない。

機関長と秦徳純とは握手を交わし、随員の大木参謀以下も朗らかな談笑の中に数分を過ごした。

その時「寺平補佐官、特務機関から電話がかかってきています」とボーイがいった。私は立ち上って隣室の電話にかかった。桜井軍事顧問が破れ鐘のような声を張り上げて、広安門の急を告げてきていた。

（三十四）广安门事件

资料名称：広安門事件

资料出处：寺平忠輔著《蘆溝橋事件——日本の悲劇》，読売新聞社 1970 年版，第 314—328 頁。

资料解说：7 月 26 日日军在广安门向守军挑衅，两军发生冲突。日军以保护北平侨民为由，派兵自广安门闯入北平城，战斗规模扩大。

第二一章　広安門事件

北京の危機刻々に迫る

事変勃発以来刻々迫って来る北京の危機、日本大使館はとうとう、居留民に対して内地引き揚げの勧告まで、発しなければならぬようになってきた。

そこで居留民の多くは、内地へ、朝鮮へと引き揚げて行き、七月の下旬ごろ、北京に留っている邦人の数は、事件前の約半分、およそ二千人に減っていた。

ところが城内に在って、この二千人を保護すべき日本軍兵力は、歩兵わずか二ヶ中隊である。これに対し、北京城内に充満している中国兵は、実に三ヶ旅というおびただしい数だった。北京の留守警備隊長岡村勝実中佐に与えられた居留民保護の責務はいかなる戦術判断をもってしても、まったく不可能に近い問題だといわなければならなかった。単身特務機関を訪れて来て、情報を交換していく岡村中佐の立場こそ、悲壮そのものというべきだった。松井機関長や今井武官は、岡村中佐の姿を見る毎に、留守隊長の心情に同情していた。

もちろん、天津の軍司令部も北京のこの情勢は十分わかっている。しかし北京増援の兵力を他から捻出する事は、不可能に近い状態だった。郎坊事件が勃発したとき、朝鮮から駆けつけた鯉登連隊を、郎坊の戦線に注ぎ込まねばならぬ実情だったのである。だが、事態がこれほどまで悪化した以上、北京城内にいつ飛び火しないとも限らない。ひとたび城内の中国軍が蹶起したら、尼港事件の残虐が再現されるだろう事は必至だった。

七月二十六日、午前一時過ぎ、香月軍司令官はこうした事態に対処すべく軍の総予備としていた、天津駐屯歩兵第二連隊第二大隊に対して、次の要旨の命令を下した。「貴大隊は直ちに天津を出発、一路北京に急進し、北京警備隊長岡村中佐の指揮下に入り、居留民の保護に任ずべし」

二十六日の黎明五時三十分、天津海光寺の兵営を出発した広部広少佐の大隊は、東站停車場から乗車した。この報に北京二千の居留民達は、「救援隊来たる」と手の舞い足の踏むところ知らなかった。

救援隊入城法の検討

二十六日午前八時、北京特務機関の応接室では、松井機関長を中心として、岡村中佐、今井武官、桜井、笠井両軍事顧問、赤藤憲兵少佐、大木良枝参謀、小別当海軍武官、補佐官の私の合計九名が額を集め、広部大隊北京入城の具体的方法について協議した。

当時の情勢下における、城外部隊の北京入城法、といえば、その経路が二つあった。一つは豊台から列車に乗ったまま、北京前門駅に乗りつける方法、一つは豊台から自動車に乗り換えて、広安門経由、公使館区域に入る方法である。

ところが列車による経路を考えてみると、まず北京城外永定門駅に、中国軍の歩兵一ヶ連が常時頑張っている。事変以来、ここを往き来する日本人が、列車の中で銃剣と青竜刀で威嚇され、ほとんど裸体にされるほどの峻烈な取調べをうけた事は一再ではない。列車がさらに城内に進むと、南欠口、東辺門、あるいは哈噠門、前門という要所要所に、それぞれ一ヶ連宛の兵が同じように頑張っていて、城壁上からは絶えず列車をにらみ下している。

それに比べると広安門の方は、同じように一ヶ連の中国兵がいるとはいうものの、難関といっては、ただこの一ヶ所だけである。交渉の仕方によっては、それほど困難という情況ではない。蘆溝橋事件勃発以来、一、二ヶ分隊くらいの日本兵は、連絡だとか何だとかの名目で、ちょくちょくここを出入りしている。現に二十二日には、軍旗さえここを脱出することに成功しているではないか。会議の結論は、広安門経由入城だった。

ところがここに第二の問題があった。我が軍の入城を、前もって中国側に通告すべきかどうかである。迂闊に彼等に連絡したら、彼等はあっさり拒否してくるかもわからない。七月八日には木原大隊が、朝陽門から入城しようとして、断わられた前例もある。拒否しないまでも、どんな手段を弄して、日本側にいやがらせを仕掛けてこないとも限らない。だからといって、全然無通告という事になると、彼等のために、城門の閉鎖くらいは当然やられる事も覚悟しなければならない。

結局、両者の折衷案、すなわち通告は入城の直前に実施し、彼等に対応の時間的余裕なからしめる。またその通告は、我が方の兵力内容については、ハッキリさせないというような事を決定した。

特務機関からはこれより先、軍事顧問中島中佐を広部大隊誘導のため、斉藤秘書同道、豊台駅に差し向けてあった。

広部大隊豊台に着く

午後二時、広部大隊は豊台駅に到着した。全員下車すると、直ちにトラック二十六台に分乗し、北京入城の準備にとりかかった。

豊台守備隊の狭苦しいバラック、それが当時、河辺旅団の司令部に充てられていた。河辺少将は広部大隊長と、雑然とした一室で会見した。将軍はその長髭をひねりながら

「ご苦労だったな。途中、郎坊付近の情況はどんなふうだったか」と尋ねた。瘦身長軀、謹厳寡黙の広部大隊長は応えた。「私共が参りましたところには、敵はすでに四散し、我々よりも一足先に天津を出ました鯉登連隊の主力が、郎坊に下車して残敵掃蕩に当っておりました。土民の言によりますと、敵は本早朝、我が爆撃を食って、相当の損害をこうむったらしゅうございます。唯今はもう、極めて静粛でなんら心配ございません」

「それはよかった。そこで今度は貴官の任務についてだが、これはすでに軍司令官閣下から示された通り、北京居留民の保護である。で、北京に着いたら直ちに警備隊長岡村中佐の指揮下に入り、そこで初めて任務が生ずるわけだ。だから途中は極めて穏便な行動をとって入城するようにしないといかんな。北京からは軍事顧問の中島中佐が、今朝ほどからこちらに来て君達を待っている。これから大隊を誘導する事になっているから、もし途中、何か特別の事故でも起ったら、万事顧問とよく相談し、あくまで慎重に善処し給え」「かしこまりました。十分注意して入城することに致します」「なお、北京方面の情勢については、中島顧問が詳しいから、あらかじめよく連絡しておき給え」

そこに純白の中国服をまとった中島中佐が入って来た。中島中佐は語った。「昨日までの情況でしたら、広安門入城もさほど困難とは思われませんでしたが、今日は郎坊事件の直後ですからねえ。中国兵の心理がどんなふ

うに動いているか、その辺のところはちょっと見通しがつきません。そこで大隊としては、万一どんな事態が突発しても、それに即応し得るだけの準備は、十分整えておく事が肝要です」

顧問は広部大隊長と、さらにいろいろの打ち合せをする一方、おおよその出発準備が出来上ったところを見計らって、斉藤秘書を広安門に先行させ、大隊の入城に齟齬(そご)を来たさないよう連絡をとらせた。

豊台に到着した広部大隊

桜井顧問の準備工作

北京の特務機関では、機関長も私も、また大木参謀も、この日午後三時から、宋哲元に対して最後の通牒(つうちょう)「二十九軍への通告書」を手交するため、進徳社に赴(おもむ)くことになっていたので、広部大隊の広安門入城に関する交渉は、一切を挙げて桜井顧問がこれを担当することとなった。

桜井顧問は秦徳純の秘書、張我軍に対し「ちょっと連絡事項があるから、午後三時半までに特務機関にやって来てくれ」と電話で連絡した。そして彼を通じ広部大隊入城のことを中国側に通知するはずだった。ところが張我軍は時間一杯になってもやって来ない。

一方現場、広安門付近の情況について特務機関では愛沢通訳生をはじめ、数名の密偵を放って偵察させたところ、その報告によると、「広安門街道は真夏の昼下り、焼けつくような炎天下に、いたって平穏な場末の街の風景を展開しており、何等平常と変ったところはない。城門守備の三十七師の一ヶ連など、城門付近に寝そべっている」との事である。

時計はもう、かれこれ三時五十分を回っている。桜井顧問はしびれを切らし「張我軍、いつまで待っても来はしない。俺(おれ)はもう広安門に行くぞ。前田はいないか。だれか一人、一緒について来い」とどなった。「顧問殿、前田は今さっき、シャツを着換えに出て行ったばかりです。私がお伴いたします」そういってとび出したのは、熊本県飽託郡小島町出身の機関員、川村芳男だった。彼はこの日、黒色の中国服をまとっていた。「そうか。お前でいい。今日みたいな大事な役目に顧問用のボロ自動車は駄目だ。補佐官用の第二号車が空いてるだろう。あれを借りて来い」

この第二号車は、平素から桜井顧問お気に入りの車だった。事件勃発第一日、顧問が勇敢に車上にまたがり、白旗を振りながら蘆溝橋上両軍の間を駆け回って、停戦勧告に奮闘したのもこの第二号車だった。飴色の車体、スマートな流線型、そのスマートさよりも顧問が一番気に入ったのは、運転手高のとび離れた勇敢さ、大胆さだった。年はまだ二十七、八歳、体軀のガッチリした中国人で、蘆溝橋の時など、弾丸雨注の間を臆せず、むしろ無神経と言いたい慓悍さで車を駆使し、その操縦技倆も抜群だった。だから機関では高の車を「非常時用」と呼んでいた。桜井顧問と川村機関員とは、照りつける夏の陽ざしをまともに受けながら、その非常時用に乗って、特務機関を出て行った。

顧問と行き違いに、機関事務室の電話が鳴った。入城部隊誘導のため、早朝、中島顧問に従って豊台に行った斉藤秘書からだ。

「今、広安門の警察分所で電話しています。部隊の入城に先行して、僕と寒宣撫班員とが先発隊と一緒に広安門までやって来たところ、日本軍の入城を知った中国兵は急に武装を始め、城門の扉を閉めようとしています。この王連長と掛け合っているところですが、機関からも大至急、中国側に交渉して下さい。広部大隊は間もなく到着します。大至急で願いますよ」語気から察すると斉藤秘書は相当に興奮しており、現場の空気が大分変ってきているらしいことが推察された。

広安門大街を、城内の方から疾駆して来た飴色の自動車が、広安門警察分所の前で停まった。続いて幾台かの自動車が、ブレーキをきしらせながら目白押しにその後に停まった。桜井顧問と川村機関員とが先頭車からとび降りる。続く車からは今まで特務機関に詰め切っていた、各新聞社の特派員達がとび出して来た。斉藤秘書と寒宣撫班員とが顧問を警察分所の中に案内した。

顧問はすでに顔馴染の三十七師の王連長に会った。連長は、今日はいっもと違って何となく落ち着きをなくし、取り乱した態度である。

顧問は入るなり大声で「ヤア連長、どうしたというのだ。今しばらくすると日本軍がトラックでこの城門を入って来るぞ。戦争しに来るんじゃない。城内の居留民を保護するためにやって来たんだ。来たらすぐそのまま通してくれい。何？　戒厳司令部が城門を閉鎖しろって命令した？　そんな馬鹿な事があるもんか。すぐもう一遍、戒厳司令部を電話口に呼び出して、劉自珍旅長に交渉してくれ。旅長が出たら俺が直接掛け合ってもいいぞ」

すぐ電話にかかった山東土語丸出しの連長は、何か知ら早口で交渉を続けていたが「好、差し支えないそうです」とニコニコしながら顧問の方を振り返った。

見る見るうちに巡警の手で、広安門の門扉は大の字なりに押し開かれた。

便衣の男妨害を企つ

斉藤秘書と寒宣撫班員とは、やがて前進して来るであろう広部大隊にこの旨を連絡し、併せてこれを出迎えるため、自動車を反転して城外に出た。大隊は準備の都合上、予定より少し遅れ、午後四時五十分、ようやく豊台を出発する段取りとなった。旅団長河辺少将の注意を全員に徹底させ終った広部大隊長は、中島顧問とビックの乗用車に搭乗して部隊の先頭に立ち、これには毎日新聞の本田親男特派員も乗り込んでいた。戦車隊長早川大尉、桜井中尉の先兵車輛がそれに続いた。

本隊は大隊本部、第五、第四の両中隊、機関銃中隊、材料車輛の順序をもって編成され、総勢二十六台、一路北京警備隊目差して発進した。

広安門を西にへだたる約一キロ、そこに小井村という部落があった。小一時間ばかりここで待ちあぐんだ斉藤秘書は、五時五十分、はじめて街道上遙かに広部大隊長等の小豆色の先頭車が、砂塵をまきあげて進んで来るのを発見した。「ストーップ」と合図する。先頭車に続いてつぎつぎと、一隊が路傍に停車した。

純白の中国服、加えて美事八字髭をたくわえた中島顧問は斉藤秘書の姿を見かけるなり、自動車から半身乗り出して大声でたずねた。「城門はどうだ」「開いています。大丈夫入城出来ますからすぐ行って下さい」といってさきほどの経緯を報告した。「そうか。ではこのまま部隊を行進させよう」「では、また先行して城門のところで待っています」

こうして斉藤秘書が自動車を広安門まで走らせて来たところ、意外、ついさきほど開けたばかりの門扉が堅くとざされており、城壁上には土嚢がうず高く積み上げられ、武装した中国兵が、点々陣地についている。

拳を固めて楼門上を睨み上げた斉藤秘書は、この模様を特務機関と豊台の旅団司令部に連絡すべく、城門の西、二百メートル、京漢鉄路踏切近くの石炭屋にとび込むなり、そこの電話にかじりついた。広安門再閉鎖の不信行為、これはいったいどうして起った事なのか。

これより先、斉藤秘書が開門の報をもたらして、中島顧問のところへ自動車を走らせて行った直後、広安門の警察分所では、開門交渉の雲行きが、異なった局面に展開されて行ったのである。

桜井顧問が王連長と開門交渉をしていた時、王連長と劉旅長とが電話連絡していた時、そのかたわらで耳をすまし話の内容を立聞きしていた白色便衣の中国青年があった。その素性が何者であったかは王連長も桜井顧問も知らない。彼は桜井顧問の要求通り、城門が開けられた事を知ると、どこかとひそひそ話し合っていたが、受話器をそのまま机に置くと、桜井顧問と話し合っていた王連長に近づき、丁寧に一礼し「王連長、電話がかかってきています。秦徳純市長からのようです」といった。連長は秦市長と聞くと、あわてて受話器を耳にあてがった。白衣の男がふと姿を消してしまったのはだれも知らなかった。

電話口に不動の姿勢をとって、長いこと命令を受けたらしい王連長は、桜井顧問のところへやって来ていった。「桜井顧問、秦市長から直ちに門を閉めろとの厳命です」「何だと！」顧問は覚えず一歩前にのり出して王連長に迫った。

警察分所の窓越しに城壁上を見上げると、だれが命令したのか知らないが、もう守備兵達は土嚢を積み上げており、鉄の門扉は再びガチャーンと鎖されてしまった。

「もうだめだ。こんなところでぐずぐずしとっても埒があかぬ。俺が直接劉自珍に談じ込まんけりゃだめだ」顧問は川村機関員をうながして車を戒厳司令部に飛ばした。

一歩戸外に出ると、さきほどまでの平和な街が、城門閉鎖と共に全く様相を変えてしまっている。軒並みの民家はバタバタ戸を締め、十人、二十人と中国人の群が、何やら喚き立てながら、一散に城内さして走って行く。「戦争だ、撃ち出すぞ」従軍記者の一行も、慌しく車にかけ込み、フルスピードで顧問の後を追った。

街の辻々では巡警までが興奮した顔付きで大声を張り上げ、ただ訳もなく棍棒を振り回している。真ッ赤な夕陽が殺気みなぎる城門の上に輝いて、広安門に悽愴な陰影を形づくっている。

城門再び開かる

桜井顧問が戒厳司令部に着いてみると、劉自珍旅長は進徳社の軍事会議に出向いて留守だった。——進徳社に集っているのなら好都合だ。松井機関長や寺平補佐官も今、進徳社に行っているはずだ。その方から直接宋哲元に交渉してもらおうと、桜井顧問は特務機関に戻り、進徳社に連絡して、私を電話口に呼び出した。そして語気鋭く、城門閉門のいきさつと交渉方を伝えた。

ちょうど最後通牒を手交し終って、一同が席を立ったばかりだったので、私は秦徳純と陳覚生に広安門開扉の件を要求した。彼等は言を左右にして、容易に即答しようとしない。

私はいった。「この問題に関する限り、あなたがたが即刻善処なさらないと、両軍衝突は必至です。最大の不祥事が惹起される事になります。特務機関は軍事折衝機関です。部隊に対しては指揮権もなければ命令権も持っていません。だから衝突してしまったが最後、私の方としては一切責任は負えない。部隊の入城目的はすでに連絡した通りです。この際両軍の衝突を回避し得る道はただ一つ、あなたの誠意ある実行、これあるのみです。どうか即刻、決心して下さい」機関側の実行督促、要求に、秦徳純にはどのような計算があったのか「では直ちに開門させる事に致しましょう」と約諾した。

電話命令だけでは誤解を生じやすいので、機関の要求によって中国側から外交委員会の林耕宇が開門処理に立ち合うことになった。桜井顧問はこれを聞くと、城門監視のため、川村、吉富両機関員を伴って、ふたたび広安門に車を走らせた。一行が広安門に着いた時には開門の命令はすでに宋軍長の名をもって、電話されてきていた。

まだ林耕宇は来ていなかったが、ともかく全般の態勢を見届けようと王連長を先に立て、一行は広安門の城壁上に登って行った。

見下すと、西の楼門の扉は、閂こそかかっていないがまだ開けられてはいない。桜井顧問が

「あいつらに開けさせるんでは信用が出来ん。こっちで開けてやろう。おい吉富、君は行ってすぐあの城門を開けて来い。唯開けただけじゃだめだ。部隊が通り終るまでずっと城門のところで監視しておれ」という。

桜井顧問が城壁上を見渡すと、東西二つの楼門と城壁とには、土嚢が一杯積み重ねられ、銃眼には小銃、機関銃が城外に向けて、配置されている。西の楼門には三十七師の武装兵が六、七十名、東の楼門とその一帯の城壁上には、百三十二師の兵が同じく武装して六、七十名、守備についていて、異様な興奮の中に語気荒く喚き立てていた。三十七師の兵は前々から北京付近に駐屯していたので、顧問の顔は皆よく知っていた。が、百三十二師の方は、つい数日前、河北省南部の田舎から出て来たので北京の様子もわからず、まして顧問の顔は知らない。今日は警備交代の日で、両師の部隊がちょうど現地で警備の引き継ぎをやっているところだった。顧問の肚は、これら兵士に絶対無抵抗を要求し、なにがあれ、広部大隊を無事通過させることにしていた。

この時、宋哲元の秘書、張祖徳が城壁を登って来た。灰色の中国服を着た彼は朴訥な日本語で林耕宇がどこへ行ってしまったか見当らないので、宋委員長の代表として、開門の立会いにやって来たむねを伝えた。そして、城門が開いていることを確認した。「うん、特務機関員をやって今開けさせたところだ。城門一つ開けるのに、俺達にこんなに世話を焼かせるようじゃだめじゃないか。オオ、王連長、部隊をこんな姿勢で配置しといちゃいかん。日本軍が入って来た場合、命令なしで勝手に射撃を始めてしまうぞ。鉄砲はみんな下に置かせろ。そして兵は城壁の下をのぞかせないよう全員遮蔽だ。直ちに実行させろ」と顧問がいった。連長は幹部を呼び集め、その通り命令を伝えた。兵は皆、銃を地に置いて、それぞれの持ち場に腰をおろした。百三十二師の方にもこの命令が伝わって行ったと見え、同じように銃を手から離して遮蔽し始めた。入城準備は完了した。

吉富機関員はこの時、片側開きにされた門扉のところ

で城門の監視。桜井顧問と川村機関員とは城壁上、楼門北側で中国軍の行動を監視することにした。

やがて西楼門の北側、街道に面した城壁上から上半身を乗り出した桜井顧問は、広安門外、橋のたもとに立っていた巡警を呼び寄せ「オイ、この名刺をあっちの踏切の所にいる、日本軍に持って行って、中島という軍事顧問に届けて来い。急いで行け」と、城門の上から名刺を落した。それを拾った巡警は一散に走った。

城壁上より不法射撃

広部大隊は広安門の西方一千メートル、接待寺付近に到着した時、広安門が閉鎖されているという報告を聞いた。そこで一応全部隊を下車させ、警戒を厳にして中島顧問の開門交渉の結果を、待ちわびていた。

午後七時、中島顧問が自動車をとばして帰り、大隊長にいった。

「桜井顧問が城門のところに来ています。この名刺を巡警に持たせて寄こし、すぐ入城するよういってきました」

鉄兜(かぶと)をつけた広部大隊長は、大隊幹部にどのような情況にも対応できるよう訓示を与え、出発を命じた。

長い夏の陽ざしは、まだあかあかと照りつけている。しかし暑さはいく分衰えて、天寧寺の木立からは、蜩(ひぐらし)の声が流れて来ていた。

広安門街道を、一隊二十六輛の自動車が、動き始めた。トラックの上の銃剣の穂先、夕陽に映える鉄兜(かぶと)。本田特派員の乗用車が、トップを切って走っている。次が広部少佐、中島顧問の指揮官車である。桜井顧問と川村とは、西楼城壁上から白旗を打ち振り入城部隊に合図を続けた。

やがて先頭車が吸い込まれるように城門を入って行った。二番が入った。続いて先兵が乗っている三車輛が、城門に入ろうとした刹那(せつな)、東楼門の南側、五十メートルと覚しき城壁上から、激しい銃声が湧き起った。緊張していた静寂な空気は破れ、間髪をいれず、城壁上、彼方(あち)此方(こち)の小銃、軽機関銃が一斉に火蓋を切って、車上の日本軍めがけて弾丸の雨を浴せかけた。

城壁上の桜井顧問は「やったなっ」と叫ぶなり、まず身近に据えつけられてあった軽機関銃に躍りかかり射撃操作に移ろうとしている中国兵を押し飛ばし、銃身を蹴倒して「連長、射撃をやめさせろッ」とどなりつけると共に「別放槍！　別放槍！」（射撃するなッ！）と中国兵に大声で叫んだ。川村も白旗を翻し、大声で射撃中止を命じたが、中国兵はもう半狂乱の態で耳を藉す余裕はない。それどころか制止する足の下から乱射乱撃を続けている。

東楼百三十二師の兵は、その真下を通るトラック目掛けて、手榴弾を投じ始めた。爆声と銃声が、城壁にこだましてすさまじい音響をつくり、広安門一帯は硝煙渦巻く修羅場と化してしまった。

広部大隊長はフルスピードを命じた。青白い火花がすぐ眼の前で、電光のように閃めく。その手榴弾の雨をくぐって、トラックの一隊は車上から応戦しつつ、一台、また一台、広安門を突破して行った。城内に躍り込んだ指揮官車は、城門から東、三百五十メートルも突き進んで関帝廟の前で停車した。振り返ると城門付近は、爆煙がもうもうと立ちこめ、後続のトラック隊がその煙の中を、苦戦しながら突破して来るのが、手にとるように見える。

城門を突破し、関帝廟に集結した入城車輛は合計十二台、十四車輛から以後は不法火力のため、城外に阻止され、大隊は城内と城外とに分断されてしまった。大隊長の命令に応じ、道路の北側に集結した部隊は、大隊本部、第五中隊、および長以下十八名だけの第四中隊、それに市川中尉の機関銃一ヶ小隊、合計兵力は百四十名だった。自動車隊長早川大尉は、車輛を本道北側の胡同内に収容したが、トラックは、いずれも損傷をこうむり、ひどい車は二十七発もの弾痕を車体に留めていた。

一方、城壁上の桜井顧問は、日華双方の弾雨の中、危険を冒して説得を続けたが、二人の捨て身の努力が功を奏し、銃声は次第に下火になって来た。

「大分静まったようだな。この機会に中国側に、もう一遍喧ましく交渉しとかにゃいかん。張祖徳は居らんか！　おい、張祖徳はどこへ行った？」

生れて初めて弾丸の洗礼をうけた宋哲元の秘書の張祖徳は、オドオドしてしまって心も全く上の空である。城壁の一角で小さくなっていたが、それでもやがて桜井顧問の呼び声に顔を出した。「今の情況はお前の見ていた通りだ。すぐ宋委員長の所に報告しろ。そしてこれから後、絶対射撃させないよう宋委員長に命令を下させるんだ」王連長も部下に対して「宋軍長の命令だ。いかなる事態が起っても決して射撃してはいかんぞ」と声を枯らして伝達した。

事態は漸く平静をとり戻した。遙かに蟬の声まで聞え始めるようになって来た。

川村芳男機関員の最期

中国側の欺瞞行動に、極度に憤激した広部大隊長は、断平反転して広安門の敵を攻撃すべく決心した。そして中小隊長を集め、命令を下した。「命令。敵情はすでに承知の通り、大隊は今から広安門の敵を攻撃し、あの城門を奪取する。第五中隊は右第一線。本道の北側地区を前進、第四中隊は左第一線。本道南側地区を広安門に向って前進すべし。機関銃小隊には本道上を配当する。この正面から両中隊の攻撃に協力せよ。早川大尉は自動車隊を指揮し、現在地付近で特に後方に対して厳重に警戒。それから上島軍医はとりあえず自動車隊の位置に隊繃帯所を開設せよ。大隊長は今から、第五中隊の後方を広安門に向って前進する。直ちに出発！」

ゴミゴミした胡同を縫って進んだ第一線の両中隊は、二、三十分の後には、早くも城壁間近に迫っていた。午後八時、大隊は城の内側から広安門の敵に向って、一斉に火蓋を切って落した。中国軍はもちろん応戦した。そしてふたたび、城門通過の時以上、壮烈な戦闘がまき起ったのである。第五中隊の位置から見上げると、城壁上の中国兵は新たな部署につくべく、続々北方に移動中であり、その姿が薄闇の中に、まるで墨絵のように描き出されている。

早くも我が軍の弾丸によって、負傷者二、三を生じた百三十二師の兵は、激昂し「日本人を殺せ」「顧問を斃せ！」と口々に叫び始めた。一人が、千メートルの至近距離から顧問めがけて小銃を発射し、また、大刀振りかざし、銃剣を構えた数名が「殺！」の喚声と共に顧問めがけて殺到して来た。

顧問は連長によって、彼等を阻止しようとしたが、こうなっては連長の威令はない。怒気満面の顧問は、間近に迫って来た中国兵の一人を殴り倒し、続いて二人目の敵にかかろうとした。

そのとたん顧問と同じように健闘これ努めていた、川村芳男機関員が大声を挙げた。ついさきほどまで、城外に向って射撃を続けていた軽機関銃が、銃口を桜井顧問に向けかえたのだ。

「何をするかッ！」川村は破れ鐘のような怒声と共に、身を躍らせて軽機関銃に近づき、大手を広げて銃口に立ち塞がった。軽機関銃は火蓋を切った。至近距離射撃の数弾を胸に受けて川村はのけぞった。壮烈な戦死だった。桜井顧問の身代りとなったのだ。

　血に狂った敵は、大刀と拳銃を擬して、一人とり残された桜井顧問に迫った。東楼と西楼、両面からするはさみ撃ちである。顧問の身体がフラッとよろめいた。狙い撃ちの拳銃弾が一発顧問の左内股から外股へ貫通したのである。近距離射撃だっただけに傷口も大きく、茶碗大の肉片が吹き飛ばされて、白い大腿骨が外からハッキリ見えていた。顧問はとっさに、その場にまごついていた王連長に組みついた。突く、蹴る、撲る。かつては陸軍戸山学校教官として、鍛えた桜井少佐である。格闘にかけては自信があった。

　さんざん連長をいためつけたあげく、最後に背負投げではね飛ばし、わずかの隙に身を跳らせて、丈余の城壁をその内側に跳びおりた。地上四メートルの所に、コンクリートの屋根があった。その屋根の上に墜ちて右足首を捻挫骨折し、バウンドした体はさらに電線にひっかかり、もんどりうつて家と家との間、狭い空地に肩から先に顚落した。傷ついた顧問に射撃と手榴弾が執ように追いかけてきた。不死身の顧問は近くに物置小屋をみつけそこに身を横たえあたりから棒切れや煉瓦をかき集め、敵がここまで追いかけて来たら、これをたたきつけて最後の格闘を試みるつもりだった。左股の銃創にうずく身を、小屋の中に横たえると、別にまた胸の痛みを感じ始めてきた。さきほど連長と格闘したさい、連長が拳銃の銃口を強く胸に突込んで来たその痛みである。

　身動きならぬ身体に耳をすますと、城壁の内と外、銃声はますます激しさを加え、戦闘の熾烈さが手にとるようだ。

自動車隊の奮戦

　第一線両中隊は城壁下五、六十メートルに肉迫し、城壁上の敵に果敢な攻撃を反覆した。しかし城壁には、突撃路となるような登り口が見当らない。攀登材料の梯子も手に入らないので、第一回の攻撃は一応断念しなければならない。

大隊は取りあえず北綫閣の北側、土塀で囲まれた家屋に兵力を集結し、おもむろに再挙を計る事となった。時計はもう、十時を回っている。その時、後方、自動車隊の方角に当って、けたたましい銃声がわき起った。背面からの敵襲だ。

これより先、自動車隊の早川大尉は運転手や第一線の負傷兵、新聞記者たち非戦闘員までもかき集めて、至厳な警戒配置についていた。ところが広安門の急を知った北京城内の中国軍は、続々増援隊を繰り出して来て、一ヶ団を下らない優勢な敵が徐々に広部大隊を包囲し始めた。

まず薬市口から真西、広安門街道をまっすぐ突き進んで来た中国軍の一隊は、関帝廟の近くで我が自動車隊にぶつかった。これはあるいは敵の威力偵察だったのかもわからない。敵は我が兵力が極めて少ないことを知るや、猛然と襲いかかって来た。暗夜、彼我の距離、十数メートルという近迫戦である。

早川大尉はわずか十数梃しかない小銃を柵のように並べさせ、矢つぎ早に撃って撃って撃ちまくった。新聞記者も手榴弾をとりあげて、敵兵目がけて投げつけた。果敢な応戦ぶりに、敵は我が兵力をかなり大きなものと誤算したらしく、次第に後退し始め、やがて暗闇の中に消えていった。

トラック上の負傷兵や非戦闘員は、ようやく胸を撫で下したのも束の間、新手の勢を加えた敵は、路次を伝わって今度は真東、自動車隊の側面に現われて来た。それとは別に、もう一つの新しい敵が真北から現われ、ほとんど三面包囲された形になってしまった。

早川大尉は——もうこうなっては四面皆敵だ。しかし俺達は自動車隊だ。本道を失ってしまったら隊としての生命はない。断乎本道方面に血路を切り開いてやろう——と考えた。大尉は率先血刀を提げ、二、三の兵を率い、本道方面、敵の真っ唯中に斬り込んで行った。その時、敵の投じた手榴弾が大尉の直前で炸裂した。大尉の下半身には大小の破片が無数に突き刺さっていった。

鮮血にまみれ、起ち上る事も出来ない重傷を負いながら、大尉はなお厲声叱咤、部下を鼓舞激励して、一意応戦に努めた。敵は、我が底知れぬ抗戦力におそれを抱いたらしく、それ以上の強襲をする事なく、次第に囲みを解いて東の方に後退してしまったのである。自動車隊は、最後までその位置を確保し得ると共に車輌の援護をも完うする事が出来たのだ。

河辺旅団長増援を決意

広安門の異変を関係各所に連絡すべく、中島顧問は城内の民家に躍り込み、北京特務機関を電話で呼び出そうと「東局二九八」を連呼した。しかし戒厳令下、冀察当局は、電話局を統制下においたので交換手は無愛想に、「お話中」「応答なし！」と通話させようとしない。そこで方面違いの豊台駅に電話をかけた。これはすぐ通じ、そこから河辺旅団司令部に対し、辛うじて情況報告する事が出来た。河辺少将は、参謀鈴木嘉一少佐から、広安門事件の内容を聴取し終ると、腕をこまぬき沈思した。

やがて旅団長は鈴木参謀に事件を軍司令部に報告させると共に松山副官に戦車隊長福田大佐を呼ばせた。福田峯雄大佐が現われると、河辺少将は口頭、次の要旨の命令を与えた。

「北京入城の目的をもって、本夕、豊台を出発した広部大隊は、広安門において中国側の不法撃射に端を発し、城内城外に分断され、ことに広部大隊長以下の城内部隊は、新たに増援して来た数倍の敵の重囲に陥り、目下交戦継続中である。貴官は歩兵一ヶ大隊、砲兵、工兵、各一ヶ小隊、及び戦車一中隊を指揮し、即刻、広安門に急行、城内部隊を救援せよ」

豊台の兵営は俄かにザワめき始めた。弾薬の補充、機関銃の駄載、自動車の機能調整等々。——福田部隊は、午後九時半、豊台を出発、広安門に向って急行した。

（三十五）在廊坊又发生不法射击

资料名称：廊坊で又不法射撃

资料出处：新聞集成《昭和史の証言》第十一卷，本邦書籍株式会社1985年発行，第367頁。

资料解说：本资料是日本媒体对中日两军在廊坊爆发冲突，日军轰炸中国守军，双方展开激战的报道。

愈よ断乎膺懲に決す

けふ二度の閣議で決定声明

〔七・六 読売〕 北支情勢重大化による緊急臨時閣議は廿七日早朝召集され午前八時十分頃より近衛首相、杉山陸相、米内海相以下全閣僚相踵いで首相官邸に入り同四十分より会議に入り杉山陸相より北平廣安門事件勃発及びその後の情勢を現地の報国に基いて詳細に報国し、更に陸軍首脳部において同日午前八時より一時間半に亘って重要協議を遂げた結果、陸軍の重大決意を披瀝して全閣僚の了解を求め米内海相より支那各地における居留民の保護状況並に今後の対策につき報告をなし更に大蔵、外務両相より今回の重大時局に対処する政府の執るべき方針について発言したる後既定方針に基く臨機の処置を講ずることに決定し、更に正午より院内大臣室に緊急閣議を開催、杉山陸相よりその後の経過に付き報告あり協議を重ね帝国の方針を決定これを書記官長談の形式を以て左の如く声明した

北支の安寧は帝国の常に至大の関心を有する所なり、然るに支那側の徹底せる排日抗日政策は屡々北支の平和を脅威し遂に盧溝橋事件の勃発を見るに至れり

爾来帝国は東亜平和の為事件不拡大、現地解決を方針として平和的処理に努め、冀察側に対し支那軍の盧溝橋付近永定河左岸駐屯停止、将来に関する所要の保障、直接責任者の処罰及謝罪の極めて寛大且局地的なる条件を要求したるに過ぎず、冀察側は七月十一日夜右条件を承認したるも之が実行に誠意を示さずして今日に及べり、一方帝国政府は七月十七日南京政府に対し、あらゆる挑戦的言動を即事停止し且現地解決を妨害せざる様注意を喚起したるも、南京政府は実現の事態を無視し帝国政府の主張を容れず、却つて益す戦備を整へ愈よ不安を増大せしむるに至れり、然れども帝国は尚ほ隠忍、平和的解決に努力日支那側は七月二十六日廊坊に於て電線修理に任ずる我部隊に不法射撃を加へ、更

廊坊で又不法射撃

我空軍出動爆撃敢行

銃砲声殷々激戦を展開

〔七・二七 読売夕刊〕 廊坊で電線修理中のわが通信部隊は廿五日午後十一時半突如支那兵から不法射撃あり目下交戦中

【支那駐屯軍司令部廿六日午前二時発表】 廊坊においてわが軍用電線修理のため派遣せられたる通信隊及びその掩護隊たる五ノ井部隊は廿五日午後十一時半突如支那軍隊より手榴弾機関銃迫撃砲を以て不法射撃を受けわが軍は止むなくこれに応戦中にしてわが増援部隊は目下急行中なりなほ死傷者相当ある見込み

【支那駐屯軍司令部発表】 廿六日午前三時目下わが軍用電線は支那軍のため切断されたるため廊坊との連絡絶え状況不明なり

【天津廿六日発同盟】 五ノ井部隊は通信隊擁護のため廊坊駅に於て寡兵よく支那軍に応戦危機に瀕したゝめ廿六日午前二時鯉登部隊は急遽〇〇駅発軍用列車で救援の為出動した

【廿六日午前六時支那駐屯軍司令部発表】 本早朝わが飛行隊の一部は爆弾を搭載して廊坊に向ひ、わが増援部隊は未だ戦場に達しあらざるも廊坊付近は目下銃砲声盛んなり

【廿六日午前六時廿分支那駐屯軍司令部発表】 午前五時過ぎ廊坊上空に達せるわが飛行機の報国によればわが増援隊の先登はすでに戦場に到着しあり、五ノ井部隊は依然停車場を占拠し戦闘中なり、廊坊の兵営には支那兵充満しあり飛行機は兵営の中に爆弾を投下し多大の損害を興へた模様なり、飛行機は廊坊の支那軍より射撃を受けたるもわれに損害なし

廊坊の支那軍は一個連隊に達する有力部隊であるが更に続々増援し来れる模様でわが五ノ井部隊に対し益す猛射を浴びせつゝあり

備考　廊坊は天津北平間の殆んど中間にあり天津より七十五キロ北平より七十二キロ人口一満足らずの平津線小駅であるが平津方面を扼する軍事上の要所である

第七十一議会で所信を述べる近衛首相

（三十六）日军发出最后通牒

资料名称： 欺瞞の廿十九軍膺懲　独自行動已むなし

资料出处： 新聞集成《昭和史の証言》第十一卷，本邦書籍株式会社 1985 年発行，第 370—371 頁。

资料解说： 日本媒体报道，华北日军发出最后通牒，要求中国守军立即退出北平，否则将采取行动。

（廿七日発）北平市内の在留邦人は廿七日午前中に全部集結するやう手配中であるが、目下邦人側は大使館、正金銀行、警察の三ヶ所に、鮮人は旧オースタリー兵舎に集結中である、午前九時ごろ約三分の一を収容したが支那側の妨害のため予定通り進捗するや疑問である

天津、死の街と化す

支那側の度重なる不法挑戦行為に我駐屯軍は遂に最後の決意を固めた廿六日夜来天津の街々は日本新聞、支那新聞号外売の声がけたたましく響くのみで歓楽の都天津は一瞬にして死の街と化した、邦人保護に任ずる皇軍のトラックは疾風の如く走り廻つてゐる、支那側と日本租界の境界線である福島街も電車線路は遮断された、便衣隊の潜入を防ぐためである、通行人の一人々々厳重なる身体検査をしてをり天津の銀座通り東馬路の各入口には流言が乱れ飛んでゐる、雨か嵐か第卅七師撤収の期限は今や卅五分の後に近付いてゐる

川岸、河辺両部隊猛進　南苑占拠・西苑潰滅

〔七・元 東日〕 廿八日早暁我軍は遂に自衛権の発動を開始し午前五時半まづ空軍の精鋭は南苑、西苑の爆撃を敢行するとともに廿七日夜来北平の東西南の三方より校外近くに前進して敵を包囲の態勢にあつた地上部隊は空軍と相呼応して南苑、西苑の廿九軍主力に向つて猛撃を開始、敵に致命的打撃を与へ殊に敵根拠地たる第卅八師主力駐屯の南苑においては川岸部隊、河辺部隊が共同戦線をはつて敵を粉砕し午前十一時頃早くも南苑を占拠し目下主力を以て追撃中、また西苑はわが爆撃に殆ど潰滅に帰し敵の兵舎は粉砕されるに至つた模様である

小泉三申翁

〔七・元 読売〕 わが憲政史上に幾多の足跡を残した政界の惑星、三申小泉策太郎翁はかねて咽喉を患ひ鎌倉町雪ノ下の別荘で静養中廿八日朝八時半ころ容体急変し主治医新井寛治博士の手当を受けたが、遂に九時五十五分死去した、享年六十六、遺骸は直ちに自動車で東京麻布の本邸に移したうへ喪を発する筈

◇

氏は静岡県賀茂郡三濱村漁師小泉定次郎氏の長男に生れ、明治廿六年廿一歳で上京当時華かだつた自由党の自由新聞社に入り三申と号して能文を揮つたのが世に出たチャンスでトン／＼拍子に操觚界に名をあげ九州新聞経済新聞等の社長を歴任、明治四十五年郷里から代議士に当選して政界に転じて忽ち政治的天才を認められ縦横の奇策をもつてあらゆる政変に参画活躍し政界の惑星として重きを成すにいたつた、昭和三年時の田中義一首相と政見を異にして政友会を脱退、以来鎌倉の別荘「翠屛荘」に閑居し読書三昧の生活にひたつてゐた、鏤骨の名著『西園寺公望公』の稿本を焼いたのもついこの間で奇行も多いが華やかな往年を思ひ合はすと寂しい晩年であつた、遺族はやす子(六八)夫人ほか七男三女がある

日本軍の砲撃で火をふく南苑の支那軍兵舎

今暁最後通牒を発す　欺瞞の廿九軍膺懲　独自行動已むなし　北平城内即時撤兵要求

〔七・六 読売〕 支那駐屯軍司令官香月中将は宗哲元に対し廿八日午前零時最後通牒を発した

支那駐屯軍廿八日午前零時発表＝支那駐屯軍司令官代理松井特務機関長は今廿八日午前零時第廿九軍長宗哲元に対し『第廿九軍の協定の不誠意と累次の挑戦的行為は最早我軍の隠忍し難きところなり、就中廣安門における支那軍の欺瞞行動は我軍を侮辱するものにして断じて許す能はず軍はこゝに独自の行動を執るの已むなきに至れり』との旨を通牒しなほ北平城内に支那軍潜在しある時は城内に混乱を惹起し戦渦を及ぼす虞れあるをもつて市民及び在留外人のため北平城内より支那軍隊を全部直ちに撤退せしむべきことを通告せり

南京政府決戦を挑む　蔣・宋哲元に厳命を下す

一時小康を保つかに見えた北支の局面は廊坊事件、廣安門事件と相つぐ支那軍の不信行為によつて

達に最後の場面に到達した、一方中央の対日態度は俄然強硬となり廿九軍を先頭に立て対日決戦の気構へ愈よ濃化し冀察に対して「日本の通告に回答の要なし」と訓電を発し以て宗哲元の蹶起を促した

国民政府外交部は廊坊事件につき廿七日夜声明書を発表「日本はその所期の陰謀を達成せんため計画的に廊坊の支那軍を襲撃宗哲元に無理難題を吹き掛け事態を拡大せんとするものだ」と言葉を極めて日本軍を誹謗すると共に現地協定については「平和貫徹の微衷から敢て反対しなかつた」と出しおくれの證文を発し最後に中央軍当局の強硬決意を示し「支那側の平和維持の最大の努力はすでに尽し終つた、今後事態拡大の一切の責任は日本側にあり」と武力抗争の決意を明かにした

事態ここに至つては 徹底的解決の外途なし

杉山陸相胸奥を吐露す（衆院予算総会）

（七・三〇読売）卅日の衆議院予算総会は近衛主相の答弁に引続き

東武氏（政友）　今日の事変が起つたのは欧米追随の親善外交の当然の結果であると思ふが、総理は未だ日支提携の望みを捨てないか

近衛主将　支那に反省を求めるについて手をつくせるだけはつくすべきだと思ふ

東氏　日ソ漁業条約交渉の経過並に見透し如何

広田外相　帝国政府はすでに意見の一致を見て条約案の起草につきロシアに話を進めてゐるがロシアは未だ応ずるに至らない、速かに交渉を再開調印したいと思つてゐ、万一調印ならぬ場合は基本条約により暫行協定を締結することになつてゐるから全くの無条約に陥ることはない

東氏　今回の事変につき米国の中立法適用、英国の干渉乗出し説につき外相は如何に見てゐるか

外相　今後の経過如何によつては或は中立法適用の談も出るかも知れぬが現在のところではそこまで行つてない、米国としては中立法適用によつて却つて事態を紛糾させることは避けるものと考へられる英国も新聞等ではいろいろつたへてゐるが何等積極的な行動は執つてゐないやうである

鈴木正吾氏（国同）　馬場内相は蔵相時代に財政交付金制度を確立したが内相は来議会にこれを提出する所信ありや

馬場内相　自分の作つた地方税制改革案に関しては今でも公正であると確信してゐるが当時と経済情勢も違ふし通常議会に自分が蔵相当時の案が出されるとは申されぬ

鈴木氏　産業気組合と中小商工業者との相剋対立に関し農相の対策如何

有馬農相　商相と協議して摩擦の調整に努力する

鈴木氏　産組に対する制限を加へる方針ありや

農相　積極的に加へる方針はない

と答へ三時十五分閣僚の出席少きため休憩となる午後四時二分再開

原夫二郎氏（民）　為替管理法の運行につき大蔵当局は法の不備欠陥を認めないか、同法の罰則規定により幾多の犠牲者が生じてゐる、蔵相の所信如何

賀屋蔵相　同法の罰則規定により適用をうけたものもあるが同規定の運用には慎重を期して弊害を少くしたいと思つてゐる

原氏　現行選挙法は最近わが国情に副はないことは衆目の見る所で本法実施のため国民は甚だしい迷惑を蒙つてゐる政府は次期議会に選挙法改正案を提出する意ありや否や

馬場内相　次の議会に提出したいと思つてゐる

原氏　北支事変に際し北満国境におけるソ連との関係は如何なる状態になつてゐるか陸相から説明して貰ひたい

鈴木正吾（国同）　政府は先般提出した程度の予算で北支事変の解決は不可能であると思ふからこの際徹底的大予算を提出する意なきや

杉山陸相　ソ連国境においてはカンチヤズ事件その他の事件が相次いで起つて居り極めて重視すべきものがある、ソ連内部に対する観測は軍として持つてゐるが之は軍の作戦行動に密接な関係があるのでこゝでは述べられぬ

陸相　この度提出したものは現地解決事態不拡大の方針により現地に派した部隊の費用である政府としては事件発生以来廿余日隠忍自重を続けて来たが支那側の態度は依然として不振不法我が駐屯軍としても、其任務遂行自衛権発動の為重大なる決意をなさゞるを得ず、廿八日以来の軍事行動となつたもので政府としてもこれは止むなしと認めこれに要する措置をとりつゝある、これに要する予算についても目下考慮中で近く案を提出、御協賛を仰ぐことゝなると思ふ政府としては今日まで隠忍自重して事態の平和的処理を専念して来たが事こゝに至つては止むを得ず戦闘的手段によつて事態の徹底解決を図らざるを得ない時が来ると自分は深く決意してゐる

レコード界軍国調 「屍は草に埋むとも…」と 街に溢れでる超非常時局歌詞

（七・三〇国民）

「屍は草に埋むとも

（三十七）陆、海两相在议会说明事变经过

资料名称： 陆海両相議会で事変経過説明

资料出处： 新聞集成《昭和史の証言》第十一卷，本邦書籍株式会社 1985 年発行，第 375—376 頁。

资料解说： 日本媒体报道，日本陆、海军两大臣在议会上说明卢沟桥事变具体经过，以及日军的作战情况。至 8 月 1 日日军已经完全占领了北平、天津等华北要地。

陸海両相議会で事変経過説明

神速なる皇軍の行動

敵兵為に崩壊　陸相説明

〔八・一　読売夕刊〕　杉山陸相は卅一日の貴衆両院本会議において北支におけるその後の情勢に関して報告したがその概要左の如し

北平方面

今月廿八日以来の平津平地における戦闘経過の概要を説明いたします、隠忍に隠忍を重ねました我駐屯軍の廿五日夜における廊坊事件ついで廿六日における北平広安門事件等続発するに及び遂に支那側における協定実行に誠意なきものと認め軍はその任務遂行並に自衛上断乎として第廿九軍を膺懲するに決しましたことはすでに申上げた通りであります、我駐屯軍のこの決意は真に已むを得ざるに出たのでありまして我軍の目標とするところは抗日挑戦を敢てした支那軍でありまして決して善良なる支那の民衆を敵とするものではなく従つて北平城内におきましても支那側が挑戦的行動に出でざる限り武力を使用せざるは申すまでもなく列国の権益を尊重してゐるのでありまして我軍は先づ北平周囲に在る支那軍に断乎たる膺懲の鉄槌を加ふることになりましたので一部をもつてこれを追撃し北平南側馬村付近で殲滅的打撃を与ふると共に尚も抵抗を持続する残敵を掃蕩して午後六時には完全に南苑を占領しました

杉山陸相

◆—◆

この日八宝山盧溝橋方面の敵は不遜にも田豊合付近に残つて守備に任じてゐました河辺部隊の一部を攻撃して来ましたので該部隊の主力は馬村の戦勝後直ちに転身して豊台に帰りこの敵を攻撃致しました次第であります又天津におきましては我軍は北平と同様に戦渦の巷とするのを避けてゐたのでありますが支那軍は我兵力少しと侮つてか第卅八師の一部が保安隊と共に廿八日夜半より我軍司令部、飛行場等五ケ所に攻撃して来まして猛烈なる市街戦を演ずるに至りました併しながら翌朝までには敵に多大の損害を与へて一先づ撃退しました

◇—◇

廿八日には北平郊外の西苑及び南苑付近に駐屯してゐる支那軍を撃攘する如く行動を開始致しました、この日早朝暴風雷雨が起りましたが我飛行隊はこの悪天候を冒して出動し、西苑の兵営を爆撃して多大の損害を与へ酒井部隊は西苑の北方約四里に在る沙河鎮の敵を攻撃して午前十時半これを占領し又鈴木部隊は西苑東北方約一里半の清河鎮を攻撃して午後三時にこれを奪取致しました、南苑におきましては川岸部隊、河辺部隊、萱島部隊相協同して三方面より猛撃し支那軍は早くも午前八時半頃より逐次退却を始めました

◇—◇

ついで翌廿九日には北平西方地区におきまして我軍は再び酷熱を冒して西苑付近における敵の抵抗を漸次排除しつゝ前進し河辺部隊は午後六時盧溝橋を完全に占拠し酒井部隊も又午後七時盧溝橋西北方約一里永定河東岸に在る衙門口を占拠致しまして該方面永定河左岸を占拠致しました

◇—◇

北平城内におきましては最初の方針の如く我より進んで武力を使用することなく専心居留民の保護に任じてゐましたが支那側も敢て事を起さず第卅七師の部隊は廿九日夜秘かに保定方面に退却したものゝやうで城内には第百卅二師の二ケ団を残すのみとなり宋哲元も亦秦徳純、馮治安等を帯同して保定に遁走したとつたへられてゐます

天津方面

天津方面におきましては支那軍が依然として執拗なる攻撃を続けましたので我軍は自衛上已むを得ず支那軍の占拠してゐまする重要地点を爆撃するに決し駐屯軍司令部は「天津市内の治安を維持し居留民の保護する目的をもつて爆撃すべきも列国の権益尊重、居留民の保護に関しては最善を期す」旨を声明致しましたのち廿九日午後に至り保安総隊本部、警備司令部等を爆撃し多大の効果を収めました、その夜は小数の敵が東站停車場等を夜襲して来ましたゞけでいづれも直ちに撃退したのであります、卅日においては主なる部隊が盧溝橋対岸に在る長辛店付近の高地を占拠すべく午後一時攻撃前進を開始しまして午後三時には早くも完全に目的を達し敵を遠く南方に撃退しました

又鈴木部隊の一部は北苑の残敵を武装解除したのであります天津におきましては仏租界が通行出来ませんので支那街の一部を掃蕩致しまして日本租界より金湯橋を経て東站停車場に至る沿線の地区を占領しその交通連絡を確保しました第廿九軍は天津郊外に撤退しまして既に積極行動に出づるの意図は消滅した様であります、なほ塘沽対岸大沽に居りまする支那軍も廿八日以来遂に我を射撃する等の挑戦行動に出ましたので我駐屯軍は廿九日海軍の強力を得まして猛烈なる爆撃及び砲撃により多大の損害を与へて敵を沈黙せしめ翌卅日午前十時過ぎには完全にこれを占領し支那軍艦一隻を鹵獲しました

通州方面

通州において廿八日冀東保安隊が反乱を起しましたのは事実でありまして僅少なる我部隊は約三千の敵に包囲されて苦戦をつゞけ飛行隊の爆撃によつて漸く囲を解かせることが出来ました我居留民の状況は遺憾ながら未だ真相が判明

してをりませんよつて平津地方においては大なる支那軍隊は壊滅致しましたがなほ残敵各所に蠢動するあり、未だ治安の回復には掃蕩の時日と兵力とを要すると考へる次第であります

中央軍

中央軍の北上の状況について申のべます、中央軍は七月十日前後から平漢鉄道に沿ひ逐次北上を開始しまして廿二三日頃には河北省に浸入せる兵力約七万を数ふるに至りましたこれらの中央軍は保定以南河南省との省境付近に亘つて集中しましてその前方良郷（蘆溝橋の南方約四里）付近に亘る間に居りましたところの河北省在来の東北軍系である、万福麟馮占海の軍約三万と共に昨今逐次前方に詰めかけり来てゐる状況であります、その後方鄭州付近にも各方面より兵力を集めまして現今では約十二、三万に達してをります

◆――◆

なほ津浦鉄道方面では徐州及び海州に約四、五万の者がゐる外最近は済南付近にも若干の中央軍が浸入して来る模様でありまして中央軍中の最精鋭部隊である南京軍官学校の教導総隊もすでに出動してゐる次第であります、又支那の空軍は未だ一機も平津地方に現はれてをりませんが戦闘準備は隴海鉄道沿線及びその以南において着々実施してをります

◆――◆

以上が昨日までの一般状況であります、今後戦局の推移は予断を許しませんが事態が拡大するか否かは一つに支那側の態度如何によるものでありまして現状においては一層事態が重大化するかも知れないので陸軍当局としてもこれに対する用意準備に万遺憾なきを期し我駐屯軍においても任務遂行並に自衛上飽くまでも公明正大千万人の敵といへども我往かんの意気をもつて我威武を発揮して益す奉公の誠を尽さんことを期してをります

米内海相

海軍も万全の備へ

海相説明

米内海相の貴衆両院において説明した概要は左の如くである

前回御説明致しまして以来、海軍に於て執りました処置等に就て申し上げます、海軍に於きましては主として第三艦隊及び旅順要港部の兵力を以て支那沿岸及び揚子江方面の警備に当らしめ一部を以て陸軍に強力せしめらるゝと共に万一に応ずる為所要の兵力には移動待機を命ぜられて居りますが塘沽に於ては平津方面の状況進展に伴ひ所在の支那兵に不穏の情勢がありましたので同地の警備に任じて居りました我駆逐隊は一層警戒を厳にして居りました所去る廿九日支那兵は吾に向ひて発砲するに至りましたので之に応戦し所在の吾陸軍部隊と協力同方面の支那兵を掃蕩して卅日午後に至り白河下流の水路を確保致しました、山東及中南支方面に於ては漸次排日の気勢が昂まつて居りますが警備艦は所在の帝国官憲と協力して極力事件の波及発生を防止するに務めて居ります

× ×

第三艦隊司令長官は右の目的のため去る廿九日支那側当局者の自重厳戒を要望すると共に一般に対しても此の際不詳事件を起すことなき様戒むる所があつた次第であります

斯くて今日迄の所茲に特に申上ぐる程の事件は起つて居りませぬ海軍と致しましては今後一層警戒を厳にしつつ事件の拡大波及を抑止すると共に万全の準備を整へて万一に備へ以てその任務達成に遺憾なからぬことを期して居ります

出征者後顧の憂絶つ

国民精神作興＝文部通牒

〔八・一 読売〕 文部省では今回の事変に対して国民奉公の精神を振作すると共に出征した軍人をして後顧の憂なからしむためこれに対する措置方法又は卅一日付を以て各地方長官にあて直轄諸学校、公私立大学専門学校宗教団体、各教育教化体育団体等に対し通牒を発した

各地方長官宛

一、教育教化の任に在る者は克く其の重責に鑑み愈よ自奮自励以て一層其の職務に精励し益す国民精神の振作に努むべきこと

二、職員にして出征者ある場合は同僚職員は進んで之が職務を分担し安じて任に赴かしむる様力むること

三、出征軍人の子弟については市町村小学校に在りては小学校令施行規則第百八十条の二第二項に依り授業料の全部を免除し公私立中等学校青年学校及私立小学校に在りては昭和八年五月廿五日発普六六号文部次官通牒の趣旨に依り授業料、入学考査料及入学料等の減免を為すこと

四、出生軍人の子弟については学齢児童就学奨励規定に依る学用品其の他の給与及学校給食に関し特に考慮を払ふこと

五、教職員互助会、育英会等においては其の事業の施行に当り出征軍人の指定又は遺家族に対し特に考慮を払ふこと

六、修身の授業、朝礼等の機会又は休暇中の参集日等において時局に関する訓話又は時難に際し顕揚せられたる銃後の赤誠に関する講話等を行ひ生徒児童に対し時局に関する正しき認識を与ふると共に其の精神の鼓舞振作を図ること、社会教育団体及宗教団体においても右の趣旨に基き適当なる処置をとらしむること

七、国民心身鍛錬運動として行はるるラヂオ体操其の他各種体育運動施設等の機会を利用し参会者に対し時局に関する正しき認識を与ふると共に国民の意気を振作せしむる様適宜訓話等を行ふこと

八、生徒児童及青少年団員の恤兵献金慰問等の費用に関しては作業実習　出資の節約、その他適当な

（三十八）日军在广安事件中的挑衅与交涉

资料名称： 広部大隊救出工作

资料出处： 寺平忠輔著《蘆溝橋事件——日本の悲劇》，読売新聞社1970年版，第329—343頁。

资料解说： 7月26日日军向中方发出最后通牒，要求守军退出平津，大队日军试图由广安门进入北平城，中国守军利用地形地物进行抵抗。在日军北平特务机关配合之下，日军全力援助被困城内的日军广部大队之一部，使其进入使馆兵营。

第二二章　広部大隊救出工作

松井機関長、軍の自重要請

その夜、天津海光寺の軍司令部では、急遽幕僚会議を開き、当面の緊急対策を協議した。参謀たちの大勢の意見は「軍は今日まで、馬鹿正直なまで不拡大主義に徹底し、中国側との和平交渉を続けてきたが、中国側は我が方の意のある所を解せず、昨夜は郎坊において、今日また広安門で依然不信行為を繰り返している。これ以上の温情は最早無益で、軍は最後通牒の二十八日の正午を待つことなく、広安門事件を切ッかけとして、明朝早々にでも、全面攻撃の火蓋を切って落したらどうか」というのだった。ただ池田参謀のみが積極的には同調しなかった。

参謀長橋本少将は、現地の意向を確めるべく松井機関長を電話口に呼び出した。「幕僚会議ではこの広安門事件をきっかけとして、二十八日の正午を待つことなく、二十七日早朝からでもすぐ、全面攻撃を開始しようという意見が圧倒的だが、あなた方現地の意見はいかがですか」

すると機関長は、すぐさま全面攻撃案に不賛成を主張し「恐らく今井武官も私と同様の意見を持っていると思います」とその理由を述べた。

第一、広安門を中心とする地域で起った戦闘をこのまま放っておいたら、それこそのっぴきならぬ市街戦に移行してしまい、戦術的にも拙劣である。だから機関では今、全力を挙げてこのもみ消し運動に奔走している最中である。

第二、北京城内二千の居留民、これがまだ市内各所に散らばっていて、全然収容されていない。ひとたび広安門を中心として、日華両軍が本格的戦闘を惹起したら、中国兵は随所でこれら邦人に対し、掠奪、殺戮、それこそ残虐の限りをつくすだろう事は、火を見るよりも瞭かである。

さらに第三は、北京城の一角にすでに火がついてしまった今、これが拡大されたら、百五十万民衆を兵火にさらす結果となり、これは人道上の見地からいっても、絶対許さるべき事ではない。ことに古都、一千年の文化を破壊するという事になれば、世界の侮蔑を、軍が、いや日本が背負い込むことになってしまう。これは大国の襟度として大いに慎しまなけりゃならないと思う。

事態がすでに今日のようにもつれてしまった以上、全面攻撃を断行するは、もう避け得られないかも知れない。ただ、広安門の事件に関する限り、これだけは、どうでも局地限りに解決する事が絶対肝要である。そして居留民の引き揚げ完了を見た上で、改めて全面的に発動する。しかもその戦場はこれを北京の城外に選び、決して城内に戦火を波及させないという着意を持つことが、日本軍として、また日本人として、大切な心構えじゃないかと考える。——というのだった。

橋本参謀長は全面的に同意を表した。そして「……以上のような趣旨に基き、広安門の事件は極力これを現地限りに解決させ、戦火を全城域に及ぼさないよう努力する。そして二十九軍潰滅のための作戦は、居留民の引き揚げ完了を見届けた上で、改めてこれを決行することと致します」参謀長は以上の判決を述べた。

この時、池田参謀が発言した。「北京城を兵火の巷に陥れない事は、軍としても重視すべき問題だと思います。ただ、作戦遂行という事になりますと、目的のためには手段を選ばず、個々の兵団中には往々にして、こういった方針を無視する者が無いとはいえません。

そこでこの際、北京城や万寿山、そういった名勝を傷けないため、これに対して絶対砲爆撃を加えない事、またこれらの場所に陣地を占めている敵は、側背脅威その他の方法によって、戦を交える事なく退却させてしまうよう、この件を作戦命令の末項にでも、一筆書き加えておきたいと思います」

軍司令官香月中将は会心の肯きを見せてこの意見を採択し、ここに天津軍駐屯最後の肚が決まったのである。

調停の軍使広安門へ

これより先、機関が出した密偵の報告は、刻々広部大隊の危機を伝え「大隊はすでに中国軍のため、十重二十重に包囲され、辛うじて城壁下の一角に余喘を保っている」とも言い、「中国軍の増援隊は目下続々、トラックで広安門に向って輸送中」とも報じている。さらに新聞社側からの情報によると「入城部隊が内門と外門との中間に差しかかった際、突然、中国側が故意に両方の城門を閉鎖したので、部隊は二つの門扉の間に閉じ込められ、その上、城門の上からは、手榴弾をドンドンたたきつけられるという始末、目下大隊は、惨澹たる状態に陥っている」と極めて誇張的な虚報まで伝えてきていた。

西の方、広安門と覚しい方向から、引っ切りなしに響いてくるゴーッ、ゴーッという銃声は、特務機関の人たちの焦燥の念と不安感とを、いやが上にもかき立てるのだった。

午後八時少し過ぎ、冀察側の代表として、交通委員長陳覚生が特務機関にやって来た。彼は広安門事件の善後措置に関して、次のような案をもたらして来た。

「中国軍は広安門の城壁及びその東側地区に位置し、広部大隊は城門外、西側地区に兵力を集結させる。そうする事によって両軍衝突の危険性を除去したい。これがため、現在城内に進入している広部大隊主力は、一応全員、広安門外に撤退させていただきたい」

これに対し、特務機関の意向としては——すでに城内に入った日本軍は、ことごとくこれを公使館区域の我が警備隊内に収容したい。その代り、城外に残っている部隊は全部、豊台に向って引揚げさせる——というのである。

陳覚生が持ってきた中国側の案は、機関側によって一蹴され、逆に、我が方の意見を持って宋哲元の元に帰って行かなければならない破目に陥ってしまった。陳覚生が帰って間もなく、周参謀が自動車をとばせて特務機関にとび込んで来た。彼は「今日の事件を円満に解決させるためには、入城部隊は公使館区域へ、そして城外部隊は豊台に引き返さす。これが一番安全でもありまた常識論ですよ。いまごろ小細工をしていたら、まとまるものまでまとまらなくなってしまう。いくら私が二十九軍だって、今日の二十九軍案だけは絶対賛成出来ませんね。それに三十八師の張自忠師長なんか、まったく私と同じ考えなんですよ。今も会って、意見を交換してきたばかりなんです」という。

松井機関長が私と笠井顧問を呼んだ。

「広安門の情況は君達の知っておる通りだ。北京城の一角に火がついたというわけで、これは何としてももみ消してしまわんければいかん。中国側も局部的に解決には同意のようだが、手段方法の点で、我々の考え方との間に、まだ相当の開きがある。

だが、我々はあくまでこちらの考えで押していこう。広部大隊を公使館区域に誘導するんだ。交戦状態に陥っている広部大隊を中国軍から引き離す事は、すこぶる厄介な仕事だがこの一番むずかしい仕事を、君達二人にやってもらいたい。今からすぐ、広安門に行って両軍を説得し、これを引き離しさらに第二段の工作として、中国軍の間を濾過して、大隊を公使館区域まで誘導して来てもらわねばならぬ。

この軍使は日本側だけでやろうとしても、巧くはいかぬ。一応進徳社に行って、秦徳純を説得し、二十九軍からも高級幹部を一人出してもらうんだ。現在の危局を収拾するためには、これ以外見当らない」

我々は、機関から愛沢通訳生、顧問部から広瀬秘書、この二人を伴って、死地に乗り込むべく決心を固めた。

「オイ！　もう遺言書いてる暇はないぜ」

「ウム、遺言は何も書く事はないが、死恥をさらさないよう、せめて肌着だけでも新しいのと取かえていこう」

十分間ばかりの間に新しい肌着に着換えた一行は、機関員一同に見送られて特務機関を出発した。一行が進徳社に着いた時、冀察の要人達は重要会議を開いている最中らしく、二十分余りも我々を待たせておいて、一向出て来そうな気配がない。機関を出る時、むりやり連れて来た周参謀までが、催促してこよう、と奥の方へ消えて行った。やがて背後に灰色の軍服を着て、短剣を吊った将校一名を伴って周参謀が戻ってきた。「ご紹介します。百十一旅の副旅長軒上校です。二十九軍を代表して、我我と一緒に現地に行く任務を受けてきた人です」

私は軒上校に尋ねた。「宋委員長、秦市長は広安門の事件を不拡大に解決する事に、賛意を表しておられるんでしょうな」「賛成しておられます」「広安門の事態は、容易ならぬ事になっています。問題解決のため、貴官は中国側代表として、師長あるいは旅長に代り、当面の部隊を指揮命令する権限は持っておられますね」「持っています」「では、事態収拾のための具体的処理方法は」

「処理方法と言いますと？」

笠井顧問が吹き出してしまった。「こんな無能な旅長、連れて行ったって足手まといになるばかりですよ。さればとて秦徳純、どうせこれ以上気の利いたやつを出しっこないでしょうから、我々はもう広安門に出かけましょう。そして独力でやってしまうんだ。幸い周参謀が一緒に来ているから、周君を間に立てて中国軍を説得したら、その方がかえって手ッ取り早いですよ。まあ百十一旅の副旅長と云う肩書だけが、何かの場合役に立つかもわからないから、連れてくだけは連れてってみましょう」

総勢六人、二本の白旗を準備し、二台の自動車に分乗、進徳社を出発して、広安門の戦場に乗り込む事になった。

中国兵を路次の奥へ

酷熱百度、焼けつくような今日の暑さも、日没と共に吹ッとんでしまって、夕刻ごろから烈風に変ってしまった。吹きつける砂塵を横なぐりに受けて、軍使一行の車は走る。

鉄獅子胡同（ティエシーズホートン）から北池子大街（ベイチーズダーチエ）へ、そして中山公園の所からさらに、西長安街へ進路をとった一行は、やがて西単（シータン）牌楼（パイロウ）から左折して、宣武門の下に到着した。電燈の光にすかして見ると、城門は完全に閉鎖され、しかもそれに土嚢が一杯積み重ねられている。周参謀が開扉を交渉する。一同は土嚢で通路を狭められた宣武門を、徐行しながら通り抜けた。

京漢鉄道の踏切を越える。そして宣武門外大街を三、四百メートルも来たころ、そこにまた二十九軍の兵が、道路一杯にウヨウヨしているのが眼にとまった。これでは今晩中にとても広安門まで行かれはしない。再び周参謀が通過交渉に出た。

その時、広安門の方向に当って、ひどきわ激しい銃声が起った。手榴弾の爆声があたかも砲声か何ぞのように、ドカンドカン響いて来る。——これは後に、情況を綜合して見てわかった事であるが、この時、早川自動車部隊が、あの激しい襲撃をうけていたのである。——風の唸（うな）り、砂のとぶ音、銃声、爆声、それらが交錯して、凄壮な戦場風景がかもし出されて来る。かたわらに立つ中国兵の青竜刀がギラリと光った。

交渉が成功し、周参謀が自動車のドアーに手をかけた。「周さん。我々、ここを通って行ってしまっただけじゃ何にもならん。日本軍を重囲の中から引ッ張り出したら、それを誘導してもう一遍、ここを通らなければならんのだが、こんなに大勢の中国兵が道を塞いでおったんでは、きっと衝突を引き起してしまう。この部隊をどこかその辺の路次奥へでも、引っ込ませてしまいたいんだ。そして、お前達、決して日本軍に手出してはいけないぞという事を、君の口からこの部隊の連長にいってくれ給え」周参謀は一語一語に力をこめて、趣旨を連長に伝えた。連長は二つ返事で承諾すると共に、いままでついていた警戒配備を撤し、部隊をことごとく大通りの側方、胡同の奥へ引っ込めさせてしまった。一行は自動車に乗って出発した。

遂に広部大隊を発見

途中、機関へ電話連絡すると、豊台を出発した福田部隊は明午前二時半、広安門攻撃を開始するという。とすれば我々の和平交渉に必要な時間は四時間足らずである。ところが我々の車は数百メートルごとに中国兵によって誰何されストップを命じられ、これではいつになったら現場に到着できるかわからない。ままよ、自動車のまま強行突破しようとなった。

徐行しながら一行の後からついて来た顧問用の自動車は、この時ヘッドライトを、こうこうと照らし始めた。五人は寿司詰めになって、その一台の自動車に乗り込んだ。広瀬秘書は運転台の傍らに在って、ヘッドライトの前に白旗を振りかざしながら進んだ。

中国軍の最前線は、そのころ東北大学運動場の付近にあった。最後にこのあたりの部隊を道路の奥に追い込んでしまって、そこの連長に別れを告げようとしたら、連長は親切に「この前方には、中国兵はもう一兵も出ていませんよ。これから先は全部日本軍です。気をつけて行かぬとこの少し先で、機関銃が猛烈に射ち出しますよ」と注意してくれた。

自動車が出発したとたん、ダダダ……と真ッ正面から機関銃弾が、自動車の屋根の上をかすめて飛んだ。広安門上の中国軍が、ヘッドライトを目標に射ったものらしい。「かまわぬ。弾道は高い。ドンドン素ッ飛ばせ」追風をうけて、漠々たる砂ほこりの中を、まっしぐらに広安門目ざして突き進んだ。

広安門大街にはもちろん人ッ子一人見当らず、家々は扉を鎖し、街路上の電燈もかき消されて、全くの死の街と化している。夕方ちょっと姿を見せた朧月も、いつの間にか隠れてしまって、墨を流したような暗雲が天一杯に閉じ込めている。

広安門に近づいて行くと、街路上には一輪車、人力車、樽や屋台やが自動車の前進を邪魔するかのように、点々取り散らかされていた。これは七時十五分、広安門の銃声一発と共に、このあたりの住民がその大切な商売道具を放ったらかして、逃げ散って行ってしまった姿である。

道路の右側で銃剣がピカリと光った。同時に日本語で「だれかッ！」力強い歩哨の問査。

自動車はピタリ、その前で停まった。

まず私が白旗を携えて車からとび降りた。続いて笠井顧問、周参謀——。「北京特務機関補佐官寺平大尉だ。大隊本部の位置はどこか」「この狭い通りをまっすぐ北の方へ進んで行った奥であります」ここは広安門大街と北綫閣との交差点、二梃の重機関銃が、我々の今来た菜市口方向に向って、いつでも火蓋を切る事が出来るように据えつけてある。「小隊長はおらぬか」「すぐそこにおられます。お呼び致しましょう。小隊長殿、小隊長殿」声に応じてはせつけたのは、今日の城門突破の戦闘に、トラック上自ら重機関銃の引鉄を引いて、さんざん中国軍を悩ました機関銃小隊長市川貞一中尉である。

大隊本部の位置を聞くと、市川中尉は伝令をつけてくれた。中尉は桜井顧問はどこにいるか知らないが、中島顧問は確か大隊本部にいたと思うと教えてくれた。

二ヶ分隊ばかりの兵が道路の東側に折り敷けしていた。いつどこから敵がとび出して来るかもわからない情況下において、非常な緊張ぶりで四周に対して警戒していた。「周さん、私は大隊長のところに行って連絡をとってくるから、あなたは広安門に行って、日本軍の移動に際し、城門上の中国軍が絶対射撃しないよう、厳重注意を与えて来てくれ給え。このさい、一発でも射ったら、それこそ日本軍は即座に反転して、また広安門を攻撃するからね」血なまぐさい広安門の下で、今日の任務を最も完全に果すため、一行は、それぞれ新しい持場について行った。

広部大隊長を説得す

笠井顧問と私は伝令の兵に案内されて、埃のボコボコした北綫閣の通りを、北に向って歩き始めた。銃剣が至るところの闇にギラリギラリ光っている。

やがて伝令が「この土塀の中が大隊本部です」と左側の大きな家を指差した。あたりは木立に囲まれて、その木の根方でも歩哨が厳めしく警戒していた。奥の方から、ザワザワ人の出て来る気配がする。「大隊長殿はおられませんか」と伝令がたずねた。「ここにおられるぞ」「今、軍使の方が見えて、大隊長殿を探しておられます」「何？　軍使？」そういって長身の広部大隊長が一歩前へのり出した。

天から降ったか地から湧いたか、この敵軍重囲の真ッ唯中に、突然現われた背広姿の軍使の一行。広部大隊長にはそれが極めて奇怪な存在として映じたに違いない。まるで狐につままれたような感じだったと想像される。懐中電燈を照らして、私の頭の上から足の先までジロリジロリ眺めながらいった。

「大隊を公使館区域まで誘導して下さるというんですか？　いったいあなた方は、大隊の現在の情況がおわかりになっているんですか？」「概略は承知しています」「大隊は今、腹背に敵をうけているのです。そして城外部隊は今夜二時半、城門に向って攻撃の火蓋を切る事が、先程電話でわかってきました。それで大隊は、城外部隊の攻撃に先立って広安門を夜襲するため、今から出かけるところなんです」「それはこのさい、是非思い止まっていただかなければなりません」「イヤ、私の大隊としては、友軍が広安門を攻撃するという以上、事前に城壁の一角を占領して、友軍の攻撃を容易ならしめる事が、戦術上当然採るべき手段だと考えます。今晩は幸いにしてこのひどい風、さきほどもここにいる高須大尉から意見具申がありまして、この〃神風〃を利用して広安門内側の民家に火を放ったら、確実にあの城内に燃え上って、夜襲成功の可能性は多分にあるというんです。これをいまさら中止するという事は……」

「それについて申し上げますが、城外部隊が広安門を攻撃する理由はいったい何です。大隊が城内と城外とに分断され、城内部隊が敵中に孤立しているから、これを救出するというのがその目的なんじゃありませんか。だから大隊が公使館区域に入るという、最初の目的が達成されたら、城外部隊は何も苦しんで城門攻撃なんかしなくたって済む訳です。これについては、さきほど特務機関長からも電話があって、城外部隊の攻撃を阻止する事は、

337　広部大隊救出工作

責任をもって豊台の旅団司令部に連絡をとるから、との事でございました。それに北京城内では、居留民の引き揚げもまだ終っていない状態なんです。今、ここで戦闘をひき起したら、二千の居留民は城内到るところで虐殺されてしまうでしょう。もともとが居留民保護という任務を持っておられる大隊です。その大隊の行動に端を発し、かえって居留民虐殺の動機がつくられたとしたら、それこそ本末顚倒、逆効果です。むしろ最初から入城しない方がまだよかった、という事になりはしませんか？何といってもこのさい、任務が第一です。この点、よくよくお考えになっていただきたいと思います」

「しかしどう考えてみても残念ですなあ、夜襲の準備はもうスッカリ出来上っているんですから。ことにさきほど来の戦闘で、私は数名の部下を殺し、十数名の負傷者をつくってしまいました。この仇だけは何としてでも、とってやらなければなりません」「ごもっともです。大隊長殿のお気持はよくわかります。ただ、それについて簡単に申し上げますが、実は今日午後三時から、三時間にわたって、私は松井特務機関長のお伴をして、宋哲元の所に行き、日本軍としての最後の通牒をたたきつけてきました。それで二十八日の正午から、軍はいよいよ全面的に、二十九軍剿滅のための攻撃行動を起すことに肚が決まったのです。ですのにそういうふうに方針が決まった以上、戦死者の仇討ちをするチャンスは、これからいくらだって出来て来ます。この広安門という一小局部で、抜き差しならぬ戦闘をひき起し、これ以上損害を拡大されるより、むしろ大乗的な立場に立って、今日のところは一応これを断念していただきたいと思います。ことに軍司令官閣下は、概要、私が今、申し上げましたと同じようなお考えを持っておられまして、広安門事件は、現地限りで解決せよとの趣旨を、さきほど天津から電話で連絡して参りました」

「そうですか。よくわかりました。しかしただ一つ、私として考えます事は、現在我々を包囲している中国軍についてです。我々の任務からいったら、一刻も早くこの位置を撤して、公使館区域に入るのがいいかも知れませんが、その移動途中、包囲中の中国軍と衝突する事、これはどうしても避けられません。いずれにせよ一戦交えなければならないというのなら、むしろ勝算の確実な、広安門を攻撃した方が賢明の策だと考えるのです」「それはご心配には及びません。私達は今ここへ来る途中、包囲中の中国軍をことごとく本道上から撤退させて参りました。ここから公使館区域までの通路は、完全に清掃が出来ています」と今までの経過をかいつまんで説明した。

　最後に「そういうわけですから、この方面の中国軍の行動に関しては、全責任を私が負います。一切は私達がよく心得ておりますから、どうぞご安心なさって下さい」「今あなた方が来られる時には、一応いう事を聞いて道をあけてくれたかも知れませんが、相手は何といっても中国軍です。後の心境の変化という事も考えなければなりません。その辺の見透しは、いったいどんなものでしょうか」「もちろん心境の変化という事に関しては、十分考慮しなければなりません。しかしそのためには、ただ今も気心の知れた中国軍の参謀に、私の方の通訳生一名をつけて、今来た経路をもう一遍引き返させ、中国軍の撤退情況を再点検させております」「有り難う。それほどまでにやっていて下さるのならば、ご意見に従って直ちに撤退を開始する事に致しましょう。高須大尉に高杉大尉、それから山本副官、他に何か意見はないか」「自動車が大半損傷をうけているようですが、果して運転出来ますかどうか……」「すぐ調べさせてみい、動く事だけは動くだろうと思うんだが」

「それからもし、中国軍が途中で不法射撃でも始めたような場合の措置は」「たたき破るんだ、徹底的にたたき破って目的地に前進するんだ！」「わかりました。兵にもよく徹底させます」

桜井顧問消息を絶つ

大隊長は各隊長を集めて、大隊の集結命令を下達した。集合場所は自動車隊の位置。時間は即刻。そして最後に大隊長は「幹部は兵の頭から、大隊はまだ、敵の重囲の中に在るんだという観念を、絶対失わせてはいかんぞ」と特に力強く付け加えた。

　トラックの上からは負傷兵の呻きが、とぎれとぎれに聞えて来る。上島成人軍医と丹羽一郎軍医とが、全身血沫を浴びながら、懐中電燈の光を頼りにそれ等に応急の手当を施している。笠井顧問と私とは傷兵の一人一人に「しっかりしろ、元気を出せよ」と激励して歩いた。

　その時、真ッ白い中国服を着た男が、ヌーッと私のそばに近寄って来た。私はだれだとどなった。「寺平大尉、まさかこんなところに君が来ていようとは思わなかったよ」これが今日、広部大隊を誘導して来た軍事顧問、中島弟四郎中佐である。

もう午前零時半である。部隊は次第次第に集まって来た。暗がりの中からゴロゴロ人力車を引いて来る兵がある。車の上には白い敷布がかけてあった。「一体全体、あの兵隊は何しとるんだ？　この戦争の真ッ最中に洋車（ヤンチョ）引きの真似なんかして……」かたわらの軍曹がそれに答えた。「ハ、あれは戦友向俊暁（むかいとしあき）の死体を運んで来るんであります」私はその車に近づいていった。そしてその覆いの一端を外してみた。

頭部盲管銃創の壮烈な最期である。朱のような鮮血がベトベトと敷布を濡らしている。タッタ今さき、護国の神と化し去ったばかりの英霊に対し、私は敬虔（けいけん）な態度で、感謝と哀悼（あいとう）の真心を捧げた。続いてまた一台、今度は前原初年兵の遺骸が運ばれて来る。同盟通信の三木雅之助特派員もまた、その大きな身体に数発の敵弾をうけ、僚友二人に支えられながら、この集合位置にやって来た。

「第四中隊がまだ集って参りません」さきほどの軍曹の声だ。「そうか。もうやがてやって来るだろう。ちょっとその辺まで連絡に行ってみろ」と大隊副官が命令した。ちょうどその時、第四中隊十数名が広安門の方から、足音も静かに集合位置にやって来た。静かなのも道理、この中隊は全員跣足（はだし）、そして各々靴を片手にブラ下げている。夜襲のため、城壁によじ登る準備を整えていたものらしい。

その時遠くの方で「桜井、桜井顧問はおらぬか」しきりに桜井顧問を呼ぶ声がする。中島軍事顧問の声だ。「桜井！　桜井少佐！」狂おしいまでに疳（かん）高い叫び、声は本道の方から聞えて来る。

広安門の敵が鳴りをひそめているのは、周参謀が説得したからとはいえ、決してそれで戦闘意欲がなくなってしまったというわけではない。いや、彼等こそ、今の今まで日本軍を敵に回して戦っていたのだから、その敵愾（てきがい）心は極めて旺盛なはずである。その敵の真近まで、身に寸鉄も帯びない中島顧問が、桜井顧問の安否を尋ねて探しに行こうというのだ。

その時周参謀一行が、宣武門から西単牌楼（シータンパイロウ）の方までも情況偵察に行って、ようやく引き返して来たところだった。自動車からとび降りるなり、「大丈夫です。今大通りには人ッ子一人出ていません。今のうちに行ったら成功疑いなしです。どうか急いで出発させて下さい。そして何ですか。桜井顧問が見えないというんですか、こりゃあ困りましたねえ。しかし中島顧問殿、部隊の誘導は急ぎます。桜井さんの事は私に委せて下さい。そして部隊を一刻も早く公使館区域に入れて下さい」

人情の極致、戦友を救わんがために身を危地に乗り入れようとする、中島顧問の友情も壮であるが、一方、任務の前に決然その翻意をうながした、笠井顧問の態度もまた、立派だった。

中島顧問はついにその決心を翻した。そして笠井顧問等と共に、集合位置の方に歩き始めた。

さながらの葬送行進

午前一時、白旗を翻した軍使の自動車を先頭に、十数台の車輌部隊は、東交民巷の北京警備隊目ざして前進を起した。しかしこの車輌部隊の行進は、まるで葬送行進と思われるまでに、遅々として進まなかった。さきほどの戦闘で、車輛がさんざん痛めつけられたからである。菜市口付近、中国側団本部のまん前あたりで「第四号車故障！」と後方からどなられるたびに、一番ヒヤリとさせられるのは、誘導に任じている我々軍使の一行だった。

一台故障車が出ると、全部の部隊を停止させ、兵を他の車に分乗させ、牽引準備が終ってから再び行進を起すのだから、その都度、十分ぐらいは空費してしまうのだった。しかも故障車続出なのだからたまらない。だが、もっともおそれられた中国軍の出撃をこうむることもなく、どうにかこうにかようやく宣武門までたどりつく事が出来た。時計は午前一時五十分を指している。そうだ、城外部隊の広安門攻撃を、何とか早く食い止めなくてはならぬ。

私は宣武門内の警察局派出所にとび込んで、電話で「東局二九八」北京特務機関に呼びかけた。ところが、例によって「お話中」「応答なし」である。私は、とっさに「俺は二十九軍の周参謀だ。今、広安門で重大事件が勃発している。大至急日本特務機関に交渉しなければならぬから、応答がなかったら出るまでジャンジャン、ベルを鳴らせ」となかば命令的に交換手に対してどなりつけた。すると直ちに特務機関が出た。私は機関長に報告した。

「寺平です。ただいま宣武門の交番におります。城内に入った広部大隊は全部収容して、先頭はもう宣武門まで前進し、後尾のトラックは故障のため大分遅れておりますが、もう間もなくここへやって来ることと思います。ついては早速ですが城外部隊の広安門攻撃ですねえ。あれを至急中止するよう、豊台に連絡して下さい」「そうか。それは大成功だった。ご苦労ご苦労。では河辺旅団に対しては、今からすぐ電話する事にしよう」と機関長は答えた。

いよいよこれからが最後のコースだ。またしてもあの緩やかな葬送行進が始まった。先頭が西単牌楼の角を曲るころから、ポツリ、ポツリ、大粒の雨が落ちて来た。雨は車が進むにつれてだんだん激しくなってきた。北京飯店の前、御河橋を右に曲って、一行が公使館区域に第一歩を印した時、我々はこれでようやく重荷をおろした感じにホッとして、張りつめた全身の力が、一度に抜け、ただ、わけのわからない涙が溢れ出てきた。

大使館の前では武官室はじめ、多くの職員や家族達が、この真夜中にまだ寝もやらず、各々手を振って部隊の到着を歓迎していた。警備隊の正門前、土嚢で築かれた掩体のあたりには日本兵や新聞社の人達が一杯つめかけていて、部隊の到着を今か今かと待ち受けていた。

午前二時二十分、広部大隊は全員警備隊兵営に到着した。真ッ暗な営庭の中央、降る雨の中に立って、広部大隊長が粛然、岡村警備隊長に対して行なった申告は、万感胸に迫って時々杜絶えた。新聞記者達は一ヶ所に寄り集って、おたがいに「おめでとう。よく助かったな」「いや、俺はもうあの時、とても駄目だと思ったよ」と感激の握手を交していた。

やがて記者団が軍使一行を取り囲んだ。毎日新聞社の本田親男特派員が私のところへ来て「大変お世話になりました。全く、あなた方のお陰で私達、ようやく命拾いが出来ました」「いや、あれは決して私達の力じゃない。みんな周参謀の努力ですよ。弾の中へでも青竜刀の下へでも、平気でとび込んで行って、実に手際よく日華両軍の間を調停してくれた。今時の中国には、全くめずらしい人物ですね。オイ、周参謀はそこらにいないかな」「たった今までここにおりましたが、さあ今度は桜井顧問を見つけ出しに行かなくっちゃといって、自動車の方へ歩いて行きました」

桜井顧問の救出

軍使一行はこうして無事、部隊救出の任務を達成した。しかし軍事顧問桜井徳太郎少佐をはじめとして、川村、吉富、斉藤等各機関員の姿は、依然、どこからも見出されない。これを思うと、暗い気持に引ずり込まれて行くのだった。「桜井さんは、私が責任をもって捜し出して来ます。たとい私は殺されても、顧問だけは必ず助け出して日本側の手にお返し致します。どうか一切を私にお委せ下さい」そういって再び広安門に引き返して行った周参謀だった。その彼は、広安門大街外四区の警察分所に到着すると、直ぐ巡警に命じ、全員を手分けして広安門内外の捜索を始めさせた。

暁闇煙る雨の中、城門のあたりから「桜井顧問！」「桜井顧問！」と巡警等の叫びが沈痛に響いてくる。

午前四時少し前、かねて顔見知りの巡警の一人が、ようやく顧問の所在を広安門の真下、物置小屋で発見した。身に数創をうけた桜井顧問は、取りあえず警察分所に担ぎ込まれ、周参謀から応急の手当をうけると、そのまま自動車に運ばれて、午前四時半、安全に特務機関に送り込まれた。脚腰立たない顧問ではあったが、己が身の痛みは一言半句訴える事なく、厳粛な態度で「機関長殿、川村芳男を広安門で、とうとう殺してしまいました。まことに申し訳ございません」ここに初めて顧問の口から、川村機関員の壮烈極まる最期の模様が報告されたのである。機関員一同は暗然首を垂れて顧問の話に耳を傾けた。

川村の死体は殺された直後、城壁上から城外に放り落され、城門南側、小屋の裏手に埋められてあったのを、数日の後、和田囑託が現場に赴いて掘り起し、丁重に荼毘に付した後、北京本願寺で盛大に葬儀を営んだ。張自忠、張璧、斉燮元をはじめ、日華各界の要人から贈られた花輪は堂を埋め、香煙縷々として立ち昇る仏壇の前で、機関員達は、そぞろ凄壮を極めた広安門の一夜に想いをめぐらし、懇ろに彼の霊を弔ったのである。

部隊入城の際、城門の傍に立って開扉の責を果した吉富、斉藤両機関員は、いよいよ交戦状態に陥ると同時に、銃火の間断を利用して城外に脱出し、翌朝未明、苦力に変装して高粱畑の中を進み、無事豊台の旅団司令部にたどりつく事が出来たのであった。

それから丸三ヶ月が経過した。十月二十八日の午後、私はこの戦蹟に閑院宮春仁王殿下をお迎えし、広安門事件の戦況一般をご説明した。周参謀はそのころ北京外四区の警察局長として、北京に留まっており、周辺一帯の警戒を担当していたので、私は広安門上で彼を殿下にお引き合せした。殿下が帰還された後、私は彼と二人っきりで想い出多いこの広安門上の一角に立ち、過ぎし日の追憶を懐かしんだ。

周参謀はいった。「実際あの晩は危なかったですねえ。今だから申し上げますが、日本軍が城外部隊の兵力を増して城門突破を決心されたでしょう。ちょうどあの時、二十九軍の方では城外の日本軍をその左側背から攻撃する目的を以て、約一ヶ団以上のものが阜城門を出て、ホラ、すぐそこに見える天寧寺の高い塔ですね。あの後のところまで繰り出して来ていたんですよ。もしあの日の広部大隊の誘導が、もうちょっと手遅れになったら、広安門を中心とするこの辺一帯は、実に惨澹たる戦場になってしまったかもわからないですねえ」

周参謀はそういって、懐かしそうなまなざしで高い楼門のかなたを見上げた。

数十羽の鳩が鳩笛の音もさわやかに、深く澄み切った北京の秋空を心ゆくまま飛び交っていた。

（三十九）赵登禹将军的最后时刻

资料名称：趙登禹将軍の最期

资料出处：寺平忠輔著《蘆溝橋事件——日本の悲劇》，読売新聞社1970年版，第344—349頁。

资料解说：本资料记载了广安门事件后日军进攻南苑，赵登禹将军壮烈殉国的前后过程。

第二三章　趙登禹将軍の最期

南苑柳営の大爆撃

百三十二師の師長趙登禹が、進徳社の軍事会議で、秦徳純の激しい怒りに触れたのは四日前の事だった。今はただ、石碑胡同の自宅で、悶々の情に遣る瀬ない日々を過さなければならない趙登禹だった。

彼は七月二十七日、副官と参謀一人を伴って、北京郊外南苑の柳営に赴いた。昨日の朝は郎坊事件が起り、夜広安門事件が勃発した。急転直下、めまぐるしい情勢の変転に、事態の緊迫を感じた彼は、一応隷下部隊に所要の指示を与えておこうと思いついたのが、この南苑行きの動機だった。南苑の夏は緑一色に包まれて、アカシヤや楊柳の葉が灰色の兵舎を覆い隠さんばかりに繁っていた。周辺一帯の高粱は真夏の陽ざしをうけて、一日に十センチも二十センチも背丈が伸びていくというきのうきょうである。

七月二十八日の明け方近く、雷鳴を交えて降った大陸の豪雨は、夜来の暑気を完全に拭い去って、葉末を渡るそよ風は、将兵の眠りを深く誘なって行った。

南苑に仮設された百三十二師司令部の、鉄のベッドに寝込んでいた趙登禹は、朝六時二十分、兵のざわめきに夢を破られた。窓をあけると、東の空に、暁雲を破って日本軍戦爆連合の大編隊が、南苑さして迫って来つつある。——そうだ。日本側から宋軍長に宛てて最後の通牒が突き付けられたと聞いたが、その猶予期限はもう切れてしまったのか。

そう思ったとき、爆撃機はすでに南苑柳営の真上に差しかかっていた。地軸も砕けんばかりの爆声、紅焔の火柱が天に冲して立ち上った。噴き上げる真ッ黒い煙の柱が、折りからの陽光に幾すじかの綾目を作った。

中国兵は一散に高粱畑の中に逃げ込んで行った。手早く機関銃をかつぎ出し、対空射撃を始めた兵もあったけれど、爆煙が完全に飛行機の影を隠しているので、全くの盲目射撃。重傷を負ってのたうち回る兵士、煉瓦の間から埃にまみれてはい出す学兵、凄惨言語に絶する情景が展開された。爆撃は時間にして、僅か十分そこそこのものだったが、兵舎は次々に火災を起し、それは数時間にもわたって燃え続けて行った。

趙登禹はとっさに軍用電話をアカシヤの根方に運ばせて、隷下部隊に命令を下しはじめた。参謀馮洪国上校が、連絡を手伝った。馮参謀というのはクリスチャンゼネラル馮玉祥の御曹子で、昭和四、五年のころ、日本の陸軍士官学校に留学した頭脳明敏、貴公子然たる青年将校である。周参謀とも同窓で、いたって仲のいい間柄だった。

爆撃が終ってこれで一段落と思ったとたん、今度はどこからともなく、ゴーッという遠雷のような砲声が聞え始めて来た。日本軍地上部隊の南苑攻撃が始まったのだ。

森を越え林を越え、殷々として響いて来る砲声。耳をすますとどうやらそれは、南苑の南方、団河村方面からのようである。砲声はさらに東、双橋無電台方向からも起り始めた。続いて今度は西、豊台の方からも起って来た。こうした三面からの火力包囲によって、趙登禹は今や、自らが予断を許さない緊迫した情況下に置かれている事を痛感した。

一木大隊、天羅荘への転進

日本軍はこの時、朝鮮から来た山下奉文少将の第四十旅団が南方北寧線の方面から、また萱島高大佐の指揮する天津歩兵第二連隊が、通州を通って南苑東方一帯の地区から、事件勃発以来歴戦の河辺旅団牟田口連隊が豊台方面から前進して来て、西正面に進出し、三面合撃の態勢をもって十字の砲火を浴せ始めたのである。

牟田口連隊の第一線の一木大隊は、行動開始二時間の後には、早くも南苑西北方、槐房という小さな部落にたむろしていた敵を蹴散らしてしまった。息せき切って部落の東端に姿を現わした大隊長は、陽やけした顔に会心の笑みをたたえ「今度は南苑に突入だぞ」と勇躍した。大隊長の抜身の軍刀がきらめいている。

山下旅団方面からは、銃声砲声が間断なく聞えて来て、戦況がかなり進展しているらしい事を物語っている。

そこへ連隊本部から、曹長が連絡に駆けつけて来た。

「大隊長殿、連隊命令でありますッ、口頭でお伝え致します」曹長は息をはずませながら「第三大隊は主力をもって、南苑北方約一キロ、天羅荘の三差路付近に進出し、敵の北京方面への退路を遮断すべし。別に戦車隊はその一部を以て、永定門南方地区に進出し、貴大隊と同一任務を担当するはず。命令終りッ！」

これより先、牟田口連隊長は河辺旅団長から「敵がもし、北方に脱逸するような兆が見えたら、貴連隊は一部をもって北京街道を遮断し、敵の北京城内遁入を拒止するように」との内示を受けていた。それが今、この命令となって現われたわけである。

命令を聞いたとたん、一木大隊長はがっかりした。

「副官、それから清水大尉、こりゃまたどういうわけなんだ。夢にまで見た南苑を目睫の間に眺めながら、突撃直前に転進命令とは情けない。敵兵退却の兆なんかまだ見えてやしないじゃないか」これが大隊長の発した最初の言葉だった。「どうも俺達は武運に恵まれてないな」大隊長は吐き出すようにそうつけ加えた。

しかしすぐ「命令は命令だ。示された行動だけはとらなきゃいかん」といった。そこで清水中隊の二ヶ小隊と穂積中隊の山本小隊とが、とりあえず天羅荘に向って出発する事になった。これを聞いて兵隊達までガッカリした。

敵騎兵隊を急襲す

午前十一時、天羅荘付近の一木大隊は、すでに散兵壕の中に沈んでしまって、風の落ちた楊柳の並木に鳴く蝉の声だけが、暑苦しく聞えて来る。偽装した監視兵だけが、南苑街道を警戒し続けていた。

遙か遠く、街道筋から、かすかな鉄蹄の響が聞えて来る。その音は次第に近づいて来た。

戦線は唖のように緊迫した沈黙の中に沈んだ。

やがて四百メートルの前方、楊柳の間に黒い騎馬の一隊が隠見し始めた。騎兵隊は砂塵をあげながら軽快な速歩で進んで来る。一見したところ、四百騎は確実だろう。

清水中隊長の大音声が棉畑の中から起った。

「射撃開始」声に応じて「射てッ」「射てッ」と小隊長、分隊長の号令。部隊は一斉に火蓋を切った。

敵は思いもかけぬ伏兵に狼狽、馬が傷ついてひっくり返る。後から来た騎馬がその上にノシ上る。棒立ちになった馬から振り落される者、敵兵は将棋倒しに薙ぎたお

347　趙登禹将軍の最期

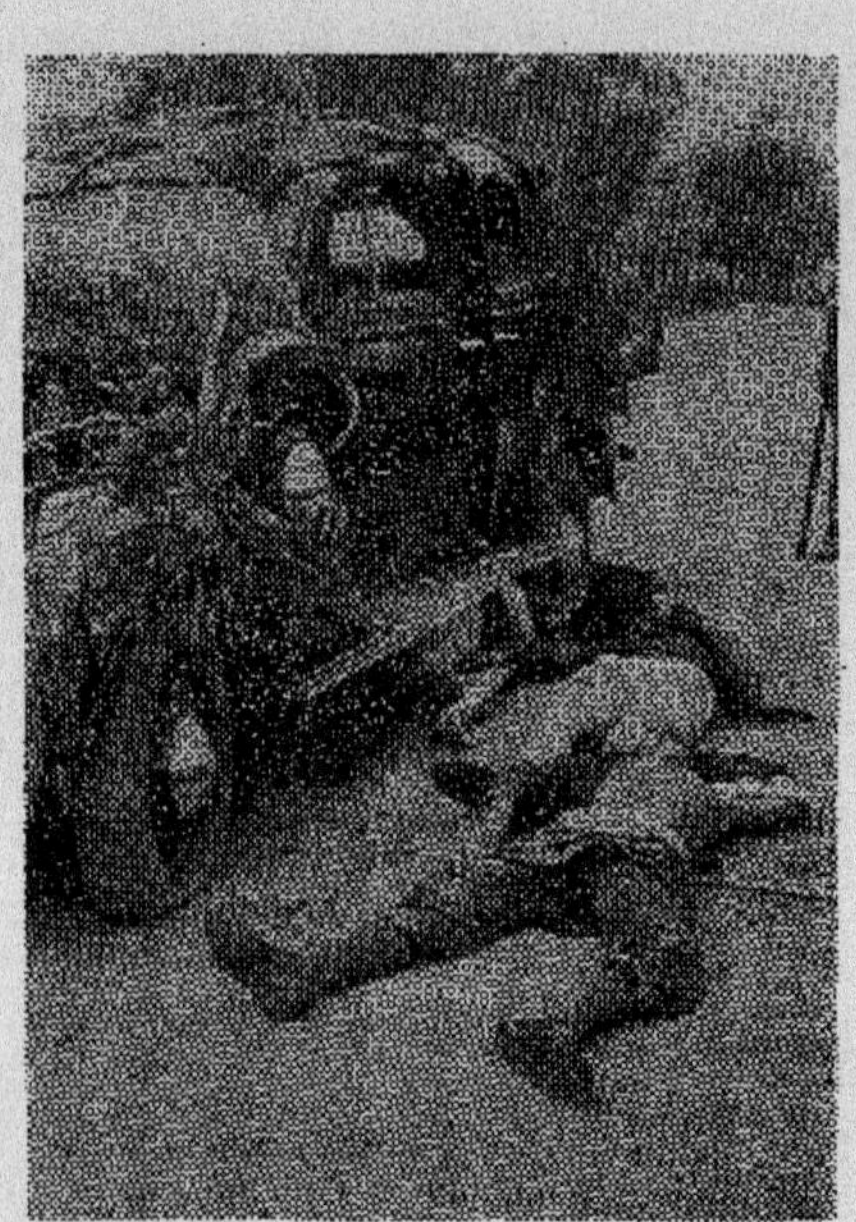

日本軍の銃弾を全身に浴びた趙登禹の最期

された。残った兵の中には、交差点近くに散開して、立ち向おうとした者もあったが、既設陣地に拠っている日本軍に対し、彼等の弾は、空をかすめてとび、射撃の効果はない。わずか二騎だけが辛うじてこの交差点を突破し、北京の方向へ走り去って行った。しかし、遠目にもそれとわかるほどに、血みどろ姿になっていたのだから死後硬直のため、わずかに鐙に足がひっかかっていたのかもしれない。この戦闘の直後、午前十一時半、我が重機関銃と大隊残余の中隊も、全部この戦場に到着した。南苑からの敵の脱走兵は三々五々この街道を北上して来た。徒歩の者もあれば自転者に乗っている者もあったが、それらはことごとく、おびただしい屍山血河におそれをなし、高粱畑へもぐり込んでしまって、北京に向って直進しようとする者はなかった。

将軍車中に死す

南苑柳営に在って緊急措置を指令していた趙登禹は、日本軍の攻撃がますます熾烈になってくるにつれ、やがて自らの身の危険を感ずるようになった。そこで正午過ぎ、脱出すべく決心した。これから北京に引き返そう。もし俺がここで斃れてしまったら冷酷な秦徳純のことだ。今後百三十二師はいったいどうなってしまうだろう。

幾棟かの兵舎は、すでに完全に焼け落ちてしまって、残骸がブスブスいぶっている。趙登禹は着ていた背広を脱いで副官に渡し、灰色の便衣に衣換えした。そして共に踏み止まっていた二十九軍の副軍長佟凌閣と、北京城内に潜行するための計画を立てた。

司令部の従兵は、彼の自動車に大きな偽装網をかぶせ、楊柳の枝を折って次々にその網に突き挿した。「私はもう暫くここに踏み留まって最後の措置を講じます。

閣下はどうぞ、先にご出発になって下さい」という馮洪国参謀と、別れの握手を交した趙登禹は、偽装網を排して自動車中の人となった。午後零時五十分、落ちのびて来る脱走兵の間を縫って、黒塗りの乗用車が一台、天羅荘に向って疾駆して来た。前後には護衛兵を満載したトラックが各一台、だれの目にも相当の大物が搭乗している事をうなずかせた。

自動車は八十キロのスピードで猛進して来る。我が散兵壕はこれを前方三百メートルに近づけた後、一斉猛射を浴せかけた。こんどは重機関銃までがこれに加わっているのだからたまらない。トラックと乗用車は、三差路の南、わずか五十メートルのところで馬の死体に乗り上げてしまった。二つの自動車間の距離は精々二十メートルあるかなしかだ。我が兵は止めの射撃を浴せた。トラックからは一兵も降りて来ない。乗用車から一人、便衣を纏った男がよろよろとはい出して来て、道路西側の溝の中に、身体半分をのめり込ませたが、それもそのまま動かなくなってしまった。

銃声は止んだ。あたりは元の静けさに戻った。我が兵四、五名がバラバラッと壕をとび出して自動車に走り寄った。先頭のトラックはエンジン部に蜂の巣のような弾痕を留め、乗っていた兵は折り重なって即死していた。二、三その中で死んだ真似をしていた者もあったが、哀れを催したのでそのまま見逃す事にする。

兵はその後方の乗用車に近づいて行った。自動車の扉は、蜂の巣そっくり、何百と云う弾痕が印されている。運転手は大腿部に数発の銃創をうけ、ようやく車からはい出して来たが、ひどい出血のため、間もなくその場でこと切れてしまった。

後部の座席には、痩身便衣の紳士が、掌を膝に置いたまま、眠るがごとくクッションにもたれて息絶えている。頭から足の先までにかなり銃弾を受けていた。その脇の副官らしい男は、横窓に頭をもたせかけたままで動かなかった。副官のポケットを探ると、第百三十二師中将師長趙登禹という名刺が沢山現れた。背広一揃と重要信書、すなわち蒋介石主席から宋哲元に宛てた電報、宋哲元が趙登禹に与えた命令、書簡、その他百三十二師将校の勤惰表なども一括してクッションの上に置かれてある。便衣の紳士が趙登禹師長であった事は、明かだった。はるか後方に停まった後続のトラックも、兵は全員戦死、ざきほど溝にのめり込んだ便衣の男からは、二十九軍副軍長佟凌閣という名刺が何枚か入手された。

「趙登禹将軍陣没す」この報は、当時不眠不休の激務に追われ通していた私に、霹靂一声の衝動を与えた。ただもう何とはなしに、もっとも身近な人がなくなったような愕きに私の胸は一杯だった。

趙登禹の遺骸は、中島軍事顧問の手によって丁重に収容され、戦局小康を得た八月の初旬、北京外城先農壇の片ほとり、牡丹の名所として有名な古刹、竜潭寺に手厚く葬られる事となった。特務機関や武官室、軍事顧問部からは幾多麗わしい生花を贈って、趙師長生前の功をたたえた。

彼の口からはもう、永遠に東亜の和平を聞く事は出来なくなってしまった。――しかし将軍よ、乞う意を安んじて瞑目せよ。君をもっとも苦しめた秦徳純、馮治安等はすでに北京から追い退けられ、君は永遠にこの憧れの森の都、北京に骨を埋める事となったのである――私が独語しながら、彼の墓前に注いだウイスキーの一瓶、それは和平が達成された暁、心おきなく飲み明かそうと語った彼とのかねての約束を果すべく、そして真の日華提携を祈念する意味である事を知る者は、恐らく彼の霊以外、何者もなかったであろう。

（四十）抗日战线的公开化及其牺牲

资料名称： 抗日戦線の表面化と犠牲

资料出处： 寺平忠輔著《蘆溝橋事件——日本の悲劇》，読売新聞社 1970 年版，第 350—352 頁。

资料解说： 7 月 28 日优势日军对南苑中国军营发动突然攻击，并派出飞机野蛮轰炸在南苑接受军训的北平学生。本资料特意将受训学生与中国共产党组织的抗日工作联系在一起，目的是洗刷其野蛮轰炸罪行。

第二四章　抗日戦線の表面化と犠牲

中共の工作表面化す

七月二十七日、明け方のことである。機関の炊事から接待までとりしきってくれていた小母さんが私に「いよいよ居留民全部、今日公使館区域に引揚げて来るんですってねえ。本当に大変な時局になってしまいましたワね」と驚きの声をあげた。「昨夜の広安門事件で中国側と協調の余地がない事がハッキリしたのでね。最悪の場合を顧慮して居留民全部、籠城という事に決まったんだ。そこで機関員は全員、それに家族まで全部、この機関の中に収容する事になったので、貴女の仕事はこれからますます忙しくなってくるぞ。差し当り、それら大勢の者の食糧を今日の中に買い集めとかなきゃいかん。とくに副食物は、生肉を買い貯めたってこの暑さじゃ一日も持ちゃしない。牛や豚は困るが、鶏だったら逐次つぶせば丁度手ごろだし、飼うにも世話がかからないから、四、五十羽買っといてもらうかな」と注文した。

そこに愛沢通訳生がやって来た。「ただいま密偵の報告が入りました。彼が東単牌楼のどころを通っていたら、人が黒山みたいに集まっているんでのぞいて見たそうです。すると二人の丈の高いソ連人が、流暢な北京語で、民衆に対して演説やってる。その内容は——蘆溝橋に事件が勃発した。これは日本側の計画的行動で、日本はこれを機会に、華北に第二の満州国を作ろうと企らんでいる。中国は敢然起って反撃を加え、満州の失地を収復するのは今である。今を措いて決して再びは訪れないであろう。奮起せよ。中国の兄弟よ——というのです。拍手喝采をうけ彼等二人は自動車で東四牌楼の方にとんで行ったが、自動車の窓から、赤や黄や白や、沢山のビラを道路上にバラ撒いた。その一枚が、これなんです」と、十センチに十五センチ角くらいの白い伝単を差し出した。内容は今の演説とほぼ同じ意味のことが書いてあったが、終りの所に、中華紅軍総指揮　朱徳　毛沢東という署名があった。

今次事件の勃発以来、いやすでにその以前から、彼等はもっぱら抗日策動の地下工作、裏面工作をやっていたのだが、日本人、欧米人が、公使館区域に引き揚げてしまった後は、白昼公然、こうした宣伝工作をやり始めたのである。私はすぐ機関長に情況の逐一を報告した。

共産学生一千の爆滅

私が説明を終って自分の部屋に戻って来ると、そこに陳継良という工作員が待っていた。彼は早稲田大学を卒業し、従来土肥原将軍から大変可愛がられて使われていた。それを私が工作上の手助けとして引き継いだのである。

彼は流暢(りゅうちょう)な日本語で私にいった。

「私が西単牌楼(シータンパイロウ)の所を洋車(ヤンチョ)に乗って走っていましたら、抗日学生が一千名、凄いデモ行進をやっているんです。聞いてみたら、これはみんな華北や満州各地から集って来た大学生でして、今まで西苑の兵営で軍事訓練をうけていたんです。それが昨日で訓練が終ったので、南苑の兵営に移って、愛国学生義勇軍といった格好で、軍務のお手伝いをしようという事になったんだそうです。それで大勢隊伍を組んで、今、南苑に向って行く途中だったんです」

「西苑で軍事訓練をやっていた事実は前々からわかっていたし、先だってはその訓練計画表なんかも入手している。だが共産党の北方局主任劉少奇だとか、二十五師長関麟徴あたりが時々やって来て、随分激越な口調で抗日をアジっていたらしいから、その感化を受けた大学生じゃあ、その一千名は思想的には相当手ごわいもんだろうねえ」

「共産思想のパリパリです」

「彼等の服装は？」

「中国兵と全然区別のつかない灰色の軍服でただ、襟の所に、学員というマークがついているだけの違いです。東北大学とか南開大学とか、校名入りの旗をかかげて歩いていました」

「抗日教育は梅津・何応欽協定違反だし、さしずめ今度の停戦協定第三条にも違反している。だからさきにも今井武官だったかが秦徳純に軍事訓練即時停止を申し込んだはずだ。とうとう計画通り、全部ヌケヌケやってしまいやがった。ところで停戦協定調印の当の責任者、張自忠がそんな共産学生を自分の縄張りの南苑に引き入れる事に、果して承諾を与えたかどうか、問題はそこにあるね」

その翌日、七月二十八日は、日本軍が南苑はじめ、北京周辺の二十九軍に対し、断乎総攻撃の火蓋を切った第一日目である。

南苑の兵営は黎明と共に、徳川飛行集団の大爆撃をうけ、三十八師の兵と一千の共産学生とは、蒼惶枕を蹴ってとび起きたが、そこには、山下奉文少将の指揮する地上兵団が襲いかかって来た。こうして春秋に富む彼等一千の学徒は、抗日戦の犠牲として、北京南郊の野に、壮烈極まる爆滅を遂げてしまったのである。

（四十一）宋哲元首府陷落

资料名称：宋哲元の都落ち

资料出处：寺平忠輔著《盧溝橋事件——日本の悲劇》，読売新聞社 1970 年版，第 353—362 頁。

资料解说：本资料记载了日军占领北平的相关情况。7 月 26 日，日本华北驻屯军向宋哲元发出最后通牒，27 日日军参谋本部下达攻击命令，并在国内实施动员，大举向华北增兵。28 日华北日军向南苑等地发起总攻，宋哲元等被迫从西直门方向撤离，命张自忠等人留守，与日军继续交涉。

第二五章　宋哲元の都落ち

秦馮ブロック俄然硬化す

七月二十四日、特務機関に居留民引揚げの時機や方法について、打ち合せにやって来た島津書記官を見送って、私が玄関口に立っていると、入れ違いに入って来た自動車から、謝呂西が降りてきた。彼によると、南京から参謀次長の熊斌が二十二日北京にやってきている。連日冀察首脳部と懇談しており、それで秦徳純、馮治安の態度が硬化しているので注意が必要だというのである。

「そうですか。それで宋委員長の態度はどんなふうなんです」

「あの人の立場は今もうトテモ苦しいんです。左大臣、右大臣が二人共中央系に寝返ってしまったんですから。こうなったらあの人の威令はもう全く地に墜ちてしまって、今後は発言権がなくなるんじゃないでしょうかね。それやこれやで、先日、委員長が下した三十七師主力の撤退命令なんか、果して実施されるかどうか怪しいもんです」

「有り難う。よくわかりました。こちらもその肚で今後の交渉を進めて行きましょう」

宋哲元精彩に乏し

翌二十五日、機関長は天津に行って一日不在だった。私は昼食後の一ときを、中島顧問と謝呂西情報について話し合った。

「熊斌というのは実に貴公子然たる立派な紳士ですよ。決して私心のある人とは思えません。恐らく最も忠実に中央の意図を伝えた事でしょう。しかし強いて疑えば、彼は塘沽（協定）で我が岡村寧次将軍や永津佐比重中佐の前で、城下の盟を立てさせられた男です。日本に対して遺恨骨髄といった気持は、内心持っているかもわかりませんね」

「私、今から至急宋哲元に会って来ましょう。そして委員長その後の心境の打診をしてきましょう」と、中島顧問は午後二時すぎ、機関を出て、武衣庫（ウーイークー）の宋哲元公館に向った。

　先日会ってからまだ五日にしかならないが、この日の宋哲元は、繁劇な政務と心中の苦悩のため、かなり面やつれしているのが目立っていた。話す言葉にも、またその語気にも、精彩を欠いていた。「毎日一遍お会いするお約束でしたけれど、委員長の方もお忙しいでしょうし、私の方もゴタゴタしていて、とうとうこんなにご無沙汰してしまいました。時に三十七師の撤退という問題ですね。これはいったいどう結末をつけられるお考えですか」

　宋哲元は葉巻をくゆらしながら、ゆったりした態度でそれに答えた。

「天津で橋本参謀長とお会いした時には、一ヶ月以内に撤退を完結するとお答えしました。ところが昨日、池田参謀がその問題でやって来ましたので、後十日くらいとご返事しておきました。参謀は何とかして、それを三日ぐらいに切り詰められないかといわれるんです。しかし私の肚（はら）としては、三日は無理だが、五日以内ぐらいには何とか片付けてしまいたい意向です」

「趙登禹の、百三十二師の問題はどうなります」

「これは結局、三ヶ団を城内に留めて警備を担当させます。この具体案は今日夕方、張自忠が天津から帰って来ますから、それによってはっきりした線が打出せることと思います」

「では、その旨機関長に報告しておきます」

「そこで今後の中日双方の交渉ですがね。私の方としては秦徳純、斉燮元、張維藩、張自忠、この四人以外の言葉は日本側として、軽々に採択しないように希望します。デマや謡言が乱れ飛ぶと、両国の和解に大きなヒビが入ってこないとも限りませんから」

「そこでですが、今度南京から熊斌参謀次長がやって来られましたね。あれはいったい、どういう任務を持って来られたんですか」

　宋哲元は、細く真ッ直ぐ立ち昇って行く紫煙の行方を追うような目なざしで、しばらく黙りこくっていたが、やがて重々しく口を開いた。「あれは、私の方から、招電を発して来てもらったのです。中央軍の、北上中止を要請するために……」彼は物憂いようにそういってのけると、後はジッと外から聞えて来る胡弓の音に耳を傾け、それ以上多くを語ろうとしなかった。

顧問は謝呂西のいった、「威令地に墜ちて……」という言葉が想い合わされ、顧問に対する弁解にまで、こうして苦慮しなければならない今の宋哲元が可哀相に思えてならなかった。顧問は宋哲元邸を退出した。宋哲元が日本人と会ったのは、恐らくこれが最後だったのではなかろうか。

開戦を電話通告す

この日、二十五日の夕刻に、郎坊事件が勃発した。翌、二十六日の午後日本側から最後の通牒が突きつけられた。続いてその夜、広安門事件が突発した。情勢はこうして奔馬の勢いをもって、刻々最悪の淵へと突き進んで行くのだった。

最後の通牒に対しては二十八日の正午までに、とかくの結論を出さなければならない。このため進徳社では、夜となく昼となく、立て続けに対策会議が繰り広げられた。抗戦か、撤退か。

急進派たる秦・馮ブロックは、十九日の廬山声明、対日抗戦四原則を盾にとって、侃々諤々の論陣を張り、穏健派、張自忠らは、二十日、蔣介石から宋哲元宛送られた親展電報「今次事件に関する現地協定は、中央においてもこれを容認する。和平解決への努力に、万遺漏なきを期すべし」を振りかざして反駁した。

両者の意見はしかし、どこまでいっても依然平行線であって、一向に妥協点が見出されそうもない。時計ばかりが刻々秒をきざんで、二十七日の夜は沈々と更け渡って行った。

一方そのころ、北京特務機関では、二十八日の午前零時、突然電話のベルがけたたましく鳴り響いた。「軍の池田参謀です。機関長を電話口に出して下さい」終夜寝もやらず、それぞれの持ち場に待機していた機関員一同は、サッと緊張した。松井機関長が受話器をとった。

「宋哲元に対し、開戦の通告を発します。筆記して下さい」私は直ちにペンをとって機関長の傍に立った。電話の内容は次の通りだった。

「協定実行の不誠意と、屡次の挑戦行為とは、最早我が軍の隠忍し能わざる所なり。

就中、広安門における欺瞞行動は、我が軍を侮辱する事甚しきものにして、断じて許す能わず。

軍は茲に独自の行動を執ることを通告す。

なお、北京城内に戦禍を及ぼさざるため、即刻、全部の部隊を城内より撤退することを勧告す。

昭和十二年七月二十七日

日本軍司令官　香月中将

二十九軍長　宋哲元　殿」

機関長はこれを復唱した。

参謀からはなお「軍は本日正午を待つことなく、早暁から行動を起し、全面的に二十九軍に対する掃滅戦を開始します。このための作戦命令はすでに下達を了っています。この通告は、深夜ではあり、殊に一刻を争う性格のものですから、電話で結構です。至急先方の責任者に連絡をとり、宋哲元に伝わるよう手配して下さい。では、北京特務機関のご健闘を祈ります」

北京總攻擊態勢要図
（於七月廿八日）

機関長は武田嘱託に命じ、北京市政府秘書朱毓真を呼び出させた。そしてこれに今の通告内容を筆記電話させ、秦徳純を通じて宋哲元に提出させた。二十八日午前二時であった。通告がやがて進徳社の会議に持ち出されたであろう事はもちろんである。

大勢の帰趨は決し、運命のサイコロは遂に投ぜられたのである。

松井機関長悲壮の訓示

私や軍事顧問、その他の機関員の重立った者数名は大応接室のソファーに機関長を囲んで腰をおろした。一同暗然、一語を発する者もない。

これが作戦兵団の司令部だったならば、今ごろは闘志満々志気軒昂、意気正に敵をのむの概があるだろうものを——。

北京特務機関の人々は、七月七日以来三週間、文字通り不眠不休の活動を続け、眼は窪み頬肉は落ち、徒らに気ばかり焦って専心一意、不拡大工作に徹底して来た者ばかりである。それが今、事、志と違い、全面的開戦という、最悪の事態に逢着してしまったのである。愛児の長患らいを看取った母が、遂に看護のかいもなく、その臨終を見守る気持にも似て、精神的痛恨は言語に絶するものがあった。

機関長は、低いが、力強い声でいった。

「諸君、永らくの間本当にご苦労でした。親愛なる冀察を、そして二十九軍を、何とかして我々と共に歩ませようとした努力も空しく、本日、この不幸な結果を見るに至った事は、お互い断腸の思いにたえません。

今日まで我々がやって来た仕事、考えて来た構想、そして今日のこの気持というものは、日本人からも、中国人からも、恐らく未来永劫に理解してもらえないだろうことを、非常に心淋しく思います。

しかし我々は、決して売名のため、また営利のために、こうした仕事をやってきたのではなかった。ただただ一途に、東亜の和平と日華の共栄を希えばこその、縁の下の力持ちだったはずです。我々はここに思いを致し、そうして我々自らを慰めなければならぬと思います。

情勢は今や不幸なる転帰を見たが、我々の任務はこれで終ったわけでは決してない。ただいまの通告文にもあった通り、今日以後ひき起される兵乱の巷から、あくまでもこの北京城を護らなければならない。これは我々を措いて、他の何者にも果し得ない非常に崇高な、そして重大な責務と考えます。

今日からはどうか、心気一転、新しい希望を胸に燃やし、今後の情勢に対して従前以上の努力を傾倒されるよう、これが機関長として、本日諸君に要望する唯一の要件です」

私は直ちに特務機関の非常警備を発令した。もう今までのような和戦両様ではなくなったのだ。とりあえず私は自室に戻って、背広から軍服に、自らの装いを改めた。

二十八日の朝がほのぼのとあけ放れて来た。ゴーッという物凄い爆声が、北京城外から不気味な震動をもって響いて来る。今、南苑兵営に対する大爆撃が始まったところなんだろう。

フランス駐屯軍は平常と何等の変りもなく、今日もまた朝から喇叭（ラッパ）の稽古をやっている。アカシヤの林を縫って伝わって来る、メロディーは軽快だが、我々の気持はまるで胸を締めつけられるみたいで重苦しかった。

給仕の高橋が心配そうに「補佐官殿、今この交民巷（チャオミンシャン）を取り囲んでいる中国軍は三ヶ中隊くらいあるそうですね。いよいよ開戦という事になったら、彼等、交民巷（チャオミンシャン）の中まで攻め込んで来はしないでしょうか」と尋ねた。

「来る事を覚悟の上で準備しとかなきゃいかん。しかしここは北清事変議定書に基く列国共同の租界であって、不可侵地帯だ。無智なヤカラはとび込んで来るかも知れないが、これを犯したが最後、それは直ちに中国の自殺という事に直結してくる。一般婦女子には心配させちゃいかんが男は力一杯、頑張る覚悟が絶対必要だぞ」

見る見るうちに全員の努力で、機関の表門にもベランダの上にも、土嚢がガッチリ積み上げられ、広部大隊の重機関銃が一挺据えつけられた。タイピスト達はそおっとその機関銃に手を触れて見ながら、いかにもそれがたのもしいといった表情を浮べて微笑んでいた。

この日機関では、一日中、作戦兵団からの情報電報が輻輳（ふくそう）した。

「南苑は、川岸兵団確実にこれを占領せり」

「鈴木重康兵団は、目下沙河鎮方面において、当面の敵と交戦中」

「豊台は刻々危機に瀕（ひん）せしも、河辺兵団が南苑攻略後、直ちにこの方面に反転せるため、ただいまようやくその危機を脱したり」等々——。

撤退監視役派遣問題

夜九時すぎ、今井武官と小別当海軍武官が帰って行った後、大応接室に残った松井機関長が私に「君、今日歩兵隊の医務室に桜井を見舞に行って来たそうだが、経過はどんな工合か」と聞いた。重傷を負った顧問はもう非常な元気でベッドの上で、騒ぎ回っていて軍医の話では、一、二ヶ月はかかるかも知れないが、機能障害を残すことはまずあるまいといっていたことなどを答えた。

「桜井は殺しても死なんような頑丈な体格だから、まあ大丈夫だとは思うが、僕も一遍見舞に行ってやろう」と機関長がいった。

その時、中島顧問と笠井顧問とが、ドヤドヤ大応接室にとび込んで来た。今、進徳社から電話がかかって来て武田嘱託が聞いているが、二十九軍の撤退に関する事らしいという。

そこへ武田嘱託が入って来た。「ただいま進徳社から電話がありました。宋哲元は決心を変更し、北京城内には百三十二師の二ヶ団だけを留め、宋軍長、秦徳純副軍長以下二十九軍全部、今夜十一時阜城門経由、門頭溝を通って永定河右岸に撤退することになりました……」

「宋哲元自身も撤退する？」「ついてはその時刻に、阜城門のところで顧問かだれか、日本側から人を派遣していただいて、二十九軍の撤退情況を確認していただきたい、というんです」「そういう事になったのか。すぐ今井武官に電話して、ご苦労だがもう一遍機関まで来てもらうよう、連絡してくれ」

武官は五分もたたないうちにやって来た。一同は二十九軍の撤退をめぐっての対策あれこれを討議した。その結果、撤退は、今日の総攻撃に驚いたもので突発的に計画されたもの。撤退情況視察は、明朝市内をドライブの形で行なうことなどが決った。

宋哲元西直門を脱出す

二十八日夕刻における、進徳社の空気はあわただしかった。南苑三十八師の潰滅という悲報は、首脳者達の胸に、大きな衝撃を与えた。百三十二師長趙登禹中将戦死の報道は、彼等の心に驚愕を与えずにはおかなかった。僅かに一縷の望みを嘱していた、特務機関斡旋の手蔓も、親日分子の張璧を使っての工作が日本側の峻拒によって今や完全に断ち切られてしまった。ぐずぐずしていたら、自分達もやがては趙登禹の二の舞を踏むようにならないとも限らない。「撤退しよう。日本軍の手がまだ四周に伸びてしまわないうちに、この北京城を脱出するんだ。今やこれ以外、我々の生きる道は見当らない」

決議がそう決まった時、二十八日の夕陽は、あたかも冀察の運命を示唆するかのように、ようやく西山の端に傾きかけていた。

要人達はすぐさま北京脱出の支度にとりかかった。宋哲元はこの時、張自忠を自分の部屋に呼び寄せて、いとも沈痛な態度で、冀察の後事を委嘱した。

――張自忠は親日家である。日本側の覚えも格別目出度い方である。だから、これを自分の代理として北京に留め、日本側との善後交渉に当らせたなら、この間の空気をいくらかなりとも柔らげる事が出来るのではなかろうか。――というのが、この時の宋哲元の気持だった。斉燮元や張允栄、張璧などの長老はじめ、たとえそれが若手であっても、一応知日派と目されるような連中は、一律に残留組のメンバーに加えられた。

こうして華北の重鎮、宋哲元の都落ちは、急遽、かつ極秘裏に行なわれ、憲兵司令、邵文凱中将に対してさえ、何等それが知らされていないような有様だった。

二十八日午後十時すぎ、三台の乗用車がカーテンを深くおろしたまま、静かに北京城西直門をすべり出た。その前後には二台のトラックに分乗した親衛隊がこれを護っていた。一行が西直門駅にさしかかった時、副官らしいのがトラックの助手台からとび降りて来て、楊駅長に「長辛店駅には今、列車の準備があるだろうか」と尋ねた。その時、楊駅長が車の中をのぞいてみると、先頭、黒塗りの自動車には、確かに秦徳純が乗っていた。真ん中の大型の自動車には、宋哲元が張維藩を従えて乗り込んでいた。抜身の青竜刀とピストルを持った三名の親衛兵が、その車のステップに立って、至厳な警戒ぶりを示していた。

三輛目の乗用車にだれが乗っていたのかは、最後までわからなかったが、馮治安でなかった事だけは確かである。何となれば彼は宋哲元より一時間も前に北京を出発し、門頭溝に先行した事が確実だったからである。

車の中は寂として、咳払い一つ聞えなかった。一行は下弦の月淡く照らす万寿山街道をまっしぐらに走って、まず西山へ、それから進路を門頭溝の方にとって行った。北京城外高粱繁る一帯の広野からは、時折り、パーン、パーンと不気味な銃声が聞えて来た。

一行は二十九日午前零時すぎ、永定河を越えて無事門頭溝に到着した。ここは炭坑の町である。そこには三十七師の兵が、路上に充満していた。馮治安はここで宋哲元一行に合流すると、さらに警備の自動車十数台を加え、一路保定に向って南下したのであった。

361　宋哲元の都落ち

二十九軍撤退後の北京

二十九日午前四時、北京市政府秘書鄭文軒から特務機関に電話がかかってきた。

「北京城内に在った二十九軍は、百三十二師の一部を除いて全部の撤退を完了しました。

宋委員長は中央軍の北上行動を阻止するため、もう一つは、当分病気療養を必要とするため、昨夜、冀察政務委員会委員長、綏靖公署主任の代理を張自忠に命じ、また北京市長の職もこれに兼任させ、秦徳純、陳継庵等と一緒に、保定に向って出発しました。

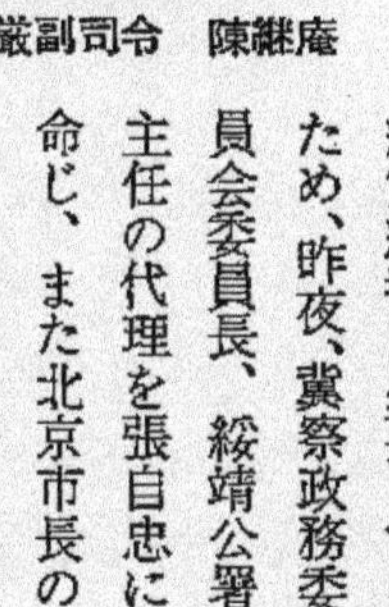

戒厳司令　部文凱　　戒厳副司令　陳継庵

出発に当って、特に機関長及び武官に、くれぐれもよろしくお伝えしてくれとの言付けがありましたので、早朝をも顧みず取りあえずこの件ご連絡を申し上げます」

夜が明け離れると、今井武官は早速、自動車をとばせて、東単牌楼、鉄獅子胡同、西単牌楼等、目ぬきの要所要所を視察した。特務機関の数名は、これまた各々手分けして、城内各方面の視察に出発した。天壇、先農壇、緑米倉等、昨日まで二十九軍が充満していたところはいずれもひっそり閑として、一兵の姿も見当らない。城門の警備は巡警がやっていて、また彼等は人夫を督励して土嚢の取り片付けをやっていた。

街中の土嚢は、この前一度、宋哲元が撤去させた事があったけれど、いつの間にかまた元通り、積み上げられていた。それも午前中にはことごとく取り除かれて、北京の街や胡同が、急に広々した明るい感じに変ってきた。

兵営の近くに行って見ると、真新しい灰色の軍衣が、あちらにもこちらにも、点々脱ぎ捨てられてある。あたりの民衆にそのわけを聞いてみると、彼等は服を脱ぐ真似、走る真似を身振りおかしくやって「他們換了衣服都併命的跑了」――彼等は皆服を脱ぎ捨て、命がけで逃げ出してしまったというのである。

路傍には、安全栓を抜いたままの手榴弾がまだゴロゴロところがっていた。物騒な事おびただしい。民衆の感想を聞いてみると「これで戦争は終ったんだ。また今まで通り、あの懐かしい京劇が見られるのが一番うれしい」と実に天真爛漫である。

宋哲元と一緒に都落ちした要人の家々には、この日から戸毎に英、米、独、伊、あるいはフランスの国旗がへんぽんとひるがえるようになった。いうまでもなく、これは自分の財産が、敵産として差し押えられぬよう、にわかづくりのカモフラージュである事がうなずかれた。

午前九時半、突然、大使館から電話がかかってきた。「今、哈噠門に大日章旗が翻っているんですよ。あんな所を占領すると、外交団から文句をいってきやしないかと思って、警備隊に連絡してみたんです。そしたら警備隊からは一兵も出していないというご返事なんです。特務機関の方で何かお心当りはございませんか」「サア、全然知りませんね」「すると憲兵隊の方でしょうか知ら」「とにかくまずい事をやったもんですね。私早速赤藤分隊長に聞いてみて上げましょう」憲兵隊に連絡すると、分隊長もまったく知らなかった。「今からすぐ、現場に兵をやって調べさせてみましょう」との事だった。

憲兵が二人、哈噠門に駆け上って行って見ると、楼門には敷布ほどもある大きな日の丸が掲げられ、その下に中国人が二人しゃがんで満面の笑みをたたえている。

国旗はこの二人が掲げたものと判明した。彼等の真意はわからないが、表面的には日本軍歓迎の意を表わそうと、白布に赤インクで、にわかづくりにこしらえたもので、その日の丸の形たるや丸だか六角だかわかりゃしない。憲兵は、ともかくも「謝々、辛苦辛苦」と銅子児若干を与えその旗を引きおろし、参考のため大使館に送り届けた。万一外交団から文句が出たら、実物を見せて説明するのが一番の早わかりだと思ったからである。

（四十二）通州事件

资料名称：通州事件

资料出处：寺平忠輔著《蘆溝橋事件——日本の悲劇》，読売新聞社1970年版，第363—377頁。

资料解说：本资料记载了7月29日通州事件的相关内容，包括作为事件背景的伪冀东防共自治政府的基本情况。日军发动卢沟桥事变，随后攻占北平各地，曾误炸伪军冀东保安队。冀东保安队在第二十九军抗战行动感召下反正，攻击日军，一度攻进通州县城，逮捕了殷汝耕。该资料记载日军官兵33人被杀。

第二六章　通州事件

通州は、古くは幽州とも呼ばれ、明時代にあっては、北京に次いで大きな、賑やかな都だったそうである。

明治七年、台湾事件が起った際、時の全権大久保利通は、北京城内で清国政府と折衝し、和議漸く（ようや）成って帰途通州を過ぎ

勅を奉じて単航北京に向う
黒煙堆裏波を蹴って行く
和成り忽ち下る通州の水
閑に篷窓に臥して夢自ら平かなり

の一詩を賦した。

今、青々とした楊柳が、なかば崩れ落ちた城壁の内外に生い繁り、幾百年の風霜を経ただろうと思われる喇嘛（らま）塔が、ひとりそうした歴史を物語り顔に高くそびえて立っている。塔の下、蓮の花咲く池の畔（ほとり）には、真白い家鴨（あひる）が屈託気もなく、水の面を滑って行く。胡弓ひく手をとどめて、しばしうっとりそれに眺め入っている、巷の楽師の姿にも、いと和やかな気分が漂って、それがそのまま、画中の人となっている。

こうした平和な街、通州にも、時代の波はヒタヒタと押しよせて来た。関内作戦が終って塘沽（タンクー）の停戦協定がと

冀東政府の概貌

東洋史のページをくって唐の玄宗皇帝の項を見ると、安禄山（あんろくざん）の変というのがわかる。

詩聖白楽天は、その詩、長恨歌の一節に

漁陽の鼙鼓地を動かして来り
驚破す霓裳羽衣の曲
九重の城闕煙雲生じ
千乗万騎西南に行く

と歌っており、安禄山が天宝十四年、兵十四万を提げて漁陽に反旗を翻し、都長安に迫った事は、有名な反逆史の一つとして数えられている。当時の漁陽郡という地名こそ、実は現在の通州の地を指して呼ばれたものである事は、当代史家の均（ひと）しく考証するところである。

り結ばれ、北京に戦区政務整理委員会というのが出来上った時、通州には同時に、薊密区督察専員公署というのが設けられ、殷汝耕が督察専員という厳めしい肩書をもらって、通州に乗り込んで来た。専員公署はやがて、冀東防共自治委員会の看板にかけかえられ、さらにそれが、冀東防共自治政府と塗りかえられるようになってから、この通州にも、何かしらあわただしい日の一日一日が過ぎるようになってきた。

何千という苦力達は、北京に通ずる通州街道を、掘りくり返して、その改修工事にとりかかった。いままで見た事もないピカピカ光った立派な自動車が、何台も何台も狭い通州の街に入り込んで来るようになってきた。通州の人達はこれがいったいなんのためであるかも知らず、ただ、呆然と、奇異の眼で眺めているに過ぎなかった。

朱塗りに金文字、緑や黄やの色どり美しい冀東防共自治政府の構えの中では、長官殷汝耕が、来る人ごとに、冀東政府樹立の抱負を説明していた。彼はその説明に付け加えて、冀東の表玄関たる、通州街道の立派な事を自慢するのを忘れなかった。

殷汝耕は続いてまた語るのだった。

「冀東の密貿易密貿易と、世間ではさも大事件のように騒いでいますけれど、あれなど、結局南京政府が為にせんとする、一種の誇張宣伝に外ならないのです。

現在、中国の関税率は非常に高く吊り上げられているのですが、これはただ単に、南京政府の懐を肥やし、一般民衆に高い品物を買わせるという以外の何物でもありません。

冀東ではこの点大いに改革しまして、政府の収入は必要の最小限度にとどめ、極力民衆の幸福を図る事に努めております。密輸入などというと、いかにも人聞きが悪いのですが、実は低率関税といった意味のものでして、今ではだんだん、理解して下さる方も出来て来ました。

私達はますますこうして、民衆本位の政治を布く事に努力して行きたいと考えております」

しかし冀東政府の台所を眺めてみると、それは決して健全財政という事は出来なかった。というのは、建国創業、まだ収入の潤沢でない所へもってきて、「入るを計って出ずるを制す」という点に欠けるところがあったからである。

一例を挙げると、この〝夢の国〟には、夢の王国にふさわしいような、玩具の兵隊さんが沢山養ってあった。一律にカーキ色の美しい軍服を着た、冀東九千の保安隊がすなわちそれである。殷汝耕はこれを四つの総隊と一つの教導総隊とに分ち、長官自らがその統轄指揮に任じていた。

保安隊の兵隊達は、おしなべて十八、九歳から二十歳台の若者ぞろい。それ等は通州の城門や街の要所要所を固めていて、日本の将校や黒塗り厳めしい自動車がそこを通ると。捧げ銃の敬礼をもってこれを迎えるのだった。

この保安隊は塘沽停戦協定第四条「非戦地区の治安は、特に定めるところの警察隊をもってこれを行なう」という項に基いて設定されたのだが、現実は所要数以上に膨大な人員を持っていた。それというのが、万一塘沽協定でも廃棄された暁には、自力で蔣介石軍に対抗し得る、強大な戦力を確保しておかないと、将来に対して一抹の不安がある、というのが殷汝耕以下、腹を割っての考えだったようである。

「だから冀東保安隊は、決して銃と剣だけのお座なりのものではなかった。機関銃も持っている。野砲も持っている。そして通州に在る保安隊幹部訓練所のごときは、さながら我が陸軍士官学校の観を呈し、戦術でも何でもここで教え込んでいた。この保安隊の維持費だけだって決してちょっとやそっとの額ではない。

そこへもってきてもう一つ、殷汝耕が南京に楯突いて一旗挙げたという事を聞くや否や、冀東政府の門前、市をなすように押しかけて来たのが、猟官運動の輩であり食客志願の候補者達だった。およそ殷汝耕にかすかでも面識のある連中は、この機乗ずべしとばかり、皆通州にやって来て、しかるべき椅子の分配を嘆願した。それ等は親疎さまざまの別によって、あるいは参議あるいは諮議といった空位空名を与えられ、俸給だけもらって北京や天津で遊んでいた。その数、実に二百人以上に上っている。華北を視察に来たある要路の日本人は「冀東はあの調子で進んで行ったら、今に参議や諮議では追っつかず、やがて五議や六議までデッチ上げるような事になるだろう」と笑っていた。

とにかく、冀東財政の八割までが、そうした人件費に食われていた。だから国内一般の建設事業にせよ教育事業にせよ、実に寥々たるものであって、なるほどその国土こそは、我が四国よりやや大の面積しかなかったかも知れないが、健全国家としての運営のごときは、実に百年河清を待つに等しかった。この間、一方では冀東解消という叫びまで起ってきている。冀東側にいわせれば「南京政府の策動」と一口にあっさり片付けてしまうけれども、この趨勢の原因を探究してみると、冀東自らが撒いた種もまた少なからずあった訳である。

通州特務機関の人々

通州特務機関長細木繁中佐は、この冀東政府をいかに指導し、改善すべきかについて心を砕いた。諸政革新大綱も、その手によって着々立案されつつあった。その実現には、まず機関自らが範を示すにしかずというので、冀東側が軍の歓心を求めようとして、提供しようとした豪壮な機関長邸宅のごときは、言下にこれを退け軍の威信を彼等に示した。

機関の一室に厳と陣取った機関長は、いかなる種類の来訪者に対しても、寡黙にその言葉を聞き、彼等の言葉の中から、一言半句でも真理のあるところを把握しようと努力した。それが傾聴に値する経綸の大策であったりすると、今度は自分自らも熱弁をもって、多年の対華蘊蓄を傾倒し尽し、手に手をとって感激、時間の過ぎるのも知らないありさまだったが、一度それが冀東を食い物にし、己が私服を満たそうとする利権屋であったりすると、大喝一声、満面朱をそそいでどなり上げ、これを機関の外に追放するのが常であった。

この名機関長に補佐官として、建国創業の冀東の運営を企画し指導し、特にまた保安隊の顧問として、厳格な訓練に全精神を傾倒したのが、歩兵少佐甲斐厚だった。柔剣道をよくし、ことに中国語は極めて堪能、通州特務機関勤務はこれが二度目という練達の士である。

優柔不決断の傅営長

蘆溝橋方面の戦況は、和戦両様の様相をみせながら、次第に、国際情勢の重要ポイントに触れていくような進展振りを示して来た。

鈴木重康中将の隷下に在る、奈良晃歩兵連隊はこれより先、錦州を出発して天津に赴き、さらにこの通州を経由して北京北郊、順義高麗営方面に転進し、すでに北京の大包囲陣を完成していた。また天津駐屯歩兵第二連隊は、さきに広部大隊を広安門経由北京に入城させたが、主力は萱島連隊長自らこれを率い、北京東方地区からその包囲陣を完成させるべく、軍旗を奉じてこのころ、丁度通州の省立師範学校に待機していた。

七月二十六日未明、郎坊事件が勃発し、夜、また広安門事件がひき起された。目まぐるしいまでに矢継ぎばやの情勢の激変、ここにおいて通州特務機関は、急遽対策を講じなければならないいくつかの問題に直面した。その中、最も急を要するものが、常時通州新南門外宝通寺に駐屯している二十九軍の一ヶ営、これの処理対策である。

この部隊はもともと、独立第三十九旅長阮玄武の隷下に属し、歩兵少校傅鴻恩を営長とする七百十七団の第一営だった。傅鴻恩は年のころ三十五、六歳、がっちりしたタイプで、識見才能はあまりない一介の武弁に過ぎなかった。だから蘆溝橋事件勃発直後、まずその身の振り方について、心配し始めたのもこの営長だった。

彼は腹心の密使を細木機関長のもとに派し「万一事態拡大の暁には、私はこの第一営を提げて、早速日本側に寝返りを打ちます」と申し出て来た。細木機関長はその具体的方法の取り決めに関し、わざわざ憲兵を連絡に出したけれど、傅鴻恩は逃げを打って曖昧な態度を示す。そして重火器を持ったまま、冀東保安隊に改編して欲しい様子を示した。これでは、いつ冀察側に寝返るかわからず、虎を野に放っておくようなものだと判断した機関では、二十六日夜、傅鴻恩部隊武装解除の対策を討議し、結局、次のような通告文をつくり上げた。

通　告

蘆溝橋事件勃発以来、我が軍が終始平和を冀念して行なった数次の折衝もその効なく二十九軍は常に不信と不義とをもって我に対応し、本日またまた郎坊方面に、重大な事態を惹起した事は甚だ遺憾とするところである。

我が軍は、現下の情勢に鑑み、貴部隊が停戦協定線上に駐屯せられる事は、在留邦人の保全と、冀東の安寧に害がある事を認め、ここに貴軍に対し、二十七日午前三時までその武装を解除し、北京に向って撤退せられん事を要求する。

もし右の要求が実行に移されない場合、軍は爾後、独自の行動を出ずる事があるであろう。この際生ずる一切の責任は、当然貴方において負われるべき性質のものである。

なお、武装解除に応ぜられる場合、将校に限り、日本武士道の精神に則り、特に刀を帯びる事を許容する。

この通告文は憲兵分駐所長足立喜代に軍曹の手を経て、営長傅鴻恩のもとに送り届けられた。だが容易に回答なく、機関はついに攻撃の決意を固めた。

宝通寺部隊を攻撃す

その夜深更、通州守備隊の一室で、萱島大佐、細木中佐、小山砲兵隊長、藤尾守備隊長等による軍事会議が開かれた。そして新南門外に駐屯する二十九軍に対しては、もはや武力に訴える外、他に解決の策なしと一決した。萱島連隊長はその場で作戦命令を起案した。

部隊は直ちに攻撃のための部署についた。折りからの闇を縫って品部大隊は南西城壁一帯の線にまた安岡大隊は旧南門から鉄道線路にわたる間に展開、小山哲郎中佐の指揮する砲兵隊は、無線電信所付近に陣地進入を終り、命令一下いつでも、中国軍の頭上に巨弾を浴せかけられるよう、万般の準備が整えられた。パラパラッと一陣の通り雨が過ぎ去って行った。アカシヤの葉末から仰ぐ真夏の夜空には星影一つなく、いささか寒いくらいだった。

午前三時、中国軍からはついに回答がなく、さらに密偵の報告によると、彼等の兵営には抗戦の気勢が横溢しており、この夜中、兵馬のざわめきひとしおだとの事である。

すさまじい砲銃声が天地を鳴動した。膺懲戦の幕が切って落されたのである。城壁の上から火を吐く機関銃、楊柳の木立から起る軍馬のいななき。七月二十七日黎明四時の冷たい空気を揺り動かして、日本軍の砲撃は四発宛、整然として撃ち続けられた。

傅鴻恩部隊抗戦の弾丸は、それこそしどろもどろ、右の方にとんだかと思うと今度は左の方にとび散って来る。低伸した弾丸が道路の真ん中で土くれをハネとばす。今度は高い高い弾丸が城壁を越えて、通州城の遙か北の方まで飛んで行った。

夜はほのぼのとあけ離れ、ニブ色の陽の光が城壁を照らし始めた。この時、戦闘に協力すべき友軍爆撃編隊が通州上空に浮び出て来た。浮足立った中国軍の頭上に猛烈な爆弾の雨を注ぎ始めた。兵はクモの子を散らしたように、兵営の外へとび出して行く。それが新南門を固めていた我が軍からの、横なぐりの銃火を浴びる。

　この戦闘において、我が軍は将校以下六名の戦死者と、二十六名の負傷者を生じたが、新設連隊初陣の殊勲に、将兵の士気はあがった。二十七日午前十一時ごろまでに、付近一帯の残敵掃蕩を完全に終り、宝通寺の中国兵営にはもはや一兵の姿も見受けられず、戦闘目的は、完全に達成する事が出来た。

保安隊誤爆事件

　ところがこの戦闘に関連して、厄介な問題が起った。宝通寺の兵営と境を接している冀東保安隊幹部訓練所では、爆撃隊が対地戦闘を開始したと知るや、好奇心から隊員一同、広い校庭にとび出して、この戦闘を見物し始めたのである。

　華北の戦場に到着したのは数日前であり、通州の戦闘参加の命令をうけたのが今日の明け方だという飛行隊は、冀東と冀察の境界線がどのようになっているのか、保安隊訓練所がどこにあるのか、そのような細かい点はわからない。だから今、脚下にとび出して騒いでいる冀東保安隊の姿を見た時、二十九軍の一味に違いない、と即断したのも無理はなかった。爆撃の雨は、この保安隊の頭上にも、浴せかけられたのである。たちまち保安隊員の数名が重傷を負い、数名はその場に爆死した。

　細木機関長はこの報を聞くと直ちに自動車をとばして、冀東政府に殷長官を訪ね、陳謝するとともに爆死者の遺族に対しては、日本軍として、最善の方法を尽し、負傷者に対しても同様、十二分に療養と慰藉の方法を講ずる旨を申し出た。そして二十七日、機関長自ら現場の視察、遺族の弔慰に奔走した。さらに翌二十八日、教導総隊幹部一同を冀東政府に招集し、機関長は誤爆に関して説明を加え、彼等の慰撫に努めた。

　そのかいあってか、保安隊員は心中の鬱憤を軽々に、表面立って爆発させる事はしなかったのである。

デマに躍った保安隊

　南京の放送局といえば、満州事変以来、すぐにもう、「あああのデマ放送か」とうなずかれるほど有名になっていたが、これが蘆溝橋事件以後、活発な宣伝を始めて

いた。

もっともこれも、蒋介石がこれによって自国民の志気を鼓舞し、世論を統一し、敗戦中国を崩壊の淵に追い込まなかった効果、それは極めて大きく評価されて然るべきであろう。

通州守備隊の官舎

確か七月二十七日ごろと記憶するが、北京特務機関がキャッチした南京放送ニュースは次のようにいっていた。

「日本軍は蘆溝橋の戦場において、我が優勢な二十九軍と交戦の結果、支離滅裂の敗戦に陥り、豊台と郎坊とは完全に我が手に奪還してしまった。

北京及び天津方面に在る日本居留民は、家財をまとめ、目下陸続、満州、朝鮮乃至本国に向って引き揚げを急いでいるが、今日の情勢をもって推移すれば、日本軍が我が華北一帯から、完全に姿を消してしまうのもここ旬日を出ないであろう。

現に我が中央軍は、津浦、京漢両鉄道によって、陸続華北の戦野に兵を進めつつあり。また蒋委員長も、今すでに河南省鄭州に達し、一両日中には保定に赴いて自ら戦線を督励するはずである」

そして最後に

「なお、最近北京における軍事会議の結果、蒋委員長は、近く二十九軍を提げて、大挙冀東を攻撃し、偽都通州を屠り、逆賊殷汝耕を血祭りにして、満州失地恢復の第一声を挙げる事を決議した」と叫んでいる。

事実、通州のような田舎に引込んでいると、日本軍でさえとかく全般の情勢にうといのが通例である。いわんや冀東の保安隊など、戦争はいったいどちらが勝っているのか敗けているのか、皆目わからず、半信半疑でいたところへこうしたラジオ放送である。彼等には放送の一言一句が、非常な魅力と迫力とをもって沁み込んで行ったのも、うなずけないことはない。

日本軍を撃破した宋哲元がこの冀東に攻め込んで来た場合、我々の運命はいったいどうなるのか、いつまでも殷汝耕なんかに付いているのは危険千万だ。機先を制し、進んで殷長官を生どりにし、これを北京に持って行って宋委員長に献上したら、きっと重賞にあずかれるに違いない。通州に在る日本軍の兵力は、今が一番少ない時だ。事を起すなら今の中に限る。——こうした気持に駆り立てられた冀東の保安隊総隊長張硯田、張慶余の両名は、それから寄り寄り反乱計画を立て始めたらしい。かねがね冀東顚覆の策士として入り込んでいた、郭鉄夫あたりがこの虚につけ込んで総隊長連中をたきつけたのは事実だし、共産学生の一味がこれに合流していた事も確実である。

七月二十七日、新たに兵站司令官として通州に着任した辻村中佐は、とりあえず事務所を通州守備隊の中に開設した。そして二十八日、通州特務機関、冀東政府、保安隊幹部等への挨拶回りにあわただしい一日を過し、守備隊に帰って、階上のソファーに身をもたせかけると、その窓越しに、明日早朝、高麗営方面鈴木混成旅団に向けて輸送される弾薬類が、十七台のトラックに満載され、営庭に行儀正しく並べられてある。

中佐は考えていた。——問題の二十八日もとうとう終ってしまったが、北京の総攻撃はどのように進展していっただろう。今朝方沢山とんで行ったあの爆撃機が、西苑や、南苑の中国軍根拠地を爆撃しただろうが、北京城内にはまだ沢山の中国軍が残っているはずだ。今晩あたり、北京城内外で、まだ相当の混戦乱闘があるだろう。しかし関東軍も来ているし、朝鮮軍もすでに作戦に参加している。しょせんは二十九軍は潰滅するだろうが宋哲元は今ごろ、どんな気持でいることか。

それはそうと通州の防衛だが、萱島部隊は昨日出て行ってしまったから、あとは通州守備隊藤尾小隊の四十名と、山田自動車中隊の五十名、それに憲兵、兵站、兵器部その他を寄せ集めて百十名か。これだけあったらまあ大丈夫だろう。新南門外の二十九軍は萱島部隊が追い出していってくれたから、あとは、冀東政府子飼いの保安隊があるばかりだが、これは友軍である——。

通州守備隊暁の敵襲

二十九日、あけ方四時、銃声が響いた。辻村中佐は夢をさまされた。続いて五、六発の銃声。南の方、営庭のかなたからである。——新南門には六名の我が監視兵と、保安隊の一部が警戒のため出ていたはずだ。何か間違いでも起したのかも知れぬ——中佐は軍服に身づくろいした。部屋の扉が激しくたたかれた。中国兵の襲撃を知らせる守備隊長藤尾心一中尉の緊張した声だ。営舎の廊下をあわただしく、靴音が乱れとんでいる。

中佐は、一昨日萱島部隊によって潰走させられた傅鴻恩部隊の反撃に違いないと判断し、守備隊長と屋上に駆け上り、闇をすかして見ると、営庭の周囲はすでに、蟻の這い出る隙もないまでに包囲されている。

敵兵は怪しい叫び声をあげて右往左往する。兵力は千名を下らず、とても傅鴻恩の一ヶ営くらいのものではない。二十九軍の増援部隊か、敵の実体が一向に摑めなかった。

中佐はこの時、守備地区高級先任者として、藤尾、山田の両隊を統轄指揮し、直ちに戦闘部署を下令した。そして南半部を藤尾小隊、北半部を山田中隊に割り当てた。営舎の屋上と営庭とには、我が防禦陣が布かれ、戦闘員たると非戦闘員たるとを問わず、日本人と名のつく者は、一人残らず銃を執って起ち上り、彼等の猛射に対して捨て身の応戦を試みる事となった。

二十六日の夜以来、この守備隊の北側兵舎に泊っていた山田自動車中隊の五十名は、これから弾薬輸送に出発しようと脚絆を巻いている、ちょうどその時銃声が始まったのである。中隊長山田正大尉はさらに矢継ぎ早に、郡司准尉は西正面の敵に、望月少尉は東正面、望楼と衛兵所北側の突角は大塚上等兵が分隊を率いて守備せよと命令した。杉山分隊と堀尾分隊は予備隊として大尉のそばに置いたが、銃声はいよいよ激しくなり、西正面からは敵兵突撃の「殺!」という喊声さえも聞えてくる。この時郡司准尉から山田大尉へ敵は二十九軍ではなくて、冀東の保安隊であると最初の敵情がもたらされてきた。

藤尾守備隊長の陣没

南正面の敵は、続々守備隊営庭に入り込んで来た。本部屋上の軽機関銃は、これに対して猛然火を吐いた。敵はすでに本部兵舎の三、四十メートルの近距離に攻め寄せて来ている。敵味方は兵舎の上と下で激しく射ち合った。戦闘はすでに完全な肉迫戦となって、手榴弾の爆声が、兵舎の彼方でも此方でも盛んに起っていた。

辻村司令官と藤尾守備隊長とは、本部屋上で戦闘を指揮していた。硝煙のにおいが鼻を衝いて流れてくる。守備隊長は拳銃に弾丸を込めると、辻村中佐の方を振り返っていった。「今、通信所に行って見て来たんですが、有線はスッカリ切られて全く使えません。全力を挙げて無線に連絡をとらせているんですが、まだどこからも応答はありません」味方に負傷者が出はじめた。

藤尾中尉は、その時兵営の外側に沿って、駈け歩で移動中の新しい敵部隊を発見した。一歩乗り出し双眼鏡を眼にあてた瞬間、一弾が、中尉の胸板を射ち貫いた。

屋上、屋外の銃声、爆声は一しきり激しさを加えてきた。辻村隊長の傍らにあった指揮班の兵が中尉の遺骸を隊長室に運んだ。そして訣れの敬礼を行なうと銃をとりあげ、一散に元の持場に走り去って行った。

ガソリン二千五百罐の大爆発

敵は午前九時、守備隊東北方二、三百メートル、満州電電会社の高い建物を占領し、脚下の広場に野砲四門を据えつけ始めた。命中精度は次第によくなって、弾は守備隊中央の煙突を吹き飛ばし、また本部東面、煉瓦造りの兵舎の一角を粉砕した。

当時守備隊の装備は、軽機関銃と小銃、それに手榴弾があるだけで、重火器は何も持っていない。遥かに装備優秀な保安隊に対して、もう手も足も出せない実情であった。

山田自動車隊の木造兵舎は、二十発の榴弾をたたき込まれ、全壊に近い状態だった。山田中隊長のすぐ眼の前で、軽機関銃を操作中だった堀尾英一上等兵に、野砲の弾丸が命中して、一瞬に影も形もなくなった。あおりを食って、中隊長は横の壁にたたきつけられたが、幸い擦り傷一つ負わなかった。

営庭の東南角に二千五百罐のガソリンが、うず高く積み重ねられてあった。午前十一時、敵の砲弾が一発、その真っただ中で炸裂した。物凄い爆発音もろ共、火焔は天に沖して巻き上り、黒煙は地上数百メートルの高さに立ちこめて、城内一帯夕暮のような薄闇の中に包まれてしまった。敵も味方も暫らくの間、視界が完全に閉ざされてしまった。敵はこの爆発が余りにも凄まじかったため、それに気をとられて砲撃を止めてしまった。このとき、日本軍の飛行機一機が、にわかに立ち登ったこのおびただしい黒煙をいぶかって、東南の空から通州の街に近づいて来た。将兵は飛行隊の救援だと雀躍乱舞した。この飛行機は、鈴木混成旅団に配属されたプスモス機で、操縦は満州航空の飯島飛行士。つまり七月十六日朝、私を古北口から通州まで運んでくれたあの飛行機だったのである。機は下げ舵をとって高度五、六百メートルまで舞い降りて来た。そして通州の上空を数回、輪を描いて偵察していたが、やがてアッサリ機首を北に向け、熱河の空指して飛び去って行ってしまった。

一時間ばかり沈黙していた敵の砲は、思い出したように再び砲撃を始めだした。

いったい、砲撃というのは、遠距離からする場合は、ヒュルヒュルヒュルドカーン、という音がして、勇ましい戦場気分を盛り立てるが、今、保安隊が射ってくるゼロ距離射撃とは、発射音と炸裂音とが全く同時である。ダダーン、と射ったが最後、建物が活発に三センチばかりも水平動を起し、鼓膜は突き貫かれたようにキーンとして、呼吸が一時、吸い込んだままで止まってしまう。そこへ煉瓦の破片、土くれや木片が、頭の上からバラバラッと覆いかぶさるように降ってくるのだ。

その近距離射撃がこんどは弾薬を満載したトラックの一台に命中して火災を起した。銃砲弾はつぎからつぎへと自爆を起して、万雷の一時に落ちるような大音響である。砲弾の破片がうなりを生じて四周に飛散する。

熱河空軍の大爆撃

通信兵は今朝から、無電のキーをたたき続けた。だが午後になっても、どこからも応答がない。辻村中佐は、最後の肚を決めなければならなかった。

中佐は弾雨の中で、香月軍司令官に宛てた二通の報告書を認ためた。そして守備隊雇傭の中国人通訳を呼んで俺が戦死したらお前はここを脱出し、この報告書を、たとい幾日かかっても構わない。どんな方法をとっても差し支えない。必ず軍司令官閣下にお届けしてくれと分厚い封筒を手渡した。——細木中佐の特務機関は街中に孤立していたが、今ごろいったいどんな風になっているだろう？　それにもまして、三百の居留民は果してみんな無事でいるだろうか——。だが守備隊は千数百名の敵を相手に、自分達を守っていくだけで精一杯なのである。

陽はまだ高かった。大陸の灼熱が、頭の真上からジリジリ照りつけていた。今朝から息つく暇もない十時間余の激戦に、兵は疲れ切っていた。気力だけが戦闘を持ちこたえているのだ。銃眼に囓りついたまま、うつろな眼で、失神せんばかりの初年兵さえいる。今日はまだ、朝飯も昼飯も水一滴も咽喉を通していなかったのだ。

危険をおかして倉庫に弾薬を取りに行った二年兵が帰って来た。彼は乾麵包とサイダーを両脇に抱え込み、敵弾を冒して戻って来た。兵たちは小さな一包の乾麵包と、生ぬるいサイダー一本に喜色満面、全員射撃の合い間合い間に乾麵包を貪り食い、サイダーを喇叭飲みして、空腹と渇とをいやすのだった。

弾薬の爆発は四時間の間、ひっきりなしに打ち続いた。そして十七輛全部が爆発し終ると、午後の四時ごろ、ようやく下火になってきた。だがまだ、そのあたりの材木や莚などがブスブス音を立てていぶっていた。

——戦場に静けさが帰った。

どこからともなく爆音が聞えて来る。白い入道雲の右上に一機、二機、三機、四機……十機。この編隊は、熱河承徳の飛行場に在る、中富秀夫大佐の隷下の、戦爆連合の三編隊だった。飯島飛行士から詳細な報告を聞いて、通州事件の勃発を知った大佐は、独断十機に対して出動を命じたのである。

機影は見る見る中に大きくなり、爆音も高らかに通州上空を遊弋し始めた。先頭を行く指揮官機からパッと白い煙が流れた。信号拳銃だ。——敵の位置を示せ——敵は遮蔽物の下に影をひそめ、息を殺しているのだから、上空からは全くその姿が見えないらしい。辻村中佐は兵に命じ、兵器手入れ用の長い晒布を持って来させ、屋上に布いた。そして弾薬箱や雨樋などでにわか造りの矢印を形造し、帽子を振って敵主力のいる東北方を指し示した。

——了解——、機は両翼を大きくバンクした。機はぐんぐん下降した。爆撃の嵐、逃げ惑う保安隊の頭上には爆弾が雨と降りそそいだ。一瞬にして主客顛倒し敵は、蒼惶囲みを解いて遠く城外に敗退して行った。地上救援部隊の到着は依然予期できないが、しかし守備隊はこの時漸く生気を取り戻したのだった。

辻村中佐はこの機会を利用し、各隊長を集め、夜間配備に関する要旨命令を下達した。倉庫に貯蔵されてあった米俵、麦俵、兵室の藁蒲団までが土嚢代りに兵舎の入り口に積み上げられた。

兵全員が急造のバリケートづくりに努力している折り、営庭の彼方から五名の朝鮮婦人が柵を乗り越え、髪振り乱し、駆け込んで来た。

「助けて、助けて」やっとそれだけいうと、あたりはばからず泣き崩れてしまった。

この五人を通じ、初めて通州邦人大虐殺の概貌が、守備隊に伝えられたのである。

救援隊派遣の入電

深更一時半、敵襲に備え、まんじりともせず待機の姿勢を保ち続けていたとき、あわただしく、辻村中佐の部屋の扉をたたいた。「司令官殿、電報が参りました。河辺旅団司令部からであります」中佐は懐中電燈の光を頼りに電文を拾い読んだ。「救援のため、萱島部隊主力を、直ちに貴地に派遣す。守備隊はあくまで、現位置を固守しあるべし」二十何通目かの無電が、ようやく通じたのだった。救援隊が来る——の報は、たちまちの中に全兵員に伝えられた。守備隊、自動車隊のつわもの達は、前途の曙光を見出して元気百倍した。

闇の中から自動車のエンジンの音が聞えてくる。いよいよ敵襲か。兵は沈黙して耳をそばだてた。二、三の兵が銃を片手に、入口の方にとび出して行った。まさしくトラックが一台、ヘッドライトをギラギラさせて、しきりに兵舎の入り口を捜し求めている。

監視兵が「止れッ、だれかッ」と叫んだ。「日本軍だあ、熱河から来た機械化兵団だあ」そう言いながら自動車からとび降りた日本兵三名、将校が先頭に立って入り口の方に歩き始めた。

この将校は関東軍の酒井機械化兵団司令部付の大島修理輜重兵大尉だった。大尉は右腕を負傷しているとみえて、軍服には血潮が点々、滴っていた。大尉は辻村中佐に答えた。それによると順義に駐屯し、酒井兵団の残置物件を監視していたが、昨日、突然反乱保安隊が襲撃して来た。直ちにこれに応戦し、辛うじてこの方面に血路を切り開いてきた。したがって通州でも保安隊が反乱を起した事は知らなかったという。

「ここに来られる途中、保安隊にはぶつかりませんでしたか」と辻村中佐が聞くと「今さき、この通州に入りがけ、あれは多分北門でしょうか、城外で大勢の保安隊にぶつかったんです。暗闇の中で制止を食いまして、こりゃあいかんと思ったもんですから、遮二無二スピードを出して突破しちゃったんです。後の方から射撃してましたけれど」「敵の兵力は」

「そう百名か二百くらい、道路脇に固まって休んでいました。何しろ暗かったのと急いでおったのとで、はっきりした事はわかりませんでした。それから城門の外に、野砲四門と弾薬が多数、放ったらかしたままになっていました」「時に順義の戦闘で死傷者は出ませんでしたか」

「一緒にこちらに運んで来ていますが、戦死十一名、負傷は私の他に兵一名、それから無傷の者がこの萩原曹長をふくめて十名です」

辻村中佐は明け方近く、ペンを走らせて河辺旅団長に宛て、電報報告をしたためた。

「冀東保安隊は二十九日夜は攻撃し来らず。目下なお城北、教導総隊付近に集結しあり。兵力砲兵一中隊、歩騎工合計二千を下らず、萱島部隊は未だ到着しあらず。

我が方の損害、戦死将校二、兵十八、負傷将校一、下士官一、兵十一、計三十三名、軍医及び衛生材料至急手配せられたし　辻村部隊長」

外には七月三十日の陽光が、鈍い光を営庭一杯に投げかけているところだった。

（四十三）通州事件（安藤利男回忆）

资料名称：通州事件

资料出处：葛西純一編訳《新資料・蘆溝橋事件》，成祥出版社 1975 年発行，第 106—112 頁。

资料解说：本资料是从通州事件中逃生的亲历者安藤利男，回忆通州事件的前后经过。

新聞協会編

『日本戦争外史——従軍記者』（安藤利男『通州脱出の記』）

全日本新聞連盟　昭和四十年九月十日　発行

通州事件（昭12・7・29）

私も砲声いんいんとつたわる北京をとびだし、一文字山戦場へかけつけ暗夜にひらめく砲火のなかに、短軀豪胆美貌の北京歩兵隊司令官河辺正三少将が泰然と丘に立つのをみた。また戦場の一隅で戦闘直接指揮の連隊長牟田口廉也大佐が、

「兵を死なせてすまない。北京へもどったら居留民のみなさんにわびて下さい」

そのときの鬼連隊長の目がぬれていたのをわすれていない。

二十六日には豊台から来て北京の広安門へ入城する日本軍部隊のトラック頭上へ、守備の二十九軍部隊が手榴弾を浴びせた。制止にあたった冀察政府の軍事顧問桜井徳太郎中佐が、銃火のなかから城壁をとびおり重傷を負ったのもこの時である。北京—天津間を走る京津鉄路も廊坊の日華両軍衝突で不通となり、北京城内の一般居留民は安全地帯の大使館区域へ急いで退避した。

天津の日本租界も二十八日深夜から中国側の急襲をうけた。居留民義勇軍はバリケードを死守し、

かろうじて突破をまぬがれた。婦女子は屋根裏や押入れにかくれ、窓はふとんを釘づけにして銃弾をふせいだ。通州へたつ前、天津にのこした妻子も屋根裏にいた。天津襲撃が通州の深夜の叛乱とおなじ時刻だったのも中国軍の一斉蜂起をものがたる。京津線がダメになったと知った私は、通州北京街道をかえろうとしていた。

ちょうど天津から通州へ軍需品を輸送する藤田部隊があったのを好都合に、相沢カメラマンと一緒にトラックにのりこんだ。それは通州事件がおきた前日の七月二十八日のひるである。

ところが通州とて日華の衝突は例外でなかった。二十七日払暁には、新南門外通宝寺を兵営とする宋哲元二十九軍一部隊を日本軍通州守備隊萱島部隊が攻撃、激戦があった。

二十九軍を追いはらうと萱島部隊は、北京南苑方面に転進、残ったものは通信兵、憲兵、兵站などせいぜい百名ちょっと、通州の日本軍主力は留守同然だった。それにいまひとつまずいことに、通州事件誘発の直接のキッカケとして見落せない日本軍航空部隊の誤爆事件というのがおきていた。これは二十七日の二十九軍攻撃のさいに飛来した日本軍の飛行機が、二十九軍兵営と境を接する通州冀東保安隊幹部訓練所をまちがって爆撃したと説明される事件である。幹部に数名の死傷者が出て保安隊側は激昂した。味方と信じていた日本軍から爆弾を見舞われたわけである。

冀東指導に専念していた通州の日本特務機関長細木中佐は窮地にたった。殷長官と機関長は青くなって保安隊幹部の説得慰撫に心胆をくだいた。保安隊側の動揺一応おさまったかにみえたが、日本軍に対する疑惑の雲は通州をおおっていたのである。私は二十九軍との戦闘のあとにしては、案

外平静だと思いながらこんな不穏な事態がひそんでいたとは露しらず取材してまわった。（中略）

近水楼の一階玄関に近い大部屋には蚊帳のなかに夜具だけが敷いてあった。私は一人ごろ寝をした。漠然とした不安がひろがり、深夜になってもあつくてなかなかねつけなかった。近水楼は静まりかえっていた。

風がときどき蚊帳の裾をわたった。わずかの眠りにおちた時は、いつか惨劇の二十九日にはいっていたのであった。

はげしい銃声！　私は飛び起きた。午前四時。また一発。玄関口の電話機にとびついたが線はもう切れていた。

あかつきの銃声は連続して一発一発がはっきりと聞きとれる。政府の方角から頭上をおそってくるようだ。

二十九軍敗残兵の逆襲か？　保安隊の応戦か？　昨夜来の漠然たる不安と予感！　まさかそれが冀東保安隊自体の叛乱であるとはまだわからなかった。暁暗に外出はあぶない。見合わせた。宿でも次々とみんな起きてきた。

やはり多勢泊まっていたのをしって心強く思った。どの顔にも驚きの色はあるが、まあ、たいしたことではあるまいというのが初めの観測だった。朝はようやく白んだ。

道路へ出て左右を見たが人の動く気配はみえない。五時半頃、ただ一人、無帽丸腰の中国兵が近水楼の前を市街地の方へ通りぬけた。伝令であろうか、それにしても情況は全くわからない。銃声はやまない。

七時半ごろだった。

二階から大声があがった。

「街の方が燃えていますよッ」

兵営、特務機関、邦人家屋のかたまっている方を二階の窓から眺めると、いくつもの煙りがあがっていた。事態が容易なものでないことが、私たちにわかったのはもう九時ごろだった。外泊していた近水楼のボーイが玄関からかけこんできた。

「大変だッ！　保安隊の兵隊が特務機関や日本人の家を襲撃している。ここもあぶない！」

「保安隊が？　ホントか！」

みんな驚いた。私の予感の姿はこの事であったのだ。（中略）

のぼりつめた城壁の斜面での私の位置は列の一番上部にあった。自然そうなった。

ちょうどヒナだんに並ぶように七十余名は次々と斜面にたってドブに面した。するとむこうの建物のかげからいつでてきたものか二、三十名の正規軍装の一隊が列を布いた。そして立て銃の兵の姿勢が音もなく狙えの構えに変わっていったのである。

その時あたりにサッと殺気が走って、たれか女の叫びがあがった。

「逃げましょうッ」

緊張を破ったこの叫びと私の脱走とがどちらが早かったか、綱をふりはなした私のからだはもう城壁の頂上にあった。立ち上がり脚がひどく重かった。

意識は生きていてもこんな場合の人間の生理はスッカリまいっていたのだろう。だが、あとは飛鳥だった。手は城壁の反対側の石の突角にかかっていた。胸を壁面におしつけるようにして私のからだはスベリ落ちていった。ドスンとこたえたが手にふれるあらゆるつるや草をつかみ、指が石のどの凸部にも、ひっかかりその働きもあって二丈余の城壁を無事にこえた。脱出はできた。

だが、にわかにひらけた私の解放感にも、わりきれぬ感情が流れていた。私だけが逃げたのだ！その胸をさす悔恨を私はどうしようもなかった。ただ夢中で走るだけだった。

それからの私の通州脱出行も、北京の朝陽門外へたどりつくまで四日三晩容易なものではなかった。

二十九日昼北京東方の空に一すじ高い黒煙があがっていた。北京は通州の異変を感づいたが、その日状況はまだ不明だった。

このころ通州の日本兵営は二千余名の冀東保安隊叛乱軍の包囲攻撃にさらされていたのである。

(中略)

城外でチリヂリとなった冀東叛乱軍の主力は、おりから進出してきた関東軍精鋭にたたかれ西へおちていった。多くは永定河後方の宋哲元軍に合流したであろうし、北京郊外で日本軍に帰順したものもあった。だが、通州はあとのまつりだった。救援の先遣機動部隊が通州西門へ突入したのが翌三十日の午後四時。

「このときすでに目ざす冀東叛乱軍は城内をひき払ってもぬけの殻、あとにのこされたものは夏なお寒い死の廃虚だけだった。将兵は城内に足をふみいれてただ茫然とした。死臭はただよい人影はない。暴虐のあとをみてつき出る言葉もなかった。街のあるところでは日本人家屋の屋根にほおりあげられた子供の惨殺死体があった。足をふりまわして石にたたきつけ、死ぬのを見て投げたものと見られた。襲撃目標のひとつとされた近水楼あとへゆくと、廃屋の床にいくつもの屍体がころがっていた。壁にははぎとられた婦人の頭髪が血のりといっしょにはりついていた。庭先の蓮池には婦人の屍体が二つ三つもう腐爛して水に浮いていた。どこからあらわれたものか、裏庭の一隅に二十名ばかりと思われる日本人男女一団が青ざめた顔をしてかたまっているのを発見、先遣部隊が救出した。どうして生きのびたものか、おそらくこの一群の生存者は街のどこかにうまく隠れおおせて、救援部隊到着を知って集まってきたものだったらしい。

筆者らが引かれていった北門わきの銃殺場あとにはドブ池におおいかぶさったザッと百名ちかい死体をみた。そこでの惨たん暴虐のあとはとうてい筆舌につくせない悲惨をこえたものだった」

（以上救援先遣隊のある猛将談）

八月二日通州へはいった天津軍幕僚の報告は「城内北側の池で邦人屍体〇〇個を発見したが、どの屍体も残忍の手が加えられ判別するのに困難をおぼえた」とある。（中略）

当時発表された生存者数は内地人男子四一名、女子二四名、子供十二名、合計七七名、半島人男子十五名、女子二三名、子供二〇名で総計一三五名となっている。通州在留邦人数は三八〇余名だったというから、二百数十名の日本人が兇刃の犠牲となったわけであった。私の氏名はもちろんこの発表のなかになかった。

112

（四十四）殷汝耕救出记

资料名称： 殷汝耕救出記

资料出处： 寺平忠輔著《蘆溝橋事件——日本の悲劇》，読売新聞社1970年版，第395—402頁。

资料解说： 7月29日通州保安队起义后，全歼了日军通州特务机关，抓捕了伪冀东傀儡政权首脑殷汝耕。但在其后的转移过程中，殷汝耕逃脱，起义余部汇入平西中国军队。本资料记载了通州事件后殷汝耕逃脱及日军攻击起义保安队的情况。

第二八章　殷汝耕救出記

朝陽門外の反乱保安隊

七月三十日、夜が明けそめたころである。給仕の杉沢が「荒木五郎」という名刺を持って来て緊急要件で面会を求めていると伝えた。

私は上衣をひっかけるなり応接室に行った。

純白の背広に開襟シャツと云ういでたちのその人は、四十四、五歳、キリリと緊まった風貌には、一種犯し難い気品があった。「私は北京に住む巷の一浪人に過ぎません。ご多用中甚だ恐縮ですが、今、通州反乱保安隊が、大挙北京の朝陽門に押し寄せて来ているという情報を掴みましたので、至急特務機関に善処していただかなければと思ってご報告に上りました」「反乱保安隊がですか？　朝陽門に？」「そうです。今、城門監視の巡警と、城門をあけろあけないで盛んに押問答している最中です。絶対あけさせちゃいけません」私は至急警察局長と連絡をとった。

警察局長潘毓桂に電話すると「その件はタッタ今、私の所へも報告が入ったところです。大分大勢やって来て、小銃などをブッ放し、開門を迫っているようですが、私はとりあえず、絶対扉を開けてはいかん。昨日来取除け始めた土嚢をもう一遍積み上げて、厳重警戒するよう命じたところです」「それをうかがって安心しました。朝陽門ばかりじゃない。東直門も安定門も、全部完全に閉鎖させて下さい。一兵たりとも北京城内に入らせないよう……お頼みしますよ」

私は応接室に引き返した。そして荒木氏に、礼を述べるとともに「これは私も一応実情を確かめておいて、今後の対策を講じたいと思います。今からすぐ、朝陽門に出かけましょう。あなたも一緒に行って下さいますか」

「もちろんお伴させていただきましょう」

二人は玄関口に出た。そして自動車にとび乗った。私はここで初めて荒木氏に尋ねた。「あなたは巷の浪人だっておっしゃいましたが、中国にはかなり永くお住いなんですか」「お恥かしい次第ですが、実は私も元軍人のハシクレでしてね。それが気まぐれから軍人をやめて満州にころがり込んだんです……」「すると、もしかするとあなたは張作霖の模範旅長黄慕将軍じゃありませんか」「ハア、そうなんです。よくご記憶でいらっしゃいますね」「そうでしたか。そういう大先輩とは存じ上げず、大変ご無礼致しました。実は私も若いころから中国の研究が好きでしてね。黄慕将軍だとか張宗援将軍、つまり伊達順之助さんなんかのご活躍振りには、少なからず若い血を湧かしたものでした」

話に夢中になっている間に、車は東四牌楼の十字路を右に曲って、朝陽門に到着した。城門に、土嚢が二メートルぐらいの高さまで積み上げられている。突然、城外で、パーンと一発銃声がした。城壁に上り、薄靄をすかして眺めると、保安隊が四百や五百どころか七百、八百、いやもっと大勢いるかもわからない。それが口々に「開門、快著点児開門罷！」（早く門をあけろ！）とどなり続けている。巡警がそれに応じないものだから、彼等は腹立ちまぎれに楼門めがけ、小銃ブッ放しての威嚇ぶりである。二発が私達の頭上を掠めてとんだ。

実情を把握した私は機関に戻って詳細を松井機関長に報告した。機関長は沈痛な面持で口を開いた。

「君が出かけてから間もなく、通州守備隊から電報があった。特務機関は保安隊の襲撃で全滅してしまったらしい」

余りの驚愕、私は喉がつまってしばらくは物も言い得なかった。温情あふれる細木機関長、豪胆不屈の甲斐補佐官、ついせんだって私を取り囲んで、蘆溝橋の戦況を「それから、それから」と根掘り葉掘り尋ねた人達、それがあの建物で一人残らず全滅してしまったとは——。

張硯田、張慶余遁走す

朝陽門外の反乱保安隊は今度は北側、東直門の方に回って行った。すでにここも土嚢で固めてあるので入城出来ない。次に西北方の安定門に回って行った。ここは土嚢こそ積んではいなかったが、鉄扉を堅く鎖して入城を拒否している。

彼等は徳勝門に回った。それから西直門に回って行った。ここは万寿山に通ずる枢要な街道なので、これまで閉鎖している事はまずあるまい、というのが彼等幹部達の狙いだった。来てみるとこの大門は閉まってはいたが、小門の方が随時あけたて出来るようになっていた。

保安隊総隊長張硯田、張慶余は自動車から降りると、城門監視の巡警に語気荒々しく「さっきから朝陽門、東直門、安定門、徳勝門、一つとして俺達のために扉を開けてくれようとしない。北京の戒厳はそんなに厳重なのか」「戒厳は昨朝から解かれています。ただ警察局長の命令で厳重閉鎖しているだけです」「何、警察局長の命令？　宋委員長や秦市長は一体全体どうしてるんだ！」「宋委員長も秦市長も、一昨日の夜おそく、この城門を出て保定の方に行ってしまわれました」「すると政務はいったいだれが代行してるんだ？」「日本軍です」

これを聞いたとたん、愕然たる表情が彼等の面に現われた。

「何？　日本軍？　すると蘆溝橋の戦況は今どうなってるんだ？」

「二十九軍が敗けて、もう一兵残らず永定河の西に撤退してしまいました」

張硯田、張慶余は、しばし茫然自失の有様だった。つい今の今まで自分達が考えていた情勢とはおよそ百八十度の食い違いだからである。二人はそれ以上、深く立入って聞こうとはしなかった。西直門外石橋のほとりに自動車を停めて、ヒソヒソ相談していたが、副官をもう一遍城内に走らせて、巡警に宋哲元脱走の経路を確かめさせた。それが、西直門――万寿山――門頭溝――長辛店――保定、というコースである事を知ると、何か心に決するところがあったらしく、車を万寿山の方に向けた。七月三十日、午前九時半ごろの事である。

一味は宋哲元の後を追って、永定河の西岸に出ようと企てたらしい。副官は総隊長の命令を、部下各隊に伝達した。各隊は北京城の北側を、そのまま真っ直ぐ西進して京綏鉄路を横切った。そして西直門から万寿山に通ずるアスファルトの街道に出ようとした。

一方、七月二十九日正午、清河鎮の攻略を終った関東軍の鈴木兵団は、その夜清河鎮の南、八家という部落に宿営し、夜十一時、次の要旨の兵団命令を下達した。

命令

一、兵団は本夜有力な一部をもって西苑を奪取し、主力は明三十日、西苑――五堆子――西直門を連ねる線に向って前進す。

二、酒井機械化兵団は、依然前任務を続行すべし。

三、右縦隊（麦倉連隊を基幹とするもの）は三十日午前六時、七軒房を出発し、西苑に向って前進すべし。

四、左縦隊（奈良連隊を基幹とするもの）は三十日午前六時、八家を出発し、五堆子に向い前進すべし。特に北京方向に対して警戒する事肝要なり。

だから七月三十日の朝、鈴木兵団は南下するし、反乱保安隊は西進する。この両軍は期せずしてアスファルト舗装の万寿山街道で、ぶつかる運命をおわされていったのである。

この街道は北京郊外唯一の観光道路だった。平素は高級自動車が往来し、路幅は十メートル余り、両側には楊柳の並木が、鬱蒼と繁っていた。その外側には深さ一メートル、幅二メートルの排水濠が設けられていた。

熱河の山奥から出て来た関東軍の兵隊は、この街道に出たとき、鼻唄でも唱いたいような気持でアスファルトの上を行軍していった。

突然、この奈良部隊の先兵に不意急襲の猛射撃が浴せかけられた。午前十時五十分、斜左、高粱畑切れ目の方向からである。両軍は激しい射ち合いを始めた。敵の兵力は百、二百、——、四百、だんだん増加してきた。奈良部隊も先兵の左に先兵中隊が増加する。その左翼に前衛本隊が展開する。大隊砲や連隊砲、配属山砲まで参加した。勝敗は明らかである。

南京放送がデマに過ぎなかった事は、西直門の巡警の言葉ではっきりしたし、殷汝耕を宋哲元に献上しようという大きな夢も、日本軍の砲声一発で吹ッ飛んでしまった。大切な献上品殷汝耕は、グルグル巻きにして自動車でここまで運んで来はしたものの、今はもう、それにかかわり合っている余裕さえなかった。自動車の中で素早く便衣に着換えた張硯田と張慶余は、殷汝耕や部下保安隊一千数百名を、すべて放ったらかして、高粱畑の中に姿をくらましてしまったのである。

落魄の殷汝耕と語る

午後零時三十分、銃声砲声はまだしきりに鳴り響いていた。しかし頭首を失った保安隊には、それっきり何の命令も伝わってこなかった。高級幹部がまず「総隊長がいないのに、俺達ばかり戦争したって意味はないぞ」と騒ぎ始めた。

幹部は置き去りにされていた殷汝耕の車の周りに集って来た。長官の縄目はすぐに解かれた。

長官はいった。

「私はすでに、長官としての立場を失ってしまった。だから今さら君達を指揮するなんて、出来はしない」

「我々は長官に楯突く気持はなかったんです。ただ、総隊長がむりやり命令したもんですから、こんな結果になってしまって。我々今後の身の振り方は、長官におすがりする以外、全然方法がありません」

「君達がそういう希望を持っているなら、とりあえず私を日本側と交渉させなさい。そうすれば今後の措置について、あるいは何とか目鼻がついてくるかもわからない」

殷汝耕はここから日本大使館に電話しようと思ったが、城門は厳重に鎖され、そのすべがない。やむなく車を反転させ、先ほど来た城壁の下を通り、安定門外環状鉄路の駅舎に到着した。駅長に交渉して駅の電話を借り、殷汝耕自らまず電話をかけた。相手は大使館武官室の今井少佐である。武官室からはすぐこの事が特務機関に連絡された。私は武官室の浦野大尉、及び憲兵一名を伴って安定門に向って自動車をとばせた。

城門の上から外を眺めると、広場には何百という保安隊が押しかけて来ているが、あの時ほどの殺伐さはなく、すこぶる平静な態度だった。私達は城門から降りた。そして巡警に命じて門扉を小開きにさせ、そこにいた保安隊員の一人に、殷長官をお呼びするよう伝えた。駅長室で休憩していた殷汝耕は、やがて私の前に姿を現わした。細目に開けられた鉄扉の間から、彼は手を差し伸べて私と握手した。彼の双眸からは涙がこぼれ落ちていた。

私と殷汝耕とは昭和十年の二月、彼がまだ薊密区督察専員だった時代、玉田保安隊移駐勧告のため、雪降り注ぐ厳冬のさなか、一緒の自動車で玉田県城に乗り込んで行った事があった。その時が初対面だった。数日にわたって彼と同じ釜の飯を食べ、寝台を並べて横たわり、ことに「あなたのご出身は静岡市なんですか。私の家内も静岡の三浦女学校を卒業しましてね、……」といったような話から、格段の親しみを覚えるようになった。その後彼は、池宗墨を伴って、しばしば天津明石街の私の家を訪れて来た。私が北京特務機関補佐官として、着任挨拶のため冀東政府に行った時、彼は「なぜ、通州特務機関に来て下さらなかったんですか」とさんざん怨み言を並べたのも覚えている。

今日の殷汝耕は、一昨夜以来の心痛のため、げっそり痩せ衰えているのが目立っていた。「私の統率が不十分だったため、日本の方々を多数、ああした悲惨な結果に立ち到らせ、お詫びの言葉もありません。ついては冀東の善後措置もご相談申し上げたいので、お電話したような次第です」「今井武官がその件で、今関係方面と連絡しています。それが終り次第、こちらにお迎えを差し向けることと思いますので、もうしばらくここでお待ち下さい」

反乱保安隊対策会議

殷汝耕の救出処理は武官室の仕事である。反乱保安隊の対策措置は特務機関の役目である。私は殷汝耕の見た通州事件真相の聴取を終ると、すぐ特務機関に引き返した。

いったいこうした場合、殷汝耕の身柄は憲兵隊の牢屋に抑留すべきか、それ共ホテルあたりに宿泊させて保護すべきか、そういった点、軍の意向を確かめるために手間取っていた武官室は、やがて方針が定まると、渡辺雄記事務官が数名の憲兵と一緒に、安定門に出かけて行った。そして殷汝耕及び専属伝令一名だけの入城を許可し、これを東交民巷の六国飯店に送り込んだのである。見張りの憲兵が交代で監視し、局外者との面接を一切、遮断するよう努めた。

一方、特務機関では、反乱保安隊に対する対策会議が開かれた。

平素温厚な笠井半蔵少佐が、いった。

「……このような残虐保安隊に飯を食わせてやるなんてもっての外です。日本人を虐殺した彼等を、日本人の税金で賄ってやる義務がどこにありますか。道義的にもそんな事は絶対必要ありません」

広部大隊誘導の立役者だった中島弟四郎中佐がその後を引き継いだ。

「ワシにいわせると、反乱保安隊には飯を食わせてやるよりも、弾を食わせてやる必要があると思います。全員に洩れなく食わしてやらんければ腹の虫がおさまりません。

先ほどの補佐官の話によりますと、保安隊は今、安定門外に一杯、充満しとるというじゃありませんか。ワシに重機関銃二挺、貸して下さい。安定門にとんで行って、その反乱保安隊をバリバリやっつけ、通州殉難日本人の仇討ちをして来ます。そうしなきゃ、細木機関長や甲斐君達の霊に対して、ワシは全く相済まん」

中佐の眼は憤怒の涙さえ湛えていた。

機関長は

「今すでに憲兵や警察局の連中が行って、武装解除だけはもうやり始めているらしい。

中島君の気持は納得出来る。しかしいったん丸腰にしてしまったやつに、さらに弾をブチ込むという事はどうかな」

私も私の思いつき若干を述べ立てた。

「軍人としての気持の上では、確かに今中島顧問のいわれた通りです。しかし列国軍環視のこの北京城において、丸腰の兵をバリバリやっつけたりしたら、日本側にとってかなり不利益な反響をまき起すんじゃないでしょうか。

通州事件の結果、今各国は挙って中国人の蛮性を非難しています。そこで日本側がバリバリやったら、中国も日本もドッチもドッチだっていう事になってしまいはせんでしょうか。もちろん彼等に飯を食べさせてやる必要はありません」

結局日本側は、殷汝耕の身柄だけを保安隊から受け取り、後は野となれ山となれという事にして、完全に彼等を放棄してしまった。彼等は数日間北京北郊でゴロゴロしていたが、やがてまた関東軍に追いまくられ、次第に北上して、その後大半の者が張家口方面、湯恩伯の軍に合流してしまったようである。

殷汝耕はそれから数日の後、天津の軍司令部に護送され、そこでも軍律会議にかけられた。関東軍あたりは、彼を極刑に処せよといった意向で、盛んに電報を打って来ていたが、今度の通州事件は決して彼がひき起したものではない。彼は寧ろ被害者の立場である事が、調べに従ってはっきりして来た。

402

一ヶ月ばかりの後、身柄は釈放され、とりあえず北京安定門内前円恩寺十六号、金粟軒の自宅に落ち着いた。彼は救出時のお礼といった意味で、早速武官室や北京特務機関に挨拶回りにやって来た。いたって慎ましやかな態度の彼は「……私の身の潔白がわかっていただけまして、こんな嬉しい事はありません。私は今後当分の間、政治方面から遠ざかって金粟軒に引き籠り、もっぱら通州殉難百数十名の日本の方々のご冥福をお祈りし続けていきたいと思います」そういう彼の掌には、黒い大粒の数珠がつまぐられていた。

四、日军占据平津地区

（一）治安维持会的成立

资料名称：治安維持会の成立

资料出处：寺平忠輔著《蘆溝橋事件——日本の悲劇》，読売新聞社 1970 年版，第 403—409 頁。

资料解说：本资料记载了日军进占北平后，筹备组织以江朝宗为首的北平治安维持会的前后情况。

第二九章　治安維持会の成立

治安善後対策の考案

二十九日の朝、特務機関ではいつもの通り、連絡会議が行なわれた。問題は宋哲元撤退後の空白になった北京、つまり冀察政権をどのように運営するかであった。

会議が始まると、まず今井武官が、今朝方自ら視察して来た宋哲元撤退直後の、城内治安情況を説明した。

「通常こういった場合、中国では従来、決まったように掠奪が付き物だったんです。しかし今日見かけたところ、そうした形跡は全くありません。これは何よりの幸せでした。民心も極めて安定しており、平常と何等変りはありません」

すると機関長松井大佐「それは大変喜ばしい事でした。もっとも今度の宋哲元の都落ちは、刀折れ矢弾尽きて北京城を開け渡したという行き方じゃない。冀察政務委員会の業務一切を張自忠に引き継いでいっている。それだけに城内の治安もガラガラに崩れるまでには至らなかったんですな」

「すると我々顧問は張自忠の政権に対して、相変らず従来通りの任務を継続していかなきゃならんというわけですか」

「そこが問題なんだ。実は今朝がた、市政府秘書の鄭文軒が、冀察政権の新機構を電話で連絡してきた。そこで早速、天津の軍司令部に報告すると、軍司令官から、その新機構は断じて認める訳にはいかぬ、と突っぱねてきたんだ」

「ですが、冀察政権そのものは南京行政院の本会議で、可決された法案に基いて成立したものなんでしょう。それを日本側が勝手に否定する事が出来ますか」

「それは出来るよ。というのは、中国側自体はもちろんこれを正当の政権として認めているだろう。しかし日本側がこれを認める認めないはこっちの勝手なんだ。満州国の独立を認める認めないが各国の自由意志なのと同じ理屈だから。

404

そこで軍司令官が、今後はこれを認めないという方針でいくんだったら、我々はただそれに従うより他、方法はあるまいじゃないか。ひいて君達の冀察顧問という任務も、一応棚上げされた形になってくる」

「差し当りの問題として、北京城内治安の維持は、いったいだれの責任かという問題にブッかるんですが、これは張自忠に委せておいていいんですか。それとも柳条溝事件直後の土肥原機関みたいに、軍政でも布いて特務機関自らがこれに乗り出しますか」

「それはまずいよ。宣戦布告もしないでおいて、占領地行政を布こうなんて、とんでもない間違いだ。僕の考えとしては、まあ当らずさわらずのところ、民衆に自主的に治安を維持させる。当分の間この方法でいくより他あるまいね。

今井君、君の考えはどうです」

「私もそれが穏当だと思いますね。今朝程、私もちょっとその辺を考えたもんで、老北京でそうした事に経験のある、医者の今村佼廉さん、それから大倉洋行の林亀喜さんを武官室に呼んで、いろいろ意見を聞こうと思ってたところです。恐らくもう来て待ってるころでしょう」

「じゃあ一応そういった方面の意見も聴いて、早速具体案を考えて下さい。

ただ、私として言い得る事は、今度の場合は満州事変の際とは根本的にイデオロギーを異にしている。つまりかりそめにも日系官吏なんてものが登場すべき性質のものじゃない。あくまで北京人の北京、華北人の華北であって、日本側は決して表に立たんという事です」

会議は一時間半で終った。今井武官は大使館に帰るとすぐ、今まで応接室で待っていた、今村、林両老北京の意見をたたいた。二人はいった。

「私達はいままで北京で、何度も兵変や政変にぶつかってきました。中国側はその都度、治安維持会というものをこしらえて、当座の秩序を維持し、やがてこれを次の正式機関に引き継いだものです。今度の場合も、一応北京財界の大立物、冷家驥だとか鄒泉孫、そういった人達に話してみて、計画を樹てさせたらどんなものかと思うのですが」

そこで武官は、その二人の中国人を招いて五人対座、あらためて問題の審議にとりかかった。

江朝宗の出馬懇請

冷家驥はデップリ肥った、格幅のいい中国風の豪商である。鄒泉孫はスマートな紳士で屈指の資産家、共に北京の商務総会をぎゅうじっており、財界の重鎮だった。

彼等は口をそろえていった。

「本日、治安維持の問題についてご相談にあずかりましたが、ご承知の通り、我が国はその歴史が証明するように、昔から治乱興亡幾変遷、そして今度のような事はほとんど年中行事といってよいくらい、しばしば繰り返されてきたのです。したがってこうした場合の善後措置は、執るべき手段がおよそ決まっております。

まず手腕力量共に卓越した声望のある人物を、民間から探し求める事です。これには野心家とか、軍閥的色彩濃好な者は断乎排撃しなければなりません」

「両先生、現実問題として今回の時局を収拾するに足る人物、端的にいってどういう人が最適任なのでしょうか」

「それは何といっても江朝宗さんが第一番です。この方なら北京の全民衆に圧倒的の信望があって、恐らく一人としてこれに反対する者はないでしょう。もともと国務総理までつとめた方ですから人格は高潔、一点の私心もなく、それでいてまた非常な民衆思いの人なんです」

「出馬を承諾されますでしょうか」

「問題はそこなんです。何しろもう七十何歳という老齢ですし、現在は念仏と読書三昧に静かな日を過しておられる方ですからね。ことに前歴が前歴ですから、単なる治安維持会長に担ぎ出すにはちょっと大物すぎて、むしろお気の毒なくらいなんです」

「それじゃあ是が非でも白羽の矢を江朝宗さんに持って行きましょう。そしてあなたがた四人、ご足労でも今からすぐ、出馬の説得に出かけて下さいませんか」

冷家驥、鄒泉孫、今村俊康、林亀喜の四名は、直ぐ車をとばせて東城南灣子胡同の江朝宗邸の扉をたたいた。やがて静かに扉を排して現われた江朝宗老人、孔子孟子を彷彿たらしめるような白髪白髯の上品な好々爺で、ニコニコしながら十年の知己でも迎えるような親しさで、一人一人と握手を交すのだった。

冷家驥、鄒泉孫の二人がその健康を祝し、いよいよ本論の出馬懇請の言葉を述べ始めた。老人はたちどころに「不敢当！　不敢当！」（とてもとても）を繰り返し、

「多士済々の北京です。いまさら私のような老骨の出る幕ではござりませぬ」と断じて受けようとしなかった。

素より予期したところではあったけれども、引き下ってしまうわけには行かぬ。口をそろえて現下の情勢を説明じ、「もし老先生がご出馬下さらなかったら、治安、経済、その他あらゆる面の混乱から、百五十万民衆の生命と財産とは極度におびやかされ、市民はいったいどんな不幸に陥ってしまうでしょう。どうか老先生のお力により、何とかして庶民大衆をこの窮地から救い出していただきとうございます」と情に訴えて懇願した。民衆の苦しみという言葉を聞くと、彼はもういても立ってもいられなかった。ジーッと頭をうなだれたまま、老の眼に涙を湛え、こもごも語る四人の言葉に耳を傾けるのだった。

沈思瞑想を続けていた江朝宗は、やがておもむろに口を開いた。

「それほどまでにおっしゃって下さるのでしたら、この世における最後のご奉公として、治安維持会主席の任務をお受けする事に致しましょう」こうして遂に出馬承諾の意志表示がなされた。

今井武官はこの成功を、すぐ松井機関長に電話連絡した。その日のひる過ぎ、今井武官、松井機関長は江朝宗を特務機関の大応接室に迎え入れ、初対面の挨拶と共に、老軀を提げてわざわざ出馬された熱意に対し、深甚な謝意を表明した。

この日午後二時、江朝宗邸では早くも治安維持会の準備委員会が始められた。集まった顔触れは江朝宗を中心として中国側が七人、日本側は今井武官をはじめ冀察の情勢に明るい顧問数名が、オブザーバーの資格でこれに列した。

およそ二時間にわたって会議で取り決めした事項は

一、この会を「北京特別市地方維持会」と称呼する。

二、本会の主席として江朝宗氏を推薦する。

三、北京公安局を維持会の下に置き、局長として潘毓桂を任命する。

四、起草委員として、梁亜平、鄒泉蓀、呂均、冷家驥、林文竜の五名を任命し、細部の条項を立案する。

407 治安維持会の成立

おおむね以上の四項目だった。

起草委員達は明日に迫った地方維持会成立典礼に間に合わせるため、運営諸条項の立案審議にとりかかった。そしてそれが一通りの案にまとめ上げられ、江朝宗の手元に差し出されたのは、その日の真夜中すぎの事だった。

ああ傷心の張自忠

七月三十日の午前八時、特務機関の玄関口で自動車から降り立った張自忠は、張允栄、張璧、それに通訳として鄭文軒を伴っていた。この日の張自忠は陸軍中将の灰色の軍服を着用していた。私は彼の来訪を機関長に通じた。心なしか張自忠の顔色は、この日凄く青白いように感ぜられた。「先般来、お身体が悪かったようですがもう大丈夫ですか」と機関長がねぎらった。去る十一日、停戦協定調印のころ、張自忠は大腸カタルを患らって、病床でこれに調印したような状態だったので、それを見舞っての言葉だった。

北京特別市地方維持会主席　江朝宗

考えてみれば彼が統率した南苑の三十八師は一昨日の朝、日本の山下兵団の猛攻にあい、ほとんど一兵も残らぬくらい全滅させられてしまったのだ。徹底的親日将軍の部下が全滅し、抗日将軍馮治安の部下、三十七師が大した手傷を負う事もなく、今なお永定河の西に健在しているのだ。およそ世の中の事、何が皮肉だといってこれほど極端な例もちょっと珍しいのではなかろうか。その傷心の張自忠に対し、宋哲元は自己の負う一切の重責を押し付けて、交戦相手の日本側と折衝せよというのだから、張自忠の立場こそ知る人ぞ知る。

彼はそうした悲痛な気持をこらえ、静かに語り始めた。

「本日、私は冀察政務委員会代理委員長の資格をもって、ご挨拶のため参上いたしました。宋委員長このたびの保定行きは、委員長本来の念願である和平目的貫徹のため、中央軍の北上を阻止すること、並びに三十七師の保定移駐を直接指導するためでありまして、この間、私が委員長の業務を代行するよう命ぜられました。

私は宋委員長の和平主義に則り、今後の諸政を指導し、特に従来不十分であった諸点を是正し、中日両国間の和平協調を計り、委員長の素懐であった華北の明朗化を実現し、断じて第三者に乗ぜられる隙をつくらぬよう努力する考えです。

どうか今後のご指教をお願い致しますと共に、この件、軍司令官閣下によろしくお取りなしをお願い申し上げます」

彼の言葉は低く、かつ沈みがちだった。寧ろ哀訴嘆願、といったようにも聞きとれるのだった。

機関長はすでに、司令官の肚は十分に知り抜いていた。しかしそれを今すぐここで、即答の形で表明することは軽率の誹りを免れない。「ご趣旨は早速軍司令官に報告の上、改めてご回答申し上げる事に致します」と如才なく返事をして、さらに「今北京城内には、栴檀寺の兵営になお、百三十二師の一部が保安隊に改編され、残留しているようですが、これは即刻、城外に撤退させるようお取計らい願いたい」と要求した。

話の区切りが一段落つくと、張自忠は坐を立って、随行の者共々、特務機関を退出して行った。空は今にも泣き出しそうな雲行きだったが、彼が機関を辞去したころからとうとう雨がパラパラ落ち始めて来た。

北京地方維持会の結成

午後三時、私は江朝宗邸に赴いた。そこにはすでに新しい維持会の面々が集まっていて、ちょうど今から成立典礼が始まろうとするところだった。

中国側の顔触れは、さすがに江朝宗が物色しただけあって一流の人材が網羅されていた。そもそも維持会の構成分子は、その性格上、政治的手腕力量を持っている事よりも、むしろ民衆の輿望を担った有力者である方が、より優先されなければならなかった。この意味において、今度のメンバーは理想的な人達ばかりが集められていた。

式場に充てられた部屋は広くはなく、折りからの雨

409　治安維持会の成立

で、薄暗い感じだった。

やがて鄒泉孫が立って開会を宣した。ついで「北京特別市地方維持会」の名称が発表され、主席として江朝宗老人が推薦によって決定を見た。

江朝宗はその白い長髯を震わせながら壇上に立ち、厳かに就任宣誓の言葉を述べ、続いて各主任委員を任命した。その後九章から成る規定を決定し、これをもって式は終了、この間、時間にしたらものの二十分はかかっていなかったろう。

北京公安局の隣に事務所が開設され、「北京特別市地方維持会」の大看板が掲げ出された。維持会成立の佈告が街の辻々に貼り出される。各メンバーはその日からもう繁劇な事務処理と取組んでいった。

彼等はしばしばこの種の試練を経てきただけに、その執務振りは実に鮮やかであって、民心の安定策や食糧対策、さては現銀南送防止措置ないし敗残兵、共産党、藍衣社側の策動封止対策等、打つべき重要な手は、抜かりなく打っていった。

北京特務機関は、従来、冀察政権を対象としていた機構に、この日から大変革を加え、維持会の運営に協力し、これとの連繫を緊密にするため、笠井顧問を機関の政務部長として再発足した。

（二）北京围城记

资料名称：北京籠城記

资料出处：寺平忠輔著《蘆溝橋事件——日本の悲劇》，読売新聞社 1970 年版，第 417—426 頁。

资料解说：本资料记载了自 7 月 7 日至 8 月 8 日，前后一个多月的「围城」状态下，4000 多名日本人和朝鲜人的生活、思想、联络及撤离的情况，从又一个侧面反映了日军在北平的存在与侵略特征。

第三一章　北京籠城記

居留民会活躍を始む

蘆溝橋畔で不法の第一弾が放たれたのは七月七日夜十時四十分である。そして日華両軍が本格的交戦状態に入ったのは、越えて八日午前五時半だった。

この大事件の勃発も、それが真夜中だったために、八日の朝刊にこれを扱った新聞は一つもなく、地元北京においてさえ、一般大衆がそれと知ったのは、日が上ってからもうかなり時間がたって後の事だった。

しかし日本居留民会長小菅勇氏のところへは、早朝、大使館から電話がかかり、駆けつけるとそこで民会議長で同じく医師の今村佼廉氏とちょうど顔を合せた。

二人は異口同音に「どうもエライ事が起ったもんですなあ」と嘆息した。そこに東京日々の三池亥佐夫支局長が顔を出す。支局長は「今村さん、北京の古い人達はよく、合歓の花が咲くころになるときっと戦争が起るって言いますが全くその通りですなあ」

話し合っているところへ島津久大書記官と、安藤吉光官補とが、あわただしく戻って来た。島津書記官は額の汗をぬぐいながら

「今、特務機関に連絡に行ってきたところです。両軍が本格的交戦状態に入ったのは今朝の五時半です。それで今、桜井顧問と寺平補佐官とが、宛平城内で中国側と交渉中なんですが、城内とはもう全然電話が通じなくなってしまいました。城内と城外とで激しく射ち合ってるそうですから、二人は城内で監禁されてしまったか、あるいはまたそれ以上の悪い推測も生れてくるんです」

「こりゃあいかん、今度の問題は相当拡大しますぞ。去年の豊台事件みたいなわけにはいかなくなった」

「しかし、松井機関長はあくまで不拡大方針で進む肚を決めています」

「とにかく私達は一応民会に帰って、最悪の場合に備える今後の対策を協議しましょう」

八日午前八時、居留民会の会議室には、民会役員の全

部が非常招集され、緊急会議が開かれた。小萱会長は議長席につき、悲壮な面持ちで事件の経過を説明し「我々は情勢最悪の場合に善処するため、今日以後、民会内に時局特別委員会を設置したいと思います。まず第一に大使館と緊密な連絡をとり、情報を速かに入手すること、次に居留民一人一人に対する迅速な連絡方法を講じ、いつでも引き揚げの措置が円滑にいくよう準備しなければなりません。さらに全員避難の必要が起った場合を考慮し、避難場所の設定、避難方法の研究、糧食蓄積の支度等専門委員を設けて準備にとりかからなければなりません。大使館には領警の石橋丑雄さんが考案された居留民の引き揚げ計画が出来ております。これは大正十五年以来、前後八回にわたって書き改められた、非常に綿密な具体的計画ですから、これを基礎として研究される事が一番の早道かと存じます。皆さんは一切の私事を擲って、民会の統制に服し、最善の努力をして下さいますよう」

全員は即決、議長の提案に同意した。任命された委員達は、早速、石橋計画を骨子として所管事項の細部の計画にとりかかった。

北京籠城というと、我々は明治三十三年、北清事変の時のあの籠城を思い出す。今度の事件から遡って、実に三十七年前の事である。当時の籠城者は、公使西徳次郎男爵や石井菊次郎一等書記官をはじめ、武官柴五郎大佐、文学士服部宇之吉氏以下軍民合せて百四十五名という少数だった。

今度の場合は内鮮人合せて四千名という膨大な人員がこの城内に留まっている。それをわずか二、三十名の守備兵で保護しなければならぬのだ。そこで軍の立場としては、少しでも警備兵の数を殖やしたかったし、大使館側としては、食糧事情などから考え合せ、少しでも居留民の数を減らしたかった。ところが肝心の北寧鉄道が完全に運行をストップしてしまい、いかに老幼婦女子を内地あるいは朝鮮に送り還そうと思っても、その手段方法が断ち切られてしまったのである。

島津久大氏は天津総領事館の副領事の資格で北京に駐在し、専ら居留民関係の仕事を担当していたので、一切の実務が氏のもとに輻輳し、めまぐるしいまでの多忙さに追い込まれた。氏は決心した。——もう数日、情勢を静観してみよう、もし情況に好転のきざしが見えないようだったら「人道上」という立場を振りかざし、強引に中国側に交渉して婦女子送還列車を出させる事だ。——大使館は早速居留民会に対して、内地引き揚げの勧告を発した。

交民巷へ引き揚げの諸準備

七月九日午前四時、西城新街口南大街十四号、忠順飯店に泊っていた、松田実男の部屋の扉をたたく者がある。あいにく主人が出張中だったので、妻の千恵子（二十八歳）が起きでて、扉を細目に開けてみた。突如、十五、六名の中国兵が部屋に闖入し、家宅捜索を始めようとした。

夫人は気丈に彼等の前に立ち塞がり、これを拒否したが、中国兵は銃剣で顎を突き刺して重傷を負わせ、拳銃五、六発を発射して威嚇し、金品を強奪した。これが蘆溝橋事件後、邦人被害の第一号である。

そこで民会は全居留民に対し、夜間の外出を禁止し、また西城に住む者は夜間なるべく東城の知人宅に宿泊する事、もし知り合いがなければ居留民会の中の施設を利用してもよい、と通知した。

大使館では居留民のための食糧問題を研究した結果、十一日、とりあえず、二千名十日分の白米、食塩、副食物を購入する議がまとまり、その日の中に白米百三十俵を入手した。

城内の物価は一日ごとに昂騰し、十三日ごろには野菜類は一割から一割五分、麦粉などは二割以上の値上りをみせた。野菜類の供給地、豊台周辺で戦争が始まった事、また城門閉鎖のため物資が入りにくくなった事などがその理由だが、とくに値上りを見越しての買い占めが値をつり上げた。

一方、警備兵の不足を補うため、居留民の中から兵役関係者が集められ、義勇隊が編成された。隊長は小菅軍医少佐が兼務する事になり、副隊長には文部省の研究員予備役少尉の麓保孝氏が当った。隊員は毎日数名宛民会に泊り込み、初めは緊急の伝令業務を担当していたが、後には銃をとって警備の任につくまでになってきた。

事件が勃発したからといって、一般中国人の邦人を見る目には、大した変化は見られなかったが、西城あたりでは、一部潜入分子が策動したため「日本人に食糧を売った者は三年間の禁錮刑だ」「日本人に自動車を貸した者は死刑になる」

といった風説が流れ始めた。

北京では従来、多数の華字新聞が発行されていたが、その中で日本人経営のものは、武田南陽氏の「進報」と猪上清四郎氏の「新興報」だけだった。ところが事件後は中国の検閲当局が故意に検閲の時間を手間どらせ、お昼ごろになって漸く発売許可の指令を下すといったありさまで、こういう巧妙な方法によって、中国側はジワリジワリ日本人の商売を妨害しにかかったのである。

邦人被害の第二号が持ち上った。文林洋行の主人、奈良教文氏が、七月九日午後、北京阜城門駅に下車したところ、姿がかき消されてしまったのである。特務機関、大使館、憲兵隊は手をつくして調査したが、手掛りが掴めない。

阜城門駅で下車するとき、中国兵に逮捕、城壁上に連れ去られた。間もなく銃声が二発したというのだからそこで殺されたのだろうという噂が伝えられただけだった。

奈良氏は居留民間に顔の広い人だっただけに、邦人一般に与えたショックは大きかった。居留民のうち気の早い連中は、早くも公使館区域の知人のもとに避難する者も出てきた。

七月十四日、事件後初めての列車が北京から出る事になった。この列車で三百人以上の避難者が天津や大連、内地方面へ引き揚げて行った。以後、毎日のように日本人ばかりを乗せた列車が走った。七月二十三日、島津書記官から私にかかって来た電話では「ただ今内地人が千百名、朝鮮人が千三百名、合計二千四百名だけ残っています」との事だった。

公使館区域内にこれらの人達を収容するための、宿舎の割当ては朝鮮人は旧墺太利（オーストリア）兵営の敷地に収容することになり、真夏の暑さにもめげず、大勢の木匠（ムージャン）がバラック建築を急いでいた。英国駐屯軍がいく張りもの天幕を提供してくれたのはこの時だった。

大使館のテニスコートには仮小屋が建てられ、引揚げ命令があり次第、身体一つでころがり込んで来さえすればよいように、居留民の寝具や手回り品、貴重品などは、あらかじめ大使館に運び込まれて保管されていた。

大使館階下の大ホールには百八十三名、加藤伝次郎書記官舎には百七名もが寝泊りするよう割り振られた。

特務機関で毎朝八時から定例会議が開かれるのと時を

同じうして、民会の方でも、そのころ毎日、時局特別委員会が開かれデリケートな事態に一喜一憂していた。

情勢いよいよ急迫す

島津書記官が私のところへやって来た。書記官は公使館区域二千分の一の明細図をテーブルの上に広げ

「今もう東単牌楼を中心として、哈噠門大街と東長安街に沢山の中国兵が入り込んで、公使館区域を包囲しています。ざっと二、三ヶ中隊あるだろうとの判断ですが……。そいつらが民家の二階に上って、機関銃口を公使館区域に向けているばかりではなく、夜などノコノコ練兵場の柵を越えて墺太利兵営の近くまでやって来る。ことに昨日あたり、東単牌楼の西側、電車通りのアカシヤの根方に塹壕まで掘り始めているんですね」

「それは初耳です。この図で見るとその地域は公使館区域に含まれているじゃありませんか」

「そうなんです。それでこの状態は、放っておくべきじゃないと考えまして、中国側に警告を発しようかと思っているんですが……」

「厳重警告すべきですね。しかもこれは日本側だけの問題じゃない。列国外交団と共同抗議すべき性質のものじゃないですか。ただし、ノッピキならぬ証拠として、まずその現場を写真にでも撮っておいたら如何なものでしょう」

このように危機感がたかまっていったが、ところが、宋哲元が山東省楽陵から北京に帰って来た直後の七月二十日朝ごろから、市中の空気はガラリと変り、和やかな気分が漂い始め、辻々の土嚢が撤去されたかと思うと、戒厳の兵隊の数も目立って少くなってきた。市内、目ぬきの場所場所には宋哲元署名入りの布告が貼り出され、それには「市民よ。軽挙妄動するなかれ。意を安んじて業にいそしみ、平静を保持する事が肝要である。時局の鎮静も近きにあり」と記されてあった。

居留民のだれも彼もが——この分ならもう大丈夫だ。籠城の心配なんかいるものか——と時局の前途を楽観し始めた。

これはほんの一時的小康にしか過ぎなかった。二、三日たつと、情勢はまた緊迫感を加えて来た。「学生抗日慰労団」と識した大旗を掲げた一隊が、乗用車やトラックで北京市内を練り歩き、二十九軍の兵士達を激励し煽

動した。また「民族先鋒隊」と称する輩が、市中各所を横行して、「全日本人を虐殺せよ」とわめいたりした。共産党員徐仲航の指導する「北京文化界抗敵後援会」は文化人百余を動員し、活発な地下工作を始めだした。これが「王城北京を護れ」を標榜する和平派の文化人と、事毎に意見の対立をきたしたりした。

北京は天津とは異なって近代工業に従事する労務者はほとんどなく、したがって工人達の団体運動は見られなかった。万余に上る洋車工会は無視出来なかったけれど、これには組織的団結力はない。注目すべきは、北京城の内外に散在している大学である。この学生層の抗日策動こそ、その質、量において、軽視出来ないものがあった。これが二十九軍や保安隊などに強く働きかけた事実は否めない。戒厳のため、二十九軍が屯している胡同から、夜な夜な抗日歌を合唱する声が聞えてくる。居留民達は家に閉じこもったまま、この歌に耳をすまし、不安におののく夜を過すのだった。

七月二十六日朝の時局特別委員会は、今までにない緊張した空気をもって開会が宣せられた。小菅委員長は沈痛な面持ちでいった。

「昨夜、郎坊において日華両軍衝突を起し、戦闘は今なお継続中です。日華間の空気はこれによって非常に険悪となり、今後の情勢は全く予断を許さぬ状態となって参りました。天津からは我々北京居留民を救援するため、すでに歩兵一ヶ大隊が急派されたと聞いております。しかしいつ北京に到着するかは、まだハッキリしておりません。

情勢急変のため、今後城内でどのような突発事故が起らないとも限りませんので、我々は自力で自らを護るため、即刻、義勇隊を増員したいと思います」

午後三時には入城出来るだろうといわれた広部救援隊は、三時を過ぎても一向にその姿を現わさなかった。四時になる。五時が過ぎる。救援隊は何をしているんだろう。風が出て来た。胡同の砂ぼこりがビュービュー吹き巻き始めた。

その時、遠く西の方から、バーンと籠ったような音が市民の耳に聞えて来た。間もなく、紛れもない機関銃の響き。それに混って銃声が間近く聞え始めた。西城の方向だ。広安門に違いない。居留民はハッとして、夕べの食卓から跳び上った。

機関銃声と手榴弾の爆声とが、まるで雷鳴のように響いてくる。

居留民引き揚げの諸様相

事件勃発一週間の後、急遽内地から赴任して来た森島守人参事官が、到着早々目まぐるしい時局下にあって、北京大使館の総元締として采配を振り回していた。

氏は自ら電話口に立って、幾度か天津軍司令官と直々の連絡をとっていたが、広安門事件の晩、軍は北京総攻撃に踏み切るという決意を聞いて、一等書記官加藤伝次郎、三等書記官山田久就、島重信、島津久大等の諸氏を会同し、最後の協議を開いた。そして居留民全員引き揚げの決心を固め、二十七日午前零時半、竹中末夫書記生を通じ、この旨を小菅民会長に伝達した。

夜中ごろからザーッと降った雨で、道路一面が適度のうるおいを持った二十七日明け方六時、とうとう待ちに待った大使館からの引き揚げ命令が戸毎戸毎に伝えられてきた。大勢の義勇隊員が手分けして、一軒一軒、扉をたたいて知らせて回ったのだ。夜が明けると東長安街の大通りは、次々引き揚げて来る邦人達で一杯だった。洋車で避難する者、徒歩で荷物を担いで来る者——。

案ずるよりは生むが易く、二十七日の正午までに、居留民の九割八分が、何等の事故なく公使館区域に収容された。しかし東方文化事業総委員会の橋川時雄氏や小竹文夫氏等の場合はそうではなかった。

この人達は、あらかじめ居留民会とも了解をとげ、東廠胡同の鉄筋コンクリートの書庫に立て籠り、幾多先輩が苦心蒐集した貴重な文献を、身をもって最後まで護り続けていたのである。

邦人の収容完結を見てとった民会は、午後三時十五分、籠城生活今後の諸問題を討議するため、正金銀行の内庭で委員二十余名の会合を開いた。ここで各収容所毎に、世話係、炊事係、荷物係、連絡係、情報係等が任命された。三ヶ所に分れた炊事場には、歩兵隊から借りうけた大きな野戦釜が据え付けられた。食料品は北京飯店マネージャー、フランス人ロスタン氏が、日本人の夫人を持つという親日家だったので、その好意で大量のものが準備された。一方、軍に貯蔵してあった食料品は、これまた最大限の融通を受け、籠城全員の給食に充てる事が出来た。

424

河辺兵団の北京入城

明ければ二十八日、北京総攻撃の第一日である。黎明と共に南苑、西苑の爆撃が開始され、それに続いて殷々轟々たる砲声爆声が地響きと共に、終日城内の空気を震撼させた。

このころ、交民巷はすでに完全に二十九軍によって包囲され、抗日意識旺盛な中国兵の中には、銃声によって居留民を嚇し上げようとする者さえあった。午前八時半、王府井大街の南口で、突如けたたましい銃声が始まった。これは、米国憲兵五名から成る騎馬隊が、在留米人保護のため、公使館区域を出ようとしたとたん、見境のない中国兵から狙撃され、うち二人が負傷したのだった。

米英当局はこれより先、日本側同様、全在留民に対して引き揚げ命令を発しており、婦女子だけは昨日のうちに全部の収容を終っていた。しかしこの事件直後、一般男子もことごとく引き揚げて来るよう再度の命令を伝達した。米英以外の外人も、続々引き揚げを始め、交民巷を除く全城内には、今や一人の外人も見当らぬ状態になった。

日本全居留民には、この日握り飯と梅干、香の物が配給された。だが朝鮮人会の食料事情は悪く、籠城早々、早くも米が足りないといって騒ぎ始めた。そこで日本人会からとりあえず五十叺を贈って、急場の用に充てたような有様だった。

ところが二十九日朝、宋哲元が都落ちしてしまったと聞かされた直後、居留民は覚えず歓声を挙げた。——もうこれで籠城は終ったのだ。明日は自分の家に帰って畳の上でのんびり手足がのばされるぞ——そう思い込んだからである。

ところが「北京城内には二十九軍の残兵が便衣隊となって潜伏し、近く騒乱の機会を狙っている」という流言が伝わってきた。通州邦人大虐殺の報が知らされてきた。

さらに通州の邦人と北京の居留民とは、平素なにかにつけてお互いの往き来が多かった。それだけにこの事件は青天の霹靂だった。「反乱保安隊が今、朝陽門に押しかけて来て、盛んに開門を迫っているそうだ」という情報と共に、一同の足はたちまち立ちすくみ、一日も長くこの交民巷に置いて欲しいという気持に変っていった。

籠城生活は早くも一週間が経過した。食事は相変らず握り飯と漬物、それに味噌汁程度の簡素なものである。その食糧さえも次第に残り少なになってきた。天津の民団が一ヶ月分の食糧を大連に注文すると聞いたので、これ幸いと北京居留民会でもこれに便乗し、同じく一ヶ月分の委託購入を連絡した。

八月四日、酒井機械化兵団が蘆溝橋の戦場から反転し、北京を通過して通州に向うというので、居留民は午前十時、交民巷（チャオミンシャン）前の舗道に並び、日の丸の小旗を振ってこれを迎えた。つい先日まで二十九軍の重囲下に、戦戦兢兢（せんせんきょうきょう）としていた居留民は、ああこれで本当によみがえることが出来たのだという感じを、身にしみて覚えるのだった。

市内の治安は急速に恢復し、五日には正午から午後六時まで、また七日は朝六時から午後六時まで、居留民の自由外出が許可された。籠の鳥が放たれたように浮き浮きした居留民は、唯、訳もなく北京の街中を、無暗やたらに歩き回った。自分自分の家に戻ってみると、北京地方維持会警察局の巡警が、巡回しながら厳重にこれを保護しており、一物たりとも荒されていない。一同は胸なでおろして安心した。

八月八日は北京常駐の河辺兵団司令部が、蘆溝橋から帰って来て、晴れの入城式が行なわれる日である。居留民は雪崩（なだれ）を打って東長安街に出た。そして伊太利兵営の前から東単牌楼（トンタンパイロウ）のあたりにかけ、道路の南側に整列した。道路をはさんで向い側には、電車通りを背にして、自動車隊、戦車隊、歩兵隊が威儀を正して整列している。

正十一時、河辺旅団長は馬上豊かに、幕僚達を従え、粛々として前門（チェンメン）の方から進んで来た。歴戦牟田口連隊の精鋭がこれに続いて来る。湧き上る歓声、日の丸の旗の波、歩武堂々の行進曲は、晴れ上った夏空のかなたまで、明るく快く響いていくのだった。東単牌楼（トンタンパイロウ）のほとりで下馬した河辺旅団長は、出迎えの北京地方維持会主席江朝宗老人と対面した。河辺将軍漆黒の八字髭（ひげ）と、江朝宗主席純白の長髯（ちょうぜん）とが、実にいいコントラストだった。互いに握手を交し、主席の口からまず、「歓迎歓迎（ホワンイン）！辛苦辛苦（シンクー）！」とねぎらいの言葉がかけられた。河辺将軍はこれに応えて「老閣下ご自身のお出迎え、まことに痛み入ります。この度不幸な事態の発生を見ました事は、両国のためははなはだ遺憾の極みでありますが、本日、一応の段落を遂げ、特に由緒ある北京城が、兵火の惨禍から免れ得ました事は、ご同慶至極に存じます。今後北京の再建に、どうか最善のご尽力をお願い致します。名勝、マルコポーロ橋も早速点検致しました。狛獅子の鼻を三つばかり欠きましたでしょうか。その程度の損傷で済ます事の出来ました事を、不幸中の幸いとよろこんでおります」

翌九日早朝、大使館から全居留民に対して避難解除の命令が発せられた。ただ、西城の辺鄙な所に住む七十六名だけが、万一を顧慮してさらに両三日間、自宅復帰を見合せた。

籠城生活後仕末の一端として、島津書記官は早速墺太利兵営の管理国オランダ公使館を訪問し、土地の貸与に関して厚くお礼を述べた後、さてその借り上げ代を支払おうとしたところ、先方は「それでは合計十八円だけ頂きましょう」との事。「タッタ十八円?」覚えず鸚鵡返しにそういった書記官は、余りにも少額なのに、我が耳を疑わざるを得なかった。これを要するに、現地列国が当時、日本に対していかに友好的であり、また協調的であったか、この一例をもってみても知る事が出来よう。

七月七日から八月八日まで、極度の緊張裡に過ごした三十三日間、肉体的にも精神的にも実に苦しい事柄の連続だった。事件をめぐっての毀誉褒貶は世上さまざまに論議されよう。しかし現地軍官民が終始一貫、よく不拡大方針に徹底した事は明らかであり、ことにあの大きな時局の波に抗し、王城北京を兵火の巷から救い、一千年の文化を護り抜いた事に関しては、我々、心の底から無限の喜びを禁じ得ないのである。

（三）香月清司《阵中（为日本国民）献词》

资料名称：香月清司《陣中より——國民に對する挨拶》

资料出处：《文藝春秋》臨時增刊号，1937年8月，第100—102頁。

资料解说：7月底日军全面占领平津两大城市与大片华北要地，8月日本华北驻屯军司令官香月清司在日本杂志上发表对日本国民的致辞，再次辩解日军的战争理由是反击七七之夜中国军队的枪击事件，进而夸耀日军占领平津等地市的武功，宣传日军的侵略对于所谓保护日本侨民、发展在华殖民权益的重要性等等。

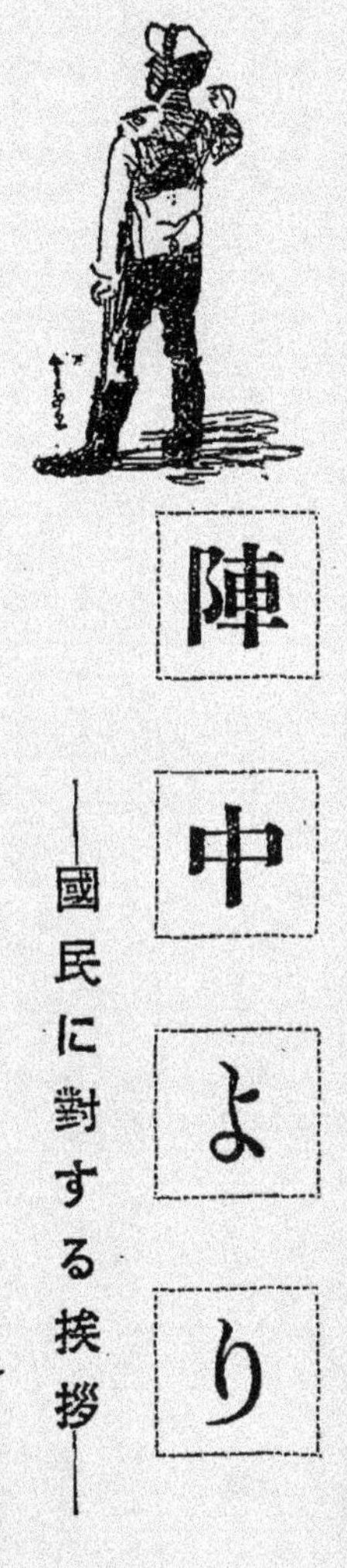

陣中より

——國民に對する挨拶——

香月清司

私は、北支那駐屯軍司令官香月中將であります。目下北支那に於て活躍中の將兵一同を代表して、この天津の陣中より御挨拶申上げる事は、私の最も欣快とし、且つ感激に堪へざるところであります。

既に充分御承知の如く、今次の事件の發生は、徹頭徹尾支那軍の不法に依るものでありまして、去る七月七日夜半に、北平城外の蘆溝橋に於きまして城中の支那軍が夜間演習實施中の我豐臺駐屯の部隊に對しまして、不法の射擊を加へました事に端を發して居ります。爾來屢々支那側は不法の挑戰的態度を發したのでありますが、我駐屯軍は飽く迄隱忍自重に努め、中央部の事件不擴大の根本方針を遵奉致しまして、現地に於ける和平解決の爲に、全幅の努力を傾注致した次第であります。

然るに支那側に於きましては、去る十七日、我軍の最も簡單なる然も當然の解決條件を、しぶ〳〵乍らも承認致しまして、これに第廿九軍代表の有力者等が承認致しましたにも拘らず、その條件の實行に於ては甚だ不確實で、毫も誠意の認む可きものはありませぬ。さうして引續き馬村事件、或は郎坊事件等の、卑怯極まる事件を起し、屢々我軍用電線を切斷して、軍の生命たる通信の妨害、或は我北平居留民を侮辱して逆に報告し、これに危害を加へる等、その暴戾實に言語に絕するものがありましたが、その惡態は益々增長致しまして、遂に同二十五日の夜には、郎坊に派遣致しました我軍用電信修理の爲の一小部隊に對しまして、數十倍の兵力を以て遙かにこれを包圍攻擊致した樣な事柄が起りまして、翌二十六日の夕には、北平の廣安門に於て、城門守備兵である支那の張の諒解の下に、北平在留邦人援護の爲に、城內にある兵營に歸還せしめむとした我一部隊に對しまして、其行進中遙かに城門を閉して、四方よりこれに猛射を加へる樣な事柄があつたのであります。實に憎む可き、實に陋劣極る計畫的の、所謂騙討を行ふに至つたのであります。

斯くの如き事は、戰時はいざ知らず、全く平時狀態にあります兩軍の間に於て恰も强盜の如き、匪賊の徒輩の如き行動を致しまする事は、眞に天人倶に許さざる沒義道の行爲であります。我皇軍の隱忍自重した誠意を盡く打捨て、却つてこれを逆用し、自國の威信を傷け侮辱すると云ふ甚しい非道の挑戰でありまして、如何に和平を冀ふとは言へ、最早皇軍の名譽上、これ以上忍ぶことは出來ない樣な狀況になつたのであります。

隨ひまして私は直ちに、森嚴なる而も斷定的な、然し乍ら最も公明正大なる、且つ情誼を盡したところの最後の通牒を發しまして、第二十九軍長宋哲元に斷乎たる決意を通告致しました。而して二十八日より、麾下の全兵力をもつて第二十九軍膺懲の作戰を遂行することに致した次第であります。

その後の戰鬪の經過に就きましては、刻々當軍司令部より發表した事に依りまして日々の新聞紙上に於て御承知の事と存じますが、長時日に於て、忍ぶ可からざるを忍び、耐ゆ可からざるを耐へ、切齒扼腕した我忠勇無比の將兵は、奔流の勢を以て、怨恨極りなき支那軍に突進したのであります。斯くの如くにして同日午後には、南苑附近の、最も有力なる、而も堅固なる所の敵を全滅し、北方淸河鎭、沙河鎭、西苑の敵を追ひ、翌二十九日の夕には既に永定河、西苑一帶の地域には、敵部隊が存在しない迄にする事が出來たのであります。

翌三十日には既に永定河を渡つて、長辛店附近の高地一帶をも占領することが出來ました。然し乍ら北平方面に於て我軍の主力を以て作戰中であるのに乘じて、その備への薄い天津地方に於ては、二十八日の夜半中より、天津附近に居りますところの敵が天津保安隊と合しまして、これが我租界を攻擊し、又は總站等の停車場を襲擊し、或は天津、或は北方の飛行場迄發砲したのであります。又大沽に於きましては將兵を砲擊し、遂に我軍艦迄砲擊を加へる樣になりました。通州に於きましては、支那軍に使嗾されました通州公安隊の主隊が叛亂を起しまして、遂に冀東政府を破滅するやうな事柄も起つたのでありますが、これ等は何れも我軍の勇戰と我空軍の爆擊に依て、これを潰滅に陷れる事が出來た次第であります。

今日に於きましては、天津支那側有力者の間には、既に治安維持會が結成せられまして、治安の維持に當る事になつて居ります。冀東政府に於きましても、池秘書長が委員長代理として治安維持に努める事になりました。北平市に於きましても、目下既に三十七師の全部は城外に遁走致しまして、文治派を以てする治安維持會が組織せられる樣になつて參りました。

斯くて平津地方に於ける二大都市、卽ち北平、天津は斯くの如くにして直ちに回復せられつゝある狀況であります。この事は、同胞、居留民はもとより、一般市民、諸外國市民の爲に、洵に同慶に堪へない次第であります。

以上述べました如く、當初我軍が忍ぶ可からざるを忍ばせた事態不擴大方針の所以のものは、世界平和と、東亞の安全を保障し、北支の戰禍を極力回避せむとしたからであります。斯くの如き軍の隱忍自重の態度は、甚しく消極的であります。內外共に寧ろ軍の態度に對して奇異の感をさへ起したのではないかと察せられるのでありますが、一方第二十九軍の暴戾飽くなき、無禮極る將士は、遂にこの事態を惹起致しまして、彼自身の自滅を招くに至つた事柄も、内外の人々の確認するところと存じて居ります。

斯くの如くにして、我方の事件不擴大、北支平安の看板は、支那側の行動に依て一旦は空しくなりましたが、今や第二十九軍の潰滅に依て、北支からは抗日侮日の行爲は漸く一掃せられむとして居り、明朗北支建設の曙光をこれに依て認める事が出來る樣に感じて居る次第であります。これを思ひますと、一時の災禍は招いたものの、最後は、日支兩國に永遠の幸福を齎す所以かと存じます。

殊に今回の事變に於て帝國の終始一貫せる責任觀念は我軍の行動に金玉の光を添へ、皇軍の威武を遺憾なく發揮せしめつゝあります。當地方には多數各國人が居留して居り、各國の軍隊も亦多數駐屯して居ります。この列强監視の眞只中に於て、正々堂々と軍の所信を斷行し、皇軍の眞價を遺憾なく發揮せしめつゝある事は、私の最も欣快に堪へないところであります。我軍の斯くの如き赫々たる威武の宣揚は、申す迄もなく、畏多くも　上御一人の御稜威によるものでありますが、又今次事變の勃發するや國内の輿論が期せずして一致し、文字通り擧國一致になつた賜物であると確信する次第であります。全國の同胞各位の、澎湃として我軍に寄せられたる御誠意は、日に何百通と　く、激勵の電報、或は手紙になつて送られるところであります。將兵一同は愈々感奮興起し、益々忠誠の念を固うして奮戰力鬪を續けて次第であります。玆に帝國同胞各位に對し、深甚の謝意を表する次第であります。

二十八日、作戰行動を開始して以來、我軍は實に壓倒的の勝利と豫想外の迅速なる成功を收める事が出來まして、損害も比較的僅少ではありまするが、尙ほ今日迄調査したところによれば、戰死傷者の合計は一千有餘名に達して居ります。陛下の忠勇なる將兵多數を犧牲たらしめましたことに就て、私は誠に恐懼に堪へないと共に、深く哀惜の念に打たれて居る次第であります。斯くの如く北支の野を貴き鮮血に染めて、護國の鬼と化した我等の勇士は、實に明朗北支建設の爲に人柱となりましたものであります。同胞各位と共に、この貴き犧牲に對して、最大の敬意を拂ひ、その功績を徒爾ならしめざる事が最も肝要であると考へます。大方各位の御諒承を冀ふと共に、この貴き犧牲者を出されたところの御家族御一同に對して、私の滿腔の敬意を表する次第であります。

私は、田代司令官が御病氣の折柄、事變勃發に依て代任致しまして以來、擧國的御支援に依りまして、今迄幸ひ大過なく使命を盡し皇威を發揚する事が出來ました事を、倂せて感謝致して居ります。

我軍は、支那二十九軍の主力を潰滅致しましたが、尙ほ敗殘の敵兵は處々に散在して居りまして、各地雜軍及び中央軍は、平漢線及び津浦線の兩鐵道方面より、陸續として北上しつゝある現形勢に於きまして、事態は今後愈々重大なるものがあるのであります。我軍はもとより上下一致して軍の團結を固ふし、遺憾なく次の準備に邁進致しまして、一死奉公、以て聖明に應へ奉ると共に、全日本國民の熱誠なる御期待に副ふ事に遺憾なきを期して居る次第であります

何卒銃後の備を固うせられまして、我等將士に絕大なる御後援を賜らん事を切にお願申して終りと致します。

（放送速記）

（四）某少佐日记《当初开战的真相》（广安门事件）

资料名称： 第二節《開戦當初ノ眞相》其二，某少佐手記（広安門事件）

资料出处：《北支那作戦史要——支那駐屯軍》，昭和 12 年 7 月 8 日—12 月 13 日，防衛省防衛研究所，第 370—374 頁。

资料解说： 本资料系日军当事人、时任第二十九军军事顾问的樱井德太郎的日记摘录，本件是对于 7 月 14 日、22 日至 26 日中日两军持续交涉与不断冲突的情况记录。其中对于 26 日广安门事件的记录较为详细。

七月十四日　晴

午前八時頃起床　笠井少佐ハ同参謀ト共ニ永定門外事件ノ跡仕末ノ為現地ニ行ク
行方不明十四名在リ其ノ捜索ヲ為シアリシニ午後三時通州ニ歸還セリト
午後二時齋藤通訳ヲ伴ヒテ石友三ヲ自邸ニ訪ル。西瓜ヲ出シ接待シ保安隊ノ配置ヲ記シ日本軍ト衝突セサル様懇願セリ。秦市長邸ニテ張参謀長程希賢旅長ニ會フ程ト共ニ戒嚴司令部ニ至リテ劉旅長徐参謀長ニ會フ、司令部ハ航空部跡ノ舊陸大校舍ニテ劉ヤ馮ヲ教ヘシ教室ナリ誠ニ感無量ナルモノアリ、劉ニ對シ北平市内在留邦人ニ對シ絶對ニ害ヲ及サヽル如ク注意シテ歸途綏靖公署ニ至リシモ皆不在ナリ此ノ役所ハ東北人ノ溜ニテ何等ノ實權ナク此ノ非常時ニ於テモ平素ノ通リ閑散ナリ夕方森島参事官來平セシニ付大使館ニ至ル加藤一等書記官モ秦ノ

三七〇

許ヨリ歸來セリ
情況ヲ話シテ特務機関ニ歸リ情報点検軍堀毛中佐來
リレヲ聞ク十時半頃就寝ス

七月二十二日晴

午前十時過齋藤特務機関ニ行ク八時過ニ特務機関ニテ
松井大佐、岡村中佐、寺平大尉ト軍旗ヲ豊台ニ奉送スル
コトニ就キ議論アリ危険ナルヲ以テ二、三日後ニセントノ
説勝チアリ我ハ大丈夫ナリトノ意見ヲ述ヘ現状ヲ視
察スル為ニ齋藤ヲ伴ヒテ廣安門ニ到ル王連長ハ三
十七師ニテ舊知ナリ警長以下面識アリ上司ヨリ「トラ
ック」二台通過スヘキ命アリ齋藤ヲ門ニ殘シテ隊ニ歸
リ相談ヒテ十時半「トラック」二台ニ兵三十名分乘戰闘
開始トシテモ停止セスシテ突破スヘキコト等自動車戰
法ヲ説明シ大連神社ノ御守ヲ分配シ（弘之ヨリ送リ
來ル）先導シテ進ム、廣安門ヲ無事通過シ途中無事

豐台着皆大喜ビナリ　大任ヲ果シテ十二時半出発歸平セリ

七月二十六日　晴後雨

八時半ヨリ會議アリ　郎坊事件ニ就キ情況悪化シ軍ハ此後外交々渉ニ依ルコトナク徹底的ニ武力ヲ行使膺懲スルコト、ナリシ旨塚田参謀ノ電話アリ

九時北平城内警備ノ為天津ヨリ歩兵一ヶ大隊ヲ入平セシムルコト、ナリ豐台ニテ下車シ「トラック」ニテ廣安門ヲ経テ入城ニ決定シ中島中佐、齋藤ヲ伴ヒテ豐台ニ行ク　北平、天津間、北平、豐台間ノ軍用電話支那兵ニ切断セラレテ不通トナル

我部隊入城ノコトヲ事前ニ支那側ニ通知スルハ却ッテ警戒心ヲ増加スルヲ以テ秦市長秘書張我軍ニ午後四時近ニ特務機関ニ來ルヘキコトヲ電話セシモ遂ニ來ラス、廣部部隊ノ入城ヲ「トラック」トスヘキカ列車

三七一

トスヘキカニ就キテハ研究ノ結果自動貨車ニ依ルコトトナリ豊台ヲ午後四時過出発スル旨連絡アリ因テ三時五十分川村芳男、常安氏憲兵同伴廣安門ニ到ル、門ノ状況ヲ見ニ行キシ愛澤、吉富ニ宣武門外ニテ會ヒ異状ナキヲ知リ廣安門ニ到着セシ時門内交番ニテ三十七師王連長ニ會ヒ交渉シ警備司令官劉旅長ニ電話シ開門ニ決ス、此ノ時白キ便服ヲ着シタル長年ノ者秦市長ニ電話シ市長ノ命令ト稱シ再ヒ開門ス長以下武装シテ城壁上ヲ固メ警戒ヲ嚴ニセシヲ以テ已ムヲ得ス戒嚴司令部ニ至リシニ旅長ハ進徳社ニ行キ不在、一旦特務機関ニ歸ル、五時進徳社ニ赴キシ松井機関長歸來シ秦ハ言ヲ左右ニシ我カ通牒ヲ受取ラサリシモ遂ニ我カ決意ノ強キ為渋々受領シタリ門ノ通過ニ関シテハ張秘書及林耕宇ヲ立會ハシムル旨申シ來リシヲ以テ再度川村及吉富ヲ伴ヒ廣安門ニ到リ王連長ト共ニ城壁上ニ上リ兵ニ對シ日本軍ノ入城ニ際シ絶對ニ射撃スヘカラサルヲ徹底シ銃ヲ手ヨリ放シ城壁上ニ尻ヲツケ坐シテ隠蔽休息セシメ城壁上ヨリ城外ノ巡警ニ名刺ヲ投下シ城外約五百米ノ鉄道踏切附近ニ在ル中島中佐ニ連絡セシム暫クアリテ齋藤通譯自動車ニ依リ城門下ニ到リ連絡成ル、此ノ時張祖德（宋ノ秘書）來リシヲ以テ念ノ為王連長ニ再ヒ誤解ノナキ様連絡セシメ吉富ハ門ノ下ニ行キ門ヲ半開ス、吉富ハ城門外城門直下ニ、齋藤ハ城門外橋梁附近ニ予及川村、張ハ城門上北側ニ在リ六時過自動車隊ハ中島顧問ノ自動車（中島中佐、廣部少佐仝乘）ヲ先頭ニ前進シ來リ将ニ城門ニ入ラントスルヤ俄然南方城壁ヨリ二三発発砲ス、城門上ノモノ之ニ倣ヒ射撃ヲ開始ス依ツテ川村ト共ニ櫓門北側ノ軽機ニ射撃セサルコトヲ厳命シ櫓門ノ南側ニ至リ射撃中ノ軽機ヲ制シ射撃ヲ中止セシメ連長ヲ伴ヒ東側櫓門及城壁上ノ兵ニ對シ射撃禁止方大聲叱呼ス、此ノ時我先頭ノ五、六車輛門ヲ通

三七二

過シ本樓上ヨリ射撃及手榴彈投擲止マス城外ノ戦車輙ハ停止シ下車ヲ始メタルヲ目撃ス極力射撃中止ヲ厳命シタル結果一時樓上ノ射撃中止ス依ッテ張秘書ヲ宋哲元ニ連絡セシム、顧問及川村ハ王連長ヲ擁シ以後射撃セサルコトヲ厳達シ廻ル、午後七時頃城内外ノ我軍接近スルヲ見テ再ヒ射撃ヲ開始シ拾收スル能ハス連長ヲ督シ射撃ノ中止ヲ命セシモ聽カス此ノ間東樓北側ニ二、三ノ損害ヲ生シ激昂セシ兵ハ日本人ヲ殺セントシ呼ヒ東西ヨリ顧問及川村ニ迫ル予ハ連長ヲ捉ヘ尚彼等ヲ抑止セントセシモ力及ハス近距離ヨリ射撃ヲ受ケ川村既ニ数彈ヲ受ケタルカ如ク青龍刀及拳銃ヲ擬シ西樓方向ヨリ五、六名(内青龍刀二)東樓方向ヨリ十数名(内射撃セルモノ三)前進シ來ル、連長ハ拳銃(一號モーゼル)ヲ我カ胸ニ擬セシヲ以テ之ヲ奪取セントセシモ一彈左股ニ命中セシヲ以テ今ハ是ナリト思ヒ連長ヲ突キ飛シタル瞬間身ヲ躍ラシテ城壁迄内庭ニ跳ヒ降リ「コンクリート」製屋根上ニ右足ヲツキ屋根ヨリ墜落右肩ヨリ接地ス其ノ時城壁上ヨリ射撃及手榴弾投擲ヲ受ケシヲ以テ死角ヲ求メ屋下ニ入リシニ便所ナリシヲ以テ之ヲ避ケ物置内ニ入ル此ノ頃城ノ楼壁上ノ射撃盛ニシテ我軍城門ノ内外ヨリ攻撃中ナルモノト判断ス

支那兵ハ両楼門ノ中間地区ニハ一兵モ存セス戦闘中ニハ予ヲ捜索ノ為城壁ヨリ下リ来ラサルヲ信セシモ万一ヲ慮リ棒及煉瓦ヲ準備ス左太腿ノ出血甚シキヲ以テ手ヲ以テ傷口ヲ探リシニ四本ノ指瘡口ニ入リ近距離ヨリノ貫通銃創ナルカ如ク右足頸激痛ヲ覚エシヲ以テ之ヲ探リシニ出血シアラス大分腫レアカリアリ着地ノ際捻挫セシモノト判断ス、銃声日没ト共ニ止ム

屋内蚊ヲ多ク甚タ困ル、時々銃声アリ

日本軍尚城内外ニアルモノカ或ハ城壁上ノ支那兵乱射セルモノカ運ヲ天ニ委セ休ムコト数時ナリ、塞ハ北京

三七三

陸軍墓地ト福岡陸軍墓地ト祖先代々ノ合同碑ニ入ルヘシト名刺ニ記ス

小屋ノ背後ニ人聲カシテ地ヲ掘ルヲ聞キ川村ノ屍体ヲ埋ムルモノナランド感無量ナリシカ實ハ川村ノ屍体ハ城外ニ投棄シ土ヲ掘リシハ土嚢ヲ作リ外門ノ扉ヲ閉塞スル爲ナリシ

午前三時頃予ヲ捜索ニ來レル人声ヲ聞キ懐中電燈ノ光ヲ見ルニ依ッテ之ヲ隙見セルニ巡警ナリシヲ以テ声ヲカケ所在ヲ告ク、巡警数人入リ來リシヲ見ルニ皆面識アリ　周参謀連絡ニ來リタリトノ報ヲ得之ニ助ケラレテ廣安門警察分駐所前ニ到ル　此ノ時増援ノ爲來リシテ百三十二師ノ兵予ヲ取リ巻キテ其ノ言動甚タ不隠ナリ　因リテ椅子ヲ出サシメテ之ニ坐シ名刺ヲ示シ顧問タルコトヲ證明シ縣長ヲ呼ヒシニ營長來リ立騒キアリシ兵士ヲ他ヘ赴カシメタリ

此ノ時雨降リ出シ時ニ雷鳴ヲ聞キ城壁上ノ銃聲尚断

續ス電話ニテ廣安門内千米警察分局ニ來ルヘシト
ノコトニテ王及李巡警ニ援ケラレ兵六名護衛シ約
千米東進ス此ノ間電光閃々時ニ廣安門ニ銃聲ヲ聞
キ近寄ル人影ニ對スル兵ノ誰何物々シテ其ノ都度停
止シ撃発装置トナス、死刑ヲ宣セラレテ刑場ニ曳
カル、際ハ是ノ如キモノカト感ス
分局ニ達ス門ニハ土嚢ヲ積ミテ物々シク警戒ナリ、
門内西側ノ室ニ入リ休ム署長來リテ煙草及茶ノ饗
應ヲ受ケ顔ヲ洗ヒ暫ク待ツハ周參謀來リテ無事ヲ
祝ス中島中佐ノ自動車ニ周ト二人同乘シ特務機関
ニ向フ我ハ生還セシモ川村ヲ失ヒシハ誠ニ遺憾ナリ、
街上ノ警戒甚タ嚴ニシテ兵充滿シアリ特務機関ニ至
リ周ヲ歸シ玄関ニテ機関長以下ニ面會シ報告ヲナシ
負傷セシコトヲ語ル、周ハ予ノ負傷ヲ全ク知ラス歸宅
シテ服ニ血附着シアリ後ニ聞キ驚キ見舞ニ來レリ、
和田次衛附添ヒテ陸軍病院分院ニ至ル、時ニ午前四時

三七四

頃ナリ入口ニテ新聞記者ニ會ヒ梶本軍医少佐ノ治療ヲ受ク本日ノ負傷兵ハ今治療ヲ終リシ時ナリト早川大尉ノ横ニ入院ス早川ハ廣安門ニ入リ五百米ヲ進ミ廣部々隊門ニ向ヒ攻撃中敵ノ増援隊自動車ヲ襲ヒ手榴彈ノ爲足ニ負傷セシナリト。

（五）香月清司手记《中国事变回忆录》（摘记）

资料名称：香月清司《支那事變初期ニ於ケル北支情勢回想録》

资料出处：JACAR（アジア歴史資料センター）Ref.C11110925200《北支那作戦史要——支那駐屯軍》2／3，昭和十一年五月六日—昭和十二年八月三十一日，防衛省防衛研究所，第335—358頁；《支那事變回想録》，收入《現代史資料》9《中日戰争》2，株式会社みすず書房1976年版。

资料解说：本资料作于1940年12月，记录了1937年7月12日香月清司接任中国驻屯军司令官的过程，就任后对于卢沟桥事变、廊坊、通州诸事件的处置，以及侵占平津周边地区作战计划的制定等内容。对于8月日军全面展开的河北地区作战，也有涉及。

支那事變初期ニ於ケル北支情勢回想録摘記

陸軍中將　香月清司手記

第一　軍司令官トシテ東京出發ニ際シ陸軍大臣ヨリ授ケラレタル指示

昭和十二年七月十一日午前四時三十分頃電話ヲ以テ陸軍大臣杉山大將代理トシテ人事局長阿南中將ヨリ、「貴官ハ支那駐屯軍司令官ニ親補セラル、モ差支ナキヤ」差支ナクハ成ルヘク本日中ニ任地天津ニ到着スル如ク出發セラレタシ、飛行機ヲ準備スル旨ヲ傳達セラレ直ニ旅裝ヲ整ヘテ、午前七時三十分頃陸軍大臣官邸ニ到レリ。

陸軍大臣ハ陸軍次官梅津中將ヲ列席セシメ、小官ニ左ノ指示ヲ與ヘラレタリ。

一、貴官ノ任務ハ參謀總長ヨリ附與セラル。

二、蘆溝橋事件ニ就テハ極力不擴大方針ノ下ニ現地解

三三五

決ヲ計ラレ度シ。

以上ニ項目ハ極メテ簡單ナル指示ニ過キス。他ニ多クヲ語ラサリシヲ以テ直ニ官邸ヲ辭去シテ參謀本部ニ赴キタリ。但シ官邸應接室ニハ多數ノ局課長等集合シアリ。教育総監部課員森田利勝大尉ハ臨時ニ副官トシテ隨行セシメラル、コトトナリ大臣以下ト共ニ冷酒乾杯一同ニ告別セリ。

第二、參謀総長殿下ヨリ授ケラレタル任務及參謀次長、各部長ノ説明要旨

參謀總長殿下ハ直チニ總長室ニ小官ヲ召サセラレ今井參謀次長侍立ノ下ニ親ラ左ノ要旨ノ任務ヲ口頭附與セラレタル後左ノ書類ヲ下附セラレタリ。

一、支那駐屯軍ノ任務ハ渤海灣口ヨリ北平ニ至ル間ノ交通線ヲ確保シ且同地方ニ在ル我カ居留民ヲ保護スルニ在リ。

二、貴官ハ逐次増加セラルヘキ部隊ヲ併セ指揮シテ本任
務ヲ實行スヘシ。
三、細部ニ関シテハ各部長ヲシテ指示セシム。以上
次テ各部長及小官ニ随行ヲ命セラレタル參謀三名（堀毛砲
兵中佐、菅波歩兵中佐、橋本砲兵中佐）ヲ總長室ニ招致セ
シメラル。
各部長ノ説明セル事項概ネ左ノ如シ。
(1)第二部長ヨリ宋哲元軍及北支方面諸軍北上ノ情況及
中央軍ノ情況（要圖ニテ説明シ之ヲ交附セラル）
(2)第一部長ヨリ関東軍ノ一部及第二十師團ヲ應急動員
ニ依リ又内地三ケ師團ヲ動員ニ依リ直ニ北支ニ出動セ
シメ小官ノ指揮ニ屬セシメラル。
(3)第三部長ヨリ内地動員部隊ノ輸送ニハ動員完結ノ日
ヨリ約一ケ月ノ日子ヲ要ス。
右終ッテ随行參謀ヲシテ夫々各部ノ主任者ニ就テ尚詳細ノ
打合セヲ行ハシメタリ。

三三六

2

尚小宮ハ参謀次長室ニ於テ今井中将ト會談ス。同次長談話ノ要旨ハ

一、支那駐屯軍ニ増加セラルヘキ兵力ハ概ネ第一部長説明ノ通ナレトモ御研究ノ上意見アラハ時々開示セラレ度シ

二、前述ノ内地三ケ師團ノ外引續キ別ニ二ケ師團ヲ動員シテ之ヲ山東方面ニ作戦セシメラルヘキ筈而シテ其ノ上陸地点ハ大体青島ノ豫定ナレトモ我カ海軍ハ海州附近ノ上陸ヲ希望シアリテ未タ意見ノ一致ヲ見ルニ至ラス。

等ナリ

而シテ総長宮殿下ヲ始メ奉リ各部課長ト共ニ冷酒乾杯シ總長殿下ヨリ御激勵ノ御言葉ヲ賜ハリ感激極ニ達シ謹ンテ皇威ヲ傷ツケ皇軍ノ名譽ヲ損フカ如キコトナキヲ期スル旨ヲ言上シ午前九時半頃参謀本部ヲ発シテ立川飛行場ニ到リ午前十一時勇躍シテ同飛行場ヲ出発ス。

當日ノ所感ヲ述フレハ陸軍省ニ於テハ大臣次官ハ事件ノ不

擴大ヲ強調スルノミニシテ大ニシテハ國策小ニシテハ政府ノ本事件ニ對スル政策等ニ關シテ何等諒示言及スル所ナク只漫然ト現地解決ヲ希望セシハ小官ノ不可解トスル所ニシテ當時一抹ノ不安ヲ禁スルヲ得サリシナリ。然レトモ陸軍大臣ハ既ニ事件發生時ニ於テ當時ノ軍司令官田代中將ニ對シ可政治問題回避事件不擴大現地解決ノ三大方針ノ下ニ交渉ヲ行フヘキ旨ヲ訓令セラレタル趣ナリシヲ以テ改メテ茲ニ反問ヲ試ミルコトナク先ツ現地到着後ニ於テ情況ヲ確認シタル後必要アレハ更ニ指示ヲ仰クコトニ決心シテ辭去セシモノナリ。只當時ニ於テ陸軍大臣カ本事件ノ將來性ニ關スル正確ナル看透シト有ラユル變化ニ對應スル腹案ヲ確定シアリシヤ否ヤノ疑問ハ小官ノ今日ト雖モ尚釋然タルヲ得サル所ナリトス。當日陸軍省ノ此ノ如キ不明朗ナル否寧ロ暗雲低迷シ恐レアルカ如キ稍憂愁沈鬱ナル情態ヲ感セシメタルニ反シテ參謀本部ニ於テハ極メテ緊迫セル情勢ヲ直ニ感得セ

三三七

3

シムルカ如キモノアリタリ。即チ即時必要ナル應急派兵内地數ケ師團ノ即時動員、山東作戰ノ意向等全ク對支全面作戰ノ端緒ナルヲ覺レリ。故ニ今井參謀次長ト陸軍省ノ空氣ニ就テ談話シ交ヘ、結局現地到着後情勢ヲ精査シ、極力局面ノ擴大シ戒ムルニ努メ、已ムヲ得サルニ至レハ、對支作戰ヲ速戰即決ニ導キ、以テ對蘇作戰ニ遺憾ナキヲ期セサルヘカラスト云フニ一致シテ直ニ出發セルモノナリ。要スルニ當時省部間ニ於テ未タ完全ナル意見ノ一致ヲ見ス。為ニ所謂事變ノ立上リニ於テ既ニ蹉跌ヲ來シタルコトハ爭ヒノ餘地ナキ所ナリ。之爾後ニ於ケル極メテ不鮮明ナル事變處理ノ誘因ヲ為シタルニアラサルカ。

第三　七月十一日午後六時二十三分發表ノ北支派兵ニ関スル政府ノ聲明

小官等ノ搭乘セル軍用飛行機ハ天候ノ不良ナリシト機関ノ不調トニ依リテ速度不十分ナリシ為十一日午後六時頃

漸ク京城飛行場ニ到着、航續不能ノ為同夜遂ニ京城ニ一泊スルノ已ムナキニ至レリ。而シテ間モナク新聞通信ニ依リテ北支派兵ニ関スル我カ政府ノ聲明ヲ知ルヲ得タリ。此ノ政府ノ聲明ニ依リテ始メテ今朝陸軍大臣ノ指示セサリシ我カ政府ノ政策ヲ明カナラシムルコトヲ得大イニ意ヲ強ウセリ、而シテ本聲明全文ヲ反覆含味シテ得タル感想ハ文中ノ、

……中央軍ノ出動を命ずる等武力的準備を進むると共に平和的交渉ニ應ずるの誠意なく遂に北平に於ける交渉を全面的に拒否するに至れり……

2. 思ふに北支治安の維持が帝國及滿洲國により緊要の事たるは茲に贅言を要せず。……今後斯る行為なからしむる為の適當なる保障等を為す事は東亜の平和維持上極めて緊要なり。

3. ……今時事件は全く支那側ノ計畫的武力抗日なる事最早疑ノ餘地なし。

三三八

4

等ノ字句ニ依リテハ政府ノ意ノ存スル所ヲ考察スレハ北平ニ於ケル軍ノ交渉ハ陸軍大臣ノ希望スル如キ政治問題回避ニテハ其ノ目的ヲ達スルモノニアラス政府ハ軍ニ於テ外交的折衝ヲ行ヒ北支治安ノ維持ト東亜ノ平和維持上適當ナル保障ヲ要求セシメムトスルモノナルヲ知ルヘシ。又支那側ノ計畫的武力抗日タルコト毫モ疑ノ余地ナシト觀察シアルヲ以テ恐ラク陸軍大臣ノ希望スル事件不擴大現地解決ハ甚タ期待薄ニシテ矢張リ参謀本部ノ豫期スル如キ對支一戦ノ已ムヲ得サル情勢ヲ呈シツヽアルモノナリ故ニ支那駐屯軍ノ作戰準備ニハ聊カモ遺漏アルヘカラスシテ事変ハ急轉シアリトノ深刻ナル感想ヲ懐キツヽ翌十二日早朝怱皇トシテ京城ヲ出発シ同日午前十一時三十分頃天津飛行場ニ到着午後二時支那駐屯軍司令部ニ入レリ

第四　七月十二日ニ於ケル支那駐屯軍情況判断

十二日午後二時軍司令部ニ到着スルヤ直ニ軍参謀長橋本

少将ヨリ諸般ノ報告ヲ受ケ殊ニ前夜即チ七月十一日午後八時ニ至リ北平ニ於テ同参謀長ト支那第二十九軍代表トノ間ニ成立セシメタル事件解決ニ関スル協定ニ付詳細ニ報告セシメタリ。

然ル後前述セルコトク北支派兵ニ関スル我カ政府ノ声明ニ対スル小官ノ感想及東京ヨリ随行セル参謀ノ意見並ニ此ノ協定等ヲ加味シテ軍ノ現在スル参謀全員ヨリ成ル幕僚会議ヲ開催シ軍ハ今後何ヲ為スヘキヤノ確乎タル方針ヲ速カニ決定スヘキコトヲ命令セリ。

依ツテ橋本参謀長ハ直チニ参謀全員ヲ招致シテ夕刻ヨリ夜半ニ至ル迄慎重ナル討議ヲ行ヒ七月十三日ニ於ケル支那駐屯軍情況判断ヲ作成セリ。小官ハ之ニ全幅ノ同意ヲ表シ即刻ヨリ軍ハ此ノ判断ヲ基礎トシテ一切ノ行動ヲ律スヘキヲ命シ且直ニ之ヲ参謀総長及陸軍大臣ニ電報報告セシメタリ。

此クシテ衆心茲ニ帰一シテ処理整然業務敏活直チニ全機

三三九

5

関シテハ小官ノ意圖ノ如キ活動セシメ得ルニ至リシナリ。

第五 侍從武官長宇佐美中將ノ書信

七月十四日東京ヨリノ急使ヲ以テ侍從武官長宇佐美中將ノ七月十一日附書信ヲ受領セシ。其ノ要旨ハ

……陛下には今回の北支事変に関して其の擴大を特に御軫念被為在此の点勿論十分御考慮の事と存候も小官より御思召を拝察致し御傳へ申候……

直ニ橋本参謀長ニモ此ノ書信ヲ披見セシメ共ニ愈々此ノ旨ヲ奉体シテ遺憾ナキヲ期シタリ。而シテ

一、第二十九軍側ヲ督促鞭撻シテ速カニ本協定履行ノ實ヲ擧ゲシムルコト。

二、北平附近ニ於テ近ク支那軍ト相接觸スル我カ部隊ヲシテ求メ得ル限リ速カニ之ト離隔セシムルコト及支那側ノ挑戦的行動ニ對シ極力之ヲ退避スルニ努メ且断シテ

我方ヨリ挑戦的又ハ之ニ類スルカ如キ行動ヲ為サシメサルコト。

3、情況之ヲ許ス限リ關東軍ノ増加部隊及逐次到着スヘキ第二十師團ヲ北平及天津地區ヨリ遠隔セル地方ニ位置セシメ内地ヨリノ増加部隊ハ要スレハ之ヲ滿洲及朝鮮等ニ待機セシメ以テ急劇ナル増兵ニ依リテ支那側ヲ刺戟セサルコト。

等ノ事項ヲ決定シ直チニ夫々所要ノ處置ヲ執ラシメタリ。然レトモ遂ニ不擴大ノ目的ヲ達スルコトヲ得ス、宸襟ヲ悩マシ奉リタルハ恐懼ニ堪ヘサル所ナリ。

曹

六、陸軍中央部ノ「事變處理ニ關スル方針」傳達

七月十四日電報ヲ以テ陸軍大臣、参謀総長連名ノ「事変處理ニ關スル方針」ヲ通達セラレ翌十五日夕参謀本部総務部長中島少将、陸軍省軍務課長柴山大佐同列ニテ飛行機ニテ天津ニ來着シ右ノ文書ヲ軍司令官ニ手交シ且口頭ヲ以テ、

三四〇

6

「本件ハ上聞ニ達シアリト傳達セリ。其ノ要旨ハ

1、軍ハ事変不擴大、現地解決ノ方針ヲ保持シ、七月十一日ノ協定ヲ是認シ、之カ實行ヲ監督ス。

2、支那側ニ本協定履行ノ誠意ナシト認ムル場合ハ、断乎之ヲ膺懲ス。

3、兵力使用ノ場合ニハ、豫メ中央部ノ承認ヲ受クヘシ。

依リテ小官ハ中島少將及柴山大佐ニ對シ左ノ要旨ノ問答ヲ爲シ説明ヲ求メタリ。固ヨリ橋本参謀長ヲ列席セシメタル上ナリ。

問、本指示ト軍ヨリ報告セル情況判断ト如何ナル点ニ於テ相違アルヤ。

答（中島）、本指示ハ軍ノ情況判断ニ何等ノ関係ナク全ク別個ニ作為セラレタルモノナリ。

問、小官ノ見ル所ニ依レハ軍ノ情況判断即チ軍司令官カ目下執リツツアル處置ト本指示ノ精神トハ毫モ相背馳セルカ如キ所ナキカ如シ。然ルニ茲ニ更メテ此

ノ指示ヲ與ヘラレタル所以ハ如何。何カ特別ノ理由アルニアラサルカ。殊ニ兵力使用ニ關シ豫メ中央部ノ承認ヲ受クルコト、セラレタル理由ハ如何。

答一（中島）本指示ヲ作爲セラルヽニ至リタル所以ハ、實ハ中央部即参謀本部ト陸軍省ニ於テ硬軟兩論即チ頗ル積極的ノ意見ト然ラサル意見ト相對立シテ容易ニ之ヲ一致セシムルコト能ハス、故ニ止ムヲ得ス省部二、三ノ部局長ノミノ談合ニ依リテ本案ヲ作爲セラレ、之ヲ總長陸軍大臣連署ヲ以テ上聞ニ達セラレ、省部ノ意見ヲ歸一セシメタル次第ナリ。云々

問　説明ハ之ヲ了承セリ。小官ハ固ヨリ軍ノ各員皆齊シク本事変ノ擴大ヲ避ケル爲ニハ夙夜痛心全力ヲ傾倒シ、将來測リ知ル可ラサル作戰上ノ不利モ又時トシテハ皇軍ノ面目ヲモ犠牲トスル決意ヲ以テ之ニ善處シツヽアル情況ハ後刻参謀長ニ就テヨク承知セラレ

三四一

7

慶シ。然レトモ本事件ハ支那側ノ挑戦ニ依リテ惹起セラレタルモノニシテ彼ノ計畫的武力抗日ナルコト最早ヤ疑ノ餘地ナシ。我政府カ聲明シタル如クナルカ故ニ我軍ニ於テハ如何ニ擴大防止ニ努力スルト雖モ支那側ニ於テ何等反省スル所ナクシテハ遂ニ自然擴大ヲ免レサル場面ニ到達スルナキヤヲ恐レアル次第ナリ。若シ夫レ此ノ如キ場合ニ至リテモ尚極力其ノ擴大ヲ回避セントセハ最早ヤ逐次支那側ノ鋭鋒ヨリ退避スルノ外手段ナキニ至ランカ。而シテ萬一此ノ途ヲ撰フコトアリト假定スルモ現在ノ如ク陸續トシテ皇軍ノ精鋭カハ此ノ北支ニ集中セシメラレツヽアル情況ニ於テハ皇軍将兵カ其ノ面目上此ノ如キ侮辱ニ甘ンスヘクモナク又小官カタトヘ現任務ヲ変更セラルヽコトアリトスルモ其ノ情況ニ於テハ此等ノ部下ト生死ヲ同ウスルヨリ外ニ執ルヘキ途ナキハ明カナリ。

要スルニ軍ハ現在ニ於テ本事変処理方針ト全然同一ノ精神ヲ以テ善処ニ努メツヽアリ。又今後ト雖モ固ヨリ誠心誠意ヲ以テ此ノ方針ニ基キ最善最大ノ努力ヲ払フモノナルコトヲ断言ス。然レトモ支那駐屯軍司令官ニ附与セラレアル固有ノ任務ヲ完ウスル為ニハ既報告ノ情況判断ヲ基礎トシテ行動ヲ律スル要アルコトヲ認識セラレ速ニ帰廳ノ上此ノ旨ヲ上司ニ報告シ若シ不可ナル点アラハ直チニ之ヲ回示セラレンコトヲ希望ス。所見如何

答（中島）了承セリ。

中島少将ハ同夜参謀次長宛此ノ旨電報報告セリトノコトナリ

問（柴山）情況判断中ノ第三項ニ就テ異論アリ。

（参謀長）後刻改メテ協議スヘシ。（柴山ニ対シ）尚事変処理方針中ノ「兵力使用ニ関シテハ豫メ中央部ノ承認ヲ受クヘシ」トアルハ中央部トハ参謀

三四二

8

總長トシテ陸軍大臣ノ意ナルヤ。果シテ然リトセハ
參謀總長ヨリ授ケラレタル任務ノ實行ニ就テ陸軍
大臣ヨリ拘束セラレ陸軍大臣カ公然用兵作戰上ニ
容喙セラルヽカ如キ觀ヲ呈セスヤ。又現在ノ如キ
現地情勢殊ニ前述セル如キ支那ノ計畫的武力抗
日ノ意志ノ下ニ挑戰的態度ヲ繼續シツヽアル今日
ニ於テハ如何ニ我カ方ノ不擴大方針ノ堅持ト有ラユル
處置トニ拘ラス突發的不祥事件再發ノ皆無ハ俄カ
ニ之ヲ保證スルヲ得サルナリ。此ノ如キ場合ニ於テ
參謀總長及陸軍大臣ニ大々情況ヲ具ニシテ兵力ノ使
用ニ關スル申請ヲナシ省部間ニ協議ヲ重ネタル後
上奏セラレ總長、大臣連署ヲ以テ軍ニ指令ヲ發セラ
ルヽニ至リ之ニ依リテ始メテ兵力ヲ使用スルニ至ルカ
如キハ恐ラクハ情況ニ適合セサルナラン。無論此ノ
如キ場合ニ於テハ軍司令官ノ執ルヘキ途ハ之在リテ
存スヘシト雖モ何ノ爲ニ此ノ如キ規定ヲ設ケラレシ

既ニ參謀總長殿下ヨリ兵力使用ニ關シテ明確ナ任務ヲ附與セラレアルトキ、茲ニ此ノ制限ニ會シタル徐ロニ憂鬱ノ念ヲ生ス　貴見如何。

答（中島）全ク同感ナリ。

以上ノ如キ所見ヲ開示シ置キタルモ、其後當局者ヨリハ何等ノ回答ニ接セサリキ。

○當時平津地方ノ日支人間ニ於テ、蘆溝橋事件ハ日本側カ故ラニ作爲セル悲劇ニシテ、軍ノ過激分子ト、居留民中ノ不良分子ノ合作ナリ。即チ本事件ヲ擴大シテ、日支ノ紛爭トナシ、對支權益ノ擴充ヲ圖ラントスルモノナリトノ風說切リニ流布セラレタリ。其ノ眞偽ノ如キ、固ヨリ之ヲ明カニスルコトヲ得サリシノミナラス、既ニ我政府ハ七月十一日聲明ヲ發シテ、本事件カ支那ノ計畫的武力抗日ナルコト、最早疑ノ餘地ナシト斷定セル以上ハ、當時改メテ之ヲ探究スルノ必要モ認メサリシ所ナリ。

然ルニ七月中旬第二十師團長川岸中將カ同師團ノ先

三四三

9

頭ニ在リテ天津ニ到着スルヤ天津在留邦人ノ代表ト稱スル者等直ニ同中将ヲ訪問シアリ現駐屯軍司令官及其ノ幕僚等ノ態度ハ極メテ軟弱ニシテ吾等居留民ノ信頼ニ値ヒセス宜シク貴師團ニ於テハ六事件的ノ事件ヲ天津ニ於テ實行セシメラレンコトヲ切望スル旨ヲ熱心ニ述ヘタルコト及之ニ類スルカ如キ諸種ノ策動アリシコトハ事實ナルヲ以テ前項ノ風評モ全ク一笑ニ附スルコトモ或ハ適當ニアラサルヘシ。蓋シ前ニ奉天ニ於ケル張作霖ノ爆死事件及柳條溝爆破事件等ノ例ニモアリテ此等ノ所謂風評ニ依リテ皇國ノ國際的信用ヲ毀損セルコト甚タ大ナルカ如キヲ以テ時機ヲ得テ真剣ナル探究ヲ遂ケ其ノ原因ニ向ツテ鋭利ナルメスヲ揮フコト緊要ナルヘシ。然ラサレハ皇道宣布ナル崇高ナル國策ニ暗翳ヲ投スルニ至ルヲ懼ル。

○前述セル事変處理ニ関スル方針傳達セラレテ間モナク軍参謀和知中佐續イテ池田中佐共ニ内地ニ招喚セ

ラレシカ、之亦平津地方ニ於ケル前記風評ヲ裏書スルカ如キ訛傳風説ノ因ヲ爲シタルカ如シ。固ヨリ已ムヲ得サル人事行政ノ必要ヨリセル轉補ナリト確信スト雖モ幾分ニテモ兩名ノ剛直硬骨カ其ノ因ヲ爲シタリトスレハ其ノ時機ハ適當ナラサリシニアラサルカ。元來軍ハ軍司令官ニ依リテ統率セラレ幕僚ハ其ノ補佐官タルニ過キサルカ故ニ軍カ若シ中央部ノ意志ノ如クナラサリシトセハ夫ハ一ニ幕僚ノ罪ニアラスシテ軍司令官ノ責任ナルハ當然ノ事ナリ。

當時天津ニ差遣セラレタル中島少將カ中央部ニ打電シテ「軍司令官及軍参謀長ハ事變不擴大ニ努力シアリ」云々ト述ヘタル趣ヲ仄聞セリ。其ノ文意ハ之ヲ知悉セサルモ幕僚ヨリ之ヲ承知シテ小官ハ憤慨セシ所ナリ。能ク軍部ニ於テ下剋上ノ思想ヲ云爲シテ下級者ヲ批難スル聲ヲ聞クコトアルモ小官ハ之ト反對ニ上級者ノ無智無能ニシテ清濁併セ呑ムノ量ナキヲ批難スヘ

三四四

10

シトナセリ。然ラサレハ如何ニシテカ能ク數十万、數百萬ノ軍隊ヲ意ノ如ク統率スルヲ得ンヤ。下級者ヲ批難スルヨリハ上級者自ラ反省スルヲ急務トスト。故ニ前述ノ中島少將ノ打電ヲ仄聞シタル後同少將ニ對シテ小官ノ抱懷スル意見ヲ述ヘテ若シ不擴大方針ノ遂行ニ於テ軍ノ處置カ適當ナラサルカ或ハ中央部ニ於テ杞憂ニ堪ヘストセハ寧ロ先ツ軍司令官ノ錚々タル人物ヲ更置スルヲ必要トセントノ意見ヲ開示セリ。

十八日

第七 宋哲元トノ會見

宋哲元ハ石津鐵道問題紛糾以來病ト稱シテ其ノ郷閭樂陵ニ引籠中ナリシカ事件勃發ニ依リテ七月十一日天津ニ歸來シ冀察要人ヲ北平ヨリ招致シテ之ト對策ヲ講シ特ニ第三十八師長兼天津市長張自忠ヲシテ軍參謀長橋本少將ト折衝セシメタリ。

小官ノ着任後、彼ハ張自忠ヲ通シテ、橋本参謀長ニ「哲元ハ自今天津ニ留マリ、軍司令官ノ一切ノ指導ニ従フ意志ナリ」ト言ハシメタリ。小官ハ「先ツ彼カ去ル十一日夜成立セル協定ノ誠實且最モ迅速ナル實行ニ依リテ其ノ誠意ヲ示スヘシ」ト答ヘシメ、切リニ之ヲ督促セシメタリシカ、七月十八日午後ニ時彼ハ張自忠及陳覺生ヲ伴ヒテ天津偕行社ニ小官ヲ訪問セリ。小官ハ橋本参謀長及池田参謀並ニ通譯官ヲ帶同シ之ト會見ス。宋哲元ハ恭順ナル態度ヲ以テ小官ニ對シテ、

「今回ノ事件発生ハ誠ニ遺憾ニ存ジマス。自分ハ豫テヨリ東洋ノ平和ヲ切ニ希ツテ居リ、殊ニ日支間ノ親善ニ就テハ最モ力ヲ盡シテ居リマス。從ツテ前軍司令官田代中将閣下ニハ特ニ御親交ヲ願ヒマシタ。何卒閣下ニ於テモ格別御親交ヲ賜リ、萬事宜敷御指導ヲ御願ヒ申上ケマス。本日ハ一寸御挨拶ニ上リマシタ次第デス。云々」

三四五

11

之ニ對シテ小官ハ
「今回ノ事件ニ就テ、貴軍長カ遺憾ノ意ヲ表明サレタ
コトハ之ヲ諒トスル、今後ノ問題ハ自今斷ジテ此ノ
如キ事件ヲ再発セシメサルニアル。自分ハ此ノ際貴
軍長カ一大決心ヲ以テ不祥事件再発ノ素因トナル
ヘキ事項ヲ根本的ニ芟除セラレ事ヲ切望スル。東
洋ノ平和就中北支ニ於ケル日支ノ親善ヲ希フコト
ハ小官ハ決シテ貴軍長ニ劣ラサルモノデアル。然シ
彼ノ世界大戰ハセルビヤ國内ノ一発ノ銃聲ニ導火
セラレタルコトヲ考フル時貴軍ニ於テ特ニ我軍ニ
對スル挑戰的行動ヲ嚴ニ戒メラレンコトヲ切望スル。
尚將來ノ保障ニ関スル細部ノ事項ハ我ガ軍參謀長
ヲシテ閣下ノ幕僚ト協議セシメタイカラ閣下ニ於テ
モ誠意ヲ以テ之ニ應スル様ニ取計ハレタイ。尚今
後公私共ニ御懇親ヲ御願ヒシマス。
而シテ豐十九日ノモノハ軍ノ情況判断第三項ニアル將來

保障ニ関スル我カ希望事項ニシテ彼ノ自発的意志ニ依ル細部協定事項トシテ我カ方ニ提出スルニ至レリ。七月二十一日宋哲元ハ協定ノ履行ヲ部下ニシテ確實ニ實行セシムル爲北平ニ赴キ度キ旨申出テ、小官ノ意見ヲ徴シタルニ依リ小官ハ之ニ就テハ何等異存ナシ。成ルヘク速カニ且確實ニ之ヲ實行スル如ク努力セラレ度シ。且在北平ノ特務機関松井大佐ト密ニ連絡セラレ度シト答ヘシメシニ依リ宋哲元ハ張自忠ヲ天津ニ残シテ爾他ノ要人ト共ニ北平ニ赴キタリ。宋哲元ハ北平ニ直チニ協定ノ履行ヲ始メ事件ハ急速解決ノ徴ヲ示セルモ南京政府ハ之ヲ承認セストナシ蔣介石ノ参謀次長熊斌ヲシテ宋哲元ノ許ニ差遣シ之ヲ威嚇シ協定ノ履行ヲ妨ケタルノミナラス陸續トシテ中央軍ヲ北上セシメツヽアリ。軍ハ特務機関ヲシテ屡次厳重ナル戒告ヲ行ハシメタリト雖モ其ノ效果漸ク少ク情勢ハ再ヒ悪化ノ逆路ヲ辿ルニ至リタルハ誠ニ

三四六

12

痛恨ニ堪ヘサル所ナリキ。

第八、支那駐屯軍作戰計畫

七月十三日ニ於ケル軍ノ情況判斷ニ基キ直チニ軍參謀部
ニ於テハ支那駐屯軍作戰計畫ヲ樹立セリ。然レトモ前
ニ述ヘタル如ク極力事件ヲ擴大セサルコトニ努メタル結
果古北口方向ヨリ前進スル混成第一及同第十一旅團ハ
之ヲ成ルヘク北方ニ於テ又第二十師團ハ其ノ一部ヲ天津
ニ主力ヲ唐山以北山海關ニ到ル間ノ地區ニ集中セシメ
ルカ如キ尚通州ニ於ケル飛行場ノ設備モ之ヲ中止スル
等稍々消極的ノ處置ニ留ムルノ止ムヲ得サルニ至レリ。
其他作戰ノ目標モ當初ハ第二十九軍中ノ最モ強烈ナル抗
日意識ヲ有スル馮治安ノ第三十七師ノミヲ目標トセル
等不擴大ノ爲ニ作戰上大ナル不利ヲ忍ビツヽ細心ノ注意
ヲ拂ヒタルモノナリ。從ツテ本計畫ハ此ノ間ニ於ケル幕
僚ノ苦心ヲ充分ニ考察シテ研究スルノ要アルベシ。

然レトモ本作戰ハ又事變擴大ノ際ニ於ケル緒戰トシテ全戰役ニ重大ナル關係ヲ有スルニ至ルコトヲモ充分ニ考慮セサルヘカラサルヲ以テ小官ハ作戰主任參謀堀毛中佐ヲ招致シテ左ノ指示ヲ與ヘタリ

「事變悪化ノ情勢ニ於テハ逐次重點ヲ作戰ノ準備ニ移行シ其ノ完璧ニ遺憾ナキヲ期スヘシ

開戰ノ已ムナキニ至レハ本作戰カ全戰役ノ緒戰タルヘキ性質ヲ有スルニ鑑ミ顯著ナル戰果ヲ獲得スルカ如ク作戰ヲ指導セムトス之カ為

イ、機敏ニシテ疾風迅雷ノ行動ヲ要求ス即チ徹底的機動ナリ

ロ、某要點ニ徹底的重點ヲ形成シ之ニ全滅的打擊ヲ與フルカ如ク作戰ヲ指導ス之カ為南苑ノ如キハ好個ノ目標ナルヘシ

ハ、敵ノ心膽ヲ寒カラシムルカ如キ偉大ナル戰果ヲ收ムヘシ

三四七

13

之ニ依リテ逐次本作戦計画ヲ修正変更シ、七月二十八日北平周辺ノ第二十九軍掃蕩戦ノ形ニ移行セルモノナリ。

第九　七月二十五日ニ於ケル郎坊事件

第三十八師長張自忠ノ了解ノ下ニ通信線補修及其ノ掩護ノ為ニ派遣セル我歩兵一中隊カ七月二十五日午後十一時三十分頃郎坊駅ニ於テ在郎坊ノ第三十八師所属部隊ノ攻撃ヲ受ケ多数ノ死傷者ヲ生スルニ至ルヤ小官ハ直ニ前述ノ指示ニ基キ参謀総長及陸軍大臣ニ兵力使用ノ電報指令ヲ仰キタルモ現地ノ情況ハ寸時ノ猶豫ヲ許ササルヲ以テ其ノ指令ヲ待ツ遑ナクシテ在天津部隊ノ一部ヲ救援セシムルノ已ムヲ得サルニ至レリ。

翌日参謀本部第一部長石原少将ヨリ軍参謀長宛電報ヲ以テ

「徹底的ニ膺懲セラルヘシ。上奏等一切ノ責任ハ参謀本部ニテ負フ」云々」

ノ通報アリシノミ。小官ガ曩ニ中島少将ニ向ツテ質問セル事項ガ直ニ茲ニ實現セサル可ラサル情況ニ立到リタルハ遺憾ナリ。

第十　北平周邊第二十九軍掃蕩戰ニ關スル軍命令ノ變更

蘆溝橋附近ニ於ケル支那軍ノ挑戰的態度ハ毫モ緩怠セス北平及南苑附近ニ於テモ各種ノ小事件発生セリ而シテ宋哲元ノ北平歸還後細部協定ノ一部履行ハ實現セルモ二十二日熊斌ノ北京到着後ハ之モ中止セラル、ニ至リ二十五日夜ニハ從來我軍ニ對シ最モ穏健柔順ナル態度ヲ持續シアリタル第三十八師カ郎坊ニ於テ我カ一小部隊ヲ要撃スルニ至リシヲ以テ翌二十六日正午小官ハ宋哲元ニ對シ強硬ナル抗議ヲ提出スルノ已ムヲ得サルニ至リシナリ。然ルニ同日夕ニハ更ニ廣安門ニ於テ既ニ南方ヨリ永定河ヲ渡過北上シアリテ其ノ主力ヲ

二四八

14

南苑ニ一部ヲ北平城内ニ進入セシメアリシ第百三十二師ノ部隊カ我ク北平歸還ノ部隊ヲ狭撃スルカ如キ不法不信ノ行爲ヲ敢テスルニ至リシヲ以テ小官ハ同夜宋哲元ニ對シテ前協議ヲ撤回シ軍ハ即刻自由ノ行動ヲ執ルヘキ旨ヲ通告セシメタリ。而シテ所屬各部隊ニ對シテハ七月二十七日正午ヲ期シテ一齊ニ攻撃前進ヲ開始スヘキ命令ヲ下達セシメタリ。蓋シ第一ノ會戰ハ爾後ニ於ケル戰爭ノ指導ニ重大ナル關係ヲ有ス。故ニ必勝ヲ期スルト共ニ絶大ノ戰果ヲ收メテ敵國及敵軍ノ心膽ヲ奪ヒ戰爭ノ全局ヲ支配スルノ概ナカルヘカラス。從ツテ其ノ計畫指導ニ關シテハ特ニ綿密周到ナル注意ヲ拂フヲ要スルモ而カモ敵軍ノ特性如何ニ依リテハ放膽ナル作戰ニ出ツルヲ躊躇スヘカラサル原則ヲ其ノ儘實行セムトスル小官ノ切願ニ依ルモノナリ。然ルニ右命令下達ノ後北京特務機關松井大佐ヨリ平素ノ計畫ニ基ク北平居留民約四千名ノ大使館地域ヘノ集合避難ハ二十七日正午頃迄ニハ完了ノ見込ナキヲ以テ軍ノ攻撃開始ヲ延期セラレ度旨申出アリタリ。故ニ居留民保護ノ任務上遂ニ此ノ攻撃開始ヲ翌二十ハ日ニ延期スルノ已ムヲ得サルニ至レリ。此ノ如キ對居留民關係ニ依リテ作戦上最モ重要視セル疾風迅雷的ノ行動開始ヲ二十數時ニ亘リ遅延スルニ至リシハ軍ノ平時計畫ノ不備ト其ノ用意ノ不十分ナリシニ依ルモノニシテ最モ遺憾トセル所ナリ。今日ヨリ之ヲ考フレハ二十七日正午ヨリ所期ノ如ク神速ナル行動ヲ開始シタリトセハ其ノ成果ハ更ニ顯著ニシテ從ツテ通州天津等ノ事件モ或ハ之ヲ未然ニ防遏シ得タルニハ非ルカ。將來ニ於テモ研究シ要スル重要問題ニシテ小官ノ如ク事件勃發ニ方リテ突如トシテ任ニ赴キタル者ノ最モ苦心スル所ナリ。

三四九

15

第十一　天津ニ於ケル爆撃問題

七月二十八日夜半即チ二十九日午前二時頃ヲ期シテ天津軍司令部、天津東站及同總站、東機局飛行場等ニ對シテ天津保安隊及第三十八師ノ一部兵力ノ合計約一萬餘ノ攻撃ヲ受ケタリ。

天津ノ此ノ攻撃ト殆ント時ヲ同フシテ太沽ニ於テハ我軍用棧橋及倉庫地區ニ對シテ又通州ニ在リテハ我守備隊兵舎及邦人住宅ニ對シテ攻撃ヲ行ヒタリ。此ノ事ハ通信杜絶ノ為ニ二十九日午後ニ至リテ漸ク判明セル所ナリ。

此ノ三要衝ニ對スル支那軍ノ同時攻撃ハ固ヨリ充分ナル計畫ノ下ニ行ハレタルモノニシテ想フニ我軍ノ二十六日正午宋哲元ニ手交セル強硬ナル抗議ニ於テ其ノ回答期限ヲ二十八日正午迄トナセルヲ以テ我軍カ二十八日午後ヨリ行動ヲ開始シ先ツ天津ヨリ通州方面ニ兵力ヲ集中スルモノト判断シタリシニアラサルカ。

一、天津—通州間ノ自動車道路ハ二十七日夜ヨリ二十八日ニ亘ル間諸所ニ大規模ノ破壊ヲ實施セラレ豊台—天津間ノ鐵道破壊ハ二十八日以後ニ於テ行ハレタリ。而シテ我カ主力ノ行動ヲ妨害シ或ハ兵力ヲ牽制スル目的ヲ以テ軍長宋哲元ノ命令ニ依リテ實行セラレタルモノナルヘシ。此ノ如キ状況ハ固ヨリ軍ノ豫期セル所天津ニ於テハ二十八日既ニ其ノ徴候ヲ偵知セリナレトモ然レトモ前述セル如ク本作戰ニ方リテハ要點ニ徹底的重點ヲ成形スル意志ヲ以テ當初太沽ニハ約一中隊天津ニ約二中隊通州ニハ一小隊ノ兵力ヲ殘置セルニ過キスシテ後方ヨリ到着中ノ各種部隊ヲ以テ逐次ニ之ヲ増強スヘキ方針ナリシナリ。而シテ當夜ニ於テモ既ニ大沽ニ重砲兵一中隊、天津ニハ砲兵二中隊ト兵站部隊若干ヲ、通州ニハ兵站自動車一中隊ヲ増加シアリタリ。而シテ天津ニ於テハ廣大ナル日本租界及各種大工場等ヲ直接掩護スル必要上特ニ其ノ兵力ノ不足ヲ感セリ。

之カ爲飛行場ハ總站、東站、各別ニ敵ノ爲包圍セラレ而カモ英、佛、伊ノ外國租界ニ依リテ相互ノ隔絶セラレ佛界萬國橋ハ之ヲ通過スルヲ得ス加之通信線ハ全ク破壊セラレテ相互ノ連絡不能ニ陥リ爲ニ將兵居留民共ニ大ナル不安感アリ情態ヲ觀取セリ。

茲ニ於テ小官ハ軍參謀長ヲ招致シテ飛行隊ヲシテ爆撃ヲ敢行セシメシコトヲ謀リシカ參謀長ハ天津ノ特性ニ鑑ミ不可ナリトナシ之ヲ諫止セリ然レトモ小官ハ縱ヒ一時的ニモセヨ軍ノ中樞部ヲ包圍セラレ之カ爲右方面ニ在ル軍內各部隊ノ指揮ヲ不能ナラシムルコトハ此ノ際極メテ不利ニシテ戒ハ豫期セサル不祥事ヲ惹起スルノ虞ナシトセサルヲ以テ結局當時軍ノ唯一ノ豫備隊タル飛行機ヲ使用シテ爆撃ヲ敢行シ速カニ敵ヲ四散セシムルコトニ決シ航空主任參謀塚田中佐ヲ招致シテ天津市街圖上ニ於テ當時敵ノ占據シアル地點ヲ朱認シ外國租界ハ勿論無益ノ地域ヲ猥リニ爆撃セサル如ク注

意シテハ航空兵團司令官徳川中将ニ爆撃ヲ命令セリ。
参謀長ハ軍カ已ムヲ得ス爆撃ヲ敢行スル所以ヲシテ我カ総
領事堀内干城ニ通告シ、各國領事ニ通告ヲ求メタリシカ、
同領事ハ先ツ直ニ小官ヲ訪問シテ、
ヿ天津爆撃ハ外國租界ノ関係上、是非御取止ヲ乞フ。現
ニ前回ノ上海事変ノ際ニ於テハ上海ノ爆撃ニ就テ重
大ナル外交問題ヲ惹起シタル前例モアレハ更ニ考慮
ヲ御願ヒスル。云々ト
ト申出テタルニ對シ小官ハ
ヿ御意見ハ充分了解スル。然シ乍ラ小官ハ此ノ危急ノ
場合ニ際シ作戦ノ必要上、小官ノ全責任ニ於テ已ムヲ
得ズ之ヲ断行スルモノナル事ヲ了セラレ度。既ニ一旦
部下ニ命令ヲ下達シタル以上ハ小官ハ断シテ之ヲ取消
スコトハ出來ナイノヲ遺憾トスル。固ヨリ爆撃ヲ命シ
タルハ現ニ敵ノ占據シアル地點又ハ建造物ノミニシ
テ天津市街ヲ無差別ニ爆撃スルモノニアラス。殊ニ外

三五一

國租界又ハ其ノ權益ニ關スルモノハ我カ目的ニ非ルコトヲ外國側ニヨク說明サレルコトヲ希望スル旨ヲ明確ニ答ヘ置ケリ。而シテ北ノ爆擊實施ニ依リテ各方面ノ敵ノ包圍ハ忽チ解除セラレ至所ニ敵ヲ四散セシムルヲ得タリ。

其後ニ於テ米、英、佛等各國ノ軍司令官又ハ領事等ヨリ諸種ノ問題ニ就キ交涉セラレタルコトアリシモ軍ハ成ルヘク直接其ノ衝ニアタルコトヲ避ケ我カ總領事ニ移シテ其ノ處理ニ一任スルヲ例トセリ。然レトモ北ノ問題以外或ハ北平居留民避難遲延問題、通州ニ於ケル居留民保護怠慢問題等ニ軍ト外交機關トノ間ニ協調連絡ノ緊密ナラサリシ点アリタルハ遺憾ナリ。

第十二、通州事件及陸軍政務次官ノ現地調査

通州ハ渤海灣港ヨリ北平ニ至ル交通線以外ノ地ニシテ條約上其ノ駐兵ハ不可能ナルモ北平方面ニ對スル我カ

駐屯軍ハ作戰ノ一要点タル關係上平時ヨリ北平駐屯部隊ノ内一小隊ヲ通州城內ニ駐屯セシメアリタリ而シテ當時通州城內ニハ我カ居留民四百名近ク居住（内約半數ハ鮮人ニシテ内地人ノ多數ハ冀東政府關係ノ職員及其ノ家族ナリ）シ北平領事館警察ノ分駐所及冀東政府軍事顧問部ニ依リテ保護セラレタルモノナリ。事件當時軍ノ駐屯部隊ハ田村中尉以下約六十名ニシテ、前日天津ヨリ到着セル兵站自動車隊之ニ増加シアリタリ。而シテ七月二十七日北平ニ於テハ同地ノ居留民ヲ大使館區域ニ收容スルノ切迫セル情況ニ立到リタルヲ知ルヤ田村中尉ハ城內ニ在ル軍事顧問細木中佐及領事警察分駐所員ト連絡シテ居留民保護ノ手段ニ付協議シタルカ如キモ特別ノ處置ヲ講スルノ必要ナシトノ結論ニ達シタルモノノ如シ。然ルニ二十九日午前三時頃不意ニ冀東保安總隊ノ爲ニ包圍攻擊セラレ、田村小隊及自動車隊員ハ協力シテ兵營ヲ死守シ田村中尉以下多數ノ死傷者ヲ生

二五二

シタルモ能ク抗戦シ遂ニ之ヲ撃退スルヲ得タリ。然レトモ此ノ間ニ城内ニ在リテハ軍事顧問部及警察分駐所、冀東政府顧問官吏、満鉄出張所、電話局、銀行、会社等ノ職員及家族ハ悉ク此ノ叛乱部隊ノ襲撃ニ遭ヒ邦人旅館兼飯食店近水モ亦此ノ難ヲ免ルルヲ得スシテ内地人約一〇〇名、鮮人約一〇〇名合計二〇〇名ハ犠牲者（生例シ着約二〇〇余名ヲ生スルニ至レルモノナリ。蓋シ此ノ事件ハ冀東政府ニ関係スル軍事顧問部及領事、警察分駐所其他ノ機関ニ於テ全然此ノ叛乱ヲ豫知シ得サリシニ依ルモノニシテ保安総隊カ叛乱ヲ起スカ如キハ全ク夢想タニモセサリシ所ナリト言フ。然レトモ後日ノ調査ニ従ヘハ保安総隊ハ既ニ久シキ以前ヨリ第二十九軍ト密接ナル連絡ヲ維持シアリテ本叛乱ハ第二十九軍長宋哲元ノ命令ニ依リテ殷汝耕了解ノ下ニ実行セラレタル形跡アリト云フ。依リテ小官ハ北平ニ於テ殷汝耕ヲ直チニ監禁調査セシメタリシカ未タ其ノ罪状ヲ明カニセスシテ方面軍ノ編成ヲ見ルニ至リシヲ以テ之ヲ同軍司令官ニ引継キシカ間モナク彼殷汝耕ハ無罪トナリテ釈放セラレタリト云フ。然レトモ同事件ニ於テ冀東政府ニ関係アリシ邦人八十餘名ハ悉ク叛乱部隊ニ惨殺セラレタルニ拘ラス同シク通州ニ在リシ同政府ノ支那側要人及家族等ニハ一名ノ死傷者ヲモ出タサスシテ反對ニ此ノ叛乱部隊ニ依リ凡ヘテ安全ニ北平城内ニ護送セラレタリ。シカモ之等冀東政府要人ハ平然トシテ直ニ北平ニ於テ同政府出張所ヲ設置セル旨ヲ通告シ来レリ。

又軍ノ二十八日ニ於ケル北平周辺ノ掃蕩戦ニヨリテ宋哲元ハ七月二十八日夜ヨリ二十九日ニ亘リテ城内ノ第二十九軍全部ヲ率ヰテ永定河以南ニ逃走セル際冀察政府要人モ皆概ネ之ニ随ヒシカ張自忠外若干ノ者ハ北平ニ留マリ張自忠ハ宋哲元ヨリ冀察政府長官ノ代理ヲ命セラレタル旨ヲ小官ニ通告シ来レリ。小官ハ全ク呆然タリシカ直チニ之ヲ逮捕スヘキ旨ヲ命令セシモ彼ハ如何ニシテ之ヲ知リシヤ、先ツ米國病院ニ次テ城外ニ遁逃シ、宋哲元ハ下ニ復歸セリ。其他現北支臨時政府ノ要人中ニハ湯爾和、王揖唐、齊燮元、高凌霨等ノ冀察政務委員會委員ヲ無條件ニ起用シアリ。王克敏ノ如キモ其ノ以前ニ同委員會委員タリシ人物ナルヲ思ヘハ、今日尚前線ニ在リテ皇軍ニ又向フ敵ノ將領等及皇軍ノ後方ヲ攪乱シテ地方ノ治安粛正ヲ妨害シツヽアル匪徒ノ首領等ハ、爾後常ニ此等臨時政府要人等ト絶エス一脈ノ連絡ヲ有シテ以テ時ニ聖戰ノ完成ヲ遅緩セシメツヽアル事ナキカ。其後五台ノ共産軍ニハ北平要人ヨリ軍費ノ補充ヲナシアリシコトヲ聞ケリ。又蔣介石ハ臨時政府要人ニ指令ヲ與ヘツヽアリトモ聞ケリ。

元來小官ハ支那ノ民族性及其歴史ヨリ考察シテ支那人ニ對スルニ紊リニ恩ヲ賣ラス阿諛セス常ニ嚴ト正ヲ以テ之ニ臨ミ、苟モ不正ヲ爲シ反抗ヲ試ミタル場合ニハ徹底的ニ之ヲ膺懲シ、強圧彈劾寸毫モ假借スル所ナキヲ要スルモノト考ヘアリタリ。故ニ殷汝耕ハ之ヲ糺明スヘク、張自忠ハ之ヲ捕虜トスヘシ。冀東政府ハ別ニ新ニ之ヲ設置セシメ、冀察政府ハ之ヲ解散セシメタリ。而シテ當分皇軍ノ手ニ依ル軍政ノ施行ヲ適當ト考ヘテ、軍中央部ニ稟申セシメタルモノナリ。

兔ニ角七月二十八日及二十九日ノ北平周邊ノ第二十九軍掃蕩戰並ニ通州、天津、太沽等ニ於ケル戰闘ニ於テ我軍将兵ノ損害ハ戰死約四〇〇名、負傷約八〇〇名、計約一二〇〇名ニ上レリ。此以外ニ通州事件ニ於テ犠牲者邦人一〇四名（内冀東政府ノ職員及其ノ関係者約八〇名）、鮮人一〇八名（内大多数ハ阿片密売者及醜業婦ニシテ在住未登録カリシモノ）ヲ算スルニ至リシハ誠ニ痛恨ニ堪ヘサリシ所ナリ。

然レトモ當時我カ國内ニ於テハ軍ノ此ノ作戰ノ貴キ犠牲者ヨリモ通州ニ於ケル内鮮常人ノ死傷ニ就テ重大ナル関心ヲ有セルモノノ如ク、臨時議會ニ於テ政友會代議士東武

二五四

氏ハ、陸軍大臣ニ對シテ、此ノ常人ノ殺傷セラレタルコトハ、尼港事件以上ノ重大問題ナリ、ハ現地軍當局ノ失態ニアラサルカ、用兵上ノ缺陷ナラサルヤト問責嚴重ナル質問ヲ行ヒタルニ對シテ、陸軍大臣杉山大將ハ、甚タ遺憾ニ堪ヘサル旨ヲ答辯シ、且再三電報及電話ヲ以テ軍司令官ニ遺憾ノ意ヲ表明スヘキコトヲ要求セシメラレタリ。然レトモ小官ハ

通州ニ於テ豫期セサル保安隊ノ叛亂ニ會シテ數常人ノ生命ヲ殞スルニ至リタルコトハ、甚タ不幸ナルコトニ相違ナキモ之ハ寧ロ一種ノ避ケ難カリシ天災ト見ルヲ至當トスルカ如シ。軍ハ當然努ムヘキコトヲ努メ、貴重ナル將兵多數ノ生命ヲ犧牲トナリ。況ンヤ北支各地ニ散在スル數十萬ノ居留民ノ生命財産ヲ保護セントカ爲ニ莫大ナル將兵ヲ犧牲トセル大作戰ヲ遂行シ、尚續行中ナリ、希クハ全般的ノ見地ニ於テ総括的成果ヲ批判セラレ度シ。加之此ノ局部ノ事象ヲ以テ軍司令官カ謝罪的

遺憾ノ意ヲ表明スルハ軍爾後ノ作戰指導及志氣ニ影響スル所大ナリト信スルモノナリ。尚目下同事件ニ就テ詳細取調ヘ中ニシテ一般作戰ノ事項ト共ニ逐次參謀總長ニ報告中ナルヲ以テ其ノ報告ニ依リテ適當ニ處置セラレ度シ。

旨ヲ回答セシメタリ

然ルニ陸軍大臣ハ事件數日後八月上旬土岐陸軍政務次官ニ某將校ヲ附屬セシメ飛行機ニ依リテ北平及通州ニ派遣シ之ヲ調査セシメタリ。同次官ハ歸還ノ途天津軍司令部ニ小官ヲ訪問シテ「通州事件ニ就テハ軍司令官ニハ責任ハアリマセンネ」ト述ヘタルヲ以テ小官ハ苦笑ヲ以テ之ニ答ヘタルノミ。果シテ同次官カ陸軍大臣ニ如何ニ報告セルヤ又陸軍大臣カ如何ナル處置ヲ執リシヤハ今日ニ於テモ尚知ル所ナシ。

其ノ他代議士等新聞記者等知名ノ士等引續キ通州ヲ訪問セルモ軍ハ彼等ノ爲スカ儘ニ委セ一切之ニ干與セサ

二五五

リシカハ當時軍ノ上下ヲ通シテ終始不快ノ氣分ニ支配セラレシハ蔽フヘカラサルノ事實ナリトス。

小官ハ盧溝橋事件ニ先タツ二ヶ月即チ昭和十二年四月末北支方面ヲ視察シタル後陸軍大臣ニ對シテ北支方面ノ諸機關（駐屯軍、外交機關、特務機關、顧問等）ノ統一ノ要ト北支接壤方面殊ニ熱河省ニ速カニ兵力ヲ増加シテ支那駐屯軍強化ノ一方便タラシムルノ要等ニ就キ縷々意見ヲ具申シタルコトアリシヲ回想ス。人ハ結果ノミヲ見テ批判スルニ長スルモ其ノ原因ヲ深ク探究スルノ煩ヲ厭フヲ普通トスルカ如シ。然レトモ其ノ結果ヲ生スルニハ必ス原因アリテ茲ニ眞ノ理由潜藏スルコトヲ深ク考慮スヘキモノナリト信ス。

第十三　呉佩孚、萬福林及馮占海トノ交渉

小官ハ專修語學ノ關係上從來ノ經歴ヨリ支那ニ關スル知識甚タ淺薄ナルヲ自覺セルヲ以テ支那駐屯軍司令

官ニ任セラレ天津ニ赴任スルヤ、努メテ支那ニ関スル知識ノ豊富ナル將校、常人、支那人等ニ就キ各種ノ事情ヲ習得スルコトトセリ。就中和知、專田等ノ參謀ハ、行宛、齋藤等ノ支那通ハ、池宗墨ニ就テハ王學維、蕭、何公袁等ノ日本ニ留學シアリシ支那人等ニ就テ學フ所多カリキ。而シテ七月二十八日遂ニ北平周邊ニ於ケル第二十九軍掃蕩戰ヲ斷行スルノ已ムヲ得サルニ至ルヤ、小官ハ既ニ完全ニ蔣介石ニ捉ハレアル宋哲元及其ノ部下並ニ冀察要人等ハ悉ク之ヲ一掃シ之ニ代フルニ蔣介石ト氷炭相容レサル如キ有力者或ハ全ク軍ノ傀儡トナリテ惟々トシテ我ニ服從スルカ如キ凡庸ノ者ヲ擁立スルノ必要アルヘク、而カモ大張リ軍閥ニシテ有力ナル手兵ヲ有シ皇軍庇護ノ下ニ蔣介石ノ軍隊ニ拮抗シ得ル如クナラサルヘカラス。然ラサルハ二正面作戰ヲ豫期スル皇軍ハ少クモ北支方面ニ安ンシテ對蘇作戰ヲ遂行スルコト能ハサルヘシトノ信念之ハ出發前今井參

三五六

謀次長ト話シ合ヒ意見一致セシモノナリシ有セシシ
テ以テ八月ノ初メ頃前記ノ行元氏及池宋墨ヲシテ呉佩孚
ノ意嚮ヲ打診セシメタリ其ノ前ニ呉佩孚ヨリ書面ニ
テ教ヘシシモフ旨申シ来レリ彼ハ直ニ
コト将軍ノ知遇ニ感泣ス佩孚ハ蔣介石ノ如キ弱輩ニ一歩
モ屈スルモノニ非ス将軍ノ助力ヲ得テ佩孚一度ヒ起
テハ于學忠、韓復渠、萬福林、商震、馮占海、石友三等
ノ諸将ハ立チ所ニ予ノ麾下ニ屬セシムルコトヲ得ヘシ
又閻錫山ノ如キモ遠カラスシテ我ニ欵ヲ通スルニ
至ルヘシ爾後全國ニ反蔣氣勢ヲ釀成セシムルニ至ルハ
決シテ難シトセス貴意ヲ安ンシテ可ナリト云々ト
ノ書ヲ寄セ爾後屢ミ池宋墨及行元ヲシテ小官ニ其ノ
決意ヲ傳ヘシメタリ
又萬福林ニ對シテハ何公袁及齋藤ヲシテ連絡セシメタ
ルシ彼モ亦随喜シテ
フ福林ハ前非ヲ悔ユルコト久シ今将軍ノ知遇ニ接シ感

極マレリ。自今唯將軍ノ命令ヲ奉スルノミ。乞フ令セヨ。福林必ス之ニ從ハン。云々」ト答ヘタリ

依ッテ小官ハ此ノ意見ヲ今井參謀次長ニ通セシモ其ノ回答ヲ得ルニ至ラスシテ方面軍司令官ト更迭スルニ至レリ。然レトモ吳佩孚ハ其ノ死沒スルニ至ル迄池宗墨及行元ヲ介シテ小官ニ連絡シ以テ其ノ起用ヲ希ヒ萬福林、馮占海ハ又小官ト戰地勤務間不斷ノ連絡ヲ保チ韓復榘、商震、石友三等モ軍ノ第一線タル第十四師團長土肥原中將ニ對シ又閻錫山ハ第一〇九師團長山岡中將ニ對シテ夫々連絡ヲ保持シアリシモ其ノ後中央部ノ指示ニ依ルモノトシテ方面軍司令官ヨリ「舊將領ハ一切之ヲ認メス。故ニ舊將領ニ對シ其ノ將來ヲ保證シ又ハ地盤ヲ約束スルカ如キハ之ヲ嚴禁スル旨通達セラレ且其ノ懷柔目的ノ爲軍ニ於テ使用シアリシ機密費ヲモ禁止セラレ遂ニ之ヲ如何トモスル能ハサルニ至レリ。

三五七

其後中央部ニ於テモ舊將領ヲ懷柔歸順セシムルコトニ方針ヲ變更セラレタルカ如ク呉佩孚モ臨時政府ヨリ開封ニ行營ヲ有スル綏遠委員長ニ推擧セラレタルカ如キモ彼ノ志ス所ハ此處ニ非ス又汪精衞トノ妥合ノ如キモ固ヨリ彼ノ快トセサル所ナル爲遂ニ實現スルニ至ラスシテ彼ハ不歸ノ客トナリ爾他ノ諸將領亦各地ニ撃破セラレ今ハ昔日ノ勢ヲ喪失シアルヲ以テ最早軍ニ寄與スル所ナカルヘキヲ惜ム。

第十四、八月二十日ニ於ケル軍ノ情況判断

軍ハ七月二十八日作戰ヲ開始シ同三十日ニハ永定河以北ノ平津地方一帶ヲ戡定シ八月十一日以後南口八達嶺附近長城線ノ敵ヲ攻撃中ナルモ敵ハ平綏線及平漢線方面ヨリ切リニ兵力ヲ増加シツヽアリ而シテ八月十日上海ニ大山事件発生シ同十五日我カ政府ハ全面的戰爭ニ關スル聲明ノ発表ヲ見ルニ至リシモ未タ参謀本部ヨリ北支

方面ノ作戰ニ關スル何等ノ指示ニモ接セサルヲ以テ、軍ハ七月十三日ニ於ケル情況判斷ノ主旨ヲ基礎トシヲ作戰目標ヲ概ネ石家莊德州ノ線ニ定メ山東半島ニ一軍ノ作戰ヲ實施セシメシル、モノトシテ軍ノ兵力ヲ概ネ六ケ師團トシテ成ルヘク速カニ此ノ作戰行動ヲ開始スヘシト爲ス情況判斷ヲ下シ八月二十日橋本軍參謀長ヲシテ之ヲ携ヘ飛行機ニテ上京參謀總長ニ提出セシメタリ。

然レトモ八月二十六日、北支那方面軍ノ編成ヲ令セラレ、小官ハ其ノ第一軍司令官ヲ命セラレ、軍幕僚及其ノ他ノ機關モ夫々各所ニ分屬セシメラルヽニ至リシヲ以テ作戰ノ進行ハ爲ニ一時中止セラルヽノ形トナリシト雖モ長城線ニ在リテ第五師團及混成第十一旅團ガ平漢線長辛店ニ於テ第二十師團津浦線滄流鎭ニ在リテハ第十師團ガ夫々戰鬪ヲ繼續中ナリ。

而シテ九月四日方面軍司令官寺内大將天津ニ到着スルニ及ヒ小官ハ直チニ其ノ隷下ニ屬シ主トシテ平漢線方面

二五八

ニ作戰スヘキ命ヲ受ケ、豐台ニ軍司令部ヲ開設セリ。此クテ支那駐屯軍司令部ハ自然ニ消滅スルニ至レリ。

寺内大将天津着任ノ當時、小官ニ向ツテ、「新ニ北支方面軍司令部ヲ編成スルコトナク、現支那駐屯軍司令部ノ機構ヲ擴大シテ其ノ儘此ノ方面ノ作戰ヲ擔任セシムルヲ有利ト考ヘ、其ノ意見ヲ述ヘタルモ遂ニ採用セラルヽニ至ラサリシ。云々」ト述ヘラレタルカ、小官モ當時全然同一ノ所感ヲ有セリ。少クモ軍參謀長以下ノ幕僚並ニ諸機関ハ、之ヲ変更セサルヲ有利トセシナランカ、況ンヤ此ノ方面軍ノ作戰ハ中部河北省ニ於ケル敵ヲ撃滅スル程度ノ小規模ノモノナリシニ於テ殊ニ然リト考ヘタリ。

（六）关于在华北使用兵力的对华战争指导要纲

资料名称： 北支ニ兵力ヲ行使スル場合対支戦争指導要綱（案）

资料出处： 臼井勝美、稲葉正夫解説《現代史資料》9《日中戦争》2，株式会社みすず書房1976年発行，第17—18頁。

资料解说： 参谋本部7月16日《对华作战要领》、7月17日《关于在华北使用兵力的对华战争指导要纲》，确认了卢沟桥事变后的对华两阶段战略。具体的时间安排：第一阶段，以优势兵力击溃中国第二十九军，根本解决华北问题，时间约两个月，即从7月中下旬开战至同年9—10月之间完成；第二阶段，以足够兵力攻击中央军，打击蒋政权，根本解决中国问题，时间约3—4个月，即到1938年初，迫使中国政府投降。

五　北支ニ兵力ヲ行使スル場合対支戦争指導要綱（案）

（昭和一二、七、一七〔参謀本部第一部第二課〕）

方針

一、初期ノ武力行使ハ第二十九軍ノ敵対並不信行為ニ対スル報復膺懲ヲ目的トシ同軍ノ撃破ニヨリテ北支問題ノ解決（別ニ定ム）ヲ図ル

此間事態次項ニ進展スルコトアルヲ考慮シ所要ノ準備ヲナス

二、中央軍トノ交戦ハ彼側ノ敵対行動明瞭トナリ已ムヲ得サル場合ニ於ケルモノトス此場合ニ於テハ排、抗日ノ根源タル中央政権ノ覆滅ヲ目的トシ全面的戦争ニヨリ日支間ノ問題ノ抜本的ナル解決ヲ期ス

三、何レノ場合ニ於テモ目的達成ニ必要ナル兵力ヲ初動ヨリ使用スルト共ニ政治的、経済的等ノ謀略手段ヲ併用シ努メテ短期間ニ敵側ノ抗戦意志ヲ挫折センコトヲ図ル

四、第三諸国ノ動静ニ関スル注意ヲ深甚ナラシメ対支当面ノ目的達成ノ為努メテ第三国ヲ刺激セサルコトニ努ム

第一　武力行使ノ意志決定及作戦行動ノ発起

一、中央交渉ニ於ケル先方ノ態度ニヨリ我武力行使ノ意志ヲ決ス

二、現地実行不誠意ノ確認ニ依リ天津軍ヲシテ作戦ヲ発動セシム

第二　第二十九軍ノ掃討

一、初動ヨリ第二十九軍ニ対シ優勢ナル兵力ヲ使用シ作戦ノ地域ハ北部河北省トシ急速ニ大打撃ヲ与ヘ其影響ニ依リ中央軍戦闘加入ノ意志ヲ放棄セシム

山東ニ於ケル作戦行動ハ初期之ヲ保留ス

二、天津軍ハ現地ニ於テ最後通牒ヲ交付シ作戦行動ヲ開始ス其発動ハ当面ノ敵集中状態ト内地部隊到着ノ状態トニ依リ中央ニ於テ之ヲ定ム

三、内地ニハ別ニ中央軍ノ戦闘加入ニ応スルノ兵力ヲ動員シ逐次満洲及冀東ニ前進セシメ以テ同軍ノ戦闘加入ニ備ヘシム

四、軍需動員及総動員ヲ発動ス

五、北支政略指導機関ヲ派遣ス

六、対支就中対支那軍及対支経済謀略ヲ実行ス

七、対第三諸国（特に英米）経済謀略ヲ実行ス

対蘭印石油政策ヲ実施ス

八、第三国干渉排撃ノ意志ヲ明示ス

九、中央交渉ハ局面拡大防止ノ目的ヲ以テ依然之ヲ継続シ且日支全面戦否ノ意志ヲ決定ス

本作戦ノ成果ニ依リ休戦ノ形勢誘導ニ努ム

一〇、本作戦ハ概ネ二ケ月ヲ以テ終止センコトヲ期ス

第三　対中央軍作戦

一、北支ニ進出セル中央軍ヲ撃破スルヲ第一段階トシ中央軍敵対ヲ持続セハ続イテ作戦行動ヲ継続スルト共ニ経済並謀略方策ヲ併用シ蔣政権ヲ倒壊シ日満支提携可能ナル政権ノ発生ヲ誘導シ以テ一挙日支問題ヲ解決ス

二、中央軍討伐ノ目的ヲ声明ス

三、作戦行動ハ十分ナル兵力ヲ以テ急速ニ南京方面ニ重圧ヲ与ヘ且蔣政権ノ西方逃避ヲ防止ス

四、上海方面ニ対スル出兵ハ時ノ形勢ニ依リテ之ヲ定ム

五、対支経済戦方策ヲ全面的ニ実施ス

経済的破綻特ニ軍需枯渇ヲ実現セシムルタメ海面監視ヲ行フ

六、作戦ノ進捗ト共ニ後方守備ノ為所要ノ兵力ヲ北支ニ派遣ス

七、適時満洲ニ所要ノ兵力ヲ派遣シ「ソ」聯邦ニ備ヘシム

八、本作戦ハ三、四ケ月ヲ以テ終結センコトヲ期ス

第四　爾後持久戦ニ陥ル場合

一、北部河北省及要スレハ上海、蘇州ノ間ニ所要ノ兵力ヲ配置シテ之ヲ軍事占領シ且海軍ヲ以テ海面ヲ監視シ経済的謀略ト相俟チ、支那ノ屈服ヲ待ツ

爾後ノ兵力ハ機ヲ失セス之ヲ撤収ス

本作戦ノ継続ハ少クモ一年以上ニ亙ルモノトス

二、一般作戦遂行中ト雖形勢交綏ニ陥ラントスル（三、四ケ月以上）慊アル場合ハ適時本持久戦ノ指導ニ転移ス

18

（七）第三舰队司令官关于对华作战用兵之意见书

资料名称： 对支作戦用兵ニ関スル第三艦隊司令長官ノ意見具申

资料出处： 臼井勝美、稲葉正夫解説《現代史資料》9《日中戦争》2，株式会社みすず書房1976年発行，第186頁。

资料解说： 1937年7月16日日本驻上海舰队司令官长谷川清中将提出《对华作战用兵意见》，明确反对进行分两阶段作战，另倡单一目标作战构想：「关于作战指导方针问题，应削除膺惩第二十九军的第一目的，而以膺惩中国为第二目的之作战为单一目的。」其理由是：「一、除以武力打开日华关系现状之策，膺惩中国即迫使中国中央势力屈服之外，别无他途；二、膺惩中国第二十九军没有前项所述膺惩中国的实质效果；三、局限于一定范围作战的方针随时间推移将有助于敌集中兵力而有增加我作战困难之虑。」所以，强调必须扩大作战范围，「欲制中国之死命，而以制上海及南京为最要」。

五五　対支作戦用兵ニ関スル第三艦隊司令長官〔長谷川清中将〕ノ意見具申

（昭和十二年七月十六日）

対支作戦用兵ニ関スル意見

一、作戦指導方針ニ関シ

支那第二十九軍ノ膺懲ナル第一目的ヲ削除シ、支那膺懲ナル第二目的ヲ作戦ノ単一目的トシテ指導セラルルヲ要ス

（理由）一、武力ヲ以テ日支関係ノ現状打開ヲ策スルニハ支那膺懲即チ現支那中央勢力ノ屈服以外ニ途ナシ

二、支那第二十九軍ヲ膺懲スルモ前項支那膺懲ノ実質的効果ナシ

三、戦域局限ノ方針ニ依ル作戦ハ期間ヲ遷延シ且敵兵力ノ集中ヲ助ケ我カ作戦ヲ困難ナラシムル虞大ナリ

二、用兵方針ニ関シ

㈠　当初ヨリ戦局拡大ノ場合ノ作戦（所謂第二段作戦）ヲ開始セラルルヲ要ス

（理由）一項ノ部ニ同シ

㈡　中支作戦ハ上海確保及南京攻略ニ必要ナル兵力ヲ以テスルヲ要ス

（理由）支那ノ死命ヲ制スル為ニハ上海及南京ヲ制スルヲ以テ最要トス

㈢　中支作戦ノ為派遣セラルル陸軍ヲ五箇師団トスルヲ要ス。

（理由）前号ノ理由ニ同シ

㈣　開戦劈頭ノ空襲ハ我ノ使用シ得ル全航空兵力ヲ以テシ、第二航空戦隊ヲモ当然之ニ含マシムルヲ要ス

（理由）一、作戦ノ発端ニ於テ敵航空勢力覆滅ノ為ニ行フ空襲ノ成否如何ハ爾後ノ作戦ノ難易遅速ヲ左右スル鍵鑰ナリ

二、第二航空戦隊ノ飛行機ハ特ニ遠距離空襲ニ適ス

三、作戦部隊軍隊区分（参考案）ニ関シ

第二航空戦隊ヲ北支部隊ヨリ除キ、之ヲ航空部隊中ノ空襲部隊トセラルルヲ要ス

（理由）第二項㈣ノ理由ニ同シ

（八）中国驻屯军步兵第一联队华北事变卢沟桥附近战斗详报

资料名称：《支那駐屯步兵第一聯隊北支事変蘆溝橋附近戦闘詳報》3／4（昭和十二年七月二十日）

资料出处：JACAR（アジア歴史資料センター）Ref.C11111146700、Ref.C11111146800、Ref.C11111146900、Ref.C11111147000《支那駐屯步兵第一聯隊北支事変蘆溝橋附近戦闘詳報》3／4（昭和十二年七月二十日）（防衛省防衛研究所）。

资料解说：卢沟桥事变后，牟田口部队于在龙王庙附近与中国军队接战。其后中国军队陆续增防卢沟桥附近「一文字山」，日本「支那驻屯步兵第一联队」于7月20日再次在卢沟桥附近与中国军队冲突。主要内容包括战前中日态势、气候状况、战斗过程以及伤亡报告等。据考证此件为牟田口于战后制作，其内容的真伪有待继续探究。

昭和一二、七、二〇

支那駐屯歩兵第一聯隊　北支事変盧溝橋附近戰鬭詳報

3/4

昭和一二、七、二〇

支那駐屯歩兵第一聯隊　北支事変盧溝橋附近戰鬭詳報

3/4

步一戰詳第四號

昭和十二年七月二十日

北支事變、蘆溝橋附近戰鬪詳報

支那駐屯步兵第一聯隊

蘆溝附近戰闘詳報目次

四、牟田口部队態勢要圖

五、戰鬪参加人員表

戰鬪前ニ於ケル態勢

半田口歩兵部隊ハ七月十日確約ヲ無視シ龍王廟附近ニ進出セシ支那軍ヲ殲滅シタル後河邊ニ兵團長ノ命令ニ依リ態勢ヲ整理シ次ノ情勢ニ應スル準備ヲナシ且支那軍ノ行動ヲ嚴ニ監視シアリシモ不法ナル支那軍ハ蘆溝橋城內外兵力ヲ逐次増加スルノミナラス工事ヲ施シ陣地ヲ増强シ又衞門口ハ宝山以南ノ線ニ兵力ヲ前進セシメ且十三日夜及十九日夜ノ如キハ我第二大隊ノ位置セル西五里店ニ向テ砲擊ヲ爲シ又蘆溝橋ノ敵ハ一文字山ニ屢々不法射擊ヲ實施シ遂ニ十九日夕第五中隊長山崎大尉ハ之カ爲負傷スルニ至ル此間ニ處シ我軍ハ一發ノ應射ヲナスコトナク隱忍自重以テ今日ニ及ヘリ

戰鬪ニ影響ヲ及ホセシ天候氣象及戰鬪地ノ狀況ニ

天候、

晴天ニシテ暑氣甚タシ　九十七度

氣象

日出時刻　午前四時五十五分

日没時刻　午後六時四十分

薄暮　自午後六時四十分
至午後八時二十五分

月齡　七月十三日

戰鬪地ノ狀態

開豁地ニシテ小石砂混ノ地質ニシテ作物ハ一面ニ落花生繁茂シ所々ニ一米内外ノ柳アリ一文字山ハ觀測所トシ良好ナル地点ナルモ盧溝橋ハ城壁ニテ圍マレ射撃ノ觀測ハ城内及城壁西側及北側ハ困難ナリ

彼我ノ兵力交戰セシ敵ノ團隊號

日本軍兵力　聯隊本部　第二大隊（第四中隊、第六中隊缺）
聯隊砲中隊（四門）大隊砲小隊（二門）
野戰重砲大隊（十五榴八門）

支那軍兵力　保安隊石友三所屬約百五〇
宛平縣保安隊約五〇
警察約三〇
外ニ二十九軍所屬部隊若干アリ尚重輕迫擊砲數門　野砲七八門

三

四

各時機ニ於ケル戰鬪經過關連セル隣接團隊ノ動作

イ、戰鬪經過及下達シタル命令

七月二十日朝ニ於ケル牟田口部隊ノ態勢ハ別紙戰鬪前ノ態勢要圖（附圖第一）ノ如ク位置シアリ

午前十時左記旅團命令ヲ受領セリ

旅作命甲第三一號

旅團命令　七月二十日午前十時　於豐台

一、盧溝橋附近敵ノ不法行爲ニ關シ軍ハ特務機關ヲ通シ支那側ニ對シ嚴重ナル通告ヲ發セルモ其效果ハ尚疑ハシキモノアリ

二、旅團ハ依然引續キ敵情ヲ監視シツヽ不法射擊アラハ随時膺懲射擊ヲ實施セントス

三、牟田口部隊長ハ砲兵第二大隊ヲ併セ指揮シ午後一時過ニ蘆溝橋附近ノ敵ニ對シ射撃ヲ準備シ敵ノ不法射撃ニ對シテハ直チニ膺懲射撃ヲ實施スヘシ
細部ハ鈴木參謀ヲシテ指示セシム
四、牟田口部隊長ハ隷下歩兵部隊ヲシテ情況ノ變化ニ應シ得ル如ク一部ヲ以テ五里店附近主力ヲ以テ豊台附近ニ待機セシムヘシ
五、福田部隊長ハ隷下砲兵大隊ヲ牟田口部隊長ノ指揮ニ入ラシムヘシ
但シ該大隊ノ宿營地殘留者ノ宿營警戒ニ關シテハ從前ノ通リトス
六、佐藤中尉ハ牟田口部隊長、戰闘司令所及旅 五

六

團司令部間ノ通信ヲ區處スヘシ

七、余ハ午后一時西五里店戰鬪司令所ニ移ル

八、各隊ハ午後一時命令受領者ヲ戰鬪司令所ニ出スヘシ

旅團長　河邊少將

下達法　各隊長ヲ集メ要旨ヲ傳ヘ後印刷交付ス

聯隊長ハ午前十一時步兵砲隊長及赤松部隊長（砲兵大隊長）ヲ聯隊本部（豊台將校集會所）ニ招致シ旅團命令ノ要旨並牟田口部隊命令ノ要旨ヲ下達シ尚別紙射撃計畫及細部ハ說明ヲナセリ又步兵砲隊長ニハ部隊ヲ速ニ出發セシムヘク命令セリ

午前十一時三十分左記命令ヲ下達ス

歩一作命第三一號

牟田口部隊命令　七月二十日午前十一時三十分　於豐台

一、蘆溝橋附近ノ敵ハ先日來我トノ約ヲ無視シ陣地ヲ増强シ又屢々不法射撃ヲ實施シ遂ニ昨夕我カ山崎中隊長ハ敵彈ノ爲負傷スルニ至ル

二、牟田口部隊（赤松部隊ヲ屬ス）ハ本二十日午後二時迄ニ諸準備ヲ完了シ敵ノ不法射撃ヲ實施スルコトアラハ直ニ蘆溝橋ノ敵ニ對シ膺懲射撃ヲ實施セントス

三、聯隊砲中隊（第二大隊大隊砲ヲ屬ス）及赤松部隊ハ別紙計畫ニ從ヒ蘆溝橋東面城壁ニ向ヒ射撃ヲ準備スヘシ

但シ何時ニテモ北面城壁上並ニ鉄道橋附

近敵砲兵ニ對シ適時之レヲ制圧シ得ル八ノ準備ニアルヲ要ス

四、第二大隊ハ現在地ニアリテ八宝山及衙門口方向ノ敵南下スル場合ヲ顧慮シ之ヲ東辛庄南方地區ニ於テ要撃スルノ準備ニ在ルヘシ

五、第一中隊ハ現在地ニ待機シ八宝山方向ノ敵南下スル場合ニ於テ適時第二大隊ニ協力シ得ルノ準備ニ在ルヘシ

六、其他ノ部隊ハ夫々現在地ニ在リテ待機シ敵ノ出要ニ際シ適時之ニ應シ得ルノ準備ニ在ルヘシ

七、予ハ午後一時半一文字山ニ在リ

牟田口部隊長

下達法　赤松部隊長　歩兵砲隊長ニ要旨ヲ傳ヘ其他ハ命令受領者ヲ集メ口達筆記セシム

右命令ニ基キ各隊ハ所命ノ行動ヲナシ大隊砲小隊ハ午後二時十分聯隊砲中隊ハ午後二時十五分赤松部隊ハ午後二時射撃準備ヲ完了セリ

此ノ時敵ハ城壁上及城壁北側鉄道線路交叉点附近ヲ占領シアリテ其兵力ハ二百名内外ノモノノ如シ

午後二時十五分蘆溝橋城壁上ヨリ我陣地タル一文字山ニ對シ又不法ニモ突然数発ノ射撃ヲ為セリ聯隊長ハ直ニ此ノ敵ニ對シ射撃スルニ決シ其開始ヲ午後二時三十分トシ旅團長ニ報告ス

九

旅團長ヨリ更ニ十分延期シ午後二時四十分ヨリ開始スル如ク命令アリ

午後二時四十分射撃開始ヲ命スルヤ各隊ハ計画ニ基キ一齊ニ射撃ヲ開始セリ盧溝橋城壁、城壁東門、東南角望楼盧溝橋北側ノ鉄道線交叉点附近ニ　我射弾ハ落下シ逐次所望ノ地点ニ集中ス

又射撃開始五分ノ後敵砲兵ハ俄然射撃ヲ開始シ其砲弾ハ一文字山附近及西五里店東側ニ盛ニ炸裂スルヲ見ル然レ共其ノ砲兵陣地ハ的確ニ認ムル能ハス又午後三時鉄道線北側ニ在リシ大隊砲ハ沙凸子ニ陣地ヲ推進シ同地ニ在リテ射撃ヲ継続ス其ノ掩護分隊ハ勇敢ニモ大隊砲ニ先ンシ沙凸子ニ前進シ完

全ニ大隊砲掩護ノ目的ヲ達成シアリ
午後三時稍々過キ旅團參謀鈴木少佐連絡ノタメ一文字山聯隊本部ニ來ル
聯隊長ハ所望ノ所ニ砲彈ハ落下シアルモ敵砲兵陣地ノ位置的確ナラサル爲飛行機ヲ以テ敵砲兵陣地ヲ偵察セラレ度鈴木參謀ニ連絡ス、
斯クシテ交戰一時間後三時四十分敵ヲ沈默セシメタリ
射撃ヲ中止シタル後ハ敵情ヲ監視シ且敵砲兵陣地ノ偵察ヲナシ本夕再ヒ射撃ヲナスニ決ス
午後四時三十分ニ至ルヤ左記旅團命令ヲ受領セリ

一二

旅作命甲第三二號

旅團命令

七月二十日午後四時三十分
於西五里店戰斗司令所

一、本二十日午後二時四十分蘆溝橋ノ敵ハ又モヤ我第一線部隊ヲ射撃セルヲ以テ牟田口部隊ハ直ニ之ニ應シテ膺懲射撃ヲ加ヘ敵ヲ沈默セシメタリ
友軍飛行機ハ間モナク蘆溝橋上空附近ニ飛来シ敵情ヲ偵察スル筈

二、旅團ハ現在ノ態勢ヲ以テ主トシテ蘆溝橋方面ニ對シ嚴重ナル監視ヲ繼續セントス

三、第一線部隊ハ前面ノ敵情ヲ監視スルト共ニ速ニ傷者ノ收容彈藥ノ補充、工事ノ補足等ヲ實施スヘシ

四、細谷軍醫少佐ハ隷下給水班ヲ速ニ第一線

ニ派遣シテ給水スヘシ

五、予ハ依然現在地ニ在リ

兵團長　河邊少將

下達法　各隊命令受領者ヲ集メ口達後印刷配布ス

又赤松部隊長ハ一分隊ヲ一文字山山頂上ニ陣地ヲ推進セシムル意見具申アリタルニ對シ聯隊長ハ直ニ之ヲ承認シ午後五時十五分左記命令ヲ下達ス

步一作命第三三號

牟田口部隊命令　七月二十日午後五時十五分　於一文字山

一、蘆溝橋ノ敵ハ我カ猛射ニ依リ沈黙セリ友軍飛行機ハ我カ上空ニ飛來シ敵情ヲ偵察ス

旅團ハ現在ノ態勢ヲ以テ蘆溝橋附近ニ對

一三

シ厳重ナル監視ヲ継続ス

二、牟田口部隊ハ本夕爽ニ楼門及望楼ノ破壊ヲ完成シ膺懲ノ目的ヲ達セントス

三、聯隊砲中隊(第二大隊大隊砲ヲ属スコト故ノ如シ)ハ一部ヲ西五里店附近ニ陣地ヲ変換シ赤松部隊ト協力シ楼門及望楼ノ破壊ヲ完成スヘシ所要弾数百五〇発ト予定ス

四、赤松部隊ハ一部ヲ一文字山ニ推進シ聯隊砲中隊ト協力シ楼門並ニ望楼ノ破壊ヲ完成スヘシ

五、所要弾数二〇発ト予定ス

射撃開始ノ時機ハ午後六時三十分ト予定スルモ別命ス

六、各部隊ハ直ニ工事ヲ補足スヘシ

七、細谷軍醫少佐ノ指揮スル給水班ハ間モナク一文字山ニ来リ給水ニ任ス

八、予ハ依然一文字山ニ在リ

牟田口部隊長

下達法　命令受領者ヲ集メ口達筆記セシム

一方午後五時〇八分友軍飛行機ハ南苑方向ノ上空ヨリ飛来セシヲ以テ對空連絡班ハ布板ヲ布置シ部隊号ヲ標示スルト共ニ敵砲兵陣地ノ偵察ヲ要求ス飛行機ハ蘆溝橋、長辛店附近ノ上空ヨリ敵情ヲ偵察セシ模様ナリシモ我要求ニ對シテハ何等ノ連絡ナカリキ又歩兵砲彈藥ハ補充ノ必要ヲ生シタルヲ以テ豊台ニ在ル寺口中尉ニ電話ヲ以テ補充ヲ要求ス

一五

午後五時寺口中尉ハ一文字山ニ来リ弾薬ハ 一六
補充セリト報告ス
命令ニ基キ各隊ハ工事ヲ補足シ又陣地変換
ヲ命セラレタル聯隊砲中隊及一文字山ニ推
進セシ砲兵ハ午後七時〇五分次回ノ射撃準
備ヲ完了スルニ至リタルヲ以テ射撃開始ハ
午後七時十五分ト命令ス
一文字山ニ陣地ヲ推進セル砲兵ハ山脚迄ハ
容易ニ推進シ得タルモ山ハ砂地ニシテ山上
ニ引上クルニハ砲兵ノ牽引車ニテハ困難ナ
ル為歩兵第二大隊ヨリ兵三十名ヲ援助セシ
メ辛シテ所望ノ地点ヲ占領シタリ
午後七時十五分各隊ハ一斉ニ射撃ヲ開始ス
ルヤ蘆溝橋東南角ノ望楼ハ第一発ヲ以テ完

全ニ破壊セルヲ見ル此時将兵ノ志氣頓ニ揚
リタリ
續テ各隊ハ東門瞧樓ニ主火力ヲ一部ヲ以テ
砲兵陣地ト予想スル蘆溝橋西端及長辛店高
地ニ指向ス
又敵砲兵モ再ヒ射撃ヲ開始シ其ノ砲弾ハ一
文字山附近ヨリ西五里店東側ニ亘リ落下ス
午後七時三十五分東門瞧樓ノ約三分ノ二ヲ
破壊シ午後七時四十八分ニ至リ完全ニ之ヲ
破壊ス一文字山ニ在ル将兵ハ期セスシテ萬
歳ヲ唱フ
午後七時五十分ヨリ蘆溝橋西門瞧樓及長辛
店ニ對シ射撃ヲ續行シ午後八時敵砲兵全ク
沈黙シ午後八時〇五分完全ニ膺懲ノ目的ヲ

二七

達シタルヲ以テ射撃ヲ終了セリ

七月二十日午後八時左記旅團命令ヲ受領ス　一八

旅作命甲第三三号ノ

旅團命令

七月二十日午後八時
於西董店戦斗司令所

一、我鉄槌膺懲射撃ニ依リ一時全ク沈黙セル敵ハ午後五時頃ヨリ再ヒ抬頭シ補修工事ヲ開始セシカ午後七時ニ至ルヤ一文字山高地ヲ射撃スルニ至レリ

牟田口部隊ハ直ニ之ニ應シテ射撃ヲ開始シ遂ニ蘆溝橋東南角及東西正門ノ各望楼ヲ撃滅セルノミナラス長辛店高地ノ敵砲兵ヲ殲滅セシメ完全ニ膺懲ノ目的ヲ達成セリ

二、旅團ハ今夜現在ノ態勢ニ於テ厳重ナル警

攻ヲ加ヘツヽ夜ヲ徹セントス

三、諸隊ハ現在地ニ於テ夜ヲ徹シ特ニ随時出動ノ態勢ニアルヘシ

四、給水班ハ一文字山部隊ニ給水後豊台ニ帰還スヘシ

五、福田部隊長及菅原大尉ハ隷下自動車（数量ハ別ニ示ス）ヲ直ニ練兵場ニ差出シ情況ノ変化ニ備フヘシ

六、予ハ午後八時半戦闘司令所ヲ撤シ豊台ニ移ル

兵団長　河邊少将

下達法　各隊命令受領者ヲ集メ口達後印刷交付

右命令受領ト共ニ聯隊ハ厳ニ敵情ヲ監視シ夜ヲ徹ス

一九

戰闘後ニ於ケル彼我ノ陣地若クハ行動ニ

蘆溝橋附近ノ敵ハ我奮闘特ニ正確ナル射撃ニ依リ完全ニ膺懲ノ目的ヲ達シ其ノ志氣阻喪シ大部ハ戰意ヲ失ヒタルモノノ如キモ不法ナル支那軍ナルカ故ニ此ノ儘放置セハ再ヒ不信行爲ヲ反覆スルコトアルヘシ此レカ爲聯隊ハ依然現在ノ態勢ヲ以テ敵情ヲ監視スルニ決セリ（附圖第四ノ如シ）

射撃計畫ノ主ナル理由

本射撃計畫ハ七月九日ニ於ケル日支兩軍ノ確約アルニ係ラス彼ハ屢々協約ヲ犯シ之ニ對シテ我軍ハ常ニ軍紀嚴正秋毫モ犯ス所ナシ然ルニ彼ハ反ツテ之ニ増長シ蘆溝橋ニハ正

規兵ヲ侵入セシメ且防禦設備ヲ増強シ我將兵ノ影ヲ見ルヤ直ニ狙撃ヲナスヲ常トセリ偶々七月十九日午後五時四十分第五中隊長山崎大尉一文字山散兵壕ニ至ルヤ直ニ貫通銃創ヲ受ケタリ茲ニ於テ河邊兵團長ハ牟田口步兵部隊長ニ砲兵第二大隊（十五糎砲）ヲ配屬シ以テ膺懲射撃ヲ實施セシメタリ

以上ノ如キ動起ニ基キ射撃目標ヲ選定セシコト左ノ如シ

1. 山崎大尉ヲ狙撃セシ望樓ノ破壊（十五糎砲）
2. 砲兵威力ヲ現示スル爲メ東城門ノ破壊（十五糎榴彈砲）
3. 城壁上ノ自動火器及兵員殺傷ノ爲（聯隊砲）
4. 城門扉ノ破壊ノ爲（大隊砲）
5. 城壁外ノ敵ノ爲（機關銃）

1. 鉄道橋附近ニ在ルト豫想スル砲兵ノ制壓(十五糎榴弾砲、聯隊砲)

二二

参考トナルヘキ所見

一、十五糎榴弾砲命中成績ニ就テ

本射撃ニ於ケル第一回ノ爲ノ重砲二ヶ中隊ノ陣地ハ射距離約千六百米ニシテ其平均弾道ハ直ニ目標ニ指向セラレタリ然共目標ニ対命中ハ吾人ノ欲スル如クナラサルニ第二回ノ射撃ニ於テ直接照準ヲ以テ唯一発ヲ以テ東南角望楼ヲ破壊セリ其後五六発射撃セシモ砂地ノ関係上架尾位置ノ安定不良ノ爲命中意ノ如クナラス又東城門ニ対シ約十発発射セルニ三発ノ命中弾ヲ得テ之ヲ破壊スル

コトヲ得タリ
以上ノ如ク限定目標ニ對スル破壊射撃ハ状況之ヲ許セハ直接照準ニヨル射撃ヲ最モ優レルモノトナス

二、歩砲ノ協同ニ就テ

歩砲ノ協力ニ就テハ一般ニ射撃ニ就テノミ謂フモ本日斜坂約廿五度而カモ砂地ニ於ケル歩兵ノ行ヒシ陣地侵入ニ於テハ砲兵ノ牽引車ヲ以テシテハ進入シ得サリシヲ歩兵ノ協力ニヨリ之ヲ敢行シ得タリ又砲兵第三中隊ノ觀砲間ノ電話線敵砲彈ノ爲メ切斷セラレアリシヲ歩兵通信班ハ兵ニヨリ修理セラレ其ノ射撃指揮ニ支障ヲ來サザリシ如キハ本戰闘間ニ於ケル美擧ト謂フヘシ如此相寄

リ相援ケテ初メテ射弾ニヨル協同モ亦完成 二四
スヘキモノト信ス

三、敵砲兵陣地ノ発見ニ就テ

遮蔽セル敵砲兵陣地ノ発見ハ困難ナリ

敵ノ迫撃砲ノ位置ハ其遮蔽ノ度深カリシ為遂ニ其位置ヲ確認スルヲ得ス

然ルニ長辛店高地ノ掩體内ニ在ル敵砲兵ハ薄暮ニ於テ火光ヲ認メ其ノ位置ヲ確認スルヲ得タリ

四 飛行機ノ偵察ニ就テ

敵陣地特ニ敵砲兵並ニ側防火器ノ位置ハ地上ノミナラス上空ヨリスル偵察ト併セ行フヲ要ス

現今縦深ニ配置セル敵陣地ハ航空寫真ニ依

ルヲ有利トスルコトト言ヲ俟タサル所ナリ本日ノ戦闘ニ於テ敵迫撃砲ノ位置ヲ確認シ得サリシハ遺憾ナリ

五、敵砲兵ノ射撃効果

敵砲兵ノ射撃中迫撃砲ハ近距離ニ使用スル関係上比較的正確ナリ

野砲ニ於テハ概ネ正確ナルモ不発弾多ク其曳火弾ハ一般ニ高キニ失シタルカ如シ

六、砲戦ニ就テ

砲戦ニ依ル損害ハ殆ト皆無ト謂フヲ得ヘシ

敵ハ約七十発ヲ使用シタルモ我損害戦死一負傷ニテ極メテ僅少ナリ又砲撃中絶スレハ守兵ハ直チニ原配備ニ就クヲ以ニ敵ノ陣地ヲ占領スル為ニハ我歩兵ノ突撃ニ依ラサ

二五

ルヘカラス

戦闘ノ成績並勝敗一決セントスルトキノ景況

一、戦闘ノ成績

我弾薬ノ消耗数

小銃　三〇〇〇　　擲弾筒　二二

機関銃　一、〇〇〇　　大隊砲　一二〇

聯隊砲　一九〇　　重砲　一一三

戦死者

第五中隊　陸軍歩兵軍曹　小林正治

戦傷者

歩兵砲隊　陸軍歩兵二等兵　北島重保

第五中隊　陸軍歩兵二等兵　平川寒四郎

一六

支那軍ノ損害

イ、戦死傷者ノ数ハ不明ナリ

ロ、蘆溝橋城壁東南東北角ノ破壊

同東南角ノ望楼東門楼門ヲ完全ニ破壊

敵砲兵ノ制壓

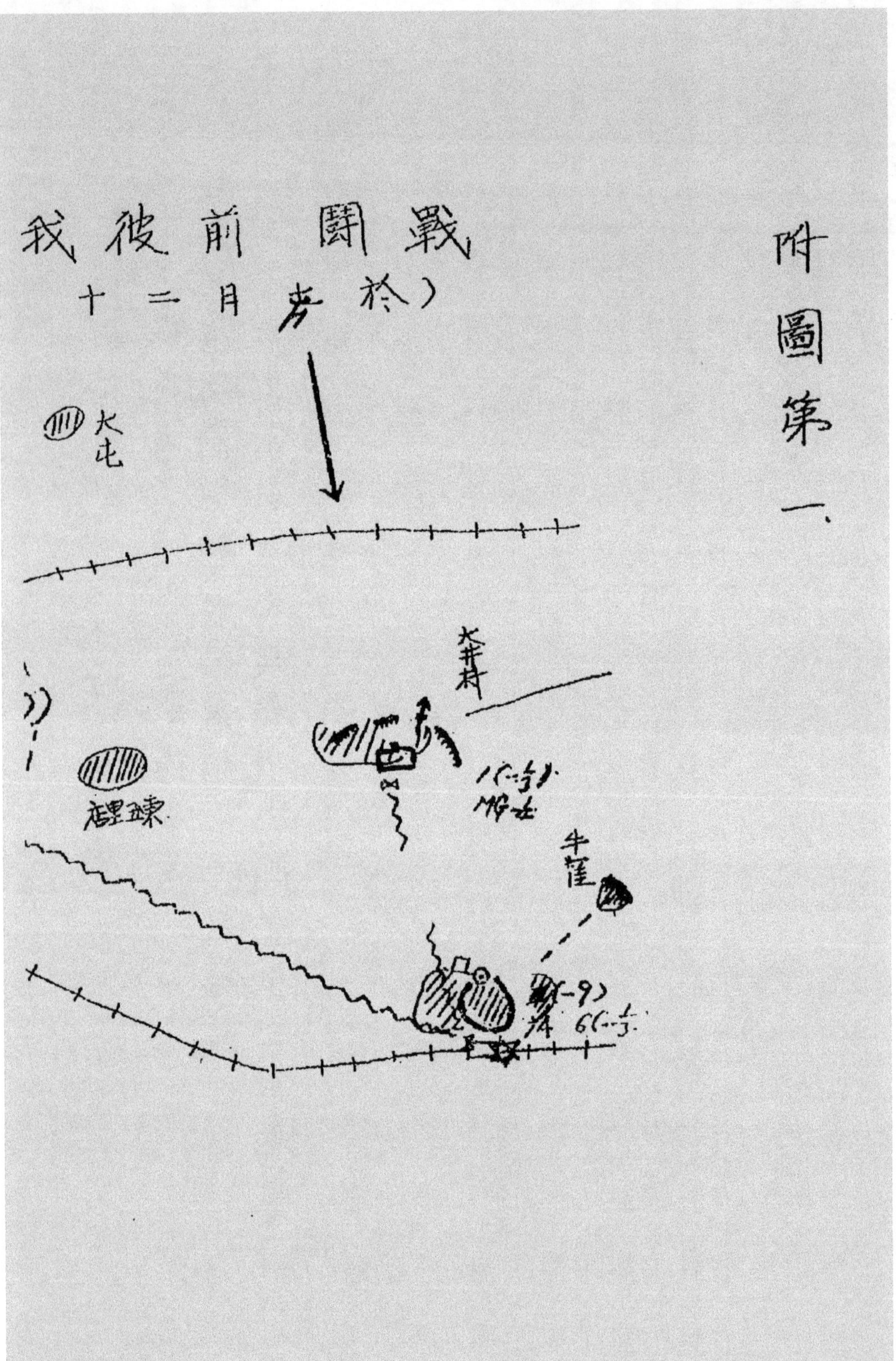
附圖第一
戰鬪前彼我
十二月
大屯
大井村
牛窪
東五里店

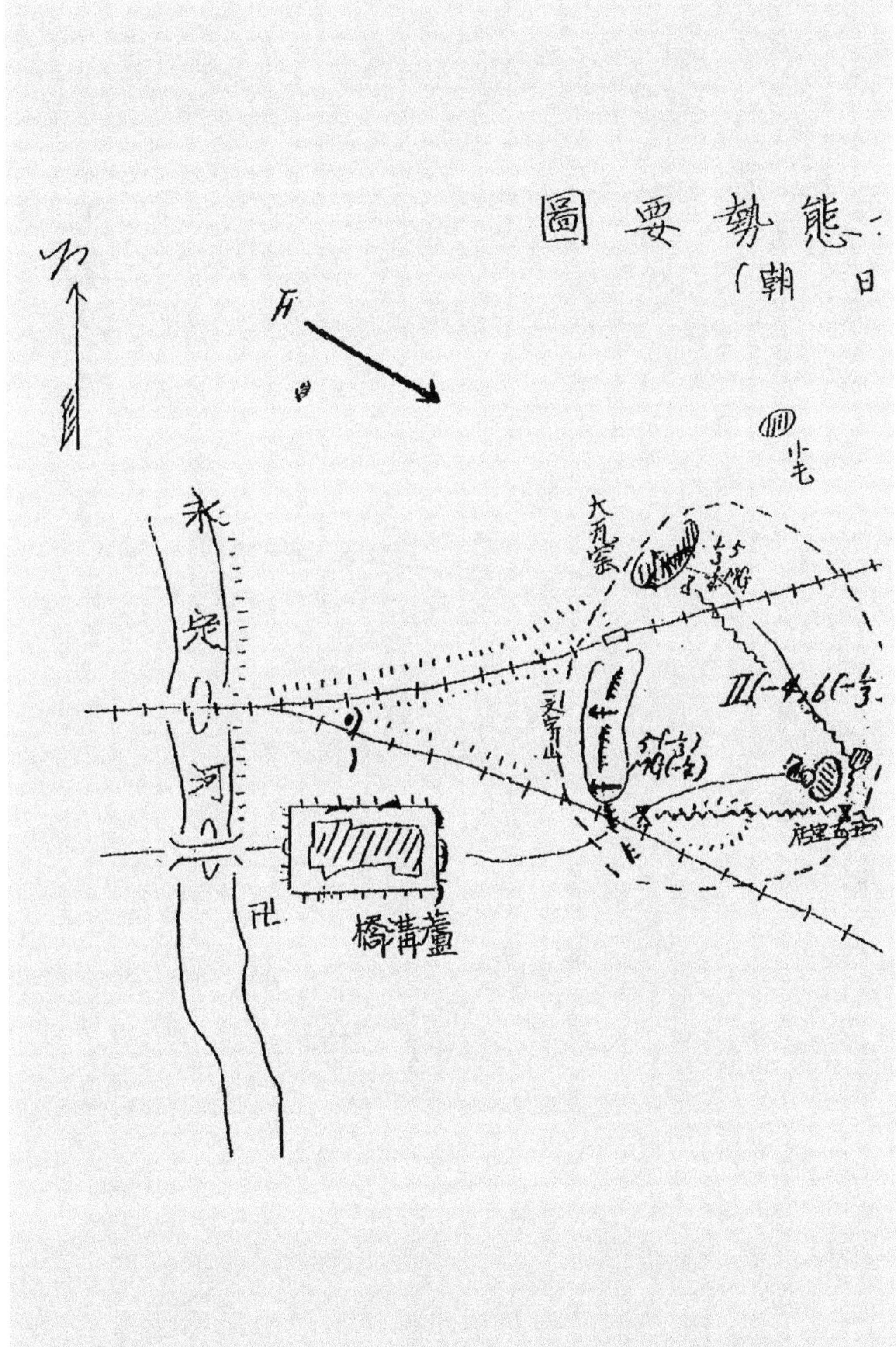

態勢要圖
永定河
盧溝橋
大瓦窯
一文字山

附圖第二

牟田口部隊態

於七月二十日午後二

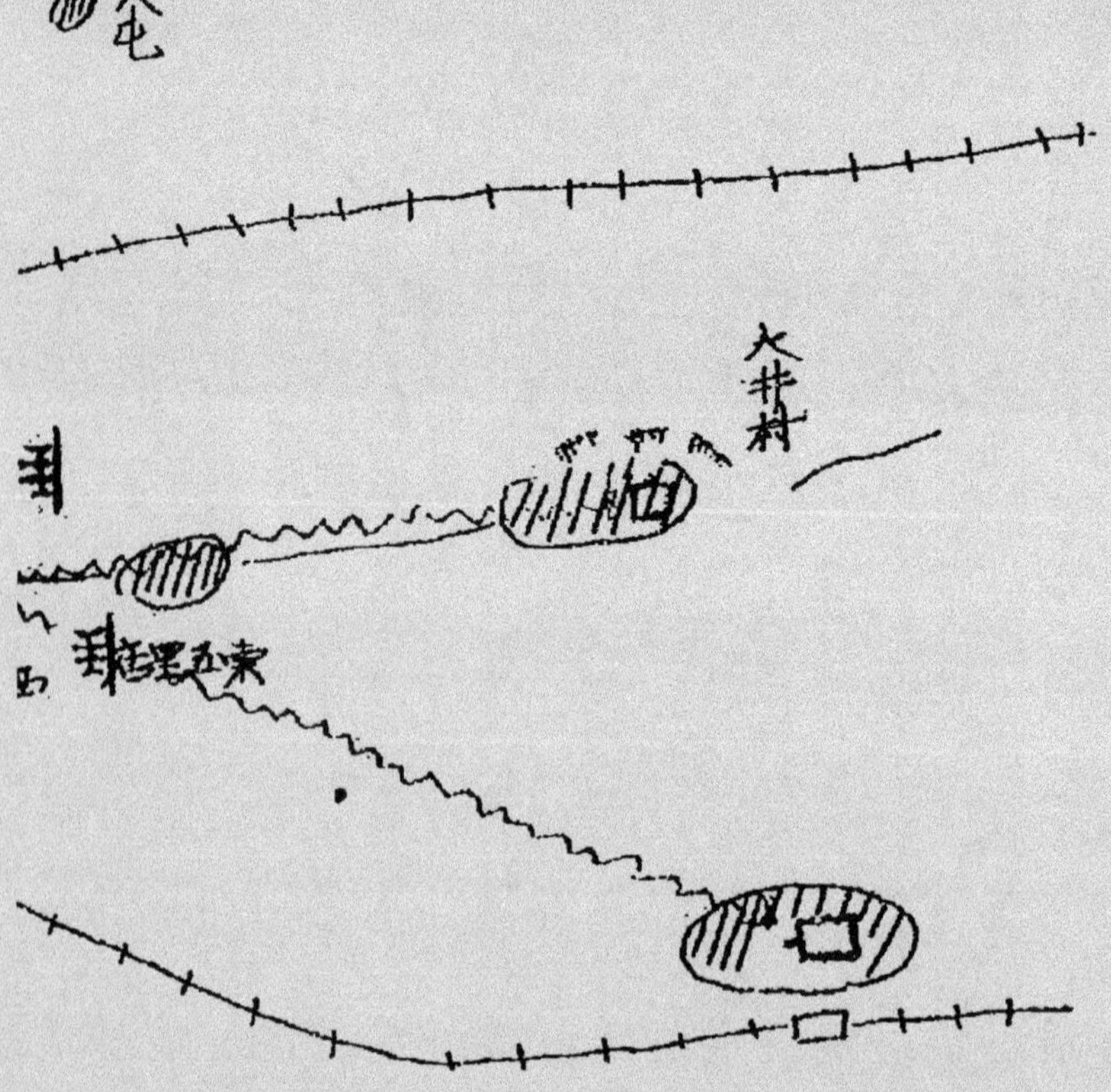

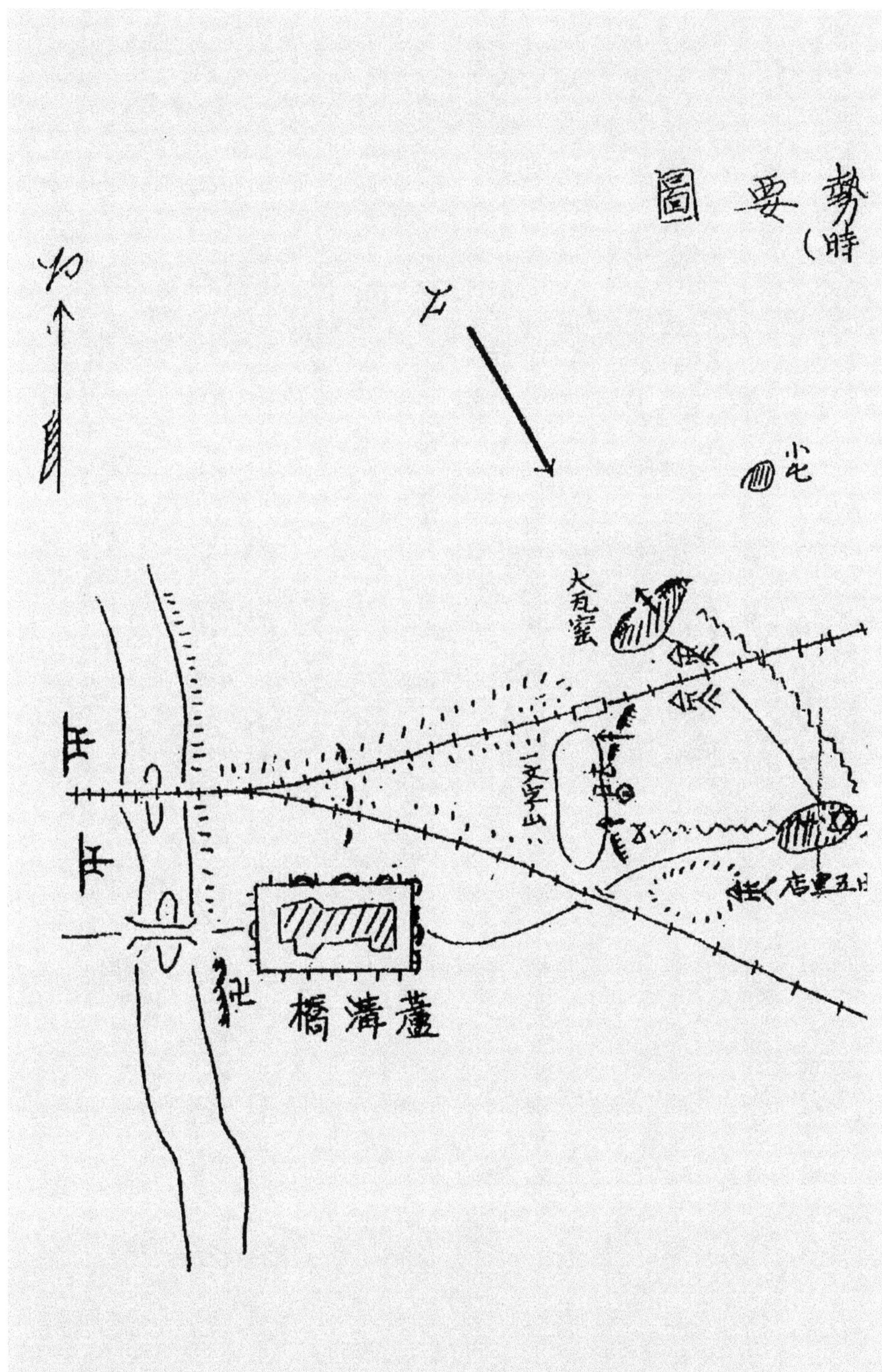
勢要圖
大瓦窰
一文字山
五里店
蘆溝橋

蘆溝橋射撃計画

七月二十日
牟田口部隊

方針
二十日午後二時敵ヲ膺懲スル目的ヲ以テ重砲大隊、聯隊砲中隊（第二大隊配属大隊砲小隊ヲ属ス）機関銃一小隊ヲ以テ一斉ニ射撃ヲ開始シ之ヲ急襲ス

要領
一、赤松部隊
1. 陣地　西五里店
2. 目標　蘆溝橋東城門及東城壁(イ)(ロ)（但シ(ハ)(ニ)ニ對シ射撃準備）
3. 彈数　三〇発
二、聯隊砲中隊
1. 陣地　蘆溝橋停車場両側
2. 目標　城壁東北角(ハ)及東城門(ロ)但シ(ホ)ニ對シ射撃準備
又(ロ)ハ制圧射撃充分ニ完成シタル時機ニ實施スルモノトス

ヌ、彈藥　二ケ發

三、第二機關銃中隊ノ一小隊

イ、陣地　一文字山

ロ、目標　蘆溝橋東北角作業中ノ敵兵

四、第二大隊ハ大瓦窑附近ニ於テ東辛庄方向ヨリスル敵ノ出擊ヲ顧慮シ同村以南ノ地区ニ潛藏スル如ク準備

五、第一中隊ハ現在ノ位置ニ在リテ第二大隊ノ戰斗ニ協力スル場ヲ顧慮シ準備スヘシ

六、第三大隊ハ現在地ニアリテ南苑方向ニ對シ警戒スルト共ニ五里店附近ニ招致セラルヽ場合アルヲ顧慮シ準備

七、通信

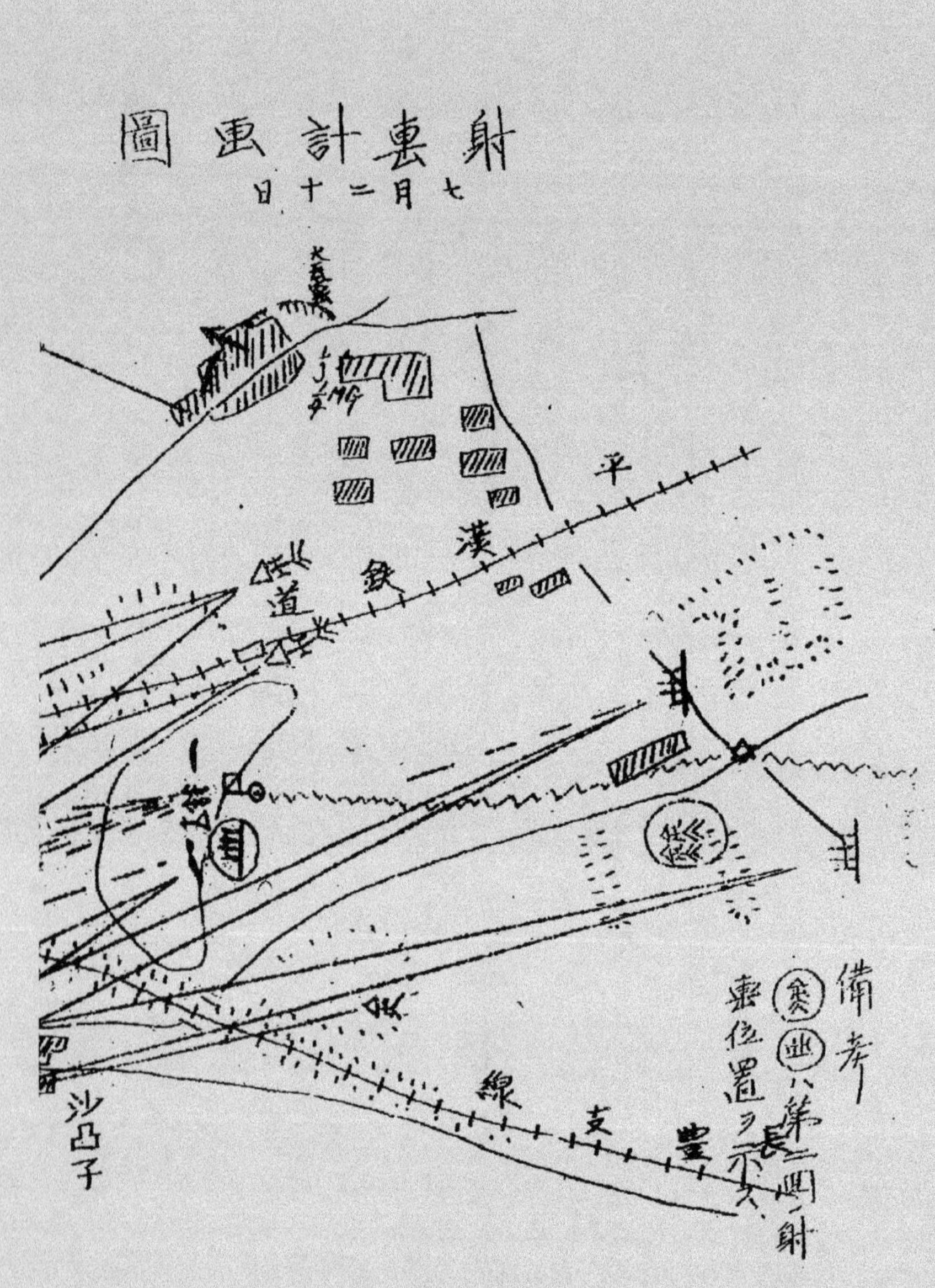
射撃計画圖
七月二十日
平漢鉄道
豊支線
沙凸子
備考

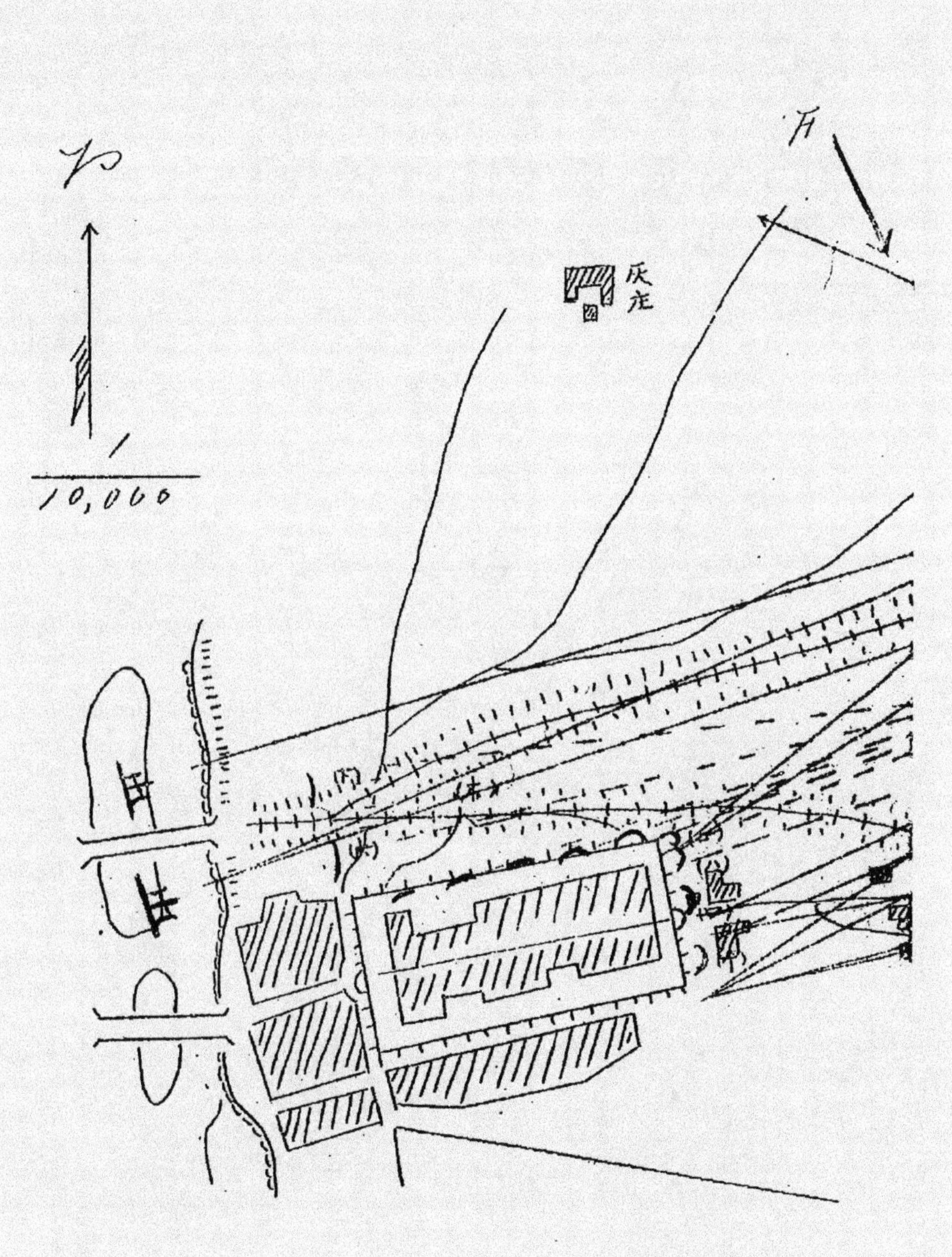
1
10,000

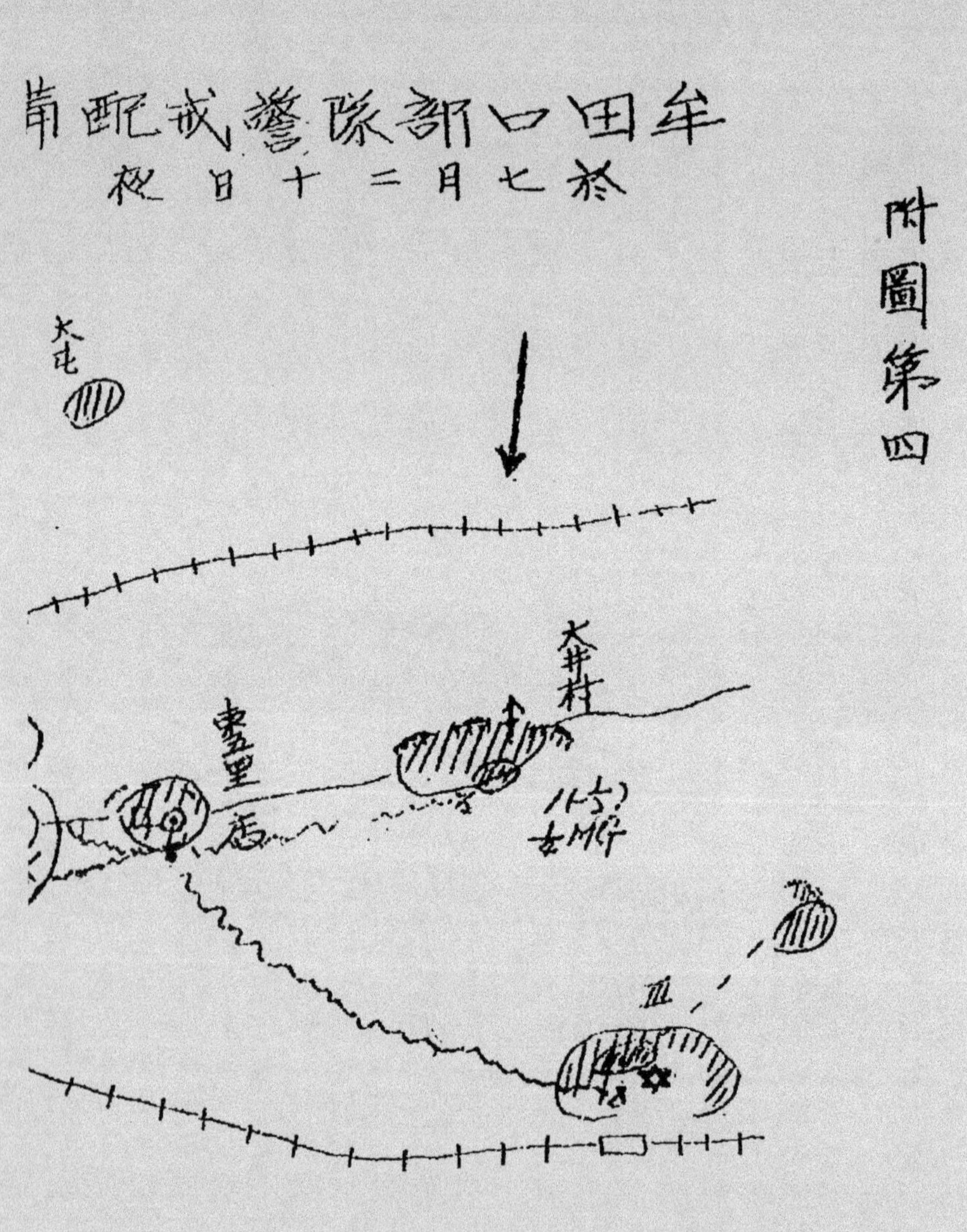
附圖第四
牟田口部隊警戒配備
於七月二十日夜
大井村
五里店

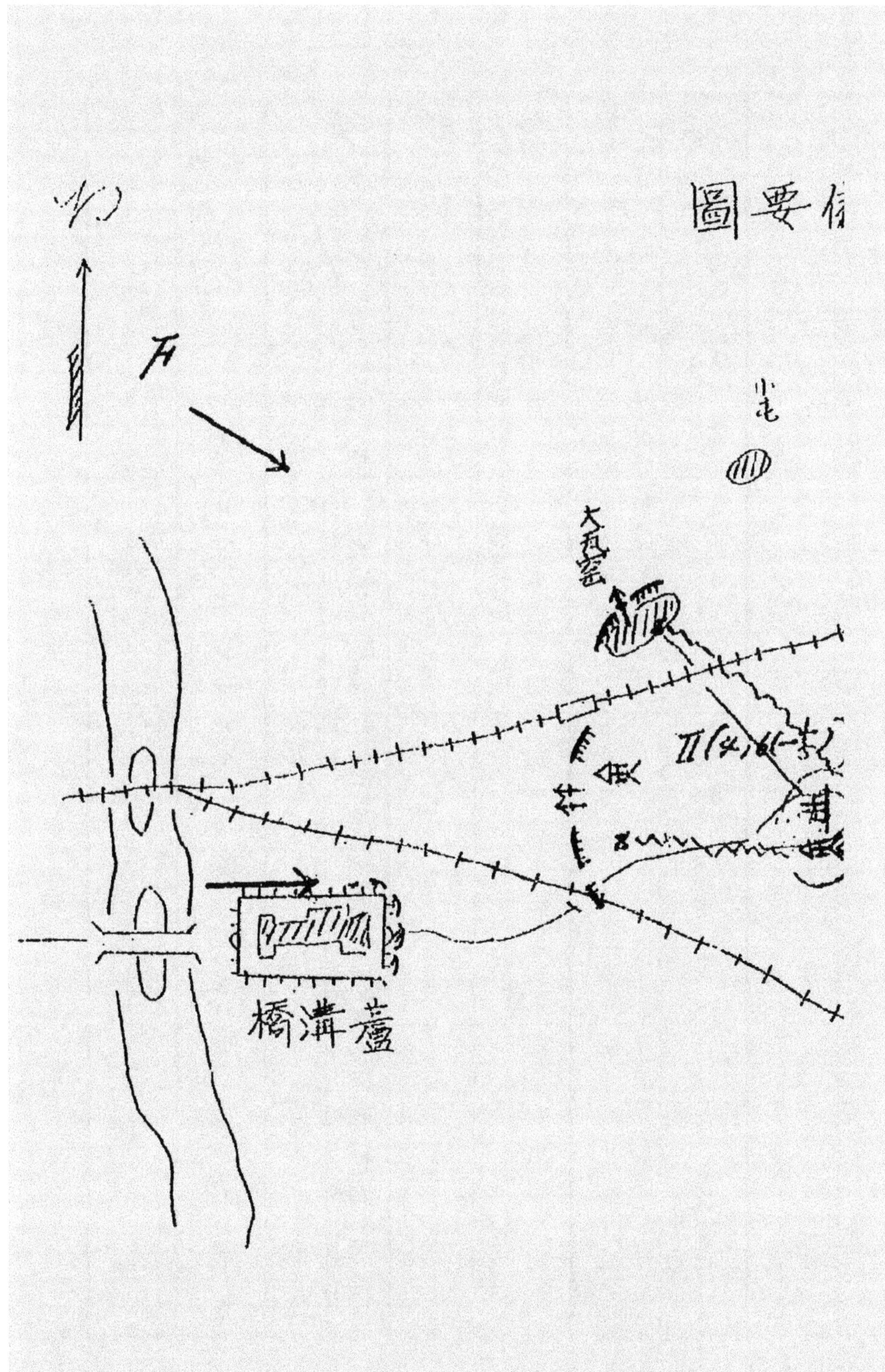
蘆溝橋
大瓦窑
小屯

戰鬪詳報第四號附表

支那駐屯歩兵第一聯隊死傷表

昭和十二年七月二十日

區分 / 團隊號	戰鬪參加人馬 將校	戰鬪參加人馬 准尉下士官兵	戰鬪參加人馬 馬匹	死 將校	死 准尉下士官兵	死 馬匹	傷 將校	傷 准尉下士官兵	傷 馬匹	生死不明 將校	生死不明 准尉下士官兵	生死不明 馬匹
聯隊本部	六（三）	八六（一三）	一三（一三）									
第二大隊	九（三）	三二四（八）	一九（三〇）		一			一				
歩兵砲隊	四	一四四 一						一				
赤松部隊	一二	二〇六										

計
三七
七八一
六一（七九）
一
二

備考

一、本表中括弧ヲ附シアルハ非戰鬭員馬匹欄括弧内ハ小行李驢馬ヲ示ス

蘆溝橋附近戰闘牟田口部隊職員表

七月二十日調

聯隊本部

聯隊長 大佐 牟田口廉也

副官 少佐 河野又四郎

附 中佐 森田徹

中尉 笹川德一

中尉 寺口末太郎

通信班長 中尉 小岩井光夫

附 主計佐 松尾寛治

大隊

II

大隊長 少佐 筒井恒

副官 大尉 平井五二

主計大尉 林茂

軍醫大尉 田中筆三郎

同中尉 坂本馬城

中隊長・小隊長

中隊	中隊長	小隊長
1	大尉 澁江米男	准尉 向鄕庄二 准尉 原恵三 曹長 正随一人
4	大尉 三重野信	少尉 其阿彌秀雄 少尉 岡崎由雄 准尉 青野武次 准尉 樋口清
5	中尉 池田保夫	少尉 辰己卓 少尉 大場友好 准尉 奥田音市
6	大尉 吉市嘉秀	准尉 清瀬末太郎 准尉 藤原初二 准尉 吉崎芳郎
DMG	大尉 小泉浩司	少尉 賴永辰夫 准尉 野田千代松 准尉 重原好潔 准尉 熊井八郎

軍醫大尉 古川嘉名

獣醫大尉 萩原昇

III

大隊長 少佐 一木清直

副官 中尉 荒田武良

主計大尉 小畑幸雄

軍醫大尉 菅沼博

同中尉 倉本統一

BiA	7	8	9	IIIMG	BiA	RiA
少尉 中島米平和	大尉 穂積松年	大尉 清水節郎	大尉 安達禎作	大尉 中島敏雄	准尉 川村美平	大尉 久保田尚平
	少尉 山本重作 准尉 福田末八 准尉 阿部浅吉	准尉 高橋永二郎 准尉 石井寅之助 准尉 三浦榮次	中尉 亀正夫 中尉 曾田庄之助 准尉 山田孝澄	中尉 佐々木信三郎 准尉 三浦幸四郎 曹長 秋元清作		中尉 近藤保 准尉 結城仁三郎

戰闘詳報第四號附表

武器彈藥損耗表

昭和十二年七月三十日

種類	區分	第二大隊	步兵砲隊		計	備考
消費 彈藥	小銃	210			210	
	輕機關銃	320			320	
	機關銃	1335			1335	
	大隊砲（~~平射步兵砲~~）		129		129	
	聯隊砲（~~曲射步兵砲~~）		194		194	
	重擲彈筒（~~其他~~）	25			25	
損失 武器	小銃	1			1	
	輕機關銃					
	機關銃					
	騎銃					
	平射步兵砲					
	曲射步兵砲					
損失 彈藥	小銃					
	輕機關銃					
	機關銃					
	平射步兵砲					
	曲射步兵砲					
	其他					
損失 其ノ他ノ武器						

戰鬪詳報第四號附表

武器彈藥損耗表（乙）

昭和十二年七月三十日

種類		區分	赤柴砲兵大隊	計
消費	彈藥	榴彈	108	108
		榴霰彈		
損失	武器	砲車		
		彈藥車		
		豫備品車		
	彈藥	榴彈		
		榴霰彈		
	其ノ他ノ武器			

備考

戰闘詳報第四號附表

昭和十二年七月二十日

鹵獲表

種類	區分	員數	備考
俘虜	將校		ナシ
	准士官 下士官兵		
	馬匹		
戰利	銃		
	砲		
	銃彈		
	砲彈		
	器具		
	糧秣		

（九）废除限制兵力许可使用武力之件

资料名称： 兵力行使制限ヲ廢シ武力行使許可ノ件

资料出处：《臨命綴（支那事变）》卷一，陸軍一般史料—中央—作戦指導—1大陸指，防衛省防衛研究所藏。

资料解说： 本资料是1937年7月26日日军参谋总长载仁亲王给华北驻屯军司令官香月清司下达的废除兵力限制，允许施行武力的指令。此后日军全面展开大规模侵华战争。

臨命第四一八號

指　示

刻下ノ情勢ニ鑑ミ支那駐屯軍司令官ハ臨命第四〇〇號ヲ廢シ所要ニ應シ武力行使ヲ爲スコトヲ得

昭和十二年七月二十六日

陸軍

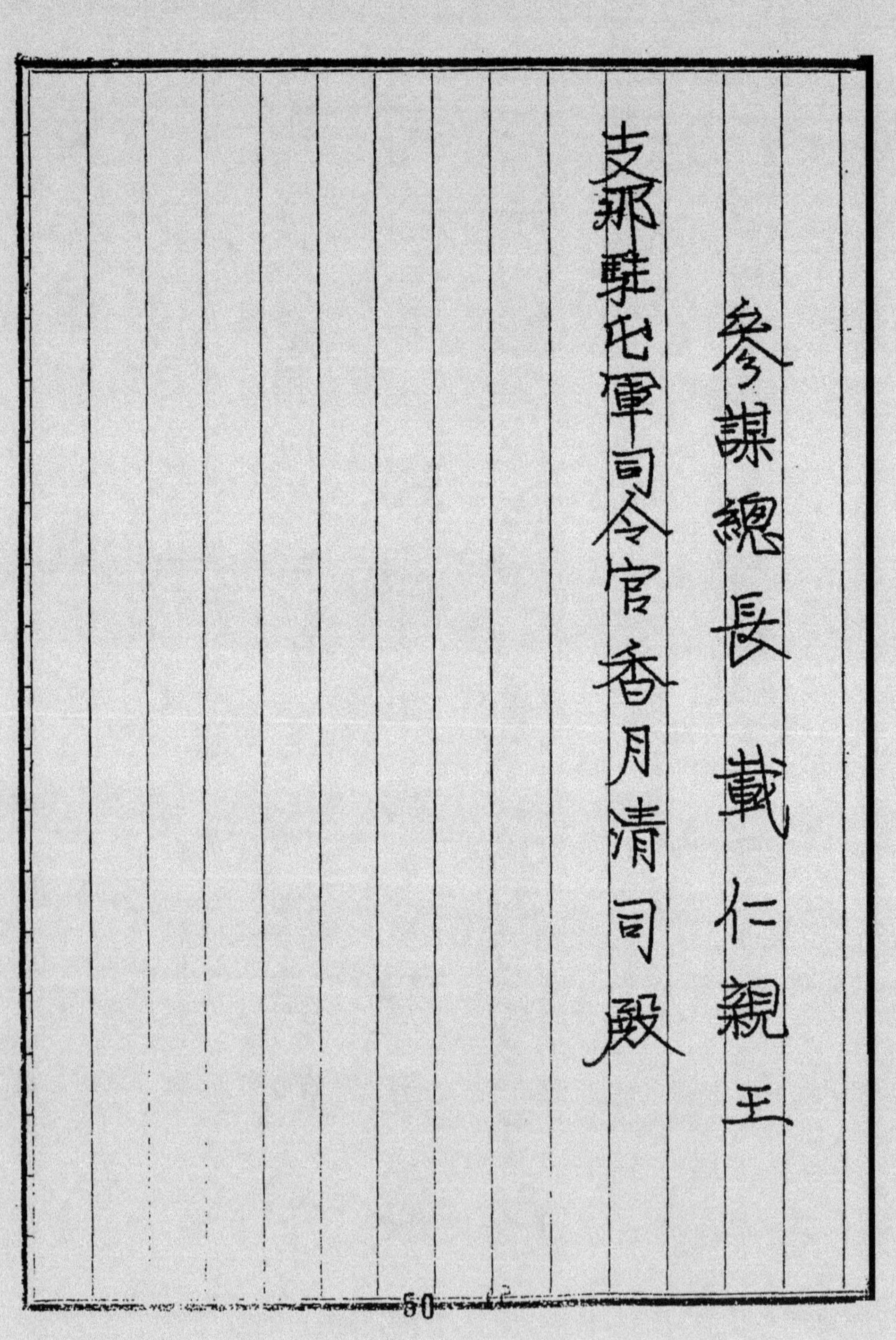
参謀總長 載仁親王

支那駐屯軍司令官 香月清司殿

50

（十）「膺惩」平津地方中国军队（临参命六十四—六十九号）

资料名称：臨参命第六十四—六十九號

资料出处：JACAR（アジア歴史資料センター）Ref.C14060903000《臨参命綴（支那事変）》巻01，昭12.07.11—12.11.13（第0056—0144号）（防衛省防衛研究所），第20—53頁。

资料解说：1937年7月25日，日军攻击廊坊。27日，陆续以《临参命第六十四号》、《临参命第六十五号》、《临参命第六十六号》、《临参命第六十七号》、《临参命第六十八号》、《临参命第六十九号》下达对华作战命令，动员兵力以3个师团为骨干，约20.9万人，马5.4万匹，陆续开赴华北，配合在华北的驻屯军、第二十师团、独立混成第一、第十一旅团作战。

臨參命第六十四號

命令

一　支那駐屯軍司令官ハ現任務ノ外平津地方ノ支那軍ヲ膺懲シテ同地方主要各地ノ安定ニ任スヘシ

二　細項ニ關シテハ參謀總長ヲシテ指示セシム

昭和十二年七月二十七日

日本標準規格 B—4
0021

臨參命第六十五號

命令

一　左記部隊ヲ北支那ニ增派ス

第五師團

第六師團

第十師團

獨立機關銃第四大隊　一　（第六師團ヨリ）

獨立輕裝甲車第五中隊　一　（第五師團ヨリ）

獨立輕裝甲車第六中隊　一　（第六師團ヨリ）

獨立輕裝甲車第十中隊　一　（第十一師團ヨリ）

戰車第一大隊　一　（第十二師團ヨリ）

陸軍

0022

戦車第二大隊	一	（第一師團ヨリ）
獨立山砲兵第三聯隊	一	（第十二師團ヨリ）
野戦重砲兵第一旅團	一	（第三師團ヨリ）
野戦重砲兵第二旅團	一	（第十二師團ヨリ）
追撃第三大隊	一	（第八師團ヨリ）
追撃第五大隊	一	（第十四師團ヨリ）
砲兵情報班	一	（近衛師團ヨリ）
獨立攻城重砲兵第一大隊(丙)	一	（第一師團ヨリ）
獨立攻城重砲兵第二大隊(丙)	一	（第四師團ヨリ）
近衛師團第一乃至第六野戦高射砲隊(甲)	六	（近衛師團ヨリ）
第十二師團第一乃至第四野戦高射砲隊(乙)	四	（第十二師團ヨリ）

日本圖書規格 B-4

0023

第二十師團第一第二野戰高射砲隊(乙)	二	(第二十師團ヨリ)
近衛師團第五第六野戰照空隊	二	(近衛師團ヨリ)
第三師團第一乃至第四野戰照空隊	四	(第三師團ヨリ)
獨立工兵第四聯隊(甲)	一	(第三師團ヨリ)
獨立工兵第六聯隊(丁)	一	(第五師團ヨリ)
野戰電信第四十二第四十三中隊	二	(第十六師團ヨリ)
無線電信第二十五小隊	一	(近衛師團ヨリ)
第四野戰氣象隊(乙)	一	(第十六師團ヨリ)
第一野戰測量隊	一	(第二師團ヨリ)
野戰鳩第十五第十六小隊(車)	二	(第七師團ヨリ)
第二師團第一第二架橋材料中隊	二	(第二師團ヨリ)

陸軍

0024

第十六師團第一第二渡河材料中隊	二	（第十六師團ヨリ）
兵站監部	一	（近衛師團ヨリ）
第二師團第一第二兵站司令部	二	（第二師團ヨリ）
第九師團第一第二兵站司令部	二	（第九師團ヨリ）
第十六師團第一第二兵站司令部	二	（第十六師團ヨリ）
兵站電信隊本部(車)	一	（第八師團ヨリ）
兵站電信隊第三第四中隊(車)	二	（第二師團ヨリ）
兵站電信第九中隊(車)	一	（第七師團ヨリ）
第五第六兵站輜重兵隊本部	二	（第二師團ヨリ）
第三師團第一第二兵站輜重兵中隊	二	（第三師團ヨリ）
第七師團第三第四兵站輜重兵中隊	二	（第七師團ヨリ）

0025

第八師團第一第二兵站輜重兵中隊　二　（第八師團ヨリ）

第五第六兵站自動車隊本部　二　（第十四師團ヨリ）

兵站自動車第十五乃至第十九中隊　五　（第一師團ヨリ）

兵站自動車第三十三第三十四中隊　二　（第三師團ヨリ）

兵站自動車第四十四乃至第四十八中隊　五　（第四師團ヨリ）

兵站自動車第六十四第六十五中隊　二　（第十二師團ヨリ）

兵站自動車第八十七乃至第九十一中隊　五　（第十六師團ヨリ）

第九師團第七乃至第十一輸送監視隊　五　（第九師團ヨリ）

第十師團第一乃至第三輸送監視隊　三　（第十師團ヨリ）

第十二師團第七第八輸送監視隊　二　（第十二師團ヨリ）

[illegible]廠　一　（第一師團ヨリ）

陸軍

0026

野戦衛兵廠　一（第十二師團ヨリ）

第四野戦航空廠（甲）　一（第十六師團ヨリ）

野戦予備病院第十七班　一（第七師團ヨリ）

野戦予備病院第二十二班　一（第九師團ヨリ）

野戦予備病院第二十八班　一（第十二師團ヨリ）

患者輸送部本部　一（近衛師團ヨリ）

患者輸送部第十六班　一（第七師團ヨリ）

患者輸送部第二十一班　一（第九師團ヨリ）

患者輸送部第二十七第二十八班　二（第十二師團ヨリ）

兵站病院　一（第七師團ヨリ）

兵站病院　一（第九師團ヨリ）

近衛師團後備歩兵第五大隊　一（近衛師團ヨリ）

日本国単規格 B—4

0027

第七師團後備步兵第一乃至第四大隊	四	（第七師團ヨリ）
近衛師團後備騎兵第三第四中隊	二	（近衛師團ヨリ）
第八師團後備野砲兵第一第二中隊	二	（第八師團ヨリ）
第二師團後備山砲兵第一第二中隊	二	（第二師團ヨリ）
近衛師團後備工兵第一中隊	一	（近衛師團ヨリ）
第七師團後備工兵第一中隊	一	（第七師團ヨリ）
第一鐵道監部	一	（近衛師團ヨリ）
鐵道第二聯隊	一（欠一中隊）	（近衛師團ヨリ）
第一鐵道材料廠	一	（近衛師團ヨリ）
第一第二手押輕便鐵道隊	二	（近衛師團ヨリ）
第三牽引自動車隊(乙)	一	（第一師團ヨリ）

陸軍

0028

第七師團第一乃至第五陸上輸卒隊	五	（第七師團ヨリ）
第八師團第一乃至第五陸上輸卒隊	五	（第八師團ヨリ）
第九師團第一乃至第五陸上輸卒隊	五	（第九師團ヨリ）
第十一師團第一乃至第五陸上輸卒隊	五	（第十一師團ヨリ）
第八師團第一第二水上輸卒隊	二	（第八師團ヨリ）
第八師團第一第二建築輸卒隊	二	（第八師團ヨリ）
第九師團第二建築輸卒隊	一	（第九師團ヨリ）
第一第二野戰道路構築隊	二	（第七師團ヨリ）
第一野戰鑿井隊本部	一	（近衛師團ヨリ）
野戰鑿井第一第二中隊	二	（近衛師團ヨリ）
第二野戰建築部	一	（第四師團ヨリ）
第一物資蒐集部	一	（第五師團ヨリ）

日本陸軍規格 B-4

0029

第一野戰防疫部（甲）一　（第一師團ヨリ）

第一野戰化學實驗部一　（第一師團ヨリ）

二　第五、第六、第十師團長ハ北支那ニ到リ支那駐屯軍司令官ノ隷下ニ入ルヘシ

三　各師團長ハ第二項所掲ノ動員管理部隊ヲ北支那ニ派遣シ支那駐屯軍司令官ノ隷下ニ入ラシムヘシ

四　支那駐屯軍司令官ハ關東軍司令官ト協議ノ上其隷下部隊ノ一部ヲ滿洲ニ位置セシムルコトヲ得

五　第一項ノ部隊ハ滿支國境通過又ハ北支那上陸ノ時ヲ以テ支那駐屯軍司令官ノ隷下ニ入ルモノトス

但滿洲ニ位置スル部隊ハ奉天到着ノ時トス

陸軍

0030

六　細項ニ關シテハ総務部長ヲシテ指示セシム

昭和十二年七月二十七日

日本標準規格 B—4　　0031

臨参命第六十六號

命令

一 支那駐屯軍通信隊、支那駐屯軍鐵道隊及支那駐屯軍兵站部隊ノ編成ヲ別冊ノ如ク令ス

二 前項ノ部隊ノ編成ニ入ルヘキ時機ハ當該指揮官北支到著ノ時トス

但新ニ内地ヨリ派遣セラルル部隊ハ該部隊ノ支那駐屯軍司令官ノ隷下ニ入ル時トス

昭和十二年七月二十七日

陸軍

0032

日本標準規格 B-4

0033

別冊第一

支那駐屯軍通信隊編成

通信隊本部

支那駐屯~~軍~~通信隊

野戰電信第三十乃至第三十二中隊

野戰電信第四十二第四十三中隊

無線電信第十乃至第十三小隊

無線電信第二十三乃至第二十五小隊

第九乃至第十一固定無線電信隊

野戰鳩第十五第十六小隊

陸軍

0034

日本標準規格 B₅-4

0035

别册第二

支那驻屯军铁道队编成

第一铁道监部

铁道第二联队

第一铁道材料厂

第四十二乃至第四十八停车场司令部

第三师团第四第五陆上输卒队

第七师团第三乃至第五陆上输卒队

近卫师团第三建筑输卒队

日本標準規格 B-4
0037

別冊第三

支那駐屯軍兵站部編成

支那駐屯軍兵站監部

第二師團第一第二兵站司令部

第九師團第一第二兵站司令部

第十六師團第一第二兵站司令部

支那駐屯軍兵站電信隊

本部

第三第四中隊

第九中隊

第五第六兵站輜重兵隊本部

陸軍

0038

第三師團第一第二兵站輜重兵中隊

第七師團第三第四兵站輜重兵中隊

第八師團第一第二兵站輜重兵中隊

第二、第五第六兵站自動車隊本部

兵站自動車第二中隊

兵站自動車第十五乃至第十九中隊

兵站自動車第三十三第三十四中隊

兵站自動車第四十四乃至第四十八中隊

兵站自動車第七十一第七十二中隊

兵站自動車第八十七乃至第九十一中隊

第四師團第一乃至第三輸送監視隊

第九師團第七乃至第十一輸送監視隊
第十二師團第七第八輸送監視隊
第十師團第一乃至第三輸送監視隊
支那駐屯軍豫備馬廠
支那駐屯軍第一野戰砲兵廠
支那駐屯軍第二野戰砲兵廠
支那駐屯軍野戰工兵廠
支那駐屯軍野戰自動車廠
支那駐屯軍野戰衣糧廠
支那駐屯軍野戰衛生材料廠
支那駐屯軍野戰豫備病院

陸軍

0040

本部
第十一第十二班
第十七班
第三十二班
第二十八班

支那駐屯軍患者輸送部

本部
第十一班
第十六班
第三十一班
第二十七班

第二十八號

支那駐屯軍第一兵站病院

支那駐屯軍第二兵站病院

支那駐屯軍兵站病馬廠

近衛師團後備步兵第五大隊

第七師團後備步兵第一乃至第四大隊

近衛師團後備騎兵第三、第四中隊

第八師團後備野砲兵第一、第二中隊

第二師團後備山砲兵第一、第二中隊

近衛師團後備工兵第一中隊

第七師團後備工兵第一中隊

第一、第二手押輕鐵道隊

第三師團第一乃至第三陸上輸卒隊

第七師團第一陸上輸卒隊

第八師團第一乃至第五陸上輸卒隊

第九師團第一第二陸上輸卒隊

第十一師團第一乃至第五陸上輸卒隊

第八師團第一、第二水上輸卒隊

第十四師團第一、第二特設輸卒隊

近衛師團第一特設輸卒隊

第八師團第一、第二特設輸卒隊

第九師團第二特設輸卒隊

日本陸軍罫紙 B--4

0043

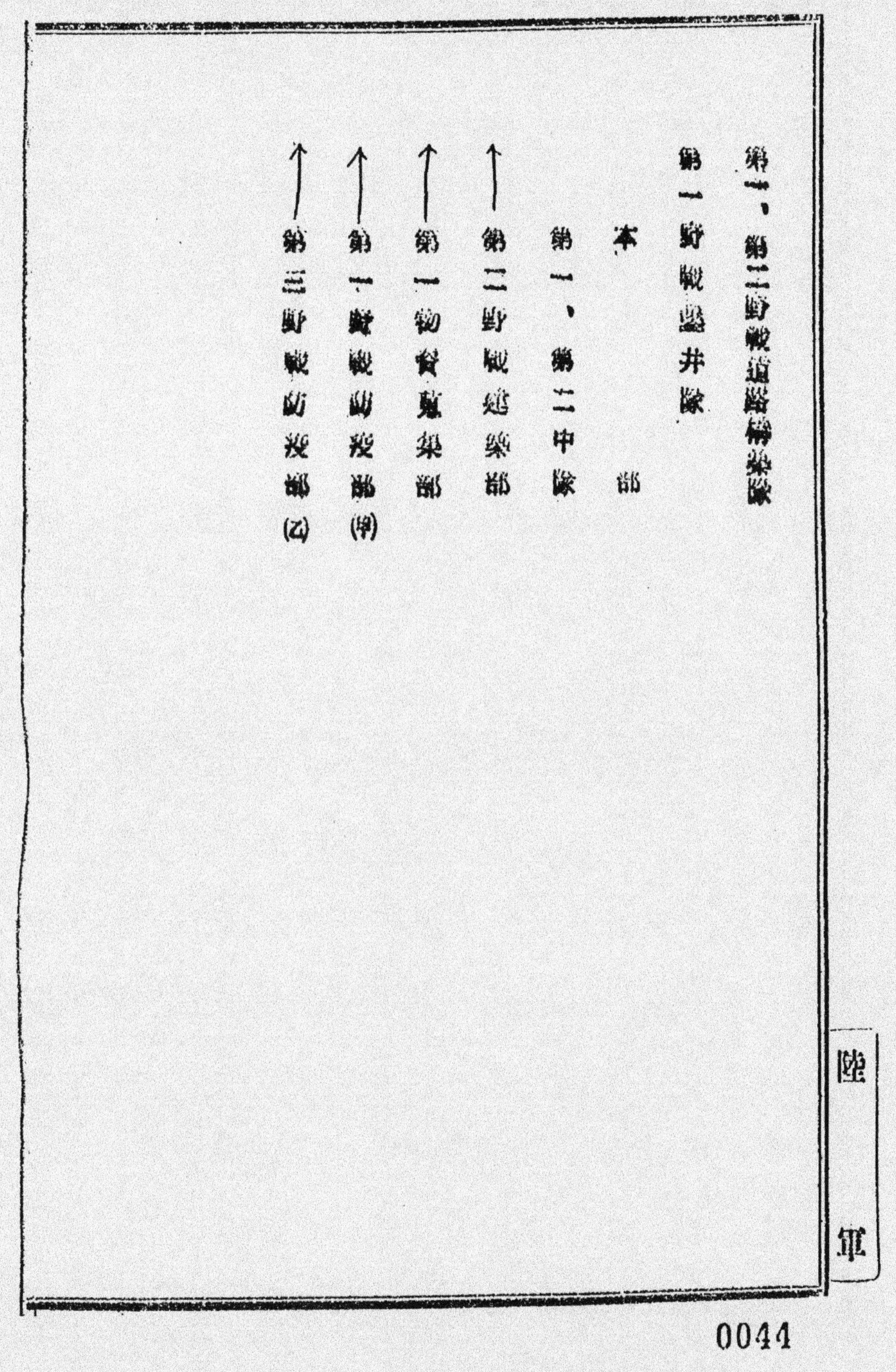

第一、第二野戦道路構築隊
第一野戦鑿井隊
本　部
第一、第二中隊
↑第二野戦建築部
↑第一物資蒐集部
↑第一野戦防疫部(甲)
↑第三野戦防疫部(乙)

陸軍

0044

日本標準規格 B—4
0045

臨參命第六十七號

命　令

一　左記部隊ヲ臨時航空兵團ノ編成ニ增加ス

第四野戰航空廠（甲）

兵站自動車第六十四第六十五中隊

第九師團第三乃至第五陸上輸卒隊

二　前項ノ部隊ハ支那駐屯軍司令官ノ隷下ニ入ル時ヲ以テ臨時航空兵團ノ編成ニ入ルモノトス

昭和十二年七月二十七日

陸軍

0046

日本標準規格 B—4
0047

臨参命第六十八號

命令

一　左記部隊ヲ滿洲及朝鮮ニ派遣ス

滿洲ニ

第十六停車場司令部　（第四師團ヨリ）

第六十三乃至六十六停車場司令部　（第十六師團ヨリ）

朝鮮ニ

第十一停車場司令部　（第三師團ヨリ）

第二十乃至第二十三停車場司令部　（第五師團ヨリ）

第二十七、第二十八停車場司令部　（第六師團ヨリ）

二　第三乃至第六及第十六師團長ハ前項所掲ノ編成管理部隊ヲ滿洲

0048

若ハ朝鮮ニ派遣シ各々當該軍司令官ノ隷下ニ入ラシムヘシ

三、第一項ノ滿洲派遣部隊ハ鮮滿國境通過若ハ大連上陸ノ時ヲ以テ關東軍司令官ノ、朝鮮派遣部隊ハ朝鮮上陸ノ時ヲ以テ朝鮮軍司令官ノ隷下ニ入ルモノトス

四、細項ハ參謀總長ヲシテ指示セシム

昭和十二年七月二十七日

日本標準規格 B—4

0049

臨參命第六十九號

命　令

一、左記部隊ヲ參謀總長ノ隷下ニ入ラシム

第一鐵道線區司令部（第一師團長管理）

第一船舶輸送司令部（第五師團長管理）

二、左記部隊ヲ第一鐵道線區司令官ノ隷下ニ入ラシム

第十、第十二停車場司令部（第三師團長管理）

第十三乃至第十五停車場司令部（第四師團長管理）

第十八、第十九停車場司令部（第五師團長管理）

第二十四乃至第二十六停車場司令部（第六師團長管理）

三、左記部隊ヲ第一船舶輸送司令官ノ隷下ニ入ラシム

陸軍

0050

近衛師團後備歩兵第六大隊　（近衛師團長管理）

第三、第四碇泊場司令部　（第四師團長管理）

第七碇泊場司令部　（第五師團長管理）

第十六碇泊場司令部　（第十二師團長管理）

第二十一碇泊場司令部　（第二十師團長管理）

第一碇泊場司令部　（第一師團長管理）

第二十碇泊場司令部　（第十二師團長管理）

第二師團第一乃至第五陸上輸卒隊　（第二師團長管理）

第五師團第二乃至第四水上輸卒隊　（第五師團長管理）

第九師團第一建築輸卒隊　（第九師團長管理）

第十病院船衛生員（甲）　（第五師團長管理）

日本標準規格 B-4

0051

第二、第三病院船衛生員（乙）（第四師團長管理）

四　左記部隊ヲ陸軍大臣ノ隷下ニ入ラシム

第三師團第一、第二火工輸卒隊（第三師團長管理）

第十二師團第一、第二火工輸卒隊（第十二師團長管理）

第二兵器集積廠（甲）（第五師團長管理）

第三兵器集積廠（乙）（第十六師團長管理）

第二被服集積廠（甲）（第五師團長管理）

第三被服集積廠（乙）（第十六師團長管理）

第二貨物集積廠（甲）（第五師團長管理）

第三貨物集積廠（乙）（第十六師團長管理）

第二糧秣集積廠（甲）（第五師團長管理）

第五縦隊縦隊（四）　　（第十六師團長當區）

以上諸部隊ヲ各々下記師團長ノ隷下ニ入ラシム

第二十九兵站輜重兵隊本部　（第十六師團長當區）　第廿師團長ニ

第三十兵站輜重兵隊本部　（第十六師團長當區）　第五師團長ニ

六、師團ハ各縦隊長ヲシテ掌握セシム

昭和十二年七月二十七日

日本信箋規格 B-4

0053

（十一）中国驻屯军步兵第一联队南苑附近战斗详报、卢沟桥附近战斗详报（第六号）

资料名称：《支那駐屯步兵第一聯隊南苑附近戰闘詳報》4／4（昭和十二年七月二十七日—七月二十九日）

资料出处：JACAR（アジア歴史資料センター）Ref.C11111147200、Ref.C11111147300、Ref.C11111147400、Ref.C11111147500、Ref.C11111147600、Ref.C11111147700、Ref.C11111147800、Ref.C11111147900、Ref.C11111148000、Ref.C11111148100、Ref.C11111148200、Ref.C11111148300、Ref.C11111148400、Ref.C11111148500、Ref.C11111148600、Ref.C11111148700《支那駐屯步兵第一聯隊南苑附近戰闘詳報》4／4（昭和十二年七月二十七日—十二年七月二十九日）（防衛省防衛研究所）。

资料解说：1937年7月27日—29日，日本「支那驻屯步兵第一联队」在南苑以及丰台和卢沟桥附近的战斗详报。内容包括战前中日双方态势、战场情况、战斗过程、下达命令以及伤亡报告，还有所谓「武功录」等。本件据考证是由牟田口在战后所作，其真实性有待具体探究。

昭和一二、七、二七～七、二九

支那駐屯歩兵第一聯隊

南苑附近戦闘詳報

4/4

防衛研修所戦史室

支步一戰詳第五號

南苑附近戰鬪詳報

自昭和十二年七月二十七日
至昭和十二年七月二十八日

支那駐屯步兵第一聯隊

南苑附近戰鬪詳報目次

第三 戦闘後ノ行動
一．馬村ヨリ豊台ヘノ轉進
二．小岩井中尉歸還シ第三大隊方面ノ情況ヲ報告ス
三．全兵團ノ志氣正ニ高揚ス

第四 戦闘經過

第五 豊台附近ノ戦闘（不期戦）
一．敵夜襲ノ誘惑
二．第三大隊副官荒田中尉ノ報告
三．敵ノ夜襲
四．聯隊長ノ處置
五．第三大隊到着
六．敵退却

第六 豊台ヲ中心トスル兵團ノ内戦作戦終局ヲ告ク

第七　彼我ノ兵力交戰セシ敵ノ團隊號及將帥ノ氏名

一　敵ノ兵力

二　我牟田口部隊ノ兵力

三　交戰セシ敵兵ノ團隊號

第八　戰鬪ニ影響ヲ及セシ天候氣象及戰鬪地ノ狀態

第九　參考トナルヘキ所見

武功録

附圖

第一　南苑西北方附近彼我態勢要圖

第二　槐房附近敵陣地要圖

第三　南苑西北角附近敵陣地要圖

附　表

南苑附近ノ戰鬪詳報

第一、戰鬪前彼我ノ態勢

一、七月二十日ヨリ七月二十六日ニ至ル狀況

七月二十日蘆溝橋ニ對シ膺懲射擊ヲ實施シタル後旅團命令ニヨリ敵ノ行動ヲ嚴重ニ監視スルト共ニ聯隊長ハ豊台附近特ニ北平、保定道ニ進出スヘキ道路ノ補修、豊台兵營直接防禦工事ノ補强、通信線ノ保修援護等ヲナシ爾後ノ行動ヲ準備シツヽ七月

一

二

二十六日夜ニ至レリ

二、廣部部隊ノ情況

支那駐屯歩兵第二聯隊ノ第二大隊（長歩兵少佐廣部廣）ハ川岸部隊ト協力シ二十六日朝廊坊驛守備部隊ト交戰中ノ敵ヲ潰走セシメタル後列車ニ依リ豐台ニ來リ居留民保護ノ爲メ岡村北平警備隊長ノ指揮ニ入ルヘク自動車ニヨリ前進中午後六時頃北平廣安門ニ於テ該地ヲ守備セル支那軍ヨリ

急激ナル射撃ヲ受ケ交戦中ニシテ廣部部隊ノ三分ノ二ハ城内ニ他ハ城外ニ在ルノ通報ヲ受ケタリ

三、兵團長廣安門攻略ノ決心

玆ニ於テ河邊兵團長ハ廣安門ヲ攻略、スルニ決シ福田部隊長ヲシテ森田部隊（牟田口部隊第三大隊（本部、第八中隊、機関銃中隊大隊砲小隊）及廣安門外ニ残置セル廣部部隊ヲ指揮セシム）戦車隊、重砲一分隊、工兵一小

三

隊ヲ指揮セシメ廣安門ヲ攻略セシム

攻撃部隊ハ午前二時半廣安門前約二百米ニ展開シ将ニ戰闘ヲ開始セントセシ時午前一時(豐台発)左記旅團命令ニヨリ廣安門攻略ヲ中止ス

四、當時ニ於ケル牟田口部隊主力ノ配置左ノ如シ

第一中隊ハ大井村ヲ占領シ第二大隊ハ西五里店ヨリ一文字山ニ亘ル間ヲ占領シ聯

隊本部第九中隊及聯隊砲中隊ハ豐台ニ位置ス

第二、各時期ニ於ケル戰鬪經過及之ニ關連スル隣接團隊ノ動作並下達セル命令

一、攻擊準備ノ位置ニ着ク迄

七月二十七日午前一時左記旅團命令ヲ受領ス

旅作命甲第四六號

旅團命令

七月二十七日午前一時
於豐台

六

一、兵團ハ主力ヲ以テ南苑攻擊ヲ準備セントス

二、萱島部隊ハ通州—小海子道ヲ南苑東北側ニ向ヒ前進シ午前十一時頃到着ノ豫定ナリ

三、川岸兵團ハ南苑南側ヨリ北方ニ向ヒ攻擊ヲ準備ス

四、牟田口部隊長ハ左ノ如ク處置スヘシ

(イ)大井村及五里店附近ノ第一線部隊

ハ野口騎兵部隊ト交代シ本夜暗ヲ利用シ豐台ニ歸還セシム

(ロ)第九中隊ヲシテ豐台ヲ守備セシム

豐台残置各部隊各機關ハ該守備隊長ノ區處ヲ受ケシム

(ハ)爾餘ノ諸部隊ハ豐台ニ集結後拂曉以後潘家廟楊家花園ノ線ニ向ヒ前進ヲ準備ス

五、野口騎兵部隊ハ速ニ主力ヲ以テ西五里店ニ前進シ該地守備ノ步兵部隊ト交代シ其任務ヲ繼

七

八

承シ且兵團ノ背後ヲ警戒スヘシ

六、鈴木砲兵部隊ハ本拂曉以後潘家廟ニ向フ前進ヲ準備スヘシ

七、旅團通信班ハ豊台潘家廟間ニ有線ヲ架設シ爾後南苑攻撃ニ追随スル如ク通信網ヲ準備スヘシ

八、第一救護班ハ本拂曉以後潘家廟ニ向フ前進ヲ準備スヘシ

九、給水班ハ潘家廟ニ向フ前進ヲ準備ス

ヘシ

一、各隊ハ直接戦闘ニ必要ナキ人員及諸行李等ハ豊台ニ残置シ豊台守備隊長ノ區處ヲ受ケシムヘシ

二、城内ニ入リシ廣部部隊ハ宣武門ヲ経テ歩兵營ニ向ヘルモノノ如シ

豊台部隊ハ速ニ麾下兵力ヲ取纏メ豊台ニ歸還スヘシ

豊台歸還後ハ工兵小隊ヲ除ク外編合

九

一〇

部隊ヲ原所屬ニ復歸セシムヘシ

一二、予ハ暫ク現在地ニ在リ

本朝七時以後出發楊家花園ニ至ル予

定ナリ

午前七時各隊長ハ兵團司令部ニ集合

スヘシ

兵團長　河邊少將

下達法　各隊長ニ口達後印刷交付

午前二時三十分右命令ニ基キ左記聯隊命令

ヲ下達ス

歩一作命第五二號

牟田口部隊命令　七月二十七日午前二時三十分　於豊台

一、軍ハ南苑ノ攻撃ヲ準備ス

萱島部隊ハ通州ヨリ小海子ヲ経テ南苑東北角ニ向ヒ前進シ午前十一時到着ノ豫定ナリ

川岸兵團ハ南苑南側ニ於テ北方ニ向ヒ攻撃ヲ準備ス

旅團ハ潘家廟楊家花園ノ線ニ向ヒ前

二

二

進ヲ準備ス
二、牟田口部隊ハ先ツ豊台ニ集結シ爾後
ノ前進ヲ準備セントス
三、第一中隊及第二大隊ハ野口部隊到着
後現在ノ任務ヲ該部隊ニ継承シナル
ヘク速ニ豊台ニ集結スヘシ
四、第九中隊ハ豫テノ計画ニ基キ豊台ノ
守備ニ任スヘシ
各所各部ノ豊台残留者ハ総テ第九中

隊長ノ區處ヲ受ケシメラル

五、現ニ廣安門攻撃準備中ノ福田部隊ハ速ニ現地ヲ撤シ豐台ニ歸還シ、豐台歸還後該部隊所屬部隊ハ夫々原所屬ニ歸還セシメラル

廣部部隊ノ内、城内ニ入リタルモノハ宜武門ヲ経テ北平兵營ニ至レルモノノ如シ

六、通信班ハ直ニ撤收豐台ニ集合スヘシ

一三

七、聯隊ハ暫ク現在地ニ在リ

部隊長　牟田口大佐

下達法：命令受領者ヲ集メ口達筆記

森田部隊ニハ旅團ヨリ傳達

一四

右命令ニ基キ大井村ニ位置シアリシ第一中隊ハ小井村（大井村東方約二千米）ニ位置シ警戒中ナリシ野口騎兵部隊ノ一部ト連絡シ其守備ヲ該部隊ニ引繼キ豊台ニ歸還シ西五里店一文字山ノ線ヲ守備セシ第二大隊ハ其守

備ヲ野口部隊ニ引継キ、午前四時ニ、廣安門攻撃部隊タル森田部隊ハ午前六時三十分夫々豐台ニ歸還シ集結ヲ終レリ

午前七時左記旅團命令ヲ受領ス

旅作命甲第四七號

旅團命令

七月二十七日午前七時
於豐台

一、旅作命甲第四六號ニヨル兵團ノ集結ハ完成セリ

二、兵團ハ一部ヲ以テ豐台ヲ確保シ主力

一五

一六

ハ引續キ南苑兵營西北端ニ向ヒ攻擊
ヲ準備セントス
三、軍内諸隊ノ行動左ノ如シ
(イ)、川岸兵團ハ主力ヲ以テ團河村ニ集
結シテ南苑攻擊ヲ準備シ一部ハ黄
村—天津間ノ北寧線ヲ確保ス
(ロ)、萱島歩兵部隊（小山砲兵部隊及工兵
隊主力ノ配屬故ノ如シ）ハ通州—小
海子道ヲ南苑兵營東北端方向ニ向

ヒ前進シ今二十七日午前十一時北平馬駒橋道ノ線ニ進出ス

該線進出後ハ予ノ指揮ニ入ル

(ハ)、北平警備隊ハ北平ニ進入セル廣部步兵部隊ヲ併セ指揮シ前任務ヲ續行シ自今軍ニ於テ直轄セラル

(ニ)鈴木兵團ハ高麗營ヨリ運糧河南方地區ニ進出シ重点ヲ右翼ニ保持シツヽ西苑ニ向フ攻擊ヲ準備ス

爾後永定河ノ線ニ進出ス

一七

一八

(ホ)酒井兵團ハ沙河鎭南方地區ニ攻撃ヲ準備シタル後玉泉山方向ヨリ永定河ノ線ニ向ヒ攻撃ス

(ヘ)集成飛行團ハ主力ヲ以テ西苑兵營ノ攻撃ヲ準備シ一部ヲ以テ南苑北苑ノ兵營及長辛店ノ情況ヲ捜索監視ス

四、旅作命甲第四六號ニヨル豐台集結中ノ部隊ハ隨時出動シ得ル如ク準備シ

爾餘ノ諸隊ハ依然現任務ヲ續行スヘシ

五、牟田口部隊長ハ速ニ有力ナル一部隊ヲ以テ潘家廟楊家花園ノ線ヲ占領シ主トシテ南苑方面ノ敵情ヲ捜索セシムヘシ

六、萱島歩兵部隊第四中隊（機関銃一小隊ハ速ニ陳六荘附近ヲ占領シ主トシテ西紅門附近ノ敵情ヲ捜索スヘシ

菅原大尉ヨリ「サイドカー」一ヲ配屬ス

一九

二〇

牟田口部隊トノ捜索地境ハ新發地羅莊ノ線トシ線上ハ第四中隊ニ含ム

七、福田部隊（歩兵第六中隊及工兵小隊ヲ配屬スルコト故ノ如シ）ハ引續キ南苑及其ノ以北地區ニ向フ進路ヲ捜索スヘシ

八、鈴木砲兵部隊ハ引續キ主力ヲ以テ南苑一部ヲ以テ西紅門攻擊ノ爲メ進路及陣地ヲ偵察スヘシ

九、予ハ依然豊台ニ在リ

兵團長　河邊少將

下達法　各隊長ニ口達後印刷交付

右命令ニ基キ左記聯隊命令ヲ下達ス

歩一作命第五三號

牟田口部隊命令　七月二十七日午前八時十分　於豊台

一、旅團ノ集結ハ完成セリ

旅團ハ一部ヲ以テ豊台ヲ守備セシメ

主力ヲ以テ南苑西北角ニ向フ攻撃ヲ

準備ス

二一

二二

萱島部隊ハ本日午前十一時迄ニ北平—馬駒橋道上ニ攻撃ヲ準備ス北平—馬駒橋道上ニ到着後河邊兵團長ノ指揮ニ入ル

川岸兵團ハ團河村ニ集結シ南苑ニ對スル攻撃ヲ準備シ一部ヲ以テ黄村天津間ノ鐵道線ヲ確保ス

廣部部隊ノ第四中隊ハ陳六莊（豊台東南方六粁）ヲ占領シ西紅門附近ノ敵情ヲ捜索ス

北平警備隊ハ新ニ増加セル廣部部隊

ヲ併セ指揮シ居留民ノ保護ニ任ス爾
今軍ノ直轄トナル

二、牟田口部隊ハ有力ナル一部ヲ以テ潘家廟楊家花園ノ線ヲ占領シ主力ヲ豊台ニ集結爾後ノ攻撃ヲ準備セントス

三、第三大隊（第九中隊欠五號無線一機ヲ属ス）ハ可成速ニ現在地出發主力ヲ以テ潘家廟各一部ヲ以テ新發地北方丘阜及楊家花園ヲ占領シ先ツ新行宮ニ

對スル攻撃ノ爲敵情地形ヲ偵察スヘシ

四、廣部部隊第四中隊トノ捜索地域境界ハ新發地—羅莊ノ線トス（線上ハ第四中隊ニ屬ス）

五、聯隊砲中隊ハ新行宮附近ヲ攻撃スル目的ヲ以テ潘家庙附近ニ陣地ヲ偵察スヘシ、

鈴木部隊ハ潘家庙附近ニ於テ新行宮

ニ對スル攻擊ヲ準備スル筈

六、爾餘ノ部隊ハ現在地ニ於テ待機スヘシ

七、予ハ依然現在地ニ在リ

部隊長 牟田口大佐

下達法 各隊命令受領者ヲ集メ口達筆記セシム

右命令ニ基キ第三大隊ハ午前九時豐台ヲ出發シ所命ノ地点ニ向ヒ前進ス

先之聯隊長ハ豐台南苑間ノ地區ハ平時ニ於テ南苑奇襲ノ命アルモ直ニ之ヲ達成シ得ル

二五

二六

如ク豊台部隊ニ對シテ進路及兵營ノ偵察ヲ命シ各將校殆ント之ヲ暗識シアルノ狀態ニアリシモ事變後南苑附近ヲ偵察セシムルトキハ却ツテ敵ノ注意ヲ喚起スルヲ虞レ密偵ヲ使用スルニ止メタルヲ以テ本情況ニ於テ一將校斥候（歩兵少尉山本重作以下十二名）ヲ潘家廟附近ニ派遣シ豊台潘家廟間ノ敵情及重砲兵通過ノ目的ヲ以テ進路ノ標示並南苑西北角附近ノ敵情ヲ捜索セシメタリ山本少尉ハ勇

躍シテ偵察ノ任務ニ服シ進路ノ標示及豊台潘家廟間敵兵無ク新行宮附近ニ小部隊ヲ見ルノミナル報告ヲ足シ第三大隊及次テ前進セル聯隊主力ノ進出ヲ容易ナラシメタリ

當時聯隊本部及残餘ノ部隊ハ豊台ニ位置セルモ聯隊長ハ爾後攻擊準備ノ為聯隊主力ハ穆家園附近ニ位置スルヲ適當ナリト認メ之カ意見ヲ兵團長ニ具申シ其ノ認可ヲ受ケ午前十一時三十分豊台出發午後四時三十分穆

二六八一

二六二

家園ニ主力ヲ位置セシメ聯隊長ハ更ニ部隊ニ先行シ午後一時潘家廟ニ於テ第三大隊長ト會同シ同時ニ潘家廟南端堤防上ニ至リ敵情地形ヲ觀察シ尚ホ斥候及密偵ヲ派遣シ左ノ情況ヲ確知スルヲ得タリ

ハ、敵情

(イ)新行宫ハ晝間敵兵存在セサルモ夜間一小隊内外ノ兵力ヲ以テ占領ス

(ロ)槐房附近ハ敵約ニ中隊ヲ以テ占領シ

アルコト

(ハ) 西紅門ハ敵歩兵約三中隊占領シアルコト

乙. 地形

(イ) 新行宮ハ圖上ト異リ戸数ハ僅ニ二、三戸ニ過キサルコト

(ロ) 槐房北方小流ハ通過困難ナルコト並ニ該小流附近ハ蘆密生シ部隊ノ通過困難ナルコト

二六ノ二

(八)附近一帯高サ約五米内外ノ高粱密生 吴ノ四

シ全然通視シ得サルコト

聯隊副官ハ從來ニ於ケル豊富ナル經驗ヲ以テ附近住民ヲ密偵ニ使用シ敵情並地形ニ関シ遺憾ナク知悉スルヲ得聯隊長ノ戰闘指導上確實ナル憑據ヲ得セシメタリ

次テ午後三時黄土崗ニ於テ左記命令ヲ下達セリ

歩一作命第五四號

牟田口部隊命令　七月二十七日午後二時　於黄土崗

一、目下迄ニ知リ得タル敵情左ノ如シ
西紅門ニハ敵ノ歩兵三連之ヲ占領シアリ
新行宮ニハ歩兵一小隊、槐房ニハ歩兵ニ中隊之ヲ占領シアリ
陳六荘ニハ第二聯隊ノ第四中隊既ニ占領シアリ

二七

二、牟田口部隊ハ第一線部隊ヲ以テ新發地、潘家廟、馬家樓ノ線ヲ主力ヲ以テ黄土崗ヲ占領シ明拂曉攻擊ノ目的ヲ以テ極力當面ノ敵情地形ヲ搜索セントス

三、第三大隊ハ依然現在ノ線ヲ占領シ新行宮、及槐房並新行宮南方地區ノ敵情地形ヲ搜索スヘシ

四、聯隊砲中隊ハ潘家廟附近ニ於テ敵

ノ出撃ニ對スル如ク陣地ヲ占領スヘシ

尚明拂曉南苑西北角ニ主攻撃ヲ指向スル場合ヲ顧慮シ行宮村附近ニ陣地ヲ偵察スヘシ

五、第二大隊ハ黄土崗附近ヲ占領スヘシ

特ニ行宮村槐房附近ノ敵情地形ヲ偵察スヘシ

二九

三〇

六、通信班ハ旅團司令部各大隊及第三大隊隷下部隊ノ連絡ニ任スヘシ

七、各隊ハ敵ノ便衣隊類ニ出沒シアルヲ以テ直接警戒ニ遺憾ナカラシムヘシ

八、本二十七日夕ノ給養ハ各大隊ノ携行糧秣ニ依ルヘシ

細部ニ関シテハ松尾主計少佐ヲシテ指示セシム

九、予ハ黄土崗ニ在リ
部隊長　牟田口大佐
下達法　各隊命令受領者ヲ集メ口達筆記
午後四時左記旅團命令ヲ受領ス
旅作命甲第四八號
旅團命令　七月二十七日午後四時
於豐台
一、一般ノ情況及兵團ノ企圖ハ只今浅
野少佐ヲシテ口達セシメタル通リ
二、萱島步兵部隊ハ遅クモ明拂曉迄ニ

三一

三二

小紅門ニ至リ南苑兵營東北角ニ向
フ攻撃ヲ準備スヘシ敵ヲ遮断スル
如ク馬村南方地區ニ進出シ兵團主、
カト連繋スヘシ

兵團長　河邊少將

右命令ニ基キ各隊ハ極力敵情地形ノ偵察ニ
努メ且警戒至嚴ノ裡ニ夜ニ入ル

河邊兵團長ノ第一線視察

河邊兵團長ハ午後五時黄土崗聯隊本部ヲ

次テ潘家廟第一線部隊ノ状况ヲ視察セラレ更ニ同地北方堤防上ニ於テ敵情地形ヲ視察セラル

聯隊長ノ意見具申並河邊兵團長ノ不採用

聯隊長ハ爾後攻撃ノ爲メ新行宮ハ本夕一部ヲ以テ之ヲ占領スルコトヲ認メラレ度旨意見ヲ具申シ鈴木砲兵聯隊長モ同シク意見ヲ具申スル所アリシモ彼我夜間争奪戰ヲ惹起シ整々タル攻撃準備不能ニ陥ル

ヘキヲ顧慮セラレ採用スル所トナラス、已ムナク之カ占領ヲ断念ス

三四

二、攻撃部署

午後八時左記旅團命令ヲ受領ス

旅作命甲第四九號

旅團命令　七月二十七日午後八時　於豊台

一、南苑西苑及八寶山附近ノ敵ハ撤退ノ模様ナク益々戰備ヲ固メアリ

北平ニ於ケル居留民ノ收容ハ順調ニ實施セラレタリ

軍ハ明二十八日朝攻擊ヲ開始シ不信暴戾ノ支那軍ヲ膺懲ス

第二十師團ハ窪莊、慶府莊ノ線ニ展開シ明拂曉南苑ニ對スル攻擊ヲ準備ス

其騎兵部隊ハ前高前店ニアリ明拂曉西紅門ノ敵ヲ攻擊ス

航空兵團ハ明朝午前五時三十分乃至六時ノ間ニ南苑ニ對シ編隊一回ノ爆擊ヲ實施ス爆擊終了ノ時機ハ信號彈

三五

三六

又ハ撒紙ヲ以テ示ス

二、兵團ハ明曉新發地潘家廟ノ線ニ於テ南苑西北角ニ向フ攻擊ヲ準備シ併セテ敵ノ北方ヘノ遁避ニ對シ備フル所アランﾄス

三、牟田口步兵部隊ハ明拂曉迄ニ新發地潘家廟ノ線ニ於テ行宮村及南苑西北角ニ向フ攻擊ヲ準備スヘシ

在陳六莊ノ步兵第二聯隊第四中隊ヲ

其指揮ニ入ラシム
行宮村攻撃ノ爲前進時刻ハ別命スル
モ午前五時二十分ト豫定ス
四、萱島部隊長ハ遅クモ明拂暁迄ニ小紅
門ニ到着シ南苑東北角ニ向フ攻撃ヲ
準備スヘシ
敵ノ北方逃入ニ際シテハ速ニ馬村南
方地區ニ進出シテ其退路ヲ遮断スル

三七

三八

ト共ニ兵團主力トノ連絡ヲ圖ルヘシ

五、福田部隊ハ今夜楊家花園ニ前進シテ該地ヲ確保シ明拂曉以後馬村方向ニ前進シテ敵ノ退路ヲ遮断スヘシ特ニ牟田口部隊トノ連繫ニ注意スルヲ要ス

六、鈴木砲兵部隊ハ今夕潘家廟附近ニ陣地ヲ占領シ明拂曉ニ於ケル行宮村及南苑西北角ニ向フ牟田口部隊ノ戰鬪

ニ協力スヘシ
敵ノ北方退却ニ當リテハ行宮村北方
地區ニ行動シ主トシテ南苑—北平道
ニ對スル射撃ヲ準備スヘシ
特ニ萱島部隊ノ進出ヲ顧慮シ相撃ヲ
戒ムルヲ要ス
七、慶部大隊ノ鈴木機関銃中隊ハ兵團豫
備隊トス
明朝午前五時ニ潘家廟ニ至ルヘシ

三九

四日

八、旅團通信班ハ明拂曉迄ニ通信線ヲ在潘家廟戰鬪司令所ニ延伸シ爾後其ノ前進ニ追随スル如ク準備スヘシ

無線通信ノ運用ハ從前ニ同シ

又鳩ヲ戰鬪司令所ニ携行スヘシ

九、野口騎兵部隊及豊台守備隊ハ依然現任務ヲ續行スヘシ

一日彈藥及糧秣ノ補給ハ豊台ニ於テ實施スヘシ

二、第一救護班ハ明朝午前四時三十分豊台出發先ツ潘家廟ニ至リ開設ヲ準備スヘシ

第二救護班ハ明二十八日歩兵營内ニ開設ヲ準備シ傷者ノ收療及天津ヘノ後送ヲ担任スヘシ

給水班ハ明二十八日第一線部隊ヘノ給水ヲ担任スヘシ實施ニ當リテハ戰闘司令所ニ連絡スヘシ

四一

四二

兵團長　河邊少將

下達法　各隊長ニ口達後印刷交付

右命令ニ基キ左記命令ヲ下達セリ

特ニ此時各大隊副官聯隊砲中隊將校一名ヲ集メ明拂曉攻撃ノ戰闘地境等ニ関スル注意ヲナス

步一作命第五五號

牟田口部隊命令　七月二十八日午前零時三十分　於黄土崗

一、南苑西苑及八寶山附近ノ敵ハ撤退ノ

模様ナク益々戰備ヲ堅メツヽアリ
北平ニ於ケル居留民ノ收容ハ順調ニ
實施セラレアリ
軍ハ本二十八日朝攻擊ヲ開始シ暴戾
ナル支那軍ヲ膺懲ス
川岸兵團ハ本二十八日窪莊、慶府莊ノ
線ニ於テ南苑ニ對スル攻擊ヲ準備ス
旅團ハ新發地、潘家廟ノ線ニ於テ南苑
西北角ニ對スル攻擊ヲ準備ス

四三

四四

萱島部隊ハ本拂曉小紅門ニ於テ南苑東北角ニ對スル攻擊ヲ準備ス

福田部隊ハ二十七日夜楊家花園ニ前進シ該地ヲ確保シ本拂曉以後馬村方向ニ前進シ敵ノ退路ヲ遮斷スル筈

航空兵團ハ本日午前五時三十分乃至六時ノ間ニ南苑ニ對シ編隊一回ノ爆擊ヲ實施ス爆擊終了ノ時機ハ信號彈及撒紙ヲ以テ示ス

鈴木砲兵部隊ハ潘家庙附近ニ陣地ヲ占領シ當初、槐房附近ニ對シ砲擊ヲ實施シ爾後我攻擊前進ニ伴ヒ陣地ヲ行宮村附近ニ推進シ牟田口部隊ノ南苑西北角ニ對スル攻擊ニ協力ス

二、牟田口部隊（新ニ4/2iヲ屬セラル）ハ本日午前四時迄ニ新發地潘家庙ノ線ニ於テ槐房附近ノ敵ニ對シ攻擊ヲ準備シ該地奪取後萬字地南北ノ線ニ於テ鈴

四五

四六

木砲兵部隊ト嚴密ニ連繫シタル後南
苑西北角ニ向ヒ攻擊前進セントス
攻擊前進ノ時機ハ午前五時二十分ト
豫定ス

三、第二大隊（第六中隊缺）ハ午前四時迄ニ
新發地及其ノ北方提防上ニ展開シ南
苑西北角ニ對スル攻擊ヲ準備スヘシ

四、第三大隊（第九中隊缺）ハ潘家廟提防上
ニ展開シ槐房及南苑西北角ニ對スル

攻擊ヲ準備スヘシ
現在新發地ニ在ル部隊ハ第二大隊ノ
進出ヲ待ツテ之ヲ撤去スヘシ
五、第二、第三大隊ノ戰鬪地境ハ潘泉廟、新
行宮南端南苑西北角ヲ連ヌル線トス
六、第二聯隊第四中隊ハ我攻擊前進ニ伴
ヒ第二大隊ノ右翼ニ連繫スル如ク葉
茂荘方向ヨリ南苑西北角ニ向ヒ攻擊
スヘシ

四七

四八

特ニ西紅門ノ敵ニ對シ我部隊ノ右翼ヲ警戒スヘシ

七、聯隊砲中隊ハ當初潘泉廟附近ニ待機シ我攻撃前進ニ伴ヒ行宮村附近ニ陣地ヲ占領シ槐房附近ニ現出ヲ豫想スル敵重火器ヲ求メテ射撃シ第三大隊ノ攻撃ニ協力シ爾後ナルヘク第一線ニ近ク陣地ヲ推進シ南苑西北角ノ攻撃ニ協力スヘシ

八、第一中隊ハ豫備隊午前四時迄ニ潘家廟ニ位置スヘシ

九、通信班ハ聯隊本部ヲ基点トシ両大隊及聯隊砲中隊間ニ通信網ヲ構成スヘシ

一〇、予ハ午前四時潘家廟ニ在リ

牟田口部隊長

下達法　命令受領者ヲ集メ口達筆記第四中隊ニハ本部書記後藤曹長ヲシテ連絡セシム

四九

吾

右命令ニ基キ第二大隊ハ午前四時迄ニ新發地及其ノ北方堤防上ニ展開シ攻擊準備ヲ完了ス聯隊砲中隊ハ潘家廟ニ前進シ爾後ノ前進ヲ準備シアリ

我ト直接協同ノ鈴木砲兵部隊本部モ昨夕午後六時我聯隊本部ノ位置ニ來リ本朝午前三時迄同一場所ニ在リ

此ノ間兩聯隊長ハ本拂曉攻擊ニ關シ密接ナル協定ヲナセリ

七月二十七日夜ニ於ケル彼我ノ態勢別紙要
圖第一ノ如シ
三、攻撃前進時期ヨリ
午前五時三十分旅團命令ニ依リ第一線ニ前
進ヲ命ス
第二第三大隊ハ一齊ニ前進ヲ開始スルト共
ニ我直接協同ノ砲兵ハ槐房ノ敵ニ對シ射撃
ヲ開始ス
我第一線新行宮南北ノ線ニ進出スルヤ蔡茂

五一

五二

莊及槐房ノ敵ハ猛烈ナル射撃ヲ開始ス
各隊ハ繁茂セル高梁及所々ニ密生セル柳樹ヲ利用シ且隊形ノ選擇ニ依リ一意前進ス
午前五時四十五分第二大隊ハ繁茂莊ノ敵ニ對シ一部ヲ以テ攻擊中ナルヲ知ル
次テ午前六時十分同地ヲ占領セシ報告ヲ受領ス
同時頃第三大隊ハ行宮ニアル一部ノ敵ヲ驅逐シ行宮東側ニ進出シ槐房ノ敵ニ對シ攻擊

ヲ開始ス又聯隊砲中隊ハ所命ノ如ク第三大隊ノ後方ヲ前進シ行宮西端ニ陣地ヲ占領シ第三大隊ノ戰闘ニ協力中ナリ

聯隊本部ハ午前五時五十分潘家廟ヲ出發シ午前六時三十分行宮村十字路ニ達ス

當時敵ノ迫擊砲及我砲兵ノ射擊熾烈ニシテ其砲彈ハ行宮附近一帶ニ落下ス

聯隊本部附步兵中尉寺口末太郎及同畑川德一並本部書記曹長後藤竹次郎ノ活動ニヨリ

五三

五四

午前七時第二大隊及歩兵第二聯隊第四中隊ハ祭茂荘攻略後續テ其ノ東方五百米一軒屋ニ在リシ約一分隊ノ敵ヲ驅逐シ楊荘及萬字地ニ向フ前進ヲ準備中ナルヲ知ル又本部附歩兵中尉寺口末太郎並本部書記曹長伊藤續ノ活動ニヨリ第三大隊正面ノ敵ハ槐房部落西端及北端ヲ占領シ其ノ兵力歩兵約三中隊機関銃四、迫撃砲二三門ヲ有スルモノノ如クシテ堅固ニ陣地ヲ構築シ且四周ニ對シ射撃

シ得ル如ク防禦工事シアルヲ知ル
同地附近敵陣地ノ情態要圖第二ノ如シ
次テ通信班長歩兵中尉小岩井光夫ハ敵彈雨
注ノ間ヲ冒シ第三大隊長ノ許ニ至リ其狀況
ヲ確メ歸來シテ曰ク我ニ協力スル砲兵及我
聯隊砲ノ射彈ハ逐次所望ノ位置ニ命中シ又
第三大隊ハ克ク奮戰シ極力近迫ニ努メツヽ
アルモ敵ハ頑强ニシテ戰況ノ進捗意ノ如ク
ナラスト又曰ク第二大隊ヲシテ之ニ協力セ

五五

シメラレ度旨意見ヲ具申スル處アリ

五六

恰モヨシ通信班ノ努力ニヨリ直接第三大隊本部ト通話スルヲ得ルニ至レルヲ以テ聯隊長ハ第三大隊長ニ對シ其健闘ヲ犒ヒ聯隊ハ南苑西北角ニ對スル攻撃準備ヲ急ク爲メ豫定ノ如ク主力ヲ以テ萬字地十字路ニ向ヒ前進ス第三大隊ハ其攻撃進捗ヲ速カナラシムル爲、槐房附近ノ敵ニ對スル正面攻撃ヲ避ケ爲シ得ル限リ其北方細流ノ線ヲ利用シ陰蔽迂回シ以テ退却ノ餘儀ナキニ至ラシムルヲ可トスヘキ旨指導スル所アリタリ又第二大隊ヨリハ榮茂莊ヨリ第三大隊ノ攻擊ニ直接協力シ得ル報告アリシモ聯隊長ハ斯クテハ聯隊ノ主力ヲ槐房ノ村落内ニ吸收セラレ眞ノ目的タル南苑西北角ニ對スル攻擊遲延センコトヲ虞レ已ムヲ得サレハ第二大隊及聯隊豫備隊ノミ萬字地ニ向ヒ前進スヘク命令セリ右命令ハ聯隊副官步兵少佐河野又四郎

五七

五八

之ヲ傳達セリ
而シテ戰鬪全般ノ指導ハ第二大隊方面ヨリ戰況ノ進展ヲ圖ルヲ適當ナリトシ豫備隊タル第一中隊ヲ率キ行宮ヨリ萬字地ニ通スル道路ヨリ前進シ行宮東南方三叉路ニ達ス
聯隊本部前進開始前ニ於テハ槐房附近ノ敵射彈ハ我正面ニ對シ飛來シアリシモ此ノ位置ニ於テハ銃砲聲ヲ西北方ニ聞キ槐房ニ對シ其ノ南側面ヲ攻撃シ得ル位置ニ進出シタ

ルコトヲ確信スルヲ得タリ蓋シ附近一帯高粱畑ニシテ全ク視界ナク銃砲聲ノ方向又ハ射彈落下ノ情態ニヨリ一般関係位置ヲ判断セサルヘカラサル関係ニアリ

當時聯隊附歩兵中佐森田徹ハ聯隊長ニ對シ槐房攻略ノ爲メ地形ノ解説ヲナシタルモ聯隊長ハ依然萬字地ニ向ヒ前進スルニ決セリ是レ萬字地ニ於ケル第二段ノ攻擊準備ヲ速ニ完了シ且ツ南苑西北角ノ攻略ヲ迅速ナラ

五九

六〇

シメントスル決心堅確ナリシヲ以テナ、リ
聯隊長ハ此ノ企圖實行ノ爲豫備隊タル第一
中隊ノ一小隊ヲ尖兵トシテ前進中午前七時
四十分萬字地西方約三百米ノ地点ニ於テ第
ニ大隊ト會シタルヲ以テ第二大隊ヲ先頭ト
シテ萬字地ニ前進セシム
當時第一中隊ノ尖兵長原准尉ハ某十字路（戰
闘終了後偵察ノ結果該十字路ハ萬字地ナル
コトヲ知リ得タルモ當時ハ萬字地ノ西方ナ

リト誤解シ居タリ〕ニ達シアリシモ萬字地ハ
尚東方ナリト思惟シ第二大隊ハ前進ヲ續行
ス而シテ此ノ地点ヲ前進スルヤ直ニ東方ヨ
リ急射擊ヲ受ケ大隊長ハ直ニ一部隊ヲ高粱畑
ニ展開シ攻擊ヲ開始セリ
又步兵第二聯隊第四中隊ハ第二大隊ノ右翼
ニ連繫シ南苑西北角ニ近キ敵陣地ニ對シ攻
擊ヲ開始シアリ
聯隊長ハ萬字地十字路西南隅一軒屋ニ位置

六一

六二

シ豫備隊タル第一中隊ハ其ノ西側高梁畑ニ位置セシメ戰鬪ヲ指導ス時正ニ午前八時十リ

此ヨリ稍前友軍飛行機数機ハ天津方向ヨリ飛来シ南苑ニ對シ二回ノ爆撃ヲナス又直接協同ノ砲兵ノ一部ハ行宮南側ニ陣地ヲ変換セシ通報ニ接ス續テ午前九時頃鈴木砲兵部隊本部モ我カ聯隊本部ニ来リ両隊長此處ニ會同ス

而シテ歩砲協同ニ関シ現在迄ノ緊密ナル連繋ニ就テ謝意ヲ表スルト共ニ續テ行フ南苑西北角ニ對スル攻撃ニ関シ細部ノ打合セヲナシタリ

午前九時ヨリ我砲兵ノ一部ハ南苑西北角附近ニ對シ射撃ヲ開始ス

斯ノ如クシテ午前九時二十分頃ニ至レリ當時笹川中尉ハ連絡ノ爲身ヲ挺シ第二大隊本部ニ到リシク第二大隊正面ノ敵ハ歩兵約二

六三

六四

中隊、重機三、迫擊砲二ヲ有シ掩蓋銃座ヲ構築シ或ハ圍壁並家屋ヲ利用シ猛烈ナル射擊ヲナシ頑强ニ抵抗ヲ持續シアリ特ニ左正面ハ地形開濶セルヲ以テ此ノ正面ニ向ヒタル第五中隊ハ死傷逐次增加シアルノ狀況ヲ報告セリ同地附近ノ敵陣地ノ情態附圖第三ノ如シ

之カ爲聯隊長ハ豫備隊タル第一中隊ノ擲彈筒ヲ第二大隊ノ攻擊ニ協力スヘク命令セリ

同時第二大隊砲小隊長中島少尉ハ觀測所ヲ護一軒家ニ推進シ萬字地（戰鬪終了後偵察ノ結果ハ南苑西北角ナリ）ノ敵ヲ射撃ス

此ノ射撃ニヨリ敵ノ火力大ニ衰ヘ第一線ハ一意前進シ第二大隊右中隊タル第四中隊ハ突撃ヲ敢行シテ南苑西北據點ノ一部タル一軒家ヲ攻略スルヲ得タリ

四　敵ノ退却看破ト當時ニ於ケル彼我ノ狀況

午前九時二十五分第二大隊砲小隊長中島少

六五

六六

尉ハ聯隊本部ノ位置セル一軒家屋上ニ在リテ指揮シアリシカ聯隊長ニ對シ南苑ヨリ白襦袢ノ敵兵ラシキモノ三々五々北方ニ敗走スルモノアルヲ報告ス　聯隊副官河野少佐モ亦屋上ニ昇リテ此ノ状態ヲ確認シ且支那軍ハ退却ニ際シ武器装具ヲ放擲スルヲ常トスルヲ以テ白襦袢ノ兵ハ確ニ敵ノ退却兵ナルヘキ旨ヲ報告ス　次テ聯隊長モ亦屋上ニ昇リテ此ノ状態ヲ目撃シ敵ハ既ニ退却ヲ開

始シタルモノト判断ス
當時第二大隊第一線ハ既ニ南苑西北角ニ近迫シ南苑西北角ニ位置セル掩蓋機関銃座ヲ有スル「トウチカ」ニ對シ大隊砲及擲弾筒ヲ集中シテ之ヲ沈黙セシメ第四中隊ハ既ニ右方一軒家ノ敵ヲ驅逐シテ之ヲ占領シ「トウチカ」一帯ノ敵ノ第一線ニ對シ將ニ突撃ヲ敢行セントス　而シテ敵ハ更ニ第二線堤防ノ線ニハ壕ヲ廻ラシ相當堅固ナル工事ニ據リアル

六七

ヲ知ル

當時ニ於ケル聯隊主力方面彼我ノ情況附圖第四ノ如シ

第三大隊ノ狀況ハ詳知スルヲ得サルモ該方面ハ砲聲全ク熄ミ敵ノ「チエツコ」輕機及銃聲ヲ聞クノミナルヲ以テ既ニ該大隊ハ槐房ヲ奪取シ第二攻擊準備位置ニ前進中ナルヘシト判斷セリ

第二十師團方面ニハ熾ンナル砲聲ヲ聞クノ

ミニシテ何等狀況ヲ知ルヲ得ス

五　敵ノ退却看破時ニ於ケル聯隊長ノ決心

此ニ於テ聯隊長ハ速ニ敵ノ退路ヲ遮断シ之ヲ殲滅スルニ決ス而シテ其ノ處置ハ最モ神速ナルヲ要ス

即チ聯隊主力方面ハ攻擊ヲ續行シテ敵ヲ南苑ノ西北角咽喉部ニ扼シ第三大隊ハ速ニ之ヲ天羅莊ニ轉進セシメ該地附近ニ於テ敵ノ退路ヲ遮断セシムルニ決ス

七〇

時正ニ午前九時三十分ナリ
即チ予備隊タル第一中隊小隊長准尉原恵三ニ左ノ任務ヲ與ヘ第三大隊長ノ許ニ派遣セリ

第三大隊ハ目下槐房東端ノ廟附近ニ進出シアリト判断ス原准尉ハ第三大隊長ノ許ニ至リ左ノ命令ヲ傳達セヨ

左記

一南苑附近ノ敵ハ退却ノ徴アリ

ニ聯隊ハ主力ヲ以テ依然攻撃ヲ續行スル
ト共ニ一部ヲ以テ敵ノ退路ヲ遮断セン
トス

三　第三大隊ハ今ヨリ天羅莊附近ニ轉進シ
敵ノ退路ヲ遮断スヘシ

宜ナル哉原准尉ハ槐房東南端ニ於テ恰モ槐
房部落ノ敵ヲ突破シテ猛進中ノ第三大隊長
ニ會シ確實ニ前記命令ヲ傳達シ午前十時十
分歸來ス

七一

七二

先之聯隊長ハ旅團長ニ對シ鈴木參謀ヲ經テ電話ヲ以テ當面ノ情況並前記決心並處置ヲ報告ス（通話者聯隊長、鈴木參謀）

次テ鈴木參謀ヨリ電話ヲ以テ旅團長ハ朝來ノ健闘並戰機看破ヲ祝福セラレ且之ニ基ク決心ヲ是認セラレタル旨ヲ報シ更ニ左記要旨ノ電話命令ヲ下達セラル

旅團命令ノ要旨（通話者鈴木參謀、聯隊長）

一 南苑附近ノ敵ハ逐次北方ニ退却シツツ

アリ

二兵團ハ一部ヲ以テ南苑ノ敵ヲ攻撃セシメ主力ハ馬村附近ニ突進シ敵ノ退路ヲ遮断シテ之ヲ殲滅セントス

三牟田口部隊ハ一部ヲ以テ南苑ノ敵ヲ攻撃セシメ主力ハ馬村ニ前進シ敵ノ退路ヲ遮断スヘシ

右旅團命令ヲ受ケシハ正ニ午前十時十四分ナリ

七三

六、聯隊主力馬村ニ轉進ス
右旅團命令ニ基キ聯隊長ハ鈴木參謀ヲ經テ旅團長ニ對シ電話ヲ以テ第二大隊ノ一部ヲ以テ攻擊ヲ續行セシメ主力ヲ以テ新行宮、六合莊ヲ經テ馬村ニ轉進スヘキ旨ヲ報告ス
旅團長之ヲ是認セラル
茲ニ於テ聯隊長ハ既ニ敵ヲ殲滅シタル概ヲ以テ左ノ命令ヲ下セリ
步一作命第五六號

牟田口部隊命令

七月二十八日午前十時十五分
於萬字地

一、諸子ノ奮闘ニ依リ南苑ノ敵ハ退却ヲ開始セリ

二、牟田口部隊ハ主力ヲ以テ今ヨリ直ニ新行宮六合莊ヲ經テ馬村附近ニ轉進シ敵ノ退路ヲ遮断セントス

三、第二大隊ハ可成多クノ兵力ヲ楊村西北方地區ニ集結シ六合莊ヲ經テ馬村ニ向ヒ前進スヘシ

七五

七六

第二聯隊ノ第四中隊ハ爾後貴官ノ指揮ニ属ス

四、第三大隊（第九中隊欠聯隊砲中隊ヲ属ス）ハ天羅荘ヲ經テ馬村方向ニ前進スヘシ

五、新ニ属セラレタル鈴木機関銃中隊（支駐歩三）ハ新行宮附近ニ於テ予ノ指揮ニ入ルヘシ

六、予ハ今ヨリ直ニ新行宮ヲ經テ六合荘ニ至ル

牟田口部隊長

尚勝隊長ハ本追擊戰ニ於テ敵ヲ殲滅セントトス欲シ左ノ注意ヲ附加シ志氣ヲ鼓舞セリ

注意

夫戰鬪ノ成果ハ一ニ追擊ニ依テノミ之ヲ獲得スルヲ得ヘシ諸子奮勵努力セヨ

右命令ハ第三大隊ニハ先ニ連絡ノ爲メ派遣セシ康准尉ヲシテ傳達セシメ其他ニハ命令受領者ヲシテ傳達セシム

七七

聯隊長ハ下達終ルヤ左記旅作命甲第五〇號 七八
ヲ受領ス

旅作命甲第五〇號

旅團命令　七月二十八日午前十時三十分 於行宮村南端三叉路

一、南苑附近ノ敵ハ逐次北方ニ退却シツツ
アリ
裝甲列車ハ花園村附近ニ進出シ永定門
附近敵ノ退路ヲ遮斷ス
二、兵團ハ一部ヲ以テ南苑ノ敵ヲ攻撃セシ

メ主力ハ馬村附近ニ突進シ敵ノ退路ヲ遮断シテ之ヲ殲滅セントス

三、牟田口部隊ハ一部ヲ以テ南苑ノ敵ヲ攻撃セシメ主力ハ天羅荘附近ヲ経テ馬村方向ニ前進シ敵ノ退路ヲ遮断スヘシ

爾後予備隊タル鈴木機関銃中隊ヲ貴官ノ隷下ニ入ラシム

四、萱嶋部隊ハ速ニ馬村附近ニ突進シ敵ノ退路ヲ遮断スヘシ

七九

五　戰車隊ハ馬村附近ニ於テ敵ノ退路ヲ遮断スヘシ

六　砲兵隊ハ速ニ南海子附近ニ轉進シ主トシテ牟田口部隊ノ追撃ニ協力スヘシ

七　豫備隊タル鈴木機関銃中隊ハ六合莊附近ニ前進シ牟田口部隊ノ追撃ヲ容易ナラシムヘシ

爾今牟田口部隊長ノ隷下ニ入ルヘシ

八　予ハ暫ク現在地ニ在リ後楊家花園ニ至

ル

兵團長　河邉少將

右旅團命令ハ先ノ電話命令ト同一主旨ナルヲ以テ何等部署ノ變更ヲ要セス直ニ聯隊本部及予備隊タル第一中隊ヲ率井先ツ新行宮ニ向ヘリ時正ニ午前十時三十分ナリ

聯隊長ハ行宮ニ於テ旅團長ト會ス旅團長自ラ進テ馬上ノ聯隊長ノ手ヲ握リ聯隊戰闘ノ成果ヲ祝福セラル感激極マリナシ

八一

聯隊長ハ馬上ニ乾杯シ又將兵一同ニ西瓜ヲ 八五
犒ハレ炎暑ヲ忘レ一意敵ノ殲滅ニ燃ユ意氣
正ニ軒昂タリ

道ヲ馬村ニ急キ志氣旺盛ナリ

新行宮ニ於テ待機中ノ聯隊砲中隊、第三大隊
大隊砲小隊並歩兵第二聯隊機関銃中隊ヲ掌
握シ左記行軍序列ヲ以テ六合莊ヲ經テ馬村
ニ向ヒ前進ス

左記

$\frac{1}{12}$/

100m

1(−$\frac{1}{12}$)

2MG/2i

而シテ第二大隊ハ當時ノ狀況上兵力ノ集結等ノ關係ニテ聯隊本部ト共ニ直ニ轉進スルコト困難ナリシヲ以テ聯隊ノ進路ヲ追及セシメタリ

第三大隊ハ所命ノ如ク天羅莊ニ向ツテ轉進セルコト確實ナリ

八三

八四

七 聯隊主力ノ馬村占領

聯隊主力ハ途中天羅莊方向ニ盛ナル銃聲ヲ聞キ或ハ第三大隊方面ニ於テ敵ヲ捕捉シ得タルヘキヲ豫想シツツ正午其先頭ヲ以テ馬村ニ進入セントスルヤ突如數十發ノ射撃ヲ受ク敵兵力不明ナルモ約一中隊内外ナルモノノ如シ

即チ馬村ノ敵ニ對シ直ニ第一中隊及第二聯隊ノ機關銃中隊ヲシテ攻撃セシメ且聯隊砲

中隊ヲシテ之ニ協力セシメ約三十分ニシテ
之ヲ撃滅セリ
此頃東方並北方ニ銃聲ヲ聞ク是レ南苑ヨリ
潰走中ノ支那軍ニ對スル萱嶋部隊ノ戰闘ナ
ラント判斷セラル
又南苑方向ニ對シ砲聲ヲ聞ク
第三大隊ノ情況不明ナリ
第二大隊ハ未タ到着セス
斯ノ如キ情況ニ於テ聯隊長ハ友軍相撃ヲ恐

八五

レ且現在地ニ於テ敵ノ退却ニ際シ之ヲ殲滅スルニ決シ左記命令ヲ下達セリ

歩一作命第五七號

牟田口部隊命令　七月二十八日午後一時 於馬村西側堤防

一、砲聲ヨリ判斷スルニ川岸兵團ハ目下南苑兵營ヲ攻擊中ナルモノヽ如シ

二、牟田口部隊ハ馬村西方堤防ノ線ヲ占領シ敵ノ退却ニ際シ之ヲ殲滅セントス

三、歩兵第一中隊(第二聯隊第二機關銃中隊

ノ一分隊ヲ屬ス）ハ練瓦燒場ヨリ堤防ヲ經テ左方推土ノ間ニ亘リ東南面シテ陣地ヲ占領スヘシ

特ニ南苑ヨリ馬村ニ通スル道路ヲ縱射シ得ル如ク陣地ヲ占領スヘシ

四　聯隊砲中隊ハ大隊砲小隊ヲ併セ指揮シ主トシテ南苑兵營ヨリ馬村ニ通スル道路ヲ縱射シ得ル如ク陣地ヲ占領スヘシ

五　第二聯隊第二機關銃ハ主力ヲ以テ馬村

八七

八八

西南方丘阜ヲ占領シ主トシテ兵營ヨリ馬村ニ通スル本道ヲ制シ得ル如ク射撃ヲ準備スヘシ

一分隊ヲ第一中隊長ノ指揮下ニ屬セシム

六、各部隊ハ敵ノ退却部隊我陣地ニ殺倒スル場合ヲ顧慮シ嚴ニ工事ヲ實施スヘシ

七、予ハ現在地ニ在リ

牟田口部隊長

下達法　口達

午後一時三十分第二大隊到着セシヲ以テ聯隊砲中隊ノ後方ニ集結ヲ命ス

一般ノ配備附圖第五ノ如シ

行李ノ情況

本部附銃工軍曹城下彌以下三名ハ多數ノ彈藥ヲ自動貨車ニ積載シ部隊ニ合スル爲行宮ヨリ聯隊ノ追擊進路ヲ前進中午前十一時三十分六合莊南方地点ニ於テ敵兵約

八九

四五十名突如現出シ射撃ヲ受ケタリ
城下軍曹ハ直ニ三名ニ射撃開始ヲ命スル
ト共ニ急速ナル速度ヲ以テ敵ニ離脱ヲ圖
リ迅速ニ部隊ニ合シ得タリ

第三　戦鬪後ノ行動

一、馬村ヨリ豊台ヘノ轉進
午後二時三十分旅團参謀鈴木少佐馬村ニ來
リ西五里店附近ヲ占領シアル騎兵及豊台ハ
優勢ナル支那軍ノ攻撃ヲ受ケ苦戦シアル情

報ヲ通報スルト共ニ左記旅團命令ヲ傳達セリ

旅作命甲第五一號

旅團命令

七月二十八日午後一時半
於楊家花園戰鬪司令所

一　南苑附近ノ敵ハ東北方ニ潰走中我萱嶋部隊ノ爲更ニ撃破セラレ四散スルニ至レリ

在西五里店野口騎兵部隊ハ目下敵ノ重圍ニ在リ豐台附近ニモ砲彈落下シアリ

九一

二、兵團ハ直ニ豐台西北方地區ニ轉進シ該 九二
方面ノ敵ヲ撃破セントス
三、各隊ハ可成速ニ先ツ豐台ニ至ルヘシ
四、予ハ豐台ニ至ル

兵團長 河邊少將

右命令ニ基キ左記命令ヲ下達ス

步一作命第五八號

牟田口部隊命令 七月二十八日午後二時四十分 於馬村

一、南苑ノ敵ハ四散セルモノノ如シ

二、牟田口部隊ハ今ヨリ豊台ニ向ヒ轉進セントス

三、筒井大隊長ハ部下歩兵一中隊機関銃三小隊大隊砲一小隊ヲ以テ前衛トナリ馬村、南海子楊家花園ヲ経テ豊台ニ向ヒ前進スヘシ

四、第一中隊（配屬部隊故ノ如ク先遣部隊ヲ欠ク）ハ後衛トナリ本隊ノ進路ヲ本隊ノ後方三百米ヲ跟隨スヘシ

九三

五 爾餘ハ本隊トナリ左記行軍序列ヲ以テ
前衛ノ後方三百米ヲ前進スヘシ

九四

本隊（同行軍序列）

聯隊本部

第二大隊ノ残餘

第二聯隊機関銃中隊

大隊砲小隊

聯隊砲中隊

六 予ハ本隊ノ先頭ニ在リテ前進ス

牟田口部隊長

下達法　命令受領者ヲ集メ口達筆記

右命令ヲ下達セシ後砲聲殷々タル情況ヨリ察シ豊台附近ノ情況急迫ヲ告ケアルヲ思ハシム即チ旅團ヨリ廻送セシメラレシ自動車ニ依リ午後三時二十分第一中隊長ノ指揮スル歩兵一小隊機關銃一分隊大隊砲一門ヲ先遣之ヲ救護セシメ新ニ歩兵第二聯隊第四中隊ヲ後衛トシ午後三時三十分馬村ヲ出發シ

九五

豊台ニ向フ　六六

第三大隊ニハ通信班長小岩井中尉ヲシテ本状況ヲ知ラシメ且第三大隊ハ成ルヘク速ニ豊台ニ向ヒ轉進スヘキ聯隊命令ヲ傳達セシム

聯隊將兵ハ酷熱ノ下ニ於テ本朝来ノ戰鬪ニ引續キ轉進ニ次クニ轉進ヲ以テシ相當ノ疲労ヲ覺エ渇ヲ訴フルコト甚タシ聯隊主力ハ馬村ニ於テ沸水車ニ依リ湯茶ヲ補給シ豊台

方面ニ熾ンナル砲聲ヲ聞キツツ一意豊台ニ急行ス　燒クカ如キ酷熱ヲ物トモセス意氣ニ燃エタル將兵ノ志氣ヤ旺盛ナリ途中楊家花園ニ於テ小休止ヲ爲ス此地一帶ハ北平ニ對スル蔬果實及野菜ノ供給地ニシテ豊富ナル西瓜ノ產地ナリ附近農民ノ持チ來レル西瓜ニ依リ全將兵渴ヲ醫スルヲ得タリ

更ニ勇ヲ鼓シテ豊台ニ向フ・聯隊長ハ途中ヨリ馬ヲ馳セテ部隊ニ先行シ午後六時稍過

九七

キ豊台ニ到着シ旅團長ニ馬村轉進後ノ行動 九八
ヲ報告シ豊台附近ノ現狀ニ就キ概ネ左記情
況ヲ承知ス

左　記

一、野口騎兵部隊ハ西五里店、一文字山ニ在リ
テ旅團ノ後方ヲ掩護シアリシカ本朝來優
勢ノ敵ノ攻撃ヲ受ケ危急ニ瀕シタリ

二、豊台守備ノ為残置シアリシ我聯隊第九中
隊ハ右救援ノ為一文字山方面ニ派遣セラ

レタリ

三、本朝來北平南方地區ニ戰鬪セシ福田戰車部隊（我第六中隊ノ主力配屬セラル）及鈴木砲兵部隊ノ重砲大隊ハ其ノ快速力ヲ利用シ急遽豐台ニ轉進シ直ニ一文字山西五里店附近ニ進出シテ敵ヲ撃退シ目下情況ハ緩和シアリ

四、先行セシ第一中隊主力ハ豐台ニ於テ豫備隊ヲ命セラレアリ

九九

一〇

五聯隊ハ兵營附近ニ集結シ待機スヘキコト
斯クテ聯隊主力ノ到着セルハ午後七時梢前ナリ此頃ニ於テハ一文字山方面ノ敵ハ撃退セラレ情況大ニ緩和セラル
即チ聯隊主力ハ所命ノ如ク豊台練兵場ニ集結シテ待機ス

二、小岩井中尉歸還シ第三大隊方面ノ情況ヲ報告ス
曩ニ第三大隊ニ連絡セシメシ小岩井中尉ハ

午後八時半頃豊台ニ歸來シ午後六時二十七分天羅莊ニ到着第三大隊長ニ會シ確實ニ所命事項ヲ傳ヘタルコト並第三大隊方面ノ状況ニ關シ左ノ要旨ノ報告ヲ爲ス

ハ第三大隊ハ午前十時四十分頃天羅莊ニ到着陣地占領ヲ終ルヤ間モ無ク第三大隊陣地前ニ殺倒スル敵ノ退却部隊ヲ潰滅セシメ續テ退却シ來ル敵ノ乘馬部隊自動車部隊徒歩部隊等ノ大縱隊ヲ次々ニ殲滅シ特

一二

ニ敵ノ第百三十二師長趙登禹ヲ打取リ又 一三
第二十九軍副軍長佟麟閣ヲ屠リ敵ノ死者
少クモ一千以上ニ達シ將兵ノ志氣正ニ衝
天ノ勢ナリ

乙、第三大隊ハ其後全般ノ戰況詳ナラス山本
少尉ヲ連絡ノ為聯隊ニ派遣セルモ歸來セ
ス懸念シアリタル際ニテ小岩井中尉ノ連
絡ニヨリ志氣更ニ高揚シ直ニ豐台轉進ノ
準備ニ着手セリ

ニ全兵團ノ志氣正ニ高揚ス
小岩井中尉ノ右報告ニ依リ南苑ノ敵主力ヲ天羅莊ニ於テ殲滅セシ情況ヲ知リ之ヲ聯隊全將兵ニ傳ヘ且旅團長ニ報告シ全兵團ノ志氣正ニ高揚セルヲ覺ユ

第四　戰鬪經過

南苑附近戰鬪經過附圖第六ノ如シ

第五　豐台附近ノ戰鬪(不期戰)

一、敵夜襲ノ隊感

一三

午後七時過聯隊主力集結ヲ終ルヤ敵ハ本夜豊台ニ對シ夜襲スヘキ情報ニ接ス敵ノ常套手段タル虚報ト思ヒナカラ何トナク夜襲アルヤモ知レストノ豫感アリ即チ豫メ聯隊本部ノ位置セル豊台官舎ニ於テハ電燈ヲ消シ第一線警戒兵ニ注意ヲ喚起スル所アリタリ

二、第三大隊副官荒田中尉ノ報告

午後十一時四十分頃第三大隊副官歸來報告

シテ曰ハク第三大隊ハ間モ無ク到着ス全大隊將兵ノ志氣旺盛ナリ爾後ノ處置ニ関シ指示アリ度

依テ第三大隊ハ練兵場ニ集結スヘク命令セリ

三、敵ノ夜襲

右命令シ終ラントスル際午後十一時五十分頃練兵場北方ト思シキ方向ヨリ俄然熾烈ナル小銃及迫撃砲ノ射撃ヲ受ケ夜ノ静寂ヲ破

一〇五

一〇六

ラル　然レ共敵ハ射撃スルノミニシテ敢テ
前進ノ模様ナシ
當時聯隊長ハ兵營内ニ在リシ旅團司令部ニ
在リ

四、聯隊長ノ處置

1.聯隊長ハ射撃ヲ以テ夜襲シ來ルモノハ何
等恐ルルニ足ラス唯戒ムヘキハ友軍ノ相
撃ニ在リト信シ警戒部隊以外ノ部隊ハ夫
々現在地ニ集結シテ待機セシメ斥候ヲ派

遣シテ敵情ヲ捜索セシム

2.萬一ヲ慮リ官舎地帯ニ在ル將校集會所ニ安置シアリシ軍旗ヲ豐台兵營内ニ奉移ス

3.豐台居留民ヲ兵營内ニ収容ス

五.第三大隊ノ到着

第三大隊ハ豐台練兵場ニ集結セントシテ兵營南側鉄道踏切ニ差懸リシ際俄然熾烈ナル射撃ヲ受ケ一部ヲ兵營東側ニ出シ大隊主力ハ兵營西側練瓦置場ニ集結シテ待機ス

一〇七

六　敵退却

斯クテ敵ノ射撃ハ逐次緩徐トナリ敵ノ退却ヲ判断セラルルニ至リ戰鬪終リヲ告ク

聯隊ハ第一中隊及第二聯隊第四中隊機関銃一小隊ヲ以テ豐台西北側ニ又第九中隊ハ旅團直轄トシテ西五里店ニ於テ警戒ニ任シ其他ノ聯隊主力ヲ豐台ニ集結シ宿營ス

第三大隊長ハ兵營内旅團司令部ニ來リ旅團長及聯隊長ニ對シ本朝來ノ戰鬪結果ヲ報告

一〇八

ス

第六、豊台ヲ中心トスル兵團ノ内戰作戰終局ヲ告ク

本朝來南苑攻擊ニ於テ聯隊將兵ノ奮鬪第二第三大隊ノ連繫攻擊、第三大隊ノ機宜ニ適セル行動ニ依リ敵主力ヲ屠リ赫々タル戰勝ヲ博シ更ニ聯隊主力ハ馬村ニ轉進シテ敵ノ退路ヲ扼シ再轉シテ豊台ニ急行シテ其ノ危急ニ備ヘ克ク内戰作戰ニ優秀ノ結果ヲ博セル戰鬪モ二十八

一〇九

日正子過ヲ以テ全ク終リヲ告ケタリ

二〇

第七　彼我ノ兵力交戦セシ敵ノ團隊號將帥ノ氏名

一、敵ノ兵力

敵ノ兵力不明ナルモ我ト直接交戦セシ兵力ノ概數左ノ如シ

ノ、槐房附近

迫擊砲四、機関銃四、擲彈筒及自動小銃ヲ有スル歩兵約六、七百ナリ

2、南苑西北角附近

重機三、迫撃砲二ヲ有スル歩兵約四百ニシテ其後方陣地ニ據レル敵兵力ハ不明ナリ

3. 天羅荘ニ退却セル兵力約三千

4. 馬村附近

機関銃ヲ有スル約六百

二、我牟田口部隊ノ兵力

聯隊本部

第一中隊（4MG含ム）

二一

一二

第二大隊（第六中隊欠）
第三大隊（第九中隊欠）
聯隊砲中隊
步兵第二聯隊ノ第四中隊、第二機関銃中隊

三 交戦セシ敵ノ團隊號

第二十九軍第三十八師
同　第百三十二師
同　騎兵第九師
同　軍特務旅

同　軍部軍管團

同　軍部軍事訓練團

附記

右兵力並團隊號ハ戰鬪ニ依ル目擊及天羅莊ニ於テ斃セル趙師長及佟副軍長俘虜並聯隊副官河野少佐カ北平ニ於テ第二十九軍衛戍病院ニ入院中ノ敵負傷將兵ニ就キ聽取セル結果等ヲ綜合シタル結果ニ依ル

第八　戰鬪ニ影響ヲ及ホセシ天候氣象及戰鬪地ノ狀態

二四

氣温百度微風ナルモ雨後ニシテ暑氣強シ然レ共時節柄西瓜ノ成熟期ニシテ渇ヲ醫スルニ適當ナリ

戰鬪地ハ多クハ高粱畑ニシテ馬上ノ人ヲモ沒シ展望全ク利カス戰鬪指導ニ至大ノ不利ヲ來セリ

然レ共所々ニ粟及綿ヲ栽培シアル處ニ於テハ展望シ得ルモ膝射ニ於テハ遮蔽ス

處々ニアル抽出樹ハ蔭蔽地ニ於ケル方向維持

地点ノ發見ニ便ナリ　聯隊長カ第一攻撃準備位置ヨリ潘家廟出發ニ方リ該地点ヨリ明瞭ニ目視シ得ラレタル行宮ノ三本ノ抽出樹ヲ指示シ聯隊長ハ行宮ノアノ三本木ニ向ヒ前進スト指示セシカ爾後傳令等期セスシテ三本木ヲ目標トシ爲ニ展望全ク利カサル高薬畑内ニ於テ連絡上至大ノ便宜ヲ得タリ

特ニ敵ハ陣地前ノ射界ノ清掃ヲ實施セサルヲ以テ敵陣地ノ發見至難ニシテ不意ニ敵ノ射撃

一五

ヲ受ケ當面ノ其陣地ヲ發見セシコト屢〻ナリ
二六
然レ共我モ亦蔭蔽近接シ又ハ晝間敵前至近ノ
距離ニ於テ兵力ノ轉用ヲナスニ便ナリ
村落ハ汚堵製ナルヲ以テ設備ヲ施ス時ハ戰場
ニ於ケル最モ堅固ナル據点タリ

第九　參考トナルヘキ所見

本日ノ戰闘指導ハ約四吉米平方地域ニ行ハレ
タルモ幾多ノ參考トナルヘキモノアリ
一、一意任務ニ邁進スルヲ要ス

聯隊長ハ第三大隊ノ攻撃カ槐房ヲ占領セル敵ニヨリ一時阻止セラレタルニ當リ適時之ヲ迂回シ以テ速ニ萬字地ニ前進スル如クシ又第二大隊ヨク榮茂莊ヨリ第三大隊ノ攻撃ニ協力シ得ル報告ヲ受領セシモ槐房ニ兵力ヲ使用スルコトナク依然第二大隊及聯隊本部ヲシテ第二段ノ攻撃準備位置タル萬字地ニ前進セシメタルハ目前ノ狀況ニ眩惑セラルルコトナク敵ノ素質ト戰鬪法トヲ知悉シ

二八

一意任務ニ邁進シ以テ南苑西北角ニ迫リ敵ノ退却ヲ速カナラシメタル素因ヲ為セリ

二、本日ノ戦闘ニ於テ第二第三大隊ハ共ニ連繫攻撃ノ極致ヲ發揮シ全般ノ戦果ヲ偉大ナラシメタリ

第三大隊カ槐房部落ヲ頑強ニ守備セル敵ヲ力攻セル結果敵ハ全力ヲ以テ第三大隊ニ對抗セシモノノ如ク第二大隊正面ハ槐房ノ敵ヨリ何等ノ射撃ヲ受クルコトナク容易ニ第

二攻撃準備ノ隊定位置タル萬字地附近ニ進出スルヲ得タリ

而シテ此ノ第二大隊ノ速ナル進出ニヨリ槐房ノ敵ニ脅威ヲ與ヘテ第三大隊ノ攻撃ヲ容易ニシ遂ニ之ヲ奪取スルニ至ラシメ第二大隊ノ南苑西北角據点ノ一部奪取ト相待テ南苑ノ敵主力ノ側背ニ迫リ敵ヲシテ抵抗ヲ断念シテ潰乱ニ陥ルノ動機ヲ作為セリ而シテ之ニ依テ聯隊長ヲシテ敵主力退却ヲ看破シ

二九

テ其退路ニ迫リ殲滅戰ニ導クヲ得セシメタル等兩大隊ノ戰鬪ノ跡ヲ省ミ其ノ連繋攻擊ニ於テ遺憾ナク聯隊精神ノ極致ヲ發揮シ全般ノ戰果ヲ偉大ナラシメタリ

三、敵兵退却ノ報告ヲ受クルヤ第三大隊ヲシテ縱令槐房ノ敵ヲ攻擊中ナリト雖モ之ヲシテ天羅荘ニ向ヒ退路ヲ遮断スル如ク指導セリ其結果第三大隊ヲシテ偉功ヲ奏スルノ動機ヲ與ヘシメタリ是レ一ニ戰機ノ看破ト敵ノ

素質ト二適應シアル適切ナル處置ニ依ラスンハアラサルヘカラス、

又第二大隊ヲシテ敵前至近ノ距離ニ於テ兵力ヲ轉用セシメタルハ戰機ニ投シ地形ヲ利用シ且敵ノ素質ヲ熟知シ自信ヲ以テ之ヲ決行スルヲ得タルモノナリ

四、平時研究踏査セシ地点ニ於ケル戰鬪ハ其ノ配備ヲ迅速ナラシムルノミナラス自信ヲ以テ指導シ戰鬪ニ好結果ヲ來セリ

三一

第三大隊長ハ槐房ヲ攻撃シ本部ト一部ハ其 一三
ノ東端ニ進出シタルモ一部ハ尚同村ヲ攻撃
中聯隊長ヨリ天羅荘ニ轉進シ敵ノ退路ヲ遮
断スヘキ命ヲ受ケタル時大隊長ハ一意南苑
攻撃ノ精神ニ燃ヘ槐房ヲ突破シ之ヨリ愈々
南苑ヲ攻撃セントスル際轉進命令ヲ受ケタ
ルヲ以テ聯隊長ノ企圖ニ對シ稍腑ニ落チサ
リシ点アリシカ如キモ聯隊長カ全般ノ状況
上命令セラレタルモノナルニ思ヲ致シ所謂

絶對服從ノ軍紀心ヲ發揮シ断然鋭意シテ新任務ニ邁進セシモノノ尚天羅荘カ如何ナル價値アルヤニ多少疑念ヲ存シツツ前進セリ然ルニ同地点ニ達スルヤ附近ノ見覺エアル地物ニヨリ嘗テ第一大隊長ト共ニ研究踏査セシ地点ニシテ南苑ヨリ北平ニ通スル敵退路ヲ扼スル要点ナルヲ想起シ瞬時ニ配備ヲ完了シ確乎タル信念ヲ以テ戦闘ヲ指導シ以テ敵ヲ殲滅スルノ優秀ナル成果ヲ収メタリ

一三

五、攻撃準備ノ位置ハ可成敵ニ近接セシムルヲ 一二四
要ス
本戦闘ニ於ケル攻撃準備ヲ完全ナラシムル
為メ意見ヲ具申セシ如ク行宮ヲ占領セシメ
シナラハ槐房ニ對スル捜索竝攻撃方法ニ付
尚一層適切ナラシメ其戦闘指導ヲ有利ナラ
シメシナラン
之ヲ要スルニ本日ノ戦闘ニ於テ聯隊長ハ高
粱ノ繁茂セル蔭蔽地ニ於テ絶ヘス二ケ大隊

及聯隊砲中隊ノ戰鬪ヲ統一指揮シ且砲兵ト密接ニ協カシ敵軍ノ素質ト戰法竝地形ヲ利用シ且ツ戰術上ノ判断ヲ調和シ以テ戰鬪ヲ指導シ又其ノ退却ノ徴アルヲ看破スルヤ断乎トシテ兵力ノ轉用ヲ命ジ以テ退路ヲ遮断殲滅戰ヲ實施スルコトヲ得タリ

六　平地特ニ蔭蔽地ニ於ケル六號無線ハ連絡上極メテ有利ナリ

本日ノ戰鬪ニ於テ高粱ノ爲メ展望利カス又

一二五

電話線ノ展張困難ナル場合ニ於テ六號無線（三六）ニヨリ第二大隊状況ヲ確認シ之ニヨリテ更ニ傳令ヲ派遣シ連絡上至大ノ便宜ヲ治メタリ

武功録

一特殊功績部隊

第三大隊（第九中隊欠）

槐房ハ豊台方面ニ對シ南苑ノ敵陣地防禦ノ為ノ前進據点ニシテ又同時ニ北京ニ通スル後方連絡線確保ノ要点ナリ之ヲ以テ敵ハ該地ヲ堅固ニ守備シ頑強ニ抵抗セリ

第三大隊ハ奮戦ノ後該陣地ヲ突破シ敵ニ大ナル脅威ヲ與ヘテ其退却ノ動機ヲ作為シ敵退路遮断ノ命ヲ受クルヤ果敢敏速ニ天羅荘ニ轉進シ敵ノ退路ヲ扼シ敵師長並副軍長以下千餘名ヲ屠リ南苑支那軍ヲ潰滅セシメ延テ第二十九軍敗走ノ因ヲ作リ北京附近ニ於ケル軍ノ作戦ヲ最モ容易ナラシメタルモ

二七

ノニシテ其功績ハ偉大ナリ

一二八

通信班及指揮機関

聯隊ノ南苑ノ敵攻撃ニ當ルヤ附近一帶高サ五米内外ノ高梁密生繁茂シ通視全ク不可能而カモ地圖ト現地ト著シク異リ戰闘指揮ハ困難ヲ極メタリ此ノ間ニ處シ通信班ハ危險ヲ冒シ適時適切ニ有線及無線電話網ヲ構成シ又指揮機関ハ常ニ勇敢ニ而モ積極的ニ活動シ與ニ聯隊長ノ戰闘指揮ヲ容易ナラシメ快勝ノ重要ナル素因ヲ為セリ其ノ功績ハ偉大ナリ

二、特殊功績者

第三大隊長　歩兵少佐　一木清直

右ハ本戰闘間攻撃精神旺盛ニシテ率先奮闘シ自ラ陣頭ニ立チテ頑強ナル敵ノ抵抗ヲ排除シテ槐房陣地ヲ突破シテ其東南ニ進出シ敵ニ大ナル脅威ヲ與ヘ次テ聯隊長ヨリ敵主力退路遮断ノ命ヲ受クルヤ迅速果敢ニ行動シテ敵主力ノ退却ニ先チテ天羅莊附近要地ヲ扼シ終ニ敵師長以下南苑部隊ノ主力ヲ潰滅セシメタルハ大隊長ノ指揮適切勇猛ナル攻撃精神ノ結果ニシテ其ノ武功ハ正ニ抜群ナリ

歩兵中尉　小岩井光夫

一三九

聯隊ノ南苑攻撃ニ任スルヤ南苑附近一帯高サ五米内外ノ高粱繁茂シ通視全ク不可能ニシテ指揮ハ一ニ電話網ニ依ルカ直接傳令ニ依ルノ外ナシ　中尉ハ通信班長トシテ勇敢適切ナル指揮ヲ以テ通信班ヲ部署シ適時適切ニ電話網ヲ構成シテ指揮連絡ニ遺憾ナカラシメ又自ラ屢々危険ヲ冒シテ第一線ノ状况ヲ具サニ視察シ聯隊長ノ決心判断ノ資料ヲ提供シ又戰場ヲ馳駆シテ適時聯隊長ノ命令ヲ第一線大隊ニ傳達スル等聯隊長ノ戰闘指導ヲ容易ナラシメタルコト甚大ナリ

其ノ武功ハ正ニ抜群ナリ

歩兵准尉　原　恵三

右ハ聯隊長萬字地ニ於テ南苑ノ敵退却ヲ看破スルヤ速ニ其退路ニ迫リ之ヲ撃滅スルニ決シ第三大隊長ニ對シ天羅荘ニ向ヒ轉進スヘキヲ傳ヘシム准尉ハ敵ノ側方ヨリスル猛射ヲ冒シ神速ニ槐房東端ニ至リ第三大隊長ヲ尋ネ確實ニ之ヲ傳達セリ為之第三大隊ヲシテ天羅荘ノ快勝ヲ奏スルニ至ラシメタルモノニシテ勇敢機敏以テ傳令ノ任務ヲ完全ニ果シタリ其ノ武功ハ正ニ拔群ナリ

歩兵少佐　河野又四郎

右ハ聯隊副官トシテ指揮機関ヲ部署シ當時困難ヲ極メタル各部隊間ノ連絡ニ遺憾ナカラシメ且敵情ニ関シ密偵ヲ使用シテ有利ナ

ル情報ヲ蒐集シ聯隊長ノ戦闘指揮ヲ容易ナラシメタルコト甚大ナリ其ノ功績ハ抜群ナリ

第二大隊長　歩兵少佐　筒井　恒

右ハ部下大隊（第六中隊欠）並支歩ニ第四中隊ヲ指揮シ聯隊ノ右第一線トシテ敵配備ノ弱点ヲ排開シテ直接敵陣地ノ咽喉部タル南苑西北角ヲ攻撃シ敵ニ大ナル脅威ヲ与ヘ終ニ其ノ退却ノ動機ヲ作為シタル功績ハ抜群ナリ

聯隊砲中隊長　歩兵大尉　久保田尚平

右ハ左第一線タル第三大隊ノ槐房攻撃ニ直

援協カシ自ラ散兵線ニ進出シテ適切有効ナル射撃ヲ實施シ第三大隊ノ槐房突破ヲ容易ナラシメタル功績ハ拔群ナリ

步兵中佐　森田　徹

右ハ戰鬪指揮ニ關シ常ニ聯隊長ヲ輔佐シ且危險ノ狀態ニ於テ悠揚迫ラス各部隊ノ戰鬪指導ヲ適切ナラシメタルモノニシテ其功績拔群ナリ

步兵中尉　笹川德一

同　寺口末太郎

右ハ指揮機関トシテ活動シ危險ヲ冒シテ或ハ直接敵狀ヲ視察シテ之ヲ報告シ或ハ第一線大隊トノ連絡ニ任シ以テ聯隊長ノ戰鬪指

揮ニ多大ノ貢献ヲ為セリ其武功拔群ナリ 一五四

步兵曹長　伊藤　續

同　後藤竹治郎

步兵軍曹　川合勇夫

右ハ聯隊本部書記中特ニ勇敢機敏ニシテ克ク命令ノ傳達、部隊間ノ連絡、傳令其他ノ掌握ニ當リ本戰闘ニ快勝ヲ得タル重要ナル原因ヲ作リシモノニシテ其ノ功績ハ拔群ナリ

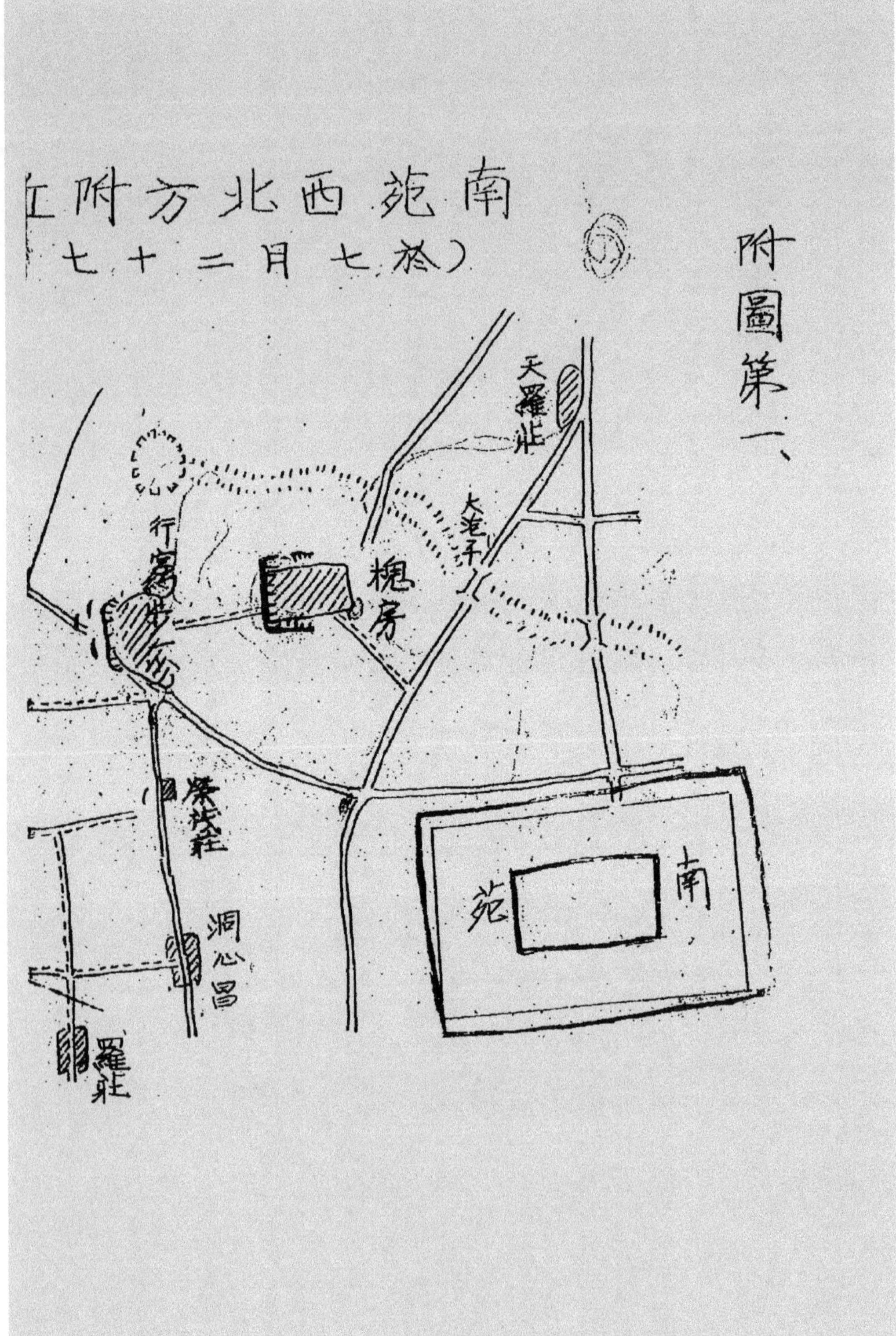
附圖第一、
南苑西北方附近
（於七月二十七）
天羅莊
槐房
行宮
南苑
羅莊

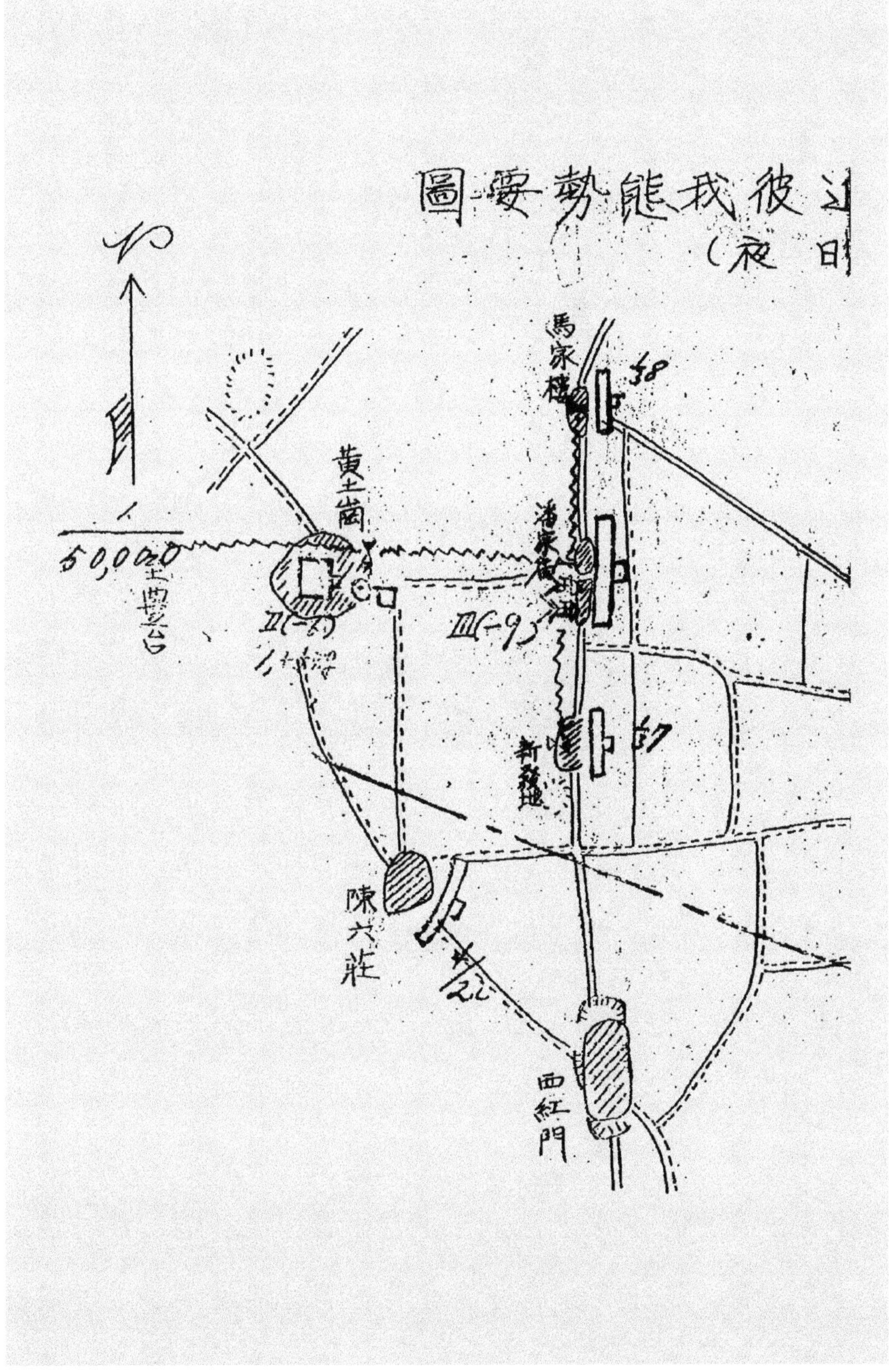
彼我態勢要圖
日
（夜
馬家樓
38
黃土崗
潘家廟
新發地
陳六莊
西紅門
1/50,000
豐台

附圖第二、

槐房附近敵—
（七月二十八日）

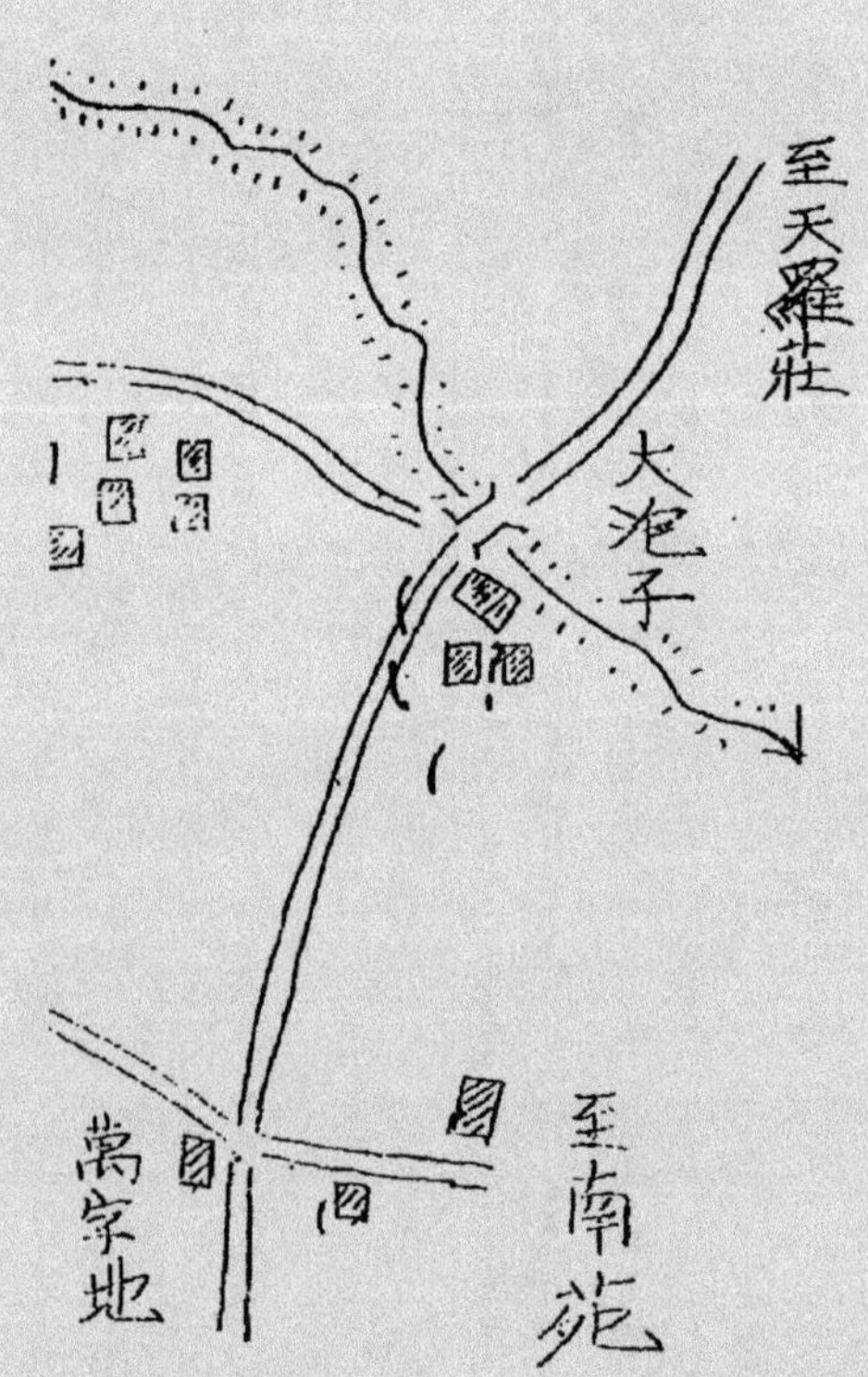

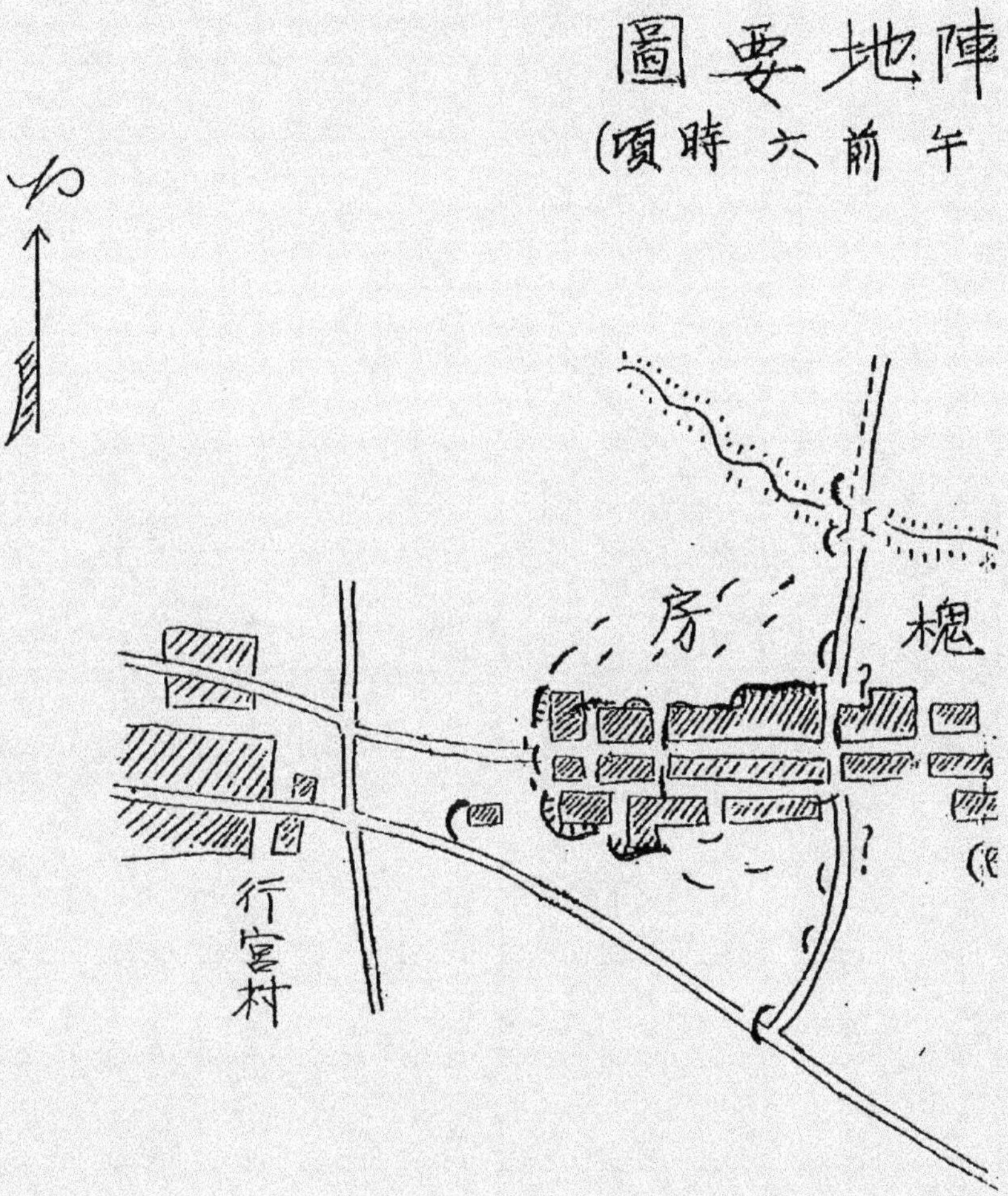

陣地要圖

（午前六時頃

北

槐房

行宫村

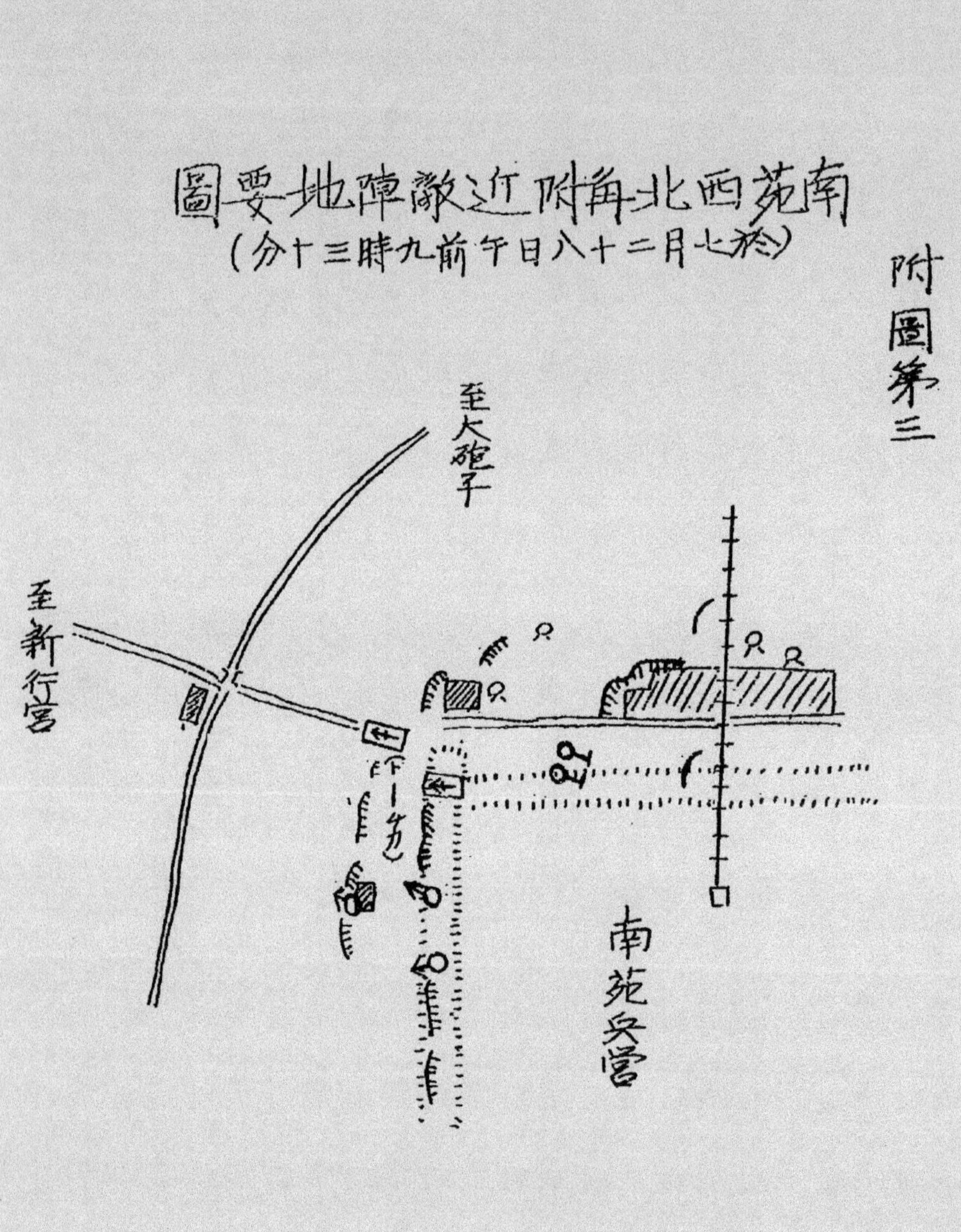
南苑西北角附近敵陣地要圖
(於七月二十八日午前九時三十分)
附圖第三
至大砲子
至新行宮
南苑兵營

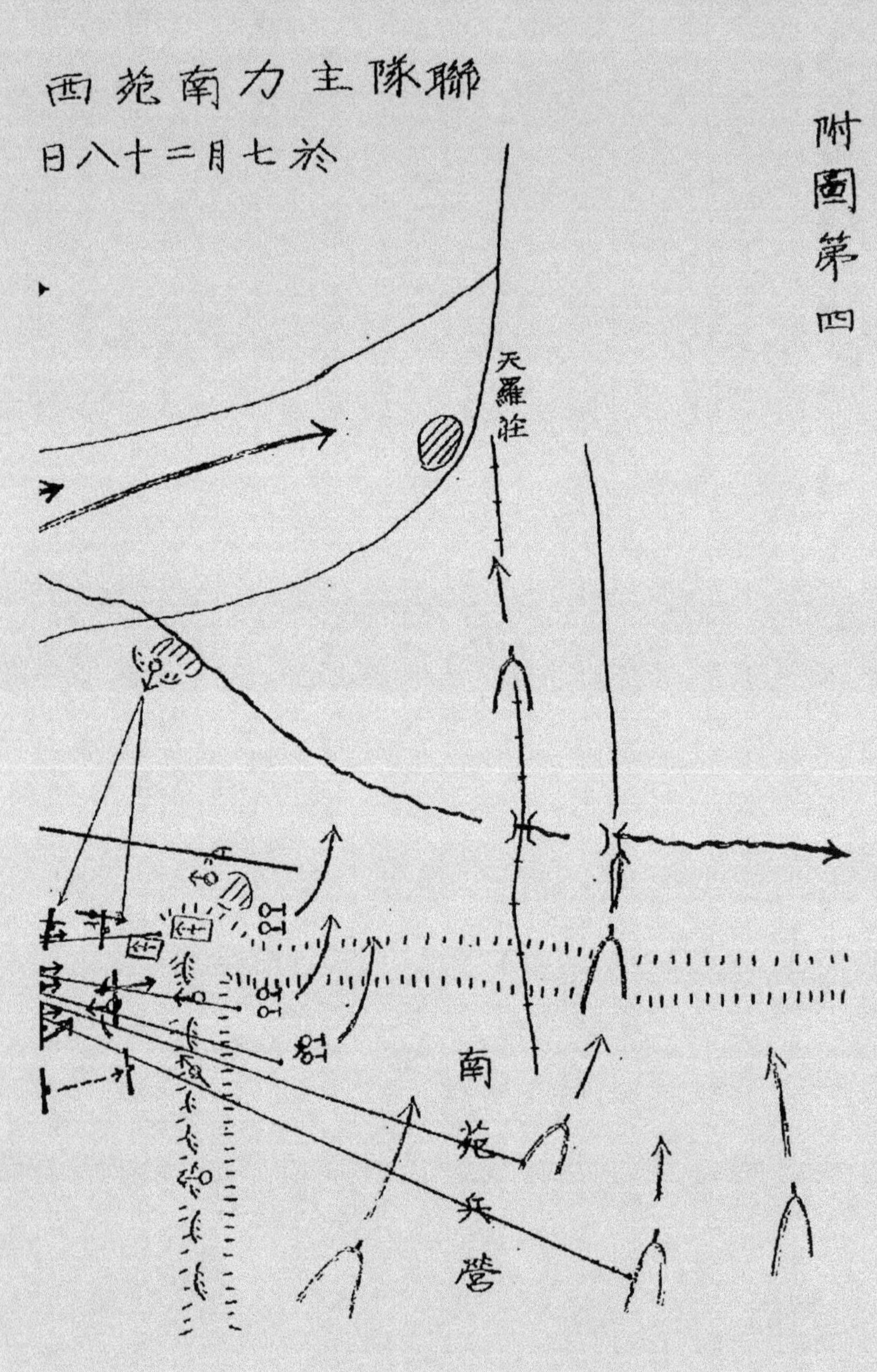
附圖第四
聯隊主力南苑西
於七月二十八日
天羅荘
南苑兵營

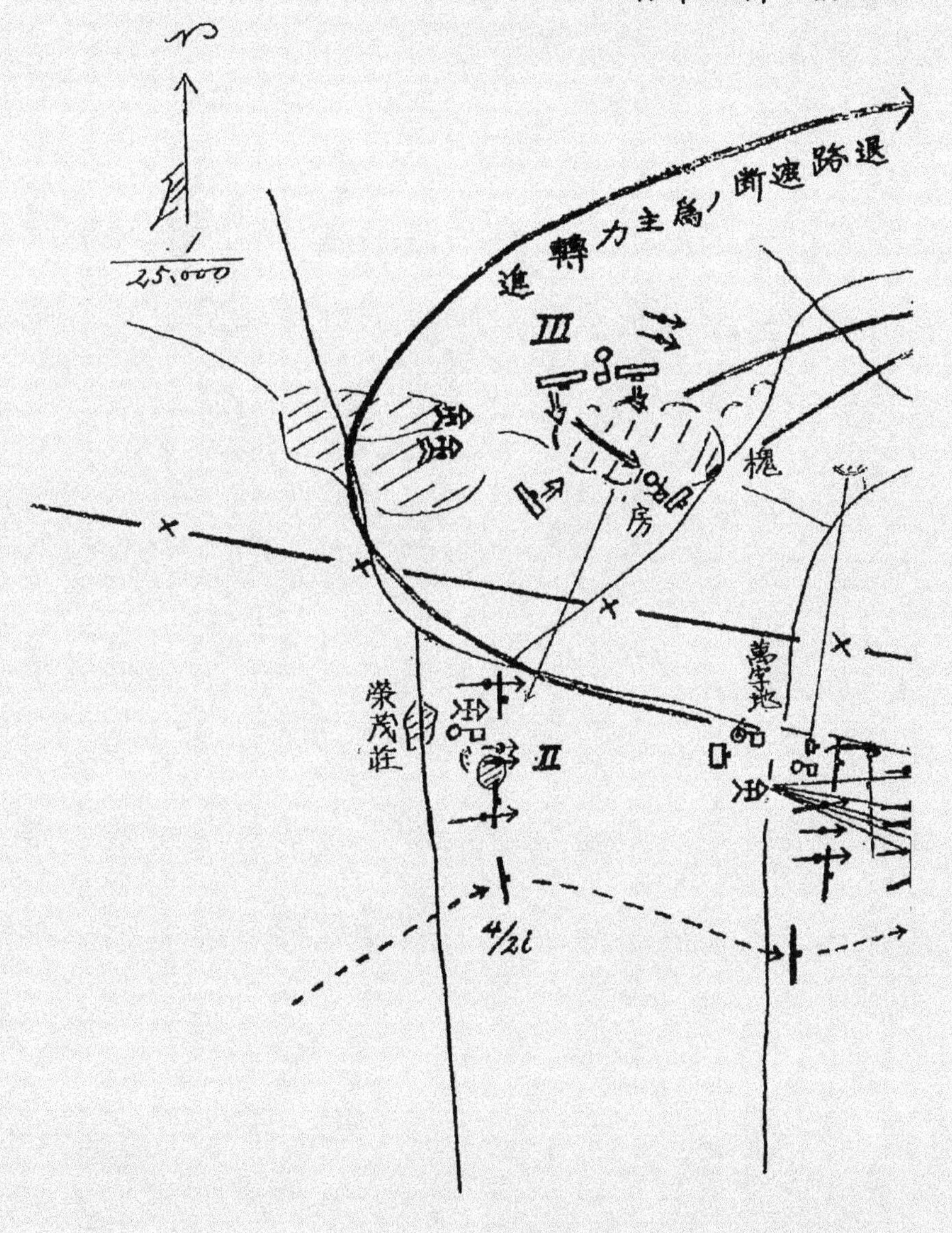
北角攻擊經過要圖
自午前六時三十分
至午前九時三十分
1/25,000
退路遮斷ノ為主力轉進
槐
房
榮茂莊
萬字地

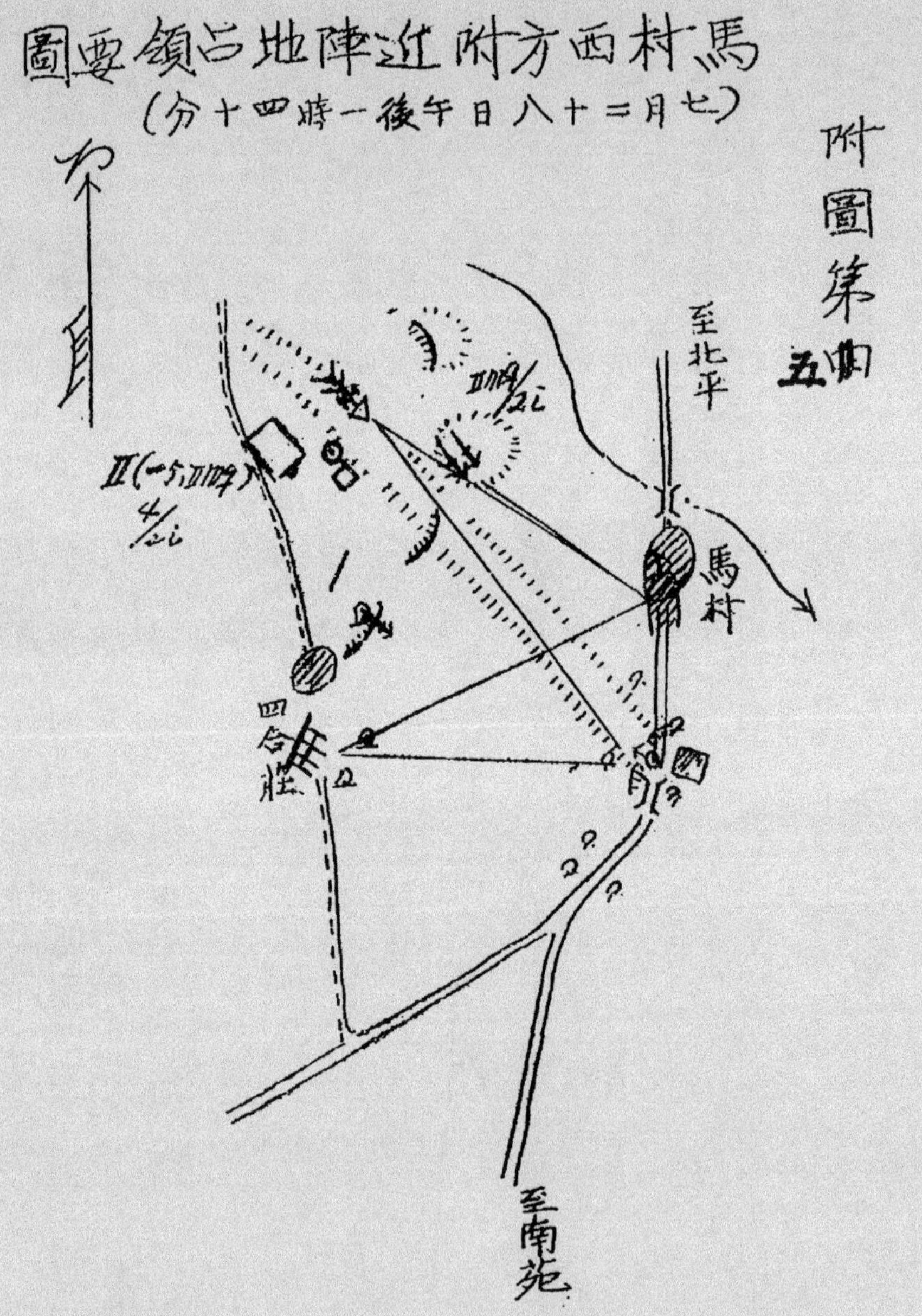
馬村西方附近陣地占領要圖
（七月二十八日午後一時四十分）
附圖第五
至北平
馬村
四合莊
至南苑

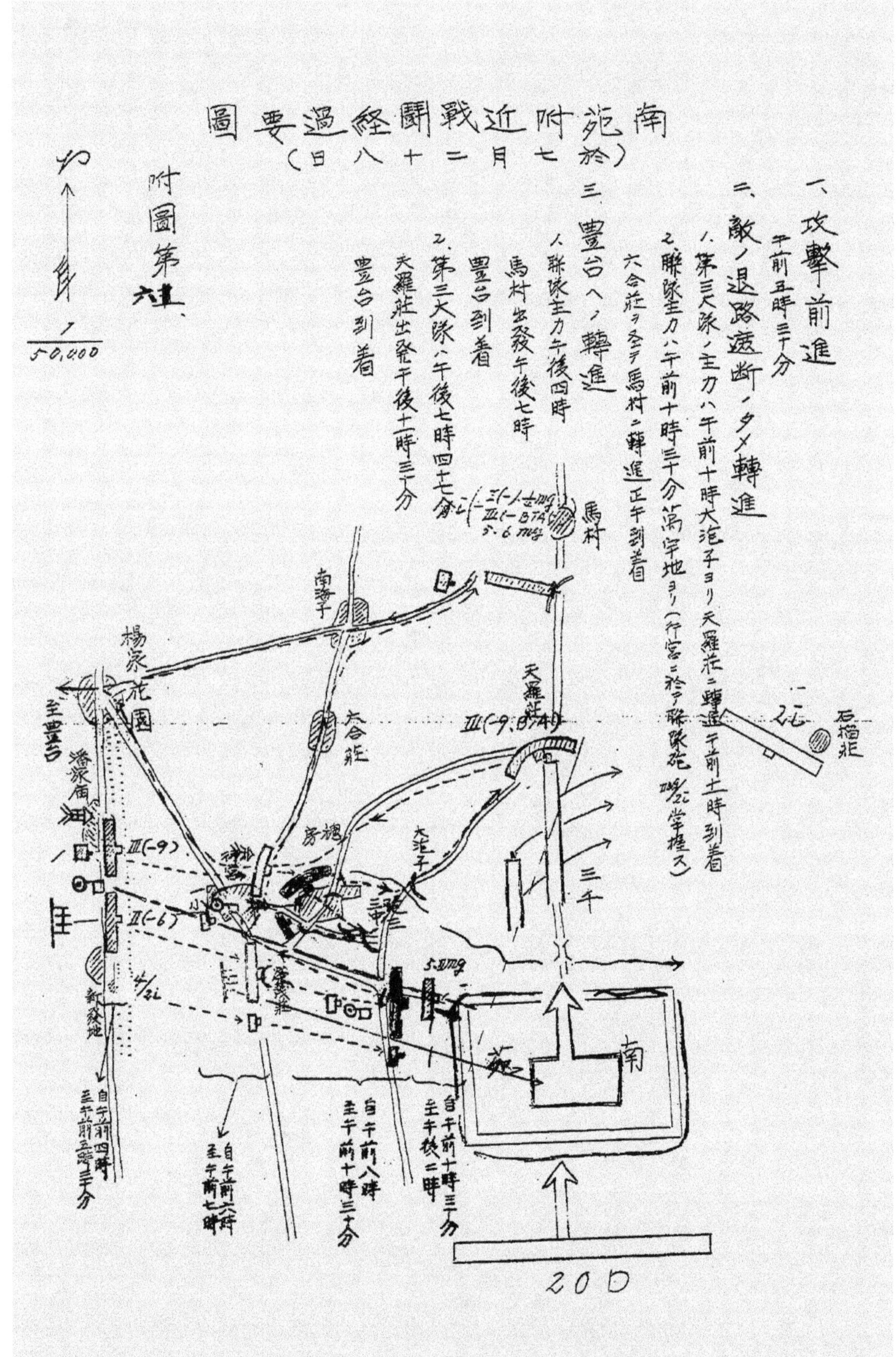
南苑附近戰闘経過要圖
（於七月二十八日）
一、攻撃前進
午前五時三十分
二、敵ノ退路遮断ノタメ轉進
1、第三大隊ノ主力ハ午前十時大泡子ヨリ天羅莊ニ轉進午前十一時到着
2、聯隊主力ハ午前十時三十分萬字地ヨリ（行宮ニ於テ聯隊砲 1MG/2C 掌握ス）
六合莊ヲ経テ馬村ニ轉進正午到着
三、豐台ヘノ轉進
1、聯隊主力午後四時
馬村出發午後七時
豐台到着
2、第三大隊ハ午後七時四十七分
天羅莊出發午後十一時三十分
豐台到着
附圖第六
北
1/50,000
馬村
南海子
楊家花園
六合莊
天羅莊
石榴莊
大泡子
三千
潘家廟
新發地
至豐台
南苑
自午前四時
至午前五時三十分
自午前六時
至午前七時
自午前八時
至午前十時三十分
自午前十時三十分
至午後二時
200

戰闘詳報第五號附表

昭和十二年七月二十八日

支那駐屯軍牟田口部隊鹵獲表

種類	區分	員数
俘虜	将校	
	下士官兵	(3)
戰利品	馬匹	(12) 8
	小銃	(22) 5
	自動小銃	(4) 2
	モーゼル拳銃	(25) 2
	チエツコ軽機	
	青龍刀	(19) 3
	小銃実包	(2,600)
	迫撃砲弾	(90)
	サイドカー	(1)
	重迫	(2)
	乗用車	(1)
	自転車	2
	乗鞍	(55) 6
	駄鞍	(18) 1
	トラック	(2)
	軽迫	(2)
	手榴弾	(149)
	円匙	(28)

備考

一、本表中（　）内ノ数字ハ戰斗中遺棄及射殺シタルモノヲ示ス。

戰闘詳報第五號附表

昭和十二年七月二十七日 七月二十八日　支那駐屯牟田口部隊死傷表

區分 / 團隊號	戰闘参加人馬 將校	戰闘参加人馬 准尉下士官兵	戰闘参加人馬 馬匹	死 將校	死 准尉下士官兵	死 馬匹	傷 將校	傷 准尉下士官兵	傷 馬匹	生死不明 將校	生死不明 准尉下士官兵	生死不明 馬匹
聯隊本部	七 (三)	一〇五 (一二)	一一 (一六)									
第一中隊	三 (三)	一一〇 (三)	四 (四)					三				
第二大隊 (第六中隊欠)	九 (三)	三五九 (一九)	三四 (三二)		四		一	八 (二)				
[illegible]	七	三七七	二一		(二)							

第三大隊（第九中隊缺）	聯隊砲中隊	第二聯隊第四中隊	第二聯隊機關銃中隊	總計	備考
（三）	三	一	二	三二（一七）	
（八）	九八（三）	八四（二）	八三（三）	一三六（四五）	
（一四）	二三（一七）		一三	一〇六（七九）	
五	一	一		一二	
（二）				（二）	
一				二	
一七	二	二		三三	

戰闘詳報第五號附表

昭和十二年七月二十七日 七月二十八日 支那駐屯牟田口部隊彈藥損耗表

種類		區分	第一中隊	第二大隊	
消費	彈藥	小銃	42	890	7
		輕機關銃	60	2,010	5
		機關銃	270	4,295	0
		八九式榴彈	4	197	.
		十一年式[illegible] 火手榴彈	1	43	
		拳銃	1		
		Aハ榴彈		82	7
損失	武器	小銃			
		十一年[illegible] 属品蓋			
		機關銃			
	彈藥	小銃			
		輕機			
		機關銃			
	其他兵器	小圓匙			
		小十字鍬			

第三大隊	聯隊砲中隊	第二聯隊第四中隊	第二聯隊機関銃中隊	計	備考
3,02		310		4,262	
14,23		1,250		17,555	
8,57		1,635	1,058	16,829	
				201	
52		26		122	
53				54	
188	154			404	

支步一ノ五第三號
昭和十二年七月二十七、八日

北支事變南苑附近戰鬪詳報

支那駐屯步兵第一聯隊第二大隊

目次

附圖第二　萬字地（南苑西北角）附近敵情要圖

附圖第三　小泉部隊南苑西北角附近戰斗經過要圖

附表第一　第二大隊死傷表

附表第二　第二大隊武器彈藥損耗表

昭和十二年七月二十七、八日南苑附近戰鬪詳報

一、戰鬪前彼我形勢ノ概要

イ、南苑ニハ敵第二十九軍司令部並第三七師第一三二師及其他ノ部隊アリ事變勃發ト共ニ着々戰備ヲ固ムルト共ニ西紅門榮茂莊行宮村槐房附近ニモ敵ノ一部アリ

又南苑兵營周囲ニハ堅固ナル半永久陣地ヲ構築シ且附近部落等ニハ家屋囲壁等ヲ利用シ堅固ナル防禦施設ヲ完成シアリ

乙、大隊ハ南苑攻擊ノ爲七月二十七日午前三時高庄ー一文字山ニ亘ル第一線守備及敵ノ監視ヲ野口騎兵部隊ト交代シ同日午前五時二十分豊台ニ集結ス

3. 聯隊ハ二十七日豊台—劉家村—八家莊—尹家花園—潘家廟道ヲ前進シ一部ヲ以テ潘家廟附近ヲ占領シ主力ヲ以テ黄土崗ニ集結ス

大隊ハ七月二十七日午前十一時豊台出發本隊ニ在リテ午後三時黄土崗ニ達シ前面ノ敵情地形ヲ偵察スルト共ニ南苑ニ對スル攻撃ヲ準備ス

4. 大隊長ハ黄土崗ニ到着スルヤ直ケニ各隊長ヲ潘家廟東南側堤防ニ集合セシメ本二十七日夜槐房附近南側敵陣地ニ對スル夜襲及明拂曉攻撃ノ為前面ノ敵情地形ヲ視察スルト共ニ所要ノ指示ヲ與フ

且奥田将校斥候ヲシテ行宮村槐房及其南側地區ヲ樋口將校斥候ヲシテ新行宮槐房及其

北側地區ヲ大場將校斥候ヲシテ砲兵斥候ト同行シ六合莊南海子附近ノ敵情地形ヲ捜索セシム

二、戰鬪ニ影響ヲ及セシ天候氣象及戰鬪地ノ狀態

イ、晴天ナレ共快晴ナラス蒸暑ク氣温攝氏午前六時二三度午前十時三〇度午後二時三三度午後十時二二度ナリ

ロ、戰鬪地ハ一般ニ平地ナレ共高粱丈餘ニ繁茂シ所々棉瓜等比較的低キ作物アルモ視界極メテ狹シ又比較的堅固ナル圍壁ヲ有スル独立家屋点在シ敵軍ノ爲有利ニ利用セラレタリ

三、彼我ノ兵力交戰セシ敵兵ノ團體號及將帥ノ氏名

敵ハ第三十八師及第百三十二師ニシテ大隊

三

ト直接交戦セシ正面ノ敵ノ兵力ハ歩兵約一四大隊、重機六、迫撃砲四門ヲ下ラス其後方南苑兵営内ノ兵力ハ判然タラサルモ約二万ト算ス

四 戦闘経過ノ概要（附図第一参照）

ノ七月二十八日午前零時三十分大隊ハ黄土崗ニ在リテ槐房附近ノ敵陣地ヲ奪取シタル後南苑西北角ヲ攻撃スヘキ聯隊命ヲ受領シ午前二時黄土崗出発新発地ニ達シ左記要旨ノ大隊命令ヲ下達シ新発地東側及北側堤防ニ展開攻撃準備ヲ完了ス時ニ二十八日午前四時十分ナリ

大隊命令ノ要旨

一、敵情ニ就テハ諸官ノ既知セル如シ

聯隊ハ新發地潘家廟ノ線ニ展開シ槐房附近ノ敵ニ對シ攻擊ヲ準備シ該地奪取後萬字地南北ノ線ニ於テ鈴木砲兵部隊ト嚴密ニ連繫シタル後南苑西北角ニ對シ攻擊前進ス

第三大隊ハ潘家廟堤防ノ線ニ展開シ槐房及南苑西北角ニ對スル攻擊ヲ準備ス

聯隊砲中隊ハ潘家廟附近ニ待機シ我攻擊前進ニ伴ヒ行宮村附近ニ陣地ヲ占領シ槐房附近ニ現出スル敵重火器ヲ撲滅シテ第三大隊ノ攻擊ニ協力シ爾後可成第一線ニ近ク陣地ヲ推進シ南苑西北角ニ對スル攻擊ニ協力スル筈

步兵第二聯隊ノ第四中隊ハ我攻擊前進ニ

五

伴ヒ大隊ノ右翼ニ連繫スル如ク榮茂莊方向ヨリ南苑西北角ニ向ヒ攻擊前進スルト共ニ西紅門方向ノ敵ニ對シ聯隊ノ右翼ヲ警戒スル筈

二、大隊（第六中隊（一小隊欠））ハ聯隊ノ右第一線トナリ新發地及其北側堤防ニ展開シ重点ヲ左ニ保持シ南苑西北角ニ對シ攻擊セントス

第三大隊ト戰鬪地境ハ潘家廟－行宮村各南端－萬字地ヲ連ヌル線トス

三、第五中隊（機關銃一小隊ヲ屬ス）ハ左第一線トナリ新發地北側堤防ノ線ニ展開シ南苑西北角ニ對シ攻擊ヲ準備スヘシ

四、第四中隊（機關銃一小隊ヲ屬ス）ハ右第一線トナリ第五中隊ノ右翼ニ連繫シ新發地東

六

側堤防ノ線ニ展開シ南苑西北角ニ對スル
攻擊ヲ準備スヘシ

五、第二機關銃中隊（二小隊欠）ハ西中隊中間ニ
陣地ヲ占領シ南苑西北角ニ對スル攻擊ニ
協力スヘシ

六、大隊砲小隊ハ第五中隊正面ニ陣地ヲ準備
シ爾後左中隊方面ヨリ大隊ノ攻擊ニ協力
スヘシ

七、第六中隊ノ一小隊ハ予備隊トス新發地北
端ニ位置シ爾後左中隊ノ後方ヲ前進スヘシ

八、小行李ハ第一線ノ前進ニ伴ヒ先ツ榮茂莊
ニ向ヒ前進スヘシ

九、予ハ新發地東側堤防ニ在リ爾後左中隊ノ
後方ヲ前進ス

七

2. 午前五時三十分大隊ハ新發地堤防ノ線ヨリ
攻撃前進ヲ開始シ先ツ榮茂莊ニ向フ此頃鈴
木砲兵部隊ハ槐房附近ニ對シ射撃ヲ開始シ
次テ第三大隊方面ニ於テハ小銃自動火器ノ
銃聲頻リニシテ大隊ハ左側面ヨリ敵彈盛ニ
飛來スルモ一意前進ヲ繼續シ榮茂莊附近ニ
在リシ一部ノ敵ヲ驅逐シテ同地ヲ占領ス
時ニ午前六時八分ニシテ當面ノ敵情搜索ニ
努ムルモ附近一帶ニ高粱繁茂シ視界極メテ
狹少ニシテ敵情詳カナラス且槐房南側方向
ヨリ我左側ニ對スル敵彈益々熾烈ヲ加フ
同時頃我友軍飛行機ハ南苑兵營ニ對シ編隊
ヲ以テ爆撃スルヲ見壯絶ヲ極ム
3. 大隊ハ一部ノ敵ノ抵抗ヲ排除シツヽ攻撃前

進ヲ續ケ午前六時三十分頃榮茂莊東方約五百米独立家屋ノ線ニ達シ我右翼ニ連繋攻撃中ノ歩兵第二聯隊第四中隊榮茂莊南側ニ進出シ來リ之ト連絡ス

又六號無線ニ依リ聯隊本部ハ行宮村ニ在リ左第一線タル第三大隊ハ依然尚槐房ノ敵ヲ力攻中ナルヲ知ル

茲ニ於テ大隊長ハ當時ノ状況ニ鑑ミ左大隊方面ノ戰況發展ヲ促スルト共ニ聯隊ノ南苑ニ對スル攻撃ヲ有利ナラシムル爲速カニ萬字地ノ線ニ進出シテ南苑西北角ニ對スル攻撃ヲ準備スルニ決シ其旨聯隊長ニ報告スルト共ニ砲兵ノ射撃ニ關シ協定ヲ遂ケ攻撃前進ヲ續行ス

九

4 午前七時二十分頃大隊ハ第一線ヲ以テ揚莊ニ
ニ達シ附圖第二ノ敵情ヲ知ル
大隊ハ全般ノ情況ニ鑑ミ之ヲ攻撃スルニ決
シ依然第四中隊（機関銃一小隊属ス）ヲ右第一
線第五中隊（機関銃隊属ス）ヲ左第一線トシ機関
銃中隊主力ヲ西中隊ノ中間ニ大隊砲小隊ヲ
揚莊独立家屋南側ニ位置セシメ第六中隊ノ
一小隊ヲ予備隊トシテ第五中隊ノ後方ニ配
置シ重点ヲ左翼ニ保持シ攻撃準備ヲ終ル
同時歩兵第二聯隊第四中隊又大隊ノ右翼ニ
進出シ来リ大隊ニ連繋シ當面ノ敵ヲ攻撃ス
ヘク連絡ス時ニ午前七時四十分頃ニシテ聯
隊本部又行宮村ヨリ前進シ来リ大隊長ハ聯
隊長ト會ス

メ、午前七時四十七分、前項態勢ヲ以テ攻撃ヲ開始スルヤ敵ハ本道西側及南苑堤防ニ在ル既設陣地ニ據リ頑强ニ抵抗シ特ニ本道南側及南苑堤防西北角ノ「トーチカ」最モ猛威ヲ振ヒ南苑西北角及其南側ニ在ル敵迫撃砲ト共ニ我第一線ヲ猛射ス

我第一線各中隊ハ敵ノ猛火ヲ侵シ一意攻撃前進ニ努メ機関銃中隊及歩兵砲小隊之ニ協力シ午前八時二十分頃敵前概ネ百米ニ近接スルヤ俄然本道北側約四百米附近家屋ニ現出セル敵自動火器左第一線中隊ヲ側射スルト共ニ本道北側家屋ノ銃眼ヲ利用セル敵又左中隊及大隊本部ヲ猛射シ第五中隊長負傷シ且左中隊方面ノ死傷増加ス

二

6. 午前八時五十分頃歩兵砲小隊ノ射撃ニ依リ二
南苑西北角附近ニ在リテ猛威ヲ振ヒアリシ
敵迫撃砲二ヲ撲滅シ他ハ北方ニ敗走セリ
次テ午前九時右第一線中隊タル第四中隊ハ
南苑西北角西南独立家屋ニ突入同家屋附近
ノ敵陣地ヲ奪取シ機関銃中隊主力又同家屋
附近ニ進出シ歩兵第二聯隊ノ第四中隊又右
中隊ト略同線上ニ前進ス
同時頃南苑兵営附近ノ敵主力ハ我ノ猛攻ニ
依リ逐次北方ニ退却ヲ開始シ敵陣地又動揺
ノ色アルモ尚頑強ニ抵抗ス

7. 大隊長ハ以上ノ戦況ヲ見ルヤ攻撃重点ヲ右
翼ニ變更シ右中隊正面ヨリ戦果ノ擴張ヲ圖
リ一挙南苑兵営内ノ敵主力ヲ攻撃スヘク機

関銃中隊及歩兵砲小隊ヲシテ主トシテ右中隊ノ戦闘ニ協力セシム

第一線両中隊ハ頑強ナル敵ノ抵抗ヲ排除シツヽ前進シ第四中隊ハ南苑西側堤防敵陣地敵前約四五十米ニ達シ突撃準備ヲ完了セルモ本道上「トーチカ」及其北側家屋ノ敵依然頑強ニ抵抗ヲ持續ス此頃南苑兵營内敵ノ動揺益々甚タシク大部隊續々北方ニ退却中ナリ

8、午前十時三十分頃左記要旨ノ聯隊命令ヲ受領ス

牟田口部隊命令要旨　七月二十八日午前十時十五分　於揚莊

一、諸氏ノ奮闘ニ依リ南苑ノ敵ハ退却ヲ開始セリ

一三

二、牟田口部隊ハ主力ヲ以テ今ヨリ直ケニ新行宮、六合莊ヲ経テ馬村附近ニ突進シ敵ノ退路ヲ遮断セントス

三、第二大隊ハ可成多クノ兵力ヲ即時揚莊西北方道路上ニ集結シ六合莊ニ向ヒ前進スヘシ

第二聯隊第四中隊ハ爾今貴官ノ指揮ニ属ス

四、予ハ今ヨリ直ケニ新行宮ヲ経テ六合莊ニ至リ更ニ馬村ニ至ル

大隊ハ前項牟田口部隊命令ニ基キ午前十時四十五分頃左記要旨ノ命令ヲ下達シ機関銃中隊長八木泉大尉ニ第五中隊及機関銃一小隊ヲ指揮セシメ依然前面ノ敵ヲ攻撃セシメ主

一四

カラ楊莊西北側附近ニ集結スルニ決ス

大隊命令ノ要旨

一、南苑ノ敵主力ハ續々北方ニ退却中ナリ
牟田口部隊ハ主力ヲ以テ直チニ新行宮、六
合莊ヲ経テ馬村附近ニ突進シ敵ノ退路ヲ
遮断ス

二、大隊ハ敵退路遮断ノ目的ヲ以テ新行宮ヲ
経テ六合莊ニ向ヒ急進セントス

三、機関銃中隊長小泉大尉ハ第五中隊及機関
銃一小隊ヲ指揮シ依然前面ノ敵ヲ攻撃シ
残敵ヲ掃蕩シタル後馬村附近ニ向ヒ追及
スヘシ
且大隊死傷者ノ収容ニ任スヘシ

四、爾今歩兵第一聯隊第四中隊ハ予ノ指揮ニ入

10.

入ヲシメラル

五、爾餘ノ諸隊ハ直チニ揚莊西北方道路上ニ集結スヘシ

六、予ハ暫ク現在地ニ在リ後揚莊西北側ニ至ル

大隊長ハ前項命令ヲ下達スルト共ニ機関銃中隊長小泉大尉ヲ招致シ所要ノ指示ヲ與ヘ主力ヲ揚莊西北側ニ集結セシメタル後第六中隊ノ一小隊ヲ尖兵トシ爾餘ノ諸隊ハ大隊本部、第四中隊、機関銃三小隊、大隊砲小隊、歩兵第二聯隊第四中隊（一小隊欠）、小行李、歩兵第二聯隊第四中隊ノ一小隊ノ順序ヲ以テ揚莊ー新行宮ー六合莊ー馬村道ヲ馬村ニ向ヒ急進シ午後二時三十分馬村西方約三百米堤防ニ於テ聯隊ニ追及シ聯隊長ノ手裡ニ入ル

一六

五、小泉部隊ノ行動

1、大隊主力轉進後旧第四中隊正面ニ第五中隊ノ一小隊（一分隊欠）ヲ配置シ一分隊ヲ予備隊トシテ依然攻撃ヲ續行シ第二十師團左翼隊ト連繫シ二十八日午後四時五十分南苑西北角及其北側部落ヲ奪取ス其戰闘経過附圖第三ノ如シ

2、南苑西北角占領後予備隊ヲ以テ死傷者ヲ收容シ之カ輸送掩護ノ為午後六時迄同地ヲ確保ス

3、爾後全般ノ状況ヲ判断シ豊台ニ轉進スルニ決シ途中黄土崗（潘家廟西方約一粁）ニ宿營シ翌二十九日午後一時三十分豊台ニ到着大隊ニ復歸ス

六、戰鬪ノ成績並戰鬪ノ勝敗一決セシ時ノ景況

イ、敵ハ我軍ノ猛擊ニ依リ多数ノ死体並ニ兵器彈藥ヲ遺棄シテ敗走シ完全ニ潰滅セリ而テ大隊正面ノ戰場ニ遺棄セル敵ノ屍体約七十ヲ算ス

ロ、本戰鬪ニ於ケル大隊ノ損害ハ戰死下士官一、兵三、負傷將校一、下士官四、兵五、ナリ

ハ、戰鬪ノ効果

南苑ハ敵第二十九軍司令部、及第三十八師第三十二師主力ノ屯營セシ所ニシテ南苑攻略ニ方リ川岸兵團ノ南方ヨリスル攻擊ニ對シ聯隊ハ主力ヲ以テ南苑兵營西北角ヲ攻擊シ特ニ第二大隊ハ聯隊ノ右第一線トシテ左大隊ノ槐房附近敵陣地ニ對シ力攻中神速ニ薄

宇地附近ニ進出シ南苑西北角ニ對シ痛撃ヲ加ヘタルハ單ニ大隊當面ノ敵ニ對シ打撃ヲ與ヘタルニ止ラズ敵主力ヲシテ側背ニ對シ多大ナル脅威ヲ感セシメ遂ニ抵抗ヲ斷念シ南苑ヲ放棄退却スルノ動機ヲ與ヘ且聯隊主力ヲ以テ馬村附近ニ轉進シ敵ノ退路ヲ遮斷スルノ好機ヲ作為シ又北平南方地區ニ於テ退路ヲ遮斷スヘキ任務ヲ有スル各部隊ヲシテ退却セル敵主力ニ對シ極メテ有利ナル戰闘ヲ實施セシメ敵ヲ潰走セシメタリ

要スルニ當大隊ノ神速ナル南苑西北角ニ對スル攻撃ハ南苑攻略ニ於ケル單全般ノ戰況ヲ極メテ有利ニ發展セシメ得タルモノト確信ス

一九

一七、戦闘後ニ於ケル彼我ノ陣地若クハ行動
大隊主力ハ馬村附近ニ轉進シ午後二時三十分聯隊主力ニ追及シ敵ノ退路遮断ニ任シタル後聯隊ハ旅團命令ニ依リ豊台ニ向ヒ轉進スルニ決シ大隊ハ前衛トナリ午後四時馬村西方堤防出發馬村―南海子―揚家花園―穆家園―豊台道ヲ豊台ニ向ヒ前進シ午後七時十分豊台ニ到着シ同地練兵場ニ集結ス
小泉部隊ヘ二十九日午後一時三十分豊台ニ歸着シ指揮下ニ入ル

八、参考トナルヘキ所見

イ、六號無線ノ活用ニ就テ
戰場ハ高粱繁茂シ通視連絡至難ニシテ且有線電話ノ連絡困難ナル状況ニ於テ六號無線

二〇

ハ克ク大隊本部ト聯隊本部間ノ連絡ヲ確保シ戦闘指揮上極メテ有利ニ使用シ得タリ

2、南苑西北角掩蓋機関銃坐ノ断面左ノ如シ

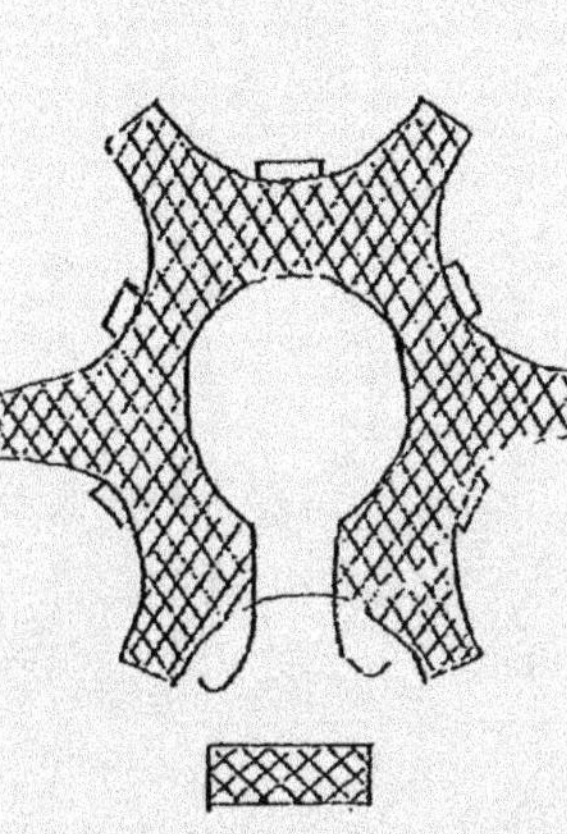

一、正六辺型ニシテ後方ノ一辺ハ入口他ハ銃眼ナリ

二、全部煉瓦作リニシテ外部ハ土ヲ以テ偽装シ地上ノ高サ約一米五十糎一見堆土ノ如ク発見極メテ困難ナリ

三、銃眼ハ煉瓦ニシテ内巾約六十糎、外巾約一米、高サ約二十糎、厚サ約五十糎ナリ

3、南苑兵営堤防ノ陣地ニ就テ

南苑周囲堤防陣地ノ断面左ノ如シ

二一

小銃及軽機関銃陣地ハ各個掩体ニシテ軽機関銃掩体ハ二−三十米毎ニ設ケアリ又陣地内ニハ至ル所ニ掩蔽部ノ設備アリ

各陣地ニハ多数ノ手榴彈ヲ準備シ又主要ナ

+1.50m
±0
5.00m
5.00m
+3.00m
-3.00m
-1.50m
2.00m

五二

ル道路上ハ總テ對戦車壕ヲ設ケアリ
迫撃砲陣地
軽迫撃砲ハ一般ニ第一線陣地ニ近ク又ハ同線上ニ陣地ヲ占領シ手軽且有利ニ使用セラレアリ

九、本戰鬪ニ於テ武功特ニ抜群ナル者左ノ如シ

第四中隊長　歩兵大尉　三重野信

南苑西北角攻撃ニ當リ大隊ノ右第一線中隊長トシテ堅固ナル既設陣地ニ據リ頑強ニ抵抗セル敵ヲ攻撃シ戰鬪一時膠着状態ニ入ラントスル時敵ノ猛火ヲ冒シ敵陣地ソ據点タル南苑西北角西南独立家屋ヲ奪取シテ大隊ノ戰鬪ヲ最モ有利ニ進展セシメ且第一線中隊ノ果敢ナル攻撃ハ當面ノ敵ニ對シ打撃ヲ與ヘタルニ止マラス敵主力ヲシテ側背ニ對シ多大ノ脅威ヲ感セシメ遂ニ抵抗ヲ断念シ潰走スルノ動機ヲ與ヘタリ

二五

第五中隊長代理　歩兵中尉　池田保夫

南苑西北角攻撃ニ當リ大隊ノ左第一線中隊長トシテ堅固ナル既設陣地ニ據リ頑强ニ抵抗スル敵ヲ攻撃シ自己負傷ノタメ歩行困難トナレルモ屈スルコトナク最後迄中隊ヲ指揮シテ志氣ヲ鼓舞シ前面ノ敵ニ多大ノ打撃ヲ與ヘタリ且果敢ナル攻撃ニ依リ敵主力ヲシテ側背ニ多大ノ脅威ヲ感セシメ遂ニ抵抗ヲ断念シテ潰走スルノ動機ヲ作為セリ

第二機關銃中隊長　歩兵大尉　小泉浩司

南苑西北角攻撃ニ當リ機關銃中隊主力ヲ指揮シ堅固ナル既設陣地ニ據リ頑强ニ抵抗セル敵

二六

ニ對シ適切ナル射撃指揮ニ依リ緊密ニ第一線中隊ノ攻撃ニ協力シ特ニ敵陣地ノ據点タル南苑西北角西南独立家屋及其北側「ドーチカ」ニ痛撃ヲ與ヘテ第一線中隊ヲシテ之ヲ奪取スルノ動機ヲ作リ以テ大隊ノ戦闘ヲ有利ナラシメタリ

第二大隊砲小隊長　歩兵少尉　中島米斗利

1. 南苑西北角攻撃ニ當リ大隊砲小隊長トシテ南苑堤防内ニ陣地ヲ占領シ猛威ヲ振ヒシ敵迫撃砲ニ對シ正確ナル射撃ヲ集中シテ之ヲ撲滅シ又ハ潰走セシメテ第一線中隊ノ攻撃ニ適切ナル協力ヲナシ且南苑兵營内ヲ敵主力續々北方ニ退却スルヲ見ルヤ猛射ヲ加ヘテ退路ヲ遮断シ多大ノ損害ヲ與ヘ以テ大隊ノ戦闘ヲ有利ナ

ラシメタリ

第二大隊副官　歩兵大尉　平井五二

本戰鬪間大隊副官トシテ克ク大隊長ヲ補佐シ彈丸雨飛ノ間敵ト至近距離ノ間ニ於テ聯隊本部及第一線中隊トノ連絡ヲ適確ニ保持シ又重要ナル報告ヲ聯隊本部ニ傳達スル等大隊ノ戰果獲得ニ貢献セシ所極メテ大ナリ

附圖第一

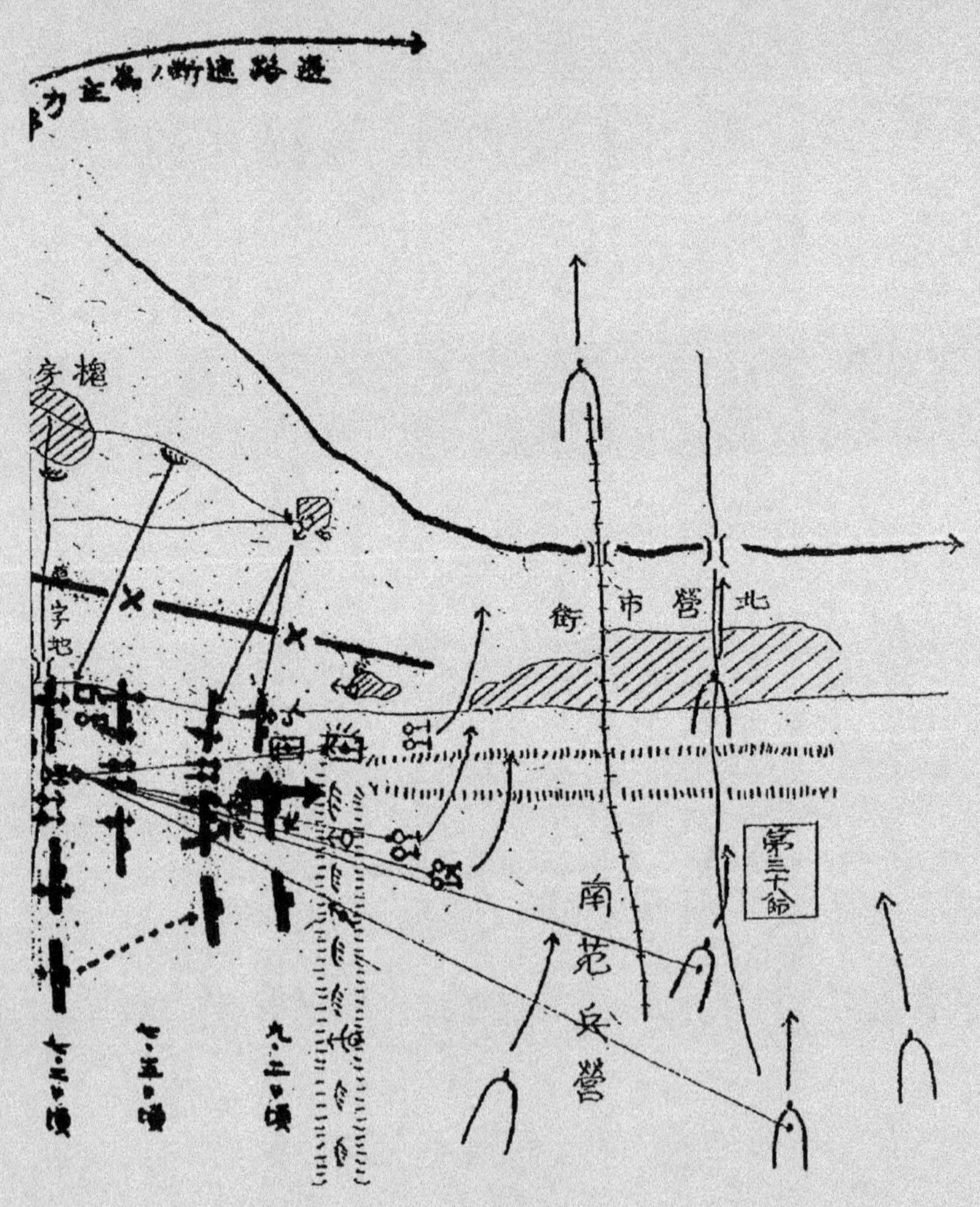

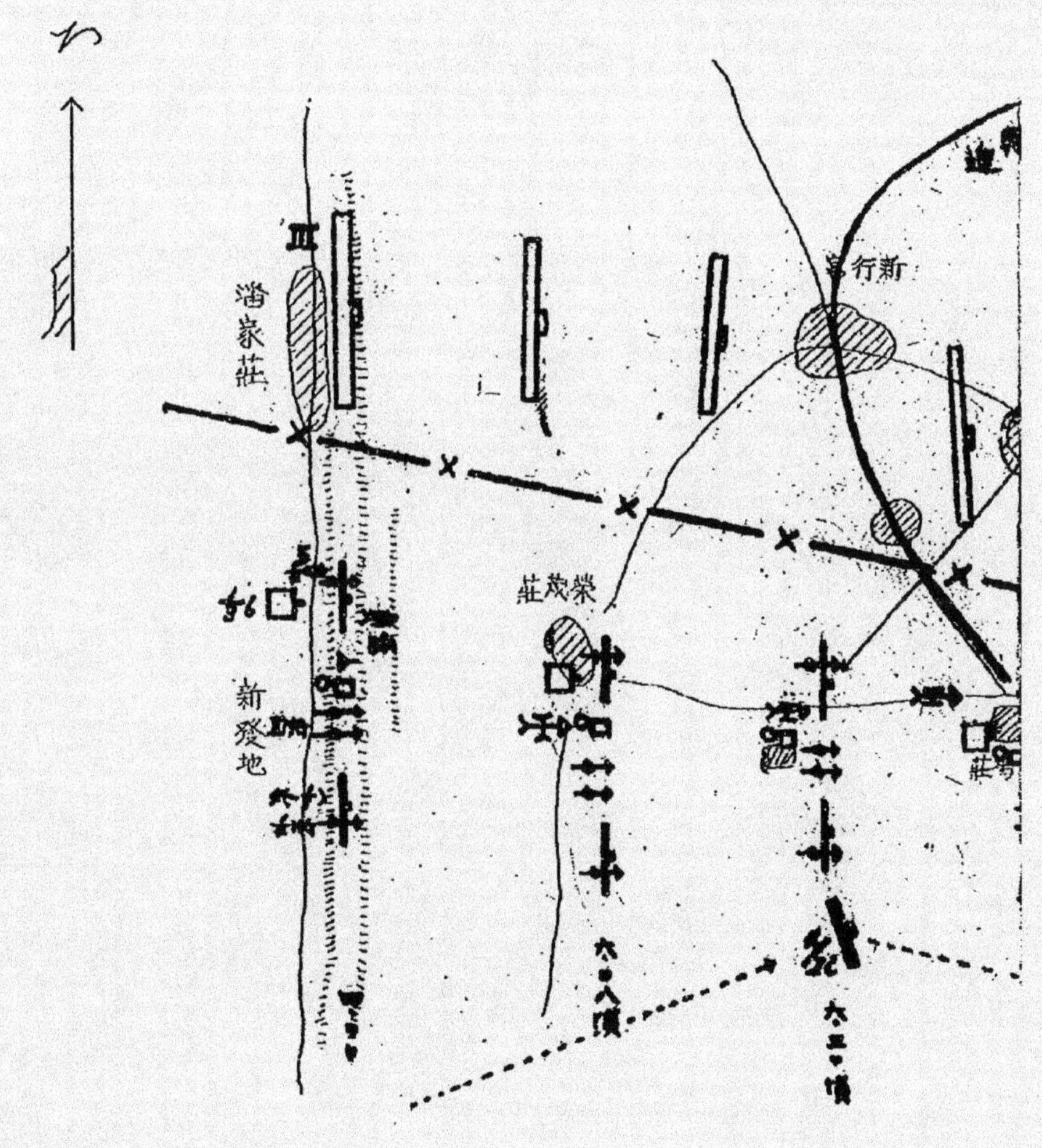
近戦闘経過要圖
（自午前四時至正午
潘家莊
新發地
榮茂莊
新行

萬字地(南苑西北角)附近敵情要圖

附圖第二

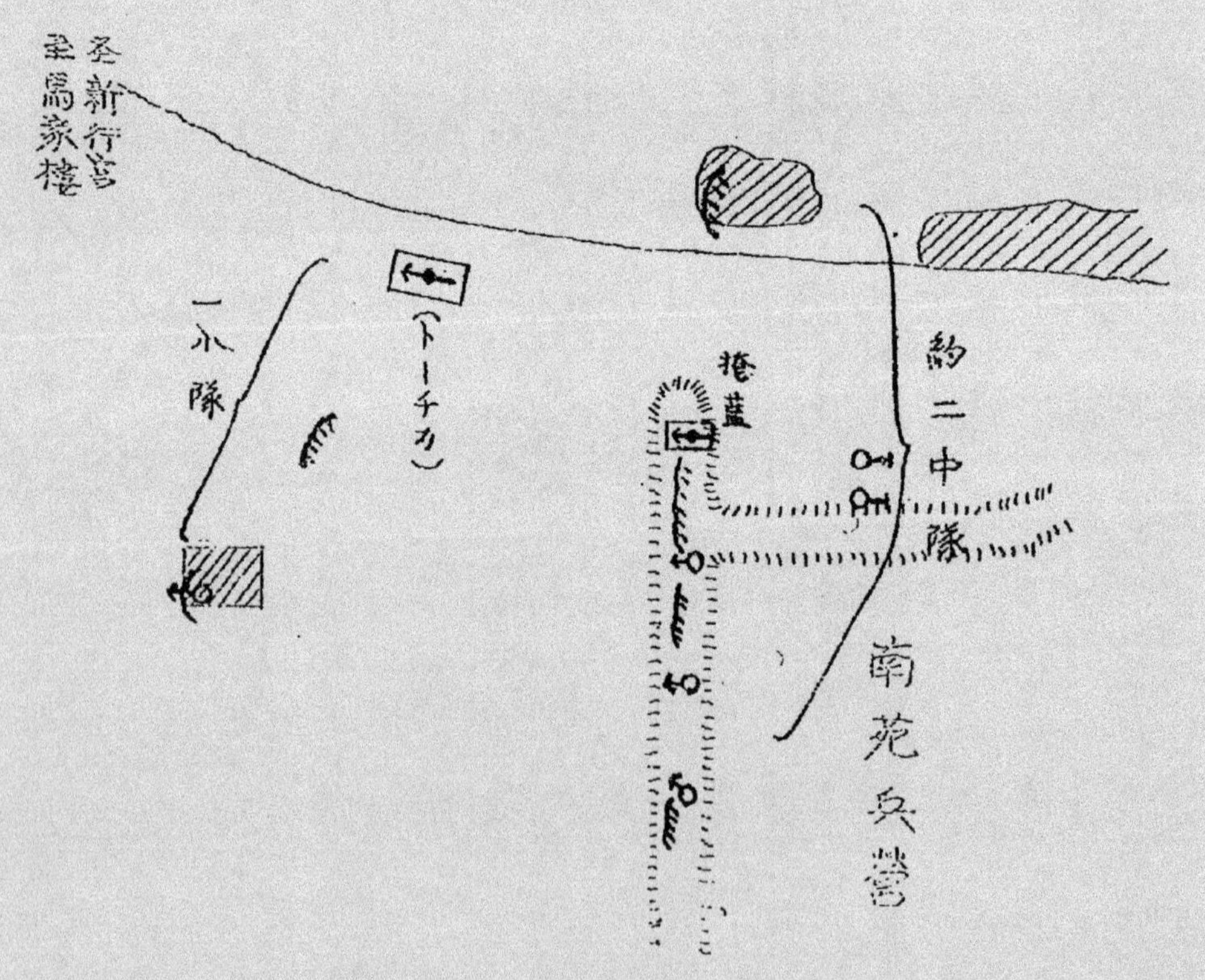

附圖第三

小泉部隊南苑西北角附近戰鬪経過要圖

（七月二十八日午前十一時半ヨリ同一時五十分）

北

（一小隊）

（二小隊）

大隊主力轉進

一分

一軒屋

南苑

20D

戰鬪詳報第三號附表

昭和十二年七月二十八日　支那駐屯步兵第一聯隊第二大隊死傷表

部隊號 \ 區分	戰鬪參加人馬 將校	戰鬪參加人馬 准士官下士官兵	戰鬪參加人馬 馬匹	死 將校	死 准士官下士官兵	死 馬匹	傷 將校	傷 准士官下士官兵	傷 馬匹	生死不明 將校	生死不明 准士官下士官兵	生死不明 馬匹
第二大隊本部	二(三)	二六(二)	九					一				
第四中隊	二	八三(二)						二				
第五中隊	二	八〇(三)			四		一	五				
第六中隊一小隊		二九(一)										
第二機關銃中隊	二	九八(三)	一七					一				
步兵砲小隊	一	四三(二)	五									
小行李		(一〇)	(三〇)(二)									
總計	九(三)	三五九(一九)	三一(三)(三〇)		四		一	九				

備考

ミレあし

戰鬪詳報第三號附表

昭和十二年七月二十八日

支那駐屯步兵第一聯隊第二大隊武器彈藥損耗表（甲）

種類	區分	隊號	第二大隊本部	第四中隊	第五中隊	第六中隊一小隊	第二機關銃中隊	步兵砲小隊	計
消費	彈藥	小銃		650	240				890
		軽機關銃		1.150	860				2010
		機關銃					3380		3.380
		砲兵砲						82	82
		八九式擲筒榴彈		60	82	55			197
		手榴彈		30	13				43
損失	武器	小銃							
		軽機關銃							
		機關銃							
		步兵砲							
		擲彈筒							
	彈藥	小銃							
		軽機關銃							
		機關銃							
		步兵砲							
		八九式擲筒榴彈							
		手榴彈							
	其ノ他ノ武器								

備考

支步一戰詳第六號

昭和十二年七月二十九日

蘆溝橋附近戰鬭詳報

支那駐屯步兵第一聯隊

蘆溝橋附近戰鬪詳報目次

第七　參考トナルヘキ所見

第八　武功録

附　圖

第一　蘆溝橋附近敵陣地狀況要圖

第二　蘆溝橋攻擊戰鬪經過要圖

附　表

第一　支那駐屯牟田口部隊死傷表

第二　支那駐屯牟田口部隊鹵獲表

第三　支那駐屯牟田口部隊彈藥損耗表

蘆溝橋附近戰鬪詳報

第一、戰鬪前後我形勢ノ概要

一、七月二十八日我聯隊ハ南苑附近ノ戰鬪後急遽豐台ニ轉進シ一部ハ戰車隊及砲兵隊ト協力シテ一文字山ニ在リシ野口騎兵部隊ヲ包圍シ次テ豐台ニ迫リシ敵ヲ攻撃シテ之ニ大打撃ヲ與ヘタルモ豐台附近ハ敗残兵尚ホ少カラサルヲ以テ旅團命令ニヨリ聯隊ハ第三大隊(第一及第六中隊ヲ屬ス)ヲ以テ東五里店

一

西五店一文字山ノ線及洪大庄附近ヲ占領シ盧溝橋及八寶山方向ノ敵ニ對シ警戒セシメ爾餘ノ部隊ハ豐台ニ位置シテ嚴ニ警戒中ナリ

二、盧溝橋附近ノ敵ニ對シテハ七月二十日砲兵及重火器ヲ以テ膺懲射擊ヲ加ヘタルモ其後敵ハ破壞箇處ヲ修理シ城壁外周及鐵道橋附近ノ防備ヲ益々堅固ニシ且長辛店附近ノ敵ト密ニ協力シ以テ永定河左岸ニ於ケル

彼我ノ唯一ノ要点タル盧溝橋ノ確保ニ全力ヲ傾注セリ

盧溝橋附近敵陣地ノ状況附圖第一ノ如シ

三、二十九日午前九時旅團長ハ各部隊長ヲ集メ盧溝橋攻撃ニ関スル命令ヲ下達セラレ豫テ此事アルヲ豫期シ諸偵察及諸準備ヲ實施シアリシヲ以テ将兵ノ志氣既ニ敵ヲ呑ムノ概アリ

三

四

第二、戰鬪ニ影響ヲ及ホセシ天候氣象及戰鬪地ノ狀態

一、天候及氣象

晴天ニシテ南ノ微風アリ氣温攝氏三十度内外ナリシモ何トナク近ク降雨ヲ見ントスルカ如キ感ヲ與ヘ濕氣多ク爆煙散セス砲兵ノ觀測ニ甚シク支障ヲ來セリ

日出時刻　午前四時四十五分

日没時刻　午後七時十五分

薄暮　自午後七時十五分
至午後八時二十分

月齡　六月二十二日

月出　午後十一時ナルモ霧ノ爲メ

終夜月光ヲ見ス

三、戰鬪地ノ狀態

蘆溝橋城ハ高サ約十米上幅約五米ノ城壁ヲ以テ圍繞セラレ東面及西面部ハ城門部突出シ四隅及南面並北面ハ中間ニ於テ共ニ側防設備ヲ有ス

六　城門ハ東西ニ在リ二重ノ樓門ヲ有シ東門ハ特ニ堅固ニ閉鎖セラレ城壁上ニハ土嚢ヲ以テ銃眼ヲ設備シ又城壁内側ニハ到ル所掩蔽部ヲ構築シ我砲撃及爆撃ニ對シ完全ニ掩護セラル城壁外側ニハ所々ニ掘開セル深サ約二米幅三米ノ外壕ヲ有シ城壁下ヲ所々掘開シ内部ト連絡ス

東城門東側ニ接シ三、四ノ支那家屋アリ其東方約二百五十米ニ沙凸子部落アリ其中間地ハ若干ノ高粱アルモ樹木ハ之ヲ伐採シ射界ヲ清掃シアリ城壁北側ノ樹木ハ伐採シ射界ヲ清掃シ鹿砦及對戰車壕ヲ構築シ鐵道橋東側及平漢線路ヨリ蘆溝城東北角ヲ側防シ得ル如ク設備シアリ蓋シ七月九日聯隊カ將ニ蘆溝橋城ヲ攻略セントシテ聯隊主力ヲ東北角ニ指向セルヲ以テ敵ハ我攻擊方向ヲ常ニ東北角ニ指向スルモノト判斷シ之ニ對スル設備ニ汲々タリシモノナリ

七

八

東南角附近ニハ小部落及森林アリテ永定河左岸堤防ヨリ側防シ得ル如ク陣地ヲ構築シアリ

一文字山ハ砲兵ノ觀測所トシテ良好ナル地点ナルモ蘆溝橋城壁ニヨリテ城内及西側並北側城壁並西方中ノ島附近ニ對スル射彈ノ觀測ハ困難ナリ

第三、彼我ノ兵力、交戦セシ敵ノ團隊號

一、牟田口部隊ノ兵力

聯隊本部　第二大隊　第三大隊（第九中隊缺）

聯隊砲中隊　大賀工兵隊

二、蘆溝橋ニ在リテ我ニ抵抗セシ敵ハ第二十九軍第三十七師第二百十九團第二營及保安隊第一旅第二團第二營ニシテ其兵力四百内外ニシテ多数ノ自動小銃及輕機ヲ有シ重機関銃数挺及重迫擊砲数門ヲ有セシコト確實ナリ

九

又敵ハ長辛店高地ヨリ迫擊砲及砲兵数門ヲ 一ロ

以テ本戰鬪ニ協力セリ

第四　戰鬪経過及下シタル命令

一、午前九時左記旅團命令ヲ受領ス

旅作命甲第五三號

旅團命令　七月二十九日午前九時
　　　　　於　豐台

一、西苑附近ノ敵ニ對シ今朝八時頃酒井

兵團ハ萬壽山北側鈴木兵團ハ清河東

側ニ進出セリ又川岸兵團ハ今朝六時頃西紅門附近ニ集結セリ爾後豐台東側ニ至ル筈

ニ、兵團ハ自今川岸兵團長ノ指揮ニ入ル先ツ今夕迄ニ蘆溝橋ヲ攻畧シタル後八寳山ニ向フ攻擊ヲ準備セントス蘆溝橋突擊ハ午後六時三十分ト豫定ス

三、牟田口部隊長ハ主力ヲ以テ五里店附

二

近ヲ占領シ主トシテ蘆溝橋攻略ヲ準
備スヘシ
隷下第九中隊ヲシテ正午迄ニ豊台ニ
ニ至リ該地ヲ守備セシムヘシ
又其ノ聯隊砲ハ蘆溝橋攻撃ニ際シテ
ハ鈴木砲兵部隊長ノ指揮ヲ受ケシム
ヘシ
大賀工兵部隊ヲ臨時配属ス
四、萱島部隊ハ主力ヲ以テ大井村ニ進出

一部ヲ以テ丘各庄、田各庄ノ線ヲ占領
主トシテ八寶山方面ノ攻擊ヲ準備ス
ヘシ
五、福田戰車部隊ハ蘆溝橋攻擊ニ協力ス
ル如ク準備スヘシ
六、野口騎兵部隊ハ小井村附近ニ進出シ
主トシテ北平及八寶山方面ノ敵ヲ警
戒スヘシ
七、鈴木砲兵部隊ハ隷下砲兵及牟田口部

一三

一四

隊ノ聯隊砲ヲ併セ指揮シ主トシテ蘆溝橋攻撃ニ協力スヘシ

八、大賀工兵部隊ハ自今牟田口部隊長ノ指揮ニ入ルヘシ

九、豐台守備隊（歩兵第九中隊）長ハ残留各部隊ヲ區處シ豐台ヲ死守スヘシ

一〇、旅團通信班ハ在五里店戰鬪司令所ニ通信線ヲ延伸シ爾後大井村ヲ經テ北方ニ向 フ前進ニ追隨スル如ク準備ス

へシ

二、救護班ハ先ツ五里店方面次テ八寶山攻撃ニ伴フ患者ノ收容ヲ準備スヘシ

三、予ハ午後五時迄ニ先ツ西五里店ニ戰鬭司令所ヲ進ム

兵團長　河邊少將

二、右命令ヲ受領スルヤ聯隊長ハ第二大隊ヲシテ蘆溝橋攻撃ニ際シ突撃部隊タラシムルニ決シ直ニ第二大隊長ヲ聯隊本部ニ招致シ攻

一五

擊ニ関スル要旨ヲ口達シ準備ヲナサシム

三、爾後聯隊長ハ聯隊本部ニ於テ蘆溝橋攻擊ニ関スル細部ノ計画ヲ立案ス（蘆溝橋占領ノ計画別紙ノ如シ）

四、午後二時ヨリ蘆溝橋攻擊ニ際シ協力スル鈴木砲兵部隊長福田戦車隊長及配属ノ大賀工兵隊長並ニ第二大隊長、歩兵砲隊長ヲ豊台聯隊本部ニ會同シ歩一作命第六二號及蘆溝橋攻擊ニ関スル計画ニ付説明並協定ヲナセリ

歩一作命第六二號

牟田口部隊命令　七月二十九日午後二時　於豊台

一、敵情友軍ノ情況省略

二、牟田口部隊ハ歩兵第二大隊ヲ突擊部隊トシ協力部隊ノ密接ナル協力ノ下ニ別紙計画ニ基キ蘆溝橋ヲ占領セントス

三、突擊實施部隊及協力部隊ハ本計画ニ基キ午後五時迄ニ諸準備ヲ完了シ攻擊ヲ實施スヘシ但シ突擊時機ハ午後七時ト

一七

一八

隊定スルモ別命ス

四、予八午後五時一文字山ニ在リ

牟田口部隊長

下達法　各隊長ヲ集メ口達シ後筆記セルモノヲ送付ス

蘆溝橋城占領計画

昭和十二年七月二十九日
牟田口部隊

第一　方針

牟田口部隊ハ第二大隊ヲ以テ突擊部隊トシ協力部隊ト密接ナル協力ノ下ニ蘆溝橋城及其ノ西側部落ヲ占領ス

突擊ノ重点ヲ東方城門北方ニ保持ス

突擊實施ハ午後七時ト豫定スルモ別命ス

第二、實施部隊

イ、突擊實施部隊

牟田口部隊第二大隊

ロ、協力部隊

イ、牟田口部隊第三大隊

一九

二ソ

ロ、福田戦車隊
ハ、鈴木砲兵部隊（平田口部隊聯隊砲中隊ヲ指揮ス）
ニ、大賀工兵部隊
ホ、爆撃部隊
第三　指導要領
第一期　準備
各部隊ハ左ノ如ク展開シ攻撃ヲ準備ス
イ、突撃実施部隊ハ午後六時迄ニ東楼門東方約四百米無名部落ノ線ニ展開ス之カ為當初午後五時迄ニ一文字山附近ニ待機ス

2. 鈴木部隊ハ午後六時射撃ヲ開始シ得ル
如ク準備ス
3. 福田部隊ハ午後六時迄ニ洪大庄附近ニ
前進ヲ準備ス
4. 大賀部隊ハ突撃部隊ト同時ニ同處ニ於
テ準備ヲ完了ス

第二期

突撃路ノ構成及其ノ破壊制壓
1. 鈴木砲兵部隊ハ東樓門ト東北角及同樓
門ト東南角トノ間ニ各一條ノ突撃路ヲ
構成ス
突撃路構成ノ爲ノ射撃開始ハ午後六時

トシ其ノ完成ヲ概ネ七時頃ト豫定ス
此間鐵道橋敵側防機能西門外並ニ西南部落(廟附近)ヲ破壞シ尚敵砲兵ヲ制壓ス

2. 爆擊機ハ蘆溝橋城内同西側部落及中ノ島並右岸支那兵營所在部落ヲ爆擊ス其爆擊終了時機ハ概ネ午後七時ト豫定ス

3. 樓門ノ破壞
大賀工兵部隊ハ城壁突入路構成ノ爲ノ砲擊止ムト同時ニ東城門ノ門扉ヲ爆破シ突擊路ヲ構成ス

4. 第三大隊ノ協力
重火器ヲ以テ城壁上ニ現出ヲ豫期セラルル敵ヲ制壓シ尚樓門西側附近ニ豫期

スル敵迫撃砲ヲ制壓ス

第三期　突撃實施

1、突撃實施部隊ノ突入

樓門扉爆破ト同時ニ鈴木砲兵部隊ノ城壁ニ對スル制壓ヲ實施シタル後城壁破壞ニ依ル突入路及樓門ヨリ一擧ニ突入ス

2、協力部隊ノ行動

戰車隊ハ洪大莊南方地區ニ待機シ突入部隊ノ西門占領ニ伴フ砲兵ノ射程延伸ト同時ニ攻撃前進シ西南方部落附近ニ在ル敵兵ヲ掃蕩ス又鐵道橋監視小屋ヲ

二三

占領ス

第四期　城内及其西方部落ノ攻略

1、突入部隊ハ城壁並中央道路ニ沿フ地區ヲ掃蕩シツヽ一擧蘆溝橋西方部落西端ニ進出ス

2、鈴木部隊ハ突入部隊ノ射程延伸ノ要求ト同時ニ別紙計畫ニ基キ射擊ヲ實施ス

3、大賀工兵部隊ハ突擊部隊ノ突入ヲ援助スルト共ニ突擊實施部隊ノ城内掃蕩並攻略ニ協力ス

第五期　占領

1、突擊實施部隊其ノ進出豫定線ニ到達セハ蘆溝橋城ヲ占領スルト

共ニ鐵道橋及本道上橋梁ヲ確保ス

2.爾後ノ行動ニ関シテハ別ニ指示ス

第四　其他

一、目的ヲ達成セハ軍旗ヲ城壁東北角ニ捧持シテ陛下ノ萬歳ヲ三唱ス

二、歩砲協同ノ為メ左ノ如ク記號ヲ定ム

イ、第一線國旗ヲ以テ示ス

2.突撃發起ハ一文字山南方陸橋附近ニ於テ黒龍ヲ揚ク

3、射程延伸要求左ノ記號ヲ併用ス

イ、白旗ヲ左右ニ城壁上ニ振ル

ロ、黄龍ヲ揚ク

八、電話ニ依ル

二六

五、聯隊長ハ午後四時豊台出發一文字山ニ至リ指揮ス

六、突擊隊長タル第二大隊長ハ各中（小）隊長及副官ヲ伴ヒ午後二時三十分一文字山ニ先行シテ所要ノ偵察ヲ實施シタル後攻擊ニ關スル部署ヲ爲シ第二大隊ノ主力ハ午後五時三十分一文字山東南側鐵道橋附近ニ集結シ續テ蘆溝橋東樓門東方四百米附近無名部落ニ前進シ突擊準備位置ニ就キ諸準備ヲ完了シテ

二七

二八

機ノ至ルヲ待ツ

七、我ニ協力スル鈴木砲兵部隊福田戰車隊配屬工兵隊共夫々所命ノ位置ニ於テ午後五時五十分諸準備ヲ完了ス

八、午後六時十二分計画ニ基キ砲兵ハ射擊ヲ開始ス砲聲ハ殷々トシテ爆煙天ヲ覆フ而シテ風向西南ノ微風ニシテ而モ雨天前ニシテ濕氣多カリシ爲爆煙低迷シ觀測極メテ困難ナリ之ヲ以テ午後六時四十分聯隊長ハ彈着觀

測困難ナル故ヲ以テ豫定ノ時間内ニ所望ノ突撃路二個ヲ開設スルコト不可能ナルヲ判断シ城壁東北角ニ近キ部分ノ突撃路一條ヲ構成スルニ止ムルニ決シ鈴木部隊長ト協定ス全砲兵ハ此ノ一点ニ射彈ヲ集中シ遂ニ午後七時二十分幅約二十米ノ突撃路ノ構成ヲ完了セリ之ヲ以テ豫定ノ計画ニ従ヒ同時黄龍及電話ヲ以テ射程延伸ノ要求ヲナシ砲兵ハ蘆溝橋西部城外永定河中洲ニ射程ヲ延伸

二九

三〇

ス

第三大隊ノ重機ノ一部ハ城壁上ニ現出セル敵ヲ射撃シ續テ工兵隊ハ東方城門扉ヲ爆破セリ

右爆破ト同時ニ突撃部隊タル第二大隊ハ右突撃隊ヲ以テ砲撃ニ依ル突撃路ヨリ又左突撃隊ヲ以テ工兵爆破ニ依ル城門ヨリ一斉ニ突撃ヲ敢行ス

先之城門爆破ニ先チ左突撃隊ニ任リテハ協

力工兵ノ城門南側ニ架設セル竹梯子ニヨリ城壁上ニ攀登シ、城壁上ニ據リシ六、七名ノ敵ヲ殲滅ス

敵ハ右突撃部隊ニ對シテハ樓門突出部東南角及城壁東北角ヨリ次テ西城門望樓及突撃路前方五十米ノ城内一軒屋ヨリ又樓門突入部隊ニ對シテハ前面及東南角側防機関ヨリ猛烈ナル側防火ヲ浴セタルモ我第一線ハ之ヲ顧ルコトナク果敢ナル突撃前進ヲ續ケ右

三一

突撃部隊八午後七時四十分左突撃部隊八同 三二
四十五分東方城壁ヲ占領セリ
突撃部隊ハ城内ニ進入シ城内各所及西方城
壁上ニ據リ又永定河右岸ヨリスル迫撃砲ハ
猛射ヲ浴セタルモ敢テ之ヲ顧ルコトナク南
北城壁上及西城壁ニ沿フ地區中央道路ヲ掃
蕩シツツ西方城壁ニ向ヒ突進シ遂ニ午後八
時三十分蘆溝橋西端ニ進出シ完全ニ之ヲ占
領セリ

同時頃戦車部隊ハ城壁東南角附近ニ行動シアルヲ聞ク、
我砲兵部隊ハ第二大隊カ概ネ蘆溝橋中央附近ニ至リシ頃ヨリ永定河ノ右岸敵陣地及長辛店高地ノ敵砲兵陣地ニ向ヒ射程ヲ延伸セリ
聯隊長ハ午後八時軍旗ヲ奉シテ一文字山ヲ出發シ砲撃ニヨル突撃路ヲ攀登シ蘆溝橋城壁東北角ニ前進シ宮城ニ向ヒ城壁上ニ部隊

三三

三四

ヲ整列セシメ次テ大隊長ハ蘆溝橋城占領報
告合圖タル赤吊星信号彈中天ニ輝クヲ認メ
喇叭「君ケ代」ヲ吹奏セシム四面暗黒敵ノ小銃
聲及迫撃砲炸裂スル裡ニ嚠喨タル喇叭四方
ニ震響ス次テ大元帥陛下ノ萬歳ヲ三唱ス
将兵共ニ感極ツテ泣ク協力部隊亦之ニ和シ
附近ノ山川草木爲ニ震動スルノ槪アリ
斯クシテ事変勃發以来外交的折衝ノ爲メ常
ニ制止セラレ奪取シ得ヘクシテ得ラレス我

聯隊將兵ノ夢眛モ忘ルルコト能サリシ蘆溝橋ヲ攻略スルヲ得感慨特ニ深シ萬歳三唱後未タ敗残兵各所ニ潜在シアル情況ナルヲ以テ左記要旨ノ命令ヲ聯隊副官（谷本曹長帯同）ヲシテ第二大隊ニ傳達セシム

命令要旨

第二大隊ハ蘆溝橋ヲ確保シ同地ノ掃蕩ヲ實施スヘシ工兵一小隊ヲ配屬ス

九、聯隊本部及軍旗ハ八時四十五分城壁ヲ下リ

三五

三六

直路東五里店ニ移動ス聯隊長ハ途中一文字山ニ位置セル鈴木砲兵部隊長ノ許ニ至リ本日ノ戦闘ニ於ケル協力ヲ謝シ午後十時東五里店ニ移動シ夜ヲ徹セリ

先之午後八時五十分左記旅團命令ヲ受領ス

旅作命甲第五四號

旅團命令　七月二十九日午後八時三十分 於西五里店戦斗司令處

一、八寶山附近ノ敵ハ退却セル疑アルモ我前方各部落ニハ所々小数ノ敵ヲ見

ル酒井兵團ハ本日午後二時ハ寶山北側部落ニ又鈴木兵團ハ圓明園附近ニ進出セリ川岸兵團ハ今夜大井村以東本道上ニ進出スル筈

蘆溝橋ハ午後八時三十分完全ニ之ヲ占領セリ

二、兵團ハ概ネ現在ノ態勢ニ於テ夜ヲ徹シ至嚴ナル警戒裡ニ爾後ノ行動ヲ準備セ

三七

三八

ントス

三、牟田口部隊ハ一部ヲ以テ一文字山及盧溝橋附近ヲ確保シ主力ハ之ヲ集結シテ爾後ノ行動ヲ準備スヘシ

四、五、(中略)

六、野口騎兵部隊ハ依然小井村ニ位置シテ現任務ヲ續行シ尚川岸兵團トノ連絡ニ任スヘシ

七、鈴木砲兵部隊ハ概ネ現在地附近ニ於テ

爾後ノ行動ヲ準備スヘシ

牟田口部隊ノ歩兵砲ヲ原所屬ニ復歸セシムヘシ

八、予ハ今ヨリ豐台ニ歸還ス

各隊ハ命令受領者ヲ今夜正子豐台ニ出スヘシ

兵團長　河邊少將

右命令ニ基キ午後十時左記命令ヲ下達セリ

歩一作命第六三號

三九

四ロ

牟田口部隊命令　七月二十九日午後十時　於東五里店

一、八寶山附近ノ敵ハ退却セル疑アルモ我前方及部落ニハ尚小数ノ敵ヲ見ル

酒井兵團ハ本日午後二時八寶山北側部落ニ鈴木兵團ハ圓明園ニ進出セリ

川岸兵團ハ本夜大井村小井村以東東道上ニ進出スル筈

蘆溝橋ハ午前八時三十分完全ニ占領セリ

兵團ハ概ネ現在ノ姿勢ニ於テ夜ヲ徹シ
至嚴ナル警戒裡ニ爾後ノ行動ヲ準備ス
二、牟田口部隊ハ現在ノ姿勢ニ於テ夜ヲ徹
シ爾後ノ行動ヲ準備セントス
三、第二大隊ハ蘆溝橋及両側部落ヲ確保シ
尚一部ヲ以テ鐵道橋ノ線ヲ占領スヘシ
工兵一小隊ヲ配屬ス城内ノ掃蕩ニ勉ム
ヘシ
四、第三大隊（第一中隊属ス故ノ如シ）ハ現在

四一

ノ姿勢ニ於テ至嚴ナル警戒裡ニ夜ヲ徹 四二
スヘシ
五、大賀工兵部隊ハ主力ヲ以テ東五里店ニ
位置スヘシ
一小隊ヲ第二大隊ニ配屬ス
六、予ハ東五里店ニ位置ス
牟田口部隊長
下達式　第二大隊長ハ副官ヲシテ第三大隊及大賀部隊ニハ直
接口達後印刷セルモノヲ交付ス

然シテ本夜第二大隊ハ蘆溝橋ヲ、第三大隊ハ一文字山、大瓦窑ヲ占領シ夜ヲ徹セリ

第五　戦闘後ニ於ケル彼我ノ陣地若クハ行動

敵ハ死体五二ヲ遺棄シ大部ハ長辛店方向ニ一部ハ南方、永定河ニ沿ヒ退却セリ

第二大隊（工兵一小隊配属）ハ一部ヲ以テ永定河ノ線ヲ主力ヲ以テ蘆溝橋城ヲ占領シ目下斥候ヲ以テ長辛店高地ノ敵陣地ノ状況ヲ偵察ス

四三

其他ノ部隊ハ依然攻擊前ノ態勢ヲ以テ嚴ニ警戒シツツ夜ヲ徹セリ 四

第六 戰鬪ノ成績並勝敗一決セシトキノ景況

一、我突擊部隊ハ城壁上及城內處々ニ步々抵抗スル敵ニ對シ薄暮及夜暗ヲ利用シテ突擊ヲ敢行シ敵ヲシテ死体五二ヲ遺棄シテ潰走セシメ突擊發起ヨリ一時間有餘ニシテ永定河ノ線ニ進出セリ

本戰鬪ニ於テ鹵獲セル兵器彈藥附表第二ノ

如シ

第二大隊ノ損害戰死傷者二十二名ニシテ其

内譯左ノ如シ

戰死　兵五

戰傷　下士官三　兵一四　計一七

二戰鬪ノ效果

蘆溝橋ハ北支事變發生ノ地ニシテ永定河左岸

ニ於ケル敵唯一ノ重要據點タリ敵ハ之ニ依リ

四五

四六

テ永定河左岸部隊ヲ右岸ヘノ撤退ヲ容
易ナラシムルニ止マラス之ニ依リテ長辛店
高地一帯ノ陣地確保ノ餘裕ヲ得ヘシ
之ヲ以テ蘆溝橋城ノ奪取ハ單ニ城内及其附
近ニ在リシ敵ニ痛撃ヲ與ヘ直接事變發生
ノ本據ヲ占領セルニ止マラス敵ヲシテ豫テ陣地ヲ
構築シ事變後更ニ三旬ニ亘リ之ヲ増強シタ
ル長辛店高地一帯ノ陣地ヲ放棄シ愴惶トシ
テ一擧琉璃河以南ノ地ニ退却スルノ已ム

ナキニ至ラシメタルハ其後ニ得タル左記情報ニヨリ之ヲ窺知シ得ヘシ若シ本占領ニシテ尚餘日ヲ存シタランカ爾後ニ於ケル敵ノ行動ヨリ察シ更ニ北上シテ長辛店一帶ノ高地ニ據ルニ至ラシメタルヤモ測ルヘカラス即チ蘆溝橋城ノ速カナル奪取ニ依リ少クモ長辛店高地ノ攻擊ヲ省略シ得タリト謂フヘシ

第三十七師ノ第二一七團及第二一九團ハ二

四七

四八

十九日午後八時ヨリ正子ノ間ニ三列車ニ分乘シ三十日午前二時發第五十三軍裝甲列車ヲ殿トシ琉璃河保定方面ニ撤退シ掠奪ヲ行ハス頗ル狼狽シアリト云フ（七月三十一日河邊兵團情報記錄第十二號參照）尚宋哲元馮治安其他冀察要人ハ二十九日午前一時頃自動車十三輛ニテ良鄉ヲ通過保定ニ向ヒシモノノ如シ（八月二日河邊兵團情報記錄第十五號參照）

第六　参考トナルキヘ所見

一、歩砲ノ協同ニ就テ

鈴木砲兵聯隊長ハ常ニ積極的ノ連繫ニ依リ又其部下幹部モ隊長ノ意圖ヲ体シ終始諭ラサル精神的協同ハ我聯隊幹部ノ深ク感謝シアル所ニシテ歩砲ノ協同ハ理想的ニ實現スルヲ得タリ精神的連繫タニ緊密ナルニ於テハ連繫上凡有困難ヲ排除シ其ノ完璧ヲ期シ得ルモノナルコトヲ體驗セリ

四九

二、突撃路ニ就テ
砲兵ノ破壊構成セル突撃路ハ約六百米距レル一文字山ニ於テ眼鏡ニヨル視察ニテハ煉瓦ノ削落シタル程度ニテ果シテ攀登シ得ルヤハ多少疑問トセシ處ナルモ薄暮ヲ利用スル関係上断然射程ヲ延伸セシメ突撃セシメタルニ當初辛シテ攀登シ得ル程度ニシテ突撃兵数回辷リ落チアル間ニ攀登シ得ル坂路トナレリ又工兵ノ携行セル長梯子ハ城壁攀

五四

登及降下ニ際シ有利ニ使用シ得タリ
三、電話線ノ利用
通信班長小岩井中尉ノ努力ニヨリ一文字山ト突撃部隊間ニ通信網ヲ構成シタルヲ以テ常ニ確實ニ命令、報告ヲ傳達スルヲ得戰闘指導上又歩砲協同上至大ノ便宜ヲ得タリ
之ヲ單ニ當初考ヘタルカ如ク第一線標示ノ爲國旗ヲ以テ城壁上ヲ前進スル規定ノミニ止マリシニ於テハ城壁破壞約三十分遲延セシ爲

五一

五二

メ實施ニ方リ夜暗ノ爲メ國旗標示ノ方法ヲ

利用スル能ハス指導上齟齬ヲ来セシヤ必セ

リ

武功録

一特殊功績部隊　第二大隊

右ハ突撃實施部隊トシテ極メテ適切ナル部署ヲ以テ勇猛果敢ニ突撃ヲ敢行シ至短時間ニ蘆溝橋ヲ掃蕩シテ其西端ニ進出シ同地ヲ確實ニ占領シ敵ヲシテ予テ準備セル長辛店ノ陣地ヲ放棄シテ遠ク琉璃河ニ撤退スルノ已ムナキニ至ラシメ聯隊ノ永定河右岸進出ヲ迅速且容易ナラシメタリ

其ノ功績ハ特ニ優秀ナリ

支那駐屯工兵大隊

右ハ突擊部隊ニ直接協力シテ蘆溝橋東門ヲ爆破シテ突擊路ヲ開設シ又予メ準備セル梯子ヲ直接城壁ニ掛ケテ補助突擊路トシ又城壁攀登後城壁内側ニ梯子ヲ運搬シテ城内突入路ヲ開設シ第二大隊ノ突擊實施ヲ容易ナラシメタリ

其ノ功績ハ特ニ優秀ナリ

二 特種功績者

第二大隊長歩兵少佐筒井恒

右ハ突撃實施部隊ノ部署適切ニシテ實施亦極メテ勇猛果敢ニシテ迅速ニ蘆溝橋ヲ占領シ爲ニ敵カ予テ陣地ヲ設備シ其ノ抵抗ヲ豫期セル長辛店ノ陣地ヲ棄テテ遠ク琉璃河ニ撤退スルノ止ムナキニ至ラシメ爾後ニ於ケル聯隊ノ永定河右岸地區ヘノ

進出ヲ容易ナラシメタリ其ノ功績ハ正ニ拔群ナリ

支那駐屯工兵大隊長工兵少佐大賀茂久ニ

右ハ第二大隊蘆溝橋突擊ニ當リ部下ヲ部署シテ蘆溝橋城門ヲ爆破シ或ハ梯子ヲ準備シテ突擊路ヲ構成セシメ以テ第二大隊ノ突擊ヲ容易ナラシメタリ

其ノ功績ハ拔群ナリト認ム

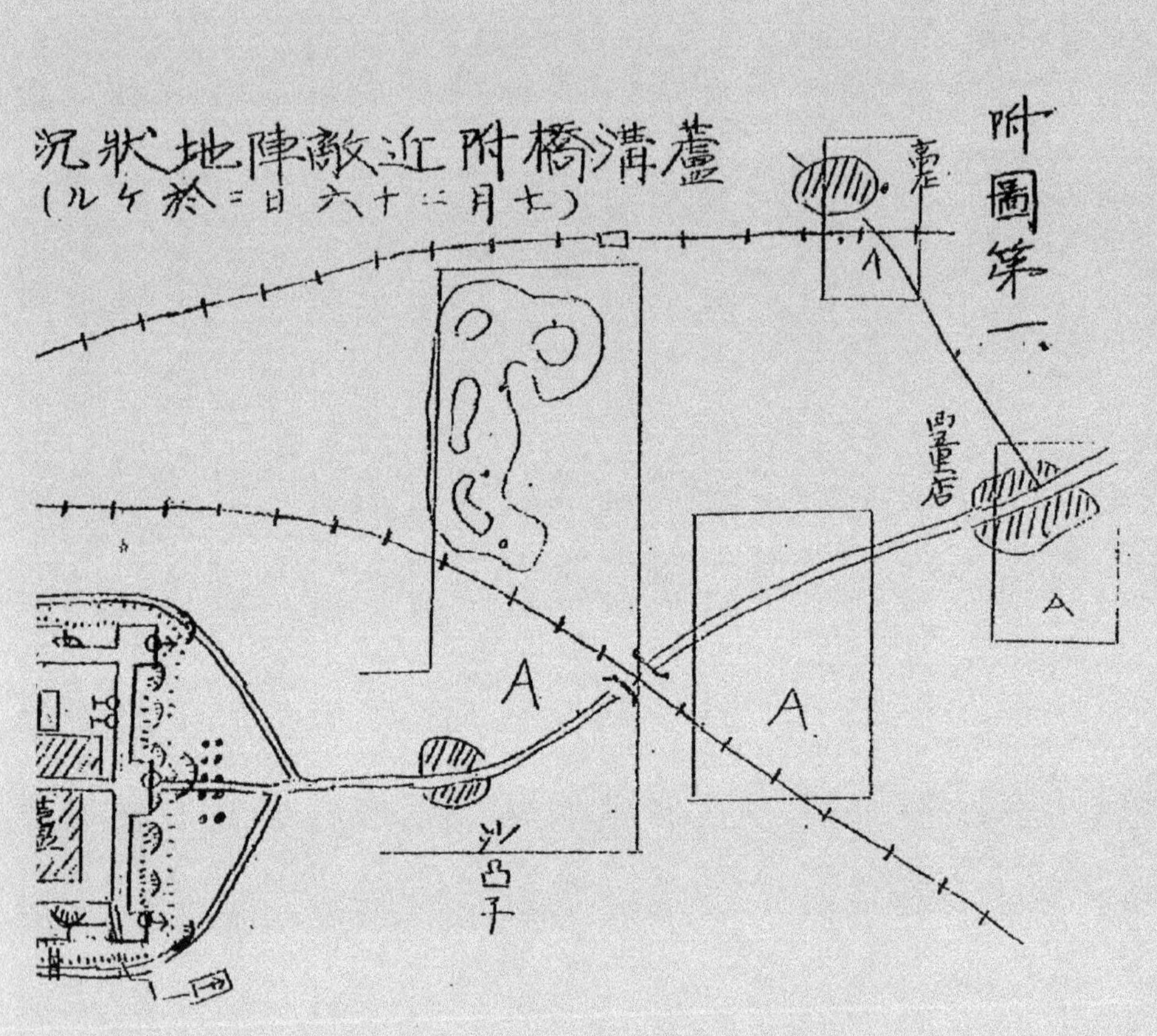

註記

外壕

抗道

十名乃至二十名配備セル陣地

對戰車壕

地雷

二十六日迄ニ於ケル敵砲兵ヨリ砲撃ヲ受ケタル區域

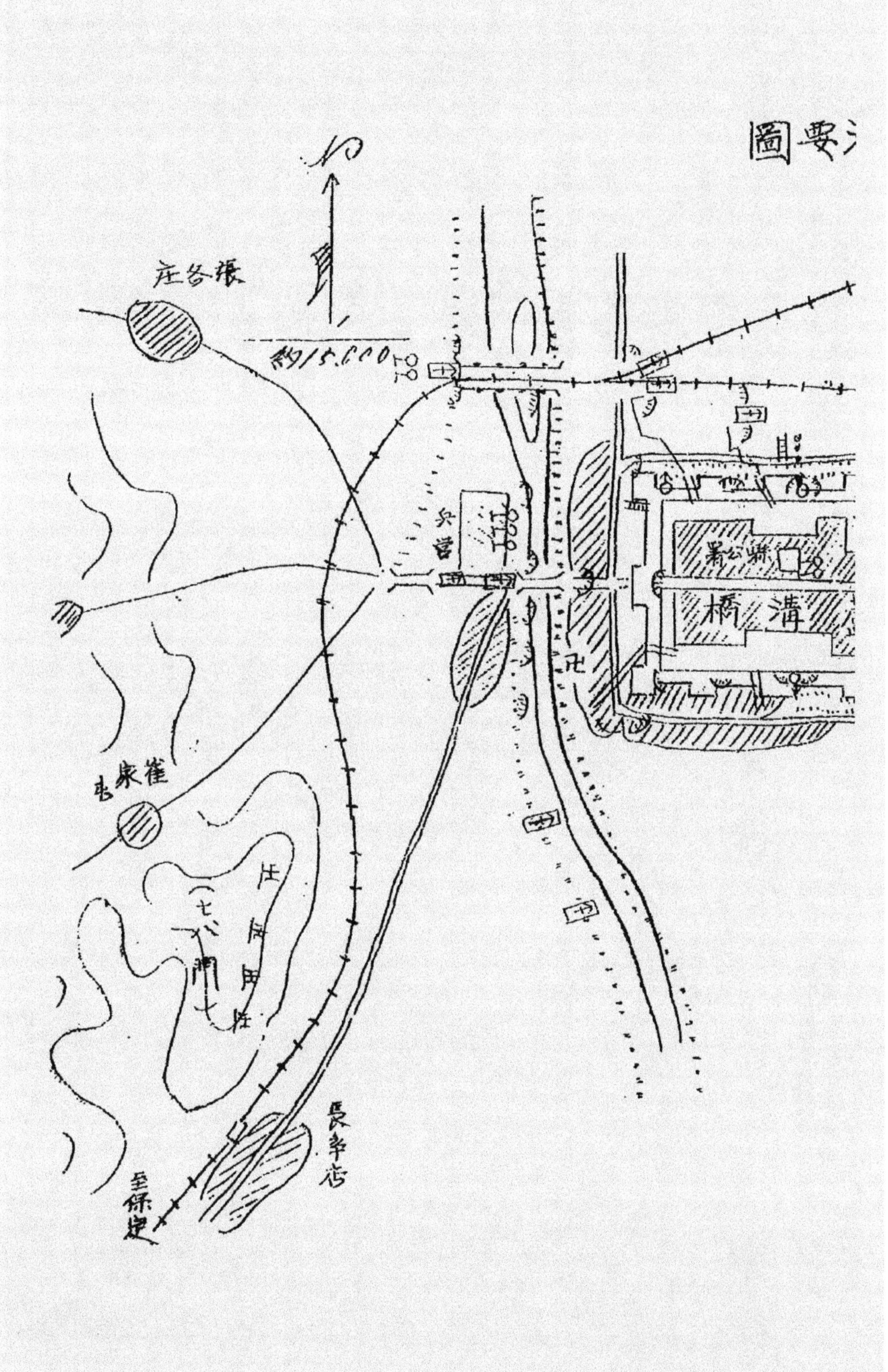
張各庄
兵營
長辛店
至保定

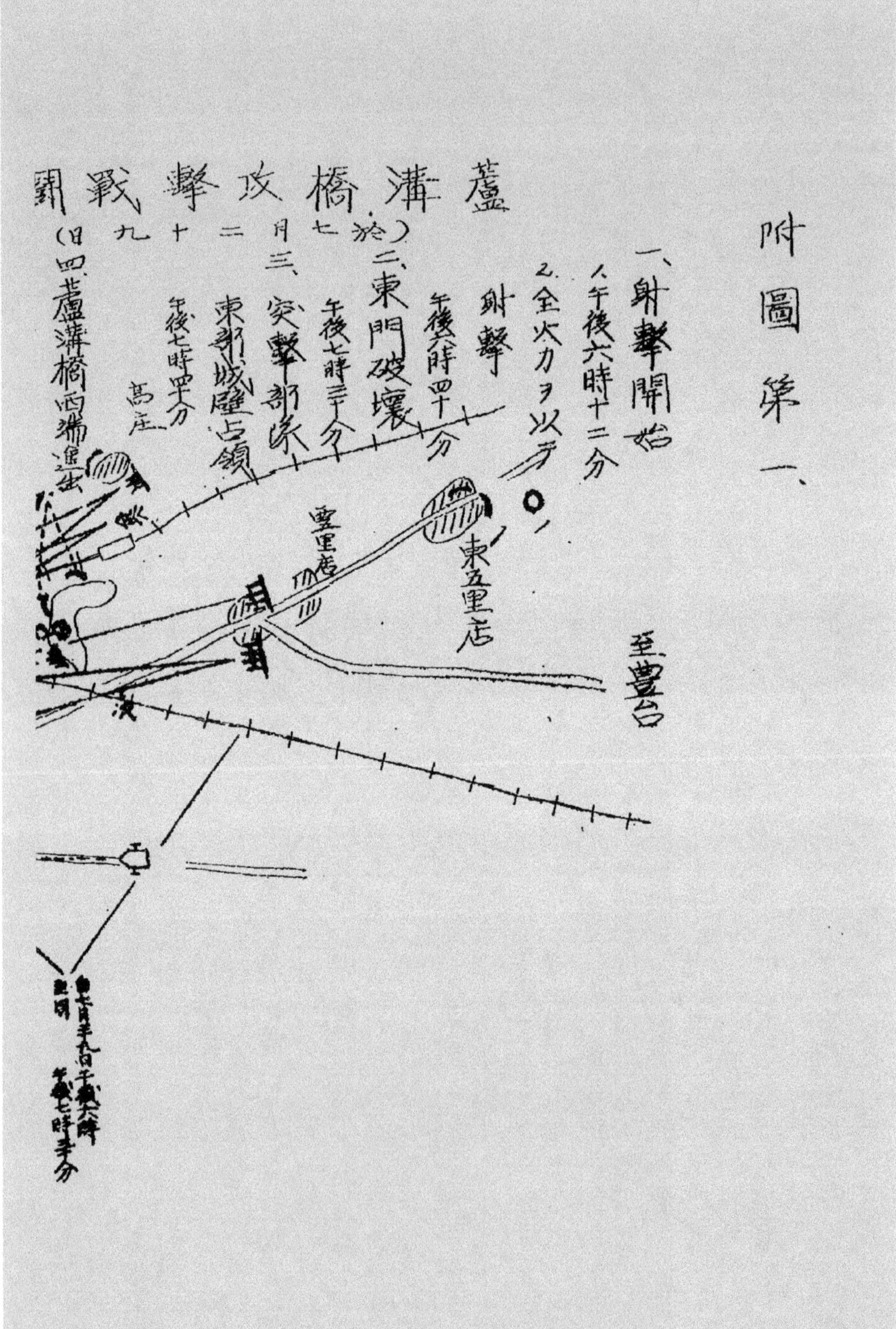
附圖第一、
蘆溝橋攻擊戰鬪
（於七月二十九日）
一、射擊開始
1.午後六時十二分
2.全火力ヲ以テ射擊
午後六時四十分
二、東門破壞
午後七時三十分
三、突擊部隊
東部城壁占領
午後七時四十分
四、蘆溝橋西端進出
高庄
東五里店
至豐台

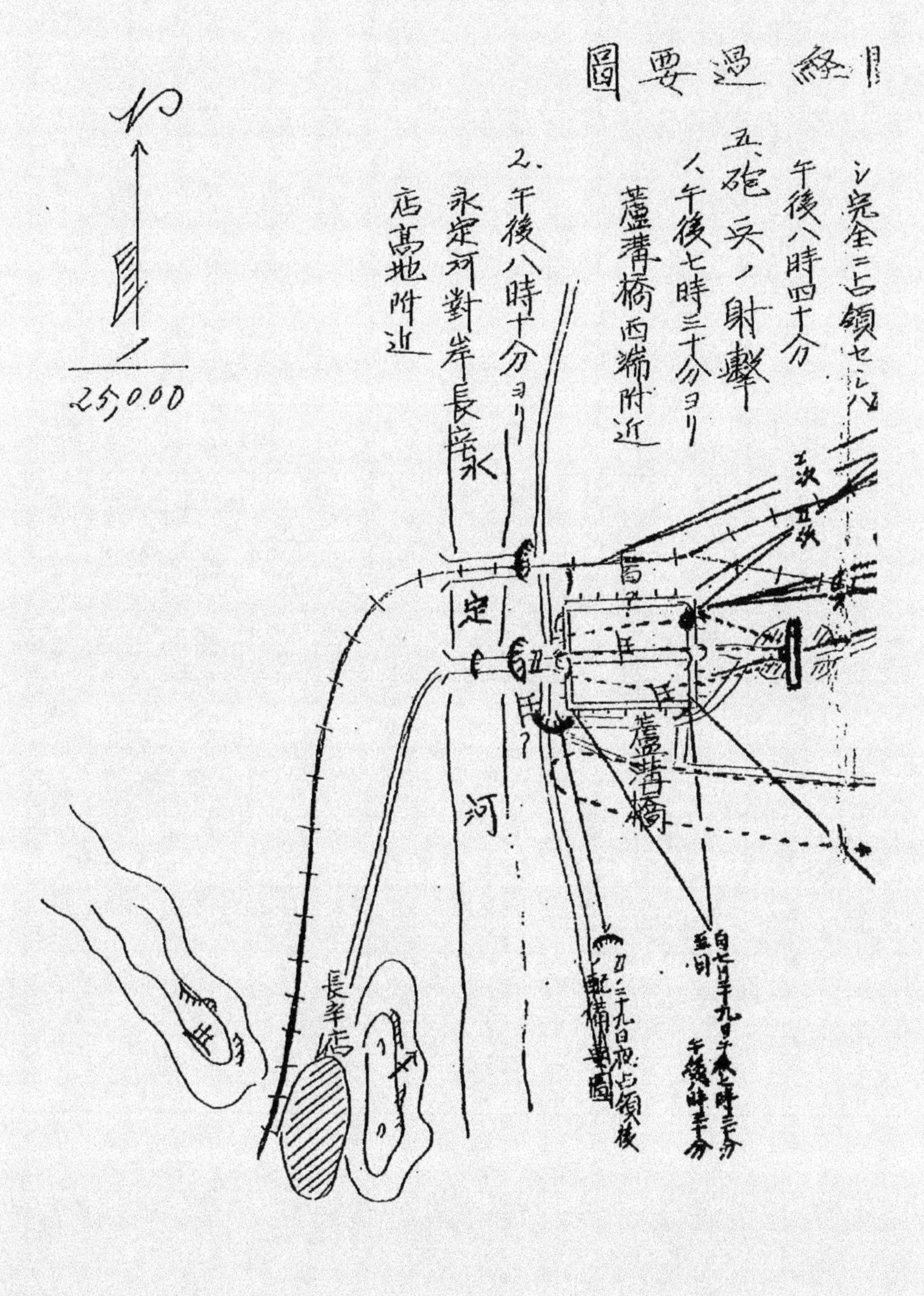
経過要圖
午後八時四十分
五、砲兵ノ射擊
ハ午後七時三十分ヨリ
蘆溝橋西端附近
2、午後八時十分ヨリ
永定河對岸長辛店高地附近
永定河
蘆溝橋
長辛店
1/25,000

戰闘詳報第六號附表

昭和十二年七月二十九日

支那駐屯牟田口部隊死傷表

區分	戰闘参加人馬 將校	戰闘参加人馬 准尉下士官兵	戰闘参加人馬 馬匹	死 將校	死 准尉下士官兵	死 馬匹	傷 將校	傷 准尉下士官兵	傷 馬匹	生死不明 將校	生死不明 准尉下士官兵	生死不明 馬匹
聯隊本部	七(三)	一〇五(一一)	一一(一六)									
第一中隊	三(二)	二二(三)	四(四)									
第二大隊	八(三)	四四三(九)	三四(三四)		五			一七				
第三大隊(第九中隊欠)	七(三)	三五七(六)	二八(三九)									
聯隊砲中隊	三	九八(二)	二三(二七)					一七				
總計	二八(一一)	一〇二五(三九)	一〇〇(一〇〇)		五							

備考

一、本表中括弧ヲ附シアルハ非戰闘員　馬匹欄中括弧ハ小行李驢馬ヲ示ス

二、本表ノ外通譯九名傭人一名アリ

戰鬪詳報第六號附表

昭和十二年七月二十九日　支那駐屯牟田口部隊鹵獲表

種類	區分	員数	備考
俘虜	将校	3	
	下士官兵	3	
	馬匹		
戰利品	小銃	34	
	チェッコ軽機	1	
	同弾倉	10	
	同弾嚢	9	
	同銃身	5	
	同装塡架	2	
	十字鍬	14	
	円匙	30	
	青龍刀	40	
	銃剣	17	
	鉄帽	7	
	槍	2	
	中迫撃砲弾	27箱	
	十五公分迫撃砲弾	160箱	
	八二式迫撃砲弾	45箱	
	五四式擲弾	20箱	
	手榴弾	15箱	
	小銃弾	12箱	
	擲弾筒	1	

戦闘詳報第六號附表

昭和十二年七月二十九日

支那駐屯牟田口部隊武器弾薬損耗表

種類	区分 \ 隊號	第二大隊	第三大隊	聯隊砲中隊		計	備考
消費 弾薬	小銃	555	90			645	
	軽機関銃	1,190	180			1,370	
	機関銃	1,540	825			2,365	
	八九式擲弾	45	10			55	
	[illegible]火手榴弾	110				110	
	榴弾	23	239	63		325	
損失 武器	小銃						
	軽機						
	重機						
損失 弾薬	小銃						
	軽機						
	重機